Ulera

Quantitative Planung

SCHÄFFER
POESCHEL

Wolfgang Berens/Werner Delfmann

Quantitative Planung

Konzeption, Methoden und Anwendungen

unter Mitarbeit von
Andreas Hoffjan, Karlheinz Mevissen, Alfons Niebuer,
André Pesch, Markus Reihlen und Walter Schmitting

Zweite, überarbeitete Auflage

1995
Schäffer-Poeschel Verlag Stuttgart

Verfasser
Prof. Dr. Wolfgang Berens
Lehrstuhl für Betriebswirtschaftslehre, insbesondere Controlling
Heinrich-Heine-Universität
Universitätsstraße 1
40225 Düsseldorf

Prof. Dr. Werner Delfmann
Seminar für Allgemeine Betriebswirtschaftslehre,
Betriebswirtschaftliche Planung und Logistik
Universität zu Köln
Albertus-Magnus-Platz
50923 Köln

Die Deutsche Bibliothek - CIP-Einheitsaufnahme

Berens, Wolfgang:
Quantitative Planung : Konzeption, Methoden und
Anwendungen / Wolfgang Berens ; Werner Delfmann.
Unter Mitarb. von Andreas Hoffjan . . .
2., überarb. Aufl. - Stuttgart : Schäffer-Poeschel, 1995
ISBN 3-7910-0939-7
NE:Delfmann, Werner:

Gedruckt auf säure- und chlorfreiem, alterungsbeständigem Papier

ISBN 3-7910-0939-7

Druck und Bindung: Franz Spiegel Buch GmbH, Ulm
Printed in Germany

Schäffer-Poeschel Verlag Stuttgart

Ein Tochterunternehmen der Verlagsgruppe Handelsblatt
und der Spektrum Fachverlage GmbH

Vorwort

Mit dem vorliegenden Lehrbuch soll eine Lücke in der betriebswirtschaftlichen Grundlagenliteratur geschlossen werden. Üblicherweise werden die Teilgebiete modellgestützter Planung in der Betriebswirtschaftslehre getrennt abgehandelt, z.B. in der Entscheidungstheorie, im Operations Research, z.T. auch in der Investitionstheorie und in der Unternehmensplanung. Insbesondere der Einbettung modelltheoretischer Ansätze in den praktischen Planungsprozeß wird dabei wenig Aufmerksamkeit geschenkt. Nicht zuletzt daraus mag die Reserviertheit resultieren, die immer noch potentielle Anwender modellgestützten Planungsansätzen entgegenbringen.

Hier setzt das vorliegende Lehrbuch an, das sich vornehmlich an Studenten des Grund- und Hauptstudiums wendet, aber auch als Grundlagenliteratur für den praktischen Anwender dienen soll. Das Buch will den Gesamtprozeß quantitativer Planung verdeutlichen.

Der erste Teil des Buches umfaßt die Kapitel 2 bis 5. In diesem ersten Teil wird die Konzeption quantitativer Planung insgesamt entwickelt. Hier wird zunächst auf den Strukturierungsprozeß eingegangen, der i.a. notwendig ist, um für praktische Problemstellungen quantitative Modelle konstruieren zu können, sowie auf den Interpretationsbedarf modellanalytischer Ergebnisse. Hierauf aufbauend läßt sich ein tiefer Einblick in das Potential – und die Grenzen – quantitativer Planung vermitteln.

Das folgende Kapitel betrifft die Konstruktion von Entscheidungskriterien bzw. -regeln in unterschiedlichen Entscheidungssituationen, d.h. die entscheidungstheoretischen Grundlagen. Hier werden Entscheidungen bei mehrfacher Zielsetzung, Mehrperiodenentscheidung, Entscheidungen bei Risiko und Unsicherheit sowie Entscheidungen in Spielsituationen behandelt.

Ein besonderer Schwerpunkt liegt in der Diskussion der unterschiedlichen Methoden der modellgestützten Alternativenauswahl. Dies ist das traditionelle Gebiet des Operations Research. Allerdings wird auch hier besonderer Wert darauf gelegt, zunächst die grundlegenden Merkmale und Anwendungsbedingungen der unterschiedlichen Methodiken des Operations Research zu verdeutlichen. Hier wird im einzelnen auf die Optimierungsmethoden, die Heuristische Programmierung und die Simulation eingegangen. Damit ist der konzeptionelle Teil abgeschlossen.

Der zweite Teil des Buches setzt sich in den Kapiteln 6 bis 14 mit den wichtigsten Methoden im einzelnen auseinander. Nach einer kürzeren Darstellung der Differentialrechnung mit Nebenbedingungen wird die lineare Programmierung als wichtigste Optimierungsmethode besonders ausführlich erklärt. Dabei wird auch auf die Sensitivitätsanalyse, die Parametrische Programmierung und die Dualität detailliert eingegangen.

Den speziellen Algorithmen zur Lösung von linearen Transport- und Zuordnungsproblemen widmet sich ein eigenes Kapitel. Die Dynamische Programmierung wird ebenfalls dargestellt. Im Mittelpunkt der Ausführungen zur Heuristischen Programmierung stehen logistische Anwendungsbeispiele. Schließlich werden die Grundzüge des Aufbaus von Simulationsanalysen vorgestellt.

Aus methodischen und didaktischen Gründen werden die verschiedenen Planungsinstrumente im allgemeinen anhand von Fällen erklärt. Dabei werden zunächst vereinfachte, fiktive Beispiele herangezogen, um die grundsätzliche Vorgehensweise möglichst verständlich darstellen zu können. Die anschließenden komplexeren und realitätsnäheren Beispiele und Fallstudien dienen dazu, die umfassenderen Einsatzmöglichkeiten, aber auch Grenzen der dargestellten quantitativen Planungsinstrumente exemplarisch zu verdeutlichen.

Das Engagement unserer Mitarbeiter bei der Vorbereitung dieses Buches ist über das normale Maß weit hinaus gegangen. Es ist daher angemessen, sie als Mitautoren namentlich zu nennen. Besonders hervorheben möchten wir den geradezu unermüdlichen Arbeitseinsatz, den Herr Dipl.-Phys. Dipl.-Kfm. André Pesch bei der mühevollen technischen und redaktionellen Aufarbeitung der Manuskripte zu einer druckreifen Verlagsvorlage an den Tag gelegt hat. Auch sei den studentischen Hilfskräften Frau cand. rer. pol. Emine Dağlıoğlu und Frau cand. rer. pol. Petra Tönsgöke für ihr Engagement gedankt. Nicht zuletzt möchten wir Frau Marita Rollnik-Mollenhauer und dem Schäffer-Poeschel-Verlag für die gute Zusammenarbeit unseren Dank sagen.

Düsseldorf und Köln im September 1993

Wolfgang Berens
Werner Delfmann

Vorwort zur zweiten Auflage

Seit dem Erscheinen der ersten Auflage sind knapp anderthalb Jahre vergangen. In dieser Zeit erhielten wir von vielen unserer Studenten und anderen Lesern Hinweise auf Druckfehler, Ungenauigkeiten und Verständnisschwierigkeiten bei einigen Teilgebieten. Wir bedanken uns herzlich für diese Hinweise, die uns eine wertvolle Hilfe bei der Bearbeitung der zweiten Auflage waren.

Wir haben das Buch gründlich überarbeitet. Dabei sind auch einige Abschnitte mit sehr speziellen Anwendungsbeispielen entfallen, während zahlreiche Übungsaufgaben neu berücksichtigt wurden.

Für die Mithilfe bei dieser Überarbeitung danken wir zusätzlich Herrn Dipl.-Kfm. Tobias Engelsleben, Frau Dipl.-Wirtsch.Inf. Mechthild Erdmann, Herrn cand. rer. pol. Patrick Grundke, Frau cand. rer. pol. Anja Henseler, Herrn cand. rer. pol. Georg Krieg, Herrn Dipl.-Kfm. Michael Lehner und Herrn cand. rer. pol. Michael Nerger.

Düsseldorf und Köln im März 1995

Wolfgang Berens
Werner Delfmann

Inhaltsverzeichnis

1 Einführende Fallstudie **1**

Erster Teil: Konzeption quantitativer Planung **7**

2 Begriffliche Grundlagen **9**
2.1 Zum Begriff der Planung 9
2.2 Quantitative und qualitative Planung 12
2.3 Zur Problemorientierung der Planung 14
2.3.1 Zum Problembegriff 15
2.3.2 Planung in unterschiedlichen Problemkontexten 17
2.4 Die Kontroverse um den Modellbegriff 23
2.4.1 Der abbildungsorientierte Modellbegriff 23
2.4.2 Der konstruktionsorientierte Modellbegriff 26
2.5 Modelltypen 27
Literaturhinweise 28

3 Grundfragen quantitativer Modellierung **30**
3.1 Modellanalyse im Prozeß quantitativer Planung 30
3.2 Phasen des Problemlösungsprozesses 30
3.3 Der Prozeß der Modellbildung 32
3.3.1 Überblick 32
3.3.2 Problemformulierung 33
3.3.2.1 Anregungsinformationen 35
3.3.2.2 Problemidentifikation 37
3.3.2.3 Problemstrukturierung 37
3.3.2.4 Problemdefinition 44
3.3.3 Mathematische Repräsentation und Lösung 45
3.3.3.1 Definition des A- und K-Modells 45
3.3.3.2 Ergebnis der Modellrechnung 47
3.3.4 Interpretation der Modellergebnisse 48
3.4 Was können Modelle zur Lösung praktischer Probleme leisten? 50
Literaturhinweise 51

ET

4 Rationale Kriterienwahl: Grundlagen der Entscheidungstheorie **53**
4.1 Erkenntnisziele der Entscheidungstheorie 53
4.1.1 Deskriptive Entscheidungstheorie 53
4.1.2 Präskriptive Entscheidungstheorie 53
4.2 Grundmodell der Entscheidungstheorie 54
4.2.1 Aktionen und Umweltzustände 56
4.2.1.1 Der Aktionsraum 56

4.2.1.2 Der Zustandsraum 57
4.2.2 Ziele und Zielsysteme 57
4.2.3 Die Ergebnisfunktion 58
4.2.4 Ergebnismatrix und Entscheidungsmatrix 59
4.2.5 Präferenzen 62
4.2.5.1 Die Höhenpräferenz 62
4.2.5.2 Die Artenpräferenz 62
4.2.5.3 Die Sicherheitspräferenz 63
4.2.5.4 Die Zeitpräferenz 63
4.3 Entscheidung bei Sicherheit 63
4.3.1 Entscheidung bei einer Zielsetzung 64
4.3.2 Entscheidung bei mehrfacher Zielsetzung 65
4.3.2.1 Zielgewichtung 67
4.3.2.2 Lexikographische Ordnung 68
4.3.2.3 Der Goal-Programming-Ansatz 69
4.3.2.4 Maximierung des minimalen relativen Zielerreichungsgrades 69
4.3.3 Ein-Perioden- und Mehr-Perioden-Betrachtung 70
4.4 Entscheidung bei Unsicherheit 71
4.4.1 Die Maximin-Regel (Wald-Regel) 71
4.4.2 Die Maximax-Regel 72
4.4.3 Die Hurwicz-Regel (Pessimismus-Optimismus-Regel) 73
4.4.4 Die Laplace-Regel 74
4.4.5 Die Savage-Niehans-Regel (Regel des geringsten Bedauerns) . . 75
4.5 Entscheidung bei Risiko 76
4.5.1 Zusammenhänge zwischen Unsicherheits- und Risikosituationen 77
4.5.2 Eigenschaften von Wahrscheinlichkeiten 78
4.5.3 Das Erwartungswert-Prinzip (Bayes-Prinzip, μ-Prinzip) 78
4.5.4 (μ, σ)-Prinzip 79
4.5.5 Das Bernoulli-Prinzip 81
4.5.5.1 Grundlagen 81
4.5.5.2 Axiome der Bernoulli-Nutzen-Theorie 82
4.5.5.3 Konstruktion der Risiko-Nutzenfunktion 83
4.5.5.4 Kritische Würdigung des Bernoulli-Prinzips 87
4.6 Entscheidungen in Spielsituationen 89
4.6.1 Spielsituationen – Definition und Klassifikation 90
4.6.2 Grundtypen strategischer Spiele 92
4.6.3 Zweipersonen-Nullsummenspiele 93
4.6.4 Zweipersonen-Nichtnullsummenspiele 97
Aufgaben 100
Literaturhinweise 106

OR

5 Rationale Methodenwahl: Problemstruktur und Planungsmethodik 108
5.1 Methoden 108
5.2 Systematisierung der Methodiken quantitativer Planung 110

5.3 Optimalplanungsmethodik . . . 110
5.3.1 Anwendungskontext . . . 110
5.3.2 Ein Grundmodell der Optimalplanungsmethodik . . . 111
5.3.3 Algorithmen der Optimalplanungsmethodik . . . 113
5.3.3.1 Optimalitätskriterien als Grundlage effizienter Suche im Alternativenraum . . . 114
5.3.3.2 Näherungsverfahren (Numerische Suche) . . . 118
5.3.4 Vorteile der Optimierung . . . 119
5.3.5 Grenzen . . . 120
5.3.5.1 Entwicklungsaufwand . . . 120
5.3.5.2 Punktuelle Betrachtung des Alternativenraums . . . 120
5.3.5.3 Zeitaufwand . . . 121
5.3.5.4 Komplexitätsreduktion . . . 124
5.4 Methodik der Heuristischen Programmierung . . . 126
5.4.1 Begriffsabgrenzung . . . 126
5.4.1.1 Konstitutive Methodenmerkmale . . . 126
5.4.1.2 Akzessorische Methodenmerkmale . . . 127
5.4.2 Anwendungskontexte . . . 128
5.4.3 Gefahren bei der Anwendung Heuristischer Programme . . . 131
5.4.4 Verfahrensgruppen der Heuristischen Programmierung . . . 133
5.4.4.1 Eröffnungsverfahren . . . 134
5.4.4.2 Verbesserungsverfahren . . . 134
5.4.5 Beurteilung Heuristischer Programme . . . 134
5.4.5.1 Mächtigkeit und Allgemeinheit . . . 135
5.4.5.2 Heuristische Kraft . . . 136
5.4.5.3 Qualitätscharakteristik . . . 137
5.5 Simulationsmethodik . . . 141
5.5.1 Begriffsabgrenzung . . . 141
5.5.2 Anwendungskontexte . . . 142
5.5.2.1 Simulation versus Experiment am realen System . . . 143
5.5.2.2 Simulation versus Optimierungsmethodik/Heuristische Programmierung . . . 144
5.5.3 Grenzen der Simulationsmethodik . . . 146
5.5.4 Phasen der Computersimulation . . . 147
5.5.4.1 Modellierung . . . 147
5.5.4.2 Programmierung . . . 151
5.5.4.3 Validierung/Verifikation eines Simulationsmodells . . . 153
5.5.4.4 Durchführung der Experimente . . . 155
Literaturhinweise . . . 156

Zweiter Teil: Methoden und Anwendungen 159

6 Differentialrechnung mit Nebenbedingungen 161
6.1 Grundlagen zur Methode der Lagrange-Multiplikatoren . . . 161

6.2 Produktionsprogrammplanung . . . 165
Aufgaben . . . 169

7 Lineare Programmierung **170**
7.1 Das Maximierungsproblem . . . 170
7.1.1 Ein Beispiel zur Produktionsprogrammplanung . . . 170
7.1.2 Graphische Lösung . . . 173
7.1.3 Erkenntnisse aus der graphischen Lösung . . . 177
7.1.4 Das Simplexverfahren . . . 178
7.1.5 Formale Vereinfachungen und Ablaufdiagramm . . . 186
7.1.6 Ökonomische Interpretation . . . 191
7.2 Das Minimierungsproblem . . . 196
7.2.1 Ein Beispiel zur Rezepturplanung . . . 196
7.2.2 Verfahren zur Lösung von Minimierungsproblemen . . . 200
7.3 Zusammenfassung und Ausblick . . . 204
7.3.1 Zusammenfassung unter Berücksichtigung von Sonderfällen . . . 204
7.3.2 Ausblick . . . 206
Aufgaben . . . 209
Literaturhinweise . . . 214

8 Anwendungen der linearen Programmierung **215**
8.1 Anwendungen im Produktions-Controlling . . . 215
8.1.1 Produktionsprogrammplanung . . . 215
8.1.2 Produktionsplanung . . . 218
8.1.3 Verschnittproblem . . . 221
8.1.4 Kombinierte Rezeptur- und Programmplanung . . . 227
8.2 Anwendungen im Marketing- und Finanz-Controlling . . . 231
8.2.1 Marketing-Mix . . . 231
8.2.2 Simultane Investitions- und Finanzplanung . . . 234
8.3 Weitere Anwendungen . . . 245
8.3.1 Ein Bericht vom Erfinder der linearen Programmierung . . . 245
8.3.2 Das Rucksackproblem . . . 247
8.3.3 Abituraufgabe . . . 249
Literaturhinweise . . . 250

9 Sensitivitätsanalyse und Parametrische Programmierung **251**
9.1 Grundlagen . . . 251
9.2 Die Beziehungen zwischen Ausgangs- und Endtableau . . . 252
9.2.1 Die Matrixrechnung als Grundlage . . . 252
9.2.2 Ausgangs- und Endtableau eines linearen Programms . . . 253
9.3 Die Fragestellungen der Sensitivitätsanalyse . . . 259
9.3.1 Grundlagen . . . 259
9.3.2 Variation eines Wertes der rechten Seite . . . 260
9.3.3 Variation eines Wertes der Zielfunktionszeile . . . 261
9.3.4 Variation eines einzelnen Produktionskoeffizienten . . . 265
9.3.5 Berücksichtigung einer neuen Strukturvariablen . . . 267

9.3.6 Berücksichtigung einer weiteren Restriktion 268
Aufgabe 271
9.4 Parametrische Programmierung 272
9.4.1 Grundlagen 272
9.4.2 Beispiel für die Parametrische Programmierung 273
9.4.3 Anwendung in der Produktions- und Kostentheorie 279
Aufgaben 281
Literaturhinweise 283

10 Dualität **284**
10.1 Grundlagen 284
10.2 Beziehungen zwischen Primal- und Dualproblem 285
10.3 Die Optimaltableaus eines Primal- und Dualproblems 289
10.4 Der duale Simplex-Algorithmus 292
10.5 Anwendung in der Produktionsprogrammplanung 296
Aufgaben 300
Literaturhinweise 302

11 Das Transport- und das Zuordnungsproblem **303**
11.1 Das Transportproblem 303
11.1.1 Grundlagen 303
11.1.2 Beispiel 304
11.1.3 Bestimmung einer Ausgangslösung 305
11.1.4 Optimierung mit der Stepping-Stone-Methode 308
11.1.5 Optimierung mit dem Modi-Verfahren 312
11.1.6 Das Transportproblem als LP-Problem 314
11.1.7 Sonderfälle des Transportproblems 317
11.1.8 Erweiterungen des klassischen Transportproblems 319
11.2 Anwendungen des Transportproblems 322
11.2.1 Die Studienplatzbörse 322
11.2.2 Das Betontransportproblem 324
Aufgaben 326
11.3 Das Zuordnungsproblem 328
11.3.1 Einführungsbeispiel 328
11.3.2 Formulierung des Zuordnungsproblems 329
11.3.3 Ungarisches Lösungsverfahren 330
11.3.4 Gewinnmaximierung im Zuordnungsproblem 335
11.4 Anwendungen des Zuordnungsproblems 339
11.4.1 Der Kauf von Flugtickets als Zuordnungsproblem 339
11.4.2 Personalzuordnung in Radiologien 342
Aufgabe 349
Literaturhinweise 350

12 Dynamische Programmierung **352**
12.1 Beispiel und Grundlagen 352
12.2 Anwendungen der Dynamischen Programmierung 360

12.2.1 Produktionsaufteilungsplanung 360
12.2.2 Bestimmung des kürzesten Weges 363
12.2.3 Prüfplanung 366
12.2.4 Der Wagner-Whitin-Algorithmus 376
Aufgaben 383
Literaturhinweise 384

13 Anwendungen der Heuristischen Programmierung 385
13.1 Überblick 385
13.2 Problemstellungen in der Logistik 385
13.2.1 Grundlagen 385
13.2.2 Das Traveling Salesman-Problem 386
13.2.3 Tourenplanungsproblem 388
13.3 Anwendungen in der Logistik 389
13.3.1 Überblick 389
13.3.2 Die Savingsheuristik 389
13.3.3 Die Sweepheuristik 391
13.3.4 Bester Nachfolger-Heuristik und Einfügungsheuristiken 393
13.3.5 Heuristik, die auf flächendeckenden Kurven basiert 393
13.3.6 Austausch- und Umsetzverfahren 396
13.3.7 Anwendungsbeispiel 396
13.4 Anwendungen in der Bestellmengenpolitik 399
13.4.1 Grundlagen 399
13.4.2 Das Cost-Balancing-Verfahren 400
13.4.3 Das Stückkostenverfahren 401
13.4.4 Die Silver-Meal-Heuristik 402
13.4.5 Vergleich der drei Heuristiken 403
Aufgabe 405
Literaturhinweise 406

14 Anwendungen der Simulationsmethodik 407
14.1 Grundlagen 407
14.2 Simulation eines Roulette-Systems 408
14.3 Simulation eines Verkehrsproblems 412
14.4 Simulation der Patientensteuerung 419
14.5 Simulation von Prüfstrategien 426
Aufgabe 434
Literaturhinweise 437

Tabellenverzeichnis

4.1 Symbolverzeichnis zur Entscheidungstheorie . . . 56
4.2 Ergebnismatrix . . . 59
4.3 Ergebnismatrix bei mehrfacher Zielsetzung und mehreren Ergebniszeitpunkten . . . 60
4.4 Ergebnismatrix (Beispiel) . . . 61
4.5 Nutzenmatrix (Beispiel) . . . 61
4.6 Ergebnismatrix bei einfacher Zielsetzung . . . 64
4.7 Ergebnismatrix bei mehrfacher Zielsetzung . . . 65
4.8 Nutzenmatrix bei mehrfacher Zielsetzung . . . 66
4.9 Ergebnismatrix bei mehrfacher Zielsetzung (Beispiel) . . . 66
4.10 Beispiel zur Lösung durch Zielgewichtung . . . 67
4.11 Beispiel zur Anwendung der lexikographischen Ordnung . . . 68
4.12 Beispiel zur Anwendung des Standardansatzes des Goal-Programming . 69
4.13 Beispiel zur Maximierung des minimalen Zielerreichungsgrades . . . 70
4.14 Beispiel zur Anwendung der Maximin-Regel . . . 72
4.15 Beispiel zur Anwendung der Maximax-Regel . . . 73
4.16 Nutzenmatrix (Beispiel) zur Anwendung der Hurwicz-Regel . . . 74
4.17 Entscheidungsmatrix (Beispiel) zur Anwendung der Hurwicz-Regel . . . 74
4.18 Beispiel zur Anwendung der Laplace-Regel . . . 75
4.19 Nutzenmatrix (Beispiel) zur Anwendung der Savage-Niehans-Regel . . . 76
4.20 Opportunitätsmatrix (Beispiel) zur Anwendung der Savage-Niehans-Regel 76
4.21 Beispiel zur Anwendung des μ-Prinzips . . . 79
4.22 Beispiel zur Anwendung des (μ, σ)-Prinzips . . . 80
4.23 Ergebnismatrix (Beispiel) zur Anwendung des Bernoulli-Prinzips . . . 83
4.24 Beispiel zur Konstruktion der Risiko-Nutzenfunktion . . . 83
4.25 Nutzenmatrix (Beispiel) zur Anwendung des Bernoulli-Prinzips . . . 85
4.26 Spielmatrix (Auszahlungsmatrix) . . . 90
4.27 Zweipersonen-Nullsummenspiel mit Sattelpunkt . . . 94
4.28 Zweipersonen-Nullsummenspiel mit Sattelpunkt in vereinfachter Schreibweise . . . 95
4.29 Zweipersonen-Nullsummenspiel ohne Sattelpunkt . . . 95
4.30 Papier-Stein-Schere-Spiel . . . 97
4.31 Konstantsummenspiel . . . 98
4.32 Gefangenendilemma . . . 99

5.1 Methodiken zur Analyse quantitativer Modelle . . . 111
5.2 Rechenzeitbedarf und Zeitkomplexitätsfunktion . . . 122
5.3 Effekt erhöhter Rechengeschwindigkeit . . . 122

7.1 Bearbeitungszeiten für Sitzmöbelherstellung . . . 170
7.2 Kapazitäten für Sitzmöbelherstellung . . . 170

7.3 Marktpreise, Stückkosten und Deckungsspannen für Sitzmöbel 171
7.4 Inhalt und Preise der verschiedenen Rohstoffe 197
7.5 Zusammenfassung zur linearen Programmierung 204

8.1 Einzahlungsüberschüsse zur ersten Datenkonstellation 236
8.2 Einzahlungsüberschüsse zur zweiten Datenkonstellation 240
8.3 Ausgangstableau für die simultane Investitions- und Finanzplanung . . 242
8.4 Optimaltableau für die simultane Investitions- und Finanzplanung . . . 243

9.1 Ausgangsdaten zur Sensitivitätsanalyse 254
9.2 Ausgangstableau zur Sensitivitätsanalyse 255
9.3 Das Ausgangstableau in Matrixschreibweise 255
9.4 Das Ausgangstableau mit Matrixschreibweise 255
9.5 Endtableau zur Sensitivitätsanalyse 256
9.6 Das Endtableau in Matrixschreibweise 257
9.7 Das Endtableau mit Matrixschreibweise 257
9.8 Ergebnisse der Sensitivitätsanalyse 264
9.9 Die Umwandlung einer neuen Zeile des Ausgangstableaus 269
9.10 Ausgangstableau mit drei Parametern 273
9.11 Erstes Tableau mit drei freien Parametern 275
9.12 Zweites Tableau mit drei freien Parametern 277
9.13 Drittes Tableau mit drei freien Parametern 278

10.1 Vergleich von primalem und dualem Simplex-Algorithmus 295
10.2 Optimaltableau im Primalproblem 298
10.3 Optimaltableau im Dualproblem 298
10.4 Nutzenmatrix 301
10.5 Nutzenmatrix bei Formal- und Sachzielorientierung 302

11.1 Vergleich von Modi-Verfahren und Simplex-Algorithmus 318
11.2 Matrix der Flugkosten 340
11.3 Die um Spaltenminima reduzierte Matrix 342
11.4 Optimale Lösung für den Kauf von Flugtickets 342
11.5 Arbeitsgeschwindigkeit der Konditoren 350

12.1 Bestimmung des kürzesten Weges 365
12.2 Formale Bezeichnung und die Bedeutung der Pfeile des Graphen 371
12.3 Ermittlung der optimalen Bestellmengenpolitik 381
12.4 Kosten pro Anlage als Funktion der Intensität 383
12.5 Bedarf und Marktpreis von LIPLA99 383

13.1 Bestellmengenpolitik mit dem Cost-Balancing-Verfahren 401
13.2 Bestellmengenpolitik mit dem Stückkostenverfahren 402
13.3 Bestellmengenpolitik mit der Silver-Meal-Heuristik 403
13.4 X- und Y-Koordinaten der Städte Nr. 1-15 406

14.1 Bezeichnung der im Netzplan dargestellten Aktivitäten 420

14.2 Erläuterungen zu dem Flußdiagramm zur Patientensteuerung 424
14.3 Verzeichnis der Symbole in der Reihenfolge ihres Auftretens 427
14.4 Planspiel zur Lagerdisposition 435
14.5 Zusammensetzung des Kartenspiels und Nachfragewerte der Karten . . 436

Abbildungsverzeichnis

1.1 Lagerbestandsentwicklung 3

2.1 Die Lösung von Problemen durch die Anwendung von Mathematik . . . 13
2.2 Grundmodell eines Problems 15
2.3 Elemente des klassischen Planungsschemas 18
2.4 Strukturstufen von Planungsproblemen 21
2.5 Modellbildung nach dem abbildungsorientierten Modellansatz 24

3.1 Prozeß der Problemlösung 31
3.2 Prozeß der Modellbildung 33
3.3 Phasen der Problemformulierung 35
3.4 Elemente des klassischen Planungsschemas 39
3.5 Ergebnis der Entscheidungsfeldbildung 40
3.6 Der Aufbau schlechtstrukturierter Probleme 43
3.7 Die Bildung von Teilproblemen 43
3.8 Problemlösungsmethodik und formale Problemstruktur des Modells . . 47
3.9 Deutung eines Modells 49

4.1 Grundmodell der Entscheidungstheorie 55
4.2 Graph einer Risiko-Nutzenfunktion 84
4.3 Lineare Nutzenfunktion 85
4.4 Konkave Nutzenfunktion 86
4.5 Konvexe Nutzenfunktion 87
4.6 Nutzenfunktion vom Savage-Friedman-Typ 87
4.7 Spielbaum 91
4.8 Bestimmung gemischter Strategien 96

5.1 Prozeß quantitativer Planung 109
5.2 Zielfunktionsgebirge über einem zulässigen Alternativenraum 114
5.3 Konkave Zielfunktion über einem konvexen Raum (schraffiert) 115
5.4 Konvexe Zielfunktion über einem konvexen Raum (schraffiert) 116
5.5 Konvexe und nicht konvexe Räume 116
5.6 Konvexe, konkave und andere Funktionen 117
5.7 Nichtkonvexe und nichtkonkave Funktion 117
5.8 Konkave Funktion über einem nichtkonvexen Alternativenraum (schraffiert) 118
5.9 Zielfunktionsgebirge mit schwacher Abhängigkeit von x_1 125
5.10 Entscheidungsbaum 129
5.11 Zusammenhang zwischen Allgemeinheit und Mächtigkeit 135
5.12 Das Kriterium der heuristischen Kraft 137
5.13 Dichtefunktion der Lösungsqualität eines Heuristischen Programms . . 138
5.14 Verteilungsfunktion der Lösungsqualität eines Heuristischen Programms 139

5.15 Dominanzbeziehungen zwischen zwei Heuristischen Programmen 140

6.1 Dreidimensionale Darstellung einer Zielfunktion 164
6.2 Vogelperspektive einer Zielfunktion 164
6.3 Grenzgewinne als Funktionen der Produktionszeit t 167
6.4 Addierte Grenzgewinnfunktion als Funktion der Produktionszeit 168

7.1 Zweidimensionale Darstellung des Lösungsraumes 173
7.2 Abbildung der Restriktionen im Lösungsraum 174
7.3 Lösungsraum mit einer gestrichelten Isogewinngerade 175
7.4 Lösungsraum mit zwei (gestrichelten) Isogewinngeraden 176
7.5 Dreidimensionaler Fall 177
7.6 Lösungsraum mit Eckpunkt $y_3 = 0$ und $x_2 = 0$ 182
7.7 Lösungsraum mit Eckpunkt $y_2 = 0$ und $y_3 = 0$ 186
7.8 Ablaufdiagramm für den Simplex-Algorithmus 190
7.9 Veränderung von y_2 um eine Einheit 193
7.10 Lösungsraum des Rezepturplanungsproblems 198
7.11 Spiegelung 200
7.12 Fehlende Nebenbedingung 206
7.13 Lösungsraum mit Ganzzahligkeitsbedingung 207

8.1 Solver-Parameter in Excel für eine Verschnittplanung 226
8.2 Ergebnis in Excel für eine Verschnittplanung 226

9.1 Veranschaulichung der Lösung eines Gleichungssystems 254
9.2 Variation des Wertes b_1 der rechten Seite 262
9.3 Variation des Zielfunktionskoeffizienten c_1 266
9.4 Berücksichtigung einer weiteren Restriktion 270
9.5 Lokalisierung der Basisvariablen 278

11.1 Ablaufdiagramm zum Ungarischen Lösungsverfahren 338

12.1 Gewinnfunktionen der Investitionsalternativen 353
12.2 Orts- und Entfernungsnetz 363
12.3 Ermittlung des kürzesten Weges im gerichteten Graphen 364
12.4 Gerichteter Graph G(5) für $i_n = 3$ Produktionsstufen 371
12.5 Mögliche Bestellpolitiken in einem gerichteten Graphen G(5) 379

13.1 Zusammenfassung von Pendeltouren 390
13.2 Sukzessive Entstehung einer einzelnen Tour 391
13.3 Bildung von vorläufigen Touren bei der Sweepheuristik 392
13.4 Rekursive Herleitung einer flächendeckenden Kurve 395
13.5 Veranschaulichung einer Heuristik 396

14.1 Simulation des Roulette-Systems – Teil A 410
14.2 Simulation des Roulette-Systems – Teil B 411
14.3 Ortsverhältnisse für das Verkehrsproblem 413

14.4 Flußdiagramm für die Simulation des Verkehrsproblems 415
14.5 Netzpläne zum organisatorischen Ablauf der CT-Untersuchung 421
14.6 Simulation der Patientensteuerung 425
14.7 Stiftqualität 428
14.8 Schachtel- und Isolationsqualität 429
14.9 Steckerqualität 430
14.10 Komplettes Flußdiagramm zur Simulation der versuchten Verschraubung genau eines Steckers 431
14.11 Doppel-Stichprobenprüfung 432
14.12 Mögliche Folgen von Kartenzügen bei der Erzeugung der Nachfrage einer Runde 436

Kapitel 1

Einführende Fallstudie

Das Anliegen dieses Buches ist es, den gesamten Prozeß quantitativer Planung in seinen Grundzügen zu erläutern. Dabei wird unter quantitativer Planung der Einsatz quantitativer Modelle und Analysemethoden zur Unterstützung zukunftsbezogener, betrieblicher Entscheidungsprozesse verstanden. Das Buch will sowohl eine Gesamtkonzeption quantitativer Planung vorstellen als auch das weite Spektrum quantitativer Modelle und Analysemethoden im einzelnen erläutern. Aus methodischen Gründen soll die Gesamtproblematik quantitativer Planung einleitend an einer Fallstudie zur Bestellmengenplanung verdeutlicht werden.

Der Inhaber des Wohnshops UNITREND in Köln-Lindenthal ist Wolf-Werner Berdel. Eines seiner Lieblings-Möbelstücke ist das Zweisitzersofa „Sweetheart". Hierbei handelt es sich um ein aufblasbares Plastikmöbel in der Form eines roten Herzens, das bei Studenten besonders gut ankommt – wohl vor allem deshalb, weil es auch im Freien benutzt werden kann. Dies erklärt die hohe Nachfrage im Sommerhalbjahr. Sweetheart verkauft sich bereits seit einigen Jahren recht gut und Herr Berdel geht davon aus, daß dies auch in den kommenden Jahren so bleiben wird. Nur die Lagerkosten des Artikels erscheinen ihm unnötig hoch. Er vermutet, daß seine Bestellpraxis, den geschätzten Bedarf eines ganzen Jahres auf einmal zu bestellen, verbesserungsfähig ist. Deshalb möchte er eine kostengünstigere Bestellpolitik herausfinden. Er erhofft sich vom Einsatz quantitativer Planungsmethoden eine Lösung seines Problems.

Die Ausgangssituation ist schnell erklärt. In den vergangenen Jahren hat sich gezeigt, daß die monatlichen Absatzzahlen gleichbleibend die folgenden Mittelwerte aufweisen:

J	F	M	A	M	J	J	A	S	O	N	D	J
20	30	30	40	40	60	50	30	30	30	20	20	20

Die monatliche Nachfrage unterliegt zufälligen Schwankungen, die sich um diese Mittelwerte bewegen, und zwar gleichverteilt in den Grenzen zwischen +10 und −10 Mengeneinheiten. Der Einstandspreis von Sweetheart beträgt 400 DM, der Verkaufspreis 600 DM. Die Beschaffung der Möbelstücke muß Herr Berdel fremdfinanzieren und dafür 10% Zinsen p.a. bezahlen. Pro Beschaffungsvorgang fallen fixe Beschaffungskosten in Höhe von 500 DM an. Die Lieferzeit beträgt einen Monat. Am Beginn des Jahres – dies soll der Planungszeitpunkt sein – befinden sich noch 20 Sweethearts auf Lager, so daß zumindest der Durchschnittsbedarf des Monats Januar gedeckt ist. Wenn die Kunden ihr Sweetheart nicht gleich unter dem Arm mitnehmen können, weil der Vorrat erschöpft ist, verfällt ihre Nachfrage, da sie sich das Sofa anderweitig besorgen.

Auf der Basis dieser Problembeschreibung versucht Wolf-Werner Berdel nun zunächst eine Optimierungsmethode anzuwenden, die auf einer Durchschnittsbetrachtung beruht. Es ist die sogenannte „klassische Bestellmengenformel“. Damit ihre formalen Anwendungsvoraussetzungen erfüllt sind, muß das reale Planungsproblem vereinfacht werden. Berdel geht deshalb vereinfachend davon aus, daß die erwartete Gesamtjahresnachfrage gleichmäßig über das Jahr verteilt anfällt und sieht von Schwankungen zunächst ab. Unter diesen Voraussetzungen ist die Bestellmengenoptimierung recht einfach. Die Gesamtkosten K setzen sich aus den bei jeder Bestellung anfallenden fixen Bestellkosten und den Lagerkosten zusammen. Bei annahmegemäß kontinuierlichem Abverkauf ergeben sich die folgenden Gesamtkosten pro Jahr in Abhängigkeit der Bestellmenge

$$K(m) = \frac{M}{m} \cdot K_f + \frac{m}{2} \cdot p \cdot z \tag{1.1}$$

mit

m	Bestellmenge
M	Jahresnachfrage
K_f	bestellfixe Kosten pro Bestellung
p	Einstandspreis
z	Zinssatz

Der erste Summand beschreibt, wie häufig bei Realisierung einer Bestellmenge von m pro Jahr bestellt wird, (M/m), wie oft demgemäß die Bestellkosten K_f pro Jahr anfallen. Bei unterstelltem kontinuierlichem Abverkauf der Bestellmenge m liegen im Durchschnitt stets $(m/2)$ Mengeneinheiten auf Lager, so daß sich die Lagerkosten aus dem Lagerwert $((m/2) \cdot p)$, multipliziert mit dem Zinssatz z, ergeben. Durch Ableitung der Kostenfunktion nach m und Nullsetzen ergibt sich die kostenminimale Bestellmenge

$$m_{opt} = \sqrt{2 \cdot \frac{M \cdot K_f}{p \cdot z}}. \tag{1.2}$$

Setzt Herr Berdel nun die konkreten Daten seines Problems ein, so kann er seine optimale Bestellmenge leicht errechnen:

$$m_{opt} = \sqrt{2 \cdot \frac{400 \cdot 500}{400 \cdot 0,1}} \;=\; 100. \tag{1.3}$$

Dieses Ergebnis besagt, daß Herr Berdel viermal pro Jahr jeweils 100 Exemplare von Sweetheart beschaffen soll. Als Gesamtkosten ergeben sich modellgemäß

$$\begin{aligned} K(m = 100) &= \tfrac{400}{100} \cdot 500 \quad + \tfrac{100}{2} \cdot 400 \cdot 0,1 \\ &= 2.000 \quad + 2.000 \\ &= 4.000 \text{ DM}. \end{aligned} \tag{1.4}$$

Interessanterweise zeigt sich, daß Bestell- und Lagerkosten gleich hoch sind.

Herr Berdel hat, um das Bestellmengenmodell anwenden zu können, sein praktisches Problem stark vereinfacht, er hat die Komplexität des praktischen Planungsproblems stark reduziert. Nun hegt er doch Zweifel, ob nicht dadurch die Lösung des Bestellmengenmodells womöglich für sein praktisches Problem gar keine Gültigkeit hat. Deshalb versucht er herauszufinden, welche Kosten sich tatsächlich ergeben, wenn er die ermittelte Bestellpolitik realisiert, die monatlichen Nachfragemengen aber den Mittelwerten entsprechend eintreffen. Und seine Befürchtungen bestätigen sich, wie die folgende Abb. 1.1 erkennen läßt. Während die durchgezogene Linie den Lagerbestandsverlauf

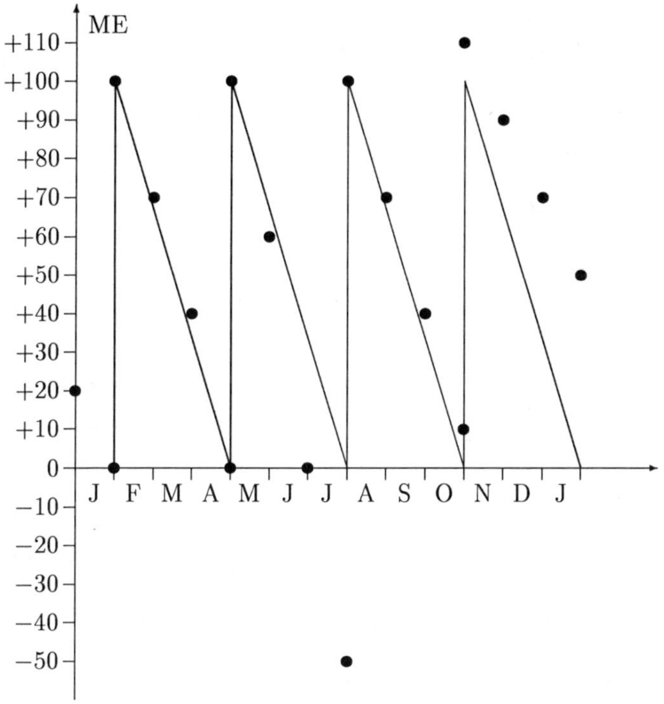

Abb. 1.1: Lagerbestandsentwicklung

unter der Annahme eines kontinuierlichen Abverkaufs beschreibt, zeigen die Punkte die tatsächliche Bestandsentwicklung bei Eintritt der monatlichen Durchschnittsnachfragen. Es ergeben sich nicht nur höhere Bestell- und Lagerkosten. Sie sind im einzelnen zu ermitteln, indem man die durchschnittlichen monatlichen Lagerbestände des auch der Bestellmengenformel zugrundeliegenden Zeitraumes Februar bis Januar betrachtet und betragen 4.250 DM. Viel gravierender ist, daß im Juli die Nachfrage nicht gedeckt werden kann. Angesichts des entgehenden Deckungsbeitrages von 200 DM pro Stück verursacht der Fehlbestand von insgesamt 50 Stück Opportunitätskosten (Kosten des entgangenen Gewinns) von 10.000 DM – das ist weit mehr als die gesamten Bestell- und Lagerkosten!

Nun kommen Herrn Berdel doch Bedenken hinsichtlich der Tauglichkeit des Bestellmengenmodells für sein Planungsproblem, und er sucht nach einer Planungsmethode, die die Nachfrageschwankungen besser zu berücksichtigen erlaubt. Da geeignete Optimierungsmethoden hierfür sehr kompliziert sind, entscheidet sich Herr Berdel für eine Heuristik. Das ist eine Methode, die i.a. gute Lösungen liefert, aber nicht nachweisbar optimale. Heuristiken verwenden Plausibilitätsregeln für eine systematische Lösungssuche und orientieren sich dabei häufig an Merkmalen von Optimierungsmethoden. Dies gilt auch für die sogenannte Kostenausgleichsmethode (Cost-Balancing-Verfahren). Sie orientiert sich an dem Faktum, daß bei optimaler Lösung der klassischen Bestellmengenformel bestellfixe Kosten und Lagerkosten gerade gleich hoch sind – wie oben auch zu erkennen war. Herr Berdel entscheidet sich daher, solange Monatsbedarfsmengen schrittweise zu einer Bestellmenge zusammenzufassen, bis die Summe der sich hieraus ergebenden Lagerkosten die fixen Bestellkosten erstmals überschreitet. Dieser letzte Monatsbedarf wird noch in die Bestellmenge einbezogen. Danach wird neu bestellt. Bei Ausrichtung auf die durchschnittlichen Monatsnachfragen und unter Berücksichtigung der Lieferzeit von einem Monat ergibt sich folgendes Kalkül (Lagerkostensatz pro Stück und Monat: 40/12 DM):

Fixe Kosten der Bestellung im Monat Januar	Lagerkosten bei Einbeziehung der Monatsbedarfe für die Monate		
	Februar	März	April
500	$15 \cdot 40/12$	$(30+15) \cdot 40/12$	$(80+20) \cdot 40/12$
	50	150	333
			= 533

Exemplarisch sei die Berechnung der Lagerkosten für April verdeutlicht: Wird die erwartete Nachfragemenge des Monats April (40) bereits im Januar bestellt, geht sie im Februar auf Lager. Sie wird in den Monaten Februar und März in voller Höhe ($2 \cdot 40 = 80$) und im Monat April mit durchschnittlich halber Menge ($40/2 = 20$) gelagert. Diese Menge ($80 + 20$) muß mit dem Lagerkostensatz ($40/12$) multipliziert werden. Bei Bestellung der Nachfragemengen für die Monate Februar, März und April übersteigen die Lagerkosten erstmals die bestellfixen Kosten. Deshalb wird im April neu bestellt.

Fixe Kosten der Bestellung im Monat April	Lagerkosten bei Einbeziehung der Monatsbedarfe für die Monate		
	Mai	Juni	Juli
500	$20 \cdot 40/12$	$(60+30) \cdot 40/12$	$(100+25) \cdot 40/12$
	67	300	417
			= 784

In analoger Weise ergeben sich die Bestellungen für die Monate Juli und November:

Fixe Kosten der Bestellung im Monat Juli	Lagerkosten bei Einbeziehung der Monatsbedarfe für die Monate			
	August	September	Oktober	November
500	$15 \cdot 40/12$ 50	$(30+15) \cdot 40/12$ 150	$(60+15) \cdot 40/12$ 250	$(60+10) \cdot 40/12$ 233
				= 683

Fixe Kosten der Bestellung im Monat Nov.	Lagerkosten bei Einbeziehung der Monatsbedarfe für die Monate	
	Dezember	Januar
500	$10 \cdot 40/12$ 33	$(20+10) \cdot 40/12$ 100
		= 133

Obwohl eine weitere Ausdehnung der letzten Bestellmenge in das nächste Jahr hinein noch günstigere Resultate erbringen würde, zeigt sich auch bei Abbruch im Monat Januar – aus Gründen der Vergleichbarkeit – die Leistungsfähigkeit der Heuristik. Sie führt mit insgesamt 4.133 DM (Lagerkosten 2.133 DM, Bestellkosten 2.000 DM) nicht nur zu geringeren Gesamtkosten als die scheinbar optimierende Bestellmengenformel, sondern sie vermeidet auch Fehlmengen – jedenfalls solange die durchschnittlich erwarteten Monatsnachfragen auch tatsächlich eintreffen. Insofern ist Wolf-Werner Berdel bereits recht zufrieden.

Allerdings fühlt er sich doch noch insoweit unwohl, als die möglichen, zufallsabhängigen Schwankungen bisher nicht berücksichtigt worden sind. Läuft das Geschäft besonders gut, drohen ihm womöglich wieder Fehlmengen, läuft es besonders schleppend, sitzt er auf zu hohem Lagerbestand. Zwar kann er im Zeitablauf sein Bestellverhalten dem aktuellen Nachfrageverhalten anpassen, aber die Auswirkungen unterschiedlicher Bestellstrategien würden ihn schon sehr interessieren. Dazu müßte untersucht werden, wie Kosten und Lieferfähigkeit sich für verschiedene, den vorgegebenen Zufallsschwankungen entsprechende Nachfrageentwicklungen und bei unterschiedlichen Bestellstrategien verhalten. Dabei sind die Bestellstrategien gekennzeichnet durch die Bestellzeitpunkte, die Bestellmengen und insbesondere durch die Bedeutung, die dem Aspekt der Ungewißheit beigemessen wird, d.h. durch die Risikopräferenz. Sie bringt zum Ausdruck, inwieweit Fehlmengensituationen zu vermeiden gesucht werden – was notwendigerweise zu einer Erhöhung der Lagerbestände führt.

Derartige Untersuchungen sind die Domäne der sogenannten Simulationsmethoden. Diese Methoden suchen nicht autonom nach Lösungen von Entscheidungsproblemen wie Optimierungsmethoden und Heuristiken, sondern sie decken Handlungskonsequenzen auf – meistens unter Einbeziehung von zufälligen Einflußgrößen. In unserem Fall könnte ein einfaches Würfelspiel den Zufallsprozeß für eine Simulationsuntersuchung darstellen. Herr Berdel kann die zufällige Abweichung der Monatsnachfragen von den

Durchschnittswerten wie folgt vereinfacht simulieren. Für jeden Monat würfelt er mit einem normalen Würfel zunächst je einmal. Werte zwischen 1 und 5 sollen dabei folgende Bedeutung haben:

Würfelwert	1	2	3	4	5
Nachfrageabweichung vom Durchschnittswert in Mengeneinheiten	−10 ME	−5 ME	0	+5 ME	+10 ME

Beim Wurf einer 6 wird erneut gewürfelt. Zwar werden mit diesem Experiment nicht alle denkbaren Nachfragemengen simuliert, aber doch die Schwankungsbreite gut abgedeckt. Mit diesem Zufallszahlengenerator könnte nun Herr Berdel verschiedenste Bestellstrategien dadurch simulieren, daß er mehrere Jahre „durchwürfelt" und die Konsequenzen der Strategien analysiert. Den Ausschlag für die eine oder andere Strategie wird dabei nicht zuletzt seine Einstellung zu Risiken und Chancen des Geschäftes geben.

Hier soll nur auf eine denkbare Strategie hingewiesen werden. So könnte Herr Berdel beispielsweise immer dann, wenn der Lagerbestand kleiner oder gleich der Summe der Durchschnittsnachfragen der beiden nächsten Monate ist, eine neue Bestellung gemäß dem Kostenausgleichsverfahren aufgeben. Dies wäre eine relativ konservative Strategie, die das Fehlmengenrisiko stark mindert, aber zu hohen Lagerbeständen führt. Risikoreicher wäre es z.B., mit der Bestellung zu warten, bis der Lagerbestand den nächsten durchschnittlichen oder auch maximalen Monatsbedarf erreicht oder unterschreitet.

Die Planungsaufgabe des Herrn Berdel spiegelt – natürlich in höchst geraffter Form – das gesamte Spektrum quantitativer Planung wider: Die Notwendigkeit der Strukturierung praktischer Planungsprobleme, um sie quantitativen Methoden zugänglich zu machen, die notwendige Vereinfachung praktischer Probleme in quantitativen Modellen, die unterschiedlichen Voraussetzungen und Ansatzpunkte verschiedener Analysemethoden und nicht zuletzt die grundlegende Bedeutung der Entscheidungskriterien für die Beurteilung von Handlungsalternativen. Alle diese Aspekte sollen im folgenden eingehend diskutiert werden.

Erster Teil:
Konzeption quantitativer Planung

Kapitel 2

Begriffliche Grundlagen

2.1 Zum Begriff der Planung

An Versuchen, den Begriff *Planung* zu präzisieren, hat es bisher in der Literatur nicht gemangelt. Die Definitionsvarianten reichen von Planung als *Vorwegnahme künftigen Handelns* über Planung als *integrierte Entscheidungsfindung* bis hin zur Gleichsetzung von Planung mit *Antizipation* oder mit *Rationalität* (vgl. KOCH 1961, KOCH 1982, DELFMANN 1993). Für den einen ist Planung ein „Allheilmittel“ für die Bewältigung schwieriger unternehmerischer Aufgaben, für den anderen enthält der Begriff Planung einen eher negativen Beigeschmack, da mit ihm „Planwirtschaft“ oder „verplant sein“ assoziiert wird. Definitionen können nicht als richtig oder falsch gelten, sondern nur als mehr oder weniger sinnvoll. Sie dienen der Verständigung, haben ordnenden Charakter und bilden die Basis weitergehender Diskussion. Deshalb ist die terminologische Präzisierung von Planung für den Gegenstand dieses Buches unabkömmlich und vor dem Hintergrund der teilweise kontroversen Diskussion dringend geboten. So stellt beispielsweise Henry Mintzberg in einem Artikel mit dem provokativen Titel: „What is planning anyway?“ (MINTZBERG 1981) fest, daß im Grundsatz immer noch unklar sei, was eigentlich mit dem Wort Planung gemeint ist. Ähnlich kritisch äußert sich der deutsche Philosoph Hans Lenk, der aus wissenschaftstheoretischer Perspektive verschiedenen Definitionsversuchen semantische Vagheiten und unpräzise Formulierungen vorwirft, die den Begriff Planung durch noch abstraktere Begriffe ersetzten (vgl. LENK 1972, S. 63ff.). Wenn auch diese sehr kritischen Einschätzungen nicht ganz geteilt werden können, so zeigen sie doch eine wichtige Position in der Diskussion auf und rufen jeden, der begriffliche Präzisierung anstrebt, zur Sorgfalt auf.

Eine erste Annäherung an die Bedeutung von Planung erhofft man sich von einer etymologischen Betrachtung. Es leitet sich aus den lateinischen Begriffen „planus“ bzw. „planum“ ab und bedeutet soviel wie Ebene, Fläche, flach, glatt, deutlich, transparent, reibungslos oder übersichtlich. Ganz anders hingegen sieht es bei der Bedeutung des Substantivs „planus“ (lat.) aus, das soviel wie Tagedieb, Landstreicher oder Gauner heißt und damit eher negativ besetzt ist. Die Etymologie scheint hier wenig Anhaltspunkte zu liefern, um den Begriff Planung zu präzisieren (vgl. SZYPERSKI/WINAND o.J., S. 13).

Eine zweite Möglichkeit der Annäherung an das Phänomen Planung kann aus unserem Alltagsverständnis heraus entwickelt werden. Ein einfaches Beispiel dient dabei der

Illustration der wesentlichen Bestandteile von Planung. So stelle man sich eine Familie vor, die sich im Mai zusammensetzt, um das anstehende Planungsproblem „Wo fahren wir im Sommerurlaub hin?“ zu lösen. Planungsgegenstand ist also der von allen angestrebte und vielleicht auch benötigte Sommerurlaub, der in den nachfolgenden „Planungsrunden“ von der Familie entwickelt und festgelegt wird. In den Planungsrunden können die Familienmitglieder ihre Urlaubswünsche (Ziele bzw. Präferenzen) artikulieren, die vom Erholungsurlaub an der holländischen Küste bis hin zum Kultururlaub im historischen Rom reichen können. Konnten die Ziele des Urlaubs spezifiziert werden, dann können sich die Familienmitglieder auf die Suche nach denkbaren Handlungsalternativen machen (Welche Länder kommen in Frage? Welcher Ort erscheint am attraktivsten? Welche Unterkünfte sind verfügbar? etc.), die Ermittlung von Handlungsrestriktionen (Urlaubsdauer, Urlaubsbudget etc.) sowie eine Wertung von Handlungsergebnissen (Erholung, Bildung, Abenteuer etc.) vornehmen. Sind alle Entscheidungsinformationen zusammengetragen, dann beratschlagen die Familienmitglieder über die verschiedenen ausgearbeiteten Urlaubsalternativen. Das „Für“ und „Wider“ einzelner Lösungsvorschläge wird diskutiert, Argumente werden ausgetauscht und abgewogen. Abschließend entscheiden sie sich für eine Alternative, die auf der Grundlage der verfügbaren Informationen ihren Urlaubszielen am besten zu entsprechen scheint. Der Urlaubsplan wird, falls keine Entwicklungen die Planprämissen als revisionsbedürftig ausweisen (beispielsweise bei politischen Unruhen im Urlaubsland oder bei Verlust des Arbeitsplatzes), anschließend in die Tat umgesetzt.

Mit Hilfe dieses einfachen Beispiels lassen sich die sechs wesentlichen Elemente der Planung herausstellen, die nicht unabhängig voneinander sind, sondern als Ganzes betrachtet werden müssen:

- Planung ist auf die Gestaltung von Objekten (Sommerurlaub) gerichtet.
- Planung ist zukunftsorientiert (im Mai wird der Sommerurlaub für August geplant).
- Planung ist an Planungssubjekte (Familienmitglieder) gebunden und damit prinzipiell ein subjektiver Prozeß.
- Planung setzt Willensbildung der Beteiligten (im Familienrat) voraus.
- Planung erfordert die Erzeugung und Verarbeitung von Informationen (Urlaubsziele, Urlaubsalternativen, Urlaubsrestriktionen etc.) über das Planungsobjekt.
- Planung ist im wesentlichen ein systematischer und rationaler Informationsverarbeitungsprozeß (systematisches Vorgehen und der Austausch von Argumenten während der Urlaubsplanung).

Die sechs Begriffsbestandteile der Planung sollen im weiteren näher erläutert und ihre

Bedeutung herausgestellt werden. Nicht alle Autoren beziehen explizit die hier genannten Elemente des Planungsbegriffes mit ein, sondern verwenden sie teilweise nur implizit, ohne sie in ihre Planungsdefinitionen zu übernehmen.

Das erste und wohl offensichtlichste Merkmal der Planung ist ihr Anspruch auf Gestaltung von Objekten. Planungsobjekte sind vielfältig. In dem oben genannten Beispiel ist das Planungsobjekt der Sommerurlaub der Familie. Bezogen auf betriebswirtschaftliche Problemstellungen finden sich Planungsobjekte in allen betrieblichen Funktionsbereichen. Die Planung der Absatzmenge eines Waschmittels, des Finanzmittelbedarfs eines Investitionsobjektes oder der Distributionsstruktur für die Warenverteilung sind nur einige Beispiele, denen allen gemeinsam ist, daß durch Planung Veränderungen des Planungsobjektes nach den Vorstellungen und Zielen des Planenden initiiert werden.

Planung ist im Kern zukunftsorientiert und versucht, diese aktiv zu gestalten. Das Ziel der Planung besteht schließlich in dem Erreichen eines oder mehrerer künftiger Zustände der Planungsobjekte, die ohne entsprechende Maßnahmen nicht erreicht würden. Die Zukunft ist jedoch nicht sicher und zumeist auch nur schwer prognostizierbar, so daß besondere Anforderungen an die Organisation und Informationsverarbeitung gestellt werden.

Planung wird von dazu legitimierten Planungsträgern ausgeführt und ist in diesem Sinne prinzipiell ein subjektiver Prozeß. Subjektivität soll hier jedoch nicht gleichgesetzt werden mit Willkür oder Beliebigkeit, sondern verweist lediglich darauf, daß Planung von Subjekten – den Planungsträgern – ausgeführt wird. Planungsprobleme werden durch Personen abgegrenzt und definiert, Wertvorstellungen, Erfahrungen und Überzeugungen prägen ihre Wahrnehmung der Probleme und ihre Fähigkeit, Handlungsalternativen zu entwickeln und Planungsergebnisse zu beurteilen. Versuche, diesen Subjektbezug zu leugnen oder ihn nicht als integralen Bestandteil der Planung zu behandeln, führen zwangsläufig zu einem sehr reduzierten Planungsverständnis. Viele Schwierigkeiten, aber auch Chancen, ergeben sich gerade aus einer Integration dieser subjektbezogenen Komponenten der Planung.

Planung setzt Willensbildung bei den Planungsträgern voraus. Willensbildung bezieht sich dabei auf alle Aspekte des Planungsprozesses. Von den Planungsträgern sind Absichten und Ziele zu artikulieren, Probleme zu definieren, Lösungsmöglichkeiten und Bewertungsgrößen festzulegen sowie eine Auswahl zwischen verschiedenen Handlungsalternativen und ihre Verabschiedung in einem Plan auszuführen. Jeder dieser Schritte erfordert einen Prozeß der Willensbildung, der gerade in größeren Organisationen nicht von einem, sondern von mehreren Planungsträgern vollzogen wird.

Planung erfordert die Aufnahme und Verarbeitung von Informationen über das Planungsobjekt und Aspekte der Planungssituation. Es müssen Informationen über das zugrundeliegende Planungsproblem gesammelt, ihre vielleicht widersprüchlichen Aussagen beurteilt und Informationen über denkbare Handlungsalternativen, die Planungssituation und ihre künftige Entwicklung erhoben werden. Planung ist die gedankliche

Vorwegnahme zukünftigen Tathandelns und ist damit entscheidungsbezogenes Denkhandeln (vgl. KOCH 1961).

Planung folgt prinzipiell einer Systematik. Dieser Aspekt ist in der Literatur nicht ganz unumstritten, denn wird der Begriff Systematik sehr eng ausgelegt, dann orientiert sich Planung vornehmlich an Analyse, geordneten, formalen und expliziten Gedankenprozessen. Kreativität und Intuition der Planungsträger würden formalisierten Prozeduren und Verfahren geopfert. Planung kann jedoch auch ad hoc erfolgen und erfordert ein erhebliches Maß an Kreativität. Systematisch soll deshalb im Sinne einer Anwendung von Verfahren und Argumentationen verstanden werden, die intersubjektiv nachvollziehbar sind und rationalen Kriterien genügen. Rationalität ist hier in einem praktischen Sinne zu verstehen. Sie ist an Begründung oder Begründbarkeit gebunden. Rational soll also primär genannt werden, was gerechtfertigt werden kann oder wofür gute Gründe gegeben werden können. Zukunftsgestaltendes Handeln, wofür der Akteur keine plausiblen Argumente und Begründungen abliefern kann, wollen wir nicht als Planung bezeichnen, wenngleich es alle anderen Kriterien des Planungsbegriffes erfüllt.

Nachdem der Begriff Planung mit seinen einzelnen Elementen erläutert wurde, kann folgende Planungsdefinition formuliert werden (ähnlich SZYPERSKI/WINAND o.J., S. 34):

> Planung ist ein willensbildender, informationsverarbeitender, prinzipiell systematischer und rationaler Problemlösungsprozeß mit dem Ziel, zukünftige Handlungsspielräume einzugrenzen und zu strukturieren. Planung wird von Planern (Planungsträgern) durchgeführt. Das intendierte Ergebnis ist die Veränderung des Planungsobjektes gemäß den Zielen der Planungsträger.

2.2 Quantitative und qualitative Planung

Der Einsatz mathematischer Methoden zur Planung und Entscheidungsvorbereitung hat in der Betriebswirtschaftslehre eine lange Tradition. Bereits seit dem Mittelalter bediente man sich bei der Buchhaltung und Kostenrechnung einfacher mathematischer Methoden. Weiteren Auftrieb und neue Anwendungsfelder hat die Mathematik in der Betriebswirtschaftslehre insbesondere während des zweiten Weltkriegs in England und den USA erfahren. Damals wurden erstmals auf breiterer Grundlage mathematische Verfahren angewandt, um militärische Taktiken und Strategien zu planen. Diese Entwicklung gilt heute als die Geburtsstunde zweier neuer Teilgebiete der Betriebswirtschaftslehre: des Operations Research und der betriebswirtschaftlichen Logistik. Während in der Disziplin „Operations Research“ die methodische Komponente modellgestützter Planung im Mittelpunkt steht, beschäftigt sich die betriebswirtschaftliche Logistik – mehr problemorientiert – mit der Analyse und Gestaltung von Flußsystemen jeglicher Art, vor allem aber mit Güterflußsystemen. Im Mittelpunkt beider Fachgebiete stehen quantitative Planungskonzepte.

Unter dem Begriff der *quantitativen Planung* wird hier ganz allgemein die Anwendung von mathematischen Modellen und Methoden zur Lösung von (betriebswirtschaftlichen) Problemen verstanden. Quantitative Planung bedient sich der angewandten Mathematik als Instrument oder Werkzeug, um praktische betriebswirtschaftliche Probleme zu lösen. Die Übertragung von realen Problemen in die Sprache der Mathematik hat viele Vorteile, denn die formale Sprache der Mathematik ist wesentlich präziser als die natürliche Sprache und eignet sich insbesondere für die Auswahl von zielgerechten (optimalen) Handlungsalternativen in komplexen Entscheidungssituationen. Daher erfordert die Anwendung quantitativer Methoden eine Mathematisierung einer Ausgangsproblemstellung, indem Begriffe der natürlichen Sprache in eine formale Sprache umgesetzt, ein formales Problem konstruiert und gelöst wird. Diese formale Lösung stellt allerdings häufig noch nicht unmittelbar die Lösung des realen Ausgangsproblems dar. Vielmehr bedarf es einer Rückübertragung und ggf. weitreichenden Interpretation des Aussagegehalts der Formallösung für das zugrundeliegende Realproblem. Die wesentlichen Schritte, die im Rahmen der quantitativen Planung prinzipiell ausgeführt werden müssen, sind in Abb. 2.1 in einem einfachen Flußdiagramm zusammengefaßt.

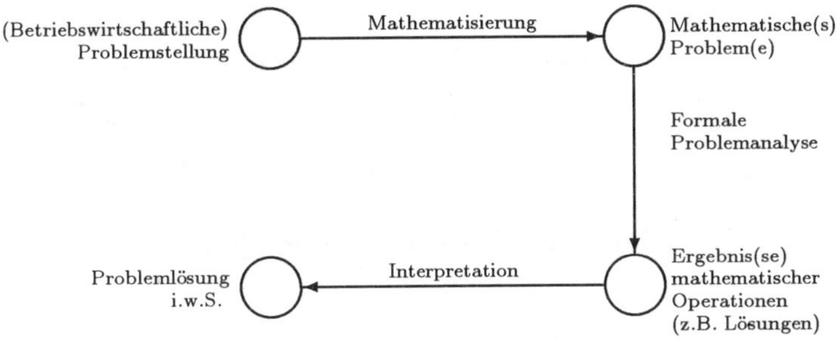

Abb. 2.1: Die Lösung von Problemen durch die Anwendung von Mathematik in Anlehnung an BUNGE 1985, S. 81

Qualitative Planung erfolgt im Unterschied hierzu auf der Grundlage verbaler Begriffskategorien und Daten. Beispielsweise sind sogenannte Verfahren der Kreativitätsmethodik darauf gerichtet, die Intuition und schöpferische Kraft der Beteiligten in gruppendynamischen Prozessen gezielt freizusetzen. Brainstorming und Synektik sind Beispiele für solche qualitativen Planungsmethoden, die der Ideengewinnung dienen. Eine dichotome Betrachtung der beiden Begriffe quantitative Planung einerseits und qualitative Planung andererseits ist allerdings etwas verwirrend, wenn beide Arten als alternative Formen von Planung verstanden werden. Die meisten praktischen betriebswirtschaftlichen Probleme werden weder durch mathematische Modelle allein noch durch rein qualitative Überlegungen gelöst, sondern quantitative und qualitative Planung gehen Hand in Hand, um praktische Probleme zu erkennen, zu analysieren, Handlungsalternativen zu entwickeln und eine plausibel begründete Lösung auszuwählen und umzusetzen.

Vor dem Hintergrund dieser prinzipiellen Zusammenhänge muß eine konzeptionelle Darstellung der quantitativen Planung, die Gegenstand des ersten Teils des Buches sein soll, damit drei Teilkomplexe umfassen. Zum einen ist der Prozeß der formalisierten Lösung realer Planungsprobleme zu analysieren. Im Mittelpunkt steht hierbei der Zusammenhang zwischen der aktiven Strukturierung eines realen Problems als Voraussetzung der quantitativen Modellierung einerseits und der Rückübertragung der formalen Analyse auf die Problemstellung andererseits.

Der zweite Teilkomplex betrifft die Analyse geeigneter Entscheidungskriterien für komplexe Entscheidungsprobleme. Die formale Modellanalyse setzt eindeutig formulierte Entscheidungskriterien voraus. Die Prämissen und Konsequenzen alternativer Entscheidungskriterien zu verdeutlichen, ist Gegenstand der Entscheidungstheorie.

Drittens gilt es, das weite Spektrum quantitativer Analyseverfahren zu erläutern, die mittlerweile auf dem Gebiet des Operations Research entwickelt worden sind. Dabei geht es vor allem um die formalen Vorgehensweisen verschiedener Verfahrensgruppen und deren Eignung, für alternative, formale Modellstrukturen Lösungen zu ermitteln.

Bevor auf diese drei Themenkomplexe im einzelnen eingegangen werden kann, müssen zwei für das Grundverständnis quantitativer Planung zentrale Fragen geklärt werden. Es geht um die Funktion der quantitativen Planung in unterschiedlichen Problemkontexten und um die Bedeutung des Modellbegriffs für den quantitativen Planungsprozeß.

2.3 Zur Problemorientierung der Planung

Ausgangspunkt jeder Planung ist die Existenz eines in bestimmter Art und Weise empfundenen Problems. Probleme manifestieren sich in der Wahrnehmung bestimmter Symptome, die als Bedrohungen oder Chancen interpretiert werden können und lösen beim betroffenen Subjekt einen Zustand der „Spannung“ aus. Im Grundsatz besteht jedes planerische Handeln in der Absicht, ein erkanntes Problem durch geeignete Maßnahmen zu lösen. So ist es verwunderlich, daß der notwendigen Problemorientierung der Planung bisher in der Literatur relativ wenig Beachtung geschenkt wurde. Die klassische Entscheidungstheorie wie auch die traditionelle Operations Research-Literatur gehen überwiegend von vorgegebenen Problemen aus, die durch eine geeignete Analysemethode gelöst werden sollen. Sie sind lösungsorientiert, wenn aus der Analyse des Lösungsverfahrens ganz bestimmte Anforderungen an die mathematische Formalstruktur des Modells abgeleitet werden, die wiederum die Konstruktion des Problems festlegen. Eine rein lösungsorientierte Modellkonstruktion würde jedoch dem gestellten Problem nicht gerecht werden, denn schließlich ist die Anwendung eines Lösungsverfahrens kein Selbstzweck, sondern dient der Lösung praktischer Probleme. Nur relativ wenige Autoren haben bisher die Problemorientierung zu ihrem expliziten Untersuchungsgegenstand avanciert (vgl. z.B. PFOHL 1977, BRETZKE 1980). Anknüpfend an ihre Arbeiten wird der Problemorientierung der Planung hier eine zentrale Bedeutung eingeräumt, so daß im folgenden eine allgemeine Beschreibung und Analyse unterschiedlicher Problemtypen vorangestellt wird.

2.3.1 Zum Problembegriff

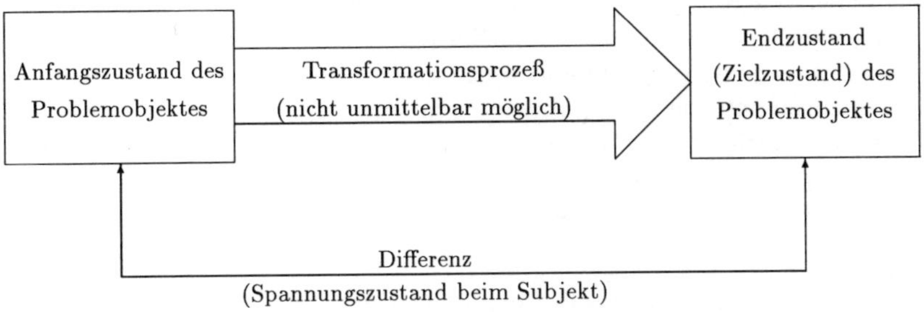

Abb. 2.2: Grundmodell eines Problems in Anlehnung an PFOHL 1977, S. 22

Ein Problem läßt sich als Differenz zwischen einem als unbefriedigend empfundenen gegenwärtigen oder prognostizierten Anfangszustand und einem angestrebten Zielzustand eines Problemobjektes interpretieren. Diese Differenz löst beim Problembetroffenen ein Gefühl des „Unbehagens“, einen „Spannungszustand“ oder einen „Zustand des Mangels“ aus, der sich in seiner Psyche konstituiert und das Bedürfnis nach Problembeseitigung weckt. Probleme haben keine physische Existenz, sondern sind rein subjektive Konstrukte. Denn erst das Empfinden einer Disharmonie durch ein Subjekt löst ein Problemgefühl aus. Abb. 2.2 stellt diese Diskrepanz zwischen zwei Zuständen – einem Anfangszustand und einem angestrebten Endzustand – modellhaft dar. Das wahrgenommene und empfundene Problem kann durch die Überführung (durch eine Transformation) des Anfangszustandes in einen angestrebten Endzustand gelöst bzw. bewältigt werden (vgl. auch PFOHL 1977, S. 21f.). Die Bindung des Problembegriffes an das menschliche Individuum erscheint einerseits plausibel, andererseits ist diese Annahme in der Literatur durch den starken Einfluß der traditionellen Erkenntnistheorie, die der Konstruktion von Problemen durch den menschlichen Problemlöser kaum Beachtung schenkt, wenig ausgearbeitet worden (vgl. auch BUNGE 1983A, S. 233). Zwei gegenteilige Annahmen über das Erkennen eines Problems durch den Planenden sind deshalb in der Literatur zu finden, die im folgenden kurz diskutiert werden, da sie eine wesentliche Grundlage für die unterschiedlichen Auffassungen von Modellen bilden, wie sie in Abschnitt 2.4 diskutiert werden.

Probleme sind objektiv gegeben.

Diese Annahme geht davon aus, daß die Menschen nur in die „Welt“ zu schauen brauchen, um die sie betreffenden Probleme zu erkennen. Das menschliche Individuum wird als perfekte Informationsverarbeitungsmaschine aufgefaßt, die Zugriff zu allen relevanten Daten hat, diese organisieren und objektiv fehlerfrei bewerten kann. Probleme werden als vom menschlichen Individuum unabhängige Strukturkomplexe aufgefaßt; sie sind dem Planenden objektiv gegeben und müssen von ihm nur entdeckt und dann gemäß seiner eigenen, eindeutig bekannten Zielsetzung gelöst werden. Die idealisierte Annahme des perfekten Informationsverarbeiters hat eine Modifikation durch die Erkenntnis erhalten, daß der menschliche Problemlöser nur über begrenzte kognitive Verarbeitungsfähigkeiten verfügt und so nur eine unvollständige und unvollkommene Wahrnehmung von Realität und von den ihn betreffenden Problemen hat (*bounded rationality*, vgl. MARCH/SIMON 1958, S. 137ff.). Die grundsätzliche Annahme, Probleme seien als objektive und unabhängige Strukturkomplexe zu verstehen, wird dadurch nicht abgelehnt, sondern erfährt nur eine Einschränkung, indem der Problemlöser keine Sicherheit darüber hat, daß seine Informationen über die Situation ausreichend sind, um ein gegebenes Problem „richtig" abzugrenzen und zu bewerten (vgl. dazu SMIRCICH/STUBBART 1985, S. 726).

Probleme werden vom Planenden konstruiert.

Die zweite Annahme orientiert sich an den Erkenntnissen der konstruktivistischen Kognitionstheorie, die davon ausgeht, daß das menschliche Gehirn gar nicht in der Lage ist, die Wirklichkeit einfach als solche abzubilden oder zu repräsentieren, sondern Wirklichkeit konstruiert, indem realen Phänomen durch Bewertungs- und Deutungskriterien Sinnzusammenhänge zugeschrieben werden. Probleme sind dem Planenden nicht einfach objektiv gegeben, sondern sind stets an ein menschliches Subjekt gebunden. Probleme werden von Individuen konstruiert und gestaltet. Die Abgrenzung und Identifikation eines Problems hängt damit maßgeblich von dem Erfahrungswissen, von den Wertvorstellungen, den Überzeugungen oder allgemein von der Interpretation einer gegebenen Situation ab (vgl. SCHMIDT 1991, S. 11ff.).

Ein Beispiel von Ackoff soll die unterschiedliche Konstruktion und Definition eines Problems illustrieren (modifiziertes Beispiel in Anlehnung an ACKOFF 1969, S. 431f.):

Dem Management eines größeren Unternehmens gingen vermehrt Beschwerden ihrer Mitarbeiter zu, die sich darüber beklagten, daß die Wartezeiten vor den Fahrstühlen unverhältnismäßig lang seien, und es sollten doch Maßnahmen ergriffen werden, um dieses Problem abzustellen. Von diesen Klagen angeregt, setzte das Management ein Expertenteam von hauseigenen Ingenieuren auf dieses Problem an. Ihre Aufgabe bestand in einer genaueren Analyse des Problems und der Ausarbeitung von sinnvollen Handlungsalternativen. Nachdem die Experten ihre Untersuchungen abgeschlossen hatten, präsentierten sie zwei Lösungsvorschläge. Der erste Vorschlag sah vor, die bestehenden, alten Fahrstühle durch neue, schnellere Fahrstühle zu ersetzen, um die Transportzeiten zu verkürzen. Der zweite Vorschlag bestand in dem Einbau eines zusätzlichen Fahrstuhlschachtes, mit dem die Transportkapazitäten erhöht werden sollten. Beide Vorschläge waren mit erheblichen Kosten verbunden, so daß die Unternehmensleitung dieses Problem in einem größeren Kreise diskutieren ließ. Bei dieser zweiten Sitzung war unter anderen der Werkspsychologe anwesend, der nicht verstehen konnte, daß aufgrund objektiv kurzer Wartezeiten so massive Beschwerden hervorgebracht wurden. Er schlug im Gegensatz zu den beauftragten Ingenieuren eine pragmatische Alternative vor, indem er einfach die Aufstellung von Spiegeln vor den Wartebereichen der Aufzüge anregte. Denn das eigentliche Problem seien nicht die Wartezeiten vor den Fahrstühlen, sondern die Tatsache, daß die Mitarbeiter sich langweilten, wenn sie in einem tristen Vorraum auf den Fahrstuhl warten müßten. Sie würden dadurch schnell ungeduldig und schöben das Problem auf den scheinbar langsamen Aufzug. Spiegel gäben ihnen die Gelegenheit, sich selbst zu betrachten und andere Menschen zu beobachten. Da es sich im Vergleich zu den anderen Vorschlägen um die kostengünstigste Alternative handelte, ließ sich die Unternehmensleitung auf dieses Experiment ein und veranlaßte die Aufstellung von Spiegeln vor allen Fahrstühlen. Seit dieser Zeit hatte es keine Beschwerden mehr über zu lange Wartezeiten vor den Fahrstühlen gegeben.

Das obige Beispiel verdeutlicht, wie Probleme unterschiedlich definiert werden können und welche Auswirkungen Ausbildung und Erfahrung auf die Problemwahrnehmung haben. Während der Werkspsychologe durch seine Ausbildung das Problem in der Psyche der Mitarbeiter sah, definierten das Management und die Ingenieure das Problem in technischen Kategorien.

2.3.2 Planung in unterschiedlichen Problemkontexten

Probleme sind – wie auf Seite 14 schon ausgeführt – der Ausgangspunkt jeder Planung. Sie sind nicht isoliert, sondern in ihrem situativen Kontext zu betrachten, in den sie eingebettet sind. So stellen sich die Strukturen und Prozesse einer komplexen industriellen Produktion in einem ökonomisch-logistischen Kontext ganz anders dar als in einer psychologisch-soziologischen Sichtweise. Probleme sind also nie isoliert und somit „kontextfrei". Gerade schwierige und komplexe Probleme machen es oft erforderlich, den Betrachtungskontext zu wechseln und das Problem aus verschiedenen Perspektiven zu betrachten (vgl. auch BUNGE 1983A, S. 269ff.). Wenn im folgenden unterschiedliche Problemtypen analysiert und typisiert werden, dann kann dies nur auf einer höheren Abstraktionsebene geschehen. Dem von Adam eingeschlagenen Weg, allgemeine strukturelle Merkmale von Planungsproblemen herauszustellen, wird hierbei gefolgt (vgl. ADAM 1993, S. 3ff.).

Ausgangspunkt für diese Überlegungen bildet das sogenannte klassische Planungsschema, das ganz bestimmte Anforderungen an die Problemstruktur beinhaltet. Dieses Planungsschema besteht aus drei aufeinander aufbauenden Elementen und ermöglicht, Planung als Auswahlproblem zu formulieren.

Die Elemente des klassischen Planungsschemas sind

- das Entscheidungsfeld, das den Wirkungszusammenhang zwischen den Handlungsalternativen (Variablen) und den Merkmalsausprägungen der Handlungsalternativen (Handlungsergebnisse) für bestimmte situative Datenkonstellationen beschreibt,

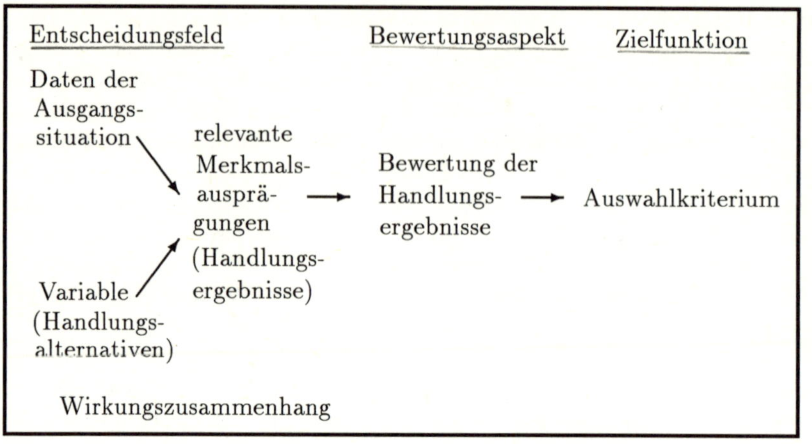

Abb. 2.3: Elemente des klassischen Planungsschemas in Anlehnung an ADAM 1993, S. 7.

- die (u.U. verschiedenen) Bewertungsaspekte zur Erfassung des Nutzens der Handlungsalternativen und

- die eindimensionale Zielfunktion als Auswahlkriterium für die Handlungsalternativen.

Als Konsequenz des klassischen Planungsschemas wird Planung als systematische Analyse gegebener Handlungsalternativen zur Lösung eines gegebenen Problems und als rationale Auswahl einer im Hinblick auf ein vorgegebenes Ziel optimalen Alternative verstanden. Um reale Probleme den Methoden quantitativer Planung zugänglich zu machen, müssen sie im Prinzip möglichst soweit strukturiert werden, daß sie den Voraussetzungen des klassischen Planungsschemas entsprechen.

Ein Planungsproblem, das dem vollständig entspricht, wird als wohlstrukturiert bezeichnet. Ein wohlstrukturiertes Problem zeichnet sich durch vier Merkmale aus:

1. Das zu lösende Problem ist nach Art und Umfang *scharf definiert*. Somit liegen die Variablen des Problems wie auch alle Einflußgrößen (Daten) nach Art und Umfang dem Planenden vor, und auch die Wirkungszusammenhänge zwischen den Variablen und den Handlungsergebnissen sind gegeben. Das klassische Planungsschema geht demnach von einem geschlossenen Entscheidungsfeld aus.

2. Es gibt eine *eindeutige, operationale Zielfunktion*, in der sich alle Bewertungsaspekte niederschlagen und anhand derer die Menge der Handlungsalternativen nach dem Grad der Vorziehenswürdigkeit geordnet werden kann. Mit ihr soll jene Handlungsalternative ausgewählt werden, die im Hinblick auf das verfolgte Auswahlkriterium eine optimale Entscheidung darstellt.

3. Es muß zur Bestimmung der optimalen Lösung ein *effizientes Lösungsverfahren* geben. Die gemäß der Zielfunktion beste Alternative muß auf systematische Art und Weise mit vertretbarem Aufwand gefunden werden können.

4. Die *Interpretation* der Elemente und Strukturen des Problems bereitet dem Problemlöser keine Schwierigkeiten; sie ist *eindeutig*. Auch eine Problemabgrenzung durch ein Expertenteam würde mit dem gleichen Ergebnis erfolgen, so daß hinsichtlich der Interpretation des Problems Konsens erreicht würde. Ferner kann das zur Lösung relevante Hintergrundwissen vollständig repräsentiert werden.

Wohlstrukturierte Probleme lassen sich relativ leicht handhaben. Die eindeutig identifizierte und interpretierte Problemstruktur kann vollständig formalisiert und die Lösung berechnet werden, so daß Planung zu einer reinen Rechenaufgabe degeneriert. Prinzipiell können wohlstrukturierte Probleme durch formale Problemlösungsmethoden gelöst werden. Reale Probleme sind jedoch selten wohlstrukturiert, sie weisen Strukturmängel auf. Einigkeit über die Interpretation des Problems ist bei komplexen Problemen selten gegeben. Die Perspektive, die Erfahrung, das Hintergrundwissen des Planenden spielen bei der Problemabgrenzung eine maßgebliche Rolle. Reale Probleme sind deshalb häufig strukturierungsbedürftig. Aufgabe der Strukturierung ist es, die Strukturmängel oder Defekte zu beseitigen, um eine quantitative Planung zu ermöglichen. Nach dem Ausmaß der Defekte lassen sich abgrenzungsdefekte, wirkungsdefekte, bewertungsdefekte, zielsetzungsdefekte und lösungsdefekte Planungsprobleme unterscheiden (vgl. ADAM 1993, ADAM/WITTE 1979).

Ein Problem heißt *abgrenzungsdefekt*, wenn die Variablen (Handlungsalternativen) und/oder die Daten der Ausgangssituation nicht bekannt bzw. nicht ermittelbar sind. Ein solcher Abgrenzungsdefekt ist beispielsweise gegeben, wenn das Management über Investitionsmittel verfügt und diese in rentable Investitionsobjekte einsetzen möchte, jedoch zum gegenwärtigen Zeitpunkt keine Handlungsalternativen besitzt. Die Investitionsalternativen sind vielmehr erst in einem systematischen und kreativen Prozeß zu ermitteln.

Ein Problem heißt *wirkungsdefekt*, wenn sich der Wirkungszusammenhang der Variablen und der sonstigen relevanten Merkmale (Daten) des Problems nicht vollständig angeben läßt. Wirkungsdefekt ist ein Problem insbesondere dann, wenn der Zusammenhang zwischen dem Niveau der Handlungsvariablen und den Merkmalsausprägungen der abhängigen Variablen (Handlungsergebnisse) nicht bekannt bzw. nicht ermittelbar ist. Ein Wirkungsdefekt ist z.B. gegeben, wenn der kausale Zusammenhang zwischen Faktoreinsatzmenge und Ausbringungsmenge qualitativ einwandfreier Endprodukte im Unternehmen unbekannt ist, weil die Ursachen der Qualitätsmängel z.B. noch unerforscht sind oder der Fertigungsprozeß nur unzureichend beherrscht wird. Die Frage läßt sich dann nicht beantworten, welche Einsatzmenge zu einer bestimmten qualitativ einwandfreien Ausbringungsmenge führt. Das Planungsproblem ist aus diesem Grund von den Planenden weiter zu analysieren, um die Wirkungszusammenhänge auf der Grundlage des betrieblichen Geschehens möglichst exakt formulieren zu können.

Ein Planungsproblem heißt *bewertungsdefekt*, wenn sich die für die Planung relevanten Merkmale des Problems nicht in quantitative Bewertungsgrößen überführen lassen, so daß eine Ordnung der Handlungsergebnisse nach dem Grad der Vorziehenswürdigkeit unmöglich ist. In der Werbeplanung sollen z.B. verschiedene Designvorschläge für eine Plakatkampagne bewertet werden. Der durch unterschiedliche Werbekampagnen verursachte Gewinnzuwachs wäre sicher die theoretisch sauberste Bewertungsgröße. Jedoch sind die Auswirkungen der Plakataktion auf die Veränderungen des Käuferverhaltens, das sich in veränderten Gewinnen niederschlagen soll, kaum ermittelbar. Als Beurteilungsmaßstab dienen deshalb häufig nicht-quantitative Beurteilungskategorien, wie Aufmerksamkeit, Erinnerungswirkung, Novitätsgrad oder auch nicht-monetäre quantitative Größen, wie z.B. die Kontaktaufnahmene mit Kunden aus dem Zielsegment.

Ein Planungsproblem heißt *zielsetzungsdefekt*, wenn unklar ist, welches operationale Ziel überhaupt angestrebt werden soll oder mehrere konfliktäre Ziele existieren. Beispielsweise lassen sich bei der Zusammenstellung eines Aktienportefeuilles die konfliktären Zielgrößen Gewinn und Risiko in die Überlegungen einbeziehen. Oder die Zielgrößen sind grundsätzlich nicht operational, wie z.B. die Erschließung neuer Marktpotentiale oder die Verbesserung des Betriebsklimas.

Ein Planungsproblem heißt *lösungsdefekt*, wenn sich das Problem wohldefinieren läßt (d.h. Art und Anzahl der Variablen, Wirkungszusammenhänge, Bewertung der Handlungsergebnisse und eine operationale Zielfunktion sind gegeben), jedoch kein effizientes Lösungsverfahren existiert, mit dem die optimale Lösung in einer annehmbaren Zeit ermittelt werden kann. Zu den lösungsdefekten Problemen gehören insbesondere viele kombinatorische Probleme, wie sie etwa bei der Auftragsreihenfolgeplanung auftreten. Ein klassisches Beispiel ist das sogenannte Rundreiseproblem, für das aufgrund seiner schwachen mathematischen Struktur nur auf dem Wege einer (explizit oder implizit) vollständigen Enumeration (Aufzählung) aller zulässigen Lösungsalternativen die optimale Rundreise ermittelt werden kann. Die vollständige Enumeration ist jedoch mit einer größeren Anzahl von Elementen rechnerisch nicht mehr in annehmbarer Zeit zu bewältigen.

Die dargelegten Strukturdefekte von Planungsproblemen bilden eine natürliche Rangfolge insofern, als „gravierendere" Strukturdefekte jeweils weniger weitreichende implizieren. So schließt die Existenz von Wirkungsdefekten stets auch Bewertungs-, Zielsetzungs- und Lösungsdefekte mit ein. Daraus ergibt sich eine Abstufung der Strukturdefekte von Planungsproblemen, die in Abb. 2.4 dargestellt ist.

Ein Problem soll im folgenden als *schlechtstrukturiert* bezeichnet werden, wenn alle Defekte gleichzeitig vorliegen, d.h. das Entscheidungsfeld mit seinen Variablen, Daten und Wirkungszusammenhängen gänzlich strukturierungsbedürftig ist. In diesem Fall muß der Planende ein Höchstmaß an konstruktiven Eigenleistungen erbringen. *Scharf definierte* Probleme zeichnen sich durch die Existenz eines geschlossenen Entscheidungsfeldes aus; operationale Ziele und Bewertungsgrößen sowie ein effizientes Lösungsverfahren fehlen jedoch. Ein Planungsproblem gilt als *wohldefiniert*, wenn die

Art und Anzahl der Variablen und Daten der Ausgangssituation	bekannt	scharf definiert	wohldefiniert	wohlstrukturiert	(z.T.) nicht bekannt *Abgrenzungsdefekt*
Wirkungs-zusammenhänge	bekannt				(z.T.) nicht bekannt *Wirkungsdefekt*
Bewertung der Handlungs-ergebnisse	durchführbar				(z.T.) nicht durchführbar *Bewertungsdefekt*
Zielfunktion	operational				nicht operational *Zielsetzungsdefekt*
Lösungs-verfahren	effizient				nicht effizient *Lösungsdefekt*

Abb. 2.4: Strukturstufen von Planungsproblemen

Art und Anzahl der Variablen, die Wirkungszusammenhänge, die Bewertungsaspekte und eine operationale Zielfunktion gegeben sind, lediglich ein effizientes Lösungsverfahren fehlt (Lösungsdefekt). Liegt kein Defekt vor, spricht man von einem *wohlstrukturierten* Problem.

Die hier eingeführte Terminologie unterscheidet sich etwas von den Vorschlägen in der Literatur. Beispielsweise sehen Rieper wie auch Adam ein Problem bereits dann als schlechtstrukturiert an, wenn es einen der oben genannten Defekte aufweist (vgl. dazu RIEPER 1992, S. 57ff., ADAM 1993, S. 10ff.). Durch die Einführung weiterer differenzierender Begriffe – wohldefiniert und scharf definiert – wird der Begriff schlechtstrukturiert nur für jene in jeder Hinsicht strukturierungsbedürftigen Probleme verwendet. Bezogen auf reale, praktische Probleme sind die Grenzen zwischen schlechtstrukturierten und wohlstrukturierten Problemen jedoch unscharf und fließend, denn inwieweit ein Problem als mehr oder weniger strukturiert betrachtet werden kann, ist nicht selten eine Frage des verfügbaren und genutzten Wissens. Die vier vorgestellten Problemtypen lassen sich wie folgt zusammenfassen:

	wohl-strukturierte Probleme	wohl-definierte Probleme	scharf definierte Probleme	schlecht-strukturierte Probleme
Struk-turiertheit	kein Strukturdefekt	Lösungsdefekt	Zielsetzungs-/ Bewertungsdefekt	Abgrenzungs-/ Wirkungsdefekt
Inter-pretation	eindeutig	⟶	⟶	⟶ mehrdeutig
Lösung	durch einen formalen Begründungsprozeß		durch einen argumentativen Begründungsprozeß	

Der grundlegende Unterschied bei der Lösung von wohlstrukturierten Problemen einerseits und schlechtstrukturierten Problemen andererseits besteht darin, daß die Lösung eines wohlstrukturierten Problems durch einen formalen Begründungsprozeß – aus gegebenen Prämissen wird dabei die Lösung formal-logisch abgeleitet – ermittelt werden kann und in einem mathematischen Entscheidungsmodell die höchste analytische Präzision erlangt. Dies ist bei schlechtstrukturierten Problemen prinzipiell nicht möglich. Sie erfordern verschiedene methodologische Ansatzpunkte, wie beispielsweise die Integration der Urteilskraft von Experten oder die Fähigkeit, ein Problem aus unterschiedlicher Perspektive und aus verschiedenen Kontexten heraus zu betrachten. Für ein schlechtstrukturiertes Problem existiert keine eindeutig identifizierbare korrekte Lösung, denn weder analytische noch statistische Beweise liefern eindeutige Evidenz für eine auszuwählende Handlungsalternative. Eine Formalisierung des Problems allein erlaubt damit noch keine hinreichende Begründung für seine Lösung. Deshalb haben verschiedene Autoren auf die besondere Bedeutung von Argumenten bei der Lösung schlechtstrukturierter Probleme verwiesen, die es ermöglichen, das „Für" und „Wider" von Lösungsvorschlägen durch eine Expertengruppe zu systematisieren (vgl. ELSTER 1986, MASON/MITROFF 1981, SIKORA 1990, TOULMIN/RIEKE/JANIK 1979). Dialektik und Argumentation gestatten es, die zugrunde liegenden Informationen und Grundannahmen zu explizieren, unterschiedliche Positionen herauszustellen, Evidenz für jede der vertretenen Positionen zu sammeln und in Argumenten zu verdichten, die eine plausibel begründete Entscheidung ermöglichen (MASON/MITROFF 1981, S. 15f.).

Der Stellenwert der quantitativen Planung zur Lösung von betriebswirtschaftlichen Problemen ist vor dem Hintergrund der dargelegten Problematik zu differenzieren. Nicht jedes praktische Problem läßt sich unmittelbar durch ein mathematisches Modell lösen. Gerade die Existenz schlechtstrukturierter Probleme verweist auf die Notwendigkeit konstruktiver Eigenleistungen des Planenden bei der Problembewältigung. Folgende Fragen bedürfen vor dem Hintergrund der dargelegten Strukturdefekte praktischer Planungsprobleme einer zufriedenstellenden Klärung:

- Wie lassen sich schlechtstrukturierte Probleme strukturieren, damit sie anschließend in einem mathematischen Modell repräsentiert werden können?

- Welchen Stellenwert haben quantitative Modelle bei der Lösung praktischer Probleme?

- Wie sind die ermittelten Lösungen eines mathematischen Modells vor dem Hintergrund des realen Problems zu interpretieren?

2.4 Die Kontroverse um den Modellbegriff

Bevor die Frage des Einsatzes mathematischer Modelle zur Lösung betriebswirtschaftlicher Probleme behandelt wird, bedarf es einer Aufarbeitung dessen, was unter einem mathematischen Modell eigentlich zu verstehen ist. Bisher ist der Begriff Modell mehrfach verwendet worden und es blieb dem Leser überlassen, was er sich darunter vorzustellen hat. Wenn im folgenden der Begriff Modell verwendet wird, dann sind damit immer nur mathematische Modelle gemeint. Andere Modelltypen, z.B. anschaulich-ikonische Modelle oder Analogmodelle, werden nicht weiter behandelt. Sie spielen für die hier anzustellenden Überlegungen keine Rolle (vgl. dazu MEYER 1990, S. 16ff.). Allgemein können Modelle als Abbilder oder Repräsentationen von Ausschnitten der Realität verstanden werden. Der Realitätsausschnitt stellt somit das Referenz- oder Objektsystem des mathematischen Modells dar. Modelle sollen dabei ihren Originalen möglichst ähnlich sein.

In der betriebswirtschaftlichen Literatur existiert bisher noch keine allgemeine und konsensfähige Definition des Modellbegriffs, obwohl modelltheoretischen Aussagen für die Lösung betriebswirtschaftlicher Probleme ein hoher Stellenwert zuerkannt wird. Zwei grundlegende Ansätze haben sich in der Diskussion um den Modellbegriff in der Literatur etabliert, die im folgenden dargelegt werden. Sie hängen eng mit dem bereits weiter oben besprochenen Problemverständnis zusammen. Es werden der sogenannte abbildungsorientierte Modellbegriff und der konstruktionsorientierte Modellbegriff unterschieden. Die zunehmend kritischen Stimmen gegenüber dem abbildungsorientierten Modellbegriff machen seine genauere Betrachtung notwendig. Auf dieser Grundlage soll anschließend der konstruktionsorientierte Modellbegriff vorgestellt werden, der differenziertere Aussagen über Anwendungsmöglichkeiten und Grenzen mathematischer Modelle zur Lösung praktischer Probleme erlaubt.

2.4.1 Der abbildungsorientierte Modellbegriff

Der abbildungsorientierte Modellbegriff ist in der Betriebswirtschaftslehre weit verbreitet (vgl. z.B. ADAM 1993, PFOHL 1977 und die bei RIEPER 1992, S. 19 aufgeführte Literatur). Es ist der traditionelle Modellbegriff der Entscheidungslogik und des Operations Research, der Modelle als homomorphe Abbilder der Wirklichkeit versteht. Dabei wird zumeist der Begriff des Abbildes auf die Grundlage einer Systembetrachtung gestellt, indem das empirische Original wie auch das formale Modell als System aufgefaßt werden. Ein System besteht aus einzelnen Elementen und Beziehungen zwischen diesen Elementen. Die Beziehungen zwischen den Elementen stehen für die Struktur eines Systems. Als Abbild kann ein Modell immer dann gelten, wenn die Elemente und Beziehungen des Objektsystems im Formalsystem unverzerrt wiedergegeben sind. Ist das Modell ein vollkommen strukturgleiches Abbild der Realität, so wird von einer isomorphen Abbildung gesprochen. Werden hingegen nur die aus Sicht des Modellbildners wichtigsten Strukturmerkmale des Originals in dem Modell repräsentiert, so

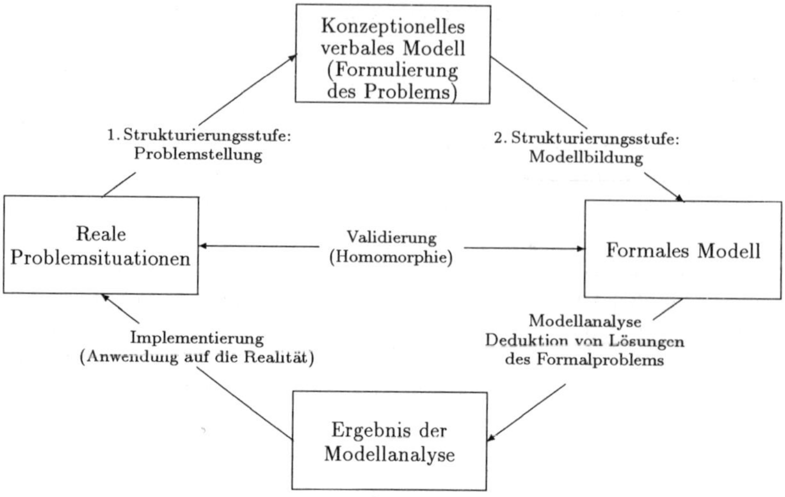

Abb. 2.5: Modellbildung nach dem abbildungsorientierten Modellansatz in Anlehnung an PFOHL 1977, S. 27

handelt es sich um eine homomorphe Abbildung. Das Modell ist damit strukturärmer, eine eindeutige Umkehrbarkeit der Abbildung ist nicht gegeben.

Die grundlegenden Schritte, die bei der Modellbildung nach dem abbildungsorientierten Ansatz auszuführen sind, werden in Abb. 2.5 angegeben. Auf eine genaue Beschreibung der einzelnen Phasen wird hier verzichtet und auf die einschlägige Quelle PFOHL 1977 verwiesen. Eine differenzierte Beschreibung der Modellbildung wird in Abschnitt 3.3 vorgenommen.

Der abbildungsorientierte Modellbegriff geht von der Annahme aus, daß der Gegenstand der Modellbildung in der Realität als vorstrukturierter Komplex schon vorgegeben ist. Die Eigenschaften des Abbildungsgegenstandes (des Originals) werden unmittelbar von dem Modellkonstrukteur wahrgenommen. Der Planende steht damit real vorstrukturierten Problemen gegenüber, die vom menschlichen Subjekt unabhängig sind und von ihm lediglich entdeckt werden müssen. Im Prinzip wird davon ausgegangen, daß der Planende in der Lage ist, die wesentlichen Faktoren des empirischen Originals einfach herauszuextrahieren, um sie anschließend in einem mathematischen Modell abzubilden. Vor diesem Hintergrund wirkt der Prozeß der Modellkonstruktion geradezu simpel, denn er erfordert vom Modellkontrukteur nicht mehr als eine gut geschulte Wahrnehmung, die es ihm erlaubt, die wesentlichen Elemente und Strukturen des Originalsystems zu identifizieren, um sie in ein formales System zu übertragen. Der Planende selbst, so die implizite Annahme, hat dabei Zugang zu einer unmittelbar sinnlich wahrgenommenen Wirklichkeit. Das aber gerade die „richtige“ Abgrenzung schlechtstrukturierter Probleme, wie das Fahrstuhlbeispiel illustrierte, erhebliche Schwierigkeiten bereiten kann, wird durch die Auffassung, Probleme seien real vorstrukturierte Entitäten, prinzipiell negiert. Erfahrungen, Wertvorstellungen, Überzeugungen des Planenden spielen im abbildungsorientierten Modellkonzept kaum eine Rolle; auch bedarf es keiner kognitiven Eigenleistungen des Subjektes, um Einsicht in die eigenen Probleme zu erlangen.

Eine genau gegensätzliche Ansicht vertritt hingegen die konstruktivistische Kognitionstheorie. Dem Gedächtnis liegen danach aktive Konstruktionsprozesse realer Phänomene zugrunde, so daß der Mensch nicht einfach die Welt wahrnimmt, sondern sich seine Wirklichkeit konstruiert. Das problemspezifische Hintergrundwissen und die Erfahrung des Planenden beeinflussen seine Fähigkeit, Probleme zu erkennen und abzugrenzen. Erfahrung mit dem Problemgegenstand ist damit eine notwendige, wenn auch keine hinreichende Bedingung für die Konstruktion „guter" Modelle. Ein Verständnis der Probleme und Möglichkeiten ihrer Modellierung bauen auf diesem Wissen des Planenden auf. Der Modellbegriff muß deshalb die konstruktiven Eigenleistungen des menschlichen Entscheidungsträgers integrieren, so daß das Problem der Subjektivität bei der Modellbildung nicht dadurch gelöst werden kann, daß einfach einem objektivistischen Verständnis gefolgt wird und dabei eigene Ideen, spekulative Entwürfe, Erfindungsgeist und Kreativität des Planenden bei der Modellbildung per Definition ausgrenzt werden (vgl. hierzu insbesondere BRETZKE 1980, S. 28ff.).

Werden Modelle als Abbilder der Realität beschrieben, so wird behauptet, ihre Ähnlichkeit mit dem empirischen Original lasse sich durch formale Kriterien wie Homomorphie oder Isomorphie erfassen. Von einer isomorphen Abbildung wird immer dann gesprochen, wenn es sich um eine umkehrbar eindeutige Zuordnung zwischen Elementen und Relationen des Modells einerseits und Elementen und Relationen des Abbildungsgegenstandes (Original) andererseits handelt. Letztlich würde eine isomorphe Abbildung zu einer Verdopplung des empirischen Originals führen und das Modell mit der gesamten Komplexität des Abbildungsgegenstandes überlasten. Aus diesem Grund wird die Forderung nach homomorphen Abbildern erhoben, die nur einen Ausschnitt des realen Abbildungsgegenstandes enthalten (vgl. HERRMANN 1992, S. 104). Je nach Homomorphiegrad kann ein Modell als empirisch wahr oder „realistisch" gelten (vgl. dazu SCHMIDT/SCHOR 1987, S. 17). Dieses Bewertungskriterium ist schlüssig und konsistent innerhalb der abbildungstheoretischen Argumentation. Jedoch erscheint die praktische Relevanz eines solchen Gütekriteriums für Modelle fraglich. Die Begriffe Isomorphie oder, in abgeschwächter Form, Homomorphie sind zur Beurteilung von Modellen ungeeignet, denn sie charakterisieren die Zuordnungen zwischen zwei formalen Systemen, aber nicht zwischen formalen und realen Systemen (vgl. KNAPP 1978, S. 201). Insbesondere im Falle schlechtstrukturierter Probleme ist dieses Kriterium nicht anwendbar, da der Planende dem Problem erst eine Struktur geben muß, damit es in einem mathematischen Modell repräsentiert werden kann. Die Bewertung der Eignung eines Modells für die Lösung praktischer Probleme, seine Realitätsnähe, kann nicht einfach auf die Wahrnehmung einer scheinbar gegenständlichen Struktur der Realität reduziert werden, so daß die Ähnlichkeit zwischen Original und Modell durch einen Homomorphiegrad gemessen werden kann. Die Fähigkeit, ein Modell zu bewerten und seine Ähnlichkeit mit dem empirischen Original zu beurteilen, setzt gute Sachkompetenz und Einsicht des Planenden in die Problemstellung voraus. Ist dies nicht gegeben, kann von keinem Planenden eine vernünftige Bewertung seiner Planungsprobleme und der Möglichkeiten ihrer Modellierung vorgenommen werden.

2.4.2 Der konstruktionsorientierte Modellbegriff

Der konstruktionsorientierte Modellbegriff hat insbesondere durch die grundlegende Arbeit von Bretzke (vgl. BRETZKE 1980) Auftrieb in der betriebswirtschaftlichen Diskussion erhalten. Weitere Arbeiten sind von Knapp (vgl. KNAPP 1978) und von der Kommission Wissenschaftstheorie im Verband der Hochschullehrer für Betriebswirtschaftslehre e.V. aus dem Jahre 1986 (vgl. den Sammelband von SCHMIDT/SCHOR 1987A) sowie in jüngster Zeit von Herrmann (vgl. HERRMANN 1992, HERRMANN 1993) vorgelegt worden. An diese Arbeiten soll sich auch das hier vertretene Modellverständnis anschließen, indem Modelle als Konstruktionen von empirischen Originalen begriffen werden. Bezugspunkt für die Konstruktion von Modellen sind die durch ein menschliches Subjekt empfundenen und in seinem Bewußtsein lokalisierten Probleme. Sie sind rein subjektbezogene Konstrukte und haben keine vom menschlichen Individuum unabhängige Existenz. Damit sind die Probleme des Planenden keine objektiv gegebenen Strukturkomplexe, die es lediglich abzubilden gilt, sondern der Planende konstruiert sich seine Wirklichkeit. Seine Perspektive, seine Überzeugungen, sein Hintergrundwissen, seine Werthaltung und Interessenlage beeinflussen das Erkennen und Definieren eines Problems. Die Wirklichkeit ist damit immer strukturierungsbedürftig. Was in einem mathematischen Modell formal repräsentiert wird, ist nach der konstruktionsorientierten Modellauffassung nicht ein ausgewählter Ausschnitt der Realität, sondern sind vielmehr unsere Vorstellungen, Ideen und Interpretationen von dem, was als Problem empfunden und vollständig oder unvollständig in einem mathematischen Modell repräsentiert wird. Der vielleicht klein erscheinende Unterschied ist jedoch wesentlich, denn der abbildungsorientierte Modellbegriff geht von einer umkehrbar eindeutigen Zuordnung zwischen Modell- und Originalsystem aus. Interpretation und kreative Konstruktionsleistung durch den Modellkonstrukteur sind demnach abkömmlich, während nach dem konstruktionsorientierten Modellbegriff die Beziehung zwischen realweltlichem Original und Modell nicht auf rein formaler Ebene behandelt werden kann. Vielmehr stellt die Interpretation erst den faktischen Zusammenhang zwischen syntaktischer Struktur des mathematischen Modells und dem empirischen Original her (vgl. BUNGE 1985, S. 83). Modelle sind damit in erster Linie Bilder möglicher Weltsichten oder Perspektiven (vgl. BRETZKE 1980, S. 35). Vor dem Hintergrund eines konstruktionsorientierten Modellverständnisses läßt sich folgende Definition formulieren (REIHLEN 1992, S. 8f.):

> Mathematische Modelle sind Konstruktionen von Ausschnitten der Realität, wobei das alltagssprachliche Aussagensystem sukzessive in ein formales Aussagensystem überführt, ein Modellergebnis generiert und interpretiert wird. Die Interpretation stellt den Zusammenhang zwischen syntaktischer Struktur des formalen Modells und dem empirischen Original her.

Mathematische Modelle sind damit als zu interpretierende formale Darstellungen von realen Problemen zu verstehen.

2.5 Modelltypen

Die unterschiedlichen Modelltypen lassen sich anhand von Kriterien systematisieren. Zum einen können Modelle nach dem Grad der Vollständigkeit des im Modell repräsentierten Problemausschnittes in sogenannte Partial- und Totalmodelle differenziert werden. Es kann von einem Totalmodell gesprochen werden, wenn alle relevanten Elemente und Beziehungen des empirischen Originals in sachlicher und zeitlicher Hinsicht repräsentiert sind. Theoretisch sind solche Totaldarstellungen bei komplexen Problemstellungen nur durch sehr einschneidende Annahmen denkbar. Reale betriebliche Probleme in eine Totaldarstellung zu überführen ist zumeist zum Scheitern verurteilt, da die Analyse sämtlicher Elemente und Interdependenzen sowie ihre mathematische Modellierung sich als unmöglich erweisen. Modelle mit einem praktischen Anwendungsbezug können sich immer nur auf bestimmte Teile des Problems stützen; sie sind deshalb nur Partialmodelle, bei denen das betrachtete Entscheidungsfeld in sachlicher und zeitlicher Hinsicht eingegrenzt ist (vgl. auch BITZ 1977, S. 91f.).

Zum anderen lassen sich Modelle nach der Art der Aussage in Beschreibungs-, Erklärungs- bzw. Orientierungsmodelle und Entscheidungsmodelle unterscheiden. Beschreibungsmodelle repräsentieren das modellierte Problem, indem sie eine geordnete Anzahl faktischer Aussagen über das Original machen. Folgende Aussage ist beispielsweise rein beschreibend: Die Transport- und Lagerkosten betragen im Monat Mai 25.000 DM und sind damit 5.000 DM höher als im Vormonat. Die Beschreibung erklärt nicht, warum die Transport- und Lagerkosten im Mai höher sind. Hat das Auftragsvolumen zugenommen, mußte neues, noch nicht eingearbeitetes Personal eingestellt werden oder hat eine schlechte Produktionsplanung zu den hohen Lagerkosten geführt? Nur weitere Daten und Hypothesen über den Problemgegenstand können die Frage nach dem „Warum“ beantworten.

Erklärungsmodelle (auch Prognose- oder Orientierungsmodelle) versuchen, Ursache-Wirkungsbeziehungen (z.B. Kostenfunktionen) sowie Maßnahmen zum Erreichen fixierter Ziele des Problemgegenstandes zu untersuchen, indem sie Hypothesen über seine Gesetzmäßigkeiten aufstellen (vgl. auch BUNGE 1983B, S. 8ff.). Mit Hilfe eines Erklärungsmodells wird versucht, die Frage zu klären, warum die Transport- und Lagerkosten im Mai im Vergleich zum Vormonat um 5.000 DM gestiegen sind. Z.B. könnte der kausale Zusammenhang zwischen einem größeren Fertigungslos und seinen Auswirkungen auf die Lagerkosten untersucht werden.

Als dritte Kategorie werden die Entscheidungsmodelle betrachtet. Mathematische Entscheidungsmodelle sind formale Modelle, die Instrument-, Umwelt- und Zielvariablen enthalten. Sie repräsentieren das Entscheidungsproblem derart, daß durch die Anwendung eines Problemlösungsverfahrens auf die formale Problemstruktur die Lösung als logische Implikation abgeleitet werden kann. Die Lösung des Modells stellt die Handlungsempfehlung für die Lösung des realen Problems dar (vgl. auch LENZ 1987, S. 279).

nach der	**Modelltypen**		
Vollständigkeit des repräsentierten Problemauschnittes	Partialmodelle		Totalmodelle
Art der Aussage	Beschreibungs-modelle	Erklärungs- bzw. Orientierungsmodelle	Entscheidungs-modelle

Literaturhinweise

Ackoff, R.: Systems, Organizations, and Interdisciplinary Research, in: Systems Thinking, hrsg. von F. Emery, Middlesex, 1969.

Adam, D.: Planung und Entscheidung, 3. Aufl., Wiesbaden, 1993.

Adam, D., T. Witte: Merkmale der Planung in gut- und schlechtstrukturierten Planungssituationen, in: WISU – Das Wirtschaftsstudium, 8. Jg. (1979), S. 128-134.

Bitz, M.: Die Strukturierung ökonomischer Entscheidungsmodelle, Wiesbaden, 1977.

Bretzke, W.: Der Problembezug von Entscheidungsmodellen, Tübingen, 1980.

Bunge, M.: Treatise on Basic Philosophy, Vol. 5, Epistemology & Methodology I: Exploring the World, Dortrecht, 1983a.

Bunge, M.: Treatise on Basic Philosophy, Vol. 6, Epistemology & Methodology II: Understanding the World, Dordrecht, 1983b.

Bunge, M.: Treatise on Basic Philosophy, Vol. 7, Epistemology & Methodology III: Philosophy of Science & Technology, Part I: Formal and Physical Science, Dortrecht, 1985.

Delfmann, W.: Planung, in: Lexikon der Betriebswirtschaftslehre, hrsg. von H. Corsten, 2. Aufl., München, 1993, S. 681-686.

Elster, J.: Einleitung zu: Rational Choice, hrsg. von J. Elster, Oxford, 1986, S. 1-33.

Herrmann, H.: Modellgestützte Handlungsvorbereitung in Unternehmen, in: Zeitschrift für Betriebswirtschaft, 63. Jg. (1993), S. 663-690.

Herrmann, H.: Modellgestützte Planung in Unternehmen: Entwicklung eines Rahmenkonzeptes, Wiesbaden, 1992.

Knapp, H.: Zur Semantik quantitativer Modelle, in: Quantitative Ansätze in der Betriebswirtschaftslehre, hrsg. von H. Müller-Merbach, München, 1978, S. 199-213.

Koch, H.: Betriebliche Planung, Grundlagen und Grundfragen der Unternehmenspolitik, in: Die Wirtschaftswissenschaften, hrsg. von E. Gutenberg, Wiesbaden, 1961.

Koch, H.: Integrierte Unternehmensplanung, Wiesbaden, 1982.

Lenk, H.: Erklärung, Prognose, Planung. Skizzen zu Brennpunktproblemen der Wissenschaftstheorie, Freiburg, 1972.

Lenz, H.: Entscheidungsmodell und Entscheidungsrealität – Metatheoretische Überlegungen zum logischen Status von Entscheidungsmodellen und dem Problem der Anwendung auf die Realität, in: Modelle in der Betriebswirtschaftslehre, hrsg. von R. Schmidt, G. Schor, Wiesbaden, 1987, S. 273-307.

March, J., H. Simon: Organizations, New York, 1958.

Mason, R., I. Mitroff: Challenging Strategic Planning Assumptions, New York, 1981.

Meyer, M.: Operations Research. Systemforschung, Stuttgart, 1990.

Mintzberg, H.: What is Planning Anyway?, in: Strategic Management Journal, 2. Jg. (1981), S. 319-324.

Pfohl, H.: Problemorientierte Entscheidungsfindung in Organisationen, Berlin, 1977.

Reihlen, M.: Möglichkeiten und Grenzen mathematischer Modelle für die Lösung betriebswirtschaftlicher Probleme: Die Passivistische Abbildungsthese und die Aktivistische Konstruktionsthese in der Modelldiskussion, Thesenpapier des Seminars für Allgemeine Betriebswirtschaftslehre, Betriebswirtschaftliche Planung und Logistik der Universität zu Köln, Köln, 1992.

Rieper, B.: Betriebswirtschaftliche Entscheidungsmodelle, Herne, 1992.

Schmidt, R., G. Schor: Modelle und Erklärung in den Wirtschaftswissenschaften, in: Modelle in der Betriebswirtschaftslehre, hrsg. von R. Schmidt, G. Schor, Wiesbaden, 1987, S. 9-36.

Schmidt, R., G. Schor (Hrsg.): Modelle in der Betriebswirtschaftslehre, Wiesbaden, 1987.

Schmidt, S.: Der radikale Konstruktivismus: Ein neues Paradigma im interdisziplinären Diskurs, in: Diskurs des radikalen Konstruktivismus, hrsg. von S. Schmidt, 4. Aufl., Frankfurt/Main, 1991, S. 11-88.

Sikora, K.: Das Rationalitätsverständnis der Organisationswissenschaft als retardierendes Moment der praktischen Organisationsentwicklung? in: Fachdidaktik und Organisationsentwicklung, hrsg. von M. Twardy, Sonderband 3, Köln, 1990, S. 73-97.

Smircich, L., C. Stubbart: Strategic Management in an Enacted World, in: Academy of Management Review, 10. Jg. (1985), S. 742-736.

Szyperski, N., U. Winand: Planung. Kurseinheit 1: Einführung in die Planungslehre, Vorlesungsskript für die Fernuniversität Hagen, Universität zu Köln, Köln, o.J.

Toulmin, S., R. Rieke, A. Janik: An Introduction to Reasoning, New York, 1979.

Kapitel 3

Grundfragen quantitativer Modellierung

3.1 Modellanalyse im Prozeß quantitativer Planung

Im vorstehenden Kapitel sind das grundlegende Verständnis quantitativer Planung, das diesem Buch zugrundeliegt, und einige zentrale begriffliche Konsequenzen daraus erläutert worden. Es sollte deutlich geworden sein, daß eine Lösung praktischer Planungsprobleme auf der Basis quantitativer Modelle sich nicht in einem einfachen „Ausrechnen" erschöpft. Vielmehr ist die Konstruktion und formale Lösung quantitativer Modelle eingebettet in einen u.U. komplexen Problemlösungsprozeß.

Dieser Prozeß umfaßt auf der einen Seite die Strukturierung des praktischen Planungsproblems. Je nachdem durch welchen Typ eines quantitativen Planungsmodells das Problem erfaßt werden soll bzw. welche quantitative Analysemethode zur Anwendung kommen soll, muß die Strukturierung so weit getrieben werden, daß das Problem zumindest scharf definiert werden kann. Soll die Modellanalyse sogar eine (formale) Optimallösung ermöglichen, muß das Planungsproblem wohlstrukturiert werden.

Auf der anderen Seite umfaßt der Problemlösungsprozeß auch die Phase der Lösungsinterpretation. Abhängig von Art und Ausmaß der vorhergehenden aktiven Strukturierung des Planungsproblems müssen die durch die formale Modellanalyse ermittelten Ergebnisse (Lösungen) auf die reale Problemstellung rückübertragen werden. Insgesamt geht damit der Prozeß quantitativer Planung über die formale Modellierung weit hinaus. Dieser Gesamtprozeß soll im folgenden eingehender erläutert werden.

3.2 Phasen des Problemlösungsprozesses

Wird ein einfaches, aber gängiges Phasenschema des Problemlösungsprozesses zugrunde gelegt, dann lassen sich ganz allgemein die vier Phasen Problemerkennung, Alternativengenerierung, Lösungsfindung und Implementierung unterscheiden. Das Phasenschema in Abb. 3.1 zeigt die verschiedenen Teilaufgaben, die bei der Bewältigung eines Problems wahrgenommen werden müssen (vgl. DELFMANN 1993).

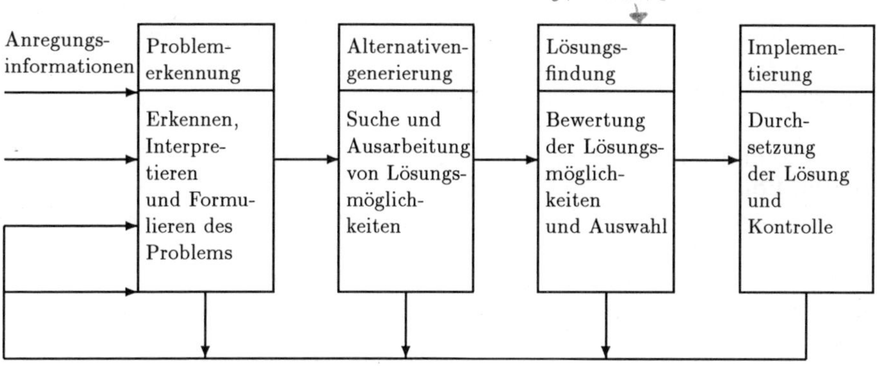

Abb. 3.1: Prozeß der Problemlösung in Anlehnung an PFOHL 1977, S. 25

Das hier dargestellte Schema ist sicher sehr vereinfacht. So haben empirische Studien über den Problemlösungsprozeß z.B. 7 Teilphasen identifizieren können (vgl. MINTZBERG/RAISINGHANI/THÉORÊT 1976, S. 246ff.). Auch werden bei der Lösung praktischer Probleme die Teilphasen nicht einfach sequentiell abgearbeitet – wie das Phasenschema nahelegt –, sondern es existieren vielfältige Rückkopplungsschleifen. Es bestehen sogar Ansätze in der empirisch orientierten Literatur, die das hier vorgegebene Phasenschema geradezu konterkarieren, indem sie kaum einen Zusammenhang zwischen dem praktischen Verhalten von Organisationen und einem rationalen Problemlösungsprozeß sehen. Hierzu zählt insbesondere das *Garbage-Can*-Modell (Mülleimermodell) von Cohen, March und Olsen. Organisationen werden dort als Ansammlungen von Wahlmöglichkeiten betrachtet, die nach Problemen Ausschau halten oder als Probleme und Intuitionen angesehen, die nach Entscheidungssituationen fahnden (vgl. COHEN/MARCH/OLSEN 1972, S. 1ff.). Trotz dieser Kritikpunkte stellt das einfache Phasenmodell in Abb. 3.1 ein sinnvolles didaktisches Hilfsmittel dar. Würde man nämlich anfangs gleich mit der gesamten Komplexität realer Planungsprozesse konfrontiert, wäre es schwerlich möglich, die wesentlichen, auszuführenden Teilaufgaben zu erkennen. In diesem Sinne stellen die vier Phasen des Problemlösungsprozesses eine gute Orientierungshilfe dar.

Die Problemerkennung stellt die Einleitungsphase des Problemlösungsprozesses dar. Die Problemabgrenzung und Definition ist wesentlich für alle weiteren, auszuführenden Phasen. Ist das Problem erst einmal falsch definiert worden, dann begehen die Planenden einen sogenannten Fehler dritter Art. Sie lösen das falsche Problem. Die Problemerkennungsphase ist damit die kritischste und zugleich die in der Literatur am wenigsten beachtete Phase im Problemlösungsprozeß. Sie wird durch individuelle Fähigkeiten und Erfahrungen wie auch durch organisatorische Rahmenbedingungen, in denen die Akteure handeln, bedingt.

Beispielsweise haben formale Organisationsstrukturen einen wesentlichen Einfluß auf Kommunikationsverhalten der Mitarbeiter. So können starre, regelgebundene Organisationsstrukturen und rein vertikale Kommunikationswege u.U. dem notwendigen bereichsübergreifenden Informationsaustausch hinderlich entgegenstehen, so daß Auswirkungen auf den Problemlösungsprozeß zu vermuten sind.

Ist ein Problem definiert worden, dann beginnt die Generierung von Handlungsalternativen zur Problemlösung. Die Handlungsalternativen sind jedoch zumeist nicht dem Planenden gegeben, wie dies bei wohlstrukturierten Problemen vorausgesetzt wird, sondern müssen erst entwickelt werden. Nachdem verschiedene Handlungsalternativen in Betracht gezogen wurden, wird von den beteiligten Entscheidungsträgern eine möglichst gute Lösung ausgewählt. Gut bedeutet hier nicht unbedingt optimal, denn die Optimalität einer Lösung für ein reales Problem ist im allgemeinen kaum präzise nachweisbar. Anschließend wird die ausgewählte Handlungsalternative in die Realität umgesetzt. Die Umsetzung erfordert in der Praxis zumeist zahlreiche Anpassungen des ursprünglichen Entwurfs, da sich viele Detailprobleme erst während der Implementierung herausstellen. Eine Plananpassung ist dann notwendig. Möglicherweise ergibt sich auch das Erfordernis einer Problemrevision oder Folgeprobleme stellen sich ein.

Mathematische Verfahren und Modelle können grundsätzlich in zwei Phasen des oben beschriebenen Prozesses eingesetzt werden. Einerseits werden sie angewendet, wenn aus einem festgelegten Alternativenraum die möglichst beste Handlungsalternative auszuwählen ist. Die klassische Entscheidungstheorie beschäftigt sich mit der Entwicklung rationaler Auswahlkriterien, während das Operations Research Verfahren zur konkreten Lösung dieses formalen Auswahlproblems in komplexen Auswahlsituationen entwickelt. Andererseits dienen mathematische Methoden und Modelle aber auch der Problemerkennung, indem sie Anregungsinformationen erzeugen, die den Entscheidungsträger auf problematische Bereiche im Unternehmen hinweisen, die ohne eine vorher durchgeführte Analyse mittels eines mathematischen Modells nur schwerlich erkannt worden wären.

3.3 Der Prozeß der Modellbildung

3.3.1 Überblick

Die Grundlage für die Anwendung von mathematischen Analysemethoden zur Lösung betriebswirtschaftlicher Probleme ist der Prozeß der Modellbildung. Das Ziel der Modellbildung besteht darin, einen problemrelevanten Ausschnitt der Wirklichkeit in einem formalen Modell zu repräsentieren, um mit Hilfe angewandter mathematischer Methoden Ergebnisse einer Modellrechnung zu generieren. Die Ergebnisse der Modellrechnung können entweder als Lösungen des Ursprungsproblems interpretiert werden oder haben Orientierungscharakter für den Planenden, indem durch die Analyse eines Teilaspektes wichtige Erkenntnisse geschaffen werden. Abb. 3.2 faßt die wesentlichen Schritte des Modellbildungsprozesses nach dem weiter oben bereits diskutierten konstruktionsorientierten Modellverständnis zusammen. Die einzelnen Schritte werden im folgenden detailliert erläutert.

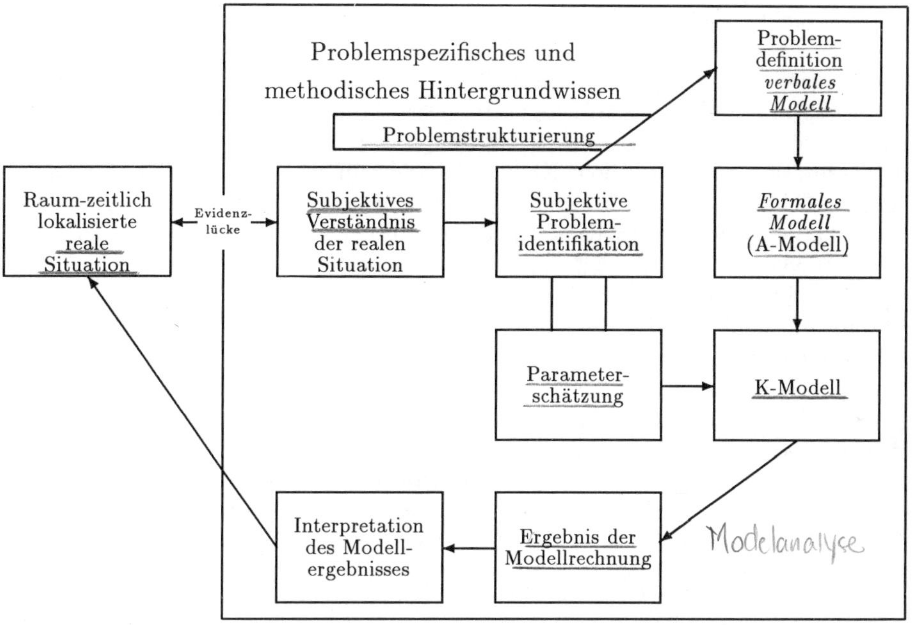

Abb. 3.2: Der Prozeß der Modellbildung nach dem konstruktionsorientientierten Modellverständnis in Anlehnung an REIHLEN 1992, S. 10

3.3.2 Problemformulierung

Grundlage für die Modellierung eines Problems ist das subjektive Verständnis des Planenden von der Planungssituation. Bevor die einzelnen Phasen der Problemformulierung vorgestellt werden, soll in Anlehnung an Bretzke eine begriffliche Trennung zwischen *Situationsbezug* und *Problembezug* von Modellen erfolgen. Die Situation, in der die Entwicklung eines Modells vorgenommen wird, umfaßt alle wahrnehmbaren und antizipierbaren Gegebenheiten und Entwicklungstendenzen der „Welt", die vom Planenden in seiner Planungssituation als relevant beurteilt werden. Der Situationsbezug eines Modells umfaßt also den spezifischen räumlichen, zeitlichen und sachlichen Rahmen. Ein Problem kann dann als eine von mehreren denkbaren Möglichkeiten aufgefaßt werden, innerhalb einer Situation Ereignisse als unbefriedigend zu empfinden. Dadurch wird ein Problem konstituiert. Das Problem bezieht sich folglich auf eine spezifische Referenzgruppe innerhalb der gegebenen Planungssituation. Ein einfaches Beispiel soll den Unterschied zwischen Problembezug und Situationsbezug anhand des Warteschlangenproblems verdeutlichen. Warteschlangen bilden sich nach bestimmten Mustern z.B. vor den Kassenschaltern eines Supermarktes. Die situativen Gegebenheiten einer Warteschlangensituation sind prinzipiell sehr einfach und von jedem in der gleichen Weise erfaßbar. Die Anzahl der Kassenschalter, die Abfertigungszeiten und die Verteilung der Ankunftszeiten der Kunden sowie die Kosten des Personals und andere Gegebenheiten charakterisieren die Warteschlangensituation. Die Frage, inwieweit diese Situation als problematisch empfunden wird, kann nur durch Bezug auf ein Subjekt geschehen, das diese Situation in bestimmter Art und Weise interpretiert. Denkbar wäre beispielsweise, daß ein Manager eine lange Warteschlange als Indiz für einen hohen Tagesumsatz und für die hohe Kundenpräferenz für sein Geschäft hält. Ein anderer hingegen könnte die gleiche Situation dahingehend interpretieren, daß die Anzahl der Kassenschalter aufgrund des Kundenandranges erhöht werden müßte, da angesichts der Unzufriedenheit der Kunden sonst die Gefahr des Abwanderns zu Konkurrenzsupermärkten zu befürchten wäre (vgl. auch BRETZKE 1980, S. 194ff.). Grundlage für die Problemformulierung ist also ein fundiertes Verständnis der Planungssituation und des konkreten Planungsproblems.

Anregungsinformationen deuten dem Planenden die Existenz eines Problems an und bilden die Basis für seine Problemformulierung. Die Problemformulierung läßt sich in die drei Teilphasen *Problemidentifikation*, *Problemstrukturierung* und abschließende *Problemdefinition* unterscheiden. Die Definition eines Problems ist einerseits an ein Subjekt gebunden und damit immer subjektiv, andererseits aber kein völlig beliebiger Prozeß, der geradezu der willkürlichen Konstruktion des Individuums entspringt und damit nicht mehr diskutabel wäre. Problemidentifikation und -definition liegen zwar in einer individuellen Interpretation einer Situation begründet, jedoch ist diese Abgrenzung und das Hintergrundwissen des Planenden für andere Akteure argumentationszugänglich. So kann eine Problemabgrenzung auch von einem kompetenten Expertenteam vorgenommen werden, das sich auf eine bestimmte Problemdefinition einigt.

Auf der Grundlage einer subjektiven Problemidentifikation wird die Strukturierung und Definition des verbalen Modells vorgenommen. Probleme sind um so stärker strukturierungsbedürftig, je mehr Strukturdefekte das Planungsproblem aufweist. Der Planende reduziert in der Problemstrukturierungsphase die Problemstellung auf die wesentlichen faktischen Inhalte und versucht die Defekte des Planungsproblems zu beseitigen. Die abschließende Problemdefinition faßt die Annahmen des Planenden in bezug auf Objekte und Relationen des empirischen Originals im verbalen Modell zusammen, die von ihm begründetermaßen als wesentlich erachtet werden und die für ihn erklärbar sind. Wie schon erwähnt, muß dieses verbale Modell zumindest scharf definiert sein, damit eine Übertragung in ein formales, mathematisches Modell erfolgen kann. Im folgenden sollen die wesentlichen Phasen der Problemformulierung, wie in Abb. 3.3 dargestellt, näher erläutert werden.

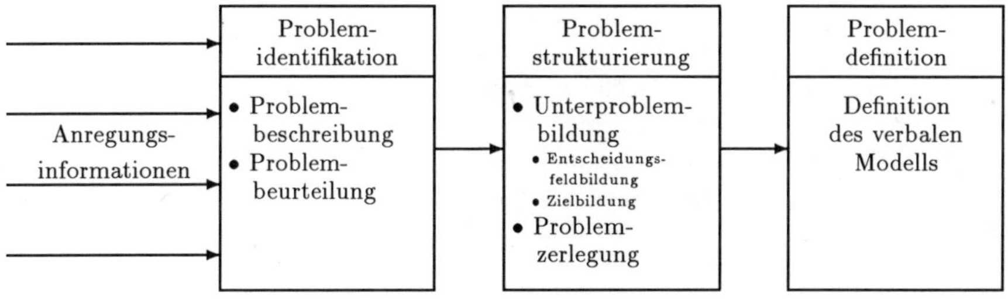

Abb. 3.3: Phasen der Problemformulierung

3.3.2.1 Anregungsinformationen

Voraussetzung für die Identifikation eines in bestimmter Art und Weise empfundenen Problems ist die Sammlung und Analyse von Anregungsinformationen, die auf problematische Bereiche innerhalb oder außerhalb des Unternehmens hinweisen. Der Inhalt einer Information ist prinzipiell nur im Rekurs auf ein Subjekt bestimmbar. Genauso wie ein Problem erst durch ein Subjekt konstituiert wird, existieren Informationen nicht in vorstrukturierter, objektiver Form in der Umwelt des Subjektes, sondern sie werden von ihm erst durch Interpretationsprozesse erzeugt (vgl. insbesondere die Kritik an der Informationsverarbeitungspsychologie von BUNGE/ARDILA 1987, S. 105ff.). Allgemein lassen sich Anregungsinformationen nach ihrer Herkunft in externe und interne Informationen unterscheiden. Externe Informationen beziehen sich auf Sachverhalte, die in der Umwelt des Unternehmens liegen. Marktanteilsveränderungen von Konkurrenzprodukten, rechtlichen Auflagen durch den Staat, veränderte Lieferrhythmen durch den Zulieferer sind Beispiele für externe Informationen. Sie werden teilweise durch eine formale und regelmäßige Umweltanalyse erhoben oder auf informalem Wege, z.B. durch den Informationsaustausch auf Messen, Kongressen oder Tagungen, gesammelt. Interne Informationen beziehen sich auf Sachverhalte der Unternehmensinnenwelt. Auch hier können Informationen durch formale Informationsquellen auf problematische Bereiche des Unternehmens hinweisen. Sie sind beispielsweise aus der Kostenrechnung, aus einem Managementinformationssystem oder aus der Betriebsstatistik abrufbar. Andererseits dienen auch hier informale und weiche Informationen, die von den Mitarbeitern beim Mittagessen oder bei einer Unterhaltung am Arbeitsplatz ausgetauscht werden, als Anregung zur Identifikation eines Problems. Die verschiedenen Arten von Anregungsinformationen zu systematisieren fällt aufgrund ihrer Vielfalt schwer. Gleichwohl lassen sich fünf Anregungsinformationsarten unterscheiden (ähnlich PFOHL 1977, S. 85f.):

Soll-Ist-Abweichungen

Die Ziele der Planenden manifestieren sich in mehr oder weniger konkreten Soll-Vorgaben für die zukünftige Entwicklung des Planungsgegenstandes. Ein solcher Soll-Wert kann sehr konkret festgelegt sein, indem beispielsweise eine Kosteneinsparung von 15% für das nächste Jahr angestrebt wird. Oder der Soll-Wert ist unscharf definiert, indem z.B. lediglich die Profitabilität eines Produktes verbessert werden soll. Dieser Soll-Wert kann durch Vergleich mit dem realisierten bzw. prognostizierten Ist-Wert auf problematische Entwicklungen hinweisen und stellt damit eine wichtige Anregungsinformation dar. Jedoch zeigt nicht jede Soll-Ist-Abweichung gleich ein Problem an. Auch kann das Erreichen eines gesetzten Zieles sich als Problem herausstellen, wenn Entwicklungen im Umfeld des Planenden die gesetzten Ziele als obsolet oder vollkommen unrealistisch ausweisen, so daß ihr Erreichen den Präferenzen des Planenden entgegenlaufen würde.

Änderung von Präferenzen

Auch die Änderung von Präferenzen der Planenden kann eine wichtige Anregungsinformation darstellen. Präferenzen erlauben, die Vorziehenswürdigkeit unterschiedlicher Handlungsalternativen zu beurteilen und bestimmen die Bewertungsmaßstäbe, die an die Ergebnisse der Handlungsalternativen angelegt werden. Eine Änderung der Präferenzen kann bestehende Maßnahmen und Handlungen des Unternehmens als überdenkenswürdig herausstellen.

Änderung von Handlungsalternativen

Probleme werden auch über die Kenntnis neuer Lösungsalternativen hervorgebracht. Technologische Neuentwicklungen ermöglichen neue Transformationsbeziehungen, deren erfolgversprechender Einsatz einen Problemlösungsprozeß veranlassen kann.

Änderung von Datenkonstellationen

Die Veränderungen nicht kontrollierbarer Variablen und Parameter können ebenfalls Problemlösungsprozesse initiieren. Z.B. übt eine Änderung des allgemeinen Zinsniveaus, die eine Änderung des kalkulatorischen Zinssatzes bewirkt, einen unmittelbaren Einfluß auf die Rentabilität unterschiedlicher Investitionsprojekte aus.

Termine für Anschlußprobleme

Problemlösungsprozesse können letztlich auch dadurch angeregt werden, daß die in der Vergangenheit getroffenen Entscheidungen zeitlich begrenzt sind und Anschlußprobleme hervorbringen. Beispielsweise führt die Fertigstellung einer neuen Produktionsanlage unmittelbar zu dem Anschlußproblem ihrer Inbetriebnahme. Die erste Anregungsinformationsart entstammt einem Kontrollprozeß, indem bestimmte Sollvorgaben im Lichte neuerer Ereignisse beurteilt werden und eine Diskrepanz oder einen Spannungszustand auslösen können, der einen Problemlösungsprozeß initiiert. Die Anregungsinformationen über Präferenzen, Handlungsalternativen und Datenkonstellationen knüpfen unmittelbar an das klassische Planungsschema an. Präferenzen beeinflussen Ziele und Bewertungsgrößen, während Handlungsalternativen und Datenkonstellationen Bestandteile des Entscheidungsfeldes sind. Die letzte Kategorie – Termine für Anschlußprobleme – läßt sich nicht ohne weiteres zuordnen. Sie entstehen häufig aus der Dynamik eines Problemlösungsprozesses, der letztlich nicht in einer Zeitpunktbetrachtung festgehalten werden kann, sondern als permanenter Prozeß zu verstehen ist.

3.3.2.2 Problemidentifikation

Anregungsinformationen können einen Problemlösungsprozeß initiieren, der unmittelbar durch Veränderungen der Umwelt des Entscheidungsträgers oder durch seine geistigen Erkenntnisprozesse hervorgebracht wird. Probleme können damit einmal ihren Ursprung in der natürlichen und sozialen Umwelt oder in dem Wissensfundus bzw. in den Wissenslücken des Problemlösers haben. Wie alle konzeptionellen Objekte werden Probleme von Subjekten konstruiert. Ihre Identifikation und Lösung ist nicht selten Gegenstand von Zufälligkeiten. Die Einleitungsphase des Problemformulierungsprozesses stellt die Problemidentifikation dar. Sie findet in einer zeitlichen, räumlichen und sachlichen Situation statt und beinhaltet eine erste Beschreibung des Problems auf der Grundlage der vorher gesammelten und ausgewerteten Anregungsinformationen. Eine Beurteilung der Entscheidungsnotwendigkeit ist erforderlich, denn schließlich ist nicht jedes Problem auch wert, gelöst zu werden (vgl. in diesem Zusammenhang auch BUNGE 1983A, S. 242ff.). Die Beurteilung der Entscheidungsnotwendigkeit durch die Subjekte einer Organisation hängt von der subjektiven Einschätzung der Dringlichkeit und der Durchführbarkeit eines erkannten Problems ab. Ist z.B. ein Problem identifiziert worden, so bedeutet dies noch nicht, daß ein Problemlösungsprozeß auch initiiert wird. Vielmehr muß sich ein Problem im organisatorischen Konkurrenzspiel um Aufmerksamkeit beim Management erst behaupten. Probleme bedürfen deshalb eines Promotors, der sich dafür einsetzt, daß es zum Problemgegenstand der Organisation wird, so daß Ressourcen für seine Lösung bereitgestellt werden. Die Problemidentifikation im speziellen und die Problemformulierung im allgemeinen sind damit von der individuellen Interpretation einer Situation wie auch von den organisatorischen Rahmenbedingungen, in denen Akteure Informationen austauschen und handeln, abhängig. Gerade die Auswirkungen von Organisationsstrukturen auf die Problemerkennung wurde bisher in der Literatur stark vernachlässigt (vgl. dazu DUTTON/DUNCAN 1987, DUTTON/FAHEY/NARAYANAN 1983). Das Ergebnis der Problemidentifikation ist eine erste Beschreibung und Beurteilung des Problems in sachlicher, zeitlicher und räumlicher Hinsicht.

3.3.2.3 Problemstrukturierung

Probleme bedürfen, damit sie mathematisch repräsentiert werden können, einer zumindest scharfen Problemdefinition (Art und Anzahl der Variablen und Wirkungszusammenhänge sind spezifiziert). Die Strukturierung eines schlechtstrukturierten Problems kann dabei durch die Bildung von Unterproblemen und durch Problemzerlegung erfolgen. Beide Fälle der Problemstrukturierung werden im folgenden erläutert. Allgemein wirkt die Bildung von Unterproblemen unmittelbar auf Lösbarkeit hin, während die Teilproblembildung (Problemzerlegung) sukzessive das Gesamtproblem durch weitere Detaillierung abzudecken versucht (vgl. WITTE 1979, S. 113).

Unterproblembildung

Eine Unterproblembildung wird immer dann erwogen, wenn das reale Problem schlechtstrukturiert ist und einer weiteren Strukturierung zugänglich gemacht werden soll. Die Bildung eines Unterproblems ist dann gerechtfertigt, wenn es zur Lösung des eigentlichen Problems beiträgt. Zwischen dem eigentlichen Problem und dem gebildeten Unterproblem besteht eine Zweck-Mittel-Beziehung, die der Planende durch sachliche Begründungen herstellt. So muß er gute Argumente dafür hervorbringen, daß die Lösung des Unterproblems entweder das eigentliche Problem lösen oder aber zumindest für den Planenden wichtige Orientierungsinformationen – z.B. durch Aufzeigen von Wirkungszusammenhängen – bereitstellen kann. Die Bildung eines Unterproblems setzt eine profunde Kenntnis des Planenden über den Problemgegenstand voraus, denn nur so ist er in der Lage, sachliche Begründungen dafür abzugeben (vgl. WITTE 1979, S. 114ff.).

Die Unterproblembildung kann man sich am besten an dem klassischen Planungsschema verdeutlichen. Mit ihr sollen die Defekte eines schlechtstrukturierten Problems dadurch geheilt werden, daß der Planende Prämissen über Variablen, Daten, Wirkungszusammenhänge und gegebenenfalls über Bewertungsaspekte und operationale Ziele nach sachlichen Überlegungen festlegt. Vor diesem Hintergrund bedarf es einerseits der Bildung eines Entscheidungsfeldes, das sowohl die Art und Anzahl der Variablen als auch deren Wirkungszusammenhänge spezifiziert. Andererseits müssen operationale Ziele und Bewertungsaspekte festgelegt werden, um ein mathematisches Lösungsverfahren anwenden zu können. Dementsprechend wird zuerst die Entscheidungsfeldbildung und dann die Zielbildung kurz diskutiert.

Entscheidungsfeldbildung

Das Entscheidungsfeld wird durch die Art und Anzahl der Variablen (Handlungsalternativen) und durch die relevanten Daten (Umweltdaten) der Ausgangssituation sowie ihrer Kopplungsbeziehungen beschrieben. Die Entscheidungstheorie hat sich des Problems der Bildung von Entscheidungsfeldern kaum angenommen, da sie davon ausgeht, daß dem Subjekt das Entscheidungsfeld bereits bekannt ist. Allerdings ist dieser Fall selbst bei einfachen Problemen kaum gegeben. Man stelle sich das einfache Problem der Verkehrsmittelwahl vor, um von Köln nach Düsseldorf zu fahren. Dabei stellt sich der Planende die Frage, ob das eigene Auto genutzt oder ob auf öffentliche Verkehrsmittel zurückgegriffen werden sollte. Diese Art der Problemformulierung setzt bereits eine Abgrenzung des Entscheidungsfeldes insoweit voraus, als vom Entscheidungsträger für irrelevant gehaltene Handlungsalternativen bereits im Vorfeld ausgeblendet wurden. So

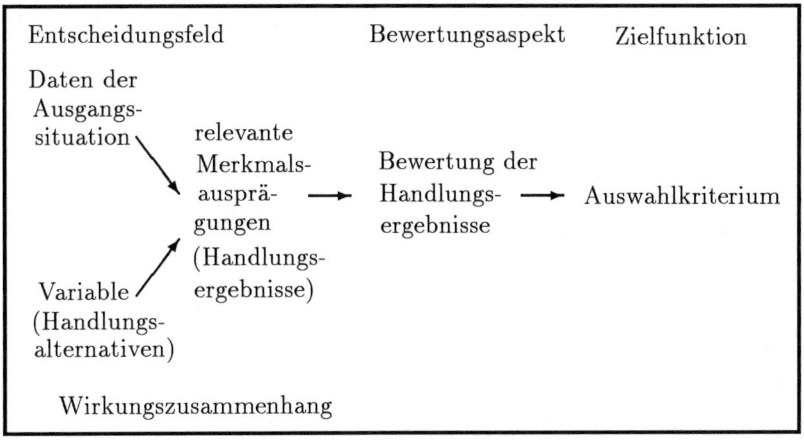

Abb. 3.4: Elemente des klassischen Planungsschemas in Anlehnung an ADAM 1993, S. 7

wäre auch die Alternative, diese Strecke zu Fuß, mit dem Fahrrad oder per Anhalter zu überwinden, denkbar. Das Aufstellen eines Entscheidungsfeldes erfolgt regelmäßig gerade erst dadurch, daß bestimmte Handlungsalternativen (oder Alternativenräume) betrachtet und damit gleichzeitig eine Vielzahl von Alternativen ausgeblendet werden. Hierdurch werden Abgrenzungsdefekte beseitigt. Die Forderung der Entscheidungstheorie nach Vollständigkeit des Entscheidungsfeldes scheint gerade bei komplexeren Problemen zur Entscheidungsunfähigkeit zu führen. Gerade hier zeigt sich, daß die Bildung eines Entscheidungsfeldes als kreatives Konstruktionsproblem aufzufassen ist. Eine bewußte oder unbewußte Vorselektion ist also notwendig, um Entscheidbarkeit überhaupt sicherzustellen (vgl. BRETZKE 1980, S. 104f.).

Bei der Konstruktion eines Entscheidungsfeldes sind zwei Fälle zu unterscheiden. Der erste Fall geht davon aus, daß vom Planenden ein reales Problem als zumindest scharf definiert wahrgenommen wird. Die Handlungsalternativen (bzw. der Alternativenraum) existieren in diesem Fall bereits im Umfeld des Planenden, so daß er sie lediglich „suchen“ muß, um das Entscheidungsfeld festzulegen. Der zweite Fall - der Planende nimmt ein schlechtstrukturiertes Problem wahr - erfordert hingegen erhebliche konstruktive Eigenleistungen, denn die Handlungsalternativen müssen erst einmal entwickelt werden. Sie bestehen nicht bereits in der Umwelt des Planenden, wie dies im ersten Fall angenommen wird (vgl. dazu BRETZKE 1980, S. 106ff.). So erfordert die Entscheidung über ein rentables Investitionsprojekt im Rahmen der Entscheidungsfeldbildung i.d.R. nicht einfach nur die Suche nach Investitionsprojekten, denn die Alternativen bestehen zumeist nicht schon „von sich aus“, sondern müssen vielmehr von ihm entwickelt und ausgearbeitet werden. Erst damit werden die Voraussetzungen für die Bildung eines Investitionsrechenmodells geschaffen.

Die Frage verbleibt, nach welchen Kriterien ein Entscheidungsfeld abzugrenzen ist, damit Variablen und Handlungsergebnisse festgelegt werden können. Diese Frage kann ohne einen konkreten Problembezug zunächst nur allgemein behandelt werden. Das Entscheidungsfeld ist einerseits in zeitlicher Hinsicht zu strukturieren, indem die Betrachtung auf einen endlichen Zeitraum beschränkt wird. Eine Ausdehnung des Betrachtungshorizontes führt dabei zu einer überproportionalen Erhöhung der Handlungsmöglichkeiten und ihrer Konsequenzen, während ihre Vorhersagefähigkeit abnimmt. Die Frage der zeitlichen Strukturierung eines Entscheidungsfeldes wird in der Literatur mit der Festlegung des „ökonomischen Horizontes“ oder des „Planungshorizontes“ behandelt. Die Länge des festzulegenden Planungshorizontes hängt von der Art des betrachteten Problems und seinen Handlungsalternativen ab. Während es beispielsweise für die Berechnung der besten Investitionsalternative bei der Modernisierung einer Fertigungsstraße ausreichend erscheint, den Entscheidungstatbestand auf einen Planungshorizont von mehreren Jahren festzulegen, würde eine modellmäßige Repräsentation von Gelddispositionsentscheidungen Abstände von z.B. stündlichen Entscheidungszeitpunkten umfassen (vgl. BITZ 1977, S. 92, 187ff.). Andererseits ist das Entscheidungsfeld in sachlicher Hinsicht festzulegen, indem die zu betrachtenden Handlungsalternativen oder Alternativenräume, die unabhängigen Einflußgrößen (Daten) sowie ihre Kopplungs- und Wirkungsbeziehungen des Problems ermittelt werden. Die Ergebnisse der Entscheidungsfeldbildung sind in Anlehnung an das klassische Planungsschema in Abb. 3.5 graphisch zusammengefaßt worden.

Abb. 3.5: Ergebnis der Entscheidungsfeldbildung

Zielbildung und Festlegung von Bewertungsgrößen

Neben der Festlegung des Entscheidungsfeldes bedarf es einer Spezifikation der Bedingungen, denen gesuchte Lösungsalternativen genügen sollen. Eine Bestimmung der Ziele ist notwendig, um die Vorziehenswürdigkeit einzelner Handlungsalternativen eindeutig beurteilen zu können. Ziele stellen damit das Kriterium oder die Normvorstellung dar, um Alternativen modellmäßig zu bewerten. Die Bestimmung geeigneter

Zielaussagen bedarf, wie bei der Entscheidungsfeldbildung, eines konstruktiven gedanklichen Prozesses. Die festzulegenden Ziele können dabei nicht einfach aus der Problemstellung abgeleitet werden, sondern bedürfen einer sachlichen Begründung durch den Planenden (vgl. in diesem Zusammenhang auch BRETZKE 1980, S. 72ff.).

Allgemein stellen sich bei der Aufstellung eines mathematischen Modells, das ein Zielkriterium enthalten soll (bei Simulationsmodellen ist dies nicht unbedingt notwendig), zwei grundlegende Abgrenzungsprobleme. Einerseits muß der Planende eine geeignete Zielvorstellung entwickeln, die durch Angabe der Zielvariablen in einer Zielfunktion im Modell dargestellt werden soll. Diese Zielaussagen müssen, damit sie Bestandteil eines mathematischen Modells werden können, operational sein, d.h. der Planende muß eine eindimensionale Zielfunktion angeben, die es ihm erlaubt, die Vorziehenswürdigkeit einzelner Handlungsalternativen eindeutig zu ordnen. Eine solche Ordnung erfordert ferner, daß sich die Handlungskonsequenzen eindeutig in der Dimension der Zielfunktion bewerten lassen. Die Bestimmung der Bewertungsgrößen ist unmittelbar an die Zielvorstellung des Planenden gebunden. Sollen beispielsweise verschiedene Absatzprogramme auf ihren Beitrag zur Gewinnerzielung untersucht werden, dann müssen die einzelnen Handlungsalternativen mit Kosten und Erlösen bewertbar sein. Andererseits ist die Suchvorschrift der Zielfunktion zu spezifizieren. Zielvariablen können einmal extremierend, fixierend oder begrenzend sein. Die *Extremierung* stellt ein Optimalitätskriterium dar, demzufolge die Zielvariable einen möglichst großen oder möglichst kleinen Wert annehmen soll. Andererseits kann ein Ziel auch *fixierend* sein, indem ein vorher bestimmter Wert der Zielvariable erreicht werden soll. Von einer *Begrenzung* wird gesprochen, wenn der Wert der betrachteten Zielvariable sich innerhalb eines vorher festgelegten Wertintervalls bewegen soll (vgl. dazu auch BITZ 1977, S. 79f., 231).

Die Strukturierung im Rahmen der Unterproblembildung führt zu einer scharfen Problemdefinition, soweit es die Entscheidungsfeldbildung betrifft, und zu einer wohldefinierten Problemstellung, wenn darüber hinaus eine operationale Zielbildung erfolgt.

Problemzerlegung

Im Unterschied zur Unterproblembildung, deren Ziel die Abgrenzung von problemrelevanten und irrelevanten Aspekten ist, betrifft die Problemzerlegung (Dekomposition) die Aufteilung eines identifizierten Problemkomplexes in Teilprobleme. Insbesondere die Möglichkeit, schlechtstrukturierte Probleme durch die Bildung von Teilproblemen zu lösen, ist Gegenstand einer Kontroverse zwischen Herbert A. Simon und C. West Churchman. Sie bietet eine gute Grundlage, um die Möglichkeiten und Grenzen der Problemzerlegung herauszuarbeiten.

Schlechtstrukturierte Probleme werden häufig als komplexe Systeme charakterisiert. Was wiederum unter einem komplexen System zu verstehen ist, wird von verschiedenen Denktraditionen unterschiedlich abgegrenzt. Zwei wesentliche Denktraditionen – Reduktionismus und Holismus – haben sich in diesem Zusammenhang herausgebildet, die mit ihren Vertretern aus der Managementlehre – Herbert A. Simon und C. West Churchman – in Verbindung gebracht werden. Der reduktionistische Ansatz geht prinzipiell davon aus, daß alle Konzepte, Hypothesen und Theorien, die bestimmte Dinge betreffen, bis auf ihre elementaren Einheiten reduzierbar sind und durch sie erklärt werden können, so daß das Ganze nicht mehr als die Summe seiner Teile ist. Der holistische Ansatz hingegen verwirft jeden Versuch, einen Untersuchungsgegenstand alleine aus der Analyse seiner Bestandteile heraus zu erklären, da das Ganze immer mehr als die Summe seiner Bestandteile sei (vgl. dazu auch BUNGE 1983B, S. 39). Beiden Ansätzen liegt ein unterschiedliches Verständnis vom Aufbau komplexer Systeme zugrunde. Ohne an dieser Stelle die gesamte Diskussion abhandeln zu wollen, sollen doch einige Kerngedanken der Position von Simon und Churchman herausgestellt werden, um ein tieferes Verständnis für die Möglichkeiten und Grenzen der Strukturierung schlechtstrukturierter Probleme zu legen.

Nach Simon ist Komplexität hierarchisch strukturiert; sie kann als Hierarchie von Subsystemen verstanden werden. Dabei unterscheidet er zwischen den Beziehungen, die innerhalb eines Subsystems und denen, die zwischen Subsystemen bestehen. Er stellt zwei Arten komplexer Systeme heraus, die er zerlegbare und beinahe zerlegbare Systeme nennt. Zerlegbare Systeme zeichnen sich dadurch aus, daß Komplexität rein hierarchisch strukturiert ist, so daß nur vertikale Interdependenzen zwischen den Subsystemen bestehen. Zerlegbare Systeme lassen sich vollständig in ihre Bestandteile dekomponieren und nur über ihre elementaren Einheiten erklären. Von beinahe zerlegbaren Systemen spricht Simon, wenn die Interdependenzen zwischen den Subsystemen zwar nicht vernachlässigbar sind, jedoch im Vergleich zu den Beziehungen innerhalb eines Subsystems nur schwach ausgeprägt sind. Eine vollständige Zerlegung eines beinahe zerlegbaren Systems in seine elementaren Bestandteile würde dann zumindest eine Näherungslösung ermitteln. Diese Ideen zum Aufbau komplexer Systeme können unmittelbar auf die „Struktur“ schlechtstrukturierter Probleme übertragen werden. Simon versteht sie als hierarchisch strukturierte Systeme, die sich – in den genannten Grenzen – in ihre wohlstrukturierten Elementarprobleme zerlegen lassen. Werden sukzessive alle wohlstrukturierten Elementarprobleme gelöst, dann wird automatisch auch das schlechtstrukturierte Oberproblem einer Lösung zugeführt. Die Zerlegbarkeit eines schlechtstrukturierten Problems scheitere allenfalls an unserer Unwissenheit.

Churchmans Auffassung von komplexen Systemen folgt nicht dem reduktionistischen Ansatz, sondern er fordert vielmehr einen ganzheitlichen Systemansatz. Komplexe Systeme sind nach Churchman gerade komplex, weil sie nicht als Hierarchien beschreibbar und analysierbar sind. Schlechtstrukturierte Probleme könnten prinzipiell nur als Ganzheiten identifiziert und gelöst werden, denn die vielfältigen Interdependenzen zwischen den Systemelementen erlaubten keine Reduktion des Systems auf seine Bestandteile. Um ein komplexes System zu verstehen und zu durchdringen, ist seine Dekomposition ungeeignet, denn sie zerschneide wesentliche Interdependenzen, die erst die Komplexität des Systems ausmachten. Der Planende müsse vielmehr bei der Systemanalyse über die Quellen seines Wissens und seiner Täuschung reflektieren, unterschiedliche Perspektiven einnehmen und seine persönlichen Erfahrungen und Ansichten zur Debatte stellen. Nur so könnten komplexe Probleme wirklich gelöst werden (für einen Überblick vgl. ULRICH 1979, SIMON 1973, CHURCHMAN 1974). Die beiden Ansätze sind in Abb. 3.6 veranschaulicht.

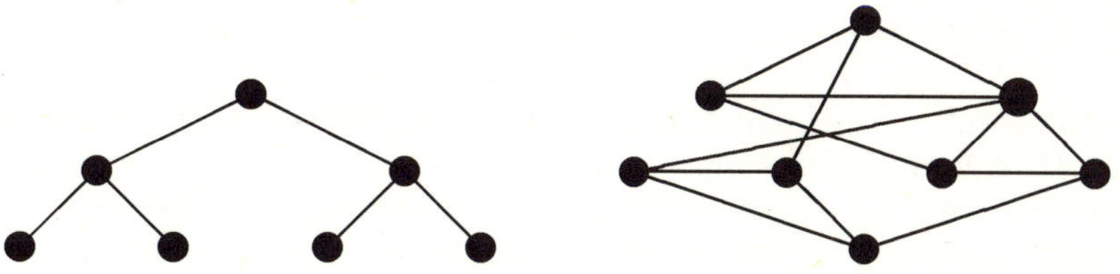

Simons Ansatz:

Zerlegbarkeit von schlechtstrukturierten Problemen in wohlstrukturierte Elementarprobleme

Churchmans Ansatz:

Schlechtstrukturierte Probleme sind nur als Ganzheiten zu betrachten.

Abb. 3.6: Der Aufbau schlechtstrukturierter Probleme nach Simon und Churchman

Beide Ansätze implizieren unterschiedliche Verfahrensweisen beim Umgang mit schlechtstrukturierten Problemen. Simon hält dabei beide Positionen im Prinzip für unvereinbar, während Churchman einräumt, daß sie nicht für sich alleine stehen könnten. Eine Integration ist möglich, wenn der Dekompositionsansatz von Simon als Sonderfall betrachtet wird. Schlechtstrukturierte Probleme lassen sich immer dann durch Problemzerlegung lösen, wenn die nicht hierarchischen Interdependenzen zwischen den Elementen aus sachlichen Erwägungen heraus vernachlässigbar sind. Anhand der Abb. 3.7 kann das Grundprinzip der Problemzerlegung bildhaft verdeutlicht werden.

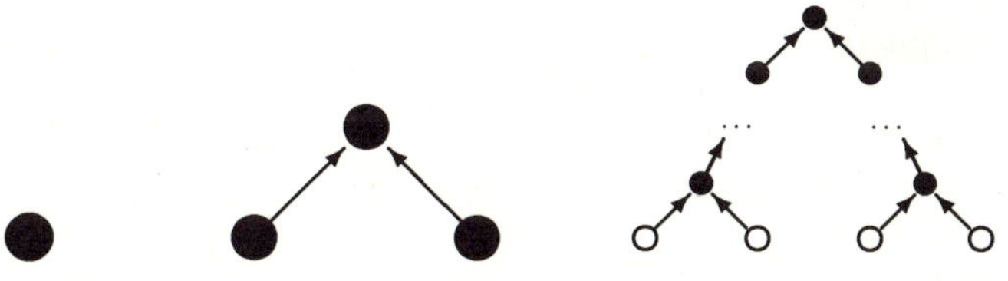

Schlechtstrukturiertes Ausgangsproblem

1. Strukturierungsstufe

Nach n Strukturierungsstufen

○ Wohlstrukturiertes Elementarproblem

Abb. 3.7: Die Bildung von Teilproblemen

Das schlechtstrukturierte Oberproblem läßt sich in verschiedene Teilprobleme unterteilen. Die Bildung von Teilproblemen läßt sich jedoch nicht einfach formal-logisch ableiten, sondern kann nur durch sachliche Begründungen geschehen. Diese Teilprobleme der ersten Strukturierungsstufe lassen sich theoretisch so lange weiter strukturieren, bis nach n Strukturierungsstufen nur noch Elementarprobleme übrig beiben. Die

Lösung des Oberproblems würde sich dann durch die Lösung aller wohlstrukturierten Elementarprobleme als triviales Problem darstellen.

3.3.2.4 Problemdefinition

Die letzte Phase des Problemformulierungsprozesses besteht in der Problemdefinition. Sie ist die Grundlage für die weitere formal-mathematische Modellierung und wird in einem sogenannten „verbalen Modell" dargelegt. Im Prinzip stellt die Problemdefinition eine Zusammenfassung der Ergebnisse der Problemstrukturierung dar. In einem ersten Schritt ist der zugrundeliegende Problemtyp zu spezifizieren, wie er bereits im Grundsatz durch die Problemstrukturierung festgelegt wurde. Die vorgestellten Problemtypen der Planung lassen sich auch hier auf die Struktur des verbalen Modells anwenden, so daß scharf definierte, wohldefinierte und wohlstrukturierte Probleme unterschieden werden, die anschließend in einem mathematischen Modell repräsentiert werden (vgl. Abb. 2.4 auf S. 21).

Mit der Festlegung des Problemtyps sind die verschiedenen, im Rahmen der Problemformulierung angenommenen Prämissen über das reale Problemobjekt zu explizieren. In Anlehnung an den Problemstrukturierungsprozeß lassen sich folgende Prämissen des verbalen Modells unterscheiden:

- *Entscheidungsfeldprämissen:*
  Sie beschreiben die Art und Anzahl der betrachteten Variablen und Einflußgrößen sowie deren Wirkungszusammenhänge.

- *Ziel- und Bewertungsprämissen:*
  Sie beschreiben die festgelegten Annahmen über operationale Ziele und Bewertungsaspekte.

- *Problemstrukturprämissen:*
  Sie fassen die Annahmen über den Aufbau eines Problems mit seinen Elementen und Beziehungen zusammen und verweisen auf die für unwesentlich erachteten Interdependenzen, die bei einer Teilproblembildung zerschnitten wurden.

Die Problemdefinition, die eine verbale Beschreibung des anschließend mathematisch zu repräsentierenden Problems darstellt, kann sich jedoch auch als revisionsbedürftig herausstellen, wenn deutlich wird, daß die zugrunde gelegten Prämissen nur einen gering ausgeprägten Problem- und Situationsbezug aufweisen. Ein Überdenken der Problemdefinition wäre die Folge, so daß der Planende die Schritte Problemidentifikation und -strukturierung nochmals durchläuft, um zu einer korrigierten Fassung der Problemdefinition zu gelangen.

3.3.3 Mathematische Repräsentation und Lösung

Da die mathematische Modellierung und analytische Lösung von Planungsproblemen im Mittelpunkt der folgenden Kapitel dieses Buches stehen, soll an dieser Stelle lediglich ein kurzer Überblick gegeben werden.

3.3.3.1 Definition des A- und K-Modells

Nach der verbalen Problemformulierung wird die Bildung eines formalen Modells vorgenommen. Sie verlangt die Anwendung der Mathematik, mit der die Formalisierung des verbalen Modells erfolgt. Die Formalisierung zeichnet sich in dreifacher Hinsicht aus; sie ist bedeutungsunabhängig, explizit und reglementiert. Das formale Modell ist hinsichtlich der Bedeutung von den gesetzten Prämissen und den deduzierten Schlußfolgerungen unabhängig. Es ist explizit dahingehend, daß nur ausdrücklich dargelegte Prämissen und Schlußregeln Anwendung finden, und es unterliegt präzisen mathematischen Regeln, die eine Formalisierung reglementieren (vgl. BUNGE 1983A, S. 203f.). Die im verbalen Modell dargelegten Variablen und ihre (kausalen oder probabilistischen) Wirkungszusammenhänge sowie ihre Bewertungsaspekte und operationalen Ziele sind in dem formalen Modell in die Sprache der Mathematik zu übertragen. Die Bildung des formalen Modells erfolgt dabei in zwei Schritten. In einem ersten Schritt wird ein sogenanntes A-Modell bestimmt. Unter A-Modell wird ein „Allgemeines Modell“ verstanden, das noch keinen raum-zeitlich spezifizierten Geltungsbereich hat (anders hingegen BRETZKE 1980, S. 203, vgl. auch LENZ 1987, S. 281), da der Situationsbezug des Modells sich nur in der Festlegung der Parameter niederschlägt, jedoch keine numerische Parameterschätzung vor dem Hintergrund empirischen Datenmaterials enthält. Die Parameter eines Modells sind Größen, die die Konsequenzen einer Handlungsalternative beeinflussen, deren Wert durch den Planenden jedoch extern gegeben ist. Es lassen sich deterministische, stochastische und verteilungsfreie Parameter unterscheiden. Die Werte eines deterministischen Parameters sind mit Sicherheit bekannt oder werden zumindest als gegeben behandelt. Stochastische Parameter folgen einer bestimmten Wahrscheinlichkeitsverteilung, und für verteilungsfreie Parameter kann der Planende nur einen subjektiv spezifizierten Wert angegeben (vgl. MEYER ZU SELHAUSEN 1993, Sp. 2970). In einem zweiten Schritt wird das sogenannte K-Modell festgelegt, wobei das Kürzel „K“ für konkret steht und darauf verweist, daß sich das Modell auf die Besonderheiten einer raum-zeitlich spezifizierten Handlungssituation bezieht (vgl. BRETZKE 1980, S. 194). Die im formalen Modell algebraisch festgelegten Parameter werden im K-Modell numerisch konkretisiert, so daß das formale Problem vollständig spezifiziert ist. Anschließend kann das Modell durch ein geeignetes Verfahren gelöst werden oder es wird zur Durchführung von betriebswirtschaftlichen Experimenten genutzt.

Die beiden Schritte bei der Festlegung des formalen Modells sollen anhand des einfachen Grundmodells zur Ermittlung der optimalen Bestellmenge illustriert werden. Das Problem des einfachen Bestellmengenmodells besteht darin, jene Bestellmenge zu bestimmen, bei der sich unter Berücksichtigung von Lagerkosten und fixen Bestellkosten ein Gesamtkostenminimum einstellt. Lager- und Beschaffungskosten lassen sich wie folgt spezifizieren:

$$K_{\text{gesamt}} = K_L + K_B \tag{3.1}$$

Dabei bestehen die Lagerkosten aus:

$$K_L = \frac{m \cdot z \cdot p}{2} \tag{3.2}$$

und die Beschaffungskosten aus:

$$K_B = \frac{M}{m} \cdot K_f, \tag{3.3}$$

so daß folgende zu minimierende Gesamtkostenfunktion aufgestellt werden kann:

$$K_{\text{gesamt}} = \frac{m \cdot z \cdot p}{2} + \frac{M}{m} \cdot K_f \rightarrow \min! \tag{3.4}$$

Symbolverzeichnis:

m	Bestellmenge
M	Jahresnachfrage
K_B	gesamte Beschaffungskosten der Periode
K_L	gesamte Lagerkosten der Periode
z	Zinskostensatz
p	Einstandspreis
K_f	fixe Bestellkosten pro Bestellung

Das hier aufgestellte Modell stellt ein A-Modell dar, das sich durch seine algebraische Struktur auszeichnet. Es wird dabei von deterministischen Parametern ausgegangen. Die Parameter M, z, p und K_f sind für die Aufstellung des K-Modells vor dem Hintergrund der unternehmensbezogenen Gegebenheiten numerisch zu bestimmen, um ein auf das konkrete Problem bezogenes Modell zu erhalten. Es sei angenommen, daß folgende Parameterwerte ermittelt werden konnten:

Jahresnachfrage	$M = 18.000$
Zinskostensatz	$z = 10\%$
Einstandspreis pro Stück	$p = 90$ DM
Fixe Bestellkosten pro Bestellung	$K_f = 250$ DM

Mit diesen Daten läßt sich das K-Modell formulieren:

$$K_{\text{gesamt}} = \frac{m \cdot 0,1 \cdot 90}{2} + \frac{18.000}{m} \cdot 250 \rightarrow \min! \tag{3.5}$$

3.3.3.2 Ergebnis der Modellrechnung

Nachdem das konkrete Formalproblem (Konkretes Formalmodell) festgelegt ist, werden geeignete mathematische Methoden zur Modellanalyse eingesetzt. Aufgabe der Modellanalyse ist es, durch die Auswertung der formalen Modellstruktur und der konkret-numerischen Parameterwerte unter Berücksichtigung evtl. vorgegebener Auswahlkriterien Berechnungsexperimente anzustellen. Je nach dem Strukturierungsgrad des zugrundeliegenden Problems (Modells) und den darauf abgestimmten Analysemethoden kann das Aufzeigen alternativer Handlungsergebnisse, das Auffinden guter, aber nicht notwendig optimaler oder auch der Nachweis optimaler Handlungsalternativen Ergebnis der formalen Modellanalyse sein. Die Vielzahl vorhandener quantitativer Planungsmethoden kann drei Methodenklassen (Methodiken) zugeordnet werden, die jeweils unterschiedliche Mindestanforderungen an die Formalstruktur des Modells stellen. Da hierauf in Kapitel 5 weiter eingegangen wird, soll an dieser Stelle nur überblicksartig auf diesen Zusammenhang hingewiesen werden. Es lassen sich, wie in Abb. 3.8 dargestellt, folgende drei Fälle unterscheiden.

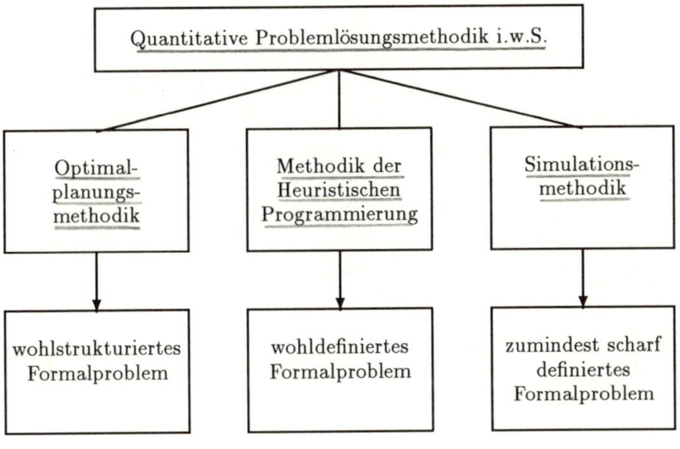

Abb. 3.8: Zusammenhang zwischen quantitativer Problemlösungsmethodik i.w.S. und der formalen Problemstruktur des Modells

Mit Hilfe von Methoden der Optimalplanung und der Heuristischen Programmierung werden Lösungen aus der Formalstruktur des Modells deduziert. Optimalplanungsmethoden garantieren die Zulässigkeit und Optimalität der Lösung (falls vorhanden) nach endlich vielen Rechenschritten, während heuristische Programme vor allem im Falle von lösungsdefekten Problemen zum Einsatz gelangen. Sie grenzen mit Hilfe exakter Regeln den Lösungsraum ein und ermitteln eine Lösung aus dieser Untermenge denkbarer Lösungen. Auf diese Weise werden zulässige und i.d.R. auch gute Lösungen gefunden, deren Optimalität aber nicht garantiert werden kann. Im Rahmen der Simulationsmethodik wird das Modell als Experimentiermodell eingesetzt. Streng genommen wird hier keine Lösung des Formalproblems ermittelt.

Das oben aufgeführte Losgrößenbeispiel kann nun abgeschlossen werden, indem das dargelegte K-Modell mit Hilfe der Differentialrechnung (Optimierungsverfahren) gelöst wird. Das K-Modell lautet ja:

$$K_{\text{gesamt}} = \frac{m \cdot 0,1 \cdot 90}{2} + \frac{18.000}{m} \cdot 250 \rightarrow \min! \tag{3.6}$$

Danach wird $dK_{\text{gesamt}}/dm = 0$ gesetzt und die Gleichung nach m aufgelöst, so daß sich die unter den gegebenen Annahmen optimale Bestellmenge von

$$m_{\text{opt}} = 1.000 \tag{3.7}$$

ergibt. Allgemein läßt sich die Losgrößenformel in algebraischer Form folgendermaßen schreiben:

$$m_{\text{opt}} = \sqrt{\frac{2 \cdot M \cdot K_f}{z \cdot p}}. \tag{3.8}$$

3.3.4 Interpretation der Modellergebnisse

Wenn die Phase der Interpretation der Modellergebnisse an das Ende des Modellbildungsprozesses gestellt wurde, dann soll das nicht bedeuten, daß Interpretationen nicht auch schon während der vorangegangenen Phasen Eingang gefunden haben. Beispielsweise trifft der Planende Entscheidungen, die sich auf die Variablenauswahl, die Annahme von Wirkungszusammenhängen, die Parameterschätzung sowie die Datenanalyse beziehen, die bereits auf seinen Interpretationen des Problems basieren (vgl. Bunn/Wright 1991, S. 508ff.). Bewertung und Interpretation sind damit elementare Bestandteile in allen Phasen des Modellbildungsprozesses.

Im folgenden steht die Frage im Vordergrund, ob die formal ermittelte Lösung auch unmittelbar eine Lösung der ursprünglichen Problemstellung ist, so daß das Modell eventuell als Entscheidungsmodell eingesetzt werden kann. Um zu einer differenzierteren Betrachtung bei der Interpretation der Modellergebnisse zu gelangen, werden in Anlehnung an Knapp drei verschiedene Deutungsformen von Modellen unterschieden. Sie stellen den interpretativen Zusammenhang zwischen syntaktischer Struktur des Modells und einer entsprechenden Auffassung vom Original her.

Im folgenden steht die Frage im Vordergrund, ob die formal ermittelte Lösung auch unmittelbar eine Lösung der ursprünglichen Problemstellung ist, so daß das Modell eventuell als Entscheidungsmodell eingesetzt werden kann. Um zu einer differenzierteren Betrachtung bei der Interpretation der Modellergebnisse zu gelangen, werden in Anlehnung an Knapp drei verschiedene Deutungsformen von Modellen unterschieden. Sie stellen den interpretativen Zusammenhang zwischen syntaktischer Struktur des Modells und einer entsprechenden Auffassung vom Original her. Je nachdem wie die Ergebnisse der Modellrechnung interpretiert werden, kann zwischen mathematischer, empirischer und heuristischer Deutung unterschieden werden (vgl. Knapp 1978, S. 199ff.).

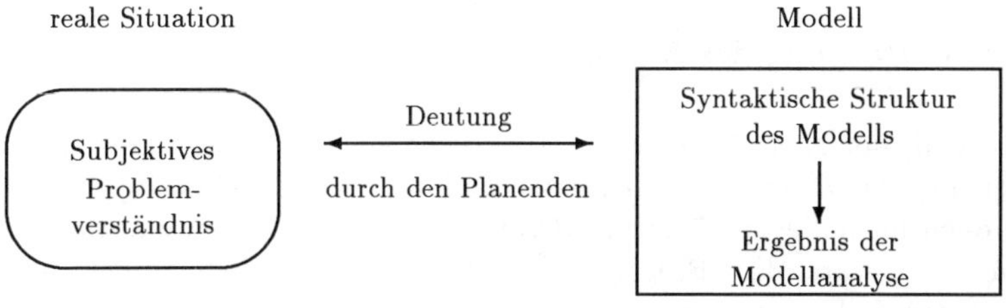

Abb. 3.9: Die Deutung eines Modells vor dem Hintergrund des subjektiven Problemverständnisses

Mathematische Deutung des Modells

Ein Modell kann mathematisch gedeutet werden, wenn das reale Problem vom Planenden als mindestens wohldefiniertes Problem identifiziert wurde, d.h., die Handlungsalternativen, Wirkungszusammenhänge, Bewertungsaspekte und operationalen Ziele sind ihm bekannt. Der syntaktischen Struktur des Modells kann eine eindeutige semantische Bedeutung zugeordnet werden. Damit entspricht das mathematische Modell dem gestellten Problem, so daß die Lösung des Modells unmittelbar auf das Problem angewendet werden kann. Das Modell kann unmittelbar als Entscheidungsinstrument eingesetzt werden.

Empirische Deutung des Modells

Der zweite Fall geht davon aus, daß das reale Problem schlechtstrukturiert ist, d.h., die Art und Anzahl der Variablen, Wirkungszusammenhänge, Bewertungsaspekte und operationalen Ziele sind nicht gegeben und damit dem Planenden zu Beginn des Strukturierungsprozesses auch nicht bekannt. Die Interpretation des Problems ist mehrdeutig. Vor dem Hintergrund einer vorgenommenen Strukturierung des Problems kann das Modell als spekulativer Entwurf des Planenden aufgefaßt werden, indem er in Form von Prämissen und Schlußregeln eine Anzahl von Hypothesen über das reale Problem zugrunde legt, die, wenn sie empirisch wahr sein und definitive Aussagen über die Wirklichkeit machen sollen, einer empirischen Überprüfung standhalten müssen. Eine Voraussetzung wäre darin zu sehen, daß der Planende gute theoretische und empirische Argumente hervorbringen kann, warum das Modell in bestimmter Art und Weise konzipiert wurde. Außerdem muß die Anwendung des Modells in einer bestimmten Situation immer zu eindeutigen Ergebnissen führen. Soll beispielsweise die Absatzentwicklung eines Produktes in einem Markt prognostiziert werden, dann sind die Produkte und der betrachtete Markt eindeutig zu definieren, sonst würde unklar bleiben, auf welche Produkt-/Marktkombinationen sich die Ergebnisse beziehen. Ferner müssen die Rahmenbedingungen stabil bleiben, so daß die Markt- und Produktabgrenzung sowie die geschätzten Parameter über den Betrachtungszeitraum auch konstant bleiben.

Heuristische Deutung des Modells

Der dritte Fall, der zu unterscheiden wäre, geht ebenfalls von schlechtstrukturierten Problemen aus, jedoch erfüllen das Modell und die Ergebnisse aus der Modellrechnung nicht die oben formulierten strengen Bedingungen, unter denen ein Modell empirisch zu interpretieren wäre, da z.B. kaum von stabilen Rahmenbedingungen bei langfristigen Planungsmodellen auszugehen wäre. Ist das Modell trotzdem für Planungszwecke geeignet oder muß es aufgrund seiner unzureichenden Repräsentation des realen Problems verworfen werden? Modelle können auch eine Orientierungsfunktion erfüllen, indem sie den Planenden bei folgenden Fragen informieren:

- What-If-Fragen,
- How-To-Achieve-Fragen (verlangen Antworten in Form von Maßnahmen zur Erreichung fixierter Ziele).

Heuristisch gedeutete Modelle stellen eine Orientierungshilfe für den Planenden dar. Sie können ein Plan für die Zukunft sein oder Einsichten in bisher unzureichend erforschte Wirkungszusammenhänge oder mögliche, anzustrebende Ziele liefern. Orientierungsmodelle sind nicht das Ergebnis schlechter Modellierung, sondern unsicherer, dynamischer und komplexer Rahmenbedingungen, so daß die Bedingungen, unter denen Modelle empirisch gedeutet werden können, nicht erfüllt sind (vgl. dazu den Typ des Orientierungsmodells aus Abschnitt 2.5).

Der besondere Nutzen einer Modellierung eines schlechtstrukturierten Problems kann gerade darin bestehen, daß nicht das Ergebnis im Vordergrund der Modellbildung steht, sondern vielmehr das sich beim Problemlöser durch die Modellierung einstellende Problemverständnis. So bekommt er ein Gefühl für die Kräfte und denkbaren Unsicherheitsfaktoren, die in der Planungssituation wirken, sowie ein Verständnis, wie Schlüsseldaten zu interpretieren sind (vgl. WACK 1985, S. 140). Modelle versorgen Entscheidungsträger mit Einsichten in komplexe Probleme, die sie ohne eine Analyse mittels eines mathematischen Modells nicht gewonnen hätten.

3.4 Was können Modelle zur Lösung praktischer Probleme leisten?

Gegenstand dieses Kapitels 3 war es, die Grundlagen der Modellbildung zu erläutern und dabei auch auf Möglichkeiten und Grenzen der modellgestützten Planung hinzuweisen. Damit ist gleichzeitig die wichtige Frage nach der Leistungsfähigkeit mathematischer Modelle zur Lösung betriebswirtschaftlicher Probleme aufgeworfen. Allgemein ist diese Frage natürlich nicht zu beantworten, jedoch erscheint es sinnvoll, einerseits die mit dem Aufkommen des Operations Research hervorgebrachte Modelleuphorie etwas zu bremsen, denn mathematische Modelle liefern nicht in jedem Problemkontext eine unmittelbare Lösung praktischer, betriebswirtschaftlicher Probleme. Ihr Anwendungsbereich ist begrenzt, wie die verschiedenen Formen der Deutung eines Modells veranschaulichen. Dies leitet gleichzeitig zu einem differenzierteren Umgang mit mathematischen Modellen an. Modelle beleuchten üblicherweise nur einen bestimmten Ausschnitt eines Gesamtproblems und können durch eine detaillierte Analyse wichtige Einsichten vermitteln, die aber stets in einen weiteren Bezugsrahmen gestellt werden müssen, der auch die nicht erfaßten Problemdimensionen in Betracht zieht (vgl. dazu auch SZYPERSKI/SIKORA o.J., S. 760). Nur so wird der Schwierigkeit wirklich komplexer Probleme Rechnung getragen. Insofern ist andererseits auch eine „Vorverurteilung“ modellgestützter Planung mit Hinweis auf den praxisfremden Formalismus völlig unangemessen und eine grundlegende Fehleinschätzung des Potentials quantitativer Planung.

Dieses Potential im einzelnen zu verdeutlichen, ist Aufgabe der folgenden Kapitel. Hierzu ist zunächst auf zwei konzeptionelle Grundlagen modellgestützter Planung einzugehen. Zum einen geht es um die grundlegenden Überlegungen zur rationalen Auswahl von Entscheidungskriterien in unterschiedlichen Planungssituationen bzw. Problemkontexten. Mit dieser Frage beschäftigt sich die Entscheidungstheorie, deren Grundlagen im folgenden Kapitel 4 diskutiert werden sollen. Die grundlegenden Zusammenhänge zwischen dem Strukturierungsgrad von Planungsproblemen, den darauf aufbauenden Modellstrukturen und den adäquaten Analysemethoden werden dann im folgenden Kapitel 5 untersucht. Hier steht vor allem der Vergleich der Eignung alternativer Methodenklassen zur Auswahl zielsetzungsgerechter Handlungsalternativen im Mittelpunkt des Interesses.

Literaturhinweise

Bitz, M.: Die Strukturierung ökonomischer Entscheidungsmodelle, Wiesbaden, 1977.

Bretzke, W.: Der Problembezug von Entscheidungsmodellen, Tübingen, 1980.

Bunge, M.: Treatise on Basic Philosophy, Vol. 5, Epistemology & Methodology I: Exploring the World, Dortrecht, 1983a.

Bunge, M.: Treatise on Basic Philosophy, Vol. 6, Epistemology & Methodology II: Understanding The World, Dordrecht, 1983b.

Bunge, M., R. Ardila: Philosophy of Psychology, New York, 1987.

Bunn, D., G. Wright: Interaction Of Judgemental And Statistical Forecasting Methods: Issues & Analysis, in: Management Science, 37. Jg. (1991), S. 501-518.

Churchman, C.: Philosophical Speculations on Systems Design, in: OMEGA, 2. Jg. (1974), S. 451-465.

Cohen, M., J. March, J., Olsen: A Garbage Can Model of Organizational Choice, in: Administrative Science Quarterly, 17. Jg. (1972), S. 1-25.

Delfmann, W.: Planungs- und Kontrollprozesse, in: Handwörterbuch der Betriebswirtschaft, Stuttgart, 1993, Sp. 3232-3251.

Dutton, J., L. Fahey, V. Narayanan: Toward understanding strategic issue diagnosis, in: Strategic Management Journal, 4. Jg. (1983), S. 307-323.

Dutton, J. R. Duncan: The creation of the momentum for change through the process of strategic issue diagnosis, in: Strategic Management Journal, 8. Jg. (1987), S. 279-295.

Knapp, H.: Zur Semantik quantitativer Modelle, in: Quantitative Ansätze in der Betriebswirtschaftslehre, hrsg. von Heiner Müller-Merbach, München, 1978, S. 199-213.

Lenz, H.: Entscheidungsmodell und Entscheidungsrealität – Metatheoretische Überlegungen zum logischen Status von Entscheidungsmodellen und dem Problem der Anwendung auf die Realität, in: Modelle in der Betriebswirtschaftslehre, hrsg. von R. Schmidt und G. Schor, Wiesbaden, 1987, S. 273-307.

Meyer zu Selhausen, H.: Optimierungsverfahren, in: Handwörterbuch der Betriebswirtschaft, Teilband 2, hrsg. von W. Wittmann, W. Kern, R. Köhler, H. Küpper, K.v. Wysocki, 5. Aufl., Stuttgart, 1993, Sp. 2970-2980.

Mintzberg, H. D. Raisinghani, A. Théorêt: The Structure of "Unstructered" Decision Processes, in: Administrative Science Quarterly, 21. Jg. (1976), S. 246-275.

Reihlen, M.: Möglichkeiten und Grenzen mathematischer Modelle für die Lösung betriebswirtschaftlicher Probleme: Die Passivistische Abbildungsthese und die Aktivistische Konstruktionsthese in der Modelldiskussion, Thesenpapier des Seminars für Allgemeine Betriebwirtschaftslehre, Betriebswirtschaftliche Planung und Logistik der Universität zu Köln, Köln, 1992.

Simon, H.: The Structure of Ill Structured Problems, in: Artificial Intelligence, 4. Jg. (1973), S. 181-201.

Szyperski, N., K. Sikora: Zur Bedeutung betriebswirtschaftlicher Planungsmodelle beim Aufbau interdimensionaler Bezugsrahmen für die Unternehmensplanung, in: Schriftenreihe Betriebswirtschaftliche Beiträge zur Organisation und Automation, hrsg. von E. Grochla, N. Szyperski, Sonderdruck aus Bd. 22, Wiesbaden, o.J.

Ulrich, W.: Zur Metaphysik der Planung, in: Die Unternehmung, Nr. 3 (1979), S. 201-211.

Wack, P.: Scenarios: Uncharted waters ahead, in: Harvard Business Review, September-October (1985), S. 73-89.

Witte, Th.: Heuristisches Planen, Wiesbaden, 1979.

Kapitel 4

Rationale Kriterienwahl: Grundlagen der Entscheidungstheorie

4.1 Erkenntnisziele der Entscheidungstheorie

Als wissenschaftliche Disziplin hat die Entscheidungstheorie die Aufgabe, das menschliche Wahlverhalten zu untersuchen und Erkenntnisse für die Lösung von Entscheidungsproblemen zu generieren. Unter einer Entscheidung ist hierbei „[...] die mehr oder weniger bewußte Auswahl einer von mehreren möglichen Handlungsalternativen [...]" (SIEBEN/SCHILDBACH 1990, S. 1) zu verstehen. Zwei theoretische Konzepte haben sich herausgebildet, die sich der systematischen Analyse von Wahlhandlungen unter verschiedenen Gesichtspunkten widmen: Die deskriptive und die präskriptive Entscheidungstheorie.

4.1.1 Deskriptive Entscheidungstheorie

Die deskriptive Entscheidungstheorie als empirisch-realistischer Ansatz beschäftigt sich mit der Untersuchung von Gesetzmäßigkeiten, die erklären können, warum sich ein Entscheidungsträger in der Realität „so und nicht anders" verhält. Sie basiert auf verhaltenswissenschaftlichen Ansätzen und analysiert speziell inter- und intrapersonelle Entscheidungsprozesse. Auf die deskriptive Entscheidungstheorie wird im folgenden nicht weiter eingegangen.

4.1.2 Präskriptive Entscheidungstheorie

Die präskriptive (normative) Entscheidungstheorie stellt Modelle und Methoden bereit, die es dem Entscheidungsträger in Wahlsituationen ermöglichen, die seinen Zielvorstellungen und Präferenzen entsprechende, subjektiv optimale Entscheidung zu treffen. Im Gegensatz zum deskriptiven Ansatz werden also nicht nur Sachverhalte zur Kenntnis genommen und zu erklären versucht, sondern es werden aktiv Handlungsempfehlungen gegeben. Diese können sich beziehen auf Strukturempfehlungen für die Modellkonstruktion, auf Entscheidungsmodelle und auf Vorschriften für die Explikation individueller Zielsysteme (vgl. LAUX 1982A, S. 12). Im Mittelpunkt steht jedoch die Entwicklung und Beurteilung von Entscheidungskriterien und Entscheidungsregeln für unterschiedliche Entscheidungssituationen sowie die Diskussion ihrer Implikationen. Die präskriptive Entscheidungstheorie versteht sich als Erklärungsversuch rationalen Verhaltens (vgl. BAMBERG/COENENBERG 1992, S. 3, zum Rationalitätsbegriff s.a. die dort angegebene Literatur). Hierzu ist anzumerken, daß die präskriptive Entscheidungstheorie – wie sich im folgenden zeigen wird – rationales Handeln auf einer sehr formalen Ebene abhandelt. Damit bleiben u.U. formal schwer zu handhabende Einflußgrößen menschlichen Wahlverhaltens, die wohlbegründet und deshalb vernünftig, d.h. in einem weiteren Sinne durchaus rational sein können, unbeachtet. Im folgenden steht deshalb eher die Erklärung denkbarer Entscheidungskriterien für unterschiedliche Entscheidungsprobleme als Rationalität an sich im Mittelpunkt des Interesses.

4.2 Grundmodell der Entscheidungstheorie

Ausgangs- und Bezugspunkt der grundlegenden entscheidungstheoretischen Überlegungen ist das sogenannte Grundmodell der Entscheidungstheorie. Dieses Modell vereinfacht das Entscheidungsproblem und reduziert es auf wesentliche problemrelevante Bestandteile. Dabei wird unterstellt, daß sämtliche Elemente des Entscheidungsproblems bekannt sind. Diese Elemente sind im einzelnen die Aktionen (Handlungsalternativen), die möglichen Umweltzustände (evtl. unter Berücksichtigung ihrer Eintrittswahrscheinlichkeiten), die Ergebnisse (Handlungskonsequenzen, Zielerreichungsgrade) und die sogenannte Entscheidungsfunktion (Entscheidungsregel). Die Umweltzustände sind vom Entscheidungsträger nicht zu beeinflussen, über die Aktionen kann er selbst entscheiden. Die Handlungsergebnisse e_{ij} ergeben sich bei einem Zusammentreffen der Aktion a_i und des Umweltzustandes z_j. Sie werden durch die Ergebnisfunktion f ausgedrückt wird: $e_{ij} = f(a_i, z_j)$, und bilden den Inhalt der Ergebnismatrix. Die Entscheidungsfunktion (Entscheidungsregel) stellt eine Vorschrift zur Auswahl der Handlungsalternativen dar. Aktionen, Umweltzustände und die Ergebnisfunktion bilden die Entscheidungsfeldinformationen. Sie sind grundsätzlich wertfrei. Im Gegensatz dazu beinhalten die Zielinformationen die Aussagen darüber, wie der Entscheidungsträger die Ergebnisse seiner Handlungen subjektiv beurteilt. Hierzu gehören neben den Ergebnisdefinitionen die Präferenzen.

Während Ziele als generelle Imperative aufzufassen sind, schreiben singuläre Imperative ganz bestimmte Handlungen vor. Damit im Rahmen von Entscheidungsmodellen eine Rangordnung unter den verfügbaren Aktionen erstellt werden kann, muß geklärt sein, welche konkreten Ergebnisdefinitionen (Zielgrößen) und Präferenzen hinsichtlich dieser Zielgrößen vorliegen. Damit werden die vom Entscheidungsträger angestrebten bzw. zu vermeidenden Zustände zum Ausdruck gebracht. Die entsprechenden Präferenzvorstellungen können auf die Extremierung von Zielgrößen, die Über- bzw. Unterschreitung bestimmter Mindest- bzw. Höchstwerte oder die Erreichung vorgegebener Ausprägungen abstellen.

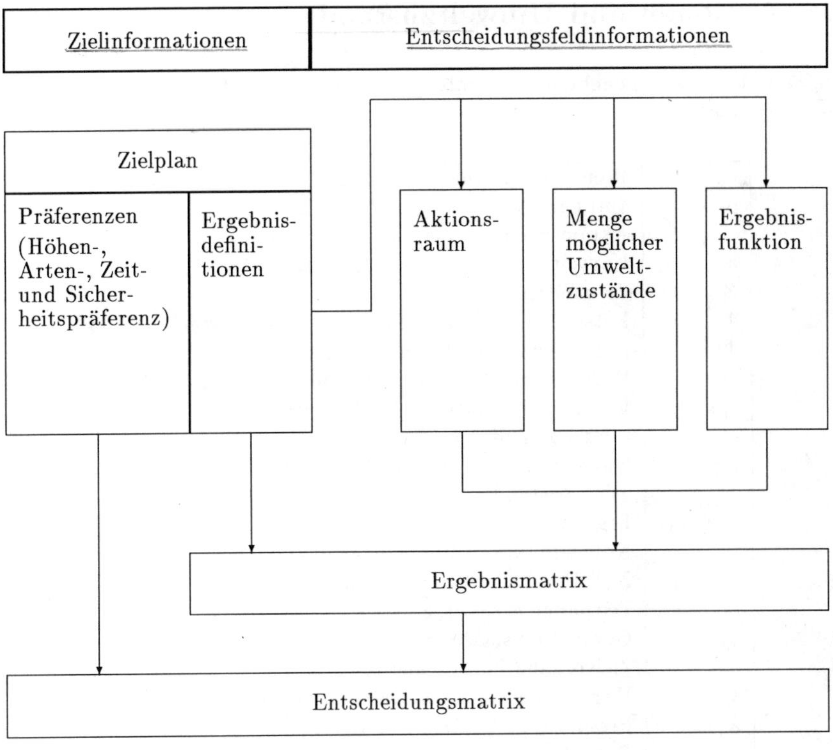

Abb. 4.1: Elemente des Grundmodells der Entscheidungstheorie

Entscheidungsfeldinformationen und Ergebnisdefinitionen bilden die Ergebnismatrix, die das Entscheidungsfeld mit den relevanten Komponenten übersichtlich darstellt. Von einer Entscheidungsmatrix wird schließlich gesprochen, wenn die Informationen des Entscheidungsfeldes mit den Präferenzen verbunden werden. Die Elemente des Grundmodells und deren Beziehungen zueinander sind in der Abb. 4.1 dargestellt (vgl. SCHILDBACH 1984, S. 59).

Im Prinzip weist damit das Grundmodell der Entscheidungstheorie die Struktur auf, wie sie im weiter oben bereits mehrfach angesprochenen klassischen Planungsschema vorliegt. Charakteristisch für die gesamte entscheidungstheoretische Diskussion ist die Annahme, daß sowohl die Anzahl der Handlungsalternativen als auch der Umweltzustände endlich ist und damit auch nur eine endliche Anzahl alternativer Handlungsergebnisse betrachtet werden muß. Damit kann die Auswahl der vorteilhaftesten Alternative prinzipiell durch einfachen Alternativenvergleich (vollständige Enumeration) bewerkstelligt werden. Dies ist der Grund dafür, daß in entscheidungstheoretischen Modellen die eigentliche Alternativenauswahl nicht im Vordergrund steht, sondern vielmehr die Diskussion von Entscheidungskriterien und -regeln. Dies zeigt sich im folgenden auch am Grundmodell der Entscheidungstheorie ganz deutlich.

4.2.1 Aktionen und Umweltzustände

Das in Tab. 4.1 wiedergegebene Symbolverzeichnis enthält die in diesem Kapitel verwendeten Symbole.

a_i	Handlungsalternative bzw. Aktion i, $i = 1, 2, \ldots, m$
a_{opt}	optimale Aktion
A	Aktionsraum
z_j	Umweltzustand j, $j = 1, 2, \ldots, n$
Z	Zustandsraum
Φ	Entscheidungsregel, - funktion, Auswahlregel
$\Phi(a_i)$	Entscheidungsfunktionswert der Aktion a_i
w_j	Wahrscheinlichkeit für den Eintritt des Zustands j
e_{ij}	Ergebnis der Aktion i bei Eintritt des Zustandes j
u_{ij}	Nutzenwert der Aktion i bei Eintritt des Zustandes j
$f(a_i, z_j)$	Ergebnisfunktion, Wirkungsfunktion
u	Nutzenfunktion, Bewertungsfunktion
k_p	Ziel, Ergebnisart p, $p = 1, 2, \ldots, r$
t_h	Zeitpunkt t, $h = 1, 2, \ldots, q$
g_p	Gewichtungsfaktor p, $p = 1, 2, \ldots, r$
$\hat{u}_p$	Zielvorgabe für das Ziel p,
s_{ij}	Wert ij der Opportunitätsmatrix, Schadensmatrix
λ	Pessimismus-Optimismus-Parameter
μ	Erwartungswert
σ	Standardabweichung
$s_i^{(A)}$	Strategie i des Spielers A
$s_j^{(B)}$	Strategie j des Spielers B
$S^{(A)}$	Strategieraum des Spielers A
$S^{(B)}$	Strategieraum des Spielers B

Tab. 4.1: Symbolverzeichnis zur Entscheidungstheorie

4.2.1.1 Der Aktionsraum

Der Aktionsraum $A = \{a_1, a_2, \ldots, a_i, \ldots, a_m\}$ umfaßt die Menge aller Handlungsalternativen bzw. Aktionen a_i. Hierbei folgt die Entscheidungstheorie dem Prinzip der vollkommenen Alternativenaufstellung (vgl. SCHNEIDER 1970, S. 23, SCHNEIDER 1968, S. 33f.). Diese Vorschrift verlangt, bei der Bildung des Aktionsraumes alle denkbaren Handlungsalternativen einzubeziehen. Wie bereits im Rahmen der Entscheidungsfeldbildung diskutiert worden ist, führt ein solches Postulat bei der Lösung komplexer Entscheidungsprobleme gerade zur Entscheidungsunfähigkeit. Der praktische Entscheidungsträger wird deshalb bei der Aufstellung des Aktionsraumes nur jene Alternativen einbeziehen, die für ihn realistisch und unmittelbar relevant erscheinen. Aus diesen zur

Verfügung stehenden Alternativen hat er genau eine auszuwählen, wobei grundsätzlich auch die Unterlassensalternative mit in den Aktionsraum aufgenommen werden kann.

4.2.1.2 Der Zustandsraum

Der Entscheidungsträger wird nur in den seltensten Fällen den Aktionen eindeutige Ergebnisse zuordnen können, da diese vom Eintritt bestimmter Datenkonstellationen, den Umweltzuständen z_j $(j = 1, 2, \ldots, n)$, abhängen. Jeder Zustand stellt eine Kombination bestimmter Umweltfaktoren dar. Die Menge aller möglichen problemrelevanten Umweltzustände, die sich genau wie die Aktionen gegenseitig ausschließen müssen, bildet den Zustandsraum.

$$Z = \{z_1, z_2, \ldots, z_j, \ldots, z_n\} \qquad (4.1)$$

Üblicherweise werden je nach Kenntnisstand über die Eintrittswahrscheinlichkeit der Umweltzustände drei Fälle unterschieden. Ist der tatsächlich eintreffende Umweltzustand bekannt, spricht man von einer *Sicherheitssituation*, die Wahrscheinlichkeit für das Eintreten dieser Umweltkonstellation beträgt 1. Von einer Entscheidung unter *Unsicherheit* wird gesprochen, wenn mehrere Umweltzustände für eintrittsmöglich gehalten werden, die Wahrscheinlichkeiten für ihren Eintritt aber unbekannt sind. Ein Entscheidungsproblem unter *Risiko* liegt vor, wenn subjektive oder objektive Wahrscheinlichkeiten für den Eintritt alternativer Umweltzustände vorliegen. Diese liegen dann zwischen 0 und 1 und summieren sich über alle Umweltzustände zu 1 auf.

4.2.2 Ziele und Zielsysteme

Hinsichtlich der Anzahl unterschiedlicher Zielgrößen kann zwischen Zielsystemen mit einer Zielgröße, d.h. einem eindimensionalen Ziel und mehrdimensionalen Zielsystemen unterschieden werden. Von größerer praktischer Bedeutung sind mehrdimensionale Zielsysteme. In diesem Fall muß die Frage geklärt werden, in welcher Beziehung die Ziele zueinander stehen. Hierbei können bei Vorhandensein von zwei Zielen folgende Situationen auftreten (vgl. KERN 1972, S. 314):

1. Im Fall der Zielantinomie schließt die Realisierung des einen Zieles die Erfüllung des zweiten Zieles grundsätzlich aus.

2. Bei Zielkonkurrenz hat das Erreichen des einen Zieles eine Verminderung des Zielerreichungsgrades des anderen Zieles zur Folge et vice versa.

3. Bei Zielindifferenz existieren keine Wechselbeziehungen zwischen den Zielen, sie verhalten sich neutral zueinander.

4. Bei Zielkomplementarität kann die Erreichung eines Zieles der Realisierung des Zielerreichungsgrades des zweiten Zieles in einem bestimmten Ausmaß förderlich

sein.

5. Im Fall der Zielidentität wird gezwungenermaßen mit dem Anstreben eines Zieles ein zweites in entsprechendem Ausmaß mitverfolgt.

Generell werden in der Entscheidungstheorie verschiedene Anforderungen an Zielsysteme diskutiert. Die wichtigsten sind (vgl. BAMBERG/COENENBERG 1992, S. 28ff.):

1. Vollständigkeit des Zielsystems
   Diese Anforderung bezieht sich sowohl auf die Zielinhalte als auch auf die Präferenzbeziehungen, weil es ansonsten zu keiner Rangfolge der Aktionen bei konfliktären Zielen kommen kann, und somit rationales Handeln nicht gewährleistet ist.

2. Operationalität der Ziele
   Um das Ausmaß der Zielerreichung überprüfen zu können, bedarf es einer entsprechend präzisen Formulierung. So ist z.B. die Zielformulierung „Distribution zu niedrigsten Kosten“ nicht operational, solange der Begriff der Distribution inhaltlich nicht präzisiert ist.

3. Koordinationgerechtigkeit der Ziele
   Da aus einer praktischen Notwendigkeit heraus das betriebswirtschaftliche Entscheidungsfeld in Teilbereiche (sachlich, zeitlich und/oder räumlich begrenzt) aufgespalten wird, muß der Beitrag, den jeder Teilbereich bzgl. des gesamten betriebswirtschaftlichen Entscheidungsfeldes leistet, zum Ausdruck kommen. Die Interdependenzen zwischen den Subsystemen werden so beachtet, und es wird einer Teilbereichsoptimierung vorgebeugt.

4.2.3 Die Ergebnisfunktion

Die Ergebnisfunktion (Wirkungsfunktion) ist eine Zuordnungsvorschrift, die jedes Ergebnis e_{ij} (Handlungskonsequenzen, Aktionsresultat) als Folge des Zusammentreffens einzelner Handlungsalternativen und einzelner Umweltzustände eindeutig darstellt. Dies bringt folgende Formel zum Ausdruck:

$$e_{ij} = f(a_i, z_j) \quad i = 1, 2, \ldots, m; \; j = 1, 2, \ldots, n. \tag{4.2}$$

Diese Formel kennzeichnet nur die Verfolgung einer Ergebnisart (z.B. Kosten). Soll das (a_i, z_j)-Paar hinsichtlich mehrerer Ergebnisarten (z.B. Kosten und Erlöse) untersucht werden, so ist die Ergebnisfunktion f vektorwertig, d.h., jeder Kombination (a_i, z_j) wird dann ein Vektor von Handlungskonsequenzen (Ergebnissen) zugeordnet (vgl. BITZ 1977, S. 78). Im allgemeinsten Fall kann das Ergebnis einer Handlungsalternative in unterschiedlichen Umweltsituationen in bezug auf unterschiedliche Ergebnisarten bzw. Zielgrößen (z.B. Kosten, Erlöse, Marktanteil) und zu verschiedenen Zeitpunkten wie folgt formal beschrieben werden:

$$\begin{aligned} e_{ij}^{hp} &= f^{hp}(a_i, z_j) \quad \text{für} \\ i &= 1, 2, \ldots, m, \quad j = 1, \ldots, n \\ p &= 1, 2, \ldots, r, \quad h = 1, 2, \ldots, q. \end{aligned} \tag{4.3}$$

4.2.4 Ergebnismatrix und Entscheidungsmatrix

Die Werte der Ergebnisfunktion f lassen sich in einer Ergebnismatrix darstellen, die sich als einfaches Konzept zur Darstellung des Entscheidungsfeldes bewährt hat. Für den einfachen Fall einer Ergebnisart, eines Zeitpunktes und mehrerer Umweltzustände hat die Ergebnismatrix die in der Tab. 4.2 dargestellte Form. Die problemrelevanten,

Zustand / Aktionen	z_1	z_2	$\ldots$	z_j	$\ldots$	z_n
a_1	e_{11}	e_{12}	$\ldots$	e_{1j}	$\ldots$	e_{1n}
a_2	e_{21}	e_{22}	$\ldots$	e_{2j}	$\ldots$	e_{2n}
$\vdots$	$\vdots$	$\vdots$	$\ddots$	$\vdots$	$\ddots$	$\vdots$
a_i	e_{i1}	e_{i2}	$\ldots$	e_{ij}	$\ldots$	e_{in}
$\vdots$	$\vdots$	$\vdots$	$\ddots$	$\vdots$	$\ddots$	$\vdots$
a_m	e_{m1}	e_{m2}	$\ldots$	e_{mj}	$\ldots$	e_{mn}

Tab. 4.2: Ergebnismatrix

sich gegenseitig ausschließenden Umweltzustände finden sich in der Kopfzeile wieder, die möglichen Aktionen in der Vorspalte und die Ergebnisse in den Feldern der Ergebnismatrix. Im komplizierteren Fall, der zusätzlich unterschiedliche Ergebnisarten und -zeitpunkte einschließt, ist die Ergebnismatrix entsprechend auszuweiten (vgl. Tab. 4.3). Um nun die verschiedenen Ergebniswerte einer Handlungsalternative zusammenfassend auswerten zu können, muß eine entsprechende Funktion definiert werden, die die Präferenzen des Entscheidungsträgers zum Ausdruck bringt. Im Fall einer Ergebnisart, eines Zeitpunktes und mehrerer Umweltzustände stellt sich beispielsweise die Frage, welcher der Handlungsalternativen angesichts der bei verschiedenen Umweltzuständen auftretenden, unterschiedlichen Handlungsergebnisse der Vorzug zu geben ist. Hierzu sind im Rahmen der Entscheidungstheorie verschiedenste Kriterien bzw. Regeln entwickelt worden. Formal geschieht dies durch Definition einer sogenannten Entscheidungsfunktion oder Entscheidungsregel Φ, die jeder Handlungsalternative $a_i \in A$ eine präferenzgerechte Zahl $\Phi(a_i)$ zuordnet. Die Entscheidungsfunktion faßt die situationsspezifischen Ergebnisse bei Realisierung der Alternative a_i zusammen und spiegelt damit das Präferenzurteil des Entscheidungsträgers wider. Im vorliegenden Fall mehrwertiger Umweltvorstellungen bedarf es einer Entscheidungsfunktion (Entscheidungsregel), die Höhen- und Sicherheitspräferenz des Entscheidungsträgers kombiniert zum Ausdruck bringt.

Eintrittswahrscheinlichkeiten (falls gegeben)		w_1	…	w_n
	Zustände	z_1	…	z_n
Aktionen	Ziele Zeit	$k_1 \dots k_p \dots k_r$	…	$k_1 \dots k_p \dots k_r$
a_1	t_1	$e_{11}^{11} \dots e_{11}^{1r}$		
	⋮	⋮		
	t_h	e_{11}^{hp}	…	…
	⋮	⋮		
	t_q	$e_{11}^{q1} \dots e_{11}^{qr}$		
	⋮	⋮	⋮	⋮
a_m	t_1			$e_{mn}^{11} \dots e_{mn}^{1r}$
	⋮			⋮
	t_h	…	…	e_{mn}^{hp}
	⋮			⋮
	t_q			$e_{mn}^{q1} \dots e_{mn}^{qr}$

Tab. 4.3: Ergebnismatrix bei mehrfacher Zielsetzung und mehreren Ergebniszeitpunkten

Die Eigenschaften, denen Entscheidungsfunktionen zu genügen haben, damit sie konsistente (rationale) Entscheidungen begründen, lassen sich auf eine Reihe elementarer Rationalitätspostulate zurückführen. Im allgemeinen Fall, der sowohl unterschiedliche Ergebniszeitpunkte als auch mehrere Ergebnisarten (Zieldimensionen) beinhaltet, muß die Entscheidungsfunktion zusätzlich die Zeit- und die Artenpräferenz des Entscheiders zum Ausdruck bringen. Als Ergebnis der Anwendung der Entscheidungsfunktion wird jeder Handlungsalternative eine eindeutige reelle Zahl zugeordnet, deren natürliche Ordnung die Wertrangfolge der Handlungsalternativen ausdrückt. Damit ist das Entscheidungsproblem – zumindest formal – gelöst.

Häufig bilden nun nicht die unmittelbaren Handlungskonsequenzen (Ergebnisse) die Grundlage für die Anwendung der Entscheidungsfunktion, sondern es findet noch eine zwischengeschaltete Bewertung statt. Dies ist insbesondere dann der Fall, wenn der empfundene Nutzen nicht direkt an den Handlungsergebnissen abgelesen werden kann. Dann wird die notwendige Transformation durch die Anwendung einer Bewertungs- oder Nutzenfunktion vorgenommen. Diese Funktion weist jedem Ergebniswert e einen Nutzenwert $u(e)$ zu. Auf diese Weise wird die Ergebnismatrix in eine Nutzenmatrix transformiert. In dem speziellen Fall, daß $u(e) = e$ ist, stimmen demnach Ergebnis- und Nutzenmatrix überein.

bewertete Ergebnismatrix

Für die Anwendung von Nutzenfunktionen sind zwei Fälle zu unterscheiden. Im ersten Fall drückt die Nutzenfunktion lediglich die Höhenpräferenz aus. Unterschiedliche Ergebnishöhen werden nicht in gleichem Maße als Nutzenunterschiede empfunden, z.B. könnte einer Verdopplung des Gewinnes nur eine 50%-ige Nutzensteigerung beigemessen werden. Im zweiten Fall wird von einer Nutzenfunktion gesprochen, wenn neben der Höhenpräferenz noch andere Präferenzen, insbesondere die Risikopräferenz, durch die Bewertungsfunktion zum Ausdruck gebracht werden. Dies ist z.B. bei der sog. Risikonutzenfunktion der Fall, die weiter unten im Zusammenhang mit Entscheidungen bei Risiko eingehend diskutiert wird. Hierbei ist die Unterscheidung zwischen Nutzen- und Entscheidungsfunktion nicht mehr eindeutig möglich.

Prinzipiell werden ordinale und kardinale Nutzenfunktionen unterschieden. Bei der ordinalen Nutzenfunktion u wird nur angegeben, ob ein Ergebnis gegenüber einem anderen vorgezogen wird. Dabei wird nichts darüber ausgesagt, wie groß der Nutzenunterschied ist. Einsatzgebiete solcher Nutzenfunktionen sind Entscheidungsprobleme unter Sicherheit bei einer Zielsetzung sowie einem einheitlichen Ergebniszeitpunkt. Im Falle komplex strukturierter Entscheidungsprobleme kann es notwendig sein, Nutzenunterschiede zu messen. In diesem Fall sind kardinale Nutzenfunktionen erforderlich (vgl. BAMBERG/COENENBERG 1992, S. 32).

Aufgabe der Entscheidungsfunktion Φ ist es nun, die einer Handlungsalternative a_i zugehörigen Nutzenwerte $(u_{i1}, u_{i2}, \ldots, u_{in})$ zur Bewertungsgröße $\Phi(a_i)$ zu aggregieren (vgl. BAMBERG/COENENBERG 1992, S. 34). Im folgenden soll an einem einfachen Beispiel die potentielle Bedeutung der Bewertung von Handlungsergebnissen durch eine Nutzenfunktion verdeutlicht werden.

Aktion	z_1	z_2	$\frac{1}{2}(e_{i1} + e_{i2})$	
a_1	100	9	**54,5**	⟵ max
a_2	36	64	50	

Tab. 4.4: Ergebnismatrix (Beispiel)

Aktion	z_1	z_2	$\frac{1}{2}(u_{i1} + u_{i2})$	
a_1	10	3	6,5	
a_2	6	8	**7**	⟵ max

Tab. 4.5: Nutzenmatrix (Beispiel)

In Tab. 4.4 wird eine Ergebnismatrix und in Tab. 4.5 die entsprechende, sich durch die Anwendung der Nutzenfunktion $u(e) = \sqrt{e}$ ergebende Nutzenmatrix (bewertete

Ergebnismatrix) betrachtet. In beiden Fällen soll jene Aktion als optimal gewählt werden, deren Ergebnis- bzw. Nutzenmittelwert am höchsten ist. Im ersten Fall ist dies Aktion a_1, im zweiten hingegen a_2. Durch die Nutzentransformation kann sich also die Rangfolge der Handlungsalternativen umkehren.

4.2.5 Präferenzen

Der Entscheidungsträger hat sich Klarheit über die Einschätzung und Bewertung der einzelnen Zielgrößen zu verschaffen. Diese Einschätzung wird anhand von Präferenzen vorgenommen. Sie geben an, wie sich die Einstellung des Entscheidungsträgers bei Variation von Ergebnismerkmalen diesen gegenüber verändert bzw. mit welcher Intensität er die unterschiedlichen Zielgrößen anstrebt. Die Komplexität praktischer Entscheidungsprobleme besteht häufig darin, daß der Entscheidungsträger sich sowohl unterschiedlichen Ergebnissen zu unterschiedlichen Zeitpunkten als auch unvollkommener Information über zu erwartende Ergebnisse gegenübersieht.

Die relative Vorteilhaftigkeit unterschiedlicher Ergebniskonstellationen muß somit ihren Niederschlag finden. Hierzu dient die Angabe der Präferenzen. Die Präferenzen gliedern sich auf in Höhen-, Arten-, Zeit- sowie Sicherheitspräferenz, die jeweils auf einer Ordinal- oder einer Kardinalskala gemessen werden können. Ordinale Präferenzrelationen geben nur Ordnungen an, wohingegen kardinale Präferenzen bei einem Vergleich mehrerer Ergebnisse Aussagen über die Größe der Ergebnisunterschiede machen.

4.2.5.1 Die Höhenpräferenz

Die Höhenpräferenz betrifft die Bewertung unterschiedlicher Ergebnishöhen. Beispielsweise legt die Maximierungsregel fest, daß das jeweils höhere Ergebnis dem niedrigeren vorzuziehen ist, die Minimierungsregel bewirkt, daß jedes niedrigere Ergebnis jedem höheren vorgezogen wird. Es wird also jeweils ein extremes Ausmaß einer Zielgröße präferiert (Extremierungsvorschrift). Daneben kann sich die relative Vorziehenswürdigkeit aber auch an einem Anspruchsniveau orientieren. In diesem Fall werden Ergebnisse gleichbewertet, wenn sie einen vorgegebenen Grenzwert erreichen oder überschreiten (bzw. unterschreiten) (Satisfizierungsvorschrift).

4.2.5.2 Die Artenpräferenz

Die Formulierung einer Artenpräferenzrelation wird notwendig, wenn unterschiedliche Zielgrößen angestrebt werden, die teilweise konfliktäre Beziehungen zueinander aufweisen. Beispielsweise versucht ein Unternehmer, verschiedene Ziele wie Gewinn, Umsatz, Marktanteil und Prestige zu verfolgen, gleichzeitig will er aber Umweltverschmutzung und Entlassungen vermeiden. Zwischen diesen Zielen hat der Entscheidungsträger – aufgrund der verschiedenen Artenmerkmale – eine Rangfolge hinsichtlich der Vorziehenswürdigkeit aufzustellen.

4.2.5.3 Die Sicherheitspräferenz

Die Sicherheitspräferenz beschreibt die subjektive Einstellung des Entscheidungsträgers bzgl. der Bewertung von Zielerreichungsgraden, deren Eintritt ungewiß ist. Je nach pessimistischer oder optimistischer Einstellung des Entscheidungsträgers gegenüber der Ungewißheit kann er die jeweiligen Zielerreichungsgrade in eine unterschiedliche Ordnung bringen.

4.2.5.4 Die Zeitpräferenz

Die Zeitpräferenz wird benötigt, wenn Ergebnisse zu verschiedenen Zeitpunkten anfallen und sie aufgrund dessen für den Entscheidungsträger von unterschiedlicher Bedeutung sind. Es muß die Frage geklärt werden, ob die Realisierung eines Zieles heute einer möglichen Zielrealisierung morgen vorgezogen wird. Im Rahmen der Investitionsrechnung geht beispielsweise die Kapitalwertmethode davon aus, daß ceteris paribus früher anfallende Gewinne später anfallenden vorgezogen werden.

4.3 Entscheidung bei Sicherheit

Im Fall der Entscheidung bei Sicherheit fällt die Ergebnismatrix besonders einfach aus. Jeder Aktion a_i ist nur ein Ergebnis zugeordnet, d.h., nur ein Umweltzustand ist relevant. Da diese Situation in der Praxis selten auftritt, stellen die Entscheidungsmodelle unter der Annahme der Sicherheit Strukturen der Realität stark vereinfacht dar. Ihre Funktion liegt dann weniger in der adäquaten Auswahl von Aktionen, sondern eher im Vorfeld der Entscheidung, d.h. in der Strukturierung des Modells und der Ausgestaltung der Parameter des Entscheidungsfeldes. Ein Entscheidungsproblem unter Sicherheit entsteht so vor allem dadurch, daß mehrwertige Erwartungen auf einwertige reduziert werden.

Entscheidungsmodelle unter Sicherheit erscheinen trivial, wenn sie die Struktur des Grundmodells besitzen; ausschlaggebend für die Ergebnisse ist die Höhenpräferenz, wobei die Messung des ordinalen Nutzens ausreicht. Allerdings treten Probleme auf, wenn das Grundmodell komplexer gestaltet wird. Die Variationsmöglichkeiten können sich auf das Vorliegen einer oder mehrerer Zielgrößen (Artenpräferenz) bzw. die Betrachtung einer oder mehrerer Perioden (Zeitpräferenz) beziehen.

4.3.1 Entscheidung bei einer Zielsetzung

Bei der Entscheidung unter Sicherheit und unter Berücksichtigung lediglich einer Zielgröße nimmt die Ergebnismatrix die Gestalt eines Spaltenvektor an, wie in Tab. 4.6 zu sehen ist.

	Zustand z
Aktion a_1	e_1
a_2	e_2
$\vdots$	$\vdots$
a_i	e_i
$\vdots$	$\vdots$
a_m	e_m

Tab. 4.6: Ergebnismatrix bei einfacher Zielsetzung

Im Fall der Extremierung (Verfolgung von Maximierungs- bzw. Minimierungszielen) genügt, unter Berücksichtigung der Höhenpräferenz bei numerischen Werten, eine einfache Reihung der Alternativen nach ihren Ergebnishöhen. Sind die Ergebnisse nur verbal beschreibbar, so müssen sie zur Erstellung einer solchen Rangfolge zwei Anforderungen genügen: dem Ordnungs- und dem Transitivitätsaxiom (vgl. SALIGER 1981, S. 21ff.). Gemäß dem Ordnungsaxiom muß der Entscheidungsträger seine Präferenzen und Indifferenzen zwischen alternativen Ergebnissen e_1 und e_2 zum Ausdruck bringen.

Präferenz: e_1 wird e_2 vorgezogen ($e_1 \succ e_2$) bzw. e_2 wird e_1 vorgezogen ($e_2 \succ e_1$).
Indifferenz: e_1 und e_2 werden gleichgeschätzt ($e_1 \sim e_2$).

Das Transitivitätsaxiom gilt für den Fall, daß mehr als 2 Ergebnisse einer Zielgröße vorliegen. Dann muß das Urteil des Entscheidungsträgers im folgenden Sinne konsistent sein:

$$\begin{array}{lllll} \text{Aus} & e_1 \succ e_2 \text{ und} & e_2 \succ e_3 & \text{folgt} & e_1 \succ e_3 \quad \text{und} \\ \text{aus} & e_1 \sim e_2 \text{ und} & e_2 \sim e_3 & \text{folgt} & e_1 \sim e_3. \end{array}$$

Im Falle einer Satisfizierungsvorschrift (angestrebtes Überschreiten eines Anspruchsniveaus) gilt für die Nutzenfunktion bei numerischen Ergebnissen

$$u(e) = \begin{cases} \text{nichtsatisfizierend} & \text{für } e < e^* \\ \text{satisfizierend} & \text{für } e \geq e^*, \end{cases} \tag{4.4}$$

wobei e^* hier die zu überschreitende Untergrenze bezeichnet, so daß diese Überlegung die Ergebnisse in zwei Gruppen (satisfizierende/nichtsatisfizierende) teilt, deren jeweilig zugehörige Aktionen innerhalb der Gruppe als gleichwertig erachtet werden. Letztlich verfügt man nur dann über eine eindeutige Lösung, wenn nur eine Handlungsalternative der Satisfizierungsvorschrift genügt.

4.3.2 Entscheidung bei mehrfacher Zielsetzung

Bei Entscheidungen unter Sicherheit mit mehrfacher Zielsetzung, die auch multikriterielle Entscheidungs- oder Vektoroptimierungsprobleme genannt werden, stellt sich für den Entscheidungsträger die Frage, wie die verschiedenen Zielsetzungen in entsprechende Zielgrößen im Entscheidungsmodell abgebildet werden können. Mehrere Zielgrößen lassen sich formal auch im Rahmen einer Ergebnismatrix abbilden. Da aufgrund der Sicherheitssituation zwar nur ein Umweltzustand, aber mehrere Zielgrößen betrachtet werden, enthält die Ergebnismatrix für jede Handlungsalternative mehrere Ergebnisziffern, die als Ergebnisvektoren dargestellt werden können.

Aktion	Umweltzustand z
a_1	$(e_1^1, \ldots, e_1^p, \ldots, e_1^r)$
a_2	$(e_2^1, \ldots, e_2^p, \ldots, e_2^r)$
$\vdots$	$\vdots$
a_i	$(e_i^1, \ldots, e_i^p, \ldots, e_i^r)$
$\vdots$	$\vdots$
a_m	$(e_m^1, \ldots, e_m^p, \ldots, e_m^r)$

Tab. 4.7: Ergebnismatrix bei mehrfacher Zielsetzung

Entsprechend der in Abschnitt 4.2.3 vorgestellten Ergebnisfunktion aus Gl. 4.2 kann der Ergebnisvektor folgendermaßen dargestellt werden:

$$\boxed{e_i^p = f^p(a_i),} \tag{4.5}$$

d.h., bei Wahl der Aktion a_i nimmt die p-te Zielgröße die Ausprägung e_i^p an. Bei Existenz einer Nutzenfunktion u^p mit

$$u_i^p = u^p(e_i^p) = u^p\left(f^p(a_i)\right) \tag{4.6}$$

läßt sich eine Nutzenmatrix bei mehrfacher Zielsetzung bilden, wie sie in Tab. 4.8 dargestellt ist.

Hierbei gibt der Vektor

$$(u_i^1, u_i^2, \ldots, u_i^p, \ldots, u_i^r) \tag{4.7}$$

die mit der betrachteten Handlungsalternative a_i verbundenen Nutzenziffern bzgl. der verschiedenen Zielgrößen k_p wieder. Im Fall mehrfacher Zielsetzung muß der Entscheidungsträger nun eine Entscheidungsfunktion anwenden, um die verschiedenen Ergebnis- bzw. Nutzenziffern, die jeder Handlungsalternative a_i zugeordnet sind, zu

Aktion	Umweltzustand z
a_1	$(u_1^1, \ldots, u_1^p, \ldots, u_1^r)$
a_2	$(u_2^1, \ldots, u_2^p, \ldots, u_2^r)$
$\vdots$	$\vdots$
a_i	$(u_i^1, \ldots, u_i^p, \ldots, u_i^r)$
$\vdots$	$\vdots$
a_m	$(u_m^1, \ldots, u_m^p, \ldots, u_m^r)$

Tab. 4.8: Nutzenmatrix bei mehrfacher Zielsetzung

einer skalaren (eindimensionalen) Gesamtbewertung u_i zusammenzufassen. Auf deren Basis hat dann der Vergleich und die Rangfolgebildung der Handlungsalternativen zu erfolgen:

$$u_1 > u_2 \iff a_1 \succ a_2 \tag{4.8}$$

Hierfür gibt es verschiedene Entscheidungsregeln (-funktionen), die insbesondere für den Fall von Zielkonflikten (Zielkonkurrenz) und Zielantinomie Anwendung finden. Diesen Regeln vorgeschaltet ist das Dominanzprinzip. Hierbei handelt es sich um die Eliminierung ineffizienter Aktionen, die sich dadurch auszeichnen, daß sie im Vergleich zu mindestens einer anderen Aktion hinsichtlich aller Zielsetzungen bei mindestens einem Merkmal ein schlechteres und bei den anderen Merkmalen ein nicht besseres Ergebnis aufweisen (vgl. BAMBERG/COENENBERG 1992, S. 48). Zur Verdeutlichung soll das Beispiel in Tab. 4.9 dienen, wobei $k_p (p = 1, 2, \ldots, r)$ die unterschiedlichen Zielsetzungen kennzeichnet.

Ziel / Aktion	k_1	k_2	k_3	k_4
a_1	1	3	8	4
a_2	5	5*	9	7*
a_3	5	3	15	4
a_4	15*	2	16	5
a_5	11	3	21*	4

Tab. 4.9: Ergebnismatrix bei mehrfacher Zielsetzung (Beispiel)

Die mit $*$ gekennzeichneten Zahlen bezeichnen die jeweils maximalen Zielerreichungsgrade und offenbaren die teilweise konkurrierenden Zielbeziehungen. Die Aktionen a_1 und a_3 sind, wie man leicht erkennt, ineffizient.

4.3.2.1 Zielgewichtung

Eine Lösungsmethode bei mehreren zu extremierenden Zielgrößen mit kardinal meßbarem Nutzen besteht in der Zielgewichtung. Die vom Entscheidungsträger zu quantifizierenden Gewichtungsfaktoren $g_p (p = 1, 2, \ldots, r)$ kennzeichnen das Verhältnis der Nutzenwerte der jeweiligen Ergebnisse zum Gesamtnutzenwert der betrachteten Handlungsalternativen, wobei die Verhältnisse unter den Zielgewichtungsfaktoren die Grenzwerte der Substitution der Zielsetzungen ausdrücken. Formal läßt sich dieser Vorgang folgendermaßen darstellen (im folgenden vereinfacht u_{ip} statt u_i^p):

$$\Phi(a_i) = \left[\sum_{p=1}^{r} g_p \cdot u_{ip}\right] \quad \text{mit} \quad 0 \leq g_p \leq 1, \; \sum_{p=1}^{r} g_p = 1. \tag{4.9}$$

Die Nutzenwerte u_{ip} der Zielgröße k_p werden mit nichtnegativen Faktoren g_p multipliziert und anschließend addiert. Optimal ist die Aktion, die den höchsten Gesamtnutzenwert aufweist, gemäß folgender Vorschrift:

$$a_{opt} = \max_i \Phi(a_i). \tag{4.10}$$

Für das Beispiel aus Tab. 4.9 mit $u(e) = e$ ergibt sich bei einer Gewichtung von $k_1 : k_2 : k_3 : k_4 = 1 : 2 : 3 : 4$ die in Tab. 4.10 dargestellte Matrix.

Ziel / Aktion	k_1	k_2	k_3	k_4	$\sum_{p=1}^{r} g_p \cdot u_{ip}$	
a_1	$1 \cdot 0{,}1$	$3 \cdot 0{,}2$	$8 \cdot 0{,}3$	$4 \cdot 0{,}4$	4,7	
a_2	$5 \cdot 0{,}1$	$5 \cdot 0{,}2$	$9 \cdot 0{,}3$	$7 \cdot 0{,}4$	7,0	
a_3	$5 \cdot 0{,}1$	$3 \cdot 0{,}2$	$15 \cdot 0{,}3$	$4 \cdot 0{,}4$	7,2	
a_4	$15 \cdot 0{,}1$	$2 \cdot 0{,}2$	$16 \cdot 0.3$	$5 \cdot 0{,}4$	8,7	
a_5	$11 \cdot 0{,}1$	$3 \cdot 0{,}2$	$21 \cdot 0{,}3$	$4 \cdot 0{,}4$	**9,6**	$\longleftarrow$ max

Tab. 4.10: Beispiel zur Lösung durch Zielgewichtung

Bei der Methode der Zielgewichtung können zwei Unterfälle unterschieden werden: Zieldominanz und einfacher Zielkompromiß (vgl. BITZ 1977, S. 270ff.).

1. Im Rahmen der Zieldominanz wird das vom Entscheidungsträger als am wichtigsten erachtete Ziel mit dem Gewichtungsfaktor 1 belegt. Die alternativen

Zielsetzungen werden nicht weiter betrachtet und erhalten folglich den Wert 0. Eine Zielunterdrückung kann beispielsweise dann vorgenommen werden, wenn eine Zielgröße für alle Aktionen den gleichen Wert besitzt oder wenn der betrachtete Wert der Zielgröße von Handlungsalternative zu Handlungsalternative nur geringfügig abweicht (vgl. LAUX 1982A, S. 89, BAMBERG/COENENBERG 1992, S. 50). Erachtet der Entscheidungsträger in der Ausgangsmatrix Tab. 4.9 die erste Zielsetzung als dominant, so ist in diesem Fall die Aktion a_4 optimal.

2. Im Falle des einfachen Zielkompromisses bezieht der Entscheidungsträger alle Ziele gleichgewichtig in die Entscheidungsfindung mit ein. Die Ziele erhalten so Gewichte $g_p = 1/p$, $(p = 1, 2, \ldots, r)$.

4.3.2.2 Lexikographische Ordnung

Im Rahmen dieser Entscheidungsregel werden die problemrelevanten Ziele in eine Rangordnung gebracht. Ist hinsichtlich des wichtigsten Zieles eine Handlungsalternative allen anderen eindeutig überlegen, so ist das Entscheidungsproblem bereits gelöst. Sollten jedoch mindestens 2 Handlungsalternativen bzgl. dieses Zieles gleiche Ergebnisziffern aufweisen, so wird das zweitwichtigste Ziel zur Entscheidungsfindung herangezogen, usw. Da diese Vorgehensweise der alphabetischen Ordnung von Begriffen in einem Lexikon entspricht, spricht man von lexikographischer Ordnung oder lexikographischer Gesamtnutzenmessung.

In dem Beispiel aus Tab. 4.11 ergibt sich bei einer Zielrangfolge von $k_1 > k_2 > k_3 > k_4$ die optimale Aktion durch Hinzuziehung des zweitwichtigsten Zieles, da bei k_1 die Aktionen a_2 und a_3 den gleichen Wert aufweisen. In bezug auf das zweitwichtigste Ziel stellt sich a_2 als optimal heraus.

Ziel / Aktion	k_1	k_2	k_3	k_4	
a_1	1	3	8	4	
a_2	5	5*	9	7	⟵ max
a_3	5	3	15	4	

Tab. 4.11: Beispiel zur Anwendung der lexikographischen Ordnung

Der Vorteil der lexikographischen Ordnung gegenüber der Zielgewichtung liegt in der praktischen Anwendung, da nur eine ordinale Präferenzordnung vorausgesetzt werden muß. Allerdings kann der Fall eintreten, daß eine Handlungsalternative a_1 einer Handlungsalternative a_2 gegenüber auch dann vorgezogen wird, wenn die Überlegenheit bzgl. der wichtigsten Zielsetzung nur minimal ist, hinsichtlich der anderen Ziele aber Aktion a_2 Aktion a_1 deutlich domininiert.

4.3.2.3 Der Goal-Programming-Ansatz

Beim Goal-Programming-Ansatz, der sowohl extremierende als auch satisfizierende Zielsetzungen zuläßt, ist diejenige Aktion optimal, bei der es zu einer Minimierung der Summe der Abweichungen (Unter- oder Überschreitungen) von fixierten Zielvorgaben kommt. Wird die Zielvorgabe mit $\hat{u}_p$ für das Ziel k_p bezeichnet, so entspricht der Standardansatz des Goal-Programming folgender Entscheidungsfunktion (vgl. BAMBERG/COENENBERG 1992, S. 53f.):

$$\Phi(a_i) = \sum_{p=1}^{r} \mid u_{ip} - \hat{u}_p \mid . \tag{4.11}$$

Die optimale Aktion ergibt sich durch:

$$a_{opt} = \min_i \Phi(a_i). \tag{4.12}$$

Das Beispiel in Tab. 4.12 soll dies verdeutlichen. Die Nutzenwerte der Ausgangsmatrix Tab. 4.9 werden ersetzt durch die absoluten Abweichungen zu den vorgegebenen Zielwerten $\hat{u}_1 = 8,\ \hat{u}_2 = 7,\ \hat{u}_3 = 16, \hat{u}_4 = 10$:

Ziel / Aktion	k_1	k_2	k_3	k_4	$\sum_{p=1}^{r} \mid u_{ip} - \hat{u}_p \mid$
a_1	7	4	8	6	25
a_2	3	2	7	3	15
a_3	3	4	1	6	**14** ⟵ min
a_4	7	5	0	5	17
a_5	3	4	5	6	18

Tab. 4.12: Beispiel zur Anwendung des Standardansatzes des Goal-Programming

Zu beachten ist in diesem Fall das Phänomen, daß a_3 die optimale Handlungsalternative ist, obwohl es sich bei zu extremierenden Zielsetzungen um eine durch die Aktion a_5 dominierte Aktion handelt. Das liegt natürlich an den Ausprägungen der fixierten Zielvorgaben.

4.3.2.4 Maximierung des minimalen relativen Zielerreichungsgrades

Eine Lösung von Entscheidungsmodellen unter mehrfacher Zielsetzung kann auch mit einer Entscheidungsfunktion Φ vorgenommen werden, die formal dem sogenannten Maximin-Kriterium entspricht, einer Entscheidungsregel für Entscheidungsprobleme unter Unsicherheit, die weiter unten näher diskutiert wird. In dem hier betrachteten Fall wird wiederum von zu extremierenden Zielen ausgegangen, und es wird die Maximierung des minimalen (ungünstigsten) Zielerreichungsgrades (Minimierung der maximalen relativen Abweichung) angestrebt. Die Entscheidungsfunktion Φ ist hierbei definiert als Quotient des mit der jeweiligen Handlungsalternative verbundenen Zielerreichungsgrades u_{ip} und der mit irgendeiner Handlungsalternative a_i maximal möglichen Zielerreichung $\max_i u_{ip}$ bzgl. des Zieles k_p. Es ergibt sich folgende formale Darstellung:

$$\Phi(a_i) = \min_p \frac{u_{ip}}{\max\limits_i u_{ip}}. \tag{4.13}$$

Anschließend wird das Maximum der Zeilenminima gesucht gemäß:

$$a_{opt} = \max_i \Phi(a_i). \tag{4.14}$$

Das Beispiel in Tab. 4.13 soll dies verdeutlichen, wobei ausgehend von der Ausgangsmatrix Tab. 4.9 die Nutzenwerte bereits durch den o.g. Quotienten ersetzt wurden.

Ziel / Aktion	k_1	k_2	k_3	k_4	$\min_p \frac{u_{ip}}{\max_i u_{ip}}$	
a_1	1/15	3/5	8/21	4/7	1/15	
a_2	5/15	5/5	9/21	7/7	5/15	
a_3	5/15	3/5	15/21	4/7	5/15	
a_4	15/15	2/5	16/21	5/7	2/5	
a_5	11/15	3/5	21/21	4/7	**4/7 ≃ 0,57**	⟵ max

Tab. 4.13: Beispiel zur Maximierung des minimalen Zielerreichungsgrades

Es zeigt sich, daß in bezug auf alle möglichen Zielsetzungen die Aktion a_5 den höchsten minimalen Realisationsgrad von ca. 57% besitzt (vgl. BAMBERG/COENENBERG 1992, S. 51ff.).

4.3.3 Ein-Perioden- und Mehr-Perioden-Betrachtung

Die Mehr-Perioden-Betrachtung stellt das zweite Sonderproblem im Rahmen der Entscheidung unter Sicherheit dar. Relevanz besitzt diese Problematik besonders im Bereich der Investitionstheorie bzw. -rechnung, da hier die Ergebnisse der unterschiedlichen Aktionen in verschiedenen Perioden vergleichbar gemacht werden müssen. Es kann nicht mehr davon ausgegangen werden, daß ein Ergebnis stellvertretend für alle anderen Ergebnisse steht, da diese im Zeitablauf schwanken. Üblicherweise wird in der Investitionsrechnung die Vergleichbarkeit von Ergebnissen unterschiedlicher Zeitpunkte durch Ab- bzw. Aufzinsung auf einen einheitlichen Zeitpunkt hergestellt. Eine Abzinsung bringt eine Zeitpräferenz zum Ausdruck, die gegenwartsnähere Ergebnisse höher gewichtet als gegewartsferne. Die Präferenz ist demgemäß im Zeitablauf fallend. Dies kann bedeuten, daß ein Ergebnis von 100 zum Zeitpunkt $t = 2$ einem Ergebnis von 120 zum Zeitpunkt $t = 4$ vorgezogen wird. Die Höhenpräferenz wird also durch die Zeitpräferenz überlagert. Andere Verläufe sind aber ebenfalls vorstellbar.

4.4 Entscheidung bei Unsicherheit

Die Entscheidung bei Sicherheit stellt das eine Extrem des Grundmodells der Entscheidungstheorie dar, weil über den Eintritt eines bestimmten Umweltzustandes kein Zweifel besteht. Das andere Extrem ist die Entscheidung bei Unsicherheit, bei der mehrere Umweltzustände als prinzipiell eintrittsmöglich bekannt sind, die Angabe von Wahrscheinlichkeiten über ihren Eintritt ist jedoch nicht möglich. Neben Art und Anzahl der Umweltkonstellationen werden auch die Handlungsalternativen und die Ergebnisse als bekannt vorausgesetzt. Für diesen Fall sind in der Literatur verschiedene Entscheidungsregeln entwickelt worden, die sich durch eine unterschiedliche Handhabung von Sicherheitspräferenzen unterscheiden.

4.4.1 Die Maximin-Regel (Wald-Regel). PESSIMISMUS

Im Rahmen dieses Entscheidungskriteriums ist – Ergebnismaximierung vorausgesetzt – für den Entscheidungsträger das minimale Ergebnis von ausschlaggebender Bedeutung. Der Entscheidungsträger stellt darauf ab, daß in jedem Fall das ungünstigste Ergebnis eintreten kann und drückt somit einen „... pathologischen Pessimismus ...“ (Krelle 1968, S. 185) aus. Um bei Eintritt dieser Situation noch einen Vorteil zu erlangen, wird – Maximierung der Ergebnisse unterstellt – aus den erreichten Minima das Maximum ausgewählt. Die Entscheidungsfunktion lautet (im folgenden wird vereinfacht $u(e) = e$ angenommen):

$$\Phi(a_i) = \min_j u_{ij}. \tag{4.15}$$

wobei $\Phi(a_i)$ den jeweiligen Präferenzwert der Aktion a_i bzw. des n-Tupels $(u_{i1}, u_{i2}, \ldots, u_{in})$ darstellt. Von den betrachteten Aktionen ist letztlich die Handlungsalternative a_{opt} mit

$$a_{opt} = \max_i \Phi(a_i). \tag{4.16}$$

optimal. Das Beispiel in Tab. 4.14 soll die Vorgehensweise verdeutlichen.

Interpretiert man die Ergebnismatrix als eine Schadensmatrix, d.h. wird die Realisierung möglichst geringer Ergebniswerte angestrebt, so wird die Anwendung der

• sicherer kleiner Gewinn wird unsicheren großen Gewinn vorgezogen

Zustand / Aktion	z_1	z_2	z_3	z_4	$\min_j u_{ij}$	
a_1	30	9	30	24	9	
a_2	24	10	20	12	**10**	⟵ max
a_3	8	6	8	36	6	
a_4	28	28	8	10	8	

Tab. 4.14: Beispiel zur Anwendung der Maximin-Regel

Minimax-Regel vorgeschlagen. Dabei wird jene Handlungsweise realisiert, bei der die Maximalverluste minimiert werden. Die Zielfunktion lautet:

„Schadensminimierung"

$$\Phi(a_i) = \max_j u_{ij}, \quad (4.17)$$

$$a_{opt} = \min_i \Phi(a_i). \quad (4.18)$$

Kritisch ist zu diesen beiden Entscheidungsregeln anzumerken, daß potentielle Abweichungen der Nutzen von den Extrema überhaupt nicht berücksichtigt werden. Im vorliegenden Beispiel gewährleistet die Aktion a_2 zwar im ungünstigsten Fall (z_2) ein besseres Ergebnis als a_1. Sollte aber einer der anderen Umweltzustände eintreten, wäre der Erfolg bei a_1 stets höher als bei a_2.

4.4.2 Die Maximax-Regel

OPTIMISMUS

Diese Regel besagt, daß der Entscheidungsträger von verschiedenen Aktionen diejenige auswählt, die bei Eintritt der günstigsten Umweltsituation zum besten Ergebnis führt. Es gilt folgende Zielfunktion:

$$\Phi(a_i) = \max_j u_{ij}, \quad (4.19)$$

$$a_{opt} = \max_i \Phi(a_i). \quad (4.20)$$

Verwendet man anstelle einer Gewinn- oder Deckungsbeitragsmatrix wiederum eine Kosten- oder Schadensmatrix, so geht die Maximax-Regel in die Minimin-Regel über. Unterstellt die Maximin-Regel einen pessimistischen Entscheidungsträger, so spiegelt die Maximax- bzw. Minimin-Regel eine extrem optimistische Verhaltensweise wider. Deren Problematik wird deutlich, wenn man die im Beispiel optimale Aktion a_3 betrachtet. Sollten die Umweltzustände z_1, z_2 oder z_3 eintreffen, so würde dies bei Wahl von a_3 u.U. zu wesentlich geringeren Ergebnissen führen als bei allen anderen Alternativen.

Möglichkeit, den max. Gewinn zu realisieren, soll nicht ausgeschlossen werden.

Zustand / Aktion	z_1	z_2	z_3	z_4	$\max_j u_{ij}$	
a_1	30	9	30	24	30	
a_2	24	10	20	12	24	
a_3	8	6	8	36	**36**	← max
a_4	28	28	8	10	28	

Tab. 4.15: Beispiel zur Anwendung der Maximax-Regel

Minimin-Regel: $\Phi(a_i) = \min_j u_{ij} \rightarrow a_{opt} = \min_i \Phi(a_i)$

4.4.3 Die Hurwicz-Regel (Pessimismus-Optimismus-Regel)

Subjektive Wahrscheinlichkeiten

Die Hurwicz-Regel versucht einen Kompromiß zwischen den beiden vorstehend erläuterten Entscheidungsregeln zu realisieren, indem das maximale Ergebnis mit dem subjektiven Faktor λ $(0 \leq \lambda \leq 1)$ und das minimale Ergebnis mit dem Faktor $(1-\lambda)$ gewichtet wird. Durch das Subjektivitätsmaß λ, das auch als Pessimismus-Optimismus-Index oder als Optimismusparameter bezeichnet wird, drückt der Entscheidungsträger seine Einstellung zur Unsicherheit aus. λ kann hierbei Werte zwischen 1 und 0 annehmen. Die Summe der mit λ und $(1-\lambda)$ multiplizierten Nutzenwerte soll über die Vorziehenswürdigkeit der betrachteten Aktionen Auskunft geben. Die Zielfunktion lautet in diesem Fall:

$$\Phi(a_i) = \lambda \cdot \max_j u_{ij} + (1-\lambda) \cdot \min_j u_{ij}. \tag{4.21}$$

Gewählt wird die Aktion a_{opt}, für die gilt:

$$a_{opt} = \max_i \Phi(a_i). \tag{4.22}$$

Für den Fall $\lambda = 1$ bzw. $\lambda = 0$ bezeichnet die Hurwicz-Regel die Maximax- bzw. die Maximin-Regel (vgl. Tab. 4.16). Die Entscheidungsmatrix für einen bestimmten Wert von $\lambda = 0.6$ ist in Tab. 4.17 dargestellt.

Diese Methode liefert zunächst insofern bessere Ergebnisse im Vergleich zu den o.g. Entscheidungsregeln, als sie hinsichtlich der Unsicherheitssituation ein breiteres Spektrum an Einstellungen auszudrücken erlaubt. Kritisch ist allerdings zu erwähnen, daß nur zwei Ergebnisse in die Betrachtung einbezogen werden, statt die Informationen der Ergebnismatrix vollständig auszunutzen. Fraglich ist auch, ob der Faktor λ, der den individuellen Pessimismus-Optimismus-Grad ausdrückt, konstant auf die betrachteten Aktionen anzuwenden ist, oder ob dieser nicht beispielsweise auch von der Streubreite der Ergebnisse abhängen sollte. Unklar ist ebenfalls, wie der Faktor λ vom Entscheidungsträger quantifiziert werden soll.

Zustand / Aktion	z_1	z_2	z_3	z_4	$\min_j u_{ij}$	$\max_j u_{ij}$
a_1	30	9	30	24	9	30
a_2	24	10	20	12	10	24
a_3	8	6	8	36	6	36
a_4	28	28	8	10	8	28

Tab. 4.16: Nutzenmatrix (Beispiel) zur Anwendung der Hurwicz-Regel

	$\lambda \cdot \max_j u_{ij}$	$(1-\lambda) \cdot \min_j u_{ij}$	$\sum$	
a_1	$30 \cdot 0,6 = 18,0$	$9 \cdot 0,4 = 3,6$	21,6	
a_2	$24 \cdot 0,6 = 14,4$	$10 \cdot 0,4 = 4,0$	18,4	
a_3	$36 \cdot 0,6 = 21,6$	$6 \cdot 0,4 = 2,4$	**24,0**	$\longleftarrow$ max
a_4	$28 \cdot 0,6 = 16,8$	$8 \cdot 0,4 = 3,2$	20,0	

Tab. 4.17: Entscheidungsmatrix (Beispiel) zur Anwendung der Hurwicz-Regel für $\lambda = 0,6$

4.4.4 Die Laplace-Regel

Bei dieser Vorschrift geht der Entscheidungsträger von der Annahme aus, daß die Umweltzustände mit gleicher Wahrscheinlichkeit zu erwarten sind, da man keinen Grund dafür sieht, unterschiedliche Wahrscheinlichkeiten anzunehmen („Prinzip des unzureichenden Grundes" in LAUX 1982A, S. 122). Diese Entscheidungsregel umgeht somit die Ungewißheitssituation und konstruiert stattdessen eine Risikosituation. Ausgewählt wird die Aktion, für die die Summe der mit den als gleich angenommenen Wahrscheinlichkeiten bewerteten Ergebnisse maximal ist. Die Eintrittswahrscheinlichkeiten werden also willkürlich in Höhe von $\frac{1}{n}$ angenommen. Die Laplace-Entscheidungsregel beschreibt die folgende Formel (vgl. BAMBERG/COENENBERG 1992, S. 109):

$$\Phi(a_i) = \frac{1}{n} \cdot \sum_{j=1}^{n} u_{ij}, \qquad (4.23)$$

$$a_{opt} = \max_i \Phi(a_i). \qquad (4.24)$$

Die Entscheidungsmatrix in Tab. 4.18 ergibt sich auf der Basis der Nutzenmatrix Tab. 4.14:

Nachteilig an dieser Methode ist unter anderem, daß sich durch Hinzufügen einer weiteren Spalte mit gleichem Ergebniswerten wie in einer der bisherigen Umweltsituationen die Reihenfolge der Alternativen ändern kann.

a_1	$0,25 \cdot (30 + 9 + 30 + 24) =$ **23,25**	$\longleftarrow$ max
a_2	$0,25 \cdot (24 + 10 + 20 + 12) =$ 16,50	
a_3	$0,25 \cdot (8 + 6 + 8 + 36) =$ 14,50	
a_4	$0,25 \cdot (28 + 28 + 8 + 10) =$ 18,50	

Tab. 4.18: Beispiel zur Anwendung der Laplace-Regel

4.4.5 Die Savage-Niehans-Regel (Regel des geringsten Bedauerns) PESSIMISMUS

Diese Entscheidungsregel, für die sich in der Literatur sowohl die Bezeichnungen „Prinzip des kleinsten Bedauerns“ und „Minimax-Regret-Prinzip“ (BAMBERG/COENENBERG 1992, S. 109) als auch „Minimax-Risiko-Regel“ (SIEBEN/SCHILDBACH 1990, S. 53) finden, unterscheidet sich von den bisher betrachteten Entscheidungsregeln insofern, als nicht die jeweilige Ergebnishöhe der unterschiedlichen Aktionen interessiert, sondern deren relativer Nachteil. Von relativem Nachteil bzw. Bedauern wird deshalb gesprochen, weil es sich nicht um tatsächlich eingetretene Verluste handelt, sondern um den Verlust von Nutzeneinheiten, die ex post auf eine nicht optimale Entscheidung zurückzuführen sind. Dieser relative Nachteil ergibt aus der Differenz zwischen dem jeweiligen Spaltenmaximum $\max_i u_{ij}$ und den Ergebnissen der unterschiedlichen Handlungsalternativen a_i bei Eintreffen des entsprechenden Umweltzustandes j. Ausgewählt wird die Aktion, deren maximaler Nachteil im Vergleich zu den maximalen Nachteilen der anderen Aktionen am geringsten ist.

Der Entscheidungsträger geht bei dieser Regel in mehreren Schritten vor. In einem ersten Schritt wird aus der Nutzenmatrix die sog. Opportunitätsmatrix s_{ij} gebildet:

$$s_{ij} = \max_i u_{ij} - u_{ij}. \tag{4.25}$$

Je höher s_{ij}, d.h. die Differenz zwischen dem maximalen und dem tatsächlich eingetretenen Nutzen, desto stärker ist folglich das Bedauern (regret). In einem zweiten Schritt wird die Minimax-Regel auf die Opportunitätsmatrix angewandt. Gemäß der Vorschrift

$$\Phi(a_i) = \max_j s_{ij} = \max_j \left(\max_i u_{ij} - u_{ij}\right) \tag{4.26}$$

wird für jede Aktion der Wert ermittelt, der das höchstmögliche Bedauern widerspiegelt, wobei als optimal die Aktion ausgewählt wird, deren Regret-Wert ein Minimum darstellt, um das Bedauern möglichst gering zu halten, wie es folgende Formel wiedergibt:

$$a_{opt} = \min_i \Phi(a_i). \tag{4.27}$$

Ausgehend von der Nutzenmatrix Tab. 4.14 wird das Vorgehen bei der Savage-Niehans-Regel in den Tab. 4.19 und 4.20 verdeutlicht.

Auch die Anwendung dieser Entscheidungsregel setzt bei dem Entscheidungsträger

Zustand / Aktion	z_1	z_2	z_3	z_4
a_1	30	9	30	24
a_2	24	10	20	12
a_3	8	6	8	36
a_4	28	28	8	10
max	**30**	**28**	**30**	**36**

Tab. 4.19: Nutzenmatrix (Beispiel) zur Anwendung der Savage-Niehans-Regel

Zustand / Aktion	z_1	z_2	z_3	z_4	$\max_j(\max_i u_{ij} - u_{ij})$	
a_1	0	19	0	12	**19**	⟵ min
a_2	6	18	10	24	24	
a_3	22	22	22	0	22	
a_4	2	0	22	26	26	

Tab. 4.20: Opportunitätsmatrix (Beispiel) zur Anwendung der Savage-Niehans-Regel

wieder einen großen Pessimismus voraus, da ausschließlich mit den ungünstigsten Ergebnissen des Handelns gerechnet wird.

4.5 Entscheidung bei Risiko

Die sogenannten Entscheidungsprobleme unter Risiko sind dadurch gekennzeichnet, daß den möglichen Umweltzuständen z_j Eintrittswahrscheinlichkeiten w_j (subjektiv oder objektiv) zugeordnet werden können. Unter Berücksichtigung der Tatsache, daß jede vom Entscheidungsträger gewählte Aktion dann mit einer bestimmten Wahrscheinlichkeit zu einem bestimmten Ergebnis führt, äußert sich Risiko auch in der Tatsache, daß jedem Ergebnis eine Wahrscheinlichkeitsverteilung zugeordnet werden kann. Im folgenden können dabei nur solche Probleme Berücksichtigung finden, bei denen eine endliche und geringe Zahl von Umweltzuständen existiert und damit eine diskrete und leicht handhabbare Wahrscheinlichkeitsverteilung vorliegt. Komplexere Entscheidungsprobleme erfordern die Anwendung von Entscheidungsmodellen des Operations Research, die zu diesem Problemkreis hauptsächlich durch die Techniken der stochastischen Programmierung, der Lagerhaltungstheorie und der Warteschlangentheorie beitragen (vgl. SCHNEEWEISS 1966, S. 27).

4.5.1 Zusammenhänge zwischen Unsicherheits- und Risikosituationen

Zur Entscheidung unter Unsicherheit ergeben sich insofern Parallelen, als daß in beiden Situationen mehrwertige Erwartungen über das Verhalten der Umwelt vorliegen. Dadurch ergibt sich für den Entscheidungsträger die Notwendigkeit, seine persönliche Risikobereitschaft mittels einer Sicherheitspräferenz zu formulieren. Unterschiede bestehen nur dadurch, daß in der Risikosituation die Eintrittswahrscheinlichkeiten der Umweltzustände quantifiziert werden können.

Die enge Verwandtschaft der Risiko- zur Unsicherheitssituation zeigt sich vor allem bei der Ermittlung der erwähnten Eintrittswahrscheinlichkeiten. So finden Risikokalküle zunächst natürlich in solchen Fällen Anwendung, in denen Wahrscheinlichkeiten objektiv bestimmt werden können. Praktisch ist dies allerdings fast ausschließlich bei Glücksspielen der Fall. Gleichwohl ist die Risikosituation keine Ausnahme, denn im Regelfall lassen sich Unsicherheitssituationen durch entsprechende Techniken in Risikosituationen umwandeln. Dies ist beispielsweise der Fall, wenn durch Befragungen im Rahmen von Marktforschungsaktivitäten Wahrscheinlichkeiten von Konsumentenreaktionen auf der Grundlage relativer Häufigkeiten geschätzt werden können. Trotzdem handelt es sich hierbei nur um quasi-objektive Wahrscheinlichkeiten, die sich aus dem Gesetz der großen Zahl ergeben (vgl. SIEBEN/SCHILDBACH 1990, S. 57f.).

Möglichkeiten der Transformation unsicherer in risikobehaftete Umweltzustände ergeben sich jedoch auch, wenn Methoden der betrieblichen Informationsgewinnung und der Statistik nicht verfügbar sind. In diesem Fall kann die Entscheidung auf der Grundlage subjektiver Wahrscheinlichkeiten vollzogen werden, die stets persönliche Werturteile des Entscheidungsträgers beinhalten. Zu beachten ist hier, daß diese Wahrscheinlichkeiten nicht die individuelle Einstellung zum Risiko dieser Person widerspiegeln dürfen, da diese bereits in der Sicherheitspräferenz Berücksichtigung findet. Probleme der Einbeziehung subjektiver Wahrscheinlichkeiten ergeben sich aus ihrer fehlenden Überprüfbarkeit (vgl. SIEBEN/SCHILDBACH 1990, S. 59). Durch Einbeziehung subjektiver Wahrscheinlichkeiten wird die Entscheidung massiv durch individuelle Beurteilungen des Entscheidenden beeinflußt. Vorteile ergeben sich aber daraus, daß mit ihrer Hilfe jede Unsicherheitssituation in eine Risikosituation überführt werden kann.

Die vielfachen Möglichkeiten der Umwandlung von Unsicherheits- in Risikosituationen zeigen nicht nur, daß Entscheidungen unter Risiko in der betrieblichen Praxis ein breites Anwendungsspektrum zukommt, sondern belegen auch, daß Übergänge fließend sind und hybride Formen die Regel sein werden. Dies begründet auch, warum Entscheidungsregeln unter Unsicherheit teilweise gleichfalls auf bestimmte Wahrscheinlichkeiten zurückgreifen. So geht die Laplace-Regel von einer Gleichverteilung der Umweltzustände aus und ordnet diesen damit implizit bestimmte Wahrscheinlichkeiten zu. Genauso kann im Grunde genommen die Hurwicz-Regel interpretiert werden, die durch den Pessimismus-Optimismus-Parameter auf subjektive Wahrscheinlichkeiten zurückgreift.

4.5.2 Eigenschaften von Wahrscheinlichkeiten

Den in der Risikosituation betrachteten Wahrscheinlichkeiten ist gemein, daß ihre Verteilung gewissen Annahmen unterliegt, die sich an den sog. Axiomen der Wahrscheinlichkeitsrechnung orientieren (vgl. dazu SIEBEN/SCHILDBACH 1990, S. 56f.). Unter der Annahme, daß z_j und z_k verschiedene Umweltzustände darstellen, gelten folgende Axiome:

1. Nichtnegativitätsaxiom:

$$w(z_j) \geq 0 \qquad \text{für alle} \quad z_j \in Z \quad j = 1, 2, \ldots, n \tag{4.28}$$

Jedem Umweltzustand kann eine Wahrscheinlichkeit größer oder gleich 0 zugeordnet werden. Würde ein Umweltzustand mit der Wahrscheinlichkeit von 0 eintreten, hätte er keinen Einfluß auf die Entscheidung und könnte vernachlässigt werden.

2. Normierungsaxiom:

$$w(z_1 \cup z_2 \cup \ldots \cup z_n) = 1 \tag{4.29}$$

Die Wahrscheinlichkeit, daß zumindest ein Umweltzustand aus der Menge aller Zustände eintritt, ist gleich 1.

3. Additivitätsaxiom:

$$w(z_j \cup z_k) = w(z_j) + w(z_k) \qquad \text{für alle } z_j, z_k \in Z \text{ und } z_j \cap z_k \equiv \emptyset \tag{4.30}$$

Die Wahrscheinlichkeit des Eintritts zweier Ereignisse entspricht den addierten Einzelwahrscheinlichkeiten beider Umweltzustände. Mit diesem Axiom soll vor allen Dingen ausgeschlossen werden, daß Umweltzustände sich überschneiden können (unabhängige Ereignisse).

Unabhängig von der Art der Ermittlung der Wahrscheinlichkeiten haben die ermittelten Wahrscheinlichkeiten den angeführten Axiomen zu genügen. Im folgenden werden verschiedene Entscheidungsregeln diskutiert, die für Entscheidungen bei Risiko entwickelt worden sind.

4.5.3 Das Erwartungswert-Prinzip (Bayes-Prinzip, μ-Prinzip)

Nach dem Bayes-Prinzip wird zunächst für alle Aktionen der Erwartungswert der Ergebnisse berechnet. Dies geschieht, indem für jede Aktion die mit der Eintrittswahrscheinlichkeit der Umweltzustände gewichteten Ergebnisse addiert werden:

$$\Phi(a_i) = \mu_i = \sum_{j=1}^{n} w_j \cdot e_{ij} \tag{4.31}$$

Ergebniserwartungswert

Im Anschluß wird diejenige Aktion ausgewählt, bei der der Erwartungswert über alle Umweltzustände maximal wird. Ein Beispiel in Tab. 4.21 veranschaulicht die Vorgehensweise des Bayes-Prinzips. Dort würde Aktion a_1 realisiert werden.

	z_1	z_2	z_3			
w_j	0,2	0,5	0,3		μ_i	
a_1	50	100	10	$50 \cdot 0,2 + 100 \cdot 0,5 + 10 \cdot 0,3 =$	**63**	$\longleftarrow$ max
a_2	90	10	80	$90 \cdot 0,2 + 10 \cdot 0,5 + 80 \cdot 0,3 =$	47	
a_3	100	20	70	$100 \cdot 0,2 + 20 \cdot 0,5 + 70 \cdot 0,3 =$	51	

Tab. 4.21: Beispiel zur Anwendung des μ-Prinzips

Die Stärke des Bayes-Prinzips liegt in seiner leichten Handhabbarkeit. Probleme ergeben sich bei der Anwendung dadurch, daß implizit von der Risikoneutralität des Entscheidungsträgers ausgegangen wird. Dies zeigt sich darin, daß zur Entscheidungsfindung lediglich die Eintrittswahrscheinlichkeiten, nicht aber eine definierte Sicherheitspräferenzfunktion einbezogen wird. In der Praxis wird das Bayes-Prinzip daher in erster Linie in solchen Situationen Anwendung finden, bei denen die möglichen Ergebnisse sich wenig voneinander unterscheiden und Risiken damit nur eine untergeordnete Rolle spielen. Im Falle der wiederholten Durchführung der Aktion kommt das Bayes-Prinzip aufgrund des Gesetzes der großen Zahl zu realistischeren Ergebnissen (vgl. LAUX 1982A, S. 154f.).

4.5.4 (μ, σ)-Prinzip

Da beim Bayes-Prinzip die Entscheidung ausschließlich auf der Basis des Erwartungswertes gefällt wird, spielen auch Streuungen der Ergebniswerte und damit Risiken der Zielerreichung keine Rolle. Anders beim (μ, σ)-Prinzip: Hier werden zusätzlich zu den Erwartungswerten auch die Standardabweichungen der Ergebniswerte e_{ij} pro Alternative bestimmt. Die Standardabweichung berechnet sich dabei wie folgt: Zunächst werden die Abweichungen der Ergebniswerte einer Aktion a_i von deren Ergebniserwartungswert μ_i ermittelt. Damit negative und positive Abweichungen sich nicht gegenseitig aufheben können, werden die Abweichungen quadriert und anschließend mit den entsprechenden Wahrscheinlichkeiten multipliziert (gewichtet) und über alle Umweltzustände aufaddiert. Über die Gesamtsumme wird dann die zweite Wurzel gebildet:

$$\sigma_i = \sqrt{\sum_{j=1}^{n} w_j \cdot (e_{ij} - \mu_i)^2}. \tag{4.32}$$

Als Entscheidungsfunktion (Präferenzfunktional) kommt bei dem (μ, σ)-Prinzip eine Funktion der Form

$$\Phi(a_i) = \Phi(\mu_i, \sigma_i) \tag{4.33}$$

zur Anwendung. Verschiedene Definitionen von Φ führen zu im Detail unterschiedlichen (μ, σ)-Regeln, die insbesondere unterschiedliche Risikopräferenzen zum Ausdruck bringen. Eine besonders einfache Regel dieser Art könnte lauten:

$$\Phi(a_i) = \mu_i - g \cdot \sigma_i. \tag{4.34}$$

Hierbei drückt der Gewichtungsfaktor g das Gewicht der Standardabweichung bei der Entscheidungsfindung und damit die Sicherheitspräferenz aus. Positive Werte von g beschreiben Risikoaversion, negative Werte hingegen Risikosympathie. Dabei kennzeichnen zunehmende Absolutwerte von g einen zunehmenden Einfluß der Streuung auf die Alternativenbewertung. Bei $g = 0$ liegt Risikoneutralität vor. Das Beispiel in Tab. 4.22 verdeutlicht die Auswirkungen unterschiedlicher Werte von $g = 1$, $g = 0$, $g = -1$, hierbei sind die Werte von σ gerundet.

	z_1	z_2	z_3			g=1	g=0	g=-1
w_j	0.2	0.5	0.3	μ_i	σ_i	$\mu_i - \sigma_i$	μ_i	$\mu + \sigma_i$
a_1	200	100	10	93	66	27	**93**	159
a_2	100	90	80	89	7	**82**	89	96
a_3	250	60	20	86	84	2	86	**170**

Tab. 4.22: Beispiel zur Anwendung des (μ, σ)-Prinzips

Bei Risikoneutralität ($g = 0$) wird die Alternative a_1 mit dem höchsten Erwartungswert gewählt. Bei Risikoaversion ($g = 1$) führt die geringe Streuweite der Ergebnisse dazu, daß a_2 trotz des niedrigeren Erwartungswertes vorgezogen wird. Und bei Risikosympathie ($g = -1$) führt die Chance auf ein besonders positives Ergebnis bei Eintritt von z_1 zur Wahl von a_3. Zwar berücksichtigt das (μ, σ)-Prinzip im Gegensatz zum Bayes-Prinzip spezielle Risikopräferenzen, trotzdem liegt die Vermutung nahe, daß Entscheidungen in der Realität nicht vollständig durch die Standardabweichung und den Erwartungswert beschrieben werden können (vgl. SCHNEEWEISS 1966, S. 55). Vorstellbar wäre etwa, daß auch die Verlustwahrscheinlichkeit eine gewisse Rolle bei der Entscheidungsfindung spielen könnte (vgl. BAMBERG/COENENBERG 1992, S. 90, SIEBEN/SCHILDBACH 1990, S. 61).

Einsatzgebiete des (μ, σ)-Prinzips liegen im Bereich der Versicherungswirtschaft, wenn vor dem Hintergrund der Risikoaversion das Verhalten der Versicherungsnehmer untersucht wird. (μ, σ)-Regeln, die Risikobereitschaft dokumentieren, finden sich bei der Analyse von Spekulationen, so z.B. bei Glücksspielen.

4.5.5 Das Bernoulli-Prinzip

4.5.5.1 Grundlagen

Ebenso wie das (μ, σ)-Prinzip entwickelte sich das Bernoulli-Prinzip aus dem Bestreben nach Einbeziehung der Sicherheitspräferenz des Entscheidungsträgers. Unterschiede bestehen in der Art der Einbeziehung des Risikos: Während das (μ, σ)-Prinzip versucht, risikobehaftete Entscheidungssituationen durch Einbeziehung der Standardabweichung zu modellieren, berücksichtigt das Bernoulli-Prinzip die Sicherheitspräferenz des Entscheidungsträgers durch Ermittlung einer individuellen Nutzenfunktion, bzw. genauer, einer Risiko-Nutzenfunktion. Nicht selten wird in der Literatur dem Bernoulli-Prinzip eine hohe Wirklichkeitsnähe attestiert, weshalb es bisweilen sogar als das rationale Entscheidungskriterium schlechthin interpretiert wird (vgl. ADAM 1993, S. 212). Konkret wird bei Anwendung des Bernoulli-Prinzips in mehreren Schritten wie folgt vorgegangen:

- Zunächst wird jedes Ergebnis e_{ij} mit Hilfe der individuellen Nutzenfunktion $u(e)$ des Entscheidungsträgers in einen Nutzenwert $u(e_{ij})$ transformiert. Diese Bewertung beruht auf der Annahme, daß sich der Nutzen von Ergebnissen für den Entscheidungsträger nicht allein aufgrund seiner Höhenpräferenz ergibt, sondern daß auch die Risikopräferenz eine bedeutsame Rolle spielt. Dies bedeutet z.B., daß die Chance auf eine Verdopplung des Ergebnisses dann nicht mehr als eine Verdopplung des Nutzens empfunden wird, wenn sie mit einer gewissen Ungewißheit behaftet ist. Denn dann wird der empfundene Nutzenzuwachs insbesondere von der Sicherheitspräferenz des Entscheidungsträgers abhängen. Diese soll sich in der Risiko- oder Bernoulli-Nutzenfunktion widerspiegeln.

- In einem zweiten Schritt werden die ermittelten Risikonutzenziffern $u(e_{ij})$, die sowohl die Höhe als auch das Risiko der Ergebnisse ausdrücken sollen, mit den zugehörigen Eintrittswahrscheinlichkeiten w_j multipliziert.

- Gewählt wird dann die Alternative, bei der die Summe der gewichteten Risikonutzenwerte u_i maximal wird. Diese Summe wird auch als Nutzenerwartungswert oder kurz als Risikonutzen oder Bernoulli-Nutzen der Alternative bezeichnet:

$$\Phi(a_i) = u_i = \sum_{j=1}^{n} u(e_{ij}) \cdot w_j \tag{4.35}$$

$$a_{opt} = \max_i u_i. \tag{4.36}$$

Der zweite und der dritte Schritt bei der Anwendung des Bernoulli-Prinzips entspricht genau der Vorgehensweise des Erwartungswert-Prinzips – lediglich angewandt auf die Nutzenmatrix $u(e_{ij})$. Wesentlich bedeutsamer und die eigentliche Besonderheit des Bernoulli-Prinzips ist aber die vorgeschaltete Nutzentransformation. Hier stellt sich insbesondere die Frage der Herleitung einer individuellen Risiko-Nutzenfunktion. Damit eine Transformationsfunktion $u(e)$ als Risiko-

Nutzenfunktion sinnvoll angewandt werden kann, muß sie den sog. Grundprinzipien der Risiko-Nutzentheorie genügen.

4.5.5.2 Axiome der Bernoulli-Nutzen-Theorie

Die Basisaussagen einer Theorie, auf welche alle anderen Aussagen („Sätze") zurückgeführt werden können, bezeichnet man als Axiome. Die Axiome selbst stellen damit die Grundpfeiler einer Theorie dar. Für die Risiko-Nutzentheorie (Bernoulli-Nutzentheorie) sind in der Literatur verschiedene Axiomensysteme entwickelt worden, die aber ineinander überführt werden können. Im folgenden wird das Axiomensystem nach Luce und Raiffa erläutert, das die Grundprinzipien für die Herleitung von Risiko-Nutzenfunktionen beinhaltet (vgl. ADAM 1993, S. 216f., SCHNEEWEISS 1966, S. 73ff., BAMBERG/COENENBERG 1992, S. 86ff., LAUX 1982A, S. 174ff.):

1. *Ordinalprinzip*
   Gemäß dem Ordinalprinzip muß der Entscheidungsträger jedes mögliche Ergebnis in eine ordinale Rangfolge bringen können. Dies ist wichtig, damit auch wirklich jedes Ergebnis in die Entscheidung einfließen kann. Das Ordinalprinzip fordert damit implizit, daß alle Alternativen vergleichbar sind (Vollständigkeitsprinzip) und daß Transitivität vorliegt, d.h. wenn $a_1 \succ a_2$ und $a_2 \succ a_3 \Rightarrow a_1 \succ a_3$. Nicht notwendig ist hingegen, daß der Entscheidungsträger Nutzenabstände zwischen Alternativen quantifizieren kann.

2. *Dominanzprinzip*
   Der Entscheidungsträger wird dann eine Alternative einer anderen vorziehen, wenn der Risikonutzen aller Ergebnisse mindestens genauso groß ist wie bei der Vergleichsalternative, aber bezüglich mindestens eines Ergebnisses ein höherer Risikonutzen auftritt. Dieses Axiom ist jedoch dann erfüllt, wenn die zugrundeliegende Nutzenfunktion monoton steigend ist. Bei einer abwechselnd steigenden und fallenden Nutzenfunktion könnte der Risikonutzen eines höheren Ergebnisses hingegen unter jenen eines niedrigeren Ergebnisses fallen.

3. *Unabhängigkeitsprinzip*
   Eine einmal festgelegte Rangordnung ist gegenüber neuen Umweltzuständen, die jedoch keine veränderten Ergebnisse mit sich bringen, unabhängig. Die neuen Umweltzustände sind insofern für die Entscheidungsfindung nicht bedeutsam.

4. *Stetigkeitsprinzip*
   Das Stetigkeitsprinzip hat für die Bernoulli-Nutzentheorie besondere Bedeutung. Es fordert, daß der Entscheidungsträger in der Lage sein muß, eine kritische Wahrscheinlichkeit p_{krit} zu benennen, mit der das höhere von zwei möglichen Ergebnissen e_1 und e_2 einer unsicherheitsbehafteten Handlungsalternative eintreten muß, so daß er diese einer Alternative mit dem sicheren Ergebnis e_s gleichschätzt, d.h. Indifferenz gegenüber beiden Handlungsalternativen vorliegt. Der Ergebnis-

wert e_s wird als das Sicherheitsäquivalent der unsicheren Handlungsalternative bezeichnet. Die Forderung nach der Angabe der kritischen Wahrscheinlichkeit bzw. des Sicherheitsäquivalentes soll sicherstellen, daß eine lückenlose Präferenzordnung zwischen allen Alternativen auch praktisch ermittelbar ist.

4.5.5.3 Konstruktion der Risiko-Nutzenfunktion

Das Stetigkeitsprinzip bietet die wichtigste Grundlage für die praktische Ermittlung einer Risiko-Nutzenfunktion. Die Vorgehensweise hierzu sei im folgenden an einem Beispiel erläutert. Ein Entscheidungsproblem bei Risiko sei durch die folgende Ergebnismatrix in Tab. 4.23 beschrieben.

	z_1	z_2	z_3	z_4	
w_j	0,2	0,4	0,3	0,1	μ_i
a_1	100	625	1.444	225	**725,7** ⟵ max
a_2	225	400	1.225	1.024	674,9
a_3	100	729	225	900	469,1
a_4	1.600	625	400	225	712,5

Tab. 4.23: Ergebnismatrix (Beispiel) zur Anwendung des Bernoulli-Prinzips

Als Zielsetzung (Höhenpräferenz) sei die Maximierung des Ergebnisses angenommen. Die Rangfolge der einzelnen Ergebnisse ist evident. Bei Verwendung des μ-Kriteriums würde die Alternative a_1 gewählt. Die Spannweite aller Ergebnisse reicht von 100 bis 1600. In bezug auf diese „Endpunkte" der Ergebnisskala werden nun dem Entscheidungsträger verschiedene Eintrittswahrscheinlichkeiten vorgelegt, für die er jeweils jenes sichere Ergebnis e_s anzugeben hat, das er der entsprechenden unsicheren Alternative für gleichwertig hält. Ein denkbares Antwortverhalten zeigt die Tab. 4.24.

alternative Ergebnis-verteilungen	$e_1 = 100$	$e_2 = 1.600$	μ	gleichwertiges sicheres Ergebnis (Sicherheitsäquivalent e_s)
p_{krit}	0	1	1.600	1.600
	0,2	0,8	[redacted]	1.156
	0,4	0,6	1.000	784
	0,6	0,4	700	484
	0,8	0,2	[redacted]	256
	1	0	100	100

Tab. 4.24: Beispiel zur Konstruktion der Risiko-Nutzenfunktion

Die in Tab. 4.24 aufgelisteten, sicheren Ergebniswerte bilden jeweils die Sicherheitsäquivalente der zugehörigen, zweiwertigen Ergebnisverteilung im linken Teil der entsprechenden Zeile der Tabelle. μ gibt den jeweiligen Ergebniserwartungswert an. Umgekehrt bilden die dem höheren Ergebnis (1.600) dieser Verteilung jeweils zugeordneten Wahrscheinlichkeiten die im Stetigkeitsprinzip erwähnten kritischen Wahrscheinlichkeiten p_{krit}. Überträgt man nun die Zahlen der Tab. 4.24 in ein Koordinatensystem mit den Ergebniswerten auf der Abszisse und den kritischen Wahrscheinlichkeiten auf der Ordinate und verbindet die Funktionswerte zu einem Graphen, so ergibt sich eine Risiko-Nutzenfunktion des Entscheidungsträgers (Abb. 4.2).

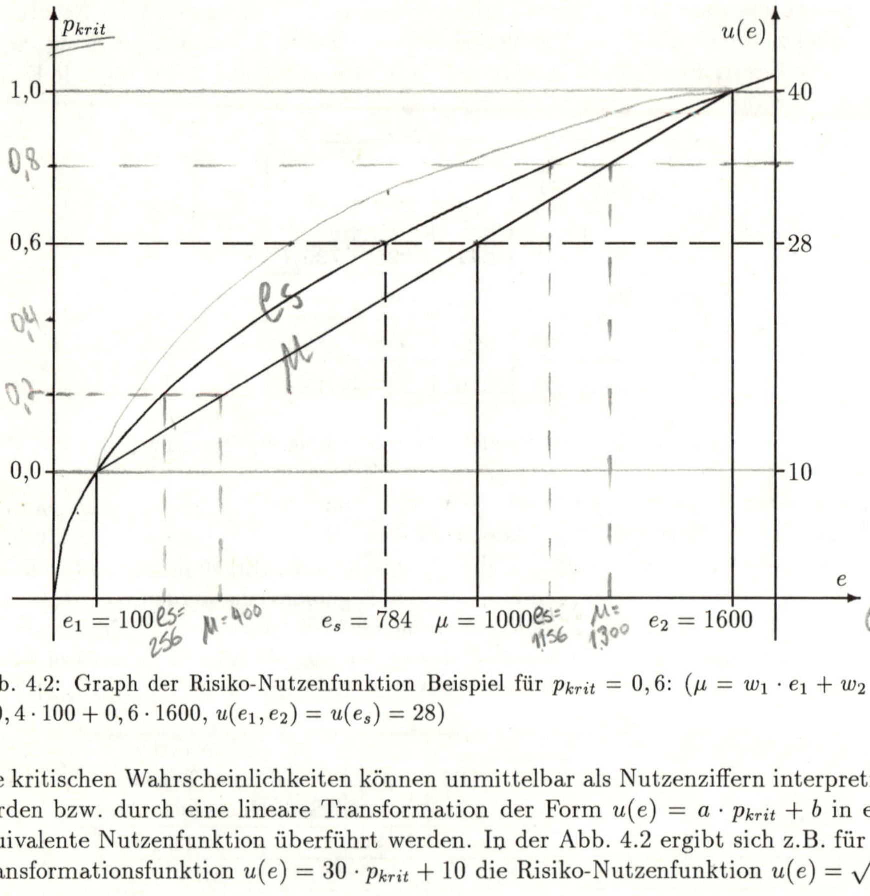

Abb. 4.2: Graph der Risiko-Nutzenfunktion Beispiel für $p_{krit} = 0,6$: ($\mu = w_1 \cdot e_1 + w_2 \cdot e_2$ $= 0,4 \cdot 100 + 0,6 \cdot 1600$, $u(e_1, e_2) = u(e_s) = 28$)

Die kritischen Wahrscheinlichkeiten können unmittelbar als Nutzenziffern interpretiert werden bzw. durch eine lineare Transformation der Form $u(e) = a \cdot p_{krit} + b$ in eine äquivalente Nutzenfunktion überführt werden. In der Abb. 4.2 ergibt sich z.B. für die Transformationsfunktion $u(e) = 30 \cdot p_{krit} + 10$ die Risiko-Nutzenfunktion $u(e) = \sqrt{e}$.

Für jeden möglichen Ergebniswert der Ergebnismatrix des Beispiels können nun die Nutzenziffern gemäß dieser Risiko-Nutzenfunktion ermittelt werden. Die resultierende Nutzenmatrix ist in Tab. 4.25 wiedergegeben. Alternative a_4 erweist sich als nutzenmaximal.

	z_1	z_2	z_3	z_4	
w_j	0,2	0,4	0,3	0,1	u_i
a_1	10	25	38	15	24,9
a_2	15	20	35	32	24,7
a_3	10	27	15	30	20,3
a_4	40	25	20	15	**25,5** ⟵ max

Tab. 4.25: Nutzenmatrix (Beispiel) zur Anwendung des Bernoulli-Prinzips

Arten von Risikonutzenfunktionen

Der Verlauf einer Risikonutzenfunktion hängt von der Risikoeinstellung des Entscheidungsträgers ab. Die einer linear steigenden Bernoulli-Nutzenfunktion zugrundeliegende Einstellung wird in der Regel als Risikoneutralität bezeichnet und läßt sich auch – wie schon erläutert – durch den Begriff des Sicherheitsäquivalents beschreiben. Das Sicherheitsäquivalent stellt dabei das sicher eintretende Ergebnis dar, zu dem der Entscheidungsträger im Vergleich zu einem risikobehafteten Ergebnis indifferent ist. Vereinfacht gesprochen kann man sich vorstellen, daß die Höhe des Sicherheitsäquivalents Antwort auf die Frage geben soll: „Wenn die nur unter Risiko realisierbaren Ergebnisse (Ergebniserwartungswert) in ein sicheres Ergebnis verwandelt werden könnten, in welcher Höhe würde der Entscheidungsträger dann eine Risikoprämie (die die Ergebnishöhe mindert) für diese Sicherheit zu zahlen bereit sein?“ Im Falle der Risikoneutralität wird der Entscheidungsträger keinerlei Prämie zu zahlen bereit sein, denn es ist aus seiner Sicht gleichgültig, ob das Ergebnis risikobehaftet oder sicher ist. Hier ist das Sicherheitsäquivalent also immer genauso groß wie das betrachtete, nur unter Risiko realisierbare Ergebnis (Ergebniserwartungswert). Die Nutzenfunktion für den Fall der Risikoneutralität ist in Abb. 4.3 dargestellt.

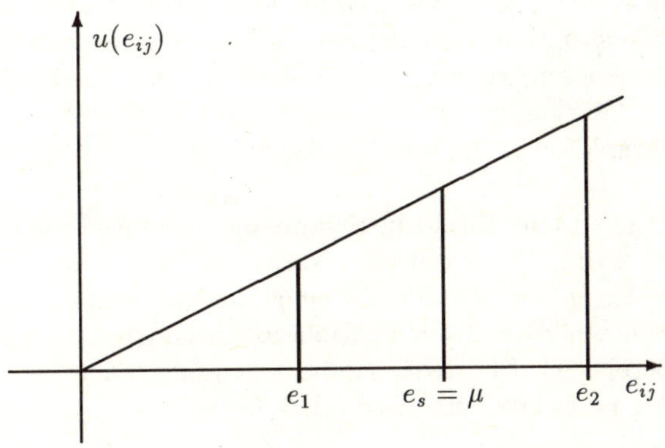

Abb. 4.3: Lineare Nutzenfunktion

Für betriebswirtschaftliche Problemstellungen typischer ist jedoch der Fall, daß der Entscheidungsträger steigenden, aber unsicheren Ergebnishöhen einen nur degressiv steigenden Nutzen beimißt. Dies ist der Fall der Risikoaversion. Das Sicherheitsäquivalent ist stets kleiner als der Ergebniserwartungswert. Der risikoscheue Entscheidungsträger wäre bereit, Abstriche der Ergebnishöhe hinzunehmen, wenn das Ergebnis dadurch sicher würde. Für einige unternehmerische Entscheidungen ist risikoscheues Verhalten vorgeschrieben, z.B. bei der Bilanzierung nach dem Vorsichtsprinzip § 252 HGB. Graphisch schlägt sich die skizzierte Einstellung in einer konkaven Nutzenfunktion nieder, die in Abb. 4.4 dargestellt ist.

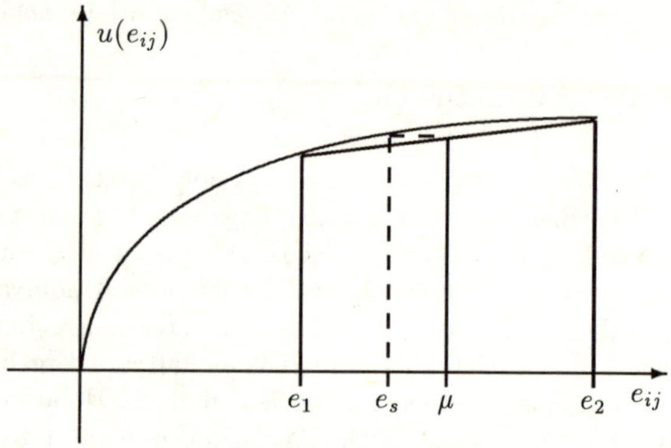

Abb. 4.4: Konkave Nutzenfunktion

Eine dritte Möglichkeit der Risikoeinstellung wird durch konvexe Nutzenfunktionen beschrieben. Steigende, aber unsichere Ergebnishöhen werden durch den Entscheidungsträger aufgrund unterstellter Risikosympathie überproportional hoch eingeschätzt. Das Sicherheitsäquivalent ist in diesem Fall stets größer als das Ergebnis unter Risiko (Ergebniserwartungswert), denn der Entscheidungsträger bewertet die in der unsicheren Alternative enthaltene Chance auf das höhere Ergebnis e_2 höher als das Risiko, nur das Ergebnis e_1 zu erzielen. Um diesen empfundenen Nachteil der Sicherheitssituation gegenüber der Risikosituation auszugleichen, müssen dem Entscheidungsträger höhere sichere Ergebnisse geboten werden. In der Realität mag Risikosympathie allerdings wohl vor allem bei Glücksspielern oder Spekulanten zu finden sein. Ein Beispiel für eine solche Nutzenfunktion ist in Abb. 4.5 dargestellt.

Realitätsnäher erscheint eine Risikoeinstellung, die ergebnisabhängig zwischen Risikoaversion und Risikosympathie wechselt. Nachvollziehbar wäre beispielsweise ein sicherheitsbewußtes Verhalten bei relativ kleinen Gewinnchancen, um zumindest einen gewissen Mindestnutzen zu realisieren. Höhere Risikobereitschaft zeigt sich dann in höheren Gewinnbereichen. Die Risikobereitschaft findet allerdings in sehr hohen Bereichen wiederum eine Grenze, die zeigt, daß ein gewisses Sicherheitsbedürfnis auch durch hohe Auszahlungschancen nicht mehr eliminiert werden kann. Eine derartig wechselnde Sicherheitspräferenz wird durch eine stückweise konkave und konvexe Nutzenfunktion beschrieben, wie sie von Savage und Friedman entwickelt wurde (vgl. BAM-

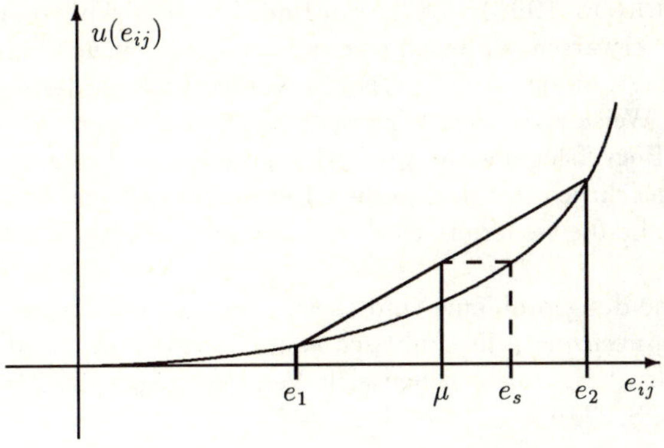

Abb. 4.5: Konvexe Nutzenfunktion

BERG/COENENBERG 1992, S. 76ff., SCHNEEWEISS 1966, S. 81f.). Ein Beispiel für diesen Typ von Nutzenfunktion ist in Abb. 4.6 dargestellt.

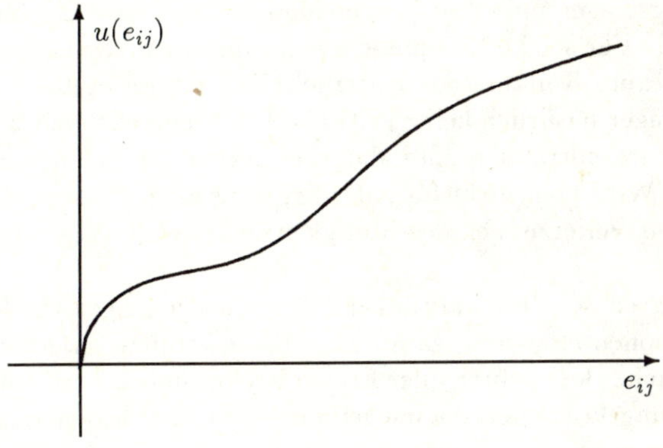

Abb. 4.6: Nutzenfunktion vom Savage-Friedman-Typ

4.5.5.4 Kritische Würdigung des Bernoulli-Prinzips

Kritische Anmerkungen am Bernoulli-Prinzip knüpfen einerseits am theoretischen Konzept und andererseits an der praktischen Anwendbarkeit an. In theoretischer Hinsicht entzündete sich eine erste Kritikwelle in den Jahren 1975 bis 1978, angeregt durch die Arbeiten von Koch und von Leber bzw. Jacob/Leber (vgl. JACOB/LEBER 1976, KOCH 1977). Eine Renaissance erlebte diese Diskussion in den 80er Jahren und ist bis heute noch nicht abgeschlossen. Im Kern ging es dabei um die Streitfrage, ob das Bernoulli-Prinzip durch die Nutzenfunktion im Grunde lediglich Höhenpräferenzen berücksichtigt (vgl. SCHILDBACH/EWERT 1983, S. 583ff.) oder ob die Nutzenfunktion sowohl Höhen- als auch Sicherheitspräferenzen zu repräsentieren vermag (vgl. BITZ

1984, S. 1077ff., SCHOTT 1990, S. 587). Ein Ende dieser Diskussion ist allerdings auch zukünftig nicht zu erwarten, da es einerseits vor allem von der Person des Entscheidungsträgers abhängt, ob durch die Bernoulli-Nutzenfunktion dessen Sicherheitspräferenz in adäquater Weise reflektiert wird oder nicht und andererseits in der Literatur keine einheitliche Begriffslegung zur „Sicherheitspräferenz“ besteht (vgl. VETSCHERA 1984, S. 401). Hinsichtlich der praktischen Relevanz weist das Bernoulli-Prinzip vor allem Mängel auf, die die Generierbarkeit der Nutzenfunktion betreffen:

- Reale Entscheidungsprobleme sind meist durch eine Fülle von Handlungsalternativen gekennzeichnet, die praktisch kaum in eine ordinale Rangfolge gebracht werden können. Hieraus ergeben sich Verstöße gegen das Ordinalprinzip (vgl. ADAM 1993, S. 220).

- Fraglich ist auch, inwiefern kritische Wahrscheinlichkeiten in der Realität tatsächlich ermittelt werden können. Gründe hierfür können zum einen in der Überforderung des Entscheidungsträgers liegen oder aber auch darin, daß eine Extremsituation vorliegt. Derartige Ausnahmesituationen zeichnen sich dadurch aus, daß unter den Handlungsalternativen Ergebnisse vorzufinden sind, die der Entscheidungsträger unbedingt vermeiden möchte, weil sie für ihn existenzbedrohend sind. Für solche Ereignisse – etwa für einen horrenden Geldverlust, der zwangsläufig zum Konkurs des Unternehmens führen müßte – vermag der Entscheidungsträger natürlich keine kritische Wahrscheinlichkeit zu bestimmen, mit der der Konkurs eintreten müßte, damit er gegenüber einem anderen Ergebnis indifferent ist. Wird aber nicht für jedes Ergebnis eine kritische Wahrscheinlichkeit ermittelt, sind Verletzungen des Stetigkeitsaxioms die Folge (vgl. KOCH 1960).

- Aufgrund begrenzter Rationalität kann davon ausgegangen werden, daß Bernoulli-Nutzenfunktionen empirisch kaum zuverlässig ermittelt werden können. Selbst wenn eine solche Beurteilung aller Ergebnisse bezüglich Festlegung der Rangfolge und Ermittlung kritischer Wahrscheinlichkeiten durch den Entscheidungsträger geleistet werden könnte, drängt sich die Vermutung auf, daß die Mehrzahl der Probanden nicht bereit wäre, sich einer derart aufwendigen Befragung zu unterziehen (vgl. BAMBERG/COENENBERG 1992, S. 220).

- Letztlich kann vermutet werden, daß sich Nutzenfunktionen zeit- oder situationsabhängig ändern (vgl. ADAM 1993, S. 220, LAUX 1982B, S. 4). Wäre das der Fall, könnte aber das Unabhängigkeitsprinzip keine Gültigkeit beanspruchen.

4.6 Entscheidungen in Spielsituationen

Die in den vorstehenden Abschnitten thematisierten Entscheidungsprobleme sind dadurch gekennzeichnet, daß die Ergebnisse der Aktionen des Entscheidungsträgers nicht nur von den eigenen Handlungen, sondern auch von Umweltzuständen abhängen, die nicht genau vorhersehbar sind. Demgegenüber sind sogenannte Spielsituationen dadurch gekennzeichnet, daß das Handlungsergebnis nicht nur von der Aktion des Entscheidungsträgers, sondern auch von der eines bewußt handelnden Gegenspielers abhängt. Spiele sind demnach nicht (nur) durch Zufallsereignisse bestimmt, sondern hängen (auch) von den rationalen Entscheidungen der Entscheidungsträger ab, die als Spieler bezeichnet werden. Die Spieltheorie behandelt sogenannte strategische Spiele. Diese können unterteilt werden in reine strategische Spiele und gemischte strategische Spiele. Im ersten Fall hängen die Zielerreichungsgrade der Aktionen ausschließlich vom Verhalten der Gegenspieler ab (Schachspiel). Gemischt strategische Spiele zeichnen sich dadurch aus, daß die Ergebnisse zusätzlich noch vom Zufall abhängen (Mensch-ärgere-Dich-nicht-Spiele) (vgl. SIEBEN/SCHILDBACH 1990, S. 85f.).

Spielsituationen treten aber nicht nur bei Gesellschaftsspielen auf, wie die umgangssprachliche Bedeutung dieses Begriffs vermuten läßt. Spieler im Sinne der Spieltheorie finden sich vielmehr in den meisten konfliktbeladenen Bereichen, wie etwa in der Wirtschaft (z.B. Wettbewerbssituationen, Abnehmer-Zulieferer-Konflikte, Konflikte zwischen Tarifpartnern) oder in der Politik (z.B. Parteienwettstreit, Koalitionsverhandlungen). Hervorstechendes Merkmal der Spielsituation ist jedoch stets, daß die Ergebnisse der Handlungen eines Entscheidungsträgers auch von dem Verhalten seiner Mitspieler abhängen, die – im Gegensatz zu den sich zufällig oder nach einer Wahrscheinlichkeitsverteilung ergebenden Umweltzuständen bei unsicheren und risikobehafteten Situationen – bewußt handeln. „Bewußt" bedeutet in diesem Zusammenhang, daß striktes Handeln nach dem Rationalitätspostulat unterstellt wird. Gemäß diesem Prinzip plant der Spieler nicht nur den gegenwärtig aktuellen Zug, sondern er versucht auch, die Reaktion der Gegenspieler zu antizipieren und plant darauf aufbauend bereits den dann folgenden Gegenzug, um so einen vollständigen Spielplan bis zum Spielende zu entwerfen.

Eine derartige Menge von Spielzügen, die der Entscheidungsträger plant, stellt einen vollständigen Verhaltensplan dar und wird als Strategie bezeichnet. Derartige Strategien lassen sich auch in der privaten Praxis beobachten: So versucht beim Skatspiel jeder Spieler nicht nur seine erste Karte, sondern das ganze Spiel mehr oder weniger von vornherein zu planen und entscheidet erst dann, bis zu welcher Zahl er „reizen" kann.

Um die Grundgedanken und die Struktur der Spieltheorie zu verdeutlichen, genügt die Betrachtung einfacher Spiele mit 2 Spielern.

4.6.1 Spielsituationen – Definition und Klassifikation

Hinsichtlich ihrer Darstellungsform kann eine Unterscheidung in extensive und normale Spiele vorgenommen werden.

Als Spiele in Normalform werden solche bezeichnet, bei denen jeder Spieler völlig unabhängig voneinander nur einen Zug ausführen kann. Beispielsweise müßten zu Beginn einer Partie im Schachspiel die Spieler eine Strategie auswählen, die den gesamten weiteren Spielverlauf festlegt. In diesem Sinne werden solche Spiele als Spiele in Normalform bezeichnet, die die Dynamik des Spiels nicht mehr beachten, sondern nur einen Zug (vgl. PFOHL/BRAUN 1981, S. 298f.).

Spieler A Strategie	Spieler B Strategie					
	$s_1^{(B)}$	$s_2^{(B)}$	...	$s_j^{(B)}$	...	$s_n^{(B)}$
$s_1^{(A)}$						
$s_2^{(A)}$						
...						
$s_i^{(A)}$				(a_{ij}, b_{ij})		
...						
$s_m^{(A)}$						

Tab. 4.26: Spielmatrix (Auszahlungsmatrix)

Ist die Strategiemenge endlich, so lassen sich diese Spiele in einer Matrix (Spielmatrix) darstellen. In der Regel spricht man in diesem Zusammenhang von einer Auszahlungsmatrix, wobei es aber um Auszahlungen an die Spieler geht. Diese Begriffsverwendung weicht damit von der üblichen betriebswirtschaftlichen Verwendung des Begriffspaares Einzahlungen/Auszahlungen ab. Die Spielmatrix ist statischer Natur, d.h., der Ablaufcharakter des Spieles bleibt unberücksichtigt und die Spieler entscheiden ausschließlich einmal. In der Tabelle 4.26 ist die Grundform einer Spielmatrix dargestellt. Dabei beschreibt das Wertepaar (a_{ij}, b_{ij}) die Auszahlungen an den Spieler A (a) bzw. den Spieler B (b), wenn das Strategiepaar $(s_i^{(A)}, s_j^{(B)})$ realisiert wird.

Formal läßt sich ein Spiel in Normalform folgendermaßen darstellen:

$$\left\{(s_i^{(A)}, s_j^{(B)})\right\} = \begin{cases} s_i^{(A)} \in S^{(A)}, & \text{wobei } S^{(A)} \text{ den vollständigen Strategieraum} \\ & \text{von } A \text{ kennzeichnet mit } i = 1, 2, \ldots, m \\ s_j^{(B)} \in S^{(B)}, & \text{wobei } S^{(B)} \text{ den vollständigen Strategieraum} \\ & \text{von } B \text{ kennzeichnet mit } j = 1, 2, \ldots, n \end{cases} \tag{4.37}$$

Daneben gibt es Spiele in extensiver Form. Diese zeichnen sich dadurch aus, daß sie den Verlauf des Spieles in den einzelnen Runden kennzeichnen und somit die Abfolge der Spielzüge erkennen lassen. Es besteht die Möglichkeit, sie auf Normalform zu reduzieren, da selbst bei einfachen Spielen die Strategiemengen sonst nicht mehr überschaubar sind. Hierzu wird jeder denkbare Ablauf als eine Strategie (Zugfolge) interpretiert. Zur Darstellung der Spiele in extensiver Form kann ein Spielbaum herangezogen werden. Dies ist ein gerichteter Baum mit einer Wurzel (Ausgangspunkt), wobei die von den Knoten (Spieler) ausgehenden Pfeile (Kanten) die möglichen Handlungsalternativen eines Spielers vollständig beschreiben (zum nachfolgenden Beispiel vgl. SALIGER 1981, S. 153f.):

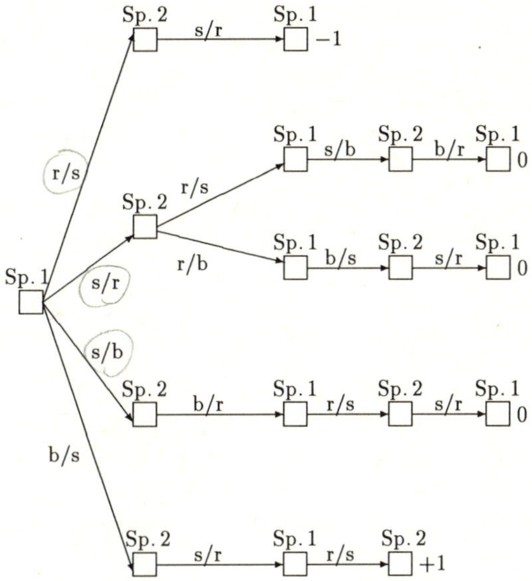

Abb. 4.7: Spielbaum in Anlehnung an SALIGER 1981, S. 153

Zwei Spieler erhalten je zwei Spielsteine, die an den Enden unterschiedliche farbliche Markierungen aufweisen. Spieler 1 hat rot/schwarze und schwarz/blaue Steine, Spieler 2 spielt mit rot/blauen und rot/schwarzen Steinen. Spieler 1 beginnt die Partie und legt nur einen Stein auf den Tisch. Danach hat Spieler 2 am rechten Ende des bereits liegenden Steines einen seiner Steine in passender Farbe anzulegen, an dessen Ende nun Spieler 1 erneut einen Stein anlegen darf, solange der Stein die passende Farbe hat. Am Zuge ist nun wieder Spieler 2 mit seinem zweiten Stein. Unentschieden herrscht, wenn beide Spieler ihre Steine legen konnten, verloren hat der Spieler, der seinen zweiten Stein nicht mehr farblich passend anlegen kann. Dieses Spiel kann vollständig durch den in Abb. 4.7 dargestellten Spielbaum beschrieben werden. Die jeweiligen Endknoten sind mit dem Gewinn (+1), dem Verlust (−1) oder dem Unentschieden (0) des Spielers 1 gekennzeichnet (zur weiteren graphentheoretischen Darstellung vgl. BAMBERG/COENENBERG 1992, S. 135ff.).

Sehr komplex wird die Darstellung bereits bei bekannten Brettspielen wie beispielsweise

Dame oder Schach, denn dort existieren etwa 10^{40} bzw. 10^{120} mögliche Strategien, die mit Baumdiagrammen nicht mehr darstellbar sind (vgl. PFOHL/BRAUN 1981, S. 298).

4.6.2 Grundtypen strategischer Spiele

Die einzelnen Spielsituationen können unterschiedlichste Merkmale aufweisen. Im folgenden werden verschiedene Klassifizierungsmöglichkeiten aufgezeigt (vgl. SYPERSKI/WINAND 1974, S. 116f.):

1. Unterscheidung hinsichtlich des Informationsgrades: Danach können Spiele mit vollständiger/unvollständiger Information unterschieden werden. Bei vollständiger Information besitzt der Spieler bei seinem Zug vollständige Kenntnis über alle vorherigen Züge und alle Auszahlungsfunktionen. Trifft dies nicht zu, wird von Spielen unter unvollständiger Informationen gesprochen.

2. Unterscheidung hinsichtlich der Zulässigkeit von Kommunikation zwischen den Spielern, denn dadurch werden Struktur und Lösungsraum des Spieles maßgeblich beeinflußt.

3. Differenzierung nach Nullsummenspielen und Nichtnullsummenspielen. Im ersten Fall entsprechen sich Gewinne und Verluste, d.h. addieren sich zum Wert 0 auf. In allen anderen Fällen spricht man von Nichtnullsummenspielen, die zusätzlich in Konstant- und Nichtkonstantsummenspiele („Sowohl-Freund-als-auch-Feind-Verhältnis") unterschieden werden können.

4. Unterscheidung nach der Spieleranzahl: Hier wird unterschieden zwischen Zweipersonen- und Mehrpersonenspielen ($n > 2$). Im Rahmen der folgenden Ausführungen sollen aus Vereinfachungsgründen die Zweipersonenspiele im Vordergrund stehen, zumal der Aussagegehalt der einzelnen Modelle gegenüber n-Personenspielen kaum abnimmt.

5. Differenzierung nach der Kooperationsbereitschaft: Hiermit ist die Frage angesprochen, ob und in welcher Form die Spieler zu einer Zusammenarbeit bereit sind oder ob sie im Rahmen des Wettbwerbs eine individuelle Zielsetzung verfolgen bzw. den Gegner besiegen wollen.

6. Differenzierung nach der Häufigkeit der Spieldurchführung: In der Regel ist zu erwarten, daß bei wiederholter Durchführung des Spiels die Spieler sich stillschweigend auf ein Verhalten der „friedlichen Koexistenz" festlegen und in der letzten Partie die Gegner versuchen auszubeuten, da keine negative Konsequenz mehr zu erwarten ist.

Diese Klassifizierung legt es nahe, zur Analyse unterschiedlicher Spieltypen jeweils spezifische Vorgehensweisen zu entwickeln. Darüber hinaus sind zu einer rationalen spieltheoretischen Analyse weitere Hypothesen beispielsweise über Persönlichkeitsmerkmale (Optimismus, Pessimismus), das Anspruchsniveau der Lösung und über Lerneffekte bei Wiederholungen des Spiels zu treffen. Im folgenden seien exemplarisch einige elementare Varianten spieltheoretischer Modelle dargestellt, die die Grundprinzipien spieltheoretischer Analyse in typischer Weise widerspiegeln. Als Kriterien zur Auswahl optimaler Strategien in Spielsituationen kommen im Prinzip alle weiter oben bereits diskutierten Entscheidungsregeln für Unsicherheits- bzw. Risikosituationen in Betracht.

4.6.3 Zweipersonen-Nullsummenspiele

Zweipersonen-Nullsummenspiele (Oppositionsspiele) können durch die Gleichung $a_{ij} = -b_{ij}$ charakterisiert werden, d.h., der Vorteil des einen Spielers (A) geht in gleichem Maße zu Lasten des anderen (B). Des weiteren hat jeder Spieler nur eine endliche Menge an Strategien. Jeder Spieler verhält sich rational und hat nur einmal die Möglichkeit, seine Strategie festzulegen. Diese Spielform bietet sich dort an, wo der Interessengegensatz zwischen 2 Spielern besonders stark hervortritt und läßt sich einfach durch Matrizen darstellen. In diesem Fall genügt im Prinzip die Angabe eines Auszahlungswertes für Spieler A, der ja gleichzeitig den Verlust für Spieler B charakterisiert. In ausführlicher Schreibweise zeigt die erste Ziffer in dem jeweiligen Feld den Auszahlungswert für Spieler A (+10) und die zweite Ziffer den Auszahlungswert für Spieler B (−10) an. Zweipersonen-Nullsummenspiele lassen sich unterteilen in solche mit Sattelpunkt und solche ohne Sattelpunkt.

Zweipersonen-Nullsummenspiele mit Sattelpunkt

Spiele mit Sattelpunkt zeichnen sich dadurch aus, daß ein Gleichgewichtszustand existiert, so daß es zu einer gemeinsamen Strategie kommt, die auf diesen Gleichgewichtszustand hinausläuft. Keiner der beiden Spieler kann sich durch eine andere Strategie gegen den Willen des anderen Spielers verbessern. Das Beispiel in Tab. 4.27 soll dies verdeutlichen, wobei im Prinzip nur die kursiv gestellten Zahlen betrachtet zu werden brauchen. Sie bezeichnen die Auszahlungen des Spielers A. Der Vollständigkeit halber wird aber auch die zweite Ziffer (Auszahlungen des Spielers B) dargestellt.

Wie aus der Spielmatrix ersichtlich, beträgt die Summe der Auszahlungen beider Spieler für alle Strategiepaare 0 Einheiten. Beispielsweise könnten die Spieler hier die weiter oben bereits diskutierte (pessimistisch ausgerichtete) Maximin-Regel heranziehen. Danach wären für Spieler A zunächst die Zeilenminima und anschließend deren Maximum zu bestimmen. Hiernach würde sich Spieler A für Strategie 2 mit einem erwarteten Verlust von 3 entscheiden. Dieser Wert wird auch als „unterer Spielwert" bezeichnet und gibt an, welche Mindestauszahlung A bei rationaler Spielweise in jedem Fall sicherstellen kann. Dies geschieht vor dem Hintergrund, daß B ihm den höchsten Schaden zufügen will, denn gerade dann würde dieser (B) die höchste Auszahlung erhalten. Spieler B wählt ganz analog ebenfalls Strategie 2 mit dem Wert 3, der auch

Spieler	$s_1^{(B)}$	$s_2^{(B)}$	$\min_j a_{ij}$	
$s_1^{(A)}$	+*10*,−10	−*5*,+5	−5	
$s_2^{(A)}$	+*4*, −4	−*3*,+3	−3	⟵ $\max_i(\min_j a_{ij})$
$\min_i b_{ij}$	−10	+3		
		↑ $\max_j(\min_i b_{ij})$		

Tab. 4.27: Zweipersonen-Nullsummenspiel mit Sattelpunkt

als „oberer Spielwert" bezeichnet wird. Das Strategiepaar $(s_2^{(A)};\ s_2^{(B)})$ stellt somit die optimale Handlungsalternative für beide Spieler dar.

Die Differenz zwischen dem oberen und dem unteren Spielwert wird als Indeterminiertheitsintervall bezeichnet, in dem die Auszahlungen für die einzelnen Spieler schwanken können. Reduziert sich das Indeterminiertheitsintervall auf einen Punkt, weil oberer und unterer Spielwert gleich groß sind, so gilt - wie im Beispiel der Tab. 4.27 - das Spiel als determiniert. Der determinierte Spielwert beträgt hier 3.

Die vorausgegangenen Ausführungen zeigen, daß bei Zweipersonen- Nullsummenspielen mit Sattelpunkt die Anwendung der Maximin-Regel durchaus plausibel ist: Versucht A so zu handeln, daß seine kleinstmögliche Auszahlung möglichst groß wird, so kann B nichts Besseres tun, als seinen größtmöglichen Verlust zu minimieren. Die Auszahlung, die sich im Rahmen dieses Verhaltens einstellt, wird auch als Gleichgewichtsauszahlung, und die Strategienkombination wird als Gleichgewichtspartie bezeichnet (vgl. BAMBERG/COENENBERG 1992, S. 162ff.). Denn keiner der beiden Spieler kann seine Situation verbessern, wenn er von der Maximin-Regel abweicht und der andere Spieler seine Maximin-Strategie anwendet. Nimmt man in der vorstehenden Situation lediglich die Auszahlung eines Spielers (hier: A) in die Spielmatrix auf, d.h. orientiert sich auch der Spieler B an deren Höhe, so hat er sein Auswahlkriterium zu modifizieren. Da die Auszahlungen des Spielers A bei B mit umgekehrtem Vorzeichen zu Buche schlagen, muß er statt des Maximin-Kriteriums das Minimax-Kriterium anwenden. Das Ergebnis bleibt natürlich unverändert (vgl. Tab. 4.28). Im allgemeinen wird bei Nullsummenspielen diese verkürzte Darstellungsweise gewählt.

Zweipersonen-Nullsummenspiele ohne Sattelpunkt

Zweipersonen-Nullsummenspiele ohne Sattelpunkt und damit ohne Gleichgewicht zeichnen sich dadurch aus, daß es kein Strategiepaar gibt, bei dem es nicht für einen der Spieler vorteilhaft wäre, von der Minimax-Regel abzuweichen. Das Beispiel in Tab. 4.29 macht dies deutlich.

Spieler	$s_1^{(B)}$	$s_2^{(B)}$	$\min_j a_{ij}$	
$s_1^{(A)}$	+10	−5	−5	
$s_2^{(A)}$	+4	−3	−3	⟵ $\max_i(\min_j a_{ij})$
$\max_i a_{ij}$	+10	−3		
		↑ $\min_j(\max_i a_{ij})$		

Tab. 4.28: Zweipersonen-Nullsummenspiel mit Sattelpunkt in vereinfachter Schreibweise

Spieler	$s_1^{(B)}$	$s_2^{(B)}$	$\min_j a_{ij}$	
$s_1^{(A)}$	10	1	1	
$s_2^{(A)}$	7	12	7	⟵ $\max_i(\min_j a_{ij})$
$\max_i a_{ij}$	10	12		
	↑ $\min_j(\max_i a_{ij})$			

$p_1^{(A)} = \frac{5}{9+5} = \frac{5}{14}$

Tab. 4.29: Zweipersonen-Nullsummenspiel ohne Sattelpunkt

Bei Anwendung des Maximin- bzw. Minimax-Kriteriums würde A sich für $s_2^{(A)}$, B sich für $s_1^{(B)}$ entscheiden. Geht aber z.B. A davon aus, daß B sich an diese Lösung hält, dann wäre es für ihn vorteilhaft, hiervon abzuweichen und stattdessen $s_1^{(A)}$ mit höherer Auszahlung (10 statt 7) zu wählen. Antizipiert jedoch B dieses Verhalten, so könnte er seinerseits zu $s_2^{(B)}$ übergehen usw.

In einer solchen Situation ist offenbar bei einmaliger Durchführung des Spieles sein Ausgang nicht determiniert. Anders stellt sich aber das Problem dar, wenn das Spiel (häufig) wiederholt wird. Dann können sich beide Spieler durch eine Mischung ihrer reinen Strategien eine bestimmte durchschnittliche (erwartete) Auszahlung sichern. Dies macht man sich wie folgt klar:

Spieler A könnte sich fragen, mit welcher Wahrscheinlichkeit (relativen Häufigkeit) er seine beiden Strategien wählen soll, um im Durchschnitt eine möglichst hohe Auszahlung zu erzielen. Wählt er etwa seine Strategie $s_1^{(A)}$ mit der Wahrscheinlichkeit $p_1^{(A)}$ und $s_2^{(A)}$ folglich mit $1 - p_1^{(A)}$, so ergeben sich seine Auszahlungen in Abhängigkeit der Strategiewahl von B folgendermaßen:

$$\begin{aligned} a_1 &= p_1^{(A)} \cdot a_{11} + (1 - p_1^{(A)}) \cdot a_{21}, \quad \text{falls } B\ s_1^{(B)} \text{ wählt,} \\ a_2 &= p_1^{(A)} \cdot a_{12} + (1 - p_1^{(A)}) \cdot a_{22}, \quad \text{falls } B\ s_2^{(B)} \text{ wählt.} \end{aligned} \tag{4.38}$$

$a_1 = \frac{5}{14} \cdot 10 + \frac{9}{14} \cdot 7 = \frac{50+63}{14} = \frac{113}{14}$

$a_2 = \frac{5}{14} \cdot 1 + \frac{9}{14} \cdot 12 = \frac{5+108}{14} = \frac{113}{14}$ $= 8,\ldots$

Soll die durchschnittliche Auszahlung für A unabhängig von der Strategiewahl des B sein, so müssen a_1 und a_2 übereinstimmen. Die Gleichsetzung der beiden Bestimmungsgleichungen 4.38 erlaubt dann, den entsprechenden Wert von $p_1^{(A)}$ zu ermitteln:

$$p_1^{(A)} = \frac{(a_{22} - a_{21})}{(a_{11} - a_{12}) + (a_{22} - a_{21})} \tag{4.39}$$

Im Beispiel der Tab. 4.29 ergibt sich so

$$p_1^{(A)} = \frac{(12 - 7)}{(10 - 1) + (12 - 7)} = \frac{5}{14}. \tag{4.40}$$

Hält sich A bei der Mischung seiner Strategien an diese relative Häufigkeit, so erzielt er unabhängig von der Strategiewahl des B gemäß Gl. 4.38 im Durchschnitt mindestens $(5/14) \cdot 10 + (9/14) \cdot 7 = (5/14) \cdot 1 + (9/14) \cdot 12 = 113/14$ Einheiten ausbezahlt. Dieser Wert wird als der untere Spielwert bezeichnet. Abb. 4.8 verdeutlicht die Situation noch einmal graphisch.

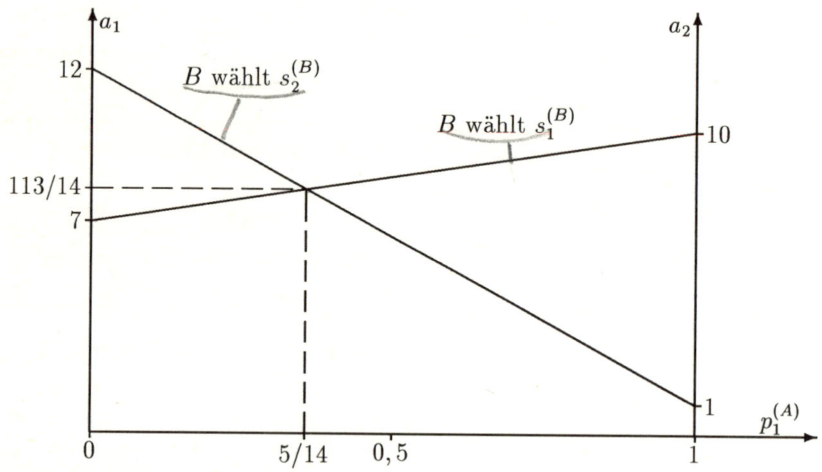

Abb. 4.8: Bestimmung gemischter Strategien

Ein Abweichen des Spielers A von $p_1^{(A)}$ gäbe B die Möglichkeit, die durchschnittliche Auszahlung des A zu reduzieren. Stellt umgekehrt B die gleichen Überlegungen wie A in bezug auf seine eigenen Auszahlungen an, so kommt er zu genau demselben Ergebnis. Der untere Spielwert des A entspricht dem oberen Spielwert, den B sicherstellen kann. Damit ist aber das Spiel insgesamt durch diesen Spielwert charakterisiert. Im Nullsummenspiel ohne Sattelpunkt können also die Spieler bei häufiger Wiederholung durch eine Strategiemischung ebenfalls eine Art von Gleichgewichtslösung erreichen, den sogenannten strategischen Sattelpunkt. Beide Spieler können sich so, unabhängig vom Verhalten des Gegenspielers, eine Mindestauszahlung sichern, bzw. sich gegen einen höheren als einen unvermeidlichen Verlust absichern. Ein bekanntes Beispiel eines Zweipersonen-Nullsummenspieles ohne Sattelpunkt ist das Spiel „Papier-Schere-Stein", das im folgenden kurz skizziert werden soll (vgl. SIEBEN/SCHILDBACH 1990, S. 94f.):

2 Spieler symbolisieren im gleichen Augenblick (nach Abzählen: 1 – 2 – 3) mit einer Hand eine Schere, einen Stein oder ein Blatt Papier. Gleiche Symbole führen zu Unentschieden, andernfalls siegt Papier über Stein, Stein über Schere und Schere über Papier. Die Ergebnismatrix in Tab. 4.30 gibt diese Konstellation wieder (+1 = Sieg für A; −1 = Sieg für B; 0 = Unentschieden).

	$s_1^{(B)}$ Papier	$s_2^{(B)}$ Stein	$s_3^{(B)}$ Schere	Zeilen-minima
$s_1^{(A)}$ Papier	0	1	−1	−1
$s_2^{(A)}$ Stein	−1	0	1	−1
$s_3^{(A)}$ Schere	1	−1	0	−1
Spaltenmaxima	1	1	1	

Tab. 4.30: Papier-Stein-Schere-Spiel

Das Spiel besitzt keinen Sattelpunkt; keine reine Strategie ist der anderen überlegen, wenn diese durchschaut wird. Da es wichtig ist, dem Gegenspieler keine Hinweise auf die eigene Strategie zu liefern, hat die Auswahl der Strategie zufällig zu erfolgen. Der Entscheidungsträger hat diesbezüglich die Wahrscheinlichkeiten zu bestimmen. Aufgrund der Symmetrie des Spieles betragen die Wahrscheinlichkeiten je 1/3 und unabhängig von der Strategie des anderen Spielers kann stets ein Ergebnis von

$$1 \cdot 1/3 + 0 \cdot 1/3 - 1 \cdot 1/3 = 0. \tag{4.41}$$

erwartet werden. Einen negativen Erwartungswert kann kein Spieler dem anderen aufzwingen, egal was der jeweilige Gegenspieler unternimmt. Jede andere Strategie beinhaltet die Gefahr, daß diese durchschaut wird und hieraus Vorteile für den Gegenspieler erwachsen. Zu einer solchen Situation muß es aber nicht kommen, wenn man standhaft an der 1/3-Strategie festhält, was gleichzeitig bedeutet, daß hierdurch ein strategischer Sattelpunkt mit einem Wert des Spieles von Null beschrieben wird.

4.6.4 Zweipersonen-Nichtnullsummenspiele

In einigen Spielsituationen tritt der Interessengegensatz zwischen zwei Parteien, wie er für Nullsummenspiele charakteristisch ist, nicht in gleicher Weise auf. Dies führt in der Spielmatrix dazu, daß die Nullsummenbedingung mindestens für ein Paar aufgehoben wird.

Konstantsummenspiele

Hier nehmen die addierten Auszahlungen an die Spieler einen Wert an, der wohl von Null verschieden, aber stets konstant ist gemäß

$$a + b = c. \tag{4.42}$$

Jeder Spieler kann in dieser Situation auf seine individuelle Auszahlungsmatrix die Maximin-Regel anwenden, d.h., er wird sich in strategischer Hinsicht vermutlich so verhalten, wie im Zweipersonen-Nullsummenspiel. Das Beispiel in Tab. 4.31 verdeutlicht diese Aussage.

Spieler	$s_1^{(B)}$	$s_2^{(B)}$	$\min_j a_{ij}$	
$s_1^{(A)}$	$+6, -10$	$-10, +6$	-10	
$s_2^{(A)}$	$0, -4$	$-6, +2$	-6	$\longleftarrow \max_i(\min_j a_{ij})$
$\min_i b_{ij}$	-10	$+2$		
		$\uparrow \max_j(\min_i b_{ij})$		

Tab. 4.31: Konstantsummenspiel

Wie aus der Spielmatrix ersichtlich, beträgt die Summe der Auszahlungen für alle Strategiepaare 4 Einheiten, d.h., einer der Spieler verliert jeweils 4 Einheiten mehr als der andere gewinnt. Die Lösung anhand der Maximin-Entscheidungsregel liefert den Sattelpunkt $(s_2^{(A)}, s_2^{(B)})$ (vgl. SZYPERSKI/WINAND 1974, S. 125f.). Bei Spielsituationen ohne Sattelpunkt kann analog zum Nullsummenspiel verfahren werden. Die Maximin-Regel kann in dem besonderen Fall der Konstantsummenspiele genau wie im Fall der Zweipersonen-Nullsummenspiele angewandt werden, da die Auszahlungssummen einen konstanten Wert aufweisen. Damit sind diese Spiele als reine Oppositionsspiele entsprechend den Zweipersonen-Nullsummenspielen zu interpretieren. (vgl. SZYPERSKI/WINAND 1974, S. 125f.). Auch für die Konstantsummenspiele reicht es aus, nur die Ergebnishöhe für einen Spieler explizit anzugeben.

Nichtkonstantsummenspiele

Im Fall der Nichtkonstantsummenspiele überschneiden sich die Interessenlagen der Mitspieler, so daß die Maximin-Regel keine gemeinsame Gesamtlösung mehr bietet. Es handelt sich nicht mehr um ein reines Oppositionsspiel. Vielmehr kann durch abgestimmte Verhaltensweisen für beide Spieler eine günstigere Situation herbeigeführt werden. Die Lösung dieses Spieltyps kann sich dementsprechend nicht an den Vorstellungen der individuellen Rationalität orientieren, sondern hat den Ideen der Gruppenrationalität Rechnung zu tragen (vgl. SZYPERSKI/WINAND 1974, S. 125ff.).

Spieler	$s_1^{(B)}$	$s_2^{(B)}$
$s_1^{(A)}$	$-6, -6$	$0, -10$
$s_2^{(A)}$	$-10, 0$	$-1, -1$

Tab. 4.32: Gefangenendilemma

Ein typisches Beispiel hierfür ist das sogenannte Gefangenendilemma. Es geht bei diesem Spiel um eine Vernehmung von 2 Gefangenen. Beide werden getrennt voneinander verhört und müssen jeder für sich abwägen, welche Strategie sie ihrem Handeln zugrundelegen, wobei sie nicht miteinander kommunizieren dürfen. Die Spielmatrix in Tab. 4.32 gibt dabei ihre Erwartungen wieder, wobei die Zahlen mit einem negativen Vorzeichen versehen sind, da Haftstrafen einen negativen Nutzen darstellen:

1. Beide gestehen die Tat, die ihnen zur Last gelegt wird $(s_1^{(A)}; s_1^{(B)})$ und erhalten eine mittlere Haftstrafe („Auszahlung") von jeweils 6 Jahren.

2. Beide leugnen die Tat $(s_2^{(A)}; s_2^{(B)})$ und werden nur zu einer geringfügigen Strafe verurteilt (jeweils 1 Jahr).

3. Nur einer gesteht, der andere leugnet $(s_1^{(A)}; s_2^{(B)})/(s_2^{(A)}; s_1^{(B)})$, d.h. der geständige Gefangene wird als Kronzeuge gegen den anderen (leugnenden) Gefangenen verwendet und wird freigesprochen, der andere wird sehr hart bestraft (10 Jahre Haft).

In dieser Situation hat jeder Gefangene zwei Verhaltensalternativen, von denen eine deutlich besser erscheint als die andere: Die Strategie „Gestehen" ist jeweils mit einer Auszahlung von 0 und -6, „Leugnen" dagegen mit -10 und -1 besetzt. Aufgrund dieser Auszahlungen scheint es für beide besser zu sein, zu gestehen. Wenn aber beide gestehen, ergibt sich ein relativ ungünstiges Ergebnis mit jeweils 6 Jahren Haft. Werden beide die scheinbar ungünstigere Alternative wählen und leugnen, wäre das Ergebnis relativ vorteilhaft, denn es gäbe nur je 1 Jahr Haft für beide. Diese Alternative wird auch als kooperatives Verhalten bezeichnet. Der Verzicht auf das größtmögliche individuelle Ergebnis ermöglicht ein gutes Ergebnis für beide Partner. Dieses kooperative Verhalten setzt aber Vertrauen dahingehend voraus, daß sich der Spielpartner ebenfalls kooperativ verhält. Vorstellbar ist schließlich auch, daß ein Gefangener sich durch ein einseitiges Geständnis einen Vorteil auf Kosten des anderen verschafft, d.h., er wird versuchen, den anderen Gefangenen zu täuschen.

Eine betriebswirtschaftliche Deutung des Gefangenendilemmas stellt das Einprodukt-Preisdyopol dar. Betrachtet man Tab. 4.32 mit positiven Vorzeichen, so bedeutet eine $(s_1^{(A)}; s_1^{(B)})$-Strategie, daß zwei Unternehmen ihre Preise am Markt beibehalten und Auszahlungen von je 6 Geldeinheiten realisieren. Die $(s_2^{(A)}; s_2^{(B)})$-Strategie kennzeichnet eine beiderseitige Preissenkung, die mit einer ungünstigeren Auszahlung verbunden ist. Am günstigsten ist jedoch eine einseitige Preissenkung, wobei keine Absprachen über Verhaltensweisen getroffen werden (vgl. BAMBERG/COENENBERG 1992, S. 172ff.).

Wie aus den vorangegangenen Ausführungen deutlich geworden sein dürfte, besitzen solche Spiele keine spielbedingte Lösung, sondern es hängt von der speziellen Situation, den Persönlichkeitsmerkmalen der Spieler und der gegenseitigen Einschätzung ab, welche Lösung realisiert wird. Das Gefangenendilemma ist eine Situation mit gemischten Motiven und stellt einen klassischen zwischenmenschlichen Konflikt dar.

Aufgaben

Aufgabe 4.1

Erläutern Sie stichwortartig die Elemente des Grundmodells der Entscheidungstheorie. Welche Entscheidungsregeln kommen zur Behandlung von Entscheidungsproblemen bei mehrfacher Zielsetzung in Betracht?

Aufgabe 4.2

Ein Entscheidungsträger sieht sich der durch die folgende Tabelle beschriebenen Entscheidungssituation mit zwei eintrittsmöglichen Umweltzuständen z_1, z_2 und zwei Handlungsalternativen a_1, a_2 gegenüber; e_{ij} sind die jeweiligen Handlungsergebnisse. Es werden möglichst hohe Ergebnisse angestrebt.

e_{ij}	z_1	z_2
a_1	100	9
a_2	36	64

1. Welchen Wert muß der Optimismus-Pessimismus-Parameter λ annehmen, damit der Entscheidungsträger bei der Anwendung der Hurwicz-Regel indifferent gegenüber den beiden Handlungsalternativen ist?

2. Wie ist nach dem Erwartungswert-Prinzip zu entscheiden, wenn zusätzlich die Eintrittswahrscheinlichkeiten $w_1 = 3/7$ und $w_2 = 4/7$ gegeben sind?

3. Erläutern Sie anhand einer Skizze, welche Risikoeinstellung die Risiko-Nutzenfunktion $u(e) = \sqrt{e}$ zum Ausdruck bringt.

4. Welche Handlungsalternative ist bei Anwendung des Bernoulli-Prinzips auf der Basis der Eintrittswahrscheinlichkeiten aus 2. und der Risiko-Nutzenfunktion aus 3. zu wählen?

5. Wie hoch sind die jeweiligen Sicherheitsäquivalente der beiden risikobehafteten Handlungsalternativen?

Aufgabe 4.3

Siegfried Spieler steht vor der Entscheidung, ein Jahreslos der staatlichen Lotterie zu erwerben. Das Los würde ihn 200,- DM kosten und mit der Wahrscheinlichkeit von $p = 0,001$ zu einem Lotteriegewinn von DM 250.000 führen und mit $0,999$ Wahrscheinlichkeit keinen Gewinn zur Folge haben, auf jeden Fall aber zu einem Verlust des Einsatzes führen. Alternativ dazu könnte Spieler DM 200,- bei einer Bank festverzinslich mit 12,5% Sparzins p.a. anlegen. Wie würde sich Spieler rational entscheiden, wenn er ...

1. ... sich allein am Erwartungswert (Vermögensveränderung) der beiden Alternativen orientiert?

2. ... die Alternativen anhand des (μ, σ)-Prinzips über die Regel $\Phi(a_i) = \mu_i + \sigma_i$ bewertet?

3. ... sich am Risikonutzen der Alternativen orientiert und hierbei folgende Risikonutzenfunktion (RNF) für Veränderungen seines Vermögens in Höhe von DM x unterstellt werden kann: $U(x) = \sqrt{x + 200}$?

4. Wie hoch müßte der Gewinn bei unveränderter Gewinnwahrscheinlichkeit, Einsatzhöhe und RNF sein, damit Spieler zwischen den beiden Alternativen indifferent würde?

5. Wie hoch müßte die Gewinnwahrscheinlichkeit sein, damit Spieler bei unverändertem Gewinn, unveränderter Einsatzhöhe und RNF indifferent zwischen den Alternativen würde?

Aufgabe 4.4

Es sei die folgende Entscheidungsmatrix mit 4 Aktionsmöglichkeiten und 2 gleichwahrscheinlichen Umweltzuständen gegeben:

	Zustand 1 $p = 0,5$	Zustand 2 $p = 0,5$
Aktion 1	3	5
Aktion 2	3,5	3,5
Aktion 3	4	8
Aktion 4	5	3

Die Aktionen sollen zunächst aufgrund von Erwartungswert und Standardabweichung der Ergebnisgröße beurteilt werden (μ, σ-Prinzip).

1. Welche der 4 Aktionen sind nach diesem Prinzip effizient? Welchen Einfluß hat die Risikopräferenz hierauf? Wie ist dieses Ergebnis zu beurteilen?

2. Nach welchen anderen Regeln könnte man zumindest eine Vorauswahl unter den Aktionen treffen?

Aufgabe 4.5

Herrn Z stehen 4 Angebote offen, einen Geldbetrag von 1.000,- DM zinsbringend anzulegen. Die Zahlungsreihen der Alternativen sind nachfolgender Matrix zu entnehmen, die die Beträge angibt, welche Herr Z in der der Periode t_i zurückerhält, wenn er in t_0 1.000,- DM anlegt. Hierbei wird angenommen, daß zurückerhaltene Beträge nicht wieder angelegt werden können.

	t_1	t_2	t_3	t_4	t_5	t_6
a_1	1050	0	0	0	0	0
a_2	0	0	650	0	0	650
a_3	0	275	275	275	275	275
a_4	0	0	0	0	0	1500

Welches Angebot sollte Herr Z auswählen, wenn er ...

1. ... indifferent gegenüber dem Zeitpunkt von Zahlungen ist, d.h. eine zeitindifferente Höhenpräferenz hat?

2. ... jede DM, die er in einer Periode t_{i+1} erhält, um 10% geringer bewertet als eine nominell gleiche Zahlung in t_i?

Aufgabe 4.6

Ein Angebotsmonopolist bietet ein Produkt auf einem Markt an, auf dem folgende Nachfragefunktion mit Preis p und Nachfragemenge x beobachtet wurde:

$$x = 40 - p.$$

Die Kostenfunktion des Unternehmens lautet:

$$K = 100 + 10 \cdot x.$$

Das Unternehmen hat über die Preissetzung zu befinden. Aus übergeordneten absatzpolitischen Erwägungen kann der Preis nur im Intervall [15.-; 30.-] DM mit Preissprüngen zu 2,50 DM variieren. Welcher Angebotspreis ist optimal, wenn ...

1. ... das Unternehmen sich gewinnmaximierend verhält?
2. ... das Unternehmen primär auf Umsatzmaximierung achtet?
3. ... das Unternehmen Gewinn und Umsatz im Verhältnis 4:1 bewertet?
4. ... das Unternehmen jede Abweichung vom angestrebten Gewinn (100,-DM) genauso negativ wie jede Abweichung vom angestrebten Umsatz (400,- DM) bewertet?

Aufgabe 4.7

Eine Unternehmung hat für drei zur Debatte stehende Aktionen folgende Ergebnismatrix ermittelt:

	z_1	z_2	z_3
a_1	20	90	30
a_2	50	120	0
a_3	60	30	30

Wie lautet die optimale Aktion, wenn die

1. Wald-Regel,
2. Maximax-Regel,
3. Hurwicz-Regel (für $\lambda = 0,3$),
4. Laplace Regel bzw. die
5. Savage-Niehans-Regel zugrunde gelegt wird?

Unsicherheit

Aufgabe 4.8

Versicherungsberater Alfred Abzocker bietet Rudi Bleifuß für DM 400,- Prämie Versicherungsschutz für einen eventuellen selbstverschuldeten Totalschaden seines Autos der Marke „Manda" in Höhe von DM 90.000 an. Rudi schätzt die Schadenswahrscheinlichkeit auf 5% ein. Mit der Restwahrscheinlichkeit von 95% glaubt er, das Jahr schadensfrei zu überstehen. Bleifuß' Risikonutzeneinstellung gegenüber einer Auszahlung bzw. einer Vermögenseinbuße in Höhe von DM x läßt sich durch die folgende Risikonutzenfunktion formal wiedergeben: $U(x) = 50 - \sqrt{x}/10$.

1. Stellen Sie Bleifuß' Situation in der Terminologie des Grundmodells der Entscheidungstheorie kurz dar (Ergebnismatrix)!

2. Soll Rudi Bleifuß vor dem Hintergrund seiner Risikonutzeneinstellung auf das Versicherungsangebot Alfred Abzockers eingehen?

3. Bei welcher Versicherungsprämie würde Rudi Bleifuß indifferent zwischen der Möglichkeit des Versicherns und des Nichtversicherns sein?

4. Würde sich Rudi Bleifuß anders entscheiden, wenn die Versicherung bei Schadensfreiheit DM 300,- an Bleifuß zurückerstattet, im Schadensfall jedoch zusätzlich eine Selbstbeteiligung für Rudi Bleifuß in Höhe von DM 500,- eintritt?

Aufgabe 4.9

Die Kaufhauskonzerne A und B beabsichtigen, in einer Stadt jeweils ein neues Warenhaus zu eröffnen. Von der Standortwahl beider wird die spätere Verteilung der Marktanteile bestimmt sein. Die nachfolgenden Matrizen geben jeweils in der linken Randspalte die verfügbaren Standorte für das neue Kaufhaus von A und in der Kopfzeile die verfügbaren Standorte des neuen Kaufhauses von B an. Hierbei handelt es sich um verschiedene Grundstücke, d.h., die Standortwahl von A beeinflußt nicht die Wahlmöglichkeiten von B und umgekehrt. Die Felder der Matrizen geben die erwartete Veränderung des Marktanteils von A gegenüber B an, wenn A am Standort a_i und B am Standort b_j baut. A und B treffen ihre Standortentscheidung gleichzeitig, ohne die des Wettbewerbers zu kennen. Welchen Standort sollte A bei der Veränderung der Marktanteile gemäß Matrix a) bzw. b) wählen?

Matrix a)

a_i	b_1	b_2	b_3
a_1	5	-3	-5
a_2	7	-1	-1
a_3	2	4	0

Matrix b)

a_i	b_1	b_2	b_3
a_1	5	-3	-5
a_2	7	-1	$+2$
a_3	2	4	0

Aufgabe 4.10

Der Spieltheoretiker Siegfried Schummler testet eine seiner Theorien als U-Bahnfahrer. Jeden Morgen entscheidet er, ob er die alternativen U-Bahnlinien 7 (Fahrpreis DM 10,00) oder 13 (Fahrpreis DM 8,00) mit oder ohne Fahrschein nutzt. Friedbert Fänger, Mitarbeiter der städtischen Verkehrsbetriebe, hat sich persönlich zum Ziel gesetzt, Schummler als Schwarzfahrer zu ertappen und wählt hierzu in Unkenntnis der Route Schummlers jeden Morgen entweder die U-Bahnlinie 7 oder die 13. Sofern Schummler von Fänger des Schwarzfahrens überführt wird, hat er nicht nur den normalen Fahrpreis nachzuentrichten, sondern zusätzlich auch eine Fangprämie in Höhe von DM 8,- an Fänger zu zahlen. Die Nutzenziffern der beiden Beteiligten entsprechen den Zahlungen, die die nachfolgende Matrix wiedergibt. Von zusätzlichen strafrechtlichen Konsequenzen für Schummler sei hier abgesehen.

	Schummler nutzt Linie 7		Linie 13	
	mit Fahrschein	ohne Fahrsch.	mit Fahrschein	ohne Fahrsch.
Fänger wählt Linie 7	(0 ; −10)	(8 ; −18)	(0 ; −8)	(0 ; 0)
Fänger wählt Linie 13	(0 ; −10)	(0 ; 0)	(0 ; −8)	(8 ; −16)

1. Charakterisieren Sie diese Situation spieltheoretisch!

2. Lassen sich Strategien erkennen, die Schummler und Fänger auf keinen Fall wählen sollten?

3. Lohnt es sich für Schummler, regelmäßig ohne Fahrschein zu fahren?

Aufgabe 4.11

Zwei Unterhaltungselektronikanbieter S und P entwickeln für ein zukünftiges Marktsegment jeweils ein Produkt (s und p). Diese Innovationen haben nahezu das gleiche technische Leistungsvermögen, sie sind jedoch zueinander inkompatibel. Die Erschließung des Marktes hängt jedoch entscheidend davon ab, ob jedes Unternehmen seine eigene Entwicklung weiterverfolgt und als Marktstandard durchzusetzen versucht oder sich der Entwicklung des anderen Anbieters anschließt. Das Unternehmen, das seine Entwicklung durchsetzt, erfährt einen Entwicklungszeitvorsprung, der sich in einem dauerhaft höheren Gewinn niederschlägt. Die sich aus der Strategiekombination ergebenden Gewinne für S und P (g_s, g_p) gibt die folgende Matrix wieder. Welche Handlungsstrategie sollten S bzw. P verfolgen?

Unternehmen P / Unternehmen S	Anpassung an s	Weiterentwicklung p
Weiterentwicklung s	(10,5)	(3,3)
Anpassung an p	(3,3)	(5,10)

Literaturhinweise

Adam, D.: Planung und Entscheidung, 3. Aufl., Wiesbaden, 1993.

Bamberg, G., A. Coenenberg: Betriebswirtschaftliche Entscheidungstheorie, 7. Aufl., München, 1992.

Bitz, M.: Die Strukturierung ökonomischer Entscheidungsmodelle, Wiesbaden, 1977.

Bitz, M.: Zur Diskussion um die präferenztheoretischen Implikationen des Bernoulli-Prinzips, in: Zeitschrift für Betriebswirtschaft, 54. Jg. (1984), S. 1077-1089.

Jacob, H., W. Leber: Bernoulli-Prinzip und rationale Entscheidung bei Unsicherheit, in: Zeitschrift für Betriebswirtschaft, 46. Jg. (1976), S. 177-204, S. 831-833.

Kern, W.: Ziele und Zielsysteme in Betriebswirtschaften, in: Wirtschaftswissenschaftliches Studium, 1. Jg. (1972), S. 310-315 und 360-365.

Koch, H.: Zur Diskussion in der Ungewißheitstheorie, in: Zeitschrift für handelswissenschaftliche Forschung, NF, 12. Jg. (1960), S. 49-75.

Koch, H.: Die Problematik der Bernoulli-Nutzentheorie, Zeitschrift für betriebswirtschaftliche Forschung, 29. Jg. (1977), S. 415-426.

Krelle, W.: Präferenz- und Entscheidungstheorie, Tübingen, 1968.

Laux, H.: Entscheidungstheorie, Berlin, 1982a.

Laux, H.: Entscheidungstheorie II, Berlin, 1982b.

Leber, W.: Zur Rationalität von Entscheidungskriterien bei Unsicherheit, in: Zeitschrift für Betriebswirtschaft, 45. Jg. (1975), S. 493-496.

Pfohl, H., G. Braun: Entscheidungstheorie – Normative und deskriptive Grundlagen, Landsberg, 1981.

Saliger, E.: Betriebswirtschaftliche Entscheidungstheorie, München, 1981.

Schildbach, T.: Entscheidung, in: J. Baetge u.a. (Hrsg.): Vahlens Kompendium der Betriebswirtschaftslehre, Bd. 2, München, 1984, S. 53-94.

Schildbach, T., R. Ewert: Einige Bemerkungen zur Kritik der Kritik am Bernoulli- Prinzip. Stellungnahme zum Beitrag von Peter Albrecht, in: Zeitschrift für Betriebswirtschaft, 53. Jg. (1983), S. 583-590.

Schneeweiß, H.: Entscheidungskriterien bei Risiko, Berlin-Heidelberg-New York, 1966.

Schneider, D.: Investition und Finanzierung, Köln-Opladen, 1970 (5. Aufl. 1980).

Schott, W.: Ein Beitrag zur Diskussion um das Verhältnis von Risikopräferenzfunktionen und Höhenpräferenzfunktionen, in: Zeitschrift für Betriebswirtschaft, 60. Jg. (1990), S. 587-593.

Sieben, G., T. Schildbach: Betriebswirtschaftliche Entscheidungstheorie, 3. Aufl., Düsseldorf, 1990.

Szyperski, N., U. Winand: Entscheidungstheorie, Stuttgart, 1974.

Vetschera, R.: Welche „Risikopräferenzen" berücksichtigt das Bernoulli-Prinzip?, in: Zeitschrift für Betriebswirtschaft, 54. Jg. (1984), S. 401-407.

Kapitel 5

Rationale Methodenwahl: Problemstruktur und Planungsmethodik

Wie in Kapitel 3 dargelegt wurde, schließt sich im Prozeß quantitativer Planung an die Phasen der Problemidentifikation und -strukturierung die Phase der formalen Modellierung des subjektiv wahrgenommenen realen Problems an. Das zunächst als verbales Modell formulierte Problem wird dabei in ein formales Modell transformiert. Auf das mit den Parametern des raum-zeitlichen Problems konkretisierte Modell (*K-Modell*) wird dann eine Methode der Modellanalyse mit dem Ziel angewandt, Ergebnisse zu generieren, welche vor dem Hintergrund des zugrundeliegenden realen Problems so zu interpretieren sind, daß daraus unternehmerische Gestaltungsempfehlungen abgeleitet werden können. Betrifft das (formale) Modell ein zumindest wohldefiniertes Problem, so zielt die Modellanalyse in aller Regel unmittelbar auf die Ermittlung der optimalen oder zumindest einer annähernd optimalen Lösung des Entscheidungsproblems. Dann spricht man von der Anwendung einer Lösungsmethode.

Beim Vollzug des – in Abb. 5.1 noch einmal graphisch skizzierten – idealtypischen Prozesses modellgestützter Planung bestimmen die in den vorhergehenden Kapiteln erörterten Strukturdefekte die Möglichkeiten der formalen Modellierung und Anwendbarkeit modellanalytischer Methoden. Die unterschiedlichen Vorgehensweisen und daraus erwachsenden komparativen Vor- und Nachteile verschiedener modellanalytischer Methoden (-klassen) sollen in diesem Kapitel zumindest im Überblick erörtert werden. Konkrete Methoden der Modellanalyse werden in den anschließenden Abschnitten diskutiert.

5.1 Methoden

Eine Methode kann allgemein als die Beschreibung einer Folge von Schritten zur Überführung eines gegebenen Anfangszustands in einen gewünschten Endzustand verstanden werden. Eine – nach noch näher zu diskutierenden Kriterien – systematisierte Gesamtheit von Methoden zur Analyse einer umfassenden Klasse von Problemen mit einem gemeinsamen Vorgehensprinzip wird als Methodik verstanden (vgl. auch Ulrich 1976, S. 252). Die Entwicklung von Methoden zur Analyse betriebswirtschaftlicher

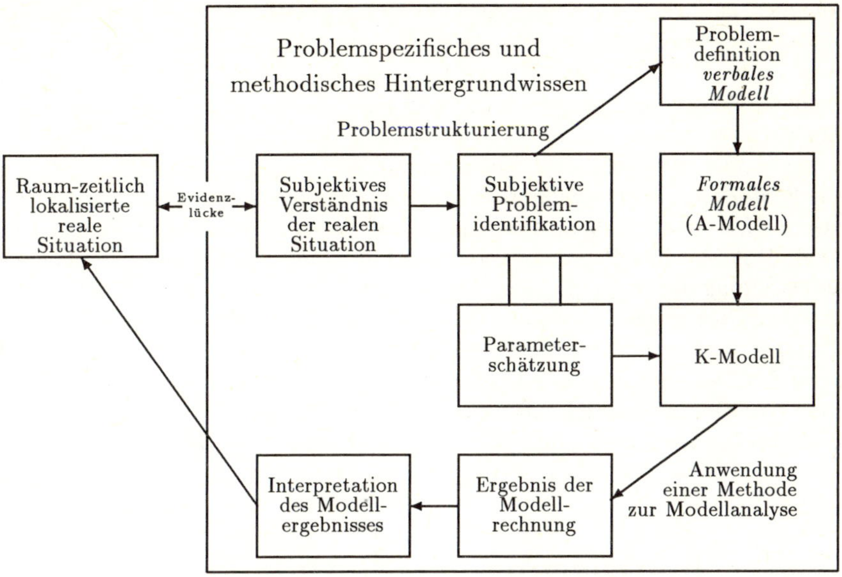

Abb. 5.1: Prozeß quantitativer Planung

Problemstellungen in quantitativen Modellen ist der Gegenstandsbereich des Operations Research (OR). Modelle und Methoden des OR wurden zunächst für militärische Anwendungen im 2. Weltkrieg entwickelt. Danach verlagerten sich die Entwicklung und Anwendung von Methoden des OR zunehmend auch auf den Bereich wirtschaftlicher Sachverhalte. Die interdisziplinäre Forschungsrichtung OR konzentriert sich vor allem auf die mathematische Modellierung und Entwicklung von Methoden zur Modellanalyse, d.h. zur modellgestützten Entscheidungsvorbereitung (vgl. MÜLLER-MERBACH 1989, Sp. 1291f.). Die vom OR entwickelten Methoden werden häufig auch als Algorithmen bezeichnet. Ein Algorithmus kann allgemein als eine Methode aufgefaßt werden (vgl. BACHEM 1980, S. 814),

1. die in einem Text endlicher Länge beschrieben werden kann (Endlichkeit),

2. deren einzelne Schritte eindeutig und deterministisch definiert sind (Eindeutigkeit),

3. deren einzelne Schritte in endlicher Zeit durchführbar sind (Effektivität),

4. wobei jeder Schritt nur solche Informationen benötigt, die in vorhergehenden Schritten schon definiert wurden (Abgeschlossenheit) und

5. die nach endlich vielen Schritten eine Lösung liefert oder aber anzeigt, daß keine Lösung existiert (Stoppkriterium).

Die eindeutige und vollständige Beschreibung aller elementaren Grundoperationen eines Algorithmus ermöglicht die Programmierung der durchzuführenden Transformationen, die damit prinzipiell von einer unintelligenten Maschine ausgeführt werden können. Weiter folgt aus der Charakterisierung, daß die wiederholte Anwendung eines Algorithmus auf eine gegebene Parameterkonstellation zwangsläufig zu gleichen Ergebnissen führt. Aus der Programmierbarkeit einer Methode kann jedoch ohne nähere Charakterisierung der Methode keine Aussage über die mit ihr zu erzielende Ergebnisqualität abgeleitet werden, worunter vorbehaltlich späterer Präzisierung das Ausmaß der Übereinstimmung zwischen dem aus der Durchführung der Transformationsschritte resultierenden und dem denkmöglich besterreichbaren Ergebnis der Modellanalyse zu verstehen ist. Der Auffassung, daß nur optimierende, den globalen Extremwert liefernde Methoden die Bezeichnung Algorithmus verdienen, soll hier nicht gefolgt werden.

5.2 Systematisierung der Methodiken quantitativer Planung

In der Literatur sind vielfältige Versuche unternommen worden, das Spektrum quantitativer Planungsmethoden in betriebswirtschaftlichen Anwendungskontexten zu systematisieren. Hierbei wird nicht immer zwischen Modellen und Methoden zur Analyse der Modelle unterschieden. Die Systematisierung der Methodiken zur Analyse quantitativer Modelle in Tab. 5.1 orientiert sich an dem erforderlichen Strukturiertheitsgrad des formalen Problems, den gemeinsamen Vorgehensprinzipien und der dadurch bedingten Ergebnisqualität.

Dieser Einteilung entsprechend werden in den folgenden Abschnitten des Kapitels die Methodik der Optimalplanung, die Heuristische Programmierung und die Simulationsmethodik diskutiert und voneinander abgegrenzt.

5.3 Optimalplanungsmethodik

5.3.1 Anwendungskontext

Die Optimalplanungsmethodik wird in der Literatur auch als Mathematische Programmierung bezeichnet. Diese Methodik setzt voraus, daß sich das subjektiv wahrgenommene und verbal formulierte Problem in ein wohlstrukturiertes formales Modell überleiten läßt. Dabei muß über Art und Anzahl der relevanten Variablen und der Wirkungszusammenhänge eine numerisch präzisierbare Vorstellung bestehen, so daß sich

	Optimalplanung	Heuristische Programmierung	Simulation
Anforderungen an die formale Problemstruktur	wohlstrukturiert	zumindest wohldefiniert	zumindest scharf definiert
Vorgehensweise im Alternativenraum	explizite/implizite Betrachtung aller Alternativen	unvollständige Betrachtung durch Ausschluß potentieller Alternativen	ausschließlich Betrachtung vorgegebener Alternativen
Analyseergebnis	garantiertes Auffinden lokaler (globaler) Optima	kein garantiertes Auffinden von Optima, aber wahrscheinliches Auffinden guter Alternativen	liefert Beobachtungswerte des Modellverhaltens

Totalenumeration

Tab. 5.1: Methodiken zur Analyse quantitativer Modelle

Elemente des realen Problems als abstrakte Variablen und die Beziehungen zwischen diesen als Relationen im mathematisch-logischen Kalkül niederschlagen. Auch muß eine durch operationale Kriterien präzisierte Zielfunktion existieren, so daß mit Hilfe eines effizienten Algorithmus das im Hinblick auf die Zielfunktion extremale Ergebnis, d.h. das Optimum des Modells, bestimmt werden kann. Diese – ein wohlstrukturiertes Problem charakterisierenden – Eigenschaften werden häufig implizit vorausgesetzt, so daß sich die Vorgehensweise der Optimalplanungsmethodik auf formaler Ebene durch das folgende Grundmodell beschreiben läßt (so auch bei KISTNER 1988, S. 2f.).

5.3.2 Ein Grundmodell der Optimalplanungsmethodik

Es existiert:

- eine Menge M der möglichen *Handlungsalternativen*, wobei die einzelnen Alternativen $x \in M$ sich in aller Regel durch Mehrdimensionalität auszeichnen, und sich daher als Vektoren der Art

$$\vec{x} = (x_1, \ldots, x_m)^T \in M$$

darstellen lassen, wobei T die Transponierte des Spaltenvektors $\vec{x}$ kennzeichnen soll. Hierin kommt zum Ausdruck, daß nicht sämtliche Elemente des betrachteten realen Problembereichs bereits vollständig determiniert sein dürfen, sondern noch gestaltbar sein müssen. Diese durch die Modellanalyse zu determinierenden Elemente eines Vektors $\vec{x}$ sind die Entscheidungsvariablen des Modells. Wie zuvor ausgiebig diskutiert wurde, geht die klassische Entscheidungstheorie von einer explizit angebbaren und überschaubaren, endlichen Anzahl von Alternativen aus. Deshalb stellt die Auswahl einer Handlungsalternative kein besonderes Problem dar, vielmehr geht es um das vorgelagerte Problem der rationalen Bewertung von Handlungsalternativen. Das OR hingegen, insbesondere die Optimalplanungsmethodik, setzt die Möglichkeit der operationalen Bewertung der Handlungsalternativen als gegeben voraus und konzentriert sich gerade auf das Auswahlproblem. Dazu bedarf es u.U. sehr spezifischer Überlegungen, z.B. wenn einige Entscheidungsvariablen reellwertig sind, so daß sich die Menge der Handlungsalternativen lediglich durch die den Alternativenraum begrenzenden Restriktionen angeben läßt. Somit existiert für diese auch

- ein auf der Abbildung $g_i : \mathbb{R}^m \rightarrow \mathbb{R}$ basierendes *System von Gleichungen bzw. Ungleichungen* der Art

$$\begin{aligned} g_i(\vec{x}) &= 0 \quad i = 1, \ldots, n_1 \\ g_i(\vec{x}) &< 0 \quad i = n_1 + 1, \ldots, n_2 \\ g_i(\vec{x}) &> 0 \quad i = n_2 + 1, \ldots, n, \end{aligned} \tag{5.1}$$

das die Menge K der zulässigen Alternativen als Teilmenge $K \subseteq M$ innerhalb der Menge M aller denkmöglichen Alternativen eingrenzt. In quantitativen Modellen ökonomischer Sachverhalte sind häufig auch Nichtnegativitätsbedingungen $x_j \geq 0$ für die Variablen definiert. Die (Un-)Gleichungen heißen Restriktionen oder strukturelle Nebenbedingungen. Sie reflektieren die nicht der Kontrolle bzw. der Gestaltbarkeit unterliegenden Einflüsse und bilden den sogenannten Datenkranz (vgl. ELLINGER 1985, S. 5). Den Nebenbedingungen kommt jedoch keinesfalls nebensächliche Bedeutung zu. Vielmehr ist Sorgfalt bei ihrer Festlegung zu wahren, da eine Methode der Optimalplanung die Zielfunktion nur über dem zulässigen Alternativenraum betrachtet. Werden die Nebenbedingungen unbedacht „zu eng" festgelegt, so kann dies leicht zum Ausschluß besserer Alternativen führen.

Die angesprochene eindimensionale *Zielfunktion* findet ihren Niederschlag in

- einer Abbildung $Z : M \rightarrow \mathbb{R}$, die jede Alternative aus M in eine reelle Zahl abbildet. Die Abbildung Z repräsentiert das mit der Modellanalyse verfolgte Extremierungsziel als Funktion der unabhängigen Modellvariablen (Entscheidungsvariablen), so daß jeder Vektor der Art $\vec{x} = (x_1, \ldots, x_m)^T \in M$ mit einem bestimmten numerischen Wert der Zielfunktion korrespondiert.

Das skizzierte Grundmodell beschreibt den deterministischen und zugleich statischen Fall. Allgemein werden im Rahmen der Optimalplanungsmethodik verschiedene Merkmale einer Modelltypologie betrachtet:

- *Linearität/Nichtlinearität* der Zielfunktion und der Nebenbedingungen,

- *Stetigkeit/Ganzzahligkeit* bzw. *Diskretheit* der Variablen
  In stetigen Modellen, wie z.B. im sogenannten Grundmodell der linearen Optimierung, können alle Entscheidungsvariablen reelle Zahlenwerte annehmen. In diesen Fällen ist die Menge der Alternativen nicht abzählbar. Bei rein diskreten Modellen sind die Entscheidungsvariablen ganzzahlig, im Extremfall handelt es sich um Binärvariablen. Zwischen diesen Extrema existieren gemischt-ganzzahlige Modelle mit sowohl stetigen als auch ganzzahligen (binären) Variablen.

- *Deterministischer, stochastischer und verteilungsfreier Fall*
  Deterministische Modelle zeichnen sich dadurch aus, daß alle relevanten Daten einwertig sind, während in stochastischen Modellen nur Wahrscheinlichkeitsaussagen über die erforderlichen Daten vorliegen. In Entscheidungssituationen, die durch Verteilungsfreiheit gekennzeichnet sind, fehlen die Wahrscheinlichkeitsaussagen gänzlich.

- Einbeziehung der *Zeit* als Variable
  Während in statischen Modellen dem Phänomen Zeitablauf keine den Wert anderer Variablen beeinflussende Wirkung zukommt, hat in dynamischen Modellen die Zeit eine funktionale Bedeutung. Das Modell läßt sich zu einzelnen Zeitpunkten durch Zustandsvektoren der Art $\vec{x}_t = (x_{t1}, \ldots, x_{tm})^T$ beschreiben. Dieser Zustand kann im Zeitintervall $[t, t+1]$ durch Steuer- und Kontrollvariablen des Vektors $\vec{u}_t = (u_{t1}, \ldots, u_{tm})^T$ beeinflußt werden, so daß sich, basierend auf dem vorhergehenden Modellzustand $\vec{x}_t$ und den Steuer- und Kontrollvariablen $\vec{u}_t$, der neue Modellzustand in $t+1$ ergibt: $\vec{x}_{t+1} = g_t(\vec{x}_t, \vec{u}_t) \quad t = 1, \ldots, t_n$.

Das Grundmodell quantitativer Optimalplanung als formales Modell mit Variablen, Restriktionen und einer eindimensionalen Zielfunktion erfaßt in all seinen Varianten – wenn auch sehr abstrakt – alle *wohlstrukturierten* formalen Problemstrukturen. Dies macht deutlich, wie nachhaltig seine Bedeutung für die wirtschaftswissenschaftliche Modellbildung ist.

5.3.3 Algorithmen der Optimalplanungsmethodik

Mit Hilfe von Algorithmen der Optimalplanungsmethodik wird das soeben entwickelte formale Modell auf die Existenz einer Handlungsalternative untersucht,

- die zur Menge der zulässigen Alternativen zählt, d.h. $\vec{x} \in K$ und für die

- die Zielfunktion einen extremalen Wert annimmt, d.h. $Z(\vec{x}) \rightarrow$ max! bzw. min!

Eine derartige Alternative wird als optimale Lösung des betrachteten Problems (Modells) bezeichnet.

5.3.3.1 Optimalitätskriterien als Grundlage effizienter Suche im Alternativenraum

Im Rahmen der Optimalplanungsmethodik geht es darum, Kriterien zu definieren, mit deren Hilfe sich der Aufwand zur Ermittlung von Optimallösungen reduzieren läßt. Diese Kriterien werden zur Konstruktion effizienter Algorithmen der Optimalplanung genutzt. Effizient bedeutet dabei zunächst, daß es zum sicheren Auffinden des globalen Optimums nicht erforderlich ist, die gesamte Alternativenmenge M bzw. K explizit auf ihre Zielfunktionswerte hin zu untersuchen, um festzustellen, welche der Alternativen einen (lokal) extremalen Zielfunktionswert aufweist. So nutzen insbesondere die analytischen Methoden der Optimalplanung bei der Analyse eines Modells mit n unabhängigen Variablen und einer dazugehörigen Zielfunktion die Eigenschaft, daß nur solche Alternativen einen Extremwert annehmen können, die (vgl. BEVERIDGE / SCHECHTER 1970, S. 115f.)

- im Inneren des durch Restriktionen abgegrenzten Alternativenraums einen stationären Punkt bilden, d.h. dort liegen, wo die ersten Ableitungen der Zielfunktion nach den n Entscheidungsvariablen allesamt den Wert Null annehmen, oder

- sich an einer Sprungstelle des nicht-stetigen Zielfunktionsgebirges über dem zulässigen Alternativenraum befinden, oder

- auf einer Grenze des zulässigen Alternativenraums liegen.

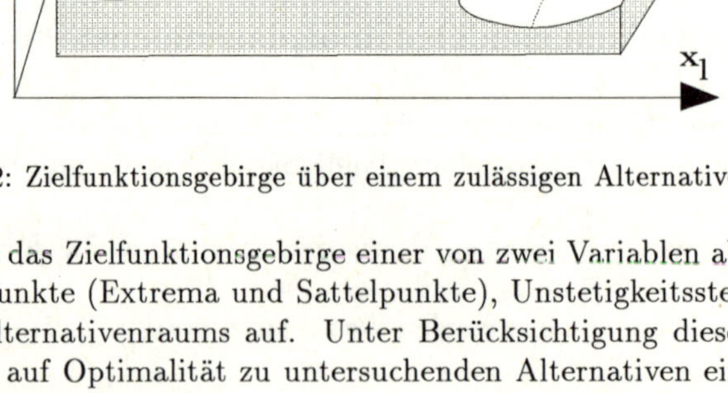

Abb. 5.2: Zielfunktionsgebirge über einem zulässigen Alternativenraum

In Abb. 5.2 weist das Zielfunktionsgebirge einer von zwei Variablen abhängigen Funktion stationäre Punkte (Extrema und Sattelpunkte), Unstetigkeitsstellen und Ränder des zulässigen Alternativenraums auf. Unter Berücksichtigung dieser Kriterien läßt sich die Zahl der auf Optimalität zu untersuchenden Alternativen eingrenzen. Dabei werden gezielt solche Alternativen aus der weiteren Betrachtung ausgeschlossen, die keines der drei Kriterien erfüllen und daher erkennbar suboptimal sind.

Das Auffinden von Extremwerten unter den verbleibenden Alternativen ist in vielen Fällen aus verschiedenen Gründen dennoch keineswegs trivial: Einerseits kann bereits die Ermittlung stationärer Stellen im zulässigen Alternativenraum mit Hilfe analytischer Methoden (Differentialrechnung) Schwierigkeiten bereiten, weil z.B. unzulässigerweise die Differenzierbarkeit der Zielfunktion und die Stetigkeit der Ableitungen vorausgesetzt wird oder weil es nicht gelingt, die stationären Punkte im Gleichungssystem der ersten Ableitungen zu isolieren. Andererseits erfüllen in der Regel eine Vielzahl von Alternativen eine oder mehrere der oben genannten drei Bedingungen, so daß zwar eine deutlich geringere, jedoch immer noch eine Vielzahl von Alternativen weiter auf ihre Extremwerteigenschaft zu untersuchen ist. Zum Auffinden des globalen Extremums wäre zunächst eine Ermittlung der lokalen Extrema und darüber hinaus ein Vergleich der lokalen Extrema erforderlich.

Das sichere Auffinden optimaler Alternativen durch Methoden der Optimalplanung in derartigen Kontexten beruht vielfach auf der Voraussetzung konvexer Modelle, d.h. Modelle, für die sich nachweisen läßt, daß lediglich ein einziger – damit zugleich auch globaler – Extremwert auftreten kann. Das in diesem Zusammenhang bedeutsame Theorem von Kuhn und Tucker gibt die notwendigen und hinreichenden Bedingungen für eine optimale Alternative eines konvexen Programmierungsmodells an. So läßt sich an den folgenden perspektivischen Abbildungen einer Zielfunktion im $\mathbb{R}^3$ leicht das Argument veranschaulichen, daß in konvexen Alternativenräumen und – bei der Minimierung (Maximierung) – einer konvexen (konkaven) Zielfunktion der gefundene stationäre Punkt Punkt zugleich auch das Optimum bildet.

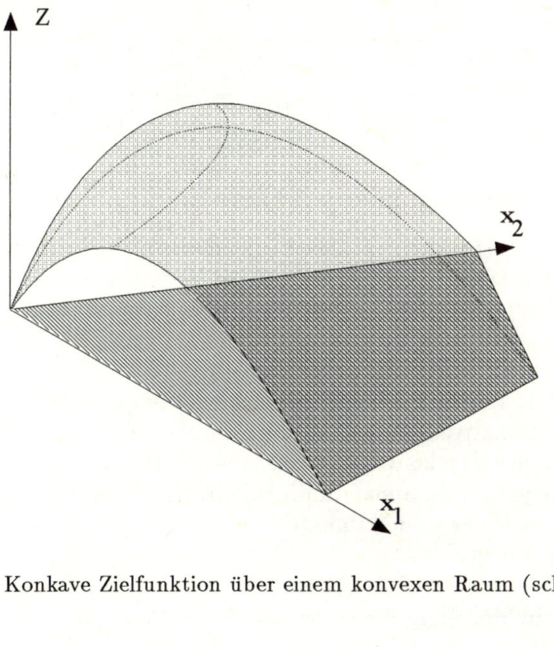

Abb. 5.3: Konkave Zielfunktion über einem konvexen Raum (schraffiert)

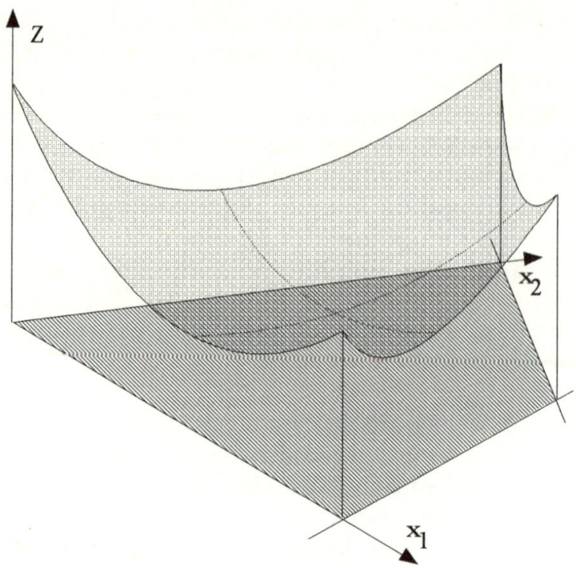

Abb. 5.4: Konvexe Zielfunktion über einem konvexen Raum (schraffiert)

Konvex sind Räume, bei denen für jedes beliebige Punktepaar des Raumes auch sämtliche Punkte auf der Verbindungsstrecke dieser beiden Punkte vollständig in diesem Raum liegen. (vgl. hierzu ELLINGER 1985, S. 190f.)

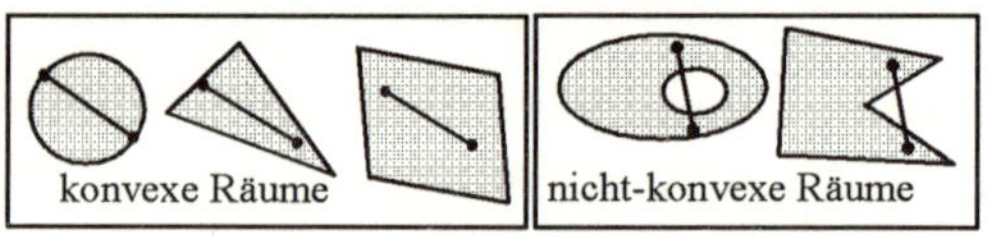

Abb. 5.5: Konvexe und nicht konvexe Räume

Eine Funktion ist konvex (konkav), wenn die Punktemenge oberhalb (unterhalb) des Graphen der Funktion konvex ist bzw. wenn die Punkte der Verbindungsstrecke zweier Punkte des Graphen oberhalb (unterhalb) des Graphen liegen. Eine lineare Funktion ist zugleich konvex und konkav.

Mit anderen Worten spricht man von konvexen Lösungsräumen dann, wenn von jedem Punkt des Alternativenraumes ein direkter Weg mit monotoner Steigung zum Optimum führt. Von einer konvexen (konkaven) Funktion $f(x_1, x_2, \ldots, x_n)$ wird gesprochen, wenn für jedes Punktepaar auf dem Graphen von $f(x_1, x_2, \ldots, x_n)$ gilt, daß die verbindende Gerade der beiden Punkte oberhalb (unterhalb) oder auf dem Graphen von $f(x_1, x_2, \ldots, x_n)$ liegt.

Methoden der Optimalplanung für konvexe Modelle (konvexer Alternativenraum und konvexe/konkave Zielfunktion) erreichen mit Sicherheit das globale Extremum (Mini-

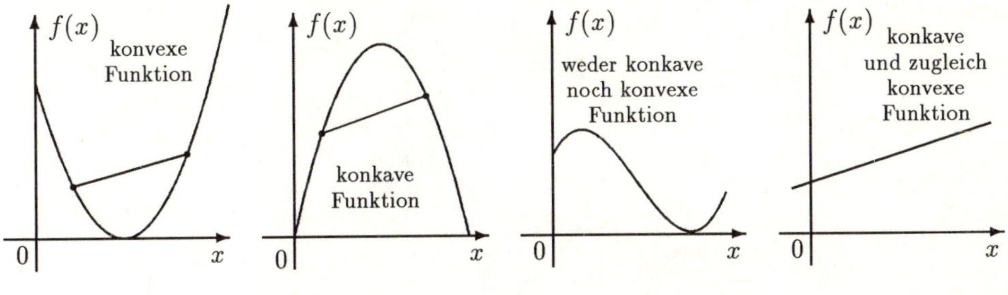

Abb. 5.6: Konvexe, konkave und andere Funktionen

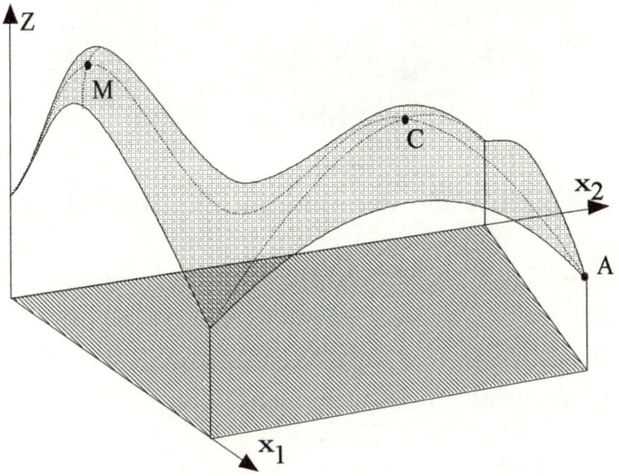

Abb. 5.7: Nichtkonvexe und nichtkonkave Funktion über einem konvexen Alternativenraum (schraffiert)

mum bzw. Maximum) in dem sie, startend mit einer beliebigen zulässigen Alternative, im zulässigen Alternativenraum einen kontinuierlich absteigenden bzw. aufsteigenden Weg auf dem Zielfunktionsgebirge verfolgen. Läßt man einen Luftballon im Lösungsraum steigen, so wird dieser zwangsläufig den höchsten Punkt der Zielfunktionskuppel finden, ohne sich in einem Suboptimum zu verlieren. Dieses zentrale und mit Sicherheit erfolgreiche Suchprinzip kann versagen, wenn

- das Zielfunktionsgebirge über einem konvexen Alternativenraum weder konvex noch konkav ist (Abb. 5.7), oder wenn
- der Alternativenraum nicht konvex ist (Abb. 5.8).

In beiden Fällen, würde – startend bei Punkt A – mit der Suchregel „aufsteigender Weg“ das lokale Optimum bei C angesteuert. Zum Auffinden des globalen Maximums bei M müßten zwischenzeitliche Verschlechterungen der Zielfunktionswerte akzeptiert

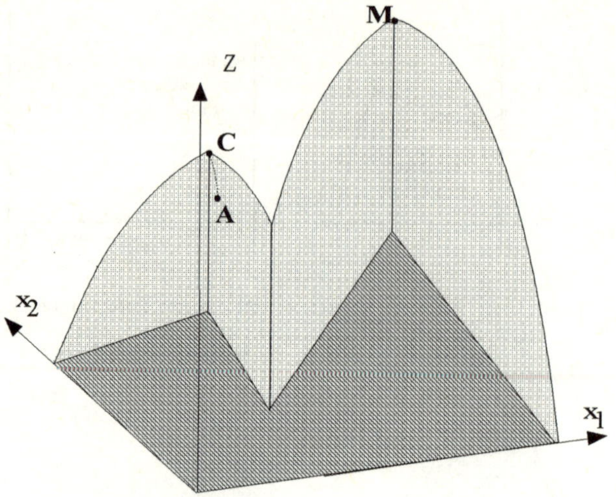

Abb. 5.8: Konkave Funktion über einem nichtkonvexen Alternativenraum (schraffiert)

werden, d.h. vorübergehend ein absteigender Weg auf dem Zielfunktionsgebirge beschritten werden.

5.3.3.2 Näherungsverfahren (Numerische Suche)

Neben den analytischen Methoden der Optimalplanung, die – basierend auf den Optimalitätskriterien sowie i.d.R. unter Voraussetzung der Konvexität des Modells – das durch Zielfunktion und Restriktionen eingegrenzte Optimum mit Sicherheit in einer endlichen Zahl von Schritten erreichen, gibt es Methoden, die selbst bei einer unendlichen Zahl von Transformationsschritten lediglich eine Annäherung an das gesuchte Optimum ermöglichen. Das Optimum ergibt sich nur als Grenzwert eines unendlichen Prozesses. Das Herantasten an das gesuchte Optimum vollzieht sich dabei nach deterministischen oder stochastischen Regeln. Diese Methoden – auch Näherungsverfahren genannt – lassen sich in die Gruppe der *direkten Suchverfahren* und die Gruppe der *Gradientenverfahren* einteilen.

Für die Gruppe der direkten Suchverfahren ist es charakteristisch, daß sie ohne formale Voraussetzung an die Zielfunktion auskommen. Effizienter, dafür aber an die Voraussetzung partieller Differenzierbarkeit gebunden, sind die Gradientenverfahren, da sie günstige Suchrichtungen auf dem Zielfunktionsgebirge angeben. Die Näherungsverfahren werden aufgrund ihres Konvergenzmerkmals der Optimalplanungsmethodik zugerechnet.

5.3.4 Vorteile der Optimierung

Der Anwender sollte sich bei der Modellierung des Planungsproblems und der Auswahl bzw. Entwicklung einer geeigneten quantitativen Planungsmethode der Vorzüge bzw. Nachteile der jeweiligen Methodik bewußt sein. Argumente für die Optimalplanungsmethodik könnten die folgenden sein (vgl. POWERS 1989, S. 106ff.):

- *Methoden der Optimalplanung garantieren das Auffinden der gesuchten und zulässigen Alternative im Lösungsraum.*
  Es besteht – abgesehen von Rechenfehlern – nicht die Gefahr, daß anwenderseitig Alternativen mit besseren Zielfunktionswerten übersehen werden, oder daß die Lösungsqualität von einem zufällig festgelegten Startpunkt der algorithmischen Vorgehensweise beeinflußt wird. Dies gilt jedoch jeweils nur, wenn die spezifischen Voraussetzungen der Methode, z.B. Anforderungen an die Art der Zielfunktion und des Alternativenraums, erfüllt sind. Verbunden mit diesem Merkmal der Optimierungsmethodik ist auch die Möglichkeit, daß der Algorithmus eine Alternative als Optimum ermittelt, die außerhalb des durch Erfahrungswissen oder Konvention vorgeprägten Suchraums des menschlichen Planers liegt und insofern eine innovative Alternative generiert.

- *Methoden der Optimalplanung zeichnen sich durch eine effiziente Suche im Alternativenraum aus.*
  Algorithmen der Optimierungsmethodik suchen den Lösungsraum explizit oder implizit, jedoch vollständig ab. Hierbei erlaubt der Rückgriff auf allgemeingültige Optimalitätskriterien einen systematischen Ausschluß vorab erkennbar suboptimaler Alternativen. Diese Eigenschaft steht im Gegensatz zu den später diskutierten Methoden der Heuristischen Programmierung und Simulation, die, basierend auf plausiblen Suchregeln oder Vermutungen des Anwenders, jeweils nur wenige oder gar nur eine vorgegebene Alternative pro Methodenanwendung auf ihren Zielfunktionswert hin analysieren.

- *Optimalplanung ermöglicht aussagekräftige Trade-Off Analysen.*
  Werden Methoden der Optimalplanung zur Analyse der Lösungsqualität bei Variation der Parameter eingesetzt, so besteht Verlaß darauf, daß die Methode für jeden gegebenen Datenkranz die optimale Lösung liefert, und somit Trade-Offs abzubilden in der Lage ist. Heuristische Programme liefern zwar – wie später gezeigt wird – im Durchschnitt über einer Vielzahl von Anwendungen gute Lösungen, doch können Abweichungen vom Optimum im Einzelfall nur schwer erkannt werden. Bei Verwendung Heuristischer Programme können somit kaum Trade-Offs als scharfe Effizienzlinien, sondern nur in Form von Bandbreiten angegeben werden.

5.3.5 Grenzen

Diese Vorteile der Optimalplanungsmethodik werden gelegentlich übersehen. Im Vordergrund der Diskussion stehen sehr oft Schwächen und Grenzen, die z.T. auf Einschätzungen vor dem Hintergrund des Standes der elektronischen Datenverarbeitung vor ca. 30 Jahren beruhen. Diese heute nur noch zum Teil berechtigten Argumente gegen die Optimierung sind kritisch zu diskutieren (vgl. POWERS 1989, S. 117ff.).

5.3.5.1 Entwicklungsaufwand

These: Die Entwicklung und der Einsatz einer Optimierungsmethode ist sehr aufwendig.

Entgegnung: Richtig ist, daß die „Erfindung" eines Algorithmus der Optimalplanung den durchschnittlichen Anwender überfordern würde. Dies ist aber solange nicht erforderlich, wie sich der untersuchte Problembereich in ein formales Modell überleiten läßt, für das bereits Methoden der Optimalplanung seitens des OR entwickelt wurden und die als Standardsoftware verfügbar sind. In diesen Fällen beschränkt sich die Aufgabe des Anwenders auf die formale Modellierung, die Auswahl einer geeigneten Optimalplanungsmethode bzw. -software, die Eingabe der Parameter der konkreten raumzeitlichen Problemsituation und die Interpretation der Ergebnisse der Modellanalyse. Komfortable Benutzeroberflächen derartiger Standardsoftware erleichtern die Dateneingabe und die Ergebnisaufbereitung. Der Benutzer braucht die internen Abläufe im einzelnen nicht zu kennen.

Probleme: Hiermit ist häufig das sogenannte „black-box"-Phänomen verbunden, welches die Gefahr beschreibt, daß der Anwender nicht mehr in der Lage ist zu begründen, weshalb gerade die vom Automaten ermittelte Lösung die optimale sein soll. In diesem Fall ist ein blindes Vertrauen des Anwenders in die Zuverlässigkeit der Methode und dementsprechend in die Richtigkeit der ermittelten Lösung erforderlich. Die Gefahr mangelnder Akzeptanz aufgrund des „black-box"-Phänomens besteht insbesondere dann, wenn keine Zwischenschritte des Rechenweges ausgewiesen werden, oder wenn diese so zahlreich sind, daß eine Überprüfung faktisch nicht durchführbar ist. Hieran wird deutlich, daß, selbst wenn der eigentliche Rechenvorgang auf einen Rechner verlagert wird, der Anwender in der Lage sein sollte, die prinzipielle Funktionsweise des Verfahrens nachzuvollziehen und Dritten erläutern zu können.

5.3.5.2 Punktuelle Betrachtung des Alternativenraums

These: Optimierungsmethoden liefern jeweils nur die optimale Lösung. Für „What-If?"-Analysen, d.h. Analysen der Reaktion des Modells auf Variationen von Parametern, bietet die Optimalplanung demnach keine direkte Möglichkeit.

Entgegnung: Diese Kritik übersieht aber die Fähigkeit der Optimalplanungsmethodik, nicht nur effizient die optimale Alternative innerhalb des durch den Datenkranz beschriebenen zulässigen Alternativenraums zu ermitteln, sondern dies ebenso für eine Vielzahl von Szenarien mit variierenden Parameterwerten zu leisten. Insofern läßt sich die Optimalplanungsmethodik auch zur Beantwortung von „What-If?"-Fragen heranziehen. Dagegen kann das klassische methodische Instrument für „What-If?"-Analysen, die Simulationsmethodik, selbst mit einer großen Anzahl von experimentell getesteten Alternativen nicht garantieren, daß sich unter diesen auch das Optimum befindet. Die Kritik hat jedoch teilweise ihre Berechtigung, wenn der Anwender einen Überblick über die Gestalt des Zielfunktionsgebirges in der Umgebung der Optimallösung erhalten möchte. Hierzu ist dann ein Alternativenvergleich, d.h. die Berechnung der Zielfunktionswerte in der Umgebung der Optimallösung, erforderlich.

5.3.5.3 Zeitaufwand

These: Optimierungsanalysen sind besonders rechenzeitbedürftig. Hierbei wird gelegentlich – bildlich gesprochen – der Eindruck eines hoffnungslosen Umherirrens des Algorithmus im Alternativenraum, d.h. fehlende Zielstrebigkeit der Methode, erweckt.

Entgegnung: Da die Optimierungsmethodik sich – im Unterschied zu anderen Methodiken – gerade durch ihre Konvergenz auszeichnet, sofern die Voraussetzungen der jeweiligen Methode erfüllt sind, kann diese Kritik sich nicht grundsätzlich auf Optimalplanungsmethoden beziehen. Allerdings kann – und dort trifft die Kritik zu – die Suche von inakzeptabler Dauer sein. Diese Kritik wird gestützt durch die nachfolgend skizzierten Erkenntnisse der Komplexitätstheorie (vgl. hierzu z.B. BACHEM 1980, S. 816ff., GAREY/JOHNSON 1979):

Forschungsgegenstand dieses Teilbereichs der theoretischen Informatik ist die Ermittlung der „Effizienz" von Algorithmen. Obwohl verschiedene Computer-Ressourcen zur Ausführung eines Algorithmus erforderlich sind, beschränkt sich der von der Komplexitätstheorie verwendete Effizienzbegriff auf den Zeitbedarf, den die Ausführung eines Algorithmus erfordert, da dies in vielen praktischen Anwendungsfällen der dominierende Begrenzungsfaktor der Einsetzbarkeit des Algorithmus ist. Hierzu wird der Zeitbedarf in der Regel in Abhängigkeit einer Variable, der „Dimension" des Problems, angegeben. So wird beispielsweise für das bekannte und in Abschnitt 13.2.2 beschriebene Rundreiseproblem (Traveling Salesman-Problem (TSP)) die Anzahl der auf einer Rundreise zu verbindenden Orte als Maß der Problemdimension herangezogen. Die „Dimension" des Problems sollte dabei in engem Zusammenhang zu allen den Rechenzeitbedarf bestimmenden Inputs stehen, d.h. der Länge des Dateninputs. So zählen beim TSP neben der Anzahl der Orte natürlich auch die Distanzen zwischen den Orten zum Dateninput.

Die Zeitkomplexitätsfunktion für einen Algorithmus gibt den maximalen Zeitbedarf für die Ausführung auf einem Rechner in Abhängigkeit der Problemdimension an. Eine grundlegende Unterscheidung der Zeitkomplexitätsfunktionen von Algorithmen stellt die Einteilung in Algorithmen mit polynomialem und mit exponentiellem Zeitaufwand dar. Eine Funktion

$f(n)$ werde von der Ordnung $\mathcal{O}(g(n))$ genannt, sofern eine Konstante c existiert, so daß gilt $\mid f(n) \mid \leq c \cdot \mid g(n) \mid$ für alle Werte von $n \geq 0$. Ein Algorithmus mit polynomialer Zeitkomplexität zeichnet sich dadurch aus, daß seine Zeitkomplexität in Abhängigkeit von der Problemdimension n mit einer polynomialen Funktion p angegeben werden kann. Algorithmen, deren Zeitkomplexitätsfunktionen sich nicht derartig angeben lassen, werden als Algorithmen mit exponentiellem Zeitbedarf bezeichnet.

Die Auswirkung polynomial $(n, n^3, n^5, \ldots)$ und exponentiell $(2^n, 3^n, \ldots)$ mit der Problemdimension wachsenden Rechenzeitbedarfs von Algorithmen bei einer unterstellten Rechengeschwindigkeit von 10^{-6} sec pro elementarem Rechenschritt vermittelt Tab. 5.2 (vgl. hierzu DOMSCHKE 1981, S. 33).

Zeit-komplexität	Dimension des formalen Problems		
	$n = 10$	$n = 30$	$n = 50$
n	10^{-5} sec	$3 \cdot 10^{-5}$ sec	$5 \cdot 10^{-5}$ sec
n^3	10^{-3} sec	$27 \cdot 10^{-3}$ sec	$0,125$ sec
n^5	$0,1$ sec	$24,3$ sec	$5,2$ min
2^n	10^{-3} sec	$17,9$ min	$35,7$ Jahre
3^n	$0,059$ sec	$6,5$ Jahre	$2 \cdot 10^{10}$ Jahre

Tab. 5.2: Rechenzeitbedarf in Abhängigkeit von Problemdimension und Zeitkomplexitätsfunktion der Algorithmen

Zeit-komplexitäts-funktion	Rechengeschwindigkeit t_R		
	gegenwärtige t_{Rg}	t_{Rg} erhöht um um den Faktor 100	t_{Rg} erhöht um den Faktor 1.000
n	N_1	$100 \cdot N_1$	$1.000 \cdot N_1$
n^2	N_2	$10 \cdot N_2$	$31,6 \cdot N_2$
n^3	N_3	$4,64 \cdot N_3$	$10 \cdot N_3$
n^4	N_4	$2,5 \cdot N_4$	$3,98 \cdot N_4$
2^n	N_5	$N_5 + 6,64$	$N_5 + 9,97$
3^n	N_6	$N_6 + 4,19$	$N_6 + 6,29$

Tab. 5.3: Effekt erhöhter Rechengeschwindigkeit auf die innerhalb einer fixen Dauer lösbaren Problemdimensionen durch Algorithmen mit polynomialer bzw. exponentieller Zeitkomplexitätsfunktion.

Genau betrachtet, müßte zur Bestimmung des Rechenzeitbedarfs angegeben werden, wie der Dateninput codiert ist und welcher Rechner verwendet wird. Es läßt sich jedoch nachweisen, daß von diesen Faktoren ein relativ schwacher Einfluß auf die Frage der Lösbarkeit von Problemen ausgeht, für die nur Algorithmen mit exponentieller Zeitkomplexitätsfunktion bekannt sind (GAREY / JOHNSON 1979, S. 6, BACHEM 1980, S. 821). Einen Eindruck der

Auswirkung steigender Rechenleistungen auf die innerhalb eines bestimmten Zeitrahmens (z.B. 1 Std.) lösbaren Problemdimensionen vermittelt Tabelle 5.3.

Häufig werden Algorithmen mit polynomialer Zeitkomplexitätsfunktion als *effizient*, solche mit exponentieller Zeitkomplexitätsfunktion hingegen als *ineffizient* betrachtet. Doch darf dabei nicht übersehen werden, daß zum einen Algorithmen mit exponentiellem Zeitbedarf bei geringer Problemdimension einen niedrigeren Rechenzeitbedarf aufweisen können als Algorithmen mit polynomial wachsendem Rechenzeitbedarf. So weist der Algorithmus mit der Zeitkomplexitätsfunktion 3^n für die Problemdimension 10 in Tab. 5.2 einen geringeren Zeitbedarf (0,059 sec) aus als der Algorithmus mit einer polynomialen Zeitkomplexität n^5 (0,1 sec). Zum anderen erweisen sich einige Algorithmen mit exponentieller Zeitkomplexitätsfunktion in der Praxis als durchaus sehr nützlich und verbreitet. Denn es ist zu bedenken, daß die Zeitkomplexitätsfunktion häufig den maximalen Zeitaufwand angibt, d.h. ein Maß für den sogenannten „worst-case“-Zeitbedarf ist. Mit vielen Datensets ist i.d.R. ein wesentlich geringerer Zeitaufwand verbunden. So weist auch der in Kapitel 7 erörterte Simplex-Algorithmus der linearen Programmierung einen exponentiellen Zeitbedarf auf. Doch die angenehme Eigenschaft geringen Zeitbedarfs in der Mehrzahl praktischer Anwendungen besitzen Algorithmen mit exponentieller Zeitkomplexität leider selten.

Deshalb strebt man bei der Entwicklung von Algorithmen danach, möglichst solche mit der Eigenschaft polynomialer Zeitkomplexität und dabei insbesondere mit einem möglichst geringen Grad des Polynoms sowie einer kleinen multiplikativen Konstante c zu entwerfen. Für viele formale Probleme ist es jedoch bis heute nicht gelungen, Algorithmen mit polynomialem Zeitaufwand selbst für einen sogenannten nichtdeterministischen Computer zu entwickeln, d.h. für einen Rechenautomaten, der eine im Prinzip unbegrenzte Zahl unabhängiger Rechenoperationen parallel durchführen könnte (Garey/Johnson 1979, S. 12). Doch man hat erkannt, daß viele dieser formalen Probleme eine enge formale Verwandtschaft zum sogenannten „schwierigsten“ formalen Problem aufweisen und sich darauf zurückführen lassen. Würde für die „schwierigsten“ Probleme, die die Klasse der sogenannten NP-vollständigen Probleme bilden, ein Algorithmus mit polynomialem Zeitaufwand entwickelt werden können, so würde dies für alle formalen Probleme der Klasse NP (Nicht-Polynomial) gelten.

Die Frage, ob für NP-vollständige Probleme jemals Algorithmen polynomialer Dauer entwickelt werden können, ist derzeit noch unbeantwortet. Für den praktischen Einsatz bzw. die Entwicklung von Methoden der Optimalplanung ist es jedoch wertvoll zu wissen, ob es sich um ein formales Problem handelt, von dem bereits bekannt ist, daß es in die Klasse der NP-vollständigen Probleme einzustufen ist und ob deshalb die Chancen zur Generierung eines effizienten Algorithmus relativ gering einzuschätzen sind.

Der Exkurs in die mathematische Zeitkomplexitätstheorie zeigt, daß es selbst vor dem Hintergrund der fortwährenden Steigerung von Hardware- und Programmsystemleistungen Grenzen für die mathematische Optimierung gibt. Es ist im Einzelfall zu prüfen, ob sich das zu analysierende Modell aufgrund seiner Dimensionen (z.B. Anzahl von Variablen und Restriktionen) und der charakteristischen Eigenschaften der standardmäßig verfügbaren Methoden in einem Zeitrahmen lösen läßt, der im konkreten betrieblichen Anwendungskontext unter ökonomischen Kosten-Nutzen-Kriterien und ggf. Antwortzeitrestriktionen vertretbar erscheint. Es sei an dieser Stelle darauf hingewiesen, daß heutige Standardsoftwarepakete für lineare und gemischt-ganzzahlige (kombinatorische) Modelle der mathematischen Optimierung, wie das von IBM seit Jahrzehnten fortentwickelte *Mathematical Programming System Extended* (MPSX) bzw. die leistungsgesteigerte Version MPSX2, verbunden mit den technischen Fortschritten im Hardwaresektor, die Gesamtleistung innerhalb eines Jahrzehnts um den Faktor 10 bis 20 erhöht hat. Dadurch sind die mit Optimierungsmethoden handhabbaren Modelldimensionen erheblich gewachsen (HUMMELTENBERG/PRESSMAR 1989, S. 218). Somit müssen ggf. viele Aussagen älteren Datums über die Lösbarkeit mathematischer Optimierungsprobleme überprüft werden.

5.3.5.4 Komplexitätsreduktion

These Vor dem Hintergrund beschränkter Leistungsfähigkeit verfügbarer Hard- und Softwaresysteme und der Erkenntnisse der Komplexitätstheorie ist die Tendenz zu erkennen, die Modellkomplexität zu beschränken, so daß das formale Modell mit einer verfügbaren Optimierungsmethode zu bewältigen bleibt.

Der Versuch einer Reduktion der Modellkomplexität kann sich dabei auf zwei Ebenen vollziehen:

Komplexitätsreduktion durch Simplifikation

Eine Möglichkeit der Simplifikation besteht darin, solche – zunächst als Entscheidungsvariablen charakterisierten – Modellelemente, deren Einfluß auf den Zielfunktionswert jedoch erkennbar oder erwartungsgemäß gering ist, nicht in die Optimierung einzubeziehen. Diese „ehemaligen“ Entscheidungsvariablen des Modells werden dadurch zu Konstanten des Modells. Die Komplexitätsreduktion besteht hierbei im Prinzip im Übergang von einer Totalanalyse zu einer Partialanalyse.

Abb. 5.9 verdeutlicht ein Beispiel, in dem die Zielfunktionswerte wesentlich stärker auf Variation eine der Variablen x_2 denn auf eine Variation von x_1 reagieren. Die Komplexität der Modellanalyse könnte somit reduziert werden, indem x_1 als Konstante festgelegt wird.

Neben einer Reduzierung der Anzahl unabhängiger Variablen des Modells läßt sich ein Modell durch schlichtes Vernachlässigen von Restriktionen simplifizieren. Schließlich läßt sich eine Komplexitätsreduktion durch Idealisierung oder Vernachlässigung von Wirkungszusammenhängen erreichen. So existieren bislang keine allgemeingültigen Algorithmen für Optimierungsmodelle mit nichtlinearen Restriktionen und Wirkungszusammenhängen (vgl. CHEN 1991, S. 188f.). Eine Form der Komplexitätsreduktion besteht darin, die nichtlinearen Beziehungen durch ein System linearer Beziehungen zu modellieren.

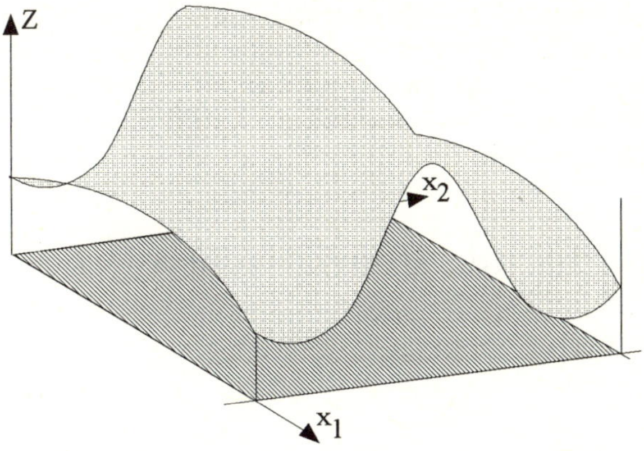

Abb. 5.9: Zielfunktionsgebirge mit schwacher Abhängigkeit von x_1

Die hier beispielhaft charakterisierte Tendenz zur Komplexitätsreduktion besteht in analoger Form auch in Situationen, die sich auszeichnen durch:

- unsichere Parameter (Stochastik),
- Zeitabhängigkeiten (Dynamik),
- Ganzzahligkeit der Variablen.

Komplexitätsreduktion durch Dekomposition

Ein anderer Ansatz zur Komplexitätsreduktion besteht in der Dekomposition des formalen Modells, d.h. in einer Zerlegung des ursprünglichen Modells in eine Mehrzahl von Teilmodellen geringerer Dimensionalität. Dies wird mit Hilfe von Dekompositionsmethoden angestrebt, die eine Zerlegung des übergeordneten Modells in Teilmodelle vornehmen und dabei gewährleisten, daß die aus der separaten Optimierung der Teilmodelle resultierenden Ergebnisse auch in ihrer Gesamtheit im Hinblick auf das übergeordnete Modell Zulässigkeit und Optimalität aufweisen. Dazu müssen die Interdependenzen zwischen den separat optimierten Teilmodellen berücksichtigt werden. Als grundsätzliche Prinzipien der Dekomposition kommt eine Zerlegung in parallel oder in sequentiell zu analysierende Teilmodelle in Betracht. Ein Beispiel für eine Zerlegung eines Modells in sequentiell, d.h. aufeinander aufbauende Teilmodelle, ist die in Kapitel 12 erläuterte Dynamische Programmierung auf der Basis des Bellmanschen Optimalitätsprinzips.

Allgemein findet die Problematik der Komplexitätsreduktion ihren Ausdruck im sogenannten methodologischen Dilemma. Hiermit wird das häufig zu beobachtende Phänomen beschrieben, daß ein *wirklichkeitsnah* modelliertes Problem unter Einbeziehung sämtlicher relevanten Variablen des Problems aufgrund der daraus resultierenden Komplexität unlösbar ist, während bei stärkerer Abstraktion ein zwar *lösbares Modell* entsteht, dessen empirische Aussagekraft jedoch sehr reduziert ist (vgl. SCHNABL 1985, S. 453). Das Ergebnis der Modellrechnung trägt bei zunehmender Abstraktion schließlich nicht mehr zur Problemlösung bei (vgl. MEYER 1990, S. 174f.).

5.4 Methodik der Heuristischen Programmierung

5.4.1 Begriffsabgrenzung

Zur Methodenklasse der sogenannten Heuristischen Programmierung gehören all jene Methoden, die einerseits heuristische Prinzipien anwenden, andererseits aber auch die Merkmale von Algorithmen aufweisen. Diese Methoden sind insofern also auch als heuristische Algorithmen zu bezeichnen – in Abgrenzung zu den optimierenden Algorithmen.

Im weiteren Sinne werden unter heuristischen Prinzipien solche Faustregeln, Strategien, Tricks und Daumenregeln (rules of thumb) verstanden, die aus plausibel erscheinenden Gründen oder aufgrund von Erfahrungswerten dazu beitragen, den Aufwand zur Auswahl befriedigender Alternativen aus einem umfangreichen Alternativenraum deutlich zu verringern. Dies läßt die Möglichkeit des Nichtauffindens der optimalen Alternative im Einzelfall durchaus zu. In Anlehnung an Streim können konstitutive und akzessorische Merkmale zur Begriffserläuterung herangezogen werden (vgl. zum folgenden STREIM 1975, S. 143ff.).

5.4.1.1 Konstitutive Methodenmerkmale

Konstitutive Merkmale der Heuristischen Programmierung sind:

Reduktion des Lösungsaufwandes durch Ausschluß potentieller Alternativen

Der Alternativenraum beinhaltet neben einer Anzahl zulässiger, jedoch kaum befriedigender Alternativen, auch die gesuchte Optimallösung. Verfahren der Optimalplanungsmethodik suchen diesen Alternativenraum explizit, wie z.B. Verfahren der vollständigen Enumeration, oder implizit, auf jeden Fall aber vollständig ab. So nutzt z.B. der Simplex-Algorithmus, die besondere Eigenschaft der Problemstruktur, daß nur die „Ecken“ des Alternativenraums optimal sein können, falls nicht eine mehrdeutige Lösung vorliegt. Somit kann das Auffinden der Optimallösung durch ausschließliche Betrachtung der Ecken des Alternativenraums garantiert werden. Die Methoden der Heuristischen Programmierung reduzieren den Lösungsaufwand, indem sie einen

Teil des Alternativenraums nicht generieren. Mit diesem Schritt kann jedoch der Verzicht auf die garantierte Ermittlung einer Optimallösung verbunden sein.

Verwendung nichtwillkürlicher Entscheidungsoperatoren zum Ausschluß von Alternativen

Mit Hilfe selektiv wirkender Operatoren wird entschieden, welche Bereiche des Alternativenraums nicht weiter verfolgt werden, so daß im Extremfall eine verzweigungsfreie Kette zur Auswahl einer Alternative (Lösung) führt. Im Unterschied zu den Verfahren der impliziten Enumeration kann jedoch nicht logisch-deduktiv nachgewiesen werden, daß sich die gesuchte Optimallösung nicht unter den ausgeschlossenen Alternativen befindet. Umgekehrt erfolgt der Ausschluß potentieller Alternativen aber auch nicht blind und unsystematisch, sondern nichtwillkürlich auf der Basis heuristischer Prinzipien. Diese heuristischen Prinzipien beruhen vielfach auf Plausibilitätsvermutungen, Analogien und Erfahrungswissen. Hierbei stehen jedoch die Selektionswirkung und die Lösungsqualität vielfach in einer konfliktären Beziehung zueinander, da mit zunehmender Selektionswirkung der eingesetzten Prinzipien die Wahrscheinlichkeit dafür steigt, daß auch die optimale Alternative ausgegrenzt wird. Das breite Spektrum denkbarer heuristischer Selektionsoperatoren eröffnet vielfältige Konstruktionsmöglichkeiten Heuristischer Programme. Doch nicht jedes zunächst plausibel erscheinende Selektionsprinzip muß gute Lösungen liefern. Daher stellt die Ermittlung einer tauglichen Heuristik für ein konkretes Planungsproblem ein nichttriviales Problem dar.

Fehlender Konvergenzbeweis

Während Methoden der Optimalplanung nach einer endlichen Zahl von Transformationsschritten eine Optimallösung liefern, zumindest aber – im Falle der Näherungsverfahren – zur Optimallösung konvergieren, ist für Methoden der Heuristischen Programmierung der fehlende Konvergenzbeweis wesentlich.

5.4.1.2 Akzessorische Methodenmerkmale

Als akzessorische Merkmale der Heuristischen Programmierung sind zu betrachten:

Verwendung künstlicher Stoppregeln

Da für Verfahren der Heuristischen Programmierung definitionsgemäß kein Konvergenzbeweis möglich ist, muß regelmäßig ein Abbruch des Lösungsprozesses herbeigeführt werden. Der Abbruch des Lösungsprozesses kann hierbei „autonom“ erfolgen, d.h. sich an der Erfüllung geforderter Eigenschaften der erzeugten Alternativen orientieren, in denen das reduzierte Anspruchsniveau des Anwenders Ausdruck findet; oder

der Abbruch erfolgt „künstlich“ und unabhängig von einer erreichten Lösungsqualität, z.B. nach einer bestimmten Zeitspanne oder Anzahl untersuchter Alternativen.

Eingriffsmöglichkeiten des Anwenders

Neben ex ante festgelegten Abbruchkriterien sehen Heuristische Programme oft die Interaktion mit dem Anwender im Lösungsprozeß vor, beispielsweise zur Festlegung von Parameterwerten, die den Selektionsprozeß steuern. Dies ermöglicht die Ausnutzung spezifischer Vorteile des Rechners hinsichtlich der Arbeitsgeschwindigkeit und Speicherfähigkeit in Kombination mit dem besonderen menschlichen Denkvermögen, wie etwa der Fähigkeit, aus Einzelinformationen und Hintergrundwissen Schlußfolgerungen abzuleiten, um hierdurch lenkend in den Problemlösungsprozeß einzugreifen.

Gewinnung und Erhaltung der Zulässigkeit

Während Methoden der Optimalplanung nicht selten zunächst eine Reihe unzulässiger Alternativen generieren, bevor sie im letzten Schritt eine zulässige und zugleich extremale Alternative liefern, zeichnen sich Heuristische Programme häufiger dadurch aus, daß sie die Zulässigkeit einer Lösung zu erhalten versuchen, um davon ausgehend Verbesserungen inkrementaler Art vorzunehmen.

5.4.2 Anwendungskontexte

Aufgrund der erläuterten Wesensmerkmale werden Heuristische Programme vorzugsweise in bestimmten Anwendungskontexten eingesetzt. Während der Einsatz der Optimalplanungsmethodik an wohlstrukturierte Planungskontexte gebunden ist, kommt die Heuristische Programmierung vornehmlich bei lösungsdefekten, aber zumindest wohldefinierten Problemformulierungen zur Anwendung. Die Anwendung Heuristischer Programme leitet sich letztlich aus Anwendungslücken der Optimalplanungsmethodik ab. Es lassen sich hierbei theoretische und pragmatische Gründe unterscheiden (vgl. MEISSNER 1979, S. 22ff.).

Pragmatischer Natur ist das Argument, daß dem Anwender aufgrund der Individualität seines Modells keine Optimalplanungsmethode bekannt ist, die zur Modellanalyse geeignet wäre. Dies kann auf ein Informationsdefizit des Anwenders über die Existenz einer Methode, einer mangelnden Dokumentation und Durchschaubarkeit der in der Literatur vorgeschlagenen Methoden oder darauf zurückzuführen sein, daß es tatsächlich an einer derartigen Methode noch mangelt. Im Mittelpunkt der vom OR entwickelten Modelle und Methoden stehen in der Regel sogenannte Standardprobleme, die sich häufig des Verdachtes erwehren müssen, lösungsorientiert konstruiert worden zu sein (vgl. MEISSNER 1979, S. 7ff.).

Bei einer ggf. erforderlichen Anpassung des ursprünglichen Modellkonstrukts des Anwenders an eines der bekannten Standardmodelle besteht wiederum die Gefahr, daß das ursprüngliche Problemverständnis unter erheblichem Informationsverlust und semantischer Verzerrung an das bekannte Modell angepaßt wird, so daß es dann zwar mathematisch exakt formuliert und lösbar ist, de facto aber eine zum Scheinproblem degenerierte Fragestellung behandelt, die eine sinnvolle Interpretation nicht mehr erlaubt (vgl. MEISSNER 1979, S. 7, MILLING 1982, S. 717). Darüber hinaus besteht ein weiterer pragmatischer Grund für die Verwendung Heuristischer Programme darin, diese zur Abkürzung des Suchprozesses als Vorstufe zu einem Verfahren mit Konvergenzbeweis einzusetzen (vgl. MÜLLER-MERBACH 1976, S. 72). Selbst wenn geeignete Methoden der Optimalplanung bekannt sind, kann es sich bei Beachtung des Rechenaufwands als sinnvoll erweisen, gute Ausgangslösungen mit Hilfe der Heuristischen Programmierung zu generieren, um daran anschließend mit einer Optimalplanungsmethode durch wenige Iterationen eine Optimierung vorzunehmen. Eine derartige Vorgehensweise wird z.B. zur Lösung des sogenannten Transportproblems vorgeschlagen, für das eine Reihe guter Heuristiken, wie z.B. das Vogelsche-Approximationsverfahren, entwickelt wurden.

Die Anwendung einer bekannten und prinzipiell geeigneten Optimalplanungsmethode kann darüber hinaus auch an dem Rechenaufwand scheitern, der durch die Problemdimension des Anwendungsfalls determiniert ist. Der in Abschnitt 5.3.5.3 unternommene Exkurs in die Zeitkomplexitätstheorie hat verdeutlicht, daß in der Zeitkomplexität vieler Methoden der Optimalplanung die theoretische Begründung der Heuristischen Programmierung liegt. Heuristische Programme können unter Verzicht auf die Optimalität den Lösungsprozeß nach Ablauf einer maximalen Zeitspanne mit der bis dahin gefundenen besten Alternative abbrechen oder werden speziell als Algorithmen mit polynomialem Zeitaufwand konstruiert.

Sogenannte Standardprobleme, für die aufgrund der Zeitkomplexität vermutlich nie effiziente konvergierende Algorithmen entwickelt werden können, sind häufig kombinatorischer Art. Sie zeichnen sich durch eine große Anzahl aufeinander abzustimmender elementarer Einzelentscheidungen und damit verbundener Konsequenzen aus, die sich in der Form eines Entscheidungsbaumes mit einer Wurzel und vielen Zweigen darstellen lassen.

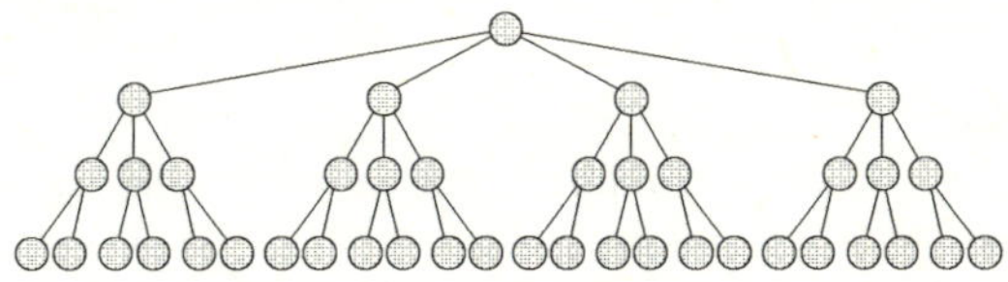

Abb. 5.10: Entscheidungsbaum

So bestimmt sich die Alternativenanzahl in einem Modell, das n Elemente in eine zu bestimmende Reihenfolge bringen soll, durch sämtliche Permutationen, d.h. $n!$ Alternativen. Während für ein Problem der Dimension $n = 4$ die Alternativenzahl 24 beträgt (vgl. Abb. 5.10) und damit noch überschaubar ist, sind bereits mit $n = 10$ Elementen 3.628.800 Alternativen zu vergleichen. Zur Modellanalyse eines kombinatorischen Entscheidungsproblems können auch Methoden der Optimalplanung in Betracht gezogen werden. Da kombinatorische Probleme aber ex definitione die Kombination einer (u.U. sehr großen) Zahl von Teilentscheidungen verlangen, mangelt es ihnen einer mathematischen Struktur, die für die Konstruktion einer Optimalplanungsmethode ausgenutzt werden könnte. Deshalb kann die Bestimmung der optimalen Alternative nur über einen systematischen Alternativenvergleich erfolgen, wobei durch die Einbeziehung logischer Schlußfolgerungen nach und nach immer mehr Alternativen als nicht optimal von den weiteren Überlegungen ausgeschlossen werden können. Optimalplanungsmethoden arbeiten entweder sämtliche der kombinatorisch möglichen Alternativen, d.h. alle Zweigenden (Blätter) „des auf dem Kopf stehenden" Entscheidungsbaums systematisch (vollständige Enumeration) ab, oder es wird – ausgehend von der Baumwurzel – systematisch analysiert, welche Zweige des Entscheidungsbaums nicht weiter verfolgt zu werden brauchen, weil ihre Suboptimalität erkennbar ist (Methoden der impliziten Enumeration, wie z.B. Dynamische Programmierung/Branch and Bound-Verfahren).

Viele kombinatorische Probleme lassen sich jedoch in praxi nicht mit einer Methode der Optimalplanung bewältigen, da die vollständige Enumeration aufgrund der Anzahl von alternativen Lösungszuständen ausscheidet und auch keine effiziente Methode der impliziten, dennoch optimierenden Enumeration verfügbar ist. Kombinatorische Probleme lassen sich drei Grundtypen zuordnen:

- Zuordnungsprobleme (auch Assignment-Problem oder Ernennungsproblem genannt):
  Einer bestimmten Anzahl n von Elementen einer Menge sind n Elemente einer anderen Menge im Sinne einer Zielvorschrift einzeln zuzuordnen. Beispiele sind das lineare und das quadratische (Beachtung weiterer Restriktionen) Zuordnungsproblem sowie das Transportproblem.

- Reihenfolgeprobleme:
  Die Elemente einer Menge sind in eine – z.B. zeitliche oder räumliche – Reihenfolge zu bringen. Diese Reihenfolge soll gemäß bestimmter Restriktionen zulässig und meist auch gemäß einer Zielvorschrift optimal sein. Ein häufig zitiertes Beispiel ist das Rundreiseproblem (Traveling Salesman-Problem).

- Auswahlprobleme:
  Unter Einhaltung von Nebenbedingungen sind aus einer gegebenen Menge von Elementen einige auszuwählen, um dadurch ein Zielkriterium zu optimieren. Als Beispiel kann das Rucksackproblem genannt werden.

5.4.3 Gefahren bei der Anwendung Heuristischer Programme

Auch wenn die Suchregeln eines Heuristischen Programms intuitiv sehr plausibel erscheinen und in der Mehrzahl der Anwendungsfälle zu guten Ergebnissen führen, können Heuristische Programme in Einzelfällen irreleitende Alternativen vorschlagen. Daher sollten auch die Lösungsvorschläge Heuristischer Programme mit großer Vorsicht betrachtet werden. Ein derartiges Versagen Heuristischer Programme soll am Beispiel einer simplen Heuristik zur diskreten Standortplanung aufgezeigt werden (vgl. GEOFFRION/VAN ROY 1979):

Ein Großhandelsunternehmen beabsichtigt, vier Nachfrageregionen von zwei Lagerstandorten aus zu bedienen. Es stehen 4 potentielle Standorte zur Auswahl. Entscheidungsrelevant sind die in nachfolgender Matrix erfaßten jährlichen Transportkosten, die entstehen, wenn eine der Nachfrageregionen {I,II,...,IV} von einem der Standorte {A,...,D} beliefert wird.

Eine simple Heuristik zur Ermittlung der günstigsten Standortstruktur mit zwei Standorten sieht vor, daß zunächst alle Standorte zugelassen sind und jede Nachfrageregion dem kostenminimalen Lagerstandort zugeordnet wird.

Standort / Kundenregion	A	B	C	D
I	[110]	640	670	450
II	585	[65]	590	115
III	165	200	[125]	840
IV	595	580	115	[100]

Im nächsten Schritt wird ein Standort geschlossen. Dazu wird untersucht, welche Transportmehrkosten bei der Schließung alternativer Standorte durch eine andere Zuordnung der Nachfrageregionen entstehen, die zuvor vom nun zu schließenden Standort aus bedient wurden.

Standort / Kundenregion	A	B	C	D
I	[110]	640	670	450
II	585	[65]	590	115
III	165	200	[125]	840
IV	595	580	115	[100]
Schließungskosten	450 − 110 = 340	115 − 65 = 50	165 − 125 = 40	115 − 100 = 15
				min ↑

Es wird der Standort ausgeschlossen, dessen Schließung zu minimalen Kostensteigerungen führt. Es verbleiben die Standorte {A,B,C}. Diese Prozedur wird nochmals durchgeführt, so daß die beiden Standorte A,B übrig bleiben. Die Hervorhebung verdeutlicht die Zuordnung der Nachfrageregionen.

Standort / Kundenregion	A	B	C
I	[110]	640	670
II	585	[65]	590
III	165	200	[125]
IV	595	580	[115]
Schließungskosten	640 − 110 = 530	585 − 65 = 520	165 − 125 +580 − 115 = 505
			min ↑

Standort / Kundenregion	A	B
I	[110]	640
II	585	[65]
III	[165]	200
IV	595	[580]

Obwohl die Heuristik von dem plausiblen Argument Gebrauch macht, jede Nachfrageregion jeweils dem kostenminimalen Standort zuzuordnen, ist die vorgeschlagene Alternative mit Transportkosten i.H. von 920 GE letztlich doch sehr teuer. Tatsächlich ist nämlich die Lösung {A,D} mit 490 GE sehr viel günstiger.

Standort / Kundenregion	A	D
I	110	450
II	585	115
III	165	840
IV	595	100

Das Beispiel verdeutlicht, daß selbst, wenn die einzelnen Schritte eines Heuristischen Programms vernünftig erscheinen, keine Garantie dafür besteht, daß auch die Kombination dieser Schritte immer zu einer günstigen Alternative führt. Eine weitere Begründung für das gelegentliche Versagen eines Heuristischen Programms besteht darin, daß derartige Methoden mit myopischen, d.h. kurzsichtigen Entscheidungsregeln, operieren. So werden z.B. nur wenige Perioden innerhalb eines mehrperiodigen Planungshorizonts betrachtet. Es werden somit nicht die langfristigen Konsequenzen eines jeden Schritts betrachtet und durch frühzeitige, zunächst günstig erscheinende Festlegungen im weiteren Verlauf ungünstige Alternativen erzwungen.

Ferner besteht bei Heuristischen Programmen häufig das Problem einer eingeschränkten Perspektive. Es wird keine globale Betrachtung aller verfügbaren Alternativen unternommen, sondern es werden nur die jeweils naheliegenden lokalen Verbesserungen betrachtet. Radikale Änderungen eines einmal eingeschlagenen Lösungswegs sind damit nahezu ausgeschlossen. Verdeutlicht am Bild des Zielgebirges würde dies bedeuten, daß das Verfahren vom Gipfel eines „niedrigen Hügels“ aufgrund „dichten Nebels“ den „höheren Gipfel“ in der Nachbarschaft nicht erkennt und erreicht.

5.4.4 Verfahrensgruppen der Heuristischen Programmierung

Heuristische Programme wurden für eine Vielzahl materiell sehr unterschiedlicher Anwendungsgebiete entwickelt. Dabei lassen sich einige relativ einheitlich genutzte Konstruktionsprinzipien erkennen (zur Morphologie vgl. MÜLLER-MERBACH 1976, S. 69ff., FISHER/RINNOOY KAN 1988, S. 263). Eine vielfach verwendete Klassifizierung unterscheidet Eröffnungs- und suboptimierende Verbesserungsverfahren (Iterationsverfahren).

5.4.4.1 Eröffnungsverfahren

Eröffnungsverfahren erzeugen sukzessive eine zulässige Alternative nach Maßgabe der zugrundeliegenden heuristischen Regeln, verbessern eine einmal erreichte Alternative dann jedoch nicht mehr. Sie besitzen eine enge Verwandtschaft zu den Entscheidungsbaumverfahren der Optimalplanung. Im Unterschied zu diesen können sie jedoch nicht ausschließen, daß bei der Selektion der nicht weiter verfolgten Äste des Entscheidungsbaums die beste Alternative, d.h. die Optimallösung ausgeschlossen wird.

5.4.4.2 Verbesserungsverfahren

Wesentliches Merkmal der Verbesserungsverfahren ist ihre Eigenschaft, in der Nähe (Nachbarschaft) einer erreichten zulässigen Alternative nach besseren Lösungen zu suchen. Hierbei kann die Auswahl von Modifikationen zur schrittweisen Verbesserung der Alternative gezielt oder ungezielt erfolgen.

Häufig werden Eröffnungs- und Verbesserungsverfahren in Heuristischen Programmen kombiniert zur Anwendung gebracht.

5.4.5 Beurteilung Heuristischer Programme

Da definitionsgemäß der Nachweis der Konvergenz für ein Heuristisches Programm nicht zu führen ist, fällt der Entwurf einer heuristischen Methode an sich nicht schwer. Aber sie kann sich leicht in einer konkreten Problemstellung als höchst ineffizient im Hinblick auf die Lösungsqualität erweisen (MÜLLER-MERBACH 1976, S. 86).

Die Notwendigkeit einer vergleichenden Beurteilung Heuristischer Programme ergibt sich i.d.R. dann, wenn eine begründete Auswahl unter alternativen Heuristiken erfolgen soll. Bei der Methodik der Optimalplanung bestehen zwar hinsichtlich des Rechenzeitbedarfs Unterschiede zwischen alternativen Algorithmen, jedoch gilt dies nicht für die Qualität der erzielten Ergebnisse, da diese – ex definitione – optimal sind. Anderes gilt für Heuristische Programme. Diese können sich sowohl im Hinblick auf die Qualität der hervorgebrachten Ergebnisse als auch im Hinblick auf den Ressourcenbedarf zur Ermittlung dieser Ergebnisse unterscheiden.

Jede Beurteilung alternativer Heuristischer Programme sollte auf systematisierten Kriterien beruhen. Eine naheliegende – in den vorausgehenden Argumenten bereits verwendete – Untergliederung von Merkmalen zur Beurteilung Heuristischer Programme ist die Zweiteilung in output- und inputorientierte Kriterien. Letztere beschäftigen sich mit den Ressourcen – z.B. den Rechenzeiten – die eingesetzt werden müssen, um mit einem Heuristischen Programm eine befriedigende Alternative zu finden. Derartige Kriterien werden als ressourcenorientierte Kriterien bezeichnet.

Die outputorientierten Kriterien befassen sich mit den Ergebnissen des Einsatzes eines Heuristischen Programms. Sie werden daher als ergebnisorientiert bezeichnet. Eine in diesem Zusammenhang zentrale Fragestellung lautet: Wie gut ist das mit dem Heuristischen Programm erzielte Ergebnis - z.B. der Gewinn oder die Kosten - im Vergleich zum Optimum? Hierzu sollen einige in der Literatur diskutierte Ansätze skizziert werden (vgl. zum folgenden BERENS 1992).

5.4.5.1 Mächtigkeit und Allgemeinheit

Newell vermutet einen Zusammenhang zwischen der Allgemeinheit (generality) und der Mächtigkeit (power) einer Methode (vgl. NEWELL 1969, S. 371ff.).

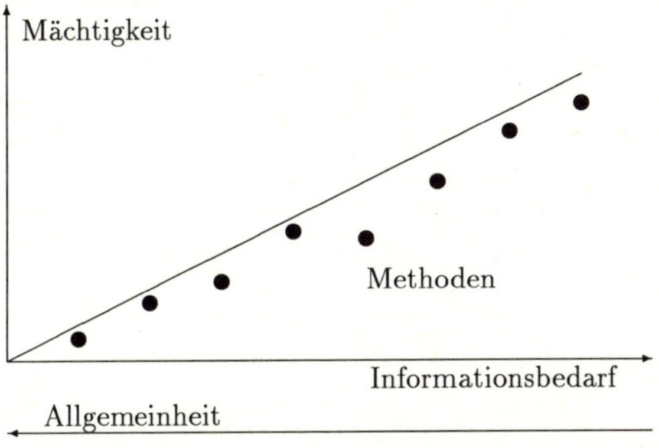

Abb. 5.11: Zusammenhang zwischen Allgemeinheit und Mächtigkeit in Anlehnung an Newell

Die Allgemeinheit einer Methode bezeichnet den Spezialisierungs- bzw. Generalisierungsgrad der Menge der Probleme, zu deren Lösung die Methode geeignet ist. Der Grad der Mächtigkeit einer Methode ergibt sich aus der Fähigkeit der Methode, zulässige Alternativen von hoher Ergebnisqualität zu liefern. Innerhalb des Kriteriums Mächtigkeit können drei Einzelmerkmale unterschieden werden:

- Lösungswahrscheinlichkeit (probality of solution)
  Das Heuristische Programm kann entweder jedes Problem seines Anwendungsbereichs lösen oder nicht. In diesem Zusammenhang wird von Lösungswahrscheinlichkeit gesprochen.

- Lösungsqualität (quality of solution)
  Hierunter kann die relative Ergebnisqualität, d.h. die Annäherung an die Optimallösung verstanden werden.

- Ressourcenaufwand (amount of resources)
  Zu den benötigten Ressourcen zur Generierung eines Ergebnisses zählt z.B.

der Rechenzeitbedarf, der Speicherplatzbedarf, aber auch der Informationsbeschaffungsaufwand.

Newell formuliert eine Tendenzaussage, die in Abb. 5.11 ihren Ausdruck findet. Demnach stehen steigender Informationsbedarf einer Methode und zugleich abnehmende Allgemeinheit einer wachsenden Methoden-Mächtigkeit gegenüber. Für jeden Grad an Allgemeinheit und Informationsbedarf existiert eine obere Grenze für die mögliche Mächtigkeit (Ursprungsgerade) in Form einer hypothetischen Effizienzlinie. Methoden, die unterhalb dieser Linie anzuordnen sind, nutzen bei gleichem Informationsbedarf diesen nicht hinreichend aus.

Die Allgemeinheit eines Heuristischen Programms läßt sich jedoch kaum absolut, sondern sinnvoll immer nur ordinal und im paarweisen Vergleich beurteilen, d.h. die Domäne einer Methode muß eine Teilmenge bzw. Obermenge der Domäne der zu vergleichenden Methode sein. Im Rahmen der Auswahl eines geeigneten Heuristischen Programms für eine spezielle Anwendung ist die Allgemeinheit häufig nur von untergeordnetem Interesse (FISCHER/KRUSCHWITZ 1980, S. 175). Es ist ferner anzumerken, daß die beiden erstgenannten Einzelmerkmale die outputorientierten Qualitätsdimensionen repräsentieren, während der Ressourcenaufwand die inputorientierte Dimension verkörpert. Diese Aggregation mehrerer Einzelmerkmale zur Mächtigkeit einer Methode ist nicht problemfrei.

5.4.5.2 Heuristische Kraft

Ferner wird in der Literatur gelegentlich das Kriterium der heuristischen Kraft (heuristic power) angeführt (vgl. KLEIN 1971, S. 40ff.). Sie stellt ein Maß für die Leistungsfähigkeit einer Methode dar. Sie wird ermittelt, indem einige zum Vergleich anstehende Methoden eine Stichprobe repräsentativer Entscheidungsaufgaben zu lösen haben. In diesem Zusammenhang wird festgestellt, welchen Anteil der Aufgaben die Methoden im Zeitablauf lösen können. Graphisch läßt sich der Vergleich heuristischer Kraft dreier Methoden exemplarisch wie in Abb. 5.12 verdeutlichen.

Während der Anteil gelöster Aufgaben des Programms B linear im Zeitablauf wächst, verlaufen die entsprechenden Kurven für die Programme A und C degressiv zunehmend. Es wird jedoch bemängelt, daß der Ressourcenaufwand allein in dem Kriterium Rechenzeit Berücksichtigung findet und hinsichtlich der Lösungen nur zwischen gelösten und nicht gelösten Aufgaben unterschieden wird (vgl. FISCHER/KRUSCHWITZ 1980, S. 174). Während bei der Optimalplanungsmethodik eine solche Zweiteilung sinnvoll ist, muß bei der Heuristischen Programmierung beachtet werden, daß das subjektive Anspruchsniveau des Anwenders darüber entscheidet, ob ein Ergebnis akzeptabel und damit als zufriedenstellende Lösung betrachtet wird oder nicht. Schließlich ist nicht erkennbar, ob eine Aufgabe als ungelöst gilt, weil sie das Anspruchsniveau nicht erfüllt hat oder weil die Rechenzeit abgelaufen ist.

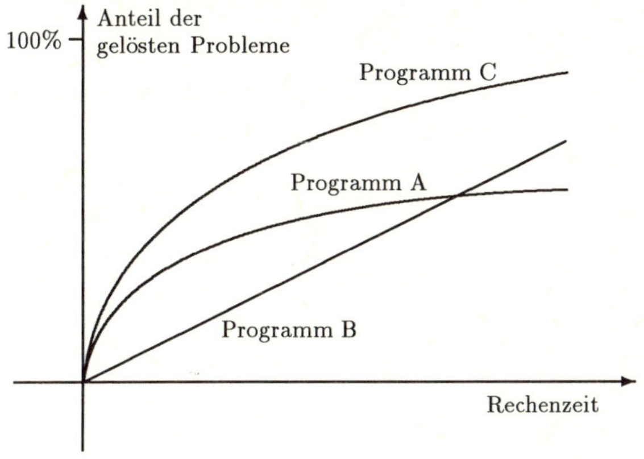

Abb. 5.12: Das Kriterium der heuristischen Kraft

5.4.5.3 Qualitätscharakteristik

Einen ergebnisorientierten Beurteilungsansatz für Heuristische Programme schlägt BERENS 1992, S. 107ff. vor. Die spezielle „Qualitäts"-Anforderung an eine Heuristik besteht darin, eine möglichst gute Annäherung an den optimalen Zielfunktionswert zu erreichen. Die Lösungsqualität r kann wie folgt normiert werden:

$$r = \frac{\text{Zielfunktionswert der mit der Heuristik gefundenen Lösung } Z_h}{\text{Zielfunktionswert der Optimallösung } Z} \tag{5.2}$$

Bei Maximierungsproblemen ergibt sich somit ein Wert zwischen 0 und 1. Bei Minimierungsproblemen sollte der Reziprokwert eingesetzt werden, so daß auch hier für die Lösungsqualität stets gilt $0 \leq r \leq 1$.

Ohne weiteres ist die Berechnung der Lösungsqualität r nur ex-post bei der Bekanntheit der Optimallösung und im Einzelfall möglich. Für den Anwender sind Aussagen über die Lösungsqualität jedoch ex-ante von Bedeutung. Dem kann entsprochen werden, wenn es gelingt, ein zuverlässiges Bild der zu erwartenden Lösungsqualität für Probleme aus der Domäne eines Heuristischen Programms zu zeichnen. Ziel müßte es daher sein, aus einer Vielzahl von Anwendungen einer Heuristik für die Lösungsqualität eine Dichte- oder Verteilungsfunktion (Beispiel Abb. 5.13) aufzustellen.

Bei der Dichtefunktion kann an der Ordinate die Wahrscheinlichkeit abgelesen werden, mit der eine Lösungsqualität in Höhe von r (Abszisse) bei einer Anwendung der Heuristik auftritt (vgl. Abb. 5.13).

Die Ordinate der Verteilungsfunktion gibt die Wahrscheinlichkeit $F(r)$ an, mit der sich eine Lösungsqualität in Höhe von r oder aber weniger bei einer Anwendung des Heuristischen Programms ergibt. Entsprechend gibt die Differenz $Q = 1 - F(r)$ die Wahrscheinlichkeit für das Erreichen einer Lösungsqualität von besser als r an. Die

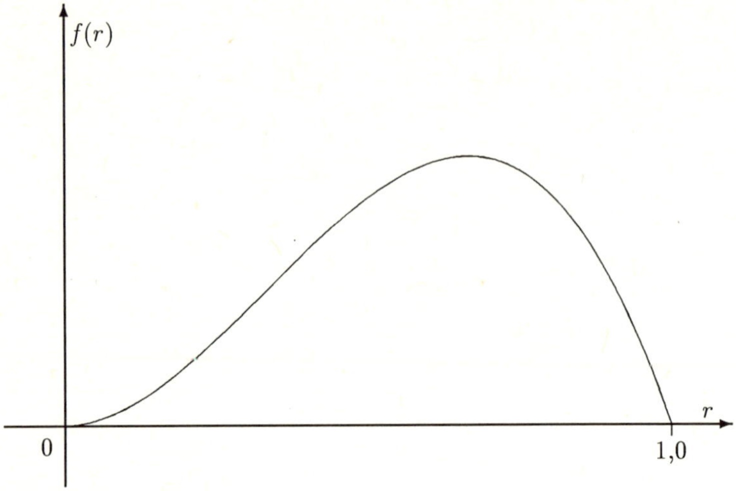

Abb. 5.13: Dichtefunktion der Lösungsqualität eines Heuristischen Programms

Qualitätsfunktion Q ergibt sich durch Spiegelung der Verteilungsfunktion an der Geraden $F(r) = 0.5$. Der Vergleich verschiedener Heuristischer Programme hinsichtlich ihrer Lösungsqualität kann dann über die Betrachtung ihrer Qualitätsfunktionen erfolgen. So verdeutlicht Abb. 5.15 die Dominanzbeziehung zwischen 2 Heuristischen Programmen.

Doch wie kann die Lösungsqualität r gewonnen werden? Einerseits wird versucht, auf Basis analytischer Überlegungen die mindestens erreichbare (worst-case), oder die durchschnittliche (average-case) Lösungsqualität zu bestimmen (MÜLLER-MERBACH 1981, S. 20). Die worst-case-Analyse soll Auskunft über die garantierte Mindestqualität einer Heuristik und insofern den maximal auftretenden Schaden geben. Das worst-Case-Verhalten läßt sich in der Qualitätscharakteristik am Abszissenwert ablesen, bei dem die Qualitätscharakteristik das Ordinatenniveau 1 verläßt. Dies gelingt jedoch bislang nur für tendenziell einfach strukturierte formale Problemklassen.

Eine andere Vorgehensweise besteht darin, Qualitätsaussagen mit empirischen oder simulativen Tests zu begründen. Bei dieser Vorgehensweise werden im allgemeinen einige Testprobleme einer Problemklasse heuristisch zu lösen versucht. Die Aussagekraft derartiger Tests hängt jedoch entscheidend von der präzisen Beschreibung der untersuchten Problemklasse, der Repräsentativität der untersuchten Testprobleme in einer solchen Problemklasse und der Dokumentation der Heuristik und der Ergebnisse ab. Bei der simulativen Vorgehensweise interessiert, wieweit das heuristisch ermittelte Ergebnis von der optimalen Alternative entfernt ist. Die optimale Lösung ist aber im allgemeinen nicht bekannt und kann i.d.R. auch nicht mit vertretbarem Aufwand ermittelt werden.

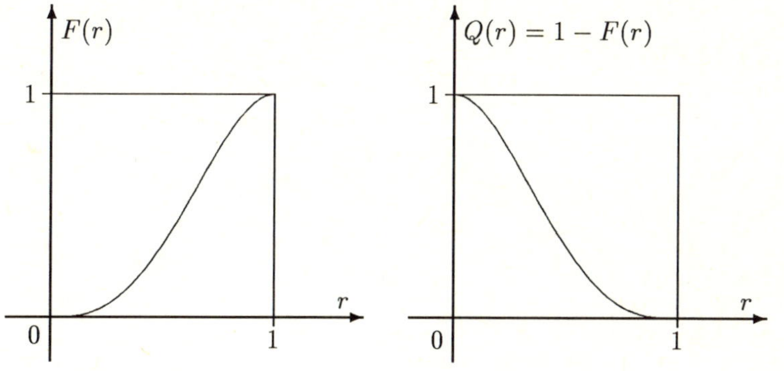

Abb. 5.14: Verteilungsfunktion $F(r)$ bzw. gespiegelte Verteilungsfunktion $Q = 1 - F(r)$ der Lösungsqualität eines Heuristischen Programms

Läßt sich die Optimallösung von Testproblemen nicht ermitteln, so kann entweder der mit anderen Methoden für ein dokumentiertes Standardproblem gefundene bislang beste Zielfunktionswert als Schätzwert für die Optimallösung angenommen werden, oder es werden Schranken (bounds) ermittelt, innerhalb derer sich der optimale Lösungswert bewegen muß. Alternativ können Probleme mit im vorhinein bekannter Optimallösung erzeugt und als Testprobleme verwendet werden.

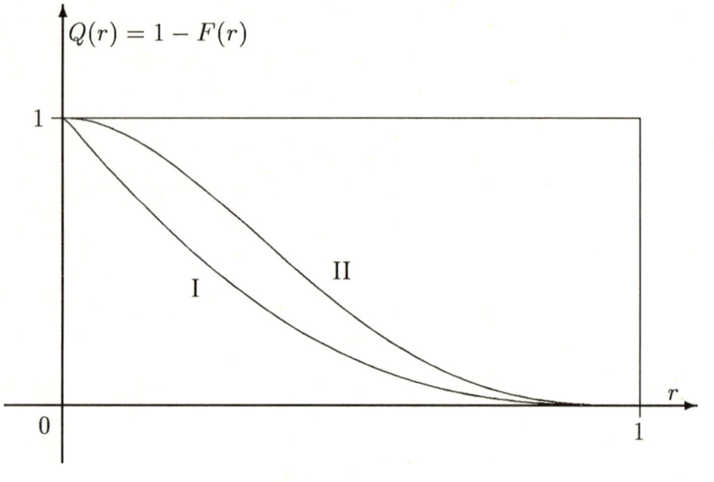

Abb. 5.15: Dominanzbeziehungen zwischen zwei Heuristischen Programmen: II dominiert I.

5.5 Simulationsmethodik

5.5.1 Begriffsabgrenzung

Neben der Optimalplanungsmethodik und der Heuristischen Programmierung kann die Simulationsmethodik als dritte Methodenklasse quantitativer Planung unterschieden werden. Mit dem Begriff Simulation wird in den Wirtschaftswissenschaften ein breites Spektrum von Methoden verknüpft, die sich durch konzeptionelle Gemeinsamkeiten auszeichnen. Ganz allgemein kann als Simulation das Experimentieren mit Modellen bezeichnet werden (vgl. BAETGE/FISCHER 1989, Sp. 1782). Die Modelle werden hierbei konstruiert als Nachbildungen (Konstruktionen) materiell wahrnehmbarer oder ideeller Probleme zwecks experimenteller Ableitung von Aussagen über das Verhalten der Elemente, Strukturen, Prozesse, Beziehungen, Gesetzmäßigkeiten, Aktionen und Reaktionen einer Person, eines Objekts oder eines (sozio-)technischen Systems (vgl. KAPOUN 1987, S. 12).

Wenn in der Betriebswirtschaftslehre von Simulationsmodellen gesprochen wird, sind üblicherweise Modelle der Computersimulation gemeint. Die Computersimulation findet seit den frühen 60er Jahren speziell in wirtschaftswissenschaftlichen Problemstellungen verbreitete Anwendung. Wie auch im Bereich der Optimierung und Heuristischen Programmierung ist der Einsatz der Computersimulation eng an die Entwicklung der elektronischen Datenverarbeitung, insbesondere an die Rechenleistung der Hardware und die Benutzerfreundlichkeit der Programmsysteme geknüpft. Computersimulation als der hier vornehmlich interessierende Teilbereich der Simulation läßt sich allgemein als Prozeß des Entwurfs eines mathematisch-logischen Modells eines materiellen oder ideellen (z.B. geplanten) Systems und der Durchführung von Experimenten an diesem Modell mit Hilfe eines Rechners charakterisieren. Die in einem Computersimulationsmodell abgebildeten Elemente – dauerhafte Strukturen und temporäre Objekte – und die aus der Interaktion dieser Elemente resultierenden Prozesse werden unter beabsichtigter, kontrollierter Variation der experimentellen Bedingungen über vorbestimmte Zeiträume beobachtet. Die Beobachtung der Zustandsänderungen im Modell mittels dafür definierter Beobachtungsvariablen soll Schlußfolgerungen über die Abhängigkeit des Systemverhaltens von alternativen Einstellungen der experimentellen Bedingungen, wie z.B. der gestaltbaren Regeln und exogenen Rahmenbedingungen (Datenkranz), ermöglichen und letztlich Aufschluß über eine zieladäquate Gestaltung des betrachteten materiellen oder ideellen Problemfeldes liefern.

Ein Simulationsmodell dient der Offenlegung der Einflußgrößen und Wirkungszusammenhänge, die die Entwicklungen in einem interessierenden Wirklichkeitsausschnitt determinieren und wie sie mit Mitteln des Unternehmens ggf. beeinflußt werden können. Somit muß ein Simulationsmodell die relevanten Verhaltensaspekte im betrachteten Wirklichkeitsausschnitt hinreichend erklären können, damit es „konditionale Projektionen" erlaubt, d.h. Antworten auf Fragen der folgenden Art geben kann

- *Was passiert, wenn ...? (What if?)*, oder
- *Was ist zu tun, damit ...? (How to achieve?)*.

Damit ist die prinzipielle Vorgehensweise der Computersimulation bereits erklärt (vgl. PIDD 1986, S. 3):

Der Planende bildet die für relevant betrachteten Elemente und Wirkungszusammenhänge im wahrgenommenen Problembereich in Form eines Modells ab, dessen programmtechnische Verkörperung auf einem meist digitalen Rechner unter alternativen experimentellen Bedingungen eine Imitation des jeweiligen realen Systemverhaltens erlauben soll. Die anschließende Interpretation des beobachteten Modellverhaltens bei Variation von Einflußgrößen vor dem Hintergrund des übergeordneten planerischen Zielsystems dient i.a. der Auswahl einer präferierten Alternative.

5.5.2 Anwendungskontexte

Die Computersimulation kann im Gegensatz zu den Methoden der Optimalplanung und Heuristischen Programmierung nicht nach mathematischen Gesichtspunkten typisiert werden. Sie stellt auch kein eigentliches Lösungsverfahren dar, da sie keine Alternativen generiert, sondern lediglich eine Nachahmung der in einem System ablaufenden Prozesse unter vorgegebenen Bedingungen zum Ziel hat, d.h., sie ist ein Analyseinstrument, eine Experimentiertechnik. Im Vordergrund der Anwendung der Simulationsmethodik steht also nicht die Generierung einer zulässigen und möglichst guten Alternative durch vollständige oder eingeschränkte Enumeration aller potentiellen Alternativen, wie dies im Rahmen der zuvor beschriebenen Methodenklassen der Fall ist (vgl. MÜLLER-MERBACH 1989, Sp. 1292). Auch findet im Rahmen eines einzelnen Simulationsexperiments modellintern zunächst keine Bewertung des beobachteten Systemverhaltens auf der Basis eines definierten Präferenzsystems statt, das die Suche nach besseren Alternativen leiten kann. Vielmehr liefert ein einzelnes Simulationsexperiment zunächst wertneutrale Beobachtungen, d.h. die Ausprägungen der im Modell implementierten Beobachtungsvariablen, die anschließend modellextern zu interpretieren und zu bewerten sind (HUMMELTENBERG/PRESSMAR 1989, S. 219).

Während – wie oben diskutiert – Methoden der Optimalplanung Konvergenzmechanismen und Heuristische Programme erfolgsträchtige Suchregeln beinhalten, die garantieren bzw. eine hohe Wahrscheinlichkeit besitzen, solche Alternativen aufzufinden, die im Hinblick auf das Präferenzsystem optimale bzw. gute Ergebnisse liefern, unterliegt das Auffinden günstiger Alternativen bei der Simulationsmethodik dem Geschick des Planenden. Es werden nur die von ihm vorgegebenen Alternativen untersucht.

Eine weitere Abgrenzungsmöglichkeit zu anderen quantitativen Planungsmethoden besteht hinsichtlich der Berücksichtigung der Zeit als Dimension in einem Modell. In einer Simulation werden explizit Prozesse (Zustandsfolgen in der Zeit) endogen aufgrund der im Modell dargestellten Wirkungszusammenhänge und Zeitmechanismen modelliert und beobachtet, während Methoden der Optimalplanung und Heuristischen Programmierung sich eher darauf beschränken, Zeitpunkt- oder Zeitraumwerte zu betrachten (NIEMEYER 1990, S. 437). Deshalb wird die Simulation insbesondere zur Analyse dynamischer Systeme und der darin ablaufenden Prozesse eingesetzt, wie weiter unten noch detaillierter erörtert werden wird.

Da die Durchführung einer Simulationsstudie erfahrungsgemäß mit nicht unerheblichem Aufwand verbunden ist, muß unter Rationalitätsgesichtspunkten kontextabhängig über die Wahl der geeignetsten Planungsmethodik entschieden werden. Es soll daher zunächst diskutiert werden, weshalb die Computersimulationsmethodik einerseits dem Experiment am Betrachtungsobjekt in der Realwelt, andererseits den alternativen Methodiken quantitativer Planung vorgezogen werden kann.

5.5.2.1 Simulation versus Experiment am realen System

Wenn der zu untersuchende Problembereich materiell existiert, stellt sich die Frage, wozu der Modellierungs- und experimentelle Durchführungs- und Ergebnisanalyseaufwand betrieben werden soll, wenn die Beobachtungen auch unmittelbar am Betrachtungsobjekt möglich sind? Es gibt mehrere Gründe, die dafür sprechen, das Studium des Systemverhaltens an einem Simulationsmodell der Beobachtung des Systems in der Realwelt vorzuziehen:

Entscheidungskriterium: Kosten

Obwohl eine Simulationsstudie zu erheblichem Modellierungs- und Analyseaufwand führt, können die damit verbundenen Kosten dennoch wesentlich geringer sein als bei einem Experiment in der Realwelt, da dort unumkehrbare Folgen bzw. hohe Schäden durch eine ungeeignete Parameterfestlegung eintreten können.

Entscheidungskriterium: Zeit

Auch wenn die Entwicklung eines lauffähigen und validierten Computersimulationsprogramms zeitaufwendig ist, ermöglicht ein einmal vorliegendes Simulationsmodell eine Analyse des Systemverhaltens über lange Zeiträume im Zeitraffertempo oder im umgekehrten Fall im Zeitlupentempo durch eine entsprechende Taktung der Simulationsuhr. Somit kann vergleichsweise zeitsparend eine Vielzahl von Alternativen getestet werden.

Entscheidungskriterium: Wiederholbarkeit

Während Experimente in den Naturwissenschaften sich unter Laborbedingungen aufgrund vollständig kontrollierbarer Umgebung und naturgesetzlicher Bedingungen reproduzieren lassen, fehlt Experimenten in den Wirtschafts- und Sozialwissenschaften diese angenehme Eigenschaft. So lassen sich in theoretischen Betrachtungen c.p.-Annahmen treffen, nicht jedoch in der Realität vorfinden. Beispielsweise kann unter Wettbewerbsbedingungen die Reaktion des Marktes auf alternative Preisstrategien bei einer Produkteinführung nicht durch sequentielles Ausprobieren getestet werden, da sowohl Konsumenten als auch Wettbewerber wahrscheinlich unbewußt oder bewußt Verhaltensänderungen zeigen, d.h. *lernen* würden.

Entscheidungskriterium: Sicherheit

Das Ziel einer Simulationsstudie kann auch in der Ermittlung von Belastbarkeitsgrenzen eines Systems bestehen, deren Überschreiten mit Gefahren oder unumkehrbaren Folgen für die Systemumwelt verbunden ist, so daß sich ein Experiment am Realsystem geradezu verbietet.

5.5.2.2 Simulation versus Optimierungsmethodik/Heuristische Programmierung

Welche Gründe sprechen dafür, die Entwicklung und Analyse eines Simulationsmodells den anderen Methodiken quantitativer Planung vorzuziehen? Um Methoden der Optimalplanung und im verminderten Ausmaß der Heuristischen Programmierung anwenden zu können, muß die Problemformulierung – wie oben eingehend diskutiert – mehr oder weniger weitreichende strukturelle Voraussetzungen erfüllen. In praxi werden diese Voraussetzungen nicht selten dadurch *künstlich* geschaffen, daß methodisch schwierige oder nicht zu handhabende Problemkomponenten im Rahmen der formalen Modellierung vereinfacht erfaßt werden. So werden vielfach lineare und/oder stetige Zusammenhänge unterstellt, obwohl die Beziehungen im realen Problem bekanntermaßen als nichtlinear und/oder diskret zu charakterisieren sind. Es werden exogene und endogene Parameter als deterministisch betrachtet und der Einfluß des Zeitablaufs wird zugunsten einer statischen oder stationären Betrachtung aufgegeben.

Es existieren zwar durchaus auch in der Optimierungsmethodik Ansätze zur Einbeziehung dynamischer Zustandsänderungen der Modellvariablen. Vor allem in den technischen Wissenschaften werden hierfür erfolgreich Differentialgleichungssysteme eingesetzt. Die in vielen betriebswirtschaftlichen Problembereichen auftretenden diskreten Zustandsänderungen schließen den Einsatz der Infinitesimalmathematik und Differentialgleichungssysteme in diesen Fällen jedoch aus (vgl. HUMMELTENBERG/PRESSMAR 1989, S. 219, SCHNABL 1985, S. 453). Im Rahmen gemischt-ganzzahliger Optimierungsmodelle kann mit Hilfe von Synchronisationsbedingungen die zeitliche Interaktion der Systemelemente modelliert werden, was allerdings Software- und Hardwareprodukte höchster Leistungsfähigkeit zur Lösung derartiger Modelle erfordert. Diese Schwäche läßt sich an der in der analytischen Vorgehensweise vergleichsweise beschränkten Möglichkeit erkennen, Abfragen auf Eintritt komplexer Bedingungskonstellationen mit Hilfe logischer Schalter (IF ... THEN ... ELSE-Bedingungen) zu berücksichtigen, wie sie z.B. häufig zur Analyse des Verhaltens komplexer Produktionssysteme erforderlich sind. Somit steht der Modellbildner häufig vor der Entscheidung, die Optimierungsmethodik oder Heuristische Programmierung unter Abstraktion von dynamischen Aspekten auf einem hohen Aggregationsniveau oder partialanalytisch zu betreiben, damit das Modell überhaupt lösbar ist, oder eine realistischere Konstruktion des Problems in einem Modell vorzunehmen, im Gegenzug jedoch den Anspruch auf Lösbarkeit aufzugeben (vgl. BRINK 1989, S. 680).

Derartige Konflikte bei der Konstruktion eines problemadäquaten Modells und Auswahl bzw. Anwendung eines Lösungsverfahrens lassen die empirische Aussagekraft der aus derartigen Modellen mit Verfahren der Optimalplanung oder Heuristischen Programmierung abgeleiteten *Lösungen* dahinschmelzen. Sie ist allenfalls auf eine schwache Orientierungsfunktion beschränkt. Aus dieser Problematik ergibt sich die Relevanz der Simulationsmethodik für die Zwecke quantitativer Planung. Simulation – verstanden als Instrument zur systematischen Analyse – zielt auf qualitatives Verstehen durch quantitative Analyse ab (vgl. KIVIAT 1991, S. 97) und erlaubt damit die Ableitung von Orientierungsaussagen im Sinne von Antworten auf How-To-Achieve- und What-If-Fragen. Die besondere Eignung der Simulation leitet sich aus dem Vermögen ab, Probleme höheren Komplexitätsgrades zu modellieren, insbesondere dynamische und stochastische Aspekte, nichtlineare Zusammenhänge und umfangreiche logische Prüfungen einzubeziehen. Computersimulation ist eher in der Lage, dynamische Totalmodelle auf einem niedrigeren Aggregationsniveau zu *verkraften* (vgl. SCHNABL 1985, S. 455). Da heute die Verfügbarkeit bzw. Kosten des Computerspeicherplatzes kaum begrenzend auf den Programmumfang wirken, liegt die in Computersimulationsmodellen handhabbare Komplexität im Vergleich zu analytischen Verfahren um Größenordnungen höher. Die Simulation erlaubt insofern eine wesentlich effektivere Modellierung von Systemen in variabler, nahezu beliebiger Genauigkeit (HUMMELTENBERG/PRESSMAR 1989, S. 217) und schiebt damit tendenziell die Grenze des *methodologischen Dilemmas* hinaus.

Ferner erweist es sich in komplexen Problemen als ein wesentlicher Vorteil der Computersimulation gegenüber einer mathematisch abstrakten Formulierung, daß die Beziehungen zwischen dem realen System und den Elementen des Modells leichter nachvollziehbar sind. Der geringere Abstraktionsgrad erhöht tendenziell die Plastizität des Modells und die Erklärbarkeit der Ergebnisse und dadurch die Akzeptanz bei Anwendern. Dieser Vorteil wird in modernen Simulationspaketen durch grafische Modellbeschreibungssprachen, Modelleditoren und Animation zur Unterstützung von Modellentwicklung, -validierung und -analyse weiter ausgebaut.

Abschließend ist darauf hinzuweisen, daß im Rahmen eines Simulationsmodells durchaus in Teilbereichen Verfahren der Optimalplanung oder Heuristischen Programmierung zur Anwendung gelangen können. Ein Beispiel dafür bildet eine Prioritätsregel für die Abarbeitung der Elemente einer Warteschlange innerhalb eines Simulationsmodells. Umgekehrt kann die Simulation auch Bestandteil einer umfassenderen Optimierungsmethode oder eines Heuristischen Programms sein. Der Übergang zwischen den Methoden ist damit eher fließend. Da die Simulation – allein eingesetzt – zur Optimierung nicht ausreicht (vgl. CHEN 1991, S. 196), werden in jüngerer Zeit Instrumente entwickelt, die die Suche, d.h. die Generierung von Alternativen im Lösungsraum, automatisieren und dazu mit einem Konvergenzmechanismus versehen sind, so daß die Simulation als Verfahrensschritt in einem umfassenden Optimierungs-, zumindest aber in einem Näherungsverfahren eingesetzt werden kann. Demnach wird die Simulation nicht mehr ausschließlich als Methode zur Erklärung des Systemverhaltens verwendet, sondern unmittelbar für die Alternativensuche im Sinne einer Optimierung (vgl. BIETHAHN 1987, S. 83).

5.5.3 Grenzen der Simulationsmethodik

Bei allen aufgeführten Vorzügen besitzt die Computersimulation auch einige nicht zu übersehende Grenzen bzw. Anwendungsprobleme. Die klassischerweise vorgebrachten pragmatischen Argumente gegen den Einsatz der Simulation als quantitative Planungsmethode sind die folgenden (vgl. KIVIAT 1991, S. 97f.): *Simulation ist zu teuer, zu zeitaufwendig, nicht verläßlich, unverständlich und nur schwer vor einem Entscheidungsgremium präsentierbar.*

Hinter diesen Argumenten stehen einige verfahrensspezifische Probleme der Simulation: Zu nennen ist insbesondere das *Bonini-Paradoxon*, demzufolge mit den Simulationsläufen eine kaum mehr sinnvoll analysier- und interpretierbare Outputdatenflut generiert wird (vgl. BRINK 1989, S. 681). Diese Gefahr verdeutlicht die Notwendigkeit, die Ergebnisse der einzelnen Simulationsläufe aufzubereiten und zum Zwecke der Interpretation zu verdichten. Ein weiteres Anwendungsproblem der Simulation besteht darin, daß in einem einzelnen Simulationslauf keine generelle Lösung geliefert wird, sondern jeder Simulationslauf eine spezielle Alternative eruiert, d.h. es wird jeweils nur ein Punkt auf der Reaktionsoberfläche betrachtet. Dies kann dazu führen, daß die benutzergesteuerte Suche nach einer günstigen Alternative zu früh abgebrochen wird oder mißlingt, so daß allenfalls ein lokales, jedoch nicht das globale Optimum aufgefunden wird. Eine Garantie für das Auffinden der günstigsten Alternative existiert nicht. Während die primär aus der Ressourcenknappheit hervorgehenden Argumente gegen die Simulationsmethodik durch die fortwährende Hard- und Softwareentwicklung (gesteigerte Rechnerleistungen, größere Arbeitsspeicher und hochauflösende Graphik in Verbindung mit komfortablen Benutzeroberflächen der Simulationssysteme) an Gewicht verlieren, ist unverändert ein methodisches Grundverständnis und Erfahrung des Modellierenden im Umgang mit Simulationsmodellen sowie genügend Zeit für die experimentelle Durchführung und Interpretation erforderlich.

Daher darf der Ansicht, Simulation sei nur als ein Mittel zu betrachten, welches dann zur Anwendung gelangen sollte, wenn alle anderen Methoden versagen, vor dem Hintergrund der erläuterten Vorzüge der Computersimulation in spezifischen Anwendungskontexten nicht gefolgt werden.

5.5.4 Phasen der Computersimulation

Wie bereits zu Beginn des Kapitels skizziert, kann eine Simulationsstudie im Rahmen eines quantitativen Planungsvorhabens in folgende Phasen untergliedert werden, die sich an die vorne beschriebenen Phasen der Problemidentifikation und -strukturierung anschließen. Auf die in diesem Zusammenhang ebenso relevante Frage der Sammlung und Aufbereitung der Daten des betrachteten Problembereichs wird an dieser Stelle nicht näher eingegangen. Die hier betrachteten Phasen in einer Simulationsstudie sind:

- Modellierung,
- Programmierung,
- Validierung/Verifikation und
- experimentelle Analyse.

Dabei können die drei erstgenannten Phasen als Vorbereitung der experimentellen Analyse, d.h. der Simulation im engeren Sinne, verstanden werden. In der Praxis lassen sich die drei Phasen nicht immer überschneidungsfrei voneinander abgrenzen und strikt sequentiell abarbeiten. Aus pragmatischen Überlegungen sind bereits in der Modellierungsphase programmtechnische Restriktionen und Optionen zu berücksichtigen. Auch sind Modellierung und Programmierung eher iterierende als sequentielle Phasen. Schließlich ist es durchaus keine Seltenheit, daß sich im Verlaufe der experimentellen Analyse des Modells Modifikationserfordernisse am Modell und seiner programmtechnischen Umsetzung abzeichnen, so daß sich insgesamt eher ein zyklisches als ein sequentielles Vorgehen ergibt.

5.5.4.1 Modellierung

In der Phase der formalen Modellierung des wahrgenommenen Problems ist zunächst darüber zu entscheiden, welche Elemente und Wirkungszusammenhänge in das Simulationsmodell einzubeziehen und in welchem Detaillierungsgrad sie zu berücksichtigen sind. Es sind die Modellgrenzen und der modellinterne Detaillierungsgrad festzulegen. Von diesen Grundentscheidungen hängt der weitere Modellierungsaufwand ab, der letztlich vor dem Hintergrund der vermutlichen Bedeutung des Ergebnisses der Simulationsstudie für den Unternehmenserfolg zu vertreten ist. Zu entwerfen sind im

Rahmen der Modellierung sämtliche problemrelevanten Eigenschaften (Merkmale, Attribute) der Systemelemente und ihre Verknüpfungen, d.h. ihre zeitlichen und ablaufregelabhängigen Folgen sowie die Prozesse (Transformationen, Aktivitäten), die die Zustandsänderungen durch Manipulation von Elementattributen bewirken (vgl. BAETGE/FISCHER 1989, Sp. 1785). Außerdem sind die zu Analysezwecken erforderlichen Statistik- und Auswertungskomponenten zu definieren. Der Modellaufbau wird dabei zunächst zweckmäßig als Ablaufdiagramm, d.h. in einer strukturierten und standardisierten graphischen Darstellungsform der internen Logik des Modells, veranschaulicht. Moderne bild- oder blockorientierte Simulationssprachen sind in der Lage, derartige standardisierte Dokumentationen der Ablauflogik eines Modells unmittelbar in Programmcode zu übersetzen.

Im Rahmen der Modellierung ist regelmäßig über folgende Modelldimensionen zu befinden:

- Integration des Zeitablaufs,
- Stochastische oder deterministische Variablen,
- Diskrete oder kontinuierliche Zustandsänderungen.

Zeitablauf

Theoretisch denkbar, jedoch ohne große praktische Relevanz in der betriebswirtschaftlichen Planung, sind Simulationsmodelle, in denen dem Zeitablauf keine Bedeutung als unabhängige Variable zukommt. Statische Simulationsmodelle werden deshalb hier nicht weiter erörtert. Ein vielfach als konstitutives Merkmal der Simulation betrachtetes Charakteristikum besteht gerade in der Modellierung der Dynamik (vgl. KIVIAT 1991, S. 96) und der Möglichkeit, die Geschwindigkeit des Zeitablaufs im Modell zu kontrollieren, Zeitabläufe zu beschleunigen oder zu verlangsamen und dabei das Systemverhalten, d.h. die Zustandsänderungen des Systems im gewählten Betrachtungszeitraum, zu beobachten. Der Steuerung des Zeitablaufs in einem Simulationsmodell ist daher besondere Aufmerksamkeit zu widmen. Hierbei können zwei verschiedene Prinzipien der Zeitsteuerung unterschieden werden.

Time Slicing/Fixed Increment Time Advance

In Simulationsmodellen dieser Art wird die Zeit in äquidistanten Schritten d_t fortgeschrieben und vor jeder Zeitfortschreibung überprüft, welche Ereignisse, die Zustandsänderungen des Modells bewirken, sich seit der letzten Zeitfortschreibung ergeben haben. Ereignisse, die zeitlich zwischen Betrachtungszeitpunkte fallen, werden einem Betrachtungszeitpunkt zugeordnet. Bei dieser Art der Zeitfortschreibung können Probleme einerseits durch zu breite Zeitintervalle auftreten, da Beziehungen zwischen

Ereignissen, die in ein Intervall fallen, schwer zu berücksichtigen sind bzw. erst mit Verzögerung zu Zustandsänderungen im Simulationsmodell führen; das Modell reagiert träge. Andererseits erhöht eine feinere Unterteilung der Zeitachse die Wahrscheinlichkeit, daß keine Ereignisse in einem Intervall eingetreten sind, die zu einer Änderung des Modellzustands führen, was die Rechenzeit unnötig erhöht.

Next Event Time Advance

Diese Art der Zeitfortschreibung in einem Simulationsmodell zeichnet sich dadurch aus, daß die Simulationsuhr nur angehalten wird, um Zustandsänderungen im Modell durchzuführen, wenn ein Ereignis eingetreten ist, das eine solche Zustandsänderung erforderlich macht. Im Unterschied zur äquidistanten Zeitfortschreibung sind bei diesem Modellansatz die Längen der Zeitintervalle variabel und nicht vorab bestimmt. Ereignisse treten ein, wenn von temporären Prozeßelementen (z.B. Aufträge in einem Fertigungssystem) Prozesse (z.B. Belegung einer Maschine) an den dauerhaften, strukturellen Modellelementen (Maschinen) angestoßen werden. Es wird ein zentraler Ereigniskalender i.S. einer nach Eintrittsterminen der zukünftigen Ereignisse aufsteigend sortierten Liste geführt, die fortlaufend abgearbeitet und aktualisiert wird. Eine Eintragung in dieser Liste zeigt den Eintritt eines Ereignisses an, d.h., die Simulationsuhr wird angehalten, und es werden die Transaktionen als modellzustandsverändernde Prozesse durchgeführt, wobei ggf. neue Eintragungen in die Ereignisliste vorgenommen werden. Anschließend wird die Simulationsuhr bis zur nächsten Eintragung vorgestellt. Durch diese Vorgehensweise werden unnötige Unterbrechungen des Simulationslaufs vermieden, andererseits wird der Zeitablauf im Modell unregelmäßig in dem Sinne, daß in diesen Modellen keine konstante Beziehung zwischen Zeitablauf im Modell und der Realität besteht.

Stochastische oder deterministische Größen

In Abhängigkeit vom Informationsstand über das Eintreten bestimmter Attribute von Inputdaten eines Simulationsmodells sind deterministische und stochastische Simulationsmodelle zu unterscheiden. Als deterministisch sind Systeme bzw. entsprechend konstruierte Simulationsmodelle dann zu bezeichnen, wenn alle Inputdaten, die Einfluß auf den Systemzustand ausüben, mit Sicherheit bekannt sind und daher das Systemverhalten exakt vorhersagbar ist. Hingegen zeichnen sich stochastische Systeme und entsprechende Simulationsmodelle dadurch aus, daß ihr Verhalten nicht exakt vorhersagbar ist, weil Inputdaten, z.B. das Eintreten von Ereignissen, mit Unsicherheit behaftet sind. Der Datenkranz besteht nicht mehr allein aus Konstanten. In diesen Fällen werden Wahrscheinlichkeitsverteilungen zur Beschreibung des Eintretens von zufallsabhängigen Inputgrößen/Ereignissen in einem Simulationsexperiment herangezogen. Hierzu müssen zunächst die statistischen Eigenschaften dieser Zufallsgrößen, z.B. auf der Grundlage von Aufzeichnungen von Vergangenheitswerten dieser Größen in der Realität, ermittelt werden. Das so bestimmte Zufallsverhalten der Zufallsgrößen gilt es im Simulationsmodell nachzubilden. Hierzu beinhalten Standardsoftwarepakete für Simulationszwecke i.d.R. Generatoren zur Erzeugung von Zufallszahlen, die der Bereitstellung der gewünschten Verteilungen der Zufallsvariablen dienen. Das Erzeugen der gewünschten Verteilungen erfolgt dabei durch Transformation einer Folge von stochastisch unabhängigen, im Intervall [0;1] gleichverteilten Zufallszahlen (vgl. BRINK 1989, S. 683). Derartige Zufallszahlen lassen sich durch physikalische Vorrichtungen oder durch Algorithmen erzeugen. Die auf letzterem Wege erzeugten Zufallszahlen sind nicht wirklich zufällig, da sie sich in ihrer Folge beliebig reproduzieren lassen, und werden daher Pseudozufallszahlen genannt. An die Erzeugung der Zufallszahlen mit Hilfe eines (Pseudo-)-Zufallszahlengenerators sind eine Reihe von Bedingungen zu stellen (vgl. BRINK 1989, S. 683):

- geringer Rechenzeit- und Speicherplatzbedarf,
- Reproduzierbarkeit der Zahlenfolge:
  Gerade diese Eigenschaft ist in Simulationsmodellen zur Trennung „zufälliger“ von den sonstigen durch die experimentellen Rahmenbedingungen bedingten Einflüssen erwünscht (vgl. NIEMEYER 1990, S. 453).
- gute statistische Eigenschaften:
  extensive Zykluslänge, keine Autokorrelation, gute Verteilungsentsprechung.

Diskrete oder kontinuierliche Zustandsänderungen

Die vorhergehenden Erläuterungen zur Modellierung im Rahmen der Simulationsmethodik gingen stillschweigend von der Annahme aus, daß Änderungen des Systemzustands sich in diskreten Sprüngen vollziehen. Änderungen des Wertes von Variablen in einem Simulationsmodell können jedoch auf folgende Weisen eintreten:

- stetig zu jedem beliebigen Zeitpunkt im Zeitablauf,
- stetig zu diskreten Zeitpunkten,
- diskret zu jedem beliebigen Zeitpunkt im Zeitablauf,
- diskret zu diskreten Zeitpunkten.

Stetige Simulationsmodelle zeichnen sich dadurch aus, daß sämtliche Zustandsvariablen und die Zeit stetig sind, d.h. sich in infinitesimalen Inkrementen verändern lassen. Typischerweise werden zur Modellierung Differentialgleichungen verwendet. Simulationsmodelle weisen entsprechend ganzzahlige bzw. binäre Variablen auf. Zustandsänderungen werden durch Ereignisse ausgelöst, die zu Zeitpunkten einer diskreten oder stetigen Zeitvariablen stattfinden. Häufig wird aus dem in der Realität kontinuierlichen Zeitablauf nur eine Folge äquidistanter Zeitpunkte betrachtet. Zustandsänderungen werden nur an den definierten Intervallgrenzen registriert. Innerhalb eines Zeitintervalls wird ein Zustand als unveränderbar betrachtet. Diskrete dynamische Systeme werden i.d.R. durch Differenzengleichungen modelliert. Jedoch ist es auch möglich, sich in der Realität kontinuierlich verändernde Zustände zunächst mit Hilfe einer Differentialgleichung abzubilden und modellintern in eine Folge von sich diskret ändernden Zuständen zu transformieren (vgl. MÖLLER 1992, S. 154f.). Objekte der betriebswirtschaftlichen Analyse zeichnen sich oft durch „Sprünge" in ihrem Verhalten aus (vgl. SCHNABL 1985, S. 453). Dementsprechend herrschen Anwendungen diskreter Simulationsmodelle vor. Moderne Simulationssprachen und -systeme bieten die Option gemischter Modelle mit diskreten und kontinuierlichen Variablen.

5.5.4.2 Programmierung

Der Einsatz eines Rechners zur Automatisierung der Durchführung der Simulationsläufe verlangt die Generierung eines Programmcodes, der letztlich dann in maschinenverarbeitbare Befehle transformiert wird. Grundsätzlich kann dazu eine problemorientierte Programmiersprache, wie z.B. FORTRAN, ALGOL, PASCAL, PL/1, BASIC, C u.a. herangezogen werden. Von einer durchgängig vom Anwender vorgenommenen Programmierung in einer höheren Programmiersprache – wie dies in der Frühzeit der Simulation unumgänglich war – wird jedoch aufgrund hoher Fehleranfälligkeit und hohen Zeitaufwandes abgeraten, es sei denn, die Einzigartigkeit des untersuchten Problems macht dies erforderlich (vgl. SCHMIDT 1987, S. 54). Die zunehmende Bedeutung der Simulation in technischen, aber auch betriebswirtschaftlichen Anwendungen hat mittlerweile zu einem breiten Marktangebot an Simulatoren (Simulationssprachen und umfassende Simulationssysteme) geführt, die auf den vorgenannten problemorientierten Programmiersprachen basieren. Als Simulationssysteme werden komplexe Softwaresysteme bezeichnet, die die Durchführung von Simulationsstudien unterstützen und hierzu i.d.R. folgende Module beinhalten (vgl. NIEMEYER 1990, S. 451):

- eine umfassende Entwicklungsumgebung für die Modellierung und Programmierung,
- einen Experimentierrahmen zur systematischen Suche durch Variation der Modellparameter,
- ein Laufzeitsystem für die Steuerung des Modellablaufs,
- diverse Routinen zur Erfassung, Auswertung und Präsentation (Animation) des Datenoutputs.

Die Verwendung von Simulationssprachen bzw. Simulationssystemen (z.B. SLAM) ist mit Vor- und Nachteilen gegenüber der Programmierung in einer problemorientierten Programmiersprache verbunden (vgl. BAETGE/FISCHER 1989, Sp. 1787f.):

- Bei Verwendung einer Simulationssprache/eines Simulationssystems arbeitet der Benutzer auf einer anwendungsorientierten Sprachebene mit einem vergleichsweise geringen Abstraktionsgrad und geringen Erfordernissen an die Kenntnis des genutzten Hard- und Softwaresystems. So bieten Simulationssprachen wie GPSS, Q-GERT oder SLAM Netzwerksymbole, Knoten und Pfeile, die vom Anwender problemadäquat zusammenzustellen sind (vgl. WITTE 1987, S. 201). Probleme können sich jedoch dann ergeben, wenn der Benutzer die Grenzen der mit den standardmäßig angebotenen Modellierungselementen realisierbaren Freiheitsgrade überschreiten möchte. Entweder ist dies nicht möglich oder es existiert die Option, problembezogene Programmteile vom Benutzer in einer höheren Programmiersprache in Form eigener Routinen zu programmieren und einzubinden. Dies ist regelmäßig in Simulationssystemen der Fall.

- Simulationssprachen und Simulationssysteme bieten vergleichsweise benutzerfreundliche Ein- und Ausgabeprozeduren, Möglichkeiten zur Organisation der Versuchsszenarien und -reihenfolgen sowie Fehlerroutinen und Meldungen. Letztere Eigenschaft ist besonders wichtig, da Simulationsprogramme bekanntermaßen besonders schwer auf Programmierfehler zu überprüfen sind.

- Simulationssprachen sind vielfach für spezielle Anwendungsgebiete entwickelt und lassen sich meist nur in einem bestimmten betrieblichen Kontext sinnvoll einsetzen. Demgegenüber weisen neuere Simulationssysteme eine höhere anwendungsbereichsbezogene Breite und Flexibilität auf, zumal sie die Option benutzerdefinierter Subroutinen aufweisen.

- Dem hohen Benutzerkomfort steht jedoch nachteilig gegenüber, daß der Benutzer oftmals keinen detaillierten Einblick in die modellinternen Abläufe hat, z.B. die Abläufe in den Funktionsblöcken, und daher oft nicht exakt angeben kann, ob das Simulationsmodell seinem Problemverständnis genau entspricht. Eine Überprüfung des Modells ist dann nur durch Vergleich von Modellergebnissen eines Simulationslaufs mit anderweitig, z.B. analytisch, errechneten Ergebnissen möglich.

Neuere Simulationskonzepte verlassen die klassische Vorgehensweise der Modellierung einer Ablauflogik eines Problembereichs durch die Struktur des Netzwerks. Es handelt sich hierbei um die objektbasierte Simulation, in der physikalische und informationelle Objektklassen existieren. Erstere repräsentieren physisch wahrnehmbare Gegenstände der Realwelt, wie z.B. Maschinen, Werkzeuge, Transportanlagen, Materialien, während informationelle Objekte, z.B. Arbeits- und Reihenfolgepläne, die planerischen Elemente repräsentieren (vgl. WITTE 1987, S. 95). Jedes in das Simulationsmodell einbezogene Element der Realwelt wird als Objekt mit bestimmten zeitunabhängigen und zeitvariablen Attributen sowie Operationen zur Veränderung der zeitvariablen Attributwerte abgebildet und einer Objektklasse zugeordnet (vgl. GRZYBOWSKI 1991, S. 110).

Zustandsänderungen der Objekte durch Operationen werden durch den Empfang von Nachrichten aktiviert. Somit wird das statische Moment eines Simulationsmodells durch die zeitpunktbezogenen Betrachtungen der Objekte ermöglicht, während das dynamische Moment, d.h. die Verknüpfung der Zustände im Zeitablauf durch Lebenspläne, der Objekte dargestellt wird. Diese beschreiben die angestrebten Ziele des Objekts im Gesamtsystem sowie die notwendigen Maßnahmen zu ihrer Realisierung. Besitzt ein Objekt einen Lebensplan, so handelt es sich um ein aktives Objekt, andernfalls um ein passives Objekt (z.B. ein Lager in einem Transportnetzwerk), d.h. ein Objekt, das keine eigenen Ziele verfolgt, sondern von den aktiven Objekten zur Zielerreichung benötigt wird. Die objektbasierte Modellierungs- und Programmierungsperspektive erlaubt eine stärkere Berücksichtigung dispositiver Entscheidungen, wie z.B. im Rahmen der kurzfristigen Produktionsplanung und -steuerung in einer Werkstattfertigung. Allerdings wird die Programmierung von Simulationsmodellen in höheren (objektorientierten) Programmiersprachen, wie z.B. Modula-2, C, C++ und Smalltalk, auch kritisch als Rückfall in die Frühzeit der Simulationsprogrammierung betrachtet (vgl. KIVIAT 1991, S. 96).

5.5.4.3 Validierung/Verifikation eines Simulationsmodells

Der entscheidende Vorteil der Simulation – die Verhaltensuntersuchung abstrakter Modelle realer dynamischer Prozesse oder hypothetischer Systeme an Stelle ihrer Originale und die Möglichkeit, Rückschlüsse von modellanalytisch gewonnenen Erkenntnissen auf die Originale zu ziehen – besteht nur dann, wenn das Modell dergestalt parametrisiert ist, daß es die funktionell und morphologisch relevanten Größen des dynamischen Systems explizit, eindeutig und interpretierbar enthält (vgl. MÖLLER 1992, S. 84). Modellanalysen mit Hilfe eines Simulationsmodells sind also nur dann nützlich, wenn sie einerseits den zu untersuchenden Entscheidungsbereich – soweit wie es sachlogisch erforderlich ist – einbeziehen und andererseits hinreichend genau die Elemente und Wirkungszusammenhänge wiedergeben, so daß das Modell die Fähigkeit besitzt, die Interaktionen der temporären Objekte mit den dauerhaften Strukturen unter definierten Rahmenbedingungen nachzuahmen.

Mit Modellvalidierung ist die Überprüfung der Gültigkeit eines Modells im Sinne einer Übereinstimmung mit dem untersuchten Realitätsausschnitt gemeint. Dementsprechend sind zur Validitätsprüfung folgende Fragen zu stellen: „Wurden die richtigen Elemente erfaßt, ist das Beziehungsgefüge zwischen ihnen korrekt wiedergegeben, sind die Parameter zutreffend kalibriert, und stimmt das Zeitverhalten mit den Erfahrungen und Beobachtungen überein?“ (MILLING 1987, S. 41ff.) Die Validitätsforderung bezieht sich somit auf alle Aspekte dieser Fragestellung und findet ihren Ausdruck in den zwei Dimensionen (vgl. PIDD 1986, S. 9f.):

White-Box-Validität

Diese Dimension der Validität bezieht sich auf das Innenleben des Modells, also auf die Frage der Abbildung der Komponenten des Simulationsmodells, der Elemente, Beziehungsgefüge und der Parameterwerte. Die Verifikation ist als ein Spezialproblem innerhalb der Validitätsprüfung zu betrachten, die sich um den Nachweis bemüht, daß das programmierte Modell den Vorschriften des Modells in seiner abstrakten Form entspricht. Verifikation bezieht sich auf die Korrektheit der technischen Umsetzung des Simulationsmodells in ein ausführbares Simulationsprogramm (vgl. GRZYBOWSKI 1991, S. 118). Die Überprüfung des Programms kann durch Testen oder formales Beweisen geschehen und wird teilweise durch Animatoren und Monitore unterstützt, die die visuelle Kontrolle bzw. den jederzeitigen Einblick in einen Systemzustand erlauben.

Black-Box-Validität

Mit der Simulation werden Zustände oder Verhalten – verstanden als eine Folge von Zuständen im Zeitablauf – erzeugt. Die Black-Box-Validität eines Simulationsmodells verlangt die Erklärbarkeit des Outputs eines Simulationsmodells bei gegebenem Dateninput, ohne daß die internen Abläufe dabei im einzelnen nachvollzogen werden. Vielmehr werden die Ergebnisse des Simulationslaufs mit den Beobachtungen an einem realen System unter gleichen Bedingungen verglichen. Reflektieren die Simulationsergebnisse das Verhalten des realen Systems, so wird dem Modell eine Vorhersagekraft zugeschrieben. Von einer beobachteten Verhaltensgleichheit kann jedoch nicht eindeutig auf Strukturidentität zwischen Modell und Realsystem geschlossen werden, da dieselben Simulationsergebnisse von verschiedenen Strukturen erzeugt werden können. Das Modell stellt insofern nur ein mögliches Erklärungsmuster dar und kann akzeptiert werden, solange kein besseres Erklärungsmuster gefunden wurde (vgl. SCHNABL 1985, S. 459).

Diese Form der Validitätsprüfung kann nur anhand von Daten vorgenommen werden. Es werden empirisch erhobene Daten mit den Outputdaten des Modells verglichen. Es findet kein unmittelbarer Vergleich von abstraktem Modell und realem System statt. Dabei ist eine vollständige Übereinstimmung von Simulationsergebnis und Verhalten des realen Systems kaum möglich, da einerseits das Simulationsmodell immer von einigen Einflußgrößen der Realität abstrahieren muß, andererseits aber auch deshalb, weil Messungen am realen System fehlerbehaftet sein können (vgl. SCHMIDT 1987, S. 57). Es ist also eine Übereinstimmung innerhalb von Toleranzbereichen zu fordern. Das Vertrauen in die Abbildungstreue des abstrakten und programmierten Simulationsmodells nimmt in dem Maße zu, je mehr Fälle von Übereinstimmung mit dem realen Systemverhalten festgestellt werden können.

Soll jedoch das Verhalten von lediglich in ideeller Form existierenden Systemen analysiert werden, ist die Forderung nach Black-Box-Validität kaum aufrechtzuerhalten.

Der Prozeß der Validierung ist insbesondere dann unverzichtbar, wenn Abhängigkeiten und Wirkungszusammenhänge im untersuchten Problembereich nicht vollständig beobachtbar sind. In solchen Fällen kann es sein, daß bei der Prüfung des Modells festgestellt wird, daß von den bei der Modellbildung als unwesentlich angesehenen und demzufolge vernachlässigten Elementen ein nicht zu vernachlässigender Einfluß auf das Systemverhalten ausgeht und daher das Modell anzupassen ist, so daß Modellbildung, Programmierung und Validierung iterativ verknüpft sind. Insbesondere bei schlechtstrukturierten Problemen liefert bereits der Prozeß der Entwicklung und Validierung eines formalen Simulationsmodells zusätzliche Einsichten in das Systemverhalten und wirkt auf dieser Ebene bereits entscheidungsunterstützend (vgl. MILLING 1987, S. 46).

5.5.4.4 Durchführung der Experimente

Die Suche nach günstigen Alternativen erfolgt im Rahmen einer Simulationsstudie auf Betreiben des Benutzers, der über eine Festlegung der zu testenden Inputdatenkonstellationen beeinflußt, welche der potentiellen Alternativen untersucht werden. Da die isolierte Betrachtung der Ergebnisse eines einzelnen Simulationsexperiments einer Stichprobe vom Umfang 1 entspricht (vgl. NIEMEYER 1990, S. 454) und damit wenig aussagekräftig ist, sind Versuchsreihen in Form eines Simulationsversuchsplans aufzustellen, der die systematische Variation der Inputdaten zur Unterstützung der Suche nach einer günstigen Lösung leitet. Dieser Versuchsplan weist mehrere Dimensionen auf, die Variationen unterworfen werden können (vgl. BAETGE/FISCHER 1989, Sp. 1792).

Simulationszeitraum und Zeiteinheit

Der Simulationszeitraum ist einerseits in Abhängigkeit vom Planungsgegenstand, andererseits aber auch im Hinblick auf die Absicherung des Experiments gegen störende Einflüsse festzulegen. Um Störeinflüsse, die aus den besonderen Startbedingungen eines Simulationslaufs resultieren, zu minimieren, ist eine ausreichende Simulationslaufzeit zu fordern. Diese ist ggf. zu kombinieren mit einer Initialisierung der Beobachtungsvariablen, wenn sich das System nach einer *warm up*-Phase in einem eingeschwungenen Zustand befindet und ein Normalverhalten zeigt. Auch die Simulationszeiteinheit ist in Abhängigkeit vom Planungsgegenstand und der gewünschten Güte, insbesondere bei zeitkontinuierlicher Simulation, festzulegen.

Inputdatenkombinationen

Theoretisch wäre auch im Rahmen einer Simulation die vollständige Enumeration aller Inputdatenkombinationen zur Suche nach der günstigsten Lösung möglich, so daß auch die Simulation optimierend eingesetzt werden könnte. Die Anzahl theoretisch denkbarer struktureller und prozessualer Alternativen in praktischen Entscheidungssituation erlaubt diese Vorgehensweise (totale Suche) (vgl. BRINK 1989, S. 684) jedoch in aller Regel aus zeitlichen Gründen nicht. Vielmehr besteht das Vorgehen darin, die Reaktionsoberfläche (*response surface*) des Modells auf Inputdatenvariationen durch systematische, punktuelle Betrachtungen (partielle Suche) zu erkunden. Die Festlegung der zu untersuchenden Alternativen kann dabei auch dynamisch in Abhängigkeit von Ergebnissen vorhergehender Simulationsläufe erfolgen. Derartige Suchstrategien ermöglichen ein gezieltes Abtasten der *response surface*. Ferner kann die partielle Suche mit einem endogenen Abbruchkriterium verknüpft sein, z.B. wird bei Erreichen eines satisfizierenden Niveaus der modellexternen Zielfunktion die Suche abgebrochen. Gegenstand einer Variation können dabei insbesondere die Anfangszustände als auch die Betriebszustände (z.B. verschiedene Auslastungsgrade einer Werkstatt) sein.

Prozeßregeln und Entscheidungskalküle

Diese Art der Variation bezieht sich auf die in einem Simulationsmodell integrierten Verknüpfungen und logischen Schalter, die Ausdruck der dispositiven Entscheidungen in der Realität sind, wie z.B. die Prioritätsregeln bei der Abarbeitung einer Warteschlange oder andere Entscheidungsregeln.

Literaturhinweise

Bachem, A.: Komplexitätstheorie im Operations Research, in: Zeitschrift für Betriebswirtschaft, 50. Jg. (1980), S. 812-844.

Baetge, J., T. Fischer: Simulationstechniken, in: N. Szyperski (Hrsg.): Handwörterbuch Planung, Stuttgart, 1989, Sp. 1782-1795.

Bellman, R.: Dynamic Programming, Princeton, 1957.

Beveridge, G., R. Schechter: Optimization Theory and Practice, New York, 1970.

Biethahn, J.: Simulation – eine Methode zur Findung betriebswirtschaftlicher Entscheidungen?, in: J. Biethahn, B. Schmidt (Hrsg.): Simulation als betriebliche Entscheidungshilfe – Methoden, Werkzeuge, Anwendungen, Berlin, 1987, S. 79-91.

Biethahn, J.: Verschiebung der Grenzen und Tendenzen in der Modellierung von Simulationsexperimenten durch den technischen Fortschritt, in: OR Spektrum, 11. Jg. (1989), S. 177-184.

Brink, A.: Der Einsatz der Simulationstechnik in der Betriebswirtschaft, in: WISU – Das Wirtschaftsstudium, 18. Jg. (1989), S. 679-685.

Chen, B.: Computersimulation als universelle Methode für die optimale betriebswirtschaftliche Entscheidungssuche, in: J. Biethahn, W. Hummeltenberg, B. Schmidt (Hrsg.): Simulation als betriebliche Entscheidungshilfe, Bd. 2, Berlin, 1991, S. 187-210.

Dörnhöfer, K.: Lösung von Optimierungsproblemen durch Simulation, in: J. Biethahn, B. Schmidt (Hrsg.): Simulation als betriebliche Entscheidungshilfe – Methoden, Werkzeuge, Anwendungen, Berlin, 1987, S. 61-69.

Domschke, W.: Logistik, Bd. 1 (Transport – Grundlagen, lineare Transport- und Umladeprobleme), München, 1981.

Ellinger, Th.: Operations Research, 2. Aufl., Berlin, 1985.

Fischer, J., L. Kruschwitz: Methodische Probleme bei der Evaluation heuristischer Lösungsverfahren, in: Die Unternehmung, 34. Jg. (1980), S. 173-188.

Fisher, M., A. Rinnooy Kan: The Design – Analysis And Implementation Of Heuristics, in: Management Science, 34. Jg. (1988), S. 263-265.

Fleischmann, B.: Operations-Research-Modelle und -Verfahren in der Produktionsplanung, in: Zeitschrift für Betriebswirtschaft, 58. Jg. (1988), S. 347-372.

Garey, M., D. Johnson: Computers and Intractability, New York, 1979.

Geoffrion, A., T. Van Roy: Caution – Common Sense Methods Can Be Hazardous to Your Corporate Health, in: Sloan Management Review, 20. Jg. (1979), S. 31-42.

Grzybowski, R.: Eine Benutzeroberfläche zur objektbasierten Simulation von Produktionssystemen, in: J. Biethahn, W. Hummeltenberg, B. Schmidt (Hrsg.): Simulation als betriebliche Entscheidungshilfe, Bd. 2, Berlin, 1991, S. 109-122.

Hummeltenberg, W., D. Preßmar: Vergleich von Simulation und Mathematischer Optimierung an Beispielen der Produktions- und Ablaufplanung, in: OR Spektrum 11. Jg. (1989), S. 217-229.

Kapoun, J.: Modellsimulation in der Logistik, in: Fördertechnik, 22. Jg. (1987), Nr. 10. S. 11-16.

Kistner, K.: Optimierungsmethoden – Einführung in die Unternehmensforschung für Wirtschaftswissenschaftler, Heidelberg, 1988.

Kiviat, P.: Simulation, Technology, and the Decision Process, in: ACM Transactions on Modeling and Computer Simulation, 1. Jg. (1991), S. 89-98.

Klein, H.: Heuristische Entscheidungsmodelle – Neue Techniken des Programmierens und Entscheidens für das Management, Wiesbaden, 1971.

Meißner, J.: Bausteine zur Heuristischen Programmierung, München, 1979.

Meyer, M.: Operations Research Systemforschung, 3. Aufl., Stuttgart, 1990.

Milling, P.: Entscheidungen bei unscharfen Mengen – Betriebswirtschaftliche Aspekte der Theorie unscharfer Mengen, in: Zeitschrift für Betriebswirtschaft, 52. Jg. (1982), S. 716-734.

Milling, P.: Quantifizierungs- und Validierungsprobleme bei Entscheidungs-Unterstützungs-Modellen, in: J. Biethahn, B. Schmidt (Hrsg.): Simulation als betriebliche Entscheidungshilfe – Methoden, Werkzeuge, Anwendungen, Berlin, 1987, S. 39-51.

Möller, D.: Modellbildung, Simulation und Identifikation dynamischer Systeme, Berlin, 1992.

Müller-Merbach, H.: Morphologie heuristischer Verfahren, in: Zeitschrift für Operations Research, 20. Jg. (1976), S. 69-87.

Müller-Merbach, H.: Heuristics and their design: A survey, in: European Journal of Operations Research, 6. Jg. (1981), S. 1-23.

Müller-Merbach, H.: Operations Research und Planung, in: N. Szyperski (Hrsg.): Handwörterbuch Planung, Stuttgart, 1989, Sp. 1290-1299.

Newell, A.: Heuristic Programming: Ill Structured Problems, in: Aronofsky (Hrsg.): Progress in Operations Research, Vol. III, New York, 1969, S. 360-414.

Niemeyer, G.: Simulation, in: K. Kurbel, H. Strunz (Hrsg.): Handbuch der Wirtschaftsinformatik, Stuttgart, 1990, S. 437-456.

Pfohl, H., R. Hebel: Bewertung heuristischer Methoden, in: Zeitschrift für Operations Research, 26. Jg. (1982), S. B123-B139.

Pidd, M.: Computer simulation in management science, Chichester, 1986.

Powers, R. 1989: Optimization Models for Logistics Decisions, in: Journal of Business Logistics, 10. Jg. (1989), S. 106-121.

Schmidt, B.: Modellaufbau und Validierung, in: J. Biethahn, B. Schmidt (Hrsg.): Simulation als betriebliche Entscheidungshilfe - Methoden, Werkzeuge, Anwendungen, Berlin, 1987, S. 52-60.

Schnabl, H.: Computersimulation und Modellbildung in der Ökonomie, in: WiSt, 14. Jg. (1985), S. 453-460.

Streim, H.: Heuristische Lösungsverfahren - Versuch einer Begriffsklärung, in: Zeitschrift für Operations Research, 19. Jg. (1975), S. 143-162.

Ulrich, W.: Einführung in die heuristischen Methoden des Problemlösens, in: WISU - Das Wirtschaftsstudium, 5. Jg. (1976), S. 251-256.

Witte, Th.: Die Modellierung von Lagerhaltungssystemen mit den Netzwerkelementen von SLAM II - Überlegungen zum interaktiven Generieren von Simulationsmodellen, in: J. Biethahn, B. Schmidt (Hrsg.): Simulation als betriebliche Entscheidungshilfe - Methoden, Werkzeuge, Anwendungen, Berlin, 1987, S. 200-212.

Zweiter Teil:
Methoden und Anwendungen

Kapitel 6

Differentialrechnung mit Nebenbedingungen

6.1 Grundlagen zur Methode der Lagrange-Multiplikatoren

In vielen Anwendungsaufgaben sind Extremwerte von Funktionen mehrerer Veränderlicher zu bestimmen, wobei die Veränderlichen nicht voneinander unabhängig, sondern durch Nebenbedingungen miteinander verknüpft sind. Solche Aufgaben lassen sich oft dadurch lösen, daß man mit Hilfe dieser Nebenbedingungen durch Elimination die Anzahl der Veränderlichen reduziert. Dies soll exemplarisch an der folgenden Aufgabe verdeutlicht werden.

Ein Unternehmen fertigt zwei Produkte x und y. Das Unternehmen kennt die dazugehörigen Preis-Absatz- sowie die Kostenfunktionen.

$$\begin{aligned} \text{PAF}_x: \quad p_x(x) &= 15 - x \\ \text{PAF}_y: \quad p_y(y) &= 30 - 2 \cdot y \end{aligned} \tag{6.1}$$

$$\begin{aligned} K_x(x) &= 5 \cdot x \\ K_y(y) &= 10 \cdot y \end{aligned} \tag{6.2}$$

Ziel ist die Maximierung des Gewinns, der sich als Differenz von Erlösen und Kosten wie folgt ergibt:

$$G(x,y) = (15 - x) \cdot x - 5 \cdot x + (30 - 2 \cdot y) \cdot y - 10 \cdot y. \tag{6.3}$$

Die von x und y abhängige, zu maximierende Gewinnfunktion lautet damit:

$$G(x,y) = (10 - x) \cdot x + (20 - 2 \cdot y) \cdot y \to \text{max!} \tag{6.4}$$

Zusätzlich sei bekannt, daß die gemeinsam genutzte Fertigungskapazität nur zur Herstellung von insgesamt acht Einheiten der beiden Produkte gemäß folgender Nebenbedingung ausreicht:

$$x + y = 8. \tag{6.5}$$

Eine isolierte Maximierung ohne Berücksichtigung der Nebenbedingung ergibt den folgenden optimalen Produktionsplan: $x = 5$, $y = 5$ (ohne Herleitung). Soll die Nebenbedingung eingehalten werden, ist dieser Plan nicht zu realisieren, da hierzu zehn

Einheiten der Fertigungskapazität erforderlich wären. Es sind jedoch nur acht Kapazitätseinheiten vorhanden.

Wie ist nun der optimale Produktionsplan unter Beachtung der Nebenbedingung zu ermitteln? Die durch die beschränkte Fertigungskapazität gegebene Nebenbedingung kann bei der Maximierung des Gewinns berücksichtigt werden, indem man sie nach einer der Veränderlichen, z.B. nach x auflöst, und in die Zielfunktion einsetzt:

$$x = 8 - y. \tag{6.6}$$

In G eingesetzt ergibt sich:

$$\begin{aligned} G &= (10 - (8 - y)) \cdot (8 - y) + (20 - 2 \cdot y) \cdot y \\ &= (2 + y) \cdot (8 - y) + (20 - 2 \cdot y) \cdot y \\ &= -3 \cdot y^2 + 26 \cdot y + 16 \rightarrow \max! \end{aligned} \tag{6.7}$$

Nun wird die nur noch von y abhängige Zielfunktion wie gewohnt maximiert und liefert den optimalen Wert für y. Durch Einsetzen in die Nebenbedingung erhält man auch den dazugehörigen x-Wert:

$$\begin{aligned} G' &= -6 \cdot y + 26 = 0 \\ & \Rightarrow y = 13/3 \qquad \Rightarrow x = 11/3. \end{aligned} \tag{6.8}$$

Der unter Einhaltung der Nebenbedingung erzielbare Gewinn ergibt sich somit wie folgt:

$$G = 19/3 \cdot 11/3 + 34/3 \cdot 13/3 = (209 + 442)/9 = 651/9 = 72\frac{1}{3}. \tag{6.9}$$

Die hier beschriebene Auflösung einer Nebenbedingung nach einer der Veränderlichen ist nicht immer praktikabel. Zudem kann bei der beschriebenen Elimination von Veränderlichen eine nicht gerechtfertigte Bevorzugung einer Veränderlichen gegenüber einer anderen eintreten.

Die im folgenden erläuterte Multiplikatorenmethode von Lagrange bietet hier einen eleganten Ausweg an. Dies soll im folgenden am aufgezeigten Beispiel anschaulich hergeleitet werden.

Gegeben ist die bereits bekannte Gewinnfunktion des Unternehmens in Abhängigkeit von x und y:

$$G(x, y) = (10 - x) \cdot x + (20 - 2y) \cdot y \rightarrow \max! \tag{6.10}$$

sowie die bekannte Nebenbedingung in Gleichungsform:

$$x + y = 8. \tag{6.11}$$

Diese Gleichung wird nun zu einer erweiterten Funktion, der sogenannten Lagrange-Funktion L zusammengefaßt:

$$L(x, y, \lambda) = (10 - x) \cdot x + (20 - 2y) \cdot y - \lambda(x + y - 8) \rightarrow \text{max!} \tag{6.12}$$

Somit ergibt sich aus einer Optimierungsaufgabe mit Nebenbedingung eine Optimierungsaufabe ohne Nebenbedingung unter Einbeziehung einer zusätzlichen Variablen λ.

Dieses Problem läßt sich lösen, indem die Lagrange-Funktion einzeln nach den Variablen der ursprünglichen Zielfunktion sowie dem Lagrange-Multiplikator λ partiell differenziert wird. Diese partiellen Ableitungen werden wie üblich gleich Null gesetzt. Im Beispiel gilt damit:

$$\begin{array}{llcrcl} \boxed{\text{I}} & \frac{\partial G}{\partial x} = 10 - 2 \cdot x - \lambda \stackrel{!}{=} 0 & \Rightarrow & \lambda & = & 10 - 2 \cdot x \\ \boxed{\text{II}} & \frac{\partial G}{\partial y} = 20 - 4 \cdot y - \lambda \stackrel{!}{=} 0 & \Rightarrow & \lambda & = & 20 - 4 \cdot y \\ \boxed{\text{III}} & \frac{\partial G}{\partial \lambda} = 8 - x - y \stackrel{!}{=} 0 & \Rightarrow & 8 & = & x + y \end{array} \tag{6.13}$$

$$\begin{array}{rrclcrcl} \boxed{\text{I}} = \boxed{\text{II}} & 5 - x & = & 10 - 2 \cdot y & \Rightarrow & x & = & 2 \cdot y - 5 \\ \text{in } \boxed{\text{III}} & 8 & = & 2 \cdot y - 5 + y & & & & \\ & & & y = 13/3, & & x = 11/3, & & \lambda = 8/3. \end{array} \tag{6.14}$$

Allgemein läßt sich dieser Sachverhalt wie folgt formal darstellen:

$$f(x) \rightarrow \text{max!} \quad \text{unter den Nebenbedingungen } g_j(x) = 0. \tag{6.15}$$

Dabei gilt: $x = (x_1, \ldots, x_n)$, $f(x)$ ist die Zielfunktion, $g_j(x)$ ist die j-te Nebenbedingung in Gleichungsform, die Lagrange-Funktion lautet:

$$L(x) = f(x) - \sum_j \lambda_j \cdot g_j(x) \rightarrow \text{max!} \tag{6.16}$$

mit

$$\begin{aligned} \frac{\partial L}{\partial x_i} &= \frac{\partial f}{\partial x_i} - \sum_j \lambda_j \cdot \frac{\partial g_j}{\partial x_i} \stackrel{!}{=} 0 \qquad \forall i = 1, \ldots, n \\ \frac{\partial L}{\partial \lambda_j} &= g_j(x) \stackrel{!}{=} 0 \qquad \forall j = 1, \ldots, m. \end{aligned} \tag{6.17}$$

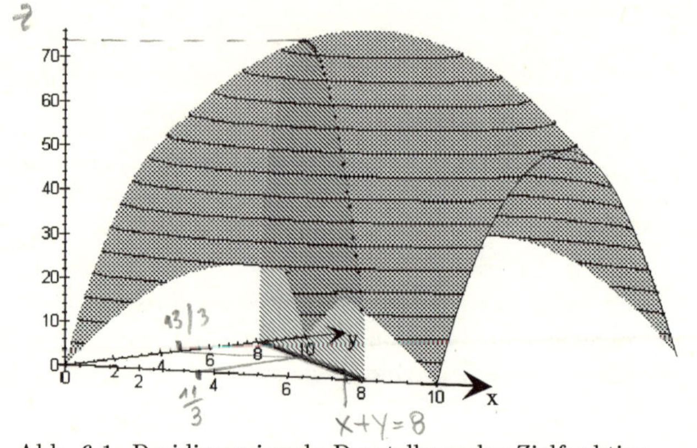

Abb. 6.1: Dreidimensionale Darstellung der Zielfunktion

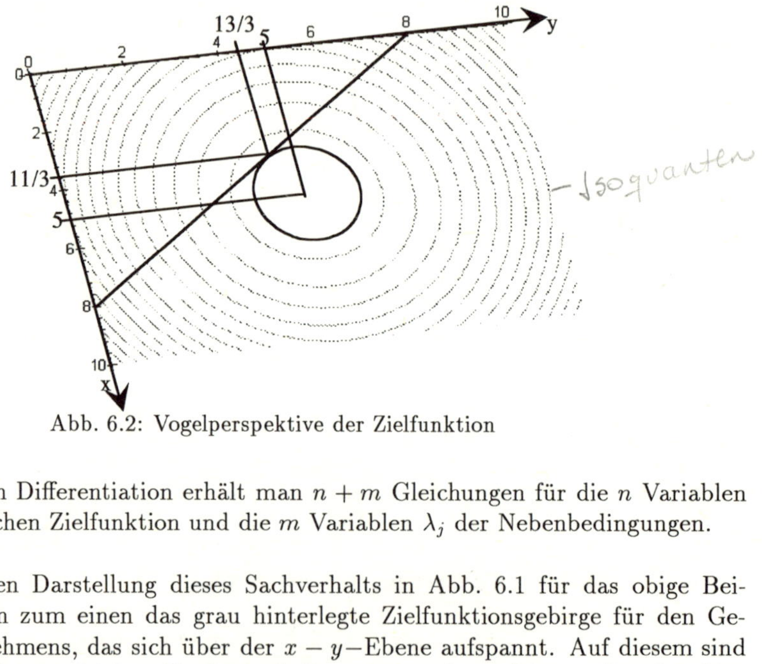

Abb. 6.2: Vogelperspektive der Zielfunktion

Aus der partiellen Differentiation erhält man $n + m$ Gleichungen für die n Variablen x_i der ursprünglichen Zielfunktion und die m Variablen λ_j der Nebenbedingungen.

In der graphischen Darstellung dieses Sachverhalts in Abb. 6.1 für das obige Beispiel erkennt man zum einen das grau hinterlegte Zielfunktionsgebirge für den Gewinn des Unternehmens, das sich über der $x - y-$Ebene aufspannt. Auf diesem sind $x - y-$Kombinationen gleichen Gewinns als Isoquanten eingezeichnet. Darüber hinaus ist die Ebene (schräg schraffiert) abgebildet, die sich über der Nebenbedingung aufspannt. Aus dem Schnitt dieser Ebene mit der Zielfunktion ergibt sich eine Raumkurve. Dort, wo diese Raumkurve, die sich aus dem Schnitt von Zielfunktion und der Ebene über der Nebenbedingung ergibt, ihr Maximum annimmt(11/3, 13/3), ist das optimale Produktionsprogramm für das Unternehmen erreicht. Aus der Vogelperspektive stellt sich der Sachverhalt wie in Abb. 6.2 veranschaulicht dar.

Dort, wo die hervorgehobene Isoquante für den Gewinn von 72,33 die Nebenbedingung tangiert, wird das Gewinnmaximum der Funktion unter Berücksichtigung der Nebenbedingungen erreicht. Das unbeschränkte Optimum (5;5) ist unzulässig.

Die beschriebene Vorgehensweise besitzt allgemein nur Gültigkeit, wenn die Nebenbedingungen in Gleichungsform vorliegen. Liegen die Nebenbedingungen in Ungleichungsform vor, so muß zunächst geprüft werden, ob sie überhaupt greifen.

6.2 Produktionsprogrammplanung

Ein Industriebetrieb ist in der Lage, in der kommenden Planungsperiode vier verschiedene Erzeugnisse i auf dem vorhandenen Produktionsapparat zu fertigen, deren Absatzmengen x_i von der jeweiligen Höhe der Absatzpreise abhängen.

Erzeugnis i	Preis-Absatz-Funktion $p_i(x_i)$	variable Stückkosten k_i	Bearbeitungszeit pro Stück a_i
1	$p_1 = 55 - 0,05x_1$	25,-	5
2	$p_2 = 30 - 0,01x_2$	35,-	4
3	$p_3 = 40 - 0,02x_3$	20,-	2
4	$p_4 = 120 - 0,045x_4$	30,-	3

Maximale Fertigungskapazität: $T = 4.600$ Zeiteinheiten [ZE]

Ermitteln Sie das gewinnmaximale Produktionsprogramm!

Zunächst wird gezeigt, daß sich dieses Problem nicht mit Hilfe einer isolierten Planung lösen läßt, dann wird die Aufgabe mit Hilfe der simultanen Planung – mit der Methode der Lagrange-Multiplikatoren – gelöst.

Soll das gewinnmaximale Produktionsprogramm mit Hilfe der isolierten Planung ermittelt werden, so kann dies in zwei Schritten erfolgen. Zuerst müssen die Erzeugnisse mit positivem Stückdeckungsbeitrag, d.h. mit positiver Differenz aus Preis-Absatz-Funktion und variablen Stückkosten ermittelt werden. Dies sind die Produkte 1, 3 und 4. Es ist also klar, daß es nicht optimal ist, Produkt 2 zu produzieren, da dieses für beliebige Absatzmengen x_2 eine negative Deckungsspanne aufweist.

In einem zweiten Schritt ist die Frage zu beantworten, ob die Produktionskapazität knapp ist, wenn die Cournot-Mengen der Preis-Absatz-Funktionen von den Produkten 1, 3 und 4 hergestellt werden. Die Cournot-Menge ist die Menge, für die die erste Ableitung der isolierten Gewinnfunktion eines Produktes verschwindet:

$$\frac{dG}{dx} = \frac{dE(x)}{dx} - \frac{dK(x)}{dx} \stackrel{!}{=} 0 \tag{6.18}$$

In der Tabelle werden die Cournot-Mengen bestimmt:

Erzeugnis	1. Ableitung der Gewinnfunktion	Cournot-Menge	Dafür benötigte Produktionszeit
1	$55 - 0,1x_1 - 25$	$x_1 = 300$	1.500
3	$40 - 0,04x_3 - 20$	$x_3 = 500$	1.000
4	$120 - 0,09x_4 - 30$	$x_4 = 1.000$	3.000
		Benötigte Produktionszeit:	5.500

Die bei Produktion der Cournot-Mengen benötigte Kapazität liegt bei 5.500 ZE und damit über der vorhandenen Kapazität von 4.600 ZE. Eine isolierte Planung ist demnach nicht möglich. Es können aus dem Kalkül bloß Obergrenzen für die zu produzierenden Mengen abgeleitet werden.

Es muß deshalb ein Lagrange-Ansatz formuliert werden. Die Gesamtgewinnfunktion lautet allgemein:

$$G = \sum_i [p_i(x_i) - k_i(x_i)] \cdot x_i \rightarrow \max! \tag{6.19}$$

Die Kapazitätsrestriktion lautet entsprechend:

$$\sum_i a_i \cdot x_i \leq T \qquad x_i \geq 0 \quad \forall i. \tag{6.20}$$

Es ist demnach die Funktion

$$L = G - \lambda \cdot \left[\sum_i a_i \cdot x_i - T\right] \rightarrow \max! \tag{6.21}$$

zu maximieren. Mit den Daten des Beispiels ergibt sich folgende Lagrange-Funktion:

$$\begin{aligned} L \;=\; & 30 \cdot x_1 - 0,05 \cdot x_1^2 + 20 \cdot x_3 - 0,02 \cdot x_3^2 + 90 \cdot x_4 - 0,045 \cdot x_4^2 \\ & - \lambda \cdot (5 \cdot x_1 + 2 \cdot x_3 + 3 \cdot x_4 - 4.600) \rightarrow \max! \end{aligned} \tag{6.22}$$

Die Lagrange-Bedingungen sind:

$$\begin{aligned} \frac{\partial L}{\partial x_1} &= 30 - 0,1x_1 - 5\lambda \stackrel{!}{=} 0 \\ &\Rightarrow x_1 = 300 - 50\lambda \\ \frac{\partial L}{\partial x_3} &= 20 - 0,04x_3 - 2\lambda \stackrel{!}{=} 0 \\ &\Rightarrow x_3 = 500 - 50\lambda \\ \frac{\partial L}{\partial x_4} &= 90 - 0,09x_4 - 3\lambda \stackrel{!}{=} 0 \\ &\Rightarrow x_4 = 1.000 - \frac{100}{3}\lambda \\ \frac{\partial L}{\partial \lambda} &= 4.600 - 5x_1 - 2x_3 - 3x_4 \stackrel{!}{=} 0. \end{aligned} \tag{6.23}$$

(6.24)

Daraus folgt:

$$\begin{aligned} \lambda &= 2 \text{ DM/ZE} \\ x_1 &= 200 \text{ ME} \\ x_3 &= 400 \text{ ME} \\ x_4 &= 933\tfrac{1}{3} \text{ ME.} \end{aligned} \tag{6.25}$$

Die Lösung soll interpretiert und anschließend anhand einer graphischen Darstellung verdeutlicht werden. Dazu sind zunächst einige Umformungen vorzunehmen. Werden die aus den partiellen Ableitungen in 6.23 resultierenden Optimalitätsbedingungen jeweils nach λ aufgelöst, ergibt sich:

$$\begin{aligned} \lambda &= (30 - 0,1 \cdot x_1) : 5 &= 6 - 0,02 \cdot x_1 \\ \lambda &= (20 - 0,04 \cdot x_3) : 2 &= 10 - 0,02 \cdot x_3 \\ \lambda &= (90 - 0,09 \cdot x_4) : 3 &= 30 - 0,03 \cdot x_4 \end{aligned} \tag{6.26}$$

Der Ausdruck rechts vom ersten Gleichheitszeichen ist dabei jeweils der Grenzgewinn mit der Dimension [DM/ME], der durch den Produktionskoeffizienten mit der Dimension [ZE/ME] dividiert wird. Der resultierende Grenzgewinn pro knapper Kapazitätseinheit muß im Optimum also in allen drei Verwendungsrichtungen (x_1, x_3, x_4) gleich λ sein.

Zur zeichnerischen Darstellung werden in diesen Gewinnfunktionen pro Kapazitätseinheit die Variablen x_1 (bzw. x_3, x_4) durch die Variablen t_1 (bzw. t_3, t_4) substituiert gemäß

$$\begin{aligned} x_1 &= 1/5 \cdot t_1 \\ x_3 &= 1/2 \cdot t_3 \\ x_4 &= 1/3 \cdot t_4. \end{aligned} \tag{6.27}$$

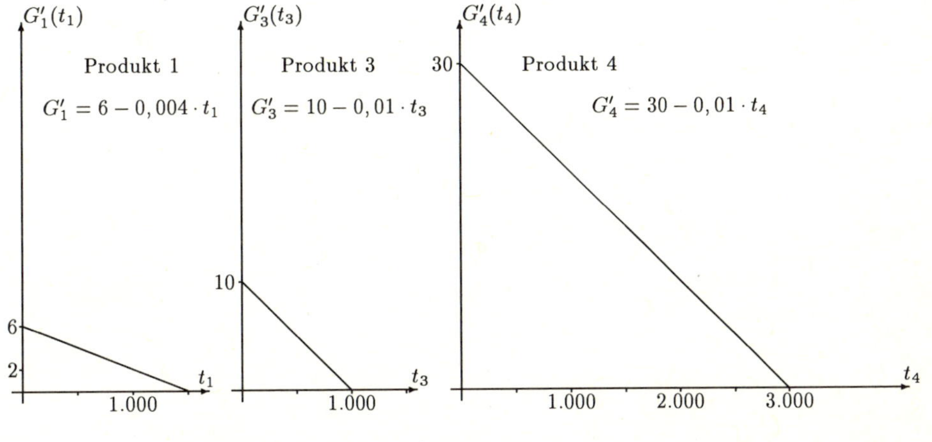

Abb. 6.3: Grenzgewinne als Funktionen der Produktionszeit t

Dabei ist t_i die Zeit, die zur Produktion der Menge x_i benötigt wird. Die sich ergebenden Grenzgewinnfunktionen in Abhängigkeit von der eingesetzten Zeit sind in

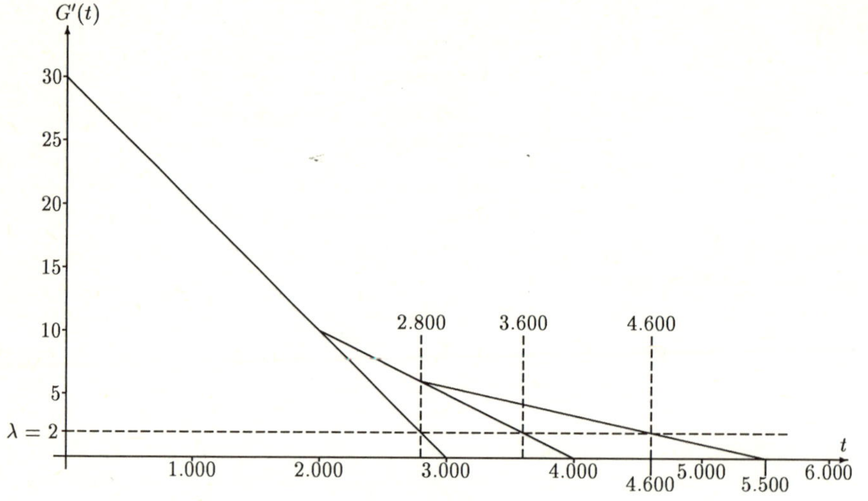

Abb. 6.4: Addierte Grenzgewinnfunktion als Funktion der Produktionszeit

Abb. 6.3 dargestellt. In Abb. 6.4 werden diese Funktionen horizontal aggregiert. Da die Kapazität auf 4.600 Zeiteinheiten begrenzt ist, kann an dieser aggregierten Funktion der dazu gehörige Grenzgewinn $\lambda = 2$ abgelesen werden. Dieser gilt für alle drei Verwendungsrichtungen, so daß im Optimalprogramm für das erste Produkt 1.000 ZE, für das dritte Produkt 800 ZE und für das vierte Produkt 2.800 ZE Engpaßkapazität aufgewendet werden müssen.

Aufgaben

Mediaselektion

Ein Unternehmen möchte seine wöchentlichen Werbeanstrengungen so optimieren, daß der wöchentlich erzielte Gewinn maximiert wird. Die Werbung kann entweder über Zeitungsanzeigen oder über den lokalen Rundfunk erfolgen. Eine Anzeige üblichen Formats in der Zeitung kostet DM 500,–, eine Minute Rundfunkwerbung DM 750,–. Für die wöchentliche Werbung stehen DM 60.000,– zur Verfügung. Sind x_1 bzw. x_2 die Anzahlen der wöchentlichen Anzeigen bzw. Werbeminuten, so sei bekannt, daß sich der erzielbare wöchentliche Gewinn G als Funktion von x_1 und x_2 wie folgt darstellen läßt.

$$G = 120.000 + 4 \cdot x_1 \cdot x_2 - 12 \cdot x_1^2 - 10 \cdot x_2^2 + 548 \cdot x_1 + 740 \cdot x_2 \qquad (6.28)$$

Wie ist der Werbeetat aufzuteilen?

1. Lösen Sie dieses Extremwertproblem mit Hilfe der Multiplikatorenmethode von Lagrange und überprüfen Sie, ob die hinreichenden Bedingungen für ein Maximum erfüllt sind!

2. Deuten Sie den erhaltenen Wert des Lagrangeschen Multiplikators ökonomisch!

Umweltschutzmaßnahmen

Zur Vermeidung der bei der Herstellung ihrer Produkte P_1, P_2, P_3 und P_4 auftretenden Luftverschmutzung ist eine chemische Fabrik bereit, einen Betrag von B aufzuwenden. Wird zur Vermeidung der bei der Herstellung von Produkt P_i auftretenden Luftverschmutzung der Anteil x_i des Betrages B mit $\sum_{i=1}^{4} x_i = 1$ eingesetzt, so ist der zugehörige Luftverschmutzungsgrad l_i

$$l_i = \mu \cdot \exp(-\alpha_i \cdot x_i), \quad i \in \{1, 2, 3, 4\} \qquad (6.29)$$

mit $\alpha_i = 1{,}2^{i-1}$. μ ist ein Skalierungsparameter mit der Dimension [Luftverschmutzungsgrad]. Ferner sei angenommen, daß der bei der Produktion der vier Produkte insgesamt auftretende Verschmutzungsgrad sich additiv aus den bei der Herstellung der einzelnen Produkte auftretenden Verschmutzungsgraden zusammensetzt.

Wie hat das Unternehmen den zur Verfügung stehenden Geldbetrag aufzuteilen, wenn eine minimale Luftverschmutzung angestrebt wird?

Kapitel 7

Lineare Programmierung

7.1 Das Maximierungsproblem

7.1.1 Ein Beispiel zur Produktionsprogrammplanung

Ein Hersteller von Wohnmöbeln produziert in einem Zweigwerk zwei verschiedene Arten von Sitzmöbeln: Eßzimmerstühle und Bürostühle. Diese müssen alle drei Werkstätten des Betriebes – die Schreinerei, Lackiererei und Polsterei – durchlaufen. Die Produktionskoeffizienten, gemessen in Stunden je Mengeneinheit dieser Sitzmöbel in den unterschiedlichen Werkstätten, enthält die Tabelle 7.1. Die maximale zeitliche Fertigungskapazität jeder Werkstatt in der Planungsperiode, gemessen in Stunden, ist in der Tabelle 7.2 aufgeführt.

	Eßzimmerstuhl	Bürostuhl
Schreinerei	2	6
Lackiererei	1	1
Polsterei	2	1

Tab. 7.1: Bearbeitungszeiten (Produktionskoeffizienten) je Einheit der Sitzmöbel in den verschiedenen Werkstätten in [Std./ME]

	Schreinerei	Lackiererei	Polsterei
Maximale zeitliche Fertigungskapazität	300	70	120

Tab. 7.2: Maximale zeitliche Fertigungskapazität der drei Werkstätten in [Std]

Die Sitzmöbel können im Rahmen der gegebenen Kapazitäten zu bestimmten festgelegten Preisen am Markt abgesetzt werden. Die Marktpreise sowie die variablen Stückkosten (Material-, Arbeits-, Verwaltungs- und Vertriebskosten) und die Deckungsspannen (= Stückdeckungsbeiträge) als Differenz aus Preis und variablen Stückkosten sind in der Tabelle 7.3 zusammengefaßt.

Gäbe es in diesem Beispiel einen bekannten Engpaß, so könnte das Produktionsprogramm leicht bestimmt werden. Es müßten nur die relativen Deckungsspannen für die verschiedenen Produkte als Quotienten aus den Stückdeckungsbeiträgen und den

	Eßzimmerstuhl	Bürostuhl
Marktpreis	95,–	140,–
Variable Stückkosten	65,–	120,–
Deckungsspanne	30,–	20,–

→ Stückdeckungsbeitrag

Tab. 7.3: Marktpreise, variable Stückkosten und Deckungsspannen für die Sitzmöbel in [DM/ME]

Produktionskoeffizienten im Engpaß berechnet werden. Gemäß der Höhe dieser relativen Deckungsspannen würden die Produkte in das Produktionsprogramm übernommen, wobei zum einen die maximalen Absatzmengen der Produkte und zum anderen die maximale Kapazität des Engpasses zu beachten wäre.

Im obigen Fall gibt es aber drei Stationen, und es hängt von dem zu bestimmenden Produktionsprogramm ab, ob nur eine und gegebenenfalls welche Station Engpaß sein wird. Beide Schritte – Identifizierung eines Engpasses und Festlegung des Produktionsprogrammes – lassen sich nicht mehr separieren. Deshalb kann der Algorithmus unter Verwendung der relativen Deckungsspannen nicht eingesetzt werden. Das Problem muß mit einer anderen Methode gelöst werden. Diese heißt *Lineare Programmierung* und soll im folgenden dargestellt werden.

Das vorliegende reale Problem der gewinnmaximalen Produktionsprogrammplanung muß dazu erst einmal in ein formales Problem übersetzt werden. Einer Lösung des formalen Problems muß entnommen werden können, wieviel Mengeneinheiten von einer Stuhlsorte zu produzieren sind. Von daher sind Mengenvariablen einzuführen. Diese Mengenvariablen mit der Dimension Mengeneinheiten [ME] sind:

x_1 [ME] $\Rightarrow$ Produktions- und Absatzmenge der Eßzimmerstühle
x_2 [ME] $\Rightarrow$ Produktions- und Absatzmenge der Bürostühle.

Lösung des formalen Problems sollte es sein, die Mengen anzugeben, bei denen der erzielte Gewinn maximal ist oder – bei Irrelevanz der Fixkosten – bei der der erzielte Deckungsbeitrag maximal ist. Die Zielfunktion Z kann von daher wie folgt formuliert werden:

$$\begin{array}{ccl} Z & = & 30 \cdot x_1 + 20 \cdot x_2 \rightarrow \max! \\ \text{[DM]} & = & \text{[DM/ME]} \cdot \text{[ME]} + \text{[DM/ME]} \cdot \text{[ME]} \end{array} \qquad (7.1)$$

Dabei ist die Gleichung wie folgt zu verstehen: Die Deckungsspanne für die Eßzimmerstühle beträgt 30 DM pro Mengeneinheit. Da es unbekannt ist, wieviele Eßzimmerstühle produziert werden, wird die Variable x_1 eingesetzt. Wird der Deckungsbeitrag pro Stück mit x_1 multipliziert, hat die so berechnete Größe die Dimension [DM]. Die gleichen Überlegungen lassen sich für den Term formulieren, der die Bürostühle beschreibt. Ein Bürostuhl hat den Stückdeckungsbeitrag von 20 DM, und die Menge der zu produzierenden Bürostühle wird durch die Variable x_2 definiert.

Würde man diese Gleichung nun zu maximieren versuchen, so wäre die Lösung sehr einfach; sie kann aber für das reale Problem nicht zutreffen: Würde unendlich viel an Eßzimmer- und Bürostühlen produziert werden, so wäre auch der Deckungsbeitrag unendlich groß. Eine solche Lösung kann aber schon deshalb nicht stimmen, da Restriktionen existieren, etwa daß nur endlich viel produziert werden kann, da die benötigten Produktionsfaktoren bloß in endlicher Menge verfügbar sind. Für das Beispiel lauten diese Nebenbedingungen:

$$\begin{array}{rccccccccl} \text{Schreinerei} & 2 & \cdot x_1 & + & 6 & \cdot x_2 & \leq & 300 \\ \text{Lackiererei} & 1 & \cdot x_1 & + & 1 & \cdot x_2 & \leq & 70 \\ \text{Polsterei} & 2 & \cdot x_1 & + & 1 & \cdot x_2 & \leq & 120. \\ & [\text{Std/ME}] & \cdot [\text{ME}] & + & [\text{Std/ME}] & \cdot [\text{ME}] & = & [\text{Std}] \end{array} \tag{7.2}$$

Die Bedeutung der Nebenbedingungen wird im folgenden am Beispiel der Restriktion für die Schreinerei erläutert. Die Bemerkungen gelten aber in gleicher Art und Weise für die Lackiererei- und Polsterei-Ungleichungen.

Für jeden Eßzimmerstuhl werden zwei Stunden pro ME benötigt. Wenn diese Größe mit x_1 multipliziert wird, ergibt sich die zeitliche Inanspruchnahme der Schreinerei durch die Herstellung von Eßzimmerstühlen. Dazu ist das (mathematische) Produkt aus sechs Stunden pro Bürostuhl und der Zahl der gefertigten Bürostühle x_2 zu addieren. Die Summe – das ist die für die Abwicklung des Produktionsprogramms benötigte zeitliche Kapazität der Schreinerei – darf nicht größer sein als die vorhandene von 300 Stunden pro Periode. Deshalb ist die Restriktion als lineare Ungleichung formuliert worden. Sollte für die Lösung tatsächlich das Gleichheitszeichen gelten, so bedeutet dies, daß die vorhandene Kapazität der Schreinerei vollständig ausgelastet worden ist, d.h., die Schreinerei wäre ein Engpaß.

Würde man jetzt die Zielfunktion 7.1 unter den Nebenbedingungen 7.2 maximieren, so wäre es möglich, daß in einer Lösung einer der beiden Variablen ein negativer Wert zugewiesen werden würde. Eine solche Lösung wäre aber ökonomisch nicht interpretierbar, da die Variablen x_1 und x_2 stets nur nichtnegative Werte annehmen dürfen. Deshalb müssen Nichtnegativitätsbedingungen (NNB) eingeführt werden:

$$\text{NNB} \quad x_1, x_2 \geq 0.$$

Das lineare Programm hat also die formale Struktur:

$$\begin{array}{rlcl} Z = & 30 \cdot x_1 + 20 \cdot x_2 & \rightarrow & \text{max!} \\ \text{Schreinerei} & 2 \cdot x_1 + 6 \cdot x_2 & \leq & 300 \\ \text{Lackiererei} & 1 \cdot x_1 + 1 \cdot x_2 & \leq & 70 \\ \text{Polsterei} & 2 \cdot x_1 + 1 \cdot x_2 & \leq & 120 \\ \text{NNB} & x_1, x_2 & \geq & 0. \end{array} \tag{7.3}$$

Die Zielfunktion und die Restriktionen sind linear, da in ihnen keine Potenzen und sonstige multiplikativen Terme in x_1 und x_2 enthalten sind.

7.1.2 Graphische Lösung

In dem vorliegenden Problem der Produktionsprogrammplanung sind für zwei Variablen die Optimalwerte zu bestimmen. Der Lösungsraum ist demnach zweidimensional und läßt sich graphisch darstellen. Bei drei oder mehr Variablen hätte der Lösungsraum entsprechend mehr Dimensionen.

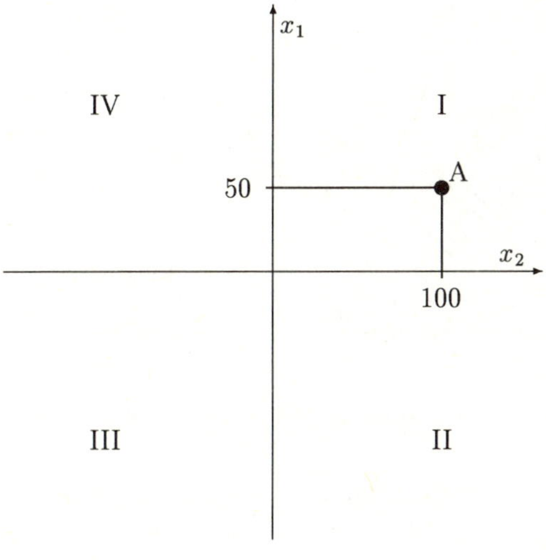

Abb. 7.1: Zweidimensionale Darstellung des Lösungsraumes

Die Lösung A mit ($x_1 = 50$, $x_2 = 100$) kann z.B. wie in Abb. 7.1 vermerkt werden. x_1 ist in diesem Koordinatensystem an der Ordinate und x_2 an der Abszisse aufgetragen worden. Ob die Lösung A zulässig ist, kann aber erst dann der Abbildung entnommen werden, wenn auch die den zulässigen Lösungsraum begrenzenden Restriktionen in das Koordinatensystem eingezeichnet worden sind.

Die NNB können am einfachsten eingetragen werden. $x_1 \geq 0$ und $x_2 \geq 0$ bedeutet, daß nur im Quadranten I zulässige Lösungen liegen. Verständlich machen kann man sich dies mit der folgenden Überlegung: Gilt $x_1 = 0$, so bewegt man sich auf der Abszisse, der x_2-Achse. Diese Gerade teilt den gesamten Lösungsraum in zwei Halbebenen. Nur die eine Halbebene oberhalb und auf der x_2-Achse enthält zulässige Lösungen, denn dort gilt: $x_1 \geq 0$. Der gleiche Gedankengang läßt sich auch für x_2 durchspielen – mit dem Ergebnis, daß zulässige Lösungen rechts von der x_1-Achse oder auf ihr liegen. Die Schnittmenge beider Lösungsräume ist der Quadrant I.

Bei den weiteren Restriktionen bedient man sich grundsätzlich des gleichen Tricks, indem das Ungleichheitszeichen durch das Gleichheitszeichen ersetzt, die zugehörige Gerade eingetragen und diejenige von den beiden Halbebenen identifiziert wird, welche die durch die Richtung des Ungleichheitszeichen bestimmten zulässigen Lösungen enthält.

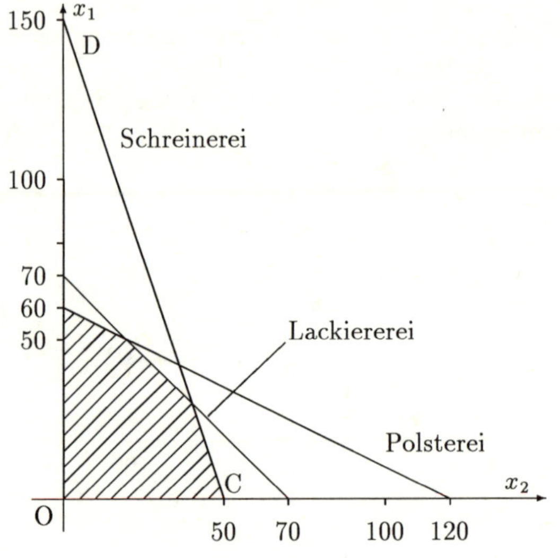

Abb. 7.2: Abbildung der Restriktionen im Lösungsraum

Für die Schreinereirestriktion wäre demnach folgendermaßen vorzugehen: Die zu der Schreinereirestriktion zugehörige Geradengleichung lautet:

$$2 \cdot x_1 + 6 \cdot x_2 = 300. \tag{7.4}$$

Dazu werden die Achsenschnittpunkte C und D dieser Geraden berechnet: Wenn x_1 gleich Null gesetzt wird, ergibt sich für x_2 ein Wert von 50 ME, um die obige Gl. 7.4 zu erfüllen. Für $x_2 = 0$ ME gilt $x_1 = 150$ ME. In der Abb. 7.2 sind diese Punkte C und D markiert. Die Verbindungslinie der beiden Punkte ist die gesuchte Gerade. Auf dieser Geraden liegen alle Punkte, die die Nebenbedingung in Gleichungsform erfüllen. Wegen der positiven Vorzeichen der Produktionskoeffizienten in der Schreinereirestriktion würde ein Punkt oberhalb der Geraden mehr und unterhalb weniger an Kapazität benötigen. Deshalb ist der sich aus der Schreinereirestriktion und den NNB ergebene zulässige Lösungsraum das Dreieck OCD.

Analoge Überlegungen können für die beiden weiteren Restriktionen formuliert werden. In der Abb. 7.2 sind auch für diese die entsprechenden Geraden eingetragen worden. In der Summe ergibt sich als Lösungsraum demnach ein Vieleck, dessen Eckenzahl von der Zahl der Restriktionen abhängt. Wäre der maximal mögliche Gewinn bekannt, so könnte auch die zu der Gewinngleichung zugehörige Gerade – wie bei den Restriktionen – in die Zeichnung eingetragen werden und das gewinnmaximale Produktionsprogramm würde sich ablesen lassen. Der Betrag des maximalmöglichen Gewinns ist aber nicht bekannt; er ergibt sich vielmehr aus dem gesuchten Produktionsprogramm. Um doch noch eine zeichnerische Lösung zu gewinnen, wird ein Trick genutzt. Wenn nämlich irgendein Gewinnbetrag angenommen wird – etwa hier $Z = 600$ DM –, kann die zu diesem Wert zugehörige Gerade bestimmt werden. Alle anderen Gewinngeraden liegen zu dieser parallel.

Die Achsenabschnitte der Gewinngeraden für $Z = 600$ sind $x_1 = 0$ ME, $x_2 = 30$ ME bzw. $x_1 = 20$ ME, $x_2 = 0$ ME. Sämtliche Punkte, die auf der im Quadranten I verlaufenden Verbindungsgeraden liegen, markieren Produktionsprogramme, die zu einem Gewinn von 600 DM pro Planungsperiode führen. Sie lassen sich auch realisieren, da alle Punkte im Quadranten I im zulässigen Bereich liegen, wie in der Abb. 7.3 zu sehen ist.

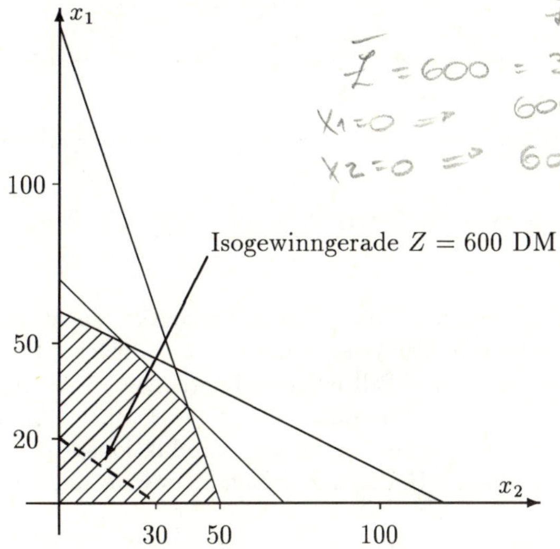

Abb. 7.3: Lösungsraum mit einer gestrichelten Isogewinngerade

Es sind aber eine Vielzahl von anderen Produktionsprogrammen möglich, die oberhalb der Isogewinngeraden von 600 DM liegen und die zu einem höheren Gewinn führen. Wird nun die Isogewinngerade immer weiter parallel nach rechts außen verschoben, so geht sie irgendwann nur noch durch einen Eckpunkt des zulässigen Lösungsraumes. Diese Lösung muß gewinnmaximal sein, da eine zusätzliche Verschiebung – je nach Richtung – entweder zu unzulässigen Lösungen oder solchen mit niedrigeren Gewinnen führt. Der Eckpunkt kann in der Abb. 7.4 abgelesen werden: Es ist

$$x_1 = 50 \text{ ME} \qquad x_2 = 20 \text{ ME}. \tag{7.5}$$

Zweidimensionale Probleme (d.h. solche mit zwei Variablen) lassen sich also zeichnerisch lösen. Dreidimensionale Probleme können ebenfalls noch auf diese Art und Weise behandelt werden. Ein solches Problem liegt z.B. vor, wenn das Sortiment um ein

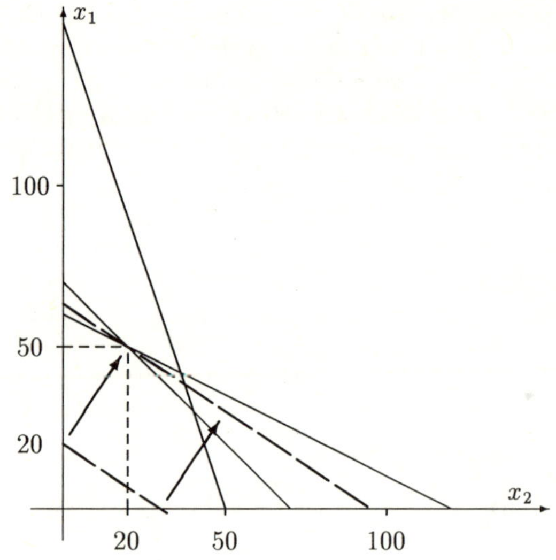

Abb. 7.4: Lösungsraum mit zwei (gestrichelten) Isogewinngeraden

Produkt – etwa Barhocker – erweitert wird. Dann sind drei Mengenvariablen simultan zu optimieren.

In der Abb. 7.5 ist die graphisch darstellbare Projektion des dreidimensionalen Falles skizziert. Es sind aber nur die Achsen eingetragen worden. Die x_1- und x_2-Achsen sind wie im zweidimensionalen Fall eingezeichnet. Die x_3-Achse, die die Menge der Barhocker darstellen soll, verläuft dann durch dieses Buch hindurch. Ein Punkt in der Abb. 7.5 markiert wieder ein bestimmtes Produktionsprogramm, d.h. eine Anweisung, die angibt, wieviel Barhocker, Eßzimmerstühle und Bürostühle produziert werden sollen.

Die Nebenbedingungen müssen noch in die Abb. 7.5 eingetragen werden. Diese lassen sich durch Ebenen darstellen, da dreidimensionale Halbräume (der durch die Ungleichungen erklärte zulässige Lösungsraum) zweidimensionale Grenzflächen haben (also Ebenen). Zunächst sollten – der Einfachheit halber – die NNB betrachtet werden: x_1, x_2, x_3 müssen größer gleich Null sein. Die Ebene $x_1 = 0$ liegt parallel zum unteren bzw. oberen Seitenrand, die Ebene $x_2 = 0$ parallel zum linken bzw. rechten Seitenrand und die ($x_3 = 0$)-Ebene parallel zur Blattoberfläche. Diese drei Ebenen zusammen stellen die NNB dar, die nicht in Gleichungsform, sondern in der Form „größer gleich" erfüllt sein müssen. Der Nullpunkt kommt zustande, wenn x_1, x_2 und x_3 gleich Null sind, d.h., er ist der Schnittpunkt der drei Ebenen.

Die Nebenbedingungen für Schreinerei, Lackiererei und Polsterei lassen sich als Ebenen einzeichnen. Die Ebene für die Schreinereirestriktion stellt diejenige Menge der Punkte dar, die zur Vollauslastung der Schreinerei führen. Mit der gleichen Überlegung lassen

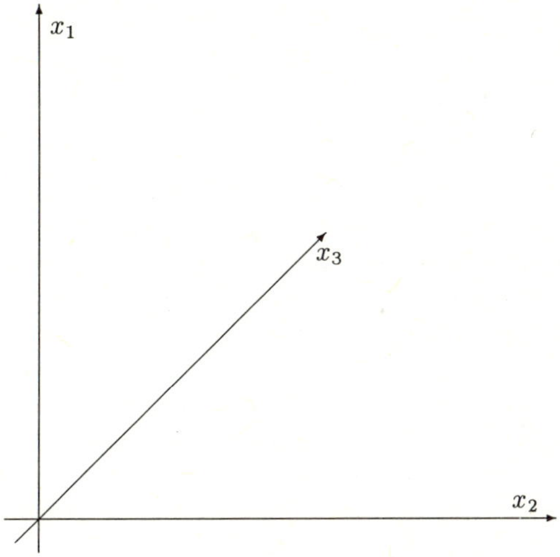

Abb. 7.5: Dreidimensionaler Fall

sich Ebenen für die Restriktionen von Lackiererei und Polsterei in den Raum legen. Insgesamt ergibt sich daraus eine Art vieleckiges Zimmer, dessen Zahl an Wänden und Decken von der Zahl der Restriktionen abhängt. Wo zwei nicht parallel liegende Wände zusammentreffen, ergibt sich eine Schnittlinie. Kommt eine dritte Wand - eine Decke - hinzu, ergibt sich ein Schnittpunkt.

Aus diesen geometrischen Überlegungen kann fogende Schlußfolgerung gezogen werden: Im zweidimensionalen Raum kommen Eckpunkte zustande, wenn sich 2 Geraden schneiden. Im dreidimensionalen Raum entstehen Eckpunkte, wenn sich drei Ebenen schneiden. Bei vier bis n Dimensionen entstehen entsprechend Eckpunkte, wenn sich vier bzw. n Hyperebenen schneiden. Allerdings läßt sich dieser Fall nicht mehr geometrisch veranschaulichen.

7.1.3 Erkenntnisse aus der graphischen Lösung

Aus der graphischen Lösung können folgende Schlußfolgerungen für die Behandlung eines Linearen Programms gezogen werden.

1. Wenn eine Optimallösung existiert, dann (auch) als Eckpunktlösung.

2. Zur Bestimmung der Optimallösung genügt es also, nur die Eckpunkte des Lösungsraumes zu untersuchen.

3. Ein Eckpunkt wird im 2-dimensionalen Fall (2 Variablen) durch 2 Geraden, im 3-dimensionalen Fall (3 Variablen) durch 3 Ebenen, allgemein im n-dimensionalen

Fall (n Variablen) durch n Hyperebenen definiert.

4. Diese Hyperebenen (Geraden, Ebenen etc.) sind die Lösungsmengen der in Gleichungsform erfüllten Nebenbedingungen.

5. Eckpunkte werden demnach durch die Nebenbedingungen (2, 3, ..., n, ...) gebildet, die jeweils in Gleichungsform erfüllt sind. Wenn es sich z.B. um Kapazitätsbedingungen handelt, bedeutet die in Gleichungsform erfüllte Restriktion, daß keine Restkapazität von dem durch die Nebenbedingung beschriebenen Produktionsfaktor in dem markierten Produktionsprogramm vorhanden ist.

Erläutert werden muß der Punkt (1): Gibt es keine Optimallösung, so bedeutet dies, daß das Problem nicht lösbar ist oder daß eine Lösung im Unendlichen liegt. Eine derartige Lösung kann in einem realen Problem nicht vorkommen. Sie ist aber in einem formalen Problem möglich, wenn eine im realen Problem vorhandene Nebenbedingung im formalen Problem vernachlässigt wurde.

Darüber hinaus ist das eingeklammerte „auch" zu erklären. Grundsätzlich ist eine Optimallösung ein Eckpunkt. Es kann aber auch vorkommen, daß die Zielfunktionsgerade parallel zu einer der Geraden verläuft, die sich aus einer der Nebenbedingungen ergeben. Dann markiert das Stück zwischen den beiden Schnittpunkten dieser Geraden mit anderen zu Nebenbedingungen zugehörigen Geraden solche Produktionsprogramme, die sämtlich zum gleichen Optimalwert führen. Da die Nicht-Eckpunktlösungen aber nicht zu einem höheren Gewinn führen, ist es hinreichend, die Eckpunkte zu betrachten.

7.1.4 Das Simplexverfahren

Wie in Abschnitt 7.1.2 gezeigt wurde, ist eine zeichnerische Lösung praktisch nur möglich, wenn es sich um ein Problem mit nicht mehr als drei Variablen handelt. I.a. gibt es aber in Linearen Programmen eine Vielzahl von Variablen. Zu deren Lösung muß daher eine andere Methode angewandt werden – z.B. das Simplexverfahren. Dazu muß zunächst das lineare Programm komplett als Gleichungssystem formuliert werden. Für die erste Nebenbedingung – die Schreinereirestriktion – gilt:

$$2 \cdot x_1 + 6 \cdot x_2 \leq 300. \tag{7.6}$$

Wie kann diese Ungleichung 7.6 in eine Gleichung verwandelt werden, so daß diese die gleiche Aussage beschreibt? Auf der linken Seite der Gl. 7.6 steht die Menge, die verbraucht wird, auf der rechten Seite der Gl. 7.6 die verfügbare Kapazität des betreffenden Produktionsfaktors. Die Differenz aus vorhandener und in Anspruch genommener Menge ist die nicht verbrauchte Menge. Wenn für diese nicht verbrauchte Menge explizit eine Variable – z.B. y_1 – eingeführt wird, könnte die Ungleichung zu einer Gleichung umformuliert werden. Für die weiteren Restriktionen können analog Variablen für die nicht in Anspruch genommenen Kapazitäten definiert werden: y_2 für die Restkapazität der Lackiererei und y_3 für die der Polsterei.

Die Zielfunktion lautet: $30 \cdot x_1 + 20 \cdot x_2 = Z$. Da hier der Konvention gefolgt werden soll, daß alle Variablen links von dem Gleichheitszeichen stehen sollen, bietet es sich an, diese Gleichung zu $30 \cdot x_1 + 20 \cdot x_2 - Z = 0$ umzuformen. Insgesamt ergibt sich das Gleichungssystem:

$$\begin{array}{rcrcrcrcrcl} 2 \cdot x_1 & + & 6 \cdot x_2 & + & 1 \cdot y_1 & & & & & = & 300 \\ 1 \cdot x_1 & + & 1 \cdot x_2 & + & & & 1 \cdot y_2 & & & = & 70 \\ 2 \cdot x_1 & + & 1 \cdot x_2 & + & & & & & 1 \cdot y_3 & = & 120 \\ 30 \cdot x_1 & + & 20 \cdot x_2 & - & & & & & Z & = & 0. \end{array} \tag{7.7}$$

Das vorliegende Gleichungssystem hat 6 Variablen und 4 Gleichungen. Das bedeutet auch, daß für das Gleichungssystem keine eindeutige Lösung existiert, sondern unendlich viele.

Soll irgendeine Lösung bestimmt werden, müssen einfach $2\ (= 6-4)$ Variablen beliebig festgelegt und die Werte der übrigen vier Variablen entsprechend ermittelt werden. Am allereinfachsten ist es, sowohl x_1 als auch x_2 gleich Null zu setzen. Wenn diese Variablen verschwinden – ökonomisch interpretiert: nichts produziert wird –, läßt sich eine Lösung des Systems 7.7 – die sogenannte Ausganglösung – unmittelbar ablesen.

y_1	=	300	Restkapazität der Schreinerei gleich 300 Std
y_2	=	70	Restkapazität der Lackiererei gleich 70 Std
y_3	=	120	Restkapazität der Polsterei gleich 120 Std
Z	=	0	Kein Gewinn, da nichts produziert wird.

Das ist eine triviale Lösung, zeigt aber genau das, was in jeder Lösung nach dem Simplex-Verfahren vorkommt. Die zwei Freiheitsgerade des Systems 7.7 wurden dazu genutzt, die beiden Variablen x_1 und x_2 gleich Null zu setzen. Dies ist ein Eckpunkt des zulässigen Lösungsraumes. Dieser Ansatz – bestimmte Variablen Null zu setzen – wird im Simplex-Algorithmus in jeder Iteration genutzt, um die Eckpunktlösungen zu generieren. Zuvor wird das Gleichungssystem jeweils umgeformt. Der Sinn und die Vorgehensweise bei dieser Umformung soll durch einen kleinen Exkurs verdeutlicht worden.

Es mag folgendes Gleichungssystem vorliegen:

$$\begin{array}{ccccl} x_1 & & & = & 1 \\ & x_2 & & = & 2 \\ & & x_3 & = & 3. \end{array} \tag{7.8}$$

Dies kann auch komplizierter formuliert werden: Z.B. kann die erste Gleichung mit 5 multipliziert und zur zweiten addiert werden. Dann ergibt sich die Gleichung $5 \cdot x_1 + 1 \cdot x_2 = 7$. Wenn x_2 mit -1 multipliziert und dann zu x_3 addiert wird, ergibt sich $-x_2 + x_3 = 1$, und wenn x_3 und x_1 addiert werden, ergibt sich $x_1 + x_3 = 4$. Insgesamt ergibt sich das kompliziertere

Gleichungssystem

$$\begin{array}{rrrcl} 5\cdot x_1 + & 1\cdot x_2 & & = & 7 \\ & -\ 1\cdot x_2 & +\ 1\cdot x_3 & = & 1 \\ 1\cdot x_1 + & & +\ 1\cdot x_3 & = & 4, \end{array} \qquad (7.9)$$

bei dem die Lösung nicht mehr direkt ablesbar ist, obwohl sie mit derjenigen des ersten Gleichungssystem ($x_1 = 1,\ x_2 = 2,\ x_3 = 3$) übereinstimmt.

Es gibt also Operationen, die den Lösungsraum eines Gleichungssystem nicht verändern. Z.B. ist dies die Multiplikation einer Zeile des Gleichungssystems mit einer Zahl, die ungleich Null ist. Zweite zulässige Operation ist das Addieren und Subtrahieren von Zeilen des Gleichungssystems. Mit diesen Rechenregeln sollen jetzt die Ausgangsgleichungen 7.7 bearbeitet werden.

Die einfachste Lösung des Systems 7.7 ist ja $x_1 = x_2 = 0$, d.h., daß nichts produziert wird. Unter der Annahme, daß es ökonomisch sinnvoller ist, zumindest ein Produkt herzustellen, sollte aber eine der beiden Variablen x_1 oder x_2 nicht verschwinden. Dann muß aber eine der Restkapazitätsvariablen y_i gleich Null sein, soll eine Eckpunktlösung generiert werden.

Es stellt sich nun die Frage, welche der beiden Variablen x_1 oder x_2 verändert werden soll. Es würde sich die Produktart 1 – die Eßzimmerstühle – anbieten, da diese eine höhere Deckungsspanne als die Produktart 2 – die Bürostühle – hat. Dies ist tatsächlich der erste Schritt im Simplex-Algorithmus: *Suche die größte positive Zahl in der Zielfunktionszeile.* Wenn es eine solche positive Zahl gibt, wurde die optimale Lösung noch nicht gefunden, denn die Aufnahme des zugehörigen Produktes in das Programm muß den Gewinn erhöhen. (1)

Wenn x_1 nicht verschwindet, ist zu fragen, wieviele Eßzimmerstühle hergestellt werden sollen. Es können soviele Eßzimmerstühle hergestellt werden, bis von einer Faktorart nichts mehr übrig ist. Dazu wird der Quotient aus Kapazität und Produktionskoeffizient für jede Zeile im Tableau 7.7 bestimmt, die eine Nebenbedingung beschreibt. Dieser Wert muß die Zahl der maximal mit dieser Faktorart herstellbaren Eßzimmerstühle angeben:

Schreinerei:	300 Std./(2 Std. pro ME x_1)	$\Rightarrow$	$x_1 \leq 150$ ME,
Lackiererei:	70 Std./(1 Std. pro ME x_1)	$\Rightarrow$	$x_1 \leq 70$ ME,
Polsterei:	120 Std./(2 Std. pro ME x_1)	$\Rightarrow$	$x_1 \leq 60$ ME.

In der Schreinerei werden für die Produktion eines Eßzimmerstuhls zwei Stunden von maximal verfügbaren 300 Stunden benötigt. In der Schreinerei können also maximal 150 Stück von x_1 hergestellt werden. Für die Lackiererei (Polsterei) gilt, daß maximal 70 (60) Stück hergestellt werden können. Da ein fertiggestellter Eßzimmerstuhl alle drei Einzelprozesse durchlaufen haben muß, ist die kleinste Zahl von maximal herstellbaren Stühlen in den einzelnen Stufen diejenige, die tatsächlich maximal produziert werden kann. Im ersten Schritt wurde also eine Spalte festgelegt, diese Spalte wird im folgenden als *Pivotspalte* bezeichnet; in einem zweiten Schritt wird eine Zeile festgelegt, nämlich die Zeile, die den kleinsten Quotienten aus den Werten der rechten Seite und zugehörigen Koeffizienten der ausgewählten Spalte hat. Diese Zeile wird entsprechend als *Pivotzeile* bezeichnet. Das Element, das in Pivotzeile und -spalte liegt, heißt *Pivotelement* und ist die Zahl „2" im Tableau 7.7.

Bei der Umwandlung in ein zweites Tableau wird wie folgt vorgegangen: Als erstes muß aus dem Pivotelement eine „1" gemacht werden, ohne daß die Aussage der zugehörigen Gleichung geändert wird. Dies läßt sich erreichen, indem diese durch das Pivotelement dividiert wird. Dies ist eine im Exkurs erläuterte zulässige Rechenoperation.

Wenn die Tableaugleichungen gemäß 7.10

$$\begin{array}{rrrrrrrrl}
\boxed{\text{I}} & 2 \cdot x_1 & + & 6 \cdot x_2 & + & 1 \cdot y_1 & & & = 300 \\
\boxed{\text{II}} & 1 \cdot x_1 & + & 1 \cdot x_2 & + & & 1 \cdot y_2 & & = 70 \\
\boxed{\text{III}} & 2 \cdot x_1 & + & 1 \cdot x_2 & + & & & 1 \cdot y_3 & = 120 \\
\hline
\boxed{\text{IV}} & 30 \cdot x_1 & + & 20 \cdot x_2 & + & & & -Z & = 0
\end{array} \tag{7.10}$$

durchnumeriert werden, lassen sich die Rechenoperationen für die Pivotzeile mit

$$\text{III'} = 1/2 \cdot \text{III}$$
$$\boxed{\text{III'}} \quad 1 \cdot x_1 + 1/2 \cdot x_2 + 1/2 \cdot y_3 = 60$$

bezeichnen. In einem nächsten Schritt sollen die beiden verbleibenden Koeffizienten in $\boxed{\text{I}}$ und $\boxed{\text{II}}$ in der Spalte von x_1 zu Null werden, um die Gleichung $\boxed{\text{III'}}$ von den übrigen Restriktionen zu entkoppeln. Auf diese Weise gelingt es, die folgende Eigenschaft des ursprünglichen Gleichungssystems 7.7 zu beizubehalten: Wenn zwei Variablen mit Null vorgegeben werden, läßt sich die Lösung des Gleichungssystems unmittelbar ablesen. Werden die zulässigen Rechenoperationen genutzt, so ist der jeweilige Koeffizient in Zeile $\boxed{\text{I}}$ bzw. $\boxed{\text{II}}$ – an dessen Platz eine Null stehen soll – mit Zeile $\boxed{\text{III'}}$ zu multiplizieren. Diese „multiplizierte" Zeile ist von der Zeile $\boxed{\text{I}}$ bzw. $\boxed{\text{II}}$ abzuziehen. Für die erste Zeile bedeutet dies, daß das erste Element der Pivotspalte, die „2", mit der Zeile $\boxed{\text{III'}}$ multipliziert wird. Diese Zeile $2 \cdot \boxed{\text{III'}}$ wird von der Zeile $\boxed{\text{I}}$ subtrahiert. Es ergibt sich eine Zeile $\boxed{\text{I'}}$.

$$\text{I'} = \text{I} - 2 \cdot \text{III'}$$
$$\boxed{\text{I'}} \quad 5 \cdot x_2 + 1 \cdot y_1 - 1 \cdot y_3 = 180$$

Die Operationen für die Gleichungen $\boxed{\text{II}}$ und $\boxed{\text{IV}}$ ergeben sich analog. Aus der „1" von x_1 $\boxed{\text{II}}$ soll eine Null werden. Also ist von der alten Zeile $\boxed{\text{II}}$ das 1-fache der neuen Zeile $\boxed{\text{III'}}$ abzuziehen.

$$\text{II'} = \text{II} - 1 \cdot \text{III'}$$
$$\boxed{\text{II'}} \quad 1/2 \cdot x_2 + 1 \cdot y_2 - 1/2 \cdot y_3 = 10$$

Die Zielfunktion – Zeile $\boxed{\text{IV}}$ – wird rechnerisch genauso behandelt. Die „30" in Zeile $\boxed{\text{IV}}$ soll durch eine Null ersetzt werden. Dafür wird die neue Zeile $\boxed{\text{III'}}$ mit „30" multipliziert und von der Zeile $\boxed{\text{IV}}$ subtrahiert.

$$\begin{array}{ll} \text{IV'} & = \text{IV} - 30 \cdot \text{III'} \\ \boxed{\text{IV'}} & 5 \cdot x_2 - 15 \cdot y_3 - Z = -1.800 \end{array}$$

Es ergibt sich schließlich das Tableau 7.11.

$$\begin{array}{rrrrrrrrrr} \boxed{\text{I'}} & 0 \cdot x_1 & + & 5 \cdot x_2 & + & 1 \cdot y_1 & & - \; 1 \cdot y_3 & & = & 180 \\ \boxed{\text{II'}} & 0 \cdot x_1 & + & 1/2 \cdot x_2 & + & & 1 \cdot y_2 & - \; 1/2 \cdot y_3 & & = & 10 \\ \boxed{\text{III'}} & 1 \cdot x_1 & + & 1/2 \cdot x_2 & + & & & 1/2 \cdot y_3 & & = & 60 \\ \hline \boxed{\text{IV'}} & 0 \cdot x_1 & + & 5 \cdot x_2 & + & & & -15 \cdot y_3 & - Z & = & -\;1.800 \end{array} \qquad (7.11)$$

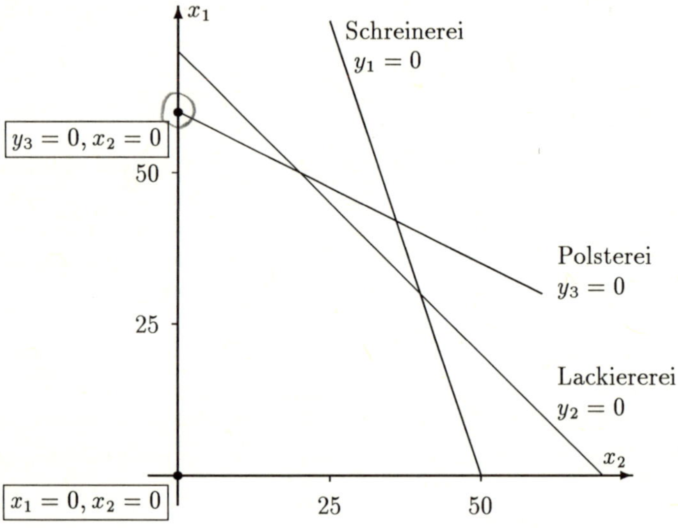

Abb. 7.6: Lösungsraum mit Eckpunkt $y_3 = 0$ und $x_2 = 0$

Damit ist die erste Simplex-Iteration vollständig beschrieben. Die Gleichungen des Systems 7.11 beschreiben nach wie vor den gleichen Lösungsraum, da dieser durch die angewandten elementaren Zeilenoperationen nicht verändert worden ist. In dem umformulierten Gleichungssystem kommen immer noch die gleiche Zahl an Variablen und die gleiche Zahl an Gleichungen vor. Es können zwei Variablen beliebig vorgegeben und der Rest dazu passend bestimmt werden. Für das Tableau 7.11 bietet es sich an, x_2

und y_3 mit Null vorzugeben. Die dazugehörige Lösung kann direkt abgelesen werden:

y_1	$=$	180	Die Restkapazität der Schreinerei beträgt 180 Std.
y_2	$=$	10	Die Restkapazität der Lackiererei beträgt 10 Std.
x_1	$=$	60	Es werden 60 Eßzimmerstühle hergestellt.
$-Z$	$=$	-1.800	Es wird ein Deckungsbeitrag von 1.800 DM erzielt.

$y_3 = 0$ bedeutet, daß der Polsterei keine Restkapazität bleibt. Es werden auch keine Bürostühle hergestellt, da ja $x_2 = 0$ vorgegeben wurde. In der bekannten zeichnerischen Umsetzung wäre ($y_3 = 0$, $x_2 = 0$) ein Eckpunkt des Lösungsraumes. In der Abb. 7.6 ist dieser Eckpunkt – der Schnittpunkt der x_1-Achse mit der Geraden, die zur dritten Restriktion gehört – markiert.

Da noch sehr viel ungenutzte Restkapazität vorhanden ist, kann vermutet werden, daß die Lösung der ersten Iteration noch nicht optimal ist, auch wenn dieses Argument kein korrektes Kriterium darstellt. Nicht optimal ist die Lösung, wenn durch Änderung des Programms ein höherer Zielfunktionswert möglich ist. Das ist genau dann der Fall, wenn – wie bereits beschrieben – der größte Zielfunktionswert positiv ist. Im Tableau 7.11 ist der Koeffizient von x_2 positiv. Er ist zugleich der einzige positive in der Zeile [IV'].

Deshalb muß eine neue Lösung generiert werden. Da es aber für das Verständnis besser wäre, nicht einfach gewisse Zahlen nach bestimmten Regeln durcheinander zu dividieren, sondern auch zu wissen, was diese für das ökonomische Problem bedeuten, mag – quasi als Vorgriff auf weitergehende Erläuterungen – eine Vorabinterpretation der bisher berechneten Elemente an dieser Stelle gegeben werden. x_2 bezeichnet die Menge der Bürostühle. Der zu x_2 zugehörige Zielfunktionswert ist nach der ersten Iteration eine „5" – statt einer „20" wie im Ausgangstableau. Warum erbringen die Bürostühle nur noch 5 DM statt der 20 DM Zielfunktionswertverbesserung pro Stück?

In der Polsterei – Variable y_3 – ist keine Produktion der Eßzimmerstühle in Anspruch genommen wird. Wenn also noch Bürostühle hergestellt werden sollen, muß die Produktion der Eßzimmerstühle eingeschränkt werden. Die Frage ist, inwieweit die Produktion der Eßzimmerstühle zurückgefahren werden muß. Es mag x_2 mit „1" (und weiterhin y_3 mit „0") vorgegeben und dazu passend die restliche Lösung ausgerechnet werden. Das ist möglich, da bekanntlich zwei Variablen beliebig vorgegeben werden können. Die Lösung ist aber keine Eckpunktlösung mehr, d.h., sie kann nicht optimal sein.

In Zeile [III'] in Tableau 7.11 steht $x_1 + 1/2 \cdot x_2 = 60$. Für $x_2 = 1$ folgt $x_1 = 60 - 1/2$. Das bedeutet, daß ein halber Eßzimmerstuhl weniger hergestellt wird. (Das Problem, daß nur ganze Eßzimmerstühle hergestellt werden können, mag an dieser Stelle vernachlässigt werden.) Das Ergebnis ist also unmittelbar mit dem richtigen Vorzeichen aus der Größe 1/2 (in der Zeile [III'] und der Pivotspalte) ablesbar.

Weiter ist aus Zeile [I'] ablesbar: $5 \cdot x_2 + y_1 = 180$. Für $x_2 = 1$ ergibt sich $y_1 = 180 - 5$.

Es ist also unmittelbar aus dem Koeffizienten ablesbar, daß sich die Restkapazität der Schreinerei um 5 Std. verkleinert. In der Zeile II' gilt $1/2 \cdot x_2 + y_2 = 10$, also für $x_2 = 1$: $y_2 = 10 - 1/2$. Der Lackiererei bleibt also eine Restkapazität von 9 1/2 Std. In der Zeile IV' steht: $5 \cdot x_2 - Z = -1.800$, d.h. für $x_2 = 1$: $-Z = -1.800 - 5$, d.h., der Gewinn vergrößert sich um 5 DM.

Der Koeffizient „5" in der Spalte von x_2 ist also so zu interpretieren, daß der Gewinn bei der Produktion eines Bürostuhls um 5 DM steigt und sich die Produktionsmenge der Eßzimmerstühle und die Kapazitäten der ersten und zweiten Abteilung anpassen. Der Stückdeckungsbeitrag pro Eßzimmerstuhl beträgt 30 DM. Wenn ein halber Eßzimmerstuhl weniger hergestellt wird, ergibt das 15 DM weniger Deckungsbeitrag. Dafür wird aber ein Bürostuhl mehr hergestellt, der einen Stückdeckungsbeitrag von 20 DM hat. Also steigt der Deckungsbeitrag um 20 DM – 15 DM = 5 DM - um die 5 DM, die aus der Zielfunktion abzulesen sind.

Weiterhin ist zu prüfen, ob für die Kapazitätsverbräuche berücksichtigt wird, daß sowohl etwas eingespart als auch etwas zusätzlich gebraucht wird. Für einen herzustellenden Bürostuhl werden in der Schreinerei eigentlich 6 Stunden – siehe Zeile I – benötigt. In der Zeile I' sieht es so aus, als würden nur 5 Stunden benötigt. Der halbe Eßzimmerstuhl, der weniger hergestellt wird, hätte in der Schreinerei eine Kapazität von 1 Stunde belegt. Dieser Verbrauch kann dem ursprünglichen Tableau entnommen werden. Der Bürostuhl, der dafür hergestellt wird, benötigt 6 Stunden. Demnach werden durch die Produktion des Bürostuhls $6 - 1 = 5$ Stunden Kapazität zusätzlich in Anspruch genommen.

Für die Lackierung eines Bürostuhls wird laut Zeile II in 7.10 eine Stunde benötigt. Der Zeile II' von 7.11 ist aber zu entnehmen, daß nur eine halbe Stunde netto verbraucht wird. Das ist dadurch zu erklären, daß ein halber Eßzimmerstuhl weniger hergestellt wird. Es wird nämlich für die Lackierung eines Eßzimmerstuhles auch eine Stunde, für die eines halben Eßzimmerstuhles also eine halbe Stunde benötigt. Daher wird für einen Bürostuhl eine Stunde abzüglich einer halben Stunde, insgesamt also eine halbe Stunde mehr benötigt.

Auch die bei der Festlegung der Pivotzeile zu bildenden Quotienten lassen sich ökonomisch interpretieren. Zum Beispiel steht in der ersten Zeile des Tableaus 7.11, daß die Restkapazität 180 Stunden beträgt. Der Nettoverbrauch zur Herstellung eines Bürostuhls beträgt 5 Stunden. Es können also noch 36 Bürostühle hergestellt werden. Entsprechend können aufgrund der Nettoverbräuche in der zweiten Abteilung 20 Bürostühle hergestellt werden. Der dritten Zeile zufolge können insgesamt 60 Eßzimmerstühle weniger und dafür 120 Bürostühle mehr hergestellt werden.

Nach dieser Vorabinterpretation wird mit der rechnerischen Lösung des Problems fortgefahren und eine weitere Simplex-Iteration vorgenommen. Die x_2-Spalte ist die Pivotspalte in der zweiten Iteration, da – wie bereits erwähnt – der einzige positive Wert der Zielfunktionszeile in der x_2-Spalte zu finden ist. Die Pivotzeile ergibt sich aus dem Vergleich der Quotienten aus dem jeweiligen Element der rechten Seite und dem Koeffizienten der Pivotspalte, also:

I':	180 Std./(5 Std. pro ME x_2)	$\Rightarrow$	$x_2 \leq 36$ Std.
II':	10 Std./(1/2 Std. pro ME x_2)	$\Rightarrow$	$x_2 \leq 20$ Std.
III':	60 Std./(1/2 Std. pro ME x_2)	$\Rightarrow$	$x_2 \leq 120$ Std.

Der kleinste Quotient – die „20“ – bestimmt die Pivotzeile; das Pivotelement ist die 1/2 vor x_2 in der Zeile $\boxed{\text{II'}}$. Ziel ist es wieder, daß aus dem Pivotelement eine „1“ und aus den Elementen über oder unter diesem Pivotelement Nullen werden sollen. Die neue zweite Zeile läßt sich durch Division der alten zweiten mit dem Pivotelement bilden:

$$\begin{array}{ll} \text{II''} & = \text{II'}: 1/2 \\ \boxed{\text{II''}} & 1 \cdot x_2 + 2 \cdot y_2 - 1 \cdot y_3 = 20. \end{array}$$

Aus der alten Zeile $\boxed{\text{I'}}$ wird die neue Zeile $\boxed{\text{I''}}$, indem von der alten Zeile $\boxed{\text{I'}}$ das Fünffache der neuen Zeile $\boxed{\text{II''}}$ subtrahiert wird.

$$\begin{array}{ll} \text{I''} & = \text{I'} - 5 \cdot \text{II''} \\ \boxed{\text{I''}} & 1 \cdot y_1 - 10 \cdot y_2 + 4 \cdot y_3 = 80 \end{array}$$

Die neue Zeile $\boxed{\text{III''}}$ ergibt sich durch Subtraktion der alten Zeile $\boxed{\text{III'}}$ mit 1/2 der neuen zweiten Zeile $\boxed{\text{II''}}$:

$$\begin{array}{ll} \text{III''} & = \text{III'} - 1/2 \cdot \text{II''} \\ \boxed{\text{III''}} & 1 \cdot x_1 - 1 \cdot y_2 + 1 \cdot y_3 = 50. \end{array}$$

Aus der alten Zielfunktion $\boxed{\text{IV'}}$ wird die neue Zielfunktion $\boxed{\text{IV''}}$, indem von der alten Zeile $\boxed{\text{IV'}}$ das Fünffache der neuen Zeile $\boxed{\text{II''}}$ subtrahiert wird.

$$\begin{array}{ll} \text{IV''} & = \text{IV'} - 5 \cdot \text{II''} \\ \boxed{\text{IV''}} & -10 \cdot y_2 - 10 \cdot y_3 - Z = -1.900 \end{array}$$

Damit ergibt sich das folgende dritte Tableau:

$$\begin{array}{l|ccccccccc} \boxed{\text{I''}} & & & 1 \cdot y_1 & -10 \cdot y_2 & +4 \cdot y_3 & & = & 80 \\ \boxed{\text{II''}} & & 1 \cdot x_2 & & +2 \cdot y_2 & -1 \cdot y_3 & & = & 20 \\ \boxed{\text{III''}} & 1 \cdot x_1 & & & -1 \cdot y_2 & +1 \cdot y_3 & & = & 50 \\ \hline \boxed{\text{IV''}} & & & & -10 \cdot y_2 & -10 \cdot y_3 & -Z & = & -1.900. \end{array} \tag{7.12}$$

Nach wie vor liegt ein Gleichungssystem mit 6 Variablen und 4 Gleichungen vor, und es können immer noch zwei Variablen beliebig vorgegeben werden. Um einen Eckpunkt

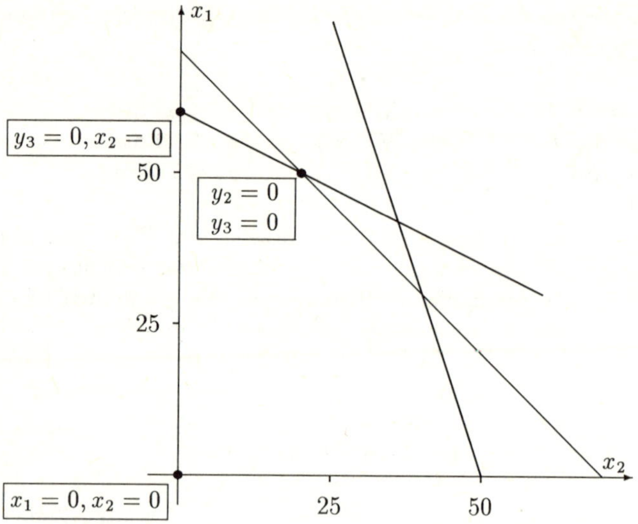

Abb. 7.7: Lösungsraum mit Eckpunkt $y_2 = 0$ und $y_3 = 0$

abzulesen, werden zwei Variablen mit Null vorgegeben, und zwar hier y_2 und y_3, da nur dort das System 7.12 gekoppelt ist. Die weitere Lösung kann unmittelbar abgelesen werden:

x_1	=	50 ME	Es werden 50 Eßzimmerstühle hergestellt.
x_2	=	20 ME	Es werden 20 Bürostühle hergestellt.
y_1	=	80 Std	Restkapazität der Schreinerei gleich 80 Stunden
$-Z$	=	-1.900 DM	Es wird ein Deckungsbeitrag von 1.900 DM erzielt.

Dies ist die optimale Lösung, denn in der Zielfunktionszeile findet sich kein positiver Wert mehr. Damit ist das Produktionsprogrammplanungsproblem auch mit der Simplex-Methode gelöst worden. In der Abb. 7.7 sind die bei der Rechnung generierten Eckpunkte markiert. Es ist leicht zu erkennen, wie im Simplex-Algorithmus von Ecke zu Ecke des Lösungsraumes gewandert wird.

7.1.5 Formale Vereinfachungen und Ablaufdiagramm

Wenn man einmal verstanden hat, daß es sich bei einem Simplextableau um ein Gleichungssystem handelt, kann darauf verzichtet werden, alles in Gleichungsform zu schreiben. Dann ist es effizienter, vereinfachende Kurzschreibweisen zu vereinbaren.

Das erste Gleichungssystem 7.7 kann wie folgt aufgeschrieben werden:

x_1	x_2	y_1	y_2	y_3	RS
2	6	1			300
1	1		1		70
2	1			1	120
30	20				0

(7.13)

Die Elemente, die rechts stehen, werden „rechte Seite“ oder kurz „RS“ genannt. Im Tableau selbst enthalten eigentlich nur die Spalten in x_1 und x_2 die Struktur der ökonomischen Restriktionen. Deshalb werden die Variablen x_1 und x_2 als *Strukturvariablen* bezeichnet. Die Variablen y_1, y_2 und y_3, die gebildet wurden, um das Ungleichungs- in ein Gleichungssystem zu verwandeln, werden entsprechend *Schlupfvariablen* genannt. Unter den Schlupfvariablen stehen im Ausgangstableau die Einheitsvektoren. Zusammen bilden diese eine quadratische Einheitsmatrix. Unter der Einheitsmatrix stehen in der Zielfunktionszeile des Ausgangstableaus Nullen. Zwischen y_3 und RS steht in der Zielfunktionszeile im Gleichungssystem 7.10 ein $-Z$. Da diese Spalte aber nie durch Iterationen geändert wird, kann sie gleich ganz weggelassen werden. Sie ist nur am Anfang nicht unterschlagen worden, da sonst unklar geblieben wäre, warum der positive Deckungsbeitrag auf der rechten Seite ein negatives Vorzeichen hat.

Die vielen Einsen und Nullen im Ausgangstableau lassen sich einfacher implizit berücksichtigen. Dazu ist es notwendig, die Variablen eines jeweils vorliegenden Tableaus in Basisvariablen und Nicht-Basisvariablen zu unterscheiden. Nicht-Basisvariablen sind diejenigen, die mit 0 vorgegeben werden, während die Lösungswerte der Basisvariablen anschließend abgelesen werden können.

Basis-variablen	Nicht-Basis-variablen x_1	x_2	RS
y_1	2	6	300
y_2	1	1	70
y_3	2	1	120
$-Z$	30	20	0

(7.14)

Diese neue Schreibweise ist wie folgt zu erklären: Zunächst werden die Spalten x_1 und x_2 aus den alten Tableaus übernommen. Die Spalte y_1 im Tableau 7.13 dient eigentlich nur dazu, um mittels der „1“ in der ersten Zeile der Variablen y_1 die zugehörige rechte Seite in der Ausgangslösung zuweisen zu können. Dazu benötigt man allerdings keine ganze Spalte. Es reicht aus, wenn die Schlupfvariable y_1 z.B. auf der linken Seite des Tableaus in derjenigen Zeile notiert wird, in der die „1“ von 7.13 steht – also in der ersten Zeile. Das gleiche gilt für die Variablen y_2 und y_3, deren Einsen in der Einheitsmatrix von Tableau 7.13 ebenfalls nur auf den Wert der rechten Seite hindeuten

($y_2 = 70$, $y_3 = 120$). Aus der unteren Zeile läßt sich der Gewinn ablesen. $-Z$ auf der linken und die „0" auf der rechten Seite deuten darauf hin, daß der Deckungsbeitrag verschwindet. Damit entfällt die Schreibarbeit für die Einheitsmatrix der Schlupfvariablen im Ausgangstableau. Die Schlupfvariablen sind im Ausgangstableau mit den Basisvariablen identisch.

In der vereinfachten Kurzschreibweise soll auch das Endtableau betrachtet werden. Der ersten Vereinfachung zufolge nimmt das Endtableau die folgende Gestalt an:

x_1	x_2	y_1	y_2	y_3	RS
		1	−10	4	80
	1		+2	−1	20
1			−1	+1	50
			−10	−10	−1.900

(7.15)

Nach der zweiten Vereinfachung sieht das Endtableau wie folgt aus:

Basis-variablen	Nicht-Basis-variablen y_2	y_3	RS
y_1	−10	+4	80
x_2	+2	−1	20
x_1	−1	+1	50
$-Z$	−10	−10	−1.900

(7.16)

Die Nicht-Basisvariablen sind im Endtableau diejenigen, denen eine „0" zugewiesen wurde, also y_2 und y_3. Die Basisvariablen – oder kurz BV – lassen sich im Tableau 7.15 daran erkennen, daß in deren Spalte ein Einheitsvektor steht. Dies ist etwa für x_1 der Fall. Die „1" steht in der dritten Zeile. Dort kann $x_1 = 50$ abgelesen werden. Deshalb ist x_1 auch in der dritten Zeile der linken Seite von Tableau 7.16 zu notieren. x_2 hat in der zweiten Zeile die „1", dort kann die Lösung $x_2 = 20$ abgelesen werden. Die BV in der zweiten Zeile ist also x_2. y_1 ist entsprechend die BV der ersten Zeile.

Abschließend soll noch ein Ablaufdiagramm für das Simplex-Verfahren entwickelt werden. Ein Ablaufdiagramm setzt sich dabei aus mindestens drei verschiedenen Elementen zusammen.

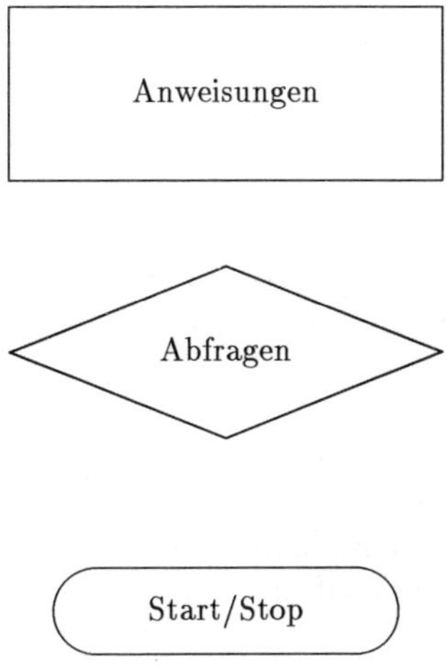

Eine Anweisung wäre beispielsweise: *Führe Operation ... aus* oder: *Suche die größte Zahl.* In Abfragen wird dagegen nur geprüft, ob diese mit ja oder nein zu beantworten sind. Schließlich gibt es noch Ellipsen zum Markieren von Beginn und Ende des Algorithmus. Diese drei Elemente reichen aus, um das Ablaufdiagramm des Simplex-Verfahrens zu erstellen.

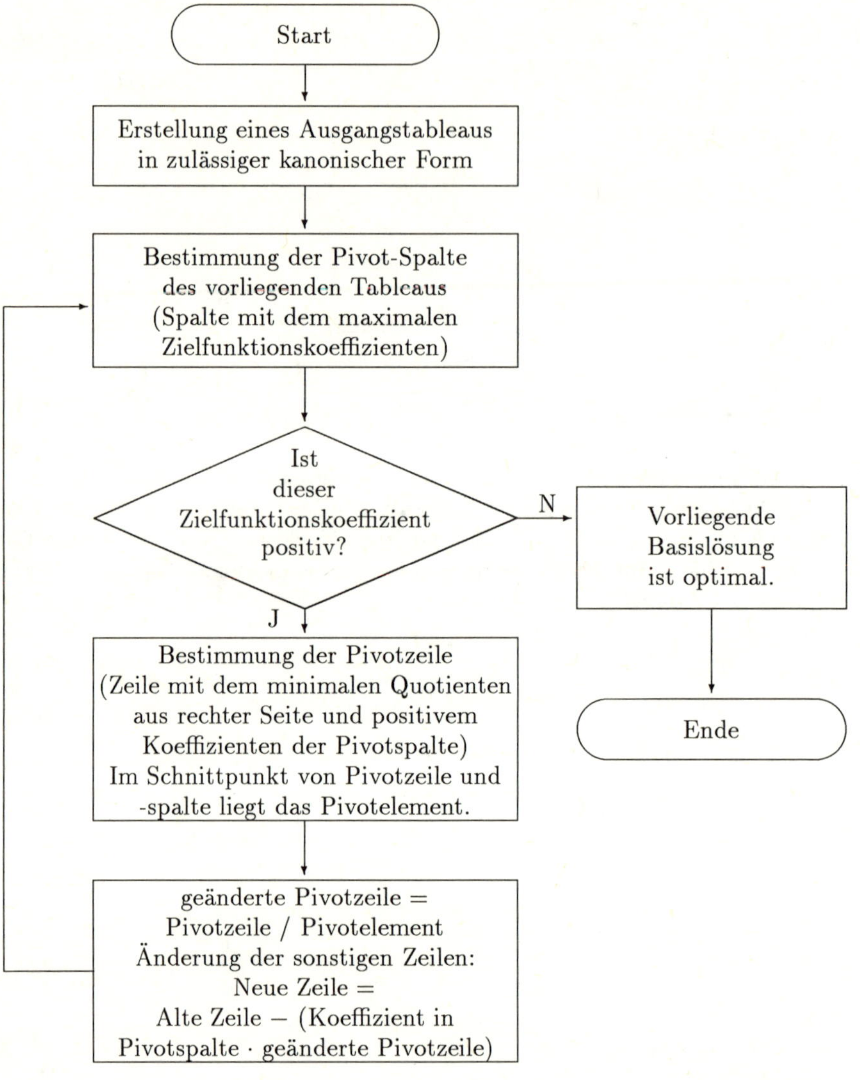

Abb. 7.8: Ablaufdiagramm für den Simplex-Algorithmus

1. Zunächst wird das dem Problem entsprechende Ausgangstableau aufgestellt, in dem die Strukturvariablen die Nicht-Basisvariablen und die Schlupfvariablen die Basisvariablen sind. Das Ausgangstableau wird in kanonischer Form notiert, d.h., daß unter den Schlupfvariablen Einheitsvektoren stehen. Auf der rechten Seite kommen keine Variablen vor, es stehen dort nur positive Zahlen, was als Zulässigkeitskriterium bezeichnet wird. Der erste Schritt lautet also: Aufstellung eines Ausgangstableaus in zulässiger kanonischer Form.

2. Als nächstes wird in der Zielfunktionszeile der größte Zielfunktionswert gesucht. Wenn der größte Zielfunktionswert negativ oder 0 ist, ist die vorliegende Lösung optimal. Der Algorithmus kann abgebrochen werden.
   Wenn der größte Zielfunktionswert positiv ist, ist die vorliegende Lösung nicht optimal. Der Algorithmus muß fortgesetzt werden. Die Pivotspalte ist damit identifiziert.

3. Die Pivotzeile ist zu bestimmen. Bei der dafür notwendigen Quotientenbildung müssen auch diejenigen Zeilen berücksichtigt werden, bei denen die rechte Seite gleich Null ist. Es dürfen aber nur die positiven Koeffizienten der Pivotspalte verwendet werden, da von den negativen Koeffizienten keine Beschränkungen bezüglich der neuen Basisvariablen ausgehen.

   Ist die Zeile mit dem kleinsten Quotienten aus rechter Seite und positivem Koeffizienten der Pivotspalte bestimmt, ist auch das Pivotelement festgelegt.

4. Die geänderte Pivotzeile ergibt sich durch Division der Pivotzeile mit dem Pivotelement. Die übrigen Zeilen werden wie folgt geändert. Es gilt:

   Neue Zeile = Alte Zeile − (Koeffizient in Pivotspalte · geänderte Pivotzeile).

5. Gehe zu Schritt 2.

7.1.6 Ökonomische Interpretation

Ziel dieses Abschnittes ist es, den ökonomischen Sinn der Größen eines Simplex-Tableaus zu erklären. Betrachtet man dazu z.B. das Endtableau 7.16, das durch die Matrix der Basisvariablen ergänzt wird:

BV	x_1	x_2	y_1	y_2	y_3	RS
y_1			1	−10	4	80
x_2		1		2	−1	20
x_1	1			−1	1	50
$-Z$				−10	−10	−1.900

(7.17)

Wenn die Interpretation der Größen klar ist, kann beispielsweise auch eine Antwort für das Problem formuliert werden, in welcher Art und Weise sich das gewinnmaximale Produktionsprogramm ändert, wenn der Schreinerei eine Stunde mehr oder weniger zur Verfügung steht oder die Lackiererei eine um fünf Stunden geringere Kapazität hat. Es ist tatsächlich nicht notwendig, dafür einen neuen LP-Ansatz zu formulieren und diesen neu per Simplex-Verfahren zu lösen.

Wenn der Schreinerei eine Stunde weniger Kapazität zur Verfügung steht, hat das folgende Konsequenzen: Da die zur Schreinerei gehörige Schlupfvariable y_1 Basisvariable ist, ist ihr ein Wert größer als 0 zugeordnet. Im gewinnmaximalen Produktionsprogramm des alten Problems nimmt y_1 den Wert von 80 Stunden an, der die Restkapazität der Schreinerei darstellt. Wenn der Schreinerei in der nächsten Planungsperiode eine Stunde weniger zur Verfügung steht, vermindert sich die Restkapazität entsprechend. Solange die Kapazität nicht um mehr als 80 Stunden sinkt, ist das alte gewinnmaximale auch das neue gewinnmaximale Produktionsprogramm, da die Kapazitätsrestriktion der Schreinerei keinen Engpaß darstellt. Mit der Interpretation einer in der Basis befindlichen Schlupfvariablen kann also der Bereich leicht angegeben werden, in dem die alte Lösung gegenüber Variationen der zugehörigen Kapazität stabil ist.

Was ist aber mit einer Nicht-Basisvariable ist, z.B. y_2? Diese Variable hat in der gewinnmaximalen Lösung einen Wert von „0“ zugewiesen bekommen. In der Lackiererei ist also keine Restkapazität vorhanden. Wenn eine Stunde weniger zur Verfügung steht, muß sich also etwas an der Lösung ändern, da das alte gewinnmaximale Produktionsprogramm im nicht zulässigen Lösungsbereich liegt. In diesem Fall empfiehlt sich ein Vorgehen, wie es in den folgenden Schritten skizziert wird, von denen die ersten beiden Schritte nur der Vollständigkeit halber noch einmal formuliert werden.

1. In der Lackiererei steht eine Stunde weniger Kapazität zur Verfügung.

2. Bestimme die zugehörige Schlupfvariable. Hier ist es y_2, die Nicht-Basisvariable. y_2 ist mit dem Wert „0“ in der optimalen Lösung vorgegeben. Aber da ein Gleichungssystem mit zwei Freiheitsgraden vorliegt, können zwei Variablen mit einem beliebigen Wert - nicht nur mit „0“ - vorgegeben werden.

3. Wenn y_2 mit „1“ vorgegeben wird, ist das genau die Stunde, die weniger zur Verfügung steht, d.h., die Restkapazität wird zwangsweise auf „1“ gesetzt. Dieser Fall ist in der Abb. 7.9 angegeben.

4. Für die erste Zeile im Tableau 7.17 bedeutet $y_2 = 1$:

$$\begin{array}{lll} \text{1. Zeile:} & y_1 - 10 \cdot y_2 + 4 \cdot y_3 = 80, & \\ \text{mit} & y_2 = 1, & y_3 = 0 \\ & \Rightarrow y_1 - 10 = 80 & \Rightarrow y_1 = 90. \end{array} \tag{7.18}$$

   In der ersten Abteilung bleiben also zusätzliche 10 Stunden an Restkapazität übrig, wenn die Kapazität der Lackiererei um eine Stunde sinkt. Der Koeffizient

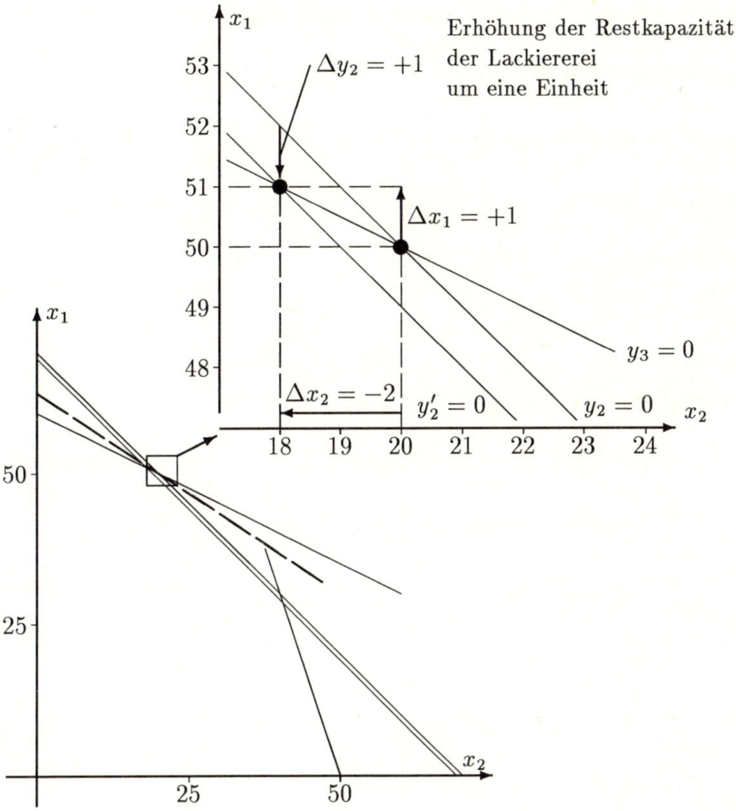

Abb. 7.9: Veränderung von y_2 um eine Einheit

von y_2 in der ersten Zeile ist demnach so etwas wie die *Grenzrate der Faktorveränderung*: In der zweiten Zeile von 7.17 hat $y_2 = 1$ folgende Konsequenzen:

$$\text{2. Zeile:} \qquad x_2 + 2 \cdot y_1 - 1 \cdot y_3 = 20 \tag{7.19}$$
$$\text{mit } y_2 = 1, \; y_3 = 0 \quad \Rightarrow x_2 + 2 = 20 \quad \Rightarrow x_2 = 18.$$

Durch die Verringerung der Kapazität in der Lackiererei können demnach nur noch 18 statt 20 Bürostühle produziert werden. Im Prinzip wird also die Spalte unter y_2 im Tableau auf die rechte Seite gebracht.

BV	x_1	x_2	y_1	y_3	RS
y_1			1	4	80 + 10
x_2		1		−1	20 − 2
x_1	1			1	50 + 1
$-Z$				−10	−1.900 + 10

(7.20)

Aus dem Tableau 7.20 kann unmittelbar abgelesen werden:

- Die Restkapazität der 1. Abteilung (y_1) erhöht sich um 10 Stunden.
- Die Produktion der Bürostühle (x_2) vermindert sich um 2 Stühle.
- Die Produktion der Eßzimmerstühle (x_1) steigt um 1 Stuhl.
- Der Gewinn sinkt um 10 DM.

Die Ergebnisse lassen sich zwar auch direkt aus dem vorherigen Tableau ablesen, aber die Umwandlung in das letzte Tableau (Herüberziehen der Spalte von y_2 auf die rechte Seite) empfiehlt sich, um Vorzeichenfehler zu verhindern.

Die „10" der ersten Zeile in der Spalte unter y_2 ist schon als Grenzrate der Faktorveränderung interpretiert worden. Die Werte „2" und „1" in derselben Spalte von y_2 können entsprechend als *Nettogrenzproduktivität* bezeichnet werden:

- *Netto*– insofern, als diese Werte berücksichtigen, daß Mengenverschiebungen über verschiedene Produktarten vorliegen und diese saldiert ausgewiesen werden.
- *–grenz–*, da hier die Veränderung um eine marginale Kapazitätseinheit betrachtet wird.
- *–produktivität* bedeutet hier:
  „Was verändern die Inputveränderungen in bezug auf den Output?"

Nettogrenzproduktivitäten und Grenzraten der Faktorveränderung können auch als Anpassungskoeffizienten bezeichnet werden.

Die „−10" in der Zielfunktionszeile unter y_2 gibt offensichtlich an, um wieviel sich der Gesamtgewinn in bezug auf eine geänderte Faktoreinheit ändert. Der Absolutwert dieser Zahl – 10 DM – wird in der betriebswirtschaftlichen Theorie als Schattenpreis bezeichnet. Einige Autoren fassen den Begriff „Schattenpreis" eng und nennen die Elemente der Zielfunktionszeile unter den Schlupfvariablen Schattenpreise und die unter den Strukturvariablen Opportunitätskosten. Hier werden beide Begriffe synonym verwendet.

Betrachte man nun folgende Situation: Ein Mitarbeiter in der Polsterei bietet an, eine Überstunde für 5 DM Lohn zu leisten. Soll das Angebot angenommen werden und – wenn ja – ändert sich das Produktionsprogramm?

Ob dieses Angebot angenommen werden soll, kann mit Hilfe der in dem Tableau 7.17 enthaltenen Informationen entschieden werden. Eine Stunde zusätzliche Kapazität in der Polsterei erbringt einen Schattenpreis von 10 DM. Sie kostet 5 DM zusätzlich an Lohn. So bleiben noch 5 DM zusätzlicher Deckungsbeitrag übrig, also ist es vorteilhaft, daß man sich auf das Angebot des Mitarbeiters einläßt. Ausführlich betrachtet, stellt sich das Problem wie folgt dar:

1. Es wird eine Stunde mehr in der Polsterei gearbeitet.

2. Der Polsterei ist die Schlupfvariable y_3 zugeordnet. Die Schlupfvariable ist eine Nicht-Basisvariable, d.h., sie ist gleich „0". Es wird sich also etwas ändern müssen, wenn sie nicht mit „0", sondern mit „-1" vorgegeben wird.

3. Eine Stunde mehr bedeutet, daß $y_3 = -1$ ist.

4. Betrachte man jetzt das Gleichungssystem:

BV	x_1	x_2	y_1	y_2	RS
y_1			1	-10	$80+4$
x_2		1		2	$20-1$
x_1	1			-1	$50+1$
$-Z$				-10	$-1.900-10$

(7.21)

Die Spalte y_3 wird mit -1 multipliziert und dann auf die rechte Seite gebracht, so daß sie dort mit dem gleichen Vorzeichen wie links erscheint.

Das Ergebnis läßt sich unmittelbar ablesen:

$$\begin{aligned} y_1 &= 80+4=84 \\ x_2 &= 20-1=19 \\ x_1 &= 50+1=51 \\ -Z &= -1.900-10 \quad \Rightarrow Z=1.910. \end{aligned} \tag{7.22}$$

Der Deckungsbeitrag erhöht sich um 10 DM. Es lohnt sich also, das Angebot anzunehmen. Wie kommt dieser zusätzliche Deckungsbeitrag zustande? Es wird von den Bürostühlen ein Stuhl weniger hergestellt, der einen Deckungsbeitrag von 20 DM hat. Von den Eßzimmerstühlen wird ein weiterer Stuhl hergestellt, der einen Deckungsbeitrag von 30 DM hat. Also nimmt insgesamt der Deckungsbeitrag um $30 - 20 = 10$ DM zu. Auch der Koeffizient „4" in der Zeile ($y_1 = 80 + 4$) kann erklärt werden. Die Nettofreisetzung in der Schreinerei beträgt 4 Stunden. Bei der Produktion eines Eßzimmerstuhls werden zwei Stunden mehr und bei Produktionsverzicht auf einen Bürostuhl sechs Stunden weniger in der Schreinerei benötigt.

Um der Vollständigkeit halber auch die Koeffizienten einer Strukturvariablen ökonomisch zu interpretieren, die Nicht-Basisvariable der optimalen Lösung ist, möge das Endtableau nachträglich um ein drittes Produkt - etwa Barhocker - erweitert werden. Um einen Barhocker zu produzieren, werden eine Stunde in der Schreinerei, zwei

Stunden in der Lackiererei und fünf in der Polsterei benötigt. Die Deckungsspanne beträgt 65 DM pro Stück. Wenn man die entsprechende Spalte in das Ausgangstableau aufnimmt, und den Simplexalgorithmus anwendet kommt man auf das folgende Tableau:

BV	x_1	x_2	x_3	y_1	y_2	y_3	RS
y_1			1	1	-10	4	80
x_2		1	-1		$+2$	-1	20
x_1	1		$+3$		-1	1	50
$-Z$			-5		-10	-10	-1.900

(7.23)

Wegen des negativen Zielfunktionskoeffizienten von x_3 ist das alte Optimaltableau auch das neue. Ist man aber gezwungen, einen Barhocker herzustellen – also $x_3 = 1$ statt $x_3 = 0$ –, so muß das Einfache der Einträge in der x_3-Spalte auf die rechte Seite gebracht werden:

BV	x_1	x_2	y_1	y_2	y_3	RS
y_1			1	-10	4	$80 - 1$
x_2		1		$+2$	-1	$20 + 1$
x_1	1			-1	1	$50 - 3$
$-Z$				-10	-10	$-1.900 + 5$

(7.24)

Die Lösung verändert sich also wie folgt: Der Gewinn reduziert sich um 5 DM auf $Z = 1.895$ DM. y_1 vermindert sich um 1 Stunde, x_2 erhöht sich um eine Einheit und x_1 nimmt um drei Einheiten ab. Die -5 in der Zielfunktionszeile von Tableau 7.23 kann als Schattenpreis und die Koeffizienten darüber können – wie gehabt – als Anpassungskoeffizienten, also als Nettoproduktionskoeffizienten bzw. als Grenzrate der Produktsubstitution verstanden werden.

7.2 Das Minimierungsproblem

7.2.1 Ein Beispiel zur Rezepturplanung

Eine Unternehmung der Futtermittelindustrie soll für einen Kunden ein Mischfutter herstellen. Der Kunde verlangt, daß in der für ihn bestimmten Lieferung, für die ein Festpreis vereinbart ist, mindestens 35 kg Eiweiß und 1,5 kg Fett enthalten sein müssen. Dem Kunden ist es aber gleich, wie schwer diese Lieferung insgesamt ist. Der Unternehmung stehen zur Mischung Grünmehl, Sojaschrot und ein dritter, sehr billiger Rohstoff – aromatisierte Papierschnipsel – zur Verfügung. In der Tabelle 7.4 ist angegeben, wieviel kg Eiweiß bzw. Fett in je 10 kg der einzelnen Rohstoffarten enthalten sind und wieviel diese Rohstoffe kosten (in [DM/10 kg]).

1. Formulieren Sie einen LP-Ansatz zur Ermittlung der kostenminimalen Mischung!

	Eiweiß [kg/10kg]	Fett [kg/10kg]	Preis [DM/10kg]
Grünmehl	1,7	0,2	2,–
Sojaschrot	4,5	0,05	3,–
Papierschnipsel	0,3	0,04	0,35

Tab. 7.4: Inhalt und Preise der verschiedenen Rohstoffe

2. Lösen Sie die Aufgabe zeichnerisch! Vernachlässigen Sie dabei den Papierschnipsel-Anteil!

3. Diskutieren Sie, ob in der Problemstellung und im LP-Ansatz der Aufgabe 1 alle mutmaßlich relevanten Sachverhalte in angemessener Weise berücksichtigt worden sind!

In der linearen Programmierung ist das Formulieren des LP-Ansatzes und das Verstehen der Lösung die zentrale Arbeit; die Lösung eines linearen Progammes leistet i.d.R. der Computer. Deshalb wird die vorliegende Aufgabe nicht rechnerisch gelöst. Es ist aber notwendig, die in diesem Kapitel dargestellte Rechentechnik zu beherrschen, da sonst die Lösungen nicht verstanden werden können.

Als erstes müssen wieder die Variablen definiert werden. Die Lösungswerte der Variablen im Endtableau sollen eine Antwort darauf geben, wieviel Mengeneinheiten [ME] von den einzelnen Rohstoffen in der Rezeptur zusammenzustellen sind.

$$\begin{array}{lcl} x_1 \text{ in } [10\text{ kg}] & \Rightarrow & \text{Einsatzmenge Grünmehl} \\ x_2 \text{ in } [10\text{ kg}] & \Rightarrow & \text{Einsatzmenge Sojaschrot} \\ x_3 \text{ in } [10\text{ kg}] & \Rightarrow & \text{Einsatzmenge Papierschnipsel} \end{array}$$

Auch die Zielfunktion muß wieder bestimmt werden. Es geht hier um ein Problem, in dem die Kosten minimiert werden sollen. Die Kosten ergeben sich als bewertete und addierte Einsatzmengen:

$$\begin{array}{lcl} K & = & 2 \cdot x_1 \quad + \quad 3 \cdot x_2 \quad + \quad 0,35 \cdot x_3 \rightarrow \min! \\ \text{[DM]} & = & \text{[DM/10kg]}\cdot\text{[10kg]} + \text{[DM/10kg]}\cdot\text{[10kg]} + \text{[DM/10kg]}\cdot\text{[10kg]} \end{array} \tag{7.25}$$

An Nebenbedingungen sind vorhanden:

1. Eiweißbedingung:

$$\begin{array}{ccc} 1,7 \cdot x_1 \quad + \quad 4,5 \cdot x_2 \quad + \quad 0,3 \cdot x_3 & \geq & 35. \\ \text{[kg/10kg]}\cdot\text{[10kg]} + \text{[kg/10kg]}\cdot\text{[10kg]} + \text{[kg/10kg]}\cdot\text{[10kg]} & = & \text{[kg]} \end{array} \tag{7.26}$$

Die linke Seite der Gleichung gibt an, wieviel Eiweiß durch die einzelnen Rohstoffe geliefert wird, und die rechte Seite gibt an, daß die gesamte Menge Eiweiß mindestens 35 kg betragen muß.

2. Fettbedingung:

$$\begin{array}{ccccccc} 0,2 \cdot x_1 & + & 0,05 \cdot x_2 & + & 0,04 \cdot x_3 & \geq & 1,5 \\ \text{[kg/10kg]}\cdot\text{[10kg]} & + & \text{[kg/10kg]}\cdot\text{[10kg]} & + & \text{[kg/10kg]}\cdot\text{[10kg]} & = & \text{[kg]} \end{array} \tag{7.27}$$

3. Nichtnegativitätsbedingung:

$$x_1, x_2, x_3 \geq 0. \tag{7.28}$$

Damit ist der LP-Ansatz vollständig formuliert.

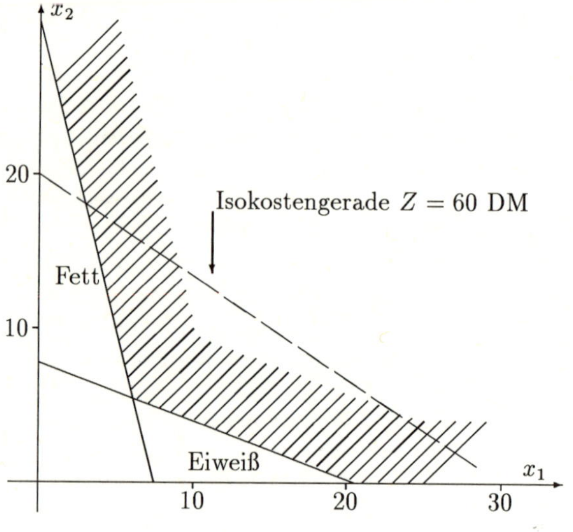

Abb. 7.10: Lösungsraum des Rezepturplanungsproblems

Bei Vernachlässigung einer Variablen kann das Problem leicht zeichnerisch gelöst werden. In der zeichnerischen Lösung werden lediglich die Variablen x_1 und x_2 betrachtet. Aus den Nicht-Negativitätsbedingungen folgt wieder, daß der zulässige Lösungsraum lediglich im ersten Quadranten liegt. Um die Nebenbedingungen einzutragen, werden die Ungleichungen gedanklich wieder zu Gleichungen umformuliert. Anhand der Gleichungen können die Achsenabschnitte bestimmt und die zugehörige Gerade eingezeichnet werden. Auf einer der beiden Seiten der Geraden liegt der zulässige Lösungsraum. Im Unterschied zum abgehandelten Produktionsprogrammplanungsproblem liegt dieser *rechts* von den Begrenzungsgeraden, da die Bedingungen als „größer gleich“ erfüllt sein sollen. Wenn dies nicht sofort zu verstehen ist, versuche man einmal, den Nullpunkt als Lösung in das lineare Programm einzusetzen. Setzt man die Koordinaten des Nullpunktes in eine der Nebenbedingungen, erhält man eine nicht erfüllte Ungleichung. Wenn der Nullpunkt aber im unzulässigen Bereich liegt, ist der zulässige Bereich auf der anderen Seite der Geraden zu finden.

Die Zielfunktion kann auch wieder mit dem gleichen Trick eingezeichnet werden. Die Rohstoffpreise für x_1 und x_2 bestimmen die Steigung der Kostengeraden. Die gesamten Kosten können etwa willkürlich mit 60 DM angenommen werden; dann liegen sehr viele Punkte noch im zulässigen Lösungsraum. Daher sollte die Kostengerade parallel zum Nullpunkt hin verschoben werden. Der zulässige Bereich wird immer kleiner, so daß ein Eckpunkt die (eine) optimale Lösung angibt. Auch bei einem Minimierungsproblem reicht es also aus, Eckpunkte zu betrachten. Es ist leicht nachvollziehbar, daß die optimale Lösung bei vernachlässigtem Papierschnipselanteil durch den Schnittpunkt der beiden Geraden für Fett- und Eiweißbedingung dargestellt wird. Das ist der Punkt $x_1 = 6,13$ und $x_2 = 5,46$. Die Kosten betragen $K = 28,65$ DM.

Wird der LP-Ansatz mit allen drei Variablen gelöst, muß die gefundene formale Lösung auf das reale Problem übertragen werden. Dabei ist zu prüfen, ob alle in der Realität relevanten Sachverhalte auch im LP-Ansatz abgebildet worden sind. Ein Problem kann darin bestehen, daß die Papierschnipsel wenig Inhaltsstoffe haben und sehr billig sind. Möglicherweise kann es sich ergeben, daß man den Tieren ganz viel von den Papierschnipseln gibt. Dann bekommen sie zwar auf Dauer genug an Inhaltsstoffen, nur haben sie leider nicht so viel Zeit, die erforderlichen Mengen aufzunehmen. Die Gefahr besteht, daß sie bei vollen Trögen verhungern. Dies zeigt sich gerade, wenn die mit einem Computer ermittelte Lösung des Problems betrachtet wird:

$$\begin{aligned} x_1 &= 0 && [10\text{kg}] \\ x_2 &= 5,76 && [10\text{kg}] \\ x_3 &= 30,30 && [10\text{kg}] \\ K &= 27,82 && [\text{DM}]. \end{aligned}$$

Insgesamt ist also über 360 kg Nahrung notwendig, um kostenminimal die erforderlichen Inhaltsstoffe aufzunehmen. Das ist eine wenig sinnvolle Lösung. In der vorliegenden Problemstellung wurde nicht beachtet, daß eine Grenzmenge existiert, die die Kühe maximal aufnehmen können. Es sei etwa angenommen, daß 12 Kühe zu versorgen sind und jede Kuh 10 kg am Tag aufnehmen kann. Die maximal aufgenommene Tagesmenge darf also nicht mehr als 120 kg wiegen, d.h. 12·[10kg]:

$$x_1 + x_2 + x_3 \leq 12. \tag{7.29}$$

Wenn die Restriktion 7.29 in den LP-Ansatz integriert wird, erhält man die folgende Lösung:

$$\begin{aligned} x_1 &= 6,03 && [10\text{kg}] \\ x_2 &= 5,47 && [10\text{kg}] \\ x_3 &= 0,50 && [10\text{kg}] \\ K &= 28,64 && [\text{DM}]. \end{aligned}$$

Gegenüber der vorherigen Lösung haben sich die Kosten nur marginal verschlechtert; die Restriktion 7.29 ist aber genau beachtet worden.

Es sollte bei der Aufgabe deutlich geworden sein, wie ein Ansatz für ein Minimierungsproblem aussehen kann, daß eine ähnliche Rechentechnik wie bisher greifen wird, da auch hier die Optima Eckpunkte des Lösungsraumes sind und daß man kritisch an Problemstellungen und Lösungen herangehen muß.

7.2.2 Verfahren zur Lösung von Minimierungsproblemen

Der bislang vorgestellte Simplex-Algorithmus kann unmittelbar eingesetzt werden, wenn

- Maximierungsprobleme vorliegen,
- auf der rechten Seite positive Werte stehen und
- eine Ausgangslösung unmittelbar ablesbar ist.

Das im vorherigen Abschnitt entwickelte lineare Programm des Rezepturplanungsproblems genügt noch nicht diesen Anforderungen. Es liegt eine Minimierungsaufgabe vor. Werden die Nebenbedingungen mit (-1) multipliziert und dadurch die „größer gleich"-Zeichen in „kleiner gleich"-Zeichen verwandelt, sind die rechten Seiten negativ. Eine Ausgangslösung ist auch nicht unmittelbar ablesbar, da der Nullpunkt keine zulässige Lösung darstellt. Dieses Problem muß also in eine für den Simplex-Algorithmus handhabbare Struktur gebracht werden. Als erstes soll im folgenden aus der Minimierungsaufgabe eine Maximierungsaufgabe gemacht werden. Dafür muß die Zielfunktion mit -1 multipliziert werden. Das Vorgehen kann mit Hilfe der Zeichnung 7.11 veranschaulicht werden. Oberhalb der Absisse ist eine Funktion mit einem lokalen Minimum zu sehen. Wird diese Funktion an der Absisse gespiegelt, d.h. jeder Funktionswert wird mit -1 multipliziert, so ist das Ergebnis eine Funktion mit einem lokalen Maximum, das an der gleichen Stelle liegt wie das Minimum der ursprünglichen Funktion.

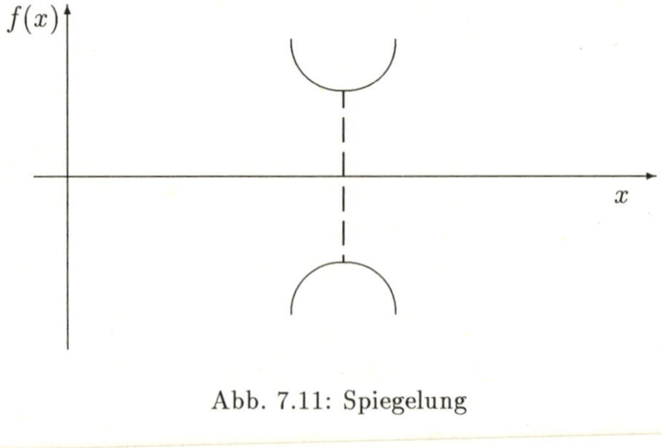

Abb. 7.11: Spiegelung

Auf der rechten Seite der Restriktionen dürfen nur positive Werte stehen. Das ist in dem LP-Ansatz zur Rezepturplanung tatsächlich der Fall. Wenn ein Wert auf der rechten Seite negativ ist, wird diese Nebenbedingung mit -1 multipliziert und damit der Wert positiv. Beim Multiplizieren mit -1 sollte aber nicht vergessen werden, daß sich das Ungleichheitszeichen umkehrt. Z.B. gilt $5 > 3$ und $-5 < -3$. Ein Problem ist die dritte Forderung nach der unmittelbaren Ablesbarkeit der Basislösung. Die Ungleichung in der ersten Zeile $1{,}7 \cdot x_1 + 4{,}5 \cdot x_2 + 0{,}3 \cdot x_3 \geq 35$ soll in eine äquivalente Gleichung umformuliert werden. Diese Gleichung erhält man wieder durch Einfügen einer Schlupfvariable y_1. y_1 hat ein negatives Vorzeichen, da die Ungleichung vom Typ „größer gleich" ist und auch für y_1 eine Nichtnegativitätsbedingung gelten soll. Analog kann mit der zweiten Zeile vorgegangen werden. Die dritte Ungleichung ist vom Typ „kleiner gleich"; wie schon gehabt muß etwas addiert werden. Der Koeffizient der Schlupfvariable y_3 ist daher positiv. Es ergibt sich das Tableau 7.30.

x_1	x_2	x_3	y_1	y_2	y_3	K	RS
1,7	4,5	0,3	−1				35
0,2	0,05	0,04		−1			1,5
1	1	1			+1		12
−2	−3	−0,35				+1	0

(7.30)

Das Tableau 7.30 ist eine Maximierungsaufgabe mit einer rechten Seite, die nur positive Werte enthält. Dagegen sind in der Zielfunktionszeile nur negative Werte vorhanden. Man könnte deshalb vermuten, daß eine optimale Lösung vorliegt. Jedoch kann aus dem Tableau keine Lösung abgelesen werden, die den Nichtnegativitätsbedingungen genügt. Z.B. steht in der ersten Zeile $-y_1 = 35$, also $y_1 = -35$. Das widerspricht den Nichtnegativitätsbedingungen. Die ablesbare Lösung ist demnach unzulässig.

Es ist also ein Trick vonnöten. Ohne diesen wäre es abwegig, das Simplexverfahren anzuwenden. Wenn man aber einfach Variablen hinzufügt, denen man in der Ausgangslösung nichtverschwindende Lösungswerte zuweist, und den vorhandenen Struktur- und Schlupfvariablen verschwindende Lösungswerte vorgibt, wäre die Lösung sowohl zulässig als auch unmittelbar ablesbar. Man kann z.B. zwei *künstliche* Variablen k_1, k_2 einführen. Sie werden in denjenigen Zeilen eingesetzt, in denen bislang noch kein Koeffizient mit einer positiven „1" zu finden ist. Es ergibt sich das Tableau 7.31:

x_1	x_2	x_3	y_1	y_2	y_3	k_1	k_2	K	RS
1,7	4,5	0,3	−1			1			35
0,2	0,05	0,04		−1			1		1,5
1	1	1			1				12
−2	−3	−0,35						1	0

(7.31)

Die formalen Forderungen – rechte Seite positiv, Maximierungsaufgabe und in jeder Zeile eine „1", also Eckpunktlösung ablesbar – sind demnach erfüllt. Im Gegensatz zu den Schlupfvariablen, die interpretierbar sind und in der Optimallösung als Basisvariablen vorkommen dürfen, sind künstliche Variablen als zulässige Ausgangslösung zwar ablesbar, aber nicht interpretierbar. Deshalb sollten sie immer Nicht-Basisvariablen werden. Sie werden allein aus rechentechnischen Gründen eingeführt. Dem Tableau 7.31 kann beispielsweise $k_1 = 35$ entnommen werden. Dies ist eine Lösung, der keine Bedeutung im realen Problem der Rezepturplanung gegeben werden kann.

Wie können die künstlichen Variablen zu Nicht-Basisvariablen werden? Ihnen muß irgendwann der Wert „0" zugewiesen werden. Dann können sie nämlich aus dem Tableau herausgenommen werden. Wenn die künstlichen Variablen möglichst schnell eliminiert werden, kann man sich auch um so eher auf die Behandlung des kleineren Tableaus beschränken, welches nur Struktur- und Schlupfvariable enthält. Die künstlichen Variablen ermöglichen also einen Einstieg in das Simplex-Verfahren, aber man muß versuchen, sie möglichst schnell zu Nicht-Basisvariablen zu machen, damit sie gestrichen werden können. Wenn aus einer Basisvariablen eine Nicht-Basisvariable gemacht werden soll, ist es sinnvoll, sich zu erinnern, wie die Auswahl der Basisvariablen gesteuert wird. Es wird diejenige Variable als neue Basisvariable ausgewählt, die den höchsten Zielfunktionsbeitrag liefert. Entsprechend sollte einer künstlichen Variablen ein möglichst niedriger fiktiver Zielfunktionsbeitrag zugeordnet werden.

Die Idee – die künstliche Variable schlecht zu bewerten – läßt sich auf zwei Arten durchführen:

- Mit „$-M$" in der alten Zielfunktion oder
- mit „-1" in einer zusätzlichen Zielfunktion, in der die übrigen Variablen mit „0" bewertet werden.

Wenn M eine hinreichend kleine negative Zahl ist, wird die zugehörige künstliche Variable in der Zielfunktion schlecht bewertet. In einem Computerprogramm müßte eine solche Zahl natürlich konkret – von der Aufgabenstellung abhängig – vorgegeben werden.

x_1	x_2	x_3	y_1	y_2	y_3	k_1	k_2	K	RS
1,7	4,5	0,3	−1			1			35
0,2	0,05	0,04		−1			1		1,5
1	1	1			1				12
−2	−3	−0,35				$-M$	$-M$	1	0

(7.32)

Wenn aus dem Tableau 7.32 die Basislösung abgelesen werden soll, steht man vor einem Problem: Es liegen 9 Variablen und 4 Gleichungen vor. 5 Variablen können also beliebig vorgegeben werden. Um einen Eckpunkt zu bestimmen, werden diese 5 Variablen mit „0" vorgegeben. Wenn x_1, x_2, x_3, y_1 und y_2 mit 0 vorgegeben werden, ist aus dem Tableau ablesbar: $k_1 = 35$, $k_2 = 1,5$, $y_3 = 12$. Aber es kann kein konkreter Wert für K abgelesen werden: $K = M \cdot k_1 + M \cdot k_2$. Ein Lösungswert für K wäre ablesbar, wenn in der Zielfunktionszeile statt der $-M$-Einträge Nullen ständen. Zur

Erzeugung einer 0 in der Zielfunktionszeile unter k_1 und k_2 muß das M-fache der ersten Zeile und der zweiten zur Zielfunktionszeile addiert werden. Bei Rechnungen auf einem Computer kann es wegen der Größe von M zu Rundungsdifferenzen kommen. Daher ist die M-Methode für numerische Rechnungen auf einem Computer nicht geeignet. Dort wird der Zwei-Phasen-Methode der Vorzug gegeben.

In der Zwei-Phasen-Methode werden die künstlichen Variablen mit dem bekannten und festen Wert „-1“in einer zusätzlichen Zielfunktion bewertet. Alle anderen Variablen gehen in diese Zielfunktion mit dem Wert 0 ein.

x_1	x_2	x_3	y_1	y_2	y_3	k_1	k_2	K	RS
1,7	4,5	0,3	−1			1			35
0,2	0,05	0,04		−1			1		1,5
1	1	1			1				12
−2	−3	−0,35						1	0
						−1	−1		0

(7.33)

Mit diesem Trick können die künstlichen Variablen sehr schnell eliminiert werden, wenn die neue Zielfunktion als erste behandelt wird. Im Gegensatz zur M-Methode treten aber keine Rundungsdifferenzen auf, da nicht mit einer betragsmäßig großen Zahl gerechnet werden muß. Die beiden Werte -1 in der neuen Zielfunktionszeile müssen durch Umformungen auf Null gebracht werden. Dafür muß die erste Zeile mit $+1$ multipliziert und zur zusätzlichen Zielfunktionszeile hinzuaddiert werden. Die zweite Zeile muß ebenfalls mit $+1$ multipliziert und zur neuen Zielfunktionszeile hinzuaddiert werden. Damit ergibt sich das Tableau 7.34

x_1	x_2	x_3	y_1	y_2	y_3	k_1	k_2	K	RS
1,7	4,5	0,3	−1			1			35
0,2	0,05	0,04		−1			1		1,5
1	1	1			1				12
−2	−3	−0,35						1	0
1,9	4,55	0,34	−1	−1					36,5

(7.34)

Unter Verwendung der zusätzlichen Zielfunktion können in einer ersten Phase die künstlichen Variablen durch Simplex-Iterationen zu Nicht-Basisvariablen werden und mit 0 vorgegeben werden. Ist dies durchgeführt worden, können die künstlichen Variablen gestrichen werden; die erste Phase ist abgeschlossen. In der zweiten Phase wird die eigentliche, alte Zielfunktion betrachtet; die restlichen Iterationen werden bis zur Bestimmung der Optimallösung durchgeführt. Kurz zusammengefaßt läßt sich die Zwei-Phasen-Methode wie folgt beschreiben:

- Vorbereitung:
  In der zusätzlichen Zielfunktion Nullen unter den künstlichen Variablen durch Zeilenoperationen erzeugen.

- 1. Phase:
  Simplex-Iterationen unter Verwendung der zusätzlichen Zielfunktion durchführen.

- 2. Phase:
  Wenn alle künstlichen Variablen zu Nicht-Basisvariablen geworden sind, werden diese gestrichen. Es erfolgen weitere Simplex-Iterationen unter Verwendung der bislang mitgeführten ursprünglichen Zielfunktion. Dabei bedeutet „mitgeführt“, daß die ursprüngliche Zielfunktionszeile im Tableau bleibt, bei den Iterationen verändert wird, aber nicht als Pivotzeile in Frage kommt. Neben der M-Methode und der Zwei-Phasen-Methode kann auch der duale Simplex-Algorithmus zur Lösung von Minimierungsproblemen eingesetzt werden. Dieser Algorithmus wird in Kapitel 10.4 erläutert.

7.3 Zusammenfassung und Ausblick

7.3.1 Zusammenfassung unter Berücksichtigung von Sonderfällen

Welche Problemstrukturen können mit einem linearen Programm behandelt werden? Die Tab. 7.5 stellt die bisherigen Ergebnisse zusammen. Wenn eine Maximierungsauf-

Strukturelement	Ausprägung	Vorgehensweise	
Zielfunktion	Maximierung	o.k.	
	Minimierung	Multiplikation mit (-1)	
rechte Seite	≥ 0	o.k.	
	≤ 0	Multiplikation mit (-1)	
		Schlupfvariablen-	künstliche Variablen
Nebenbedingungen	$\leq$	erforderlich	entfällt
	$\geq$	erforderlich	erforderlich
	$=$	entfällt	erforderlich

Tab. 7.5: Zusammenfassung

gabe zu lösen ist, läßt sich der Simplex-Algorithmus ohne weiteres anwenden. Im Falle einer Minimierungsaufgabe, muß die Zielfunktion mit -1 multipliziert werden. Ist die rechte Seite größer oder gleich 0, besteht wieder kein Problem, ist sie aber kleiner 0, dann muß die zugehörige Nebenbedingung mit -1 multipliziert werden.

Bei den Nebenbedingungen sind drei verschiedene Typen denkbar: „kleiner gleich“, „größer gleich“ und „gleich“-Nebenbedingungen. Bei den „kleiner gleich“-Bedingungen müssen nur Schlupfvariablen verwendet werden. Wenn eine Nebenbedingung vom Typ „größer gleich“ ist, müssen neben den Schlupfvariablen auch künstliche Variablen eingeführt werden. Bei einem Gleichheitszeichen in der Nebenbedingung wird keine Schlupfvariable benötigt, die bei Ungleichungen ja nur eingefügt wird, um eine Gleichung zu erzeugen. Man hat aber keine Möglichkeit, eine Ausgangseckpunktlösung – wegen einer fehlenden „1“ – abzulesen. Deshalb muß eine künstliche Variable eingefügt werden. In den beiden Fällen, in denen künstliche Variablen notwendig werden, müssen sie als erstes eliminiert werden, beispielsweise mit der Zwei-Phasen-Methode.

Bei der Durchführung des Simplexverfahrens können einige Probleme auftauchen:

1. *Auswahl der Pivotspalte ist nicht eindeutig.*
   Wenn bei einer Simplex-Iteration zwei oder mehrere größte Koeffizienten vorkommen, kann eine dieser Alternativen willkürlich als Pivotspalte festgelegt werden.

2. *Optimallösung ist nicht eindeutig.*
   Bei den Nicht-Basisvariablen tauchen in allen Zeilen verschiedene Werte auf, die dadurch verschwinden, daß die Variablen mit „0“ vorgegeben sind. Wenn eine Bewertung der Nicht-Basisvariablen in der Zielfunktion mit „0“ gegeben ist, dann kann der Zielfunktionswert durch eine andere Vorgabe der Nicht-Basisvariablen nicht verändert werden. Der vorgegebene Wert wird mit „0“ multipliziert und der Zielfunktionswert bleibt unverändert. Wenn also Nicht-Basisvariablen in der Zielfunktion einen Wert von „0“ haben, bedeutet dies, daß es mehrere optimale Lösungen gibt. Zeichnerisch erkennt man eine nicht-eindeutige Lösung daran, daß die Zielfunktion parallel mit einer Nebenbedingung verläuft.

3. *Auswahl der Pivotzeile ist nicht eindeutig.*
   Die Auswahl ist nicht eindeutig, wenn es mehrere gleiche kleinste Werte bei der Quotientenbildung gibt. Es wird dann mit einer der Alternativen weitergerechnet.

4. *Eine Basisvariable hat einen Wert von Null.*
   Im allgemeinen ist für Basisvariable ein Lösungswert größer als Null ablesbar. Es kommt aber auch vor, daß Basisvariablen ein Lösungswert von Null zugeordnet ist. Handelt es sich dabei z.B. um eine Schlupfvariable, so bedeutet dies, daß der die Lösung darstellende Eckpunkt zusätzlich von derjenigen im Gleichungssystem erfüllten Nebenbedingung berührt wird, zu der die Schlupfvariable gehört.

5. *Nichtexistenz einer zulässigen Basislösung.*
   Die Nichtexistenz kann auf Fehlern im Ansatz beruhen, z.B. auf einander widersprechenden Nebenbedingungen. Dies zeigt sich darin, daß es nicht möglich ist, alle künstlichen Variablen zu beseitigen.

6. *Nichtexistenz einer endlichen Optimallösung.*

Wenn eine endliche Optimallösung nicht existiert, kann dies an dem formulierten Ansatz liegen, z.B. an einer fehlenden Nebenbedingung. Das kann man sich mit Hilfe der Zeichnung 7.12 verständlich machen.

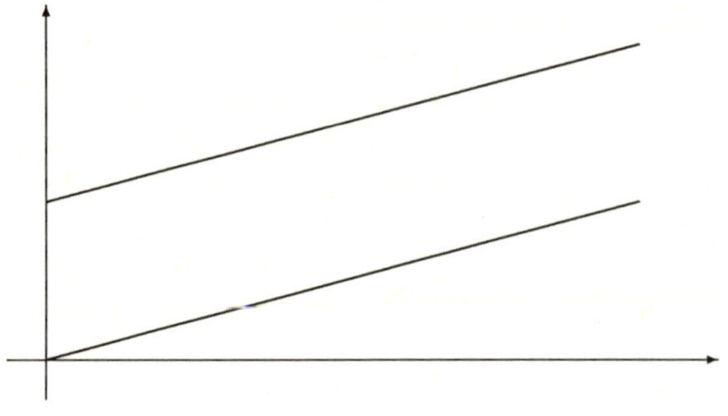

Abb. 7.12: Fehlende Nebenbedingung

Wenn in diesem Fall eine Maximierungsaufgabe vorliegen würde, fehlt irgendeine Nebenbedingung. Die beiden eingezeichneten Nebenbedingungen laufen parallel und schneiden sich deshalb nicht. Die Nichtexistenz einer endlichen Optimallösung kann daran erkannt werden, daß in einer Pivotspalte nur negative Koeffizienten vorkommen.

7.3.2 Ausblick

Die Techniken der linearen Programmierung sind in einer Vielzahl von Büchern dargestellt worden. Eine kurze Einführung bietet z.B. MALTRY 1991, eine als Lernprogramm formulierte ist in WITTE/DEPPE/BORN 1975 zu finden. Sehr ausführlich wird die lineare Programmierung in ELLINGER 1990 und in GAL 1989 behandelt. Auch sind Einführungen in die lineare Programmierung in HAX 1974 sowie in KERN 1987 zu finden.

Muß das lineare Programm noch durch die Forderung ergänzt werden, daß alle oder einige Variable nur ganzzahlige bzw. binäre Werte annehmen dürfen, so liegt eine Aufgabe der ganzzahligen linearen Optimierung vor. Dabei können folgende Aufgabentypen unterschieden werden:

- Rein-ganzzahlige Optimierung: Lineare Programmierung mit Ganzzahligkeitsforderung für alle Variablen.

- Gemischt-ganzzahlige Optimierung: Lineare Programmierung mit Ganzzahligkeitsforderung für einige, aber nicht für alle Variablen.

- Können die Variablen nur binäre Werte – d.h. die Werte '"0" und '"1" – annehmen, spricht man auch von Boolescher Optimierung. Dabei kann wieder zwischen rein-Boolescher und gemischt-Boolescher Optimierung differenziert werden. Die Binärvariablen werden auch als Schaltvariablen bezeichnet.

Eine Anwendung für die ganzzahlige Programmierung ist das Eingangsbeispiel zur Produktionsprogrammplanung. Tatsächlich können in dem Beispiel nur ganzzahlige Mengen von Büro- und Eßzimmerstühlen produziert werden. Glücklicherweise hat das Beispiel aber eine solche Problemstruktur, daß die Eckpunkte des Lösungsraumes immer ganzzahlige Werte aufweisen. Damit ist eine mit dem Simplex-Algorithmus generierte Lösung automatisch ganzzahlig. Weitere Beispiele der ganzzahligen linearen Programmierung finden sich im folgenden Kapitel über die Anwendungen. Auch lassen sich das Transport- und das Zuordnungsproblem als ein Sonderfall der ganzzahligen Optimierung formulieren.

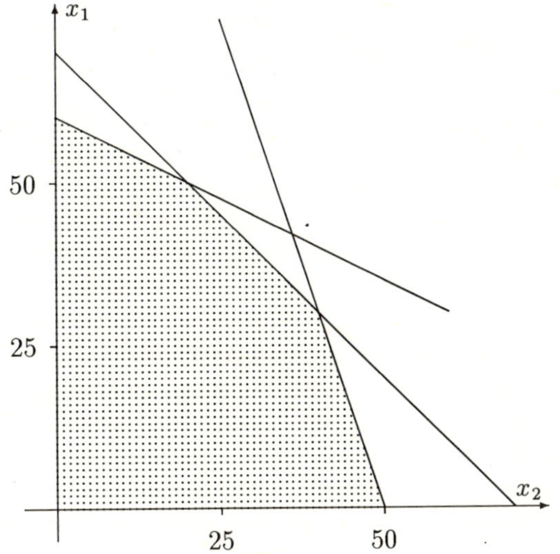

Abb. 7.13: Lösungsraum mit Ganzzahligkeitsbedingung

Geometrisch deuten und lösen lassen sich Aufgaben mit zwei Variablen, wenn man beachtet, daß beim rein-ganzzahligen Problem nur die Gitterpunkte (Punkte mit rein-ganzzahligen Koordinaten) im zulässigen Bereich des linearen Programms liegen. Beim gemischt-ganzzahligen Bereich ergeben sich entsprechend Geradenstücke als zulässiger Bereich des Programms. Die Abb. 7.13 zeigt den Lösungsraum inkl. der Gitterpunkte für das Beispiel zur Produktionsprogrammplanung.

Zur Lösung ganzzahliger Programmierungsaufgaben sind zahlreiche Verfahren entwickelt worden.

1. Schnittverfahren

2. Verzweigungsverfahren

3. Nachweis der Ganzzahligkeit aller Basislösungen des zugeordneten linearen Programms für bestimmte Problemklassen, so daß eine Lösung per Simplex-Algorithmus ohne Beachtung der Ganzzahligkeitsforderung von selbst eine Lösung der ganzzahligen Optimierungsaufgabe ergibt. Z.B. gehören Transport- und Zuordnungsprobleme dazu.

4. Näherungsverfahren bzw. Heuristiken, die gute zulässige Lösungen liefern. Die Lösungen sind i.d.R. aber nicht optimal.

Ein Beispiel für eine Heuristik wäre der pragmatische Ansatz, das Programm zuerst unter Vernachlässigung der Ganzzahligkeitsbedingung zu lösen und danach den nächstgelegenen zulässigen Gitterpunkt als Lösung zu wählen. I.d.R. stellt dieser Gitterpunkt ein brauchbares Programm dar; in bestimmten Fällen kann dieser aber sehr weit vom tatsächlichen Optimum entfernt sein.

In diesem Buch werden die Methoden der ganzzahligen Programmierung nicht weiter behandelt. Es gibt ausgezeichnete Darstellungen der wichtigsten Verfahren in den bereits eben erwähnten Büchern von ELLINGER 1990 und GAL 1989, Bd.2, S. 361. Einen Überblick vermittelt BRINK 1992. Auch wird die ganzzahlige Programmierung in MÜLLER-MERBACH 1973 und ZIMMERMANN 1989, DOMSCHKE/DREXL 1991 ausführlich behandelt.

I.d.R. sind Ansätze der linearen und ganzzahligen Optimierung derart rechenaufwendig, daß eine Anwendung ohne DV-Unterstützung kaum möglich ist. Es gibt eine Vielzahl von kommerziellen DV-Programmen zur Lösung von linearen und ganzzahligen Optimierungsproblemen. Diese sind meist für den Einsatz auf einem Großrechner entworfen worden. Z.B. wird in ELLINGER 1990 die Anwendung des im ersten Teils erwähnten Programmes MPSX skizziert. MPSX wird von dem Unternehmen IBM vertrieben.

Ein Programm zur PC-gestützten Lösung von linearen und ganzzahligen Programmen ist in BRINK ET AL. 1991 zu finden. Mit dem Programm impac – Akkronym für Integrated Mathematical Programming pACkage – können problemlos die in diesem Buch dargestellten linearen Programme gerechnet werden. Zur Lösung von sehr großen linearen Programmen ist impac weniger geeignet.

Aufgaben

Probleme mit Poly-A und Poly-B

Ein Unternehmen fertigt zwei Kunststoffgranulate Poly-A und Poly-B. Beide Granulate werden in einem Mischautomaten aus zwei Kunstharzkomponenten hergestellt. Für eine Mengeneinheit (ME) Poly-A werden 4 ME von Harz a und 2 ME von Harz b, für eine ME Poly-B werden 1 ME von Harz a und 3 ME von Harz b benötigt. In einer Stunde kann 1/4 ME Poly-A oder 1/3 ME Poly-B gemischt werden. Während der Planungsperiode kann der Mischautomat 480 Stunden genutzt werden. Das Unternehmen rechnet damit, bis zum Ende des Planungszeitraums maximal 150 ME Poly-A zu einem Preis von 52 DM/ME absetzen zu können. Der erzielbare Marktpreis für Poly-B beträgt 38 DM/ME und die Absatzhöchstmenge beträgt 180 ME. Für den Mischautomaten werden je Stunde 6 DM an variablen Kosten veranschlagt. Im Planungszeitraum können bis zu 400 ME von Harz a zum Preis von 3 DM/ME und 360 ME von Harz b zum Preis von 5 DM/ME beschafft werden. Das Unternehmen möchte seinen Gewinn im Bereich Kunststoffgranulate maximieren.

- Stellen Sie einen linearen Planungsansatz auf!
- Ermitteln Sie die optimale Lösung graphisch!

Probleme der Knäuel GmbH – Folge 1

Die Kuno Knäuel GmbH, ein kleineres Unternehmen der Textilindustrie, stellt in einem ihrer Betriebe Wollgarne für den Endverbraucher her. Der Produktionsprozeß ist wie folgt strukturiert: Die eingekaufte Rohwolle (Schafwolle) wird zunächst entfettet und dann gewaschen. Anschließend wird sie in der Spinnerei in mehreren Stufen zum Wollgarn, dem Endprodukt, versponnen. Im folgenden Arbeitsgang werden die Wollgarne gefärbt. Anschließend werden sie maschinell zu Knäueln gewickelt, etikettiert und für den Versand verpackt. Die Knäuel GmbH produziert vier Garnarten:

Garnart	Feinheit	Farbe	Preis/Knäuel [DM]	Meter/Knäuel
A	grob	grün	15,–	120
B	mittel	rot	12,–	140
C	fein	blau	8,–	200
D	extrafein	weiß	6,–	230

Das Unternehmen will das Produktionsprogramm für den folgenden Monat festlegen. Folgende Daten sind bekannt:

Rohwolle wird in 1.000-kg-Ballen zum Preis von DM 9.000,- pro Ballen angekauft. Für die Entfettung und Wollwäsche werden pro kg Wolle ca. 1,5 Liter einer speziellen Chemikalie benötigt, die zum Preis von DM 15,- pro Liter beschafft werden. Allerdings treten beim Hersteller z.Zt. Lieferschwierigkeiten auf, so daß im nächsten Monat definitiv nur 45.000 Liter der Reinigungschemikalie beschafft werden können. Die Kapazität der Abteilung Wollwäsche beträgt pro Monat 35 Ballen. Die Kapazität der Spinnerei beträgt im kommenden Monat 140 Arbeitsstunden. Die Geschwindigkeit, mit der die Garne gesponnen werden können, hängen von deren gewünschten Feinheit ab:

Feinheit	Spinngeschwindigkeit [m/Sekunde]
grob	1,5
mittel	2,0
fein	3,0
extrafein	2,5

Der (lediglich aus beschäftigungsabhängigen Kosten berechnete) Maschinenstundensatz für die zwei vorhandenen Spinnmaschinen wurde von der Kostenrechnung mit DM 50,-/Stunde veranschlagt. Die Löhne der drei festangestellten Arbeiter der Spinnerei betragen insgesamt DM 10.000,- pro Monat.

Die Färberei bezieht ihre Farben in 10-Liter-Eimern zu den folgenden Preisen: Rote Farbe DM 40,-/Eimer, grüne Farbe DM 30,-/Eimer, blaue Farbe DM 20,-/Eimer. Die für die Färbung der einzelnen Garne notwendige Farbmenge steht in Abhängigkeit zur Farbe selbst und zur Garnfeinheit. Es wurden die folgenden durchschnittlichen Farbmengen und Färbezeiten ermittelt:

Garnart	benötigte Farbmenge in [kg Garn in Liter]	Dauer der Färbung in [kg]
A	2,0	30 min
B	1,5	20 min
C	1,0	15 min

Die Garnart D muß aus naheliegenden Gründen nicht gefärbt werden. Die Kapazität der Färberei beträgt im kommenden Monat 16 Arbeitstage zu je 8 Stunden. In der Etikettier- und Verpackabteilung fallen im nächsten Monat zwei Arbeitskräfte aus, so daß nur noch vier Mitarbeiter zur Verfügung stehen. Zu berücksichtigen ist, daß die Knäuel GmbH mit einer Kaufhauskette einen festen Liefervertrag über 7.000 Knäuel der Garnsorte B pro Monat zum o.g. Preis hat. Da bei Nichterfüllung dieser Lieferverpflichtung eine hohe Konventionalstrafe droht, muß dieser Posten in jedem Fall produziert werden.

Probleme der Knäuel GmbH – Folge 2

Die Kuno Knäuel GmbH ist ein Kleinbetrieb der Textilbranche. Sie stellt Wollgarne her, die sie an Kaufhausketten und Einzelhandelsgeschäfte veräußert.

Das Sortiment des Unternehmens soll im kommenden Monat um zwei neue Garnarten (A und B) erweitert werden. Es handelt sich um Feingarne, für deren Herstellung eigens eine spezielle Spinnmaschine mit einer Kapazität von 136 h/Monat angeschafft wurde. Die Spinngeschwindigkeit der Maschine hängt von der Feinheit der Garne ab: Das „feine" Garn B kann mit 13 8/9 m/sec versponnen werden, während das „extrafeine" Garn A wegen der Gefahr eines Fadenrisses nur mit 6 1/4 m/sec durch die Maschine laufen darf. Der nur aus beschäftigungsabhängigen Kosten bestehende Maschinenstundensatz wurde vom Kostenrechner des Unternehmens auf DM 50,–/Stunde festgelegt.

In der der Spinnerei vorgelagerten Abteilung „Wollwäsche", in welcher die angelieferte Schafwolle entfettet und gewaschen wird, steht im nächsten Monat die Generalüberholung zweier Maschinen an. Aus diesem Grund können für die Herstellung der Garne A und B nur 1.800 kg Wolle zur Verfügung gestellt werden. Für die Herstellung von 1.000 m der Garnart A werden 333 1/3 g, der Garnart B 500 g Wolle benötigt. Der Rohstoff Wolle wird in 1.000 kg-Ballen zum Preis von DM 6.000,–/Ballen beschafft.

Die Garne werden nach dem Spinnen in einem Durchlauffärbebad gefärbt. Die Durchlaufgeschwindigkeit ist von der Feinheit der Garne abhängig. Garn A kann mit 7,5 m/sec, Garn B mit 16 2/3 m/sec durch das Bad geführt werden. Es stehen insgesamt sechs Färbebecken zur Verfügung, die für den Folgemonat noch jeweils 40 h freie Kapazitäten haben. An variablen Kosten fallen für die Färbung pro 1.000 m Garn variable Kosten von DM 1,– an. Im letzten Arbeitsschritt werden die Garne schließlich zu Knäueln gewickelt. Für ein Knäuel der Garnart A sind 180 m des „extrafeinen" Garns notwendig; für ein Knäuel der Garnart B werden 200 m des „feinen" Garns benötigt. An sonstigen variablen Kosten fallen für die Herstellung der Garnart A DM 3,06/Knäuel, für jene der Garnart B DM 3,–/Knäuel an.

Die Geschäftsleitung schätzt die Marktchancen der beiden Garne als nahezu gleich ein. Sie hält für Garn A eine maximale Verkaufsmenge von 15.000 Knäuel, für Garn B eine solche von 14.000 Knäuel für realistisch. Die Preise orientieren sich an der Marktlage und wurden auf DM 10,–/Knäuel für Garn A und DM 7,–/Knäuel für Garn B festgesetzt.

1. Formulieren Sie einen LP-Ansatz zur Ermittlung der deckungsbeitragsmaximalen Produktionsmengen der beiden Garne! (Es ist keine Lösung verlangt!)

2. Lösen Sie das Optimierungsproblem graphisch und stellen Sie (im Rahmen der Ablesegenauigkeit Ihrer Zeichnung) die optimalen Produktionsmengen der Garne

sowie den damit realisierten Deckungsbeitrag fest! Erläutern Sie ihre Graphik stichwortartig!

3. Ein Mitglied der Geschäftsführung schlägt vor, für die Färberei ein zusätzliches Färbebecken mit einer Kapazität von 120 h/Monat zu installieren, um keine potentiellen Verkaufsmengen zu verschenken. Was halten Sie davon? In welchen Bereichen/welchem Bereich würden Sie aufgrund der graphischen Lösung Investitionen für sinnvoll halten?

Hinweise zur Bearbeitung:

- Ganzzahligkeitsprobleme sind zu vernachlässigen!
- Beachten Sie sorgfältig die Dimensionierung der einzelnen Größen!
- Als Dimension für die Produktionsmengen wird [Tsd. Knäuel] empfohlen.

Probleme der AHA GmbH

Das Unternehmen AHA GmbH fertigt elektronische Baugruppen für Personal Computer. Es werden die drei Erzeugnisse „A217", „R202" und „MXF" hergestellt, die an diverse PC-Hersteller sowie den Fachhandel abgesetzt werden. Jedes der drei Produkte durchläuft drei Produktionsstufen: In der Basismontage werden die Platinen für die Bestückung vorbereitet, auf welche in der Hauptmontage die einzelnen (fremdbezogenen) Elektronikbausteine aufgesteckt werden. Abschließend wird in der Qualitätskontrolle die Funktionsfähigkeit der Baugruppen getestet.

Aus Vergangenheitswerten ist die durchschnittliche Bearbeitungszeit für die drei Produkte in den Produktionsstufen bekannt; sie ist in der folgenden Tabelle wiedergegeben:

Produkt		Basismontage	Hauptmontage	Qualitätskontrolle
Name	i	[min/ME]	[min/ME]	[min/ME]
A217	1	24	8	4
R202	2	12	6	6
MXF	3	8	6	4

Folgende Kapazitäten stehen in der nächsten Planperiode in den einzelnen Produktionsstufen zur Verfügung:

- Basismontage: 346 h, 40 min,
- Hauptmontage: 120 h,

- Qualitätskontrolle: 90 h.

Deckungsspannen und geschätzte maximale Absatzmengen der Produkte in der nächsten Planperiode sind der folgenden Tabelle zu entnehmen:

Produkte		A217	R202	MXF
Deckungsspanne	[DM]	20	12	9
max. Absatz	[ME]	1.500	1.400	2.000

Die Planung des deckungsbeitragsmaximalen Produktionsprogramms mittels eines LP-Ansatzes ergab das folgende (verkürzt wiedergegebene) Optimaltableau:

BV	Y_1	X_3	Y_2	RS
X_1	1/8	−1/2	−1/4	800
X_2	−1/6	1 2/3	1/2	133 1/3
Y_3	1/2	−4	−2	1.400
Y_4	−1/8	1/2	1/4	700
Y_5	1/6	−1 2/3	−1/2	1.266 2/3
Y_6		1		2.000
Z	−1/2	−1	−1	−17.600

Die Variablen sind dabei wie folgt definiert:

X_i:	Produktionsmengen Produkt i (i = 1,2,3) in [ME]
Y_1:	Schlupfvariable Kapazität Basismontage in [min]
Y_2:	Schlupfvariable Kapazität Hauptmontage in [min]
Y_3:	Schlupfvariable Kapazität Qualitätskontrolle in [min]
Y_4:	Schlupfvariable Absatzkapazität Produkt 1 in [ME]
Y_5:	Schlupfvariable Absatzkapazität Produkt 2 in [ME]
Y_6:	Schlupfvariable Absatzkapazität Produkt 3 in [ME].

1. Stellen Sie den LP-Ansatz auf, der zu dem wiedergegebenen Optimaltableau führte!

2. Interpretieren Sie die Spalten X_3 und Y_2 des Optimaltableaus!

3. In der Basismontage fallen aus Krankheitsgründen in der kommenden Planperiode zwei Teilzeitkräfte völlig aus. Dadurch vermindert sich die Kapazität der Abteilung um 50 h. Verändert dieses die Struktur der bisherigen Optimallösung?

4. In der Hauptmontage könnte noch eine Teilzeitstelle besetzt werden. Die Lohnkosten dafür liegen allerdings um 30,– DM/h über dem bisherigen Lohnsatz. Die Einstellung würde die Kapazität der Abteilung in der nächsten Planperiode um 10 h erhöhen. Soll die Einstellung vorgenommen werden?

5. Welche Auswirkungen hätte eine Preissenkung um DM 2,– für das Produkt „A217"?

Literaturhinweise

Brink, A.: Ganzzahlige Optimierung, in: WISU – Das Wirtschaftsstudium, 21.Jg. (1992), S. 27-30.

Brink, A., H. Damhorst, D. Kramer, W. von Zwehl: Lineare und ganzzahlige Optimierung mit impac, München, 1991.

Domschke, W., A. Drexl: Einführung in Operations Research, 2. Aufl., Berlin, 1991.

Ellinger, Th.: Operations Research, 3. Aufl., Berlin, 1990.

Gal, T.(Hrsg.): Grundlagen des Operations Research (3 Bände), 3. Aufl., Berlin, 1991.

Hax, H.: Entscheidungsmodelle in der Unternehmung/Einführung in Operations Research, Hamburg, 1974.

Kern, W.: Operations Research, 6. Aufl., Stuttgart, 1987.

Maltry, H.: Grundlagen der Linearen Optimierung – Die Simplex-Methode, in: WISU – Das Wirtschaftsstudium 20. Jg. (1991), S. 713ff.

Müller-Merbach, H.: Operations Research, 3. Aufl., München, 1973.

Witte, Th., J.F. Deppe, A. Born: Lineare Programmierung, Wiesbaden, 1975.

Zimmermann, W.: Operations Research, 4. Aufl., München, 1989.

Kapitel 8

Anwendungen der linearen Programmierung

8.1 Anwendungen im Produktions-Controlling

8.1.1 Produktionsprogrammplanung

Ein Unternehmen kann ein Produkt A mit einer Leistung von 400 Stück/h und ein Produkt B mit einer Leistung von 200 Stück/h produzieren. In dem Unternehmen wird in zwei Schichten (6.00–14.00 Uhr und 14.00–22.00 Uhr) an 5 Tagen in der Woche gearbeitet. Die variablen Stückkosten k_v sowie die Produktpreise p sind bekannt. Sie betragen für Produkt A: k_v = 20,–[DM/ME]; p = 25,–[DM/ME] und für Produkt B: k_v = 30,– [DM/ME]; p = 37,– [DM/ME]. Um rückständigen Lieferverpflichtungen nachzukommen, sollten von Produkt A mindestens 2.500 Stück pro Schicht und Woche, aus absatzpolitischen Erwägungen aber auch jeweils nicht mehr als von Produkt B produziert werden. Das Unternehmen ist an einem Produktionsprogramm mit maximalem Deckungsbeitrag interessiert.

Formulieren Sie das Problem als lineares Programm.

Um das lineare Programm zu formulieren, müssen als erstes wieder die relevanten Variablen definiert werden. In der Aufgabenstellung ist von zwei Produkten und zwei Schichten die Rede. Das deutet darauf hin, daß es darauf ankommt, in welcher Schicht ein Produkt gefertigt werden soll. Zwei Produkte, die in je zwei Schichten hergestellt werden, lassen sich durch vier Variablen parametrisieren. Dabei sind zwei verschiedene Fälle möglich. Zum einen können die Variablen als Mengen von Produkt A und B definiert werden, die in Schicht 1 und 2 hergestellt werden. Es können aber auch die Produktionszeiten verwendet werden, die in den Schichten 1 und 2 für die Verwendungsrichtungen Produkt A und B benötigt werden. Folgt man der ersten Alternative „Produktionsmengen“, so werden die Variablen wie folgt definiert:

x_{A1} [ME] Produktions- und Absatzmenge Produkt A in der 1. Schicht
x_{A2} [ME] Produktions- und Absatzmenge Produkt A in der 2. Schicht
x_{B1} [ME] Produktions- und Absatzmenge Produkt B in der 1. Schicht
x_{B2} [ME] Produktions- und Absatzmenge Produkt B in der 2. Schicht.

Die Stückdeckungsbeiträge für die Produkte A und B sind:

Produkt	A	B	
p	25	37	[DM/ME]
k_v	20	30	[DM/ME]
DSP	5	7	[DM/ME]

Die Deckungsspanne für Produkt A beträgt 5 DM/ME und jene für Produkt B 7 DM/ME. Die Deckungsspannen sind unabhängig von der Schicht, in der die Produkte gerade hergestellt worden sind. Die Zielfunktion hat demnach die folgende Form:

$$Z = 5 \cdot x_{A1} + 5 \cdot x_{A2} + 7 \cdot x_{B1} + 7 \cdot x_{B2} \rightarrow \text{max!} \tag{8.1}$$

Die folgenden Nebenbedingungen vervollständigen das lineare Programm:

1. Zeitrestriktionen
   Sowohl in der ersten als auch in der zweiten Schicht darf nicht mehr an Zeit in Anspruch genommen werden, als vorhanden ist. Es muß eine Nebenbedingung formuliert werden, daß die genutzte Zeit „kleiner gleich“ als die insgesamt in der Woche zur Verfügung stehende Zeit (5 Tage · 8 h/Schicht = 40 h) ist. Um eine Zeitrestriktion zu formulieren, benötigt man also eine Größe, die den Zeitverbrauch für eine bestimmte Produktionsmenge angibt. In der Aufgabenstellung sind die Produktionsmengen für eine Stunde angegeben. Eine solche Größe wird als Intensität bezeichnet. Der Kehrwert der Intensität – der Produktionskoeffizient – gibt demnach den Zeitverbrauch für eine Mengeneinheit an:

   $$\begin{array}{rcl} 400 \text{ Stück A/h} & \rightarrow & \text{Intensität Produkt A} \\ 1/400 \text{ h/Stück A} & \rightarrow & \text{Produktionskoeffizient Produkt A} \\ 200 \text{ Stück B/h} & \rightarrow & \text{Intensität Produkt B} \\ 1/200 \text{ h/Stück B} & \rightarrow & \text{Produktionskoeffizient Produkt B.} \end{array}$$

   Mit Hilfe dieser Produktionskoeffizienten können die Zeitrestriktionen formuliert werden:

   $$\begin{array}{rll} \text{1. Schicht:} & 1/400 \cdot x_{A1} + 1/200 \cdot x_{B1} & \leq 40 \\ \text{2. Schicht:} & 1/400 \cdot x_{A2} + 1/200 \cdot x_{B2} & \leq 40. \end{array} \tag{8.2}$$

2. Mindestmengenrestriktionen

   $$\begin{array}{rcll} x_{A1} & \geq & 2.500 & \text{(1. Schicht)} \\ x_{A2} & \geq & 2.500 & \text{(2. Schicht)} \end{array} \tag{8.3}$$

3. Höchstmengenrestriktionen

   $$\begin{array}{rcl} x_{A1} \leq x_{B1} & \Rightarrow & x_{A1} - x_{B1} \leq 0 \text{ (1. Schicht)} \\ x_{A2} \leq x_{B2} & \Rightarrow & x_{A2} - x_{B2} \leq 0 \text{ (2. Schicht)} \end{array}$$

4. NNB

$$x_{A1}, x_{A2}, x_{B1}, x_{B2} \geq 0.$$

Dies ist ein vollständig formuliertes lineares Programm. Um den Ansatz zu lösen, muß der Simplex-Algorithmus nicht unbedingt angewendet werden. Es sind auch andere Rechentechniken denkbar. Tatsächlich reicht es hier schon aus, das Konzept der relativen Deckungsbeiträge anzuwenden. Zunächst scheint das Problem durch die Differenzierung in die einzelnen Schichten verwirrend. Da aber die Daten für die beiden Schichten identisch sind, und auch keine Kopplung zwischen beiden besteht, können sie isoliert voneinander betrachtet werden. Es ist demnach hinreichend, eine Schicht zu betrachten, z.B. die erste Schicht. Wenn man weiterhin die Mindestmengen- und Höchstmengenrestriktionen zunächst vernachlässigt, greift nur noch die Zeitrestriktion:

Produkt	A	B	
DSP	5	7	[DM/ME]
Produktions-koeffizient PK	1/400	1/200	[h/ME]
relative DSP (DSP/PK)	2.000	1.400	[DM/h]
Rangfolge	1.	2.	

Ohne Kopplung zwischen den Variablen würde nur Produkt A hergestellt, da es eine höhere relative Deckungsspanne als Produkt B hat. Es liegt aber eine Kopplung in der Form vor, daß von Produkt A nicht mehr als von Produkt B hergestellt werden darf. Wegen der niedrigeren relativen Deckungsspanne von B sollte nicht mehr als von A produziert werden. Daraus ergibt sich folgendes Gleichungssystem:

$$\begin{aligned} x_{A1} &= x_{B1} \\ 1/400 \cdot x_{A1} + 1/200 \cdot x_{B1} &= 40 \\ \Rightarrow x_{A1} = x_{B1} &= 5.333,33. \end{aligned} \tag{8.4}$$

Wenn von dem Ganzzahligkeitsproblem abgesehen wird, sollten also von x_{A1} und x_{B1} jeweils 5.333 Stück pro Schicht hergestellt werden, wenn der Deckungsbeitrag maximiert werden soll. Auch die Optimalwerte von x_{A2} und x_{B2} betragen dann je 5.333 Stück. Die Optimalwerte für x_{A1} und x_{A2} liegen auch in dem in der Aufgabenstellung als zulässig vorgegebenen Bereich, da beide je über der Mindestmenge von 2.500 Stück liegen.

Zahlreiche Beispiele zur Produktionsprogrammplanung lassen sich in der Literatur der Produktionswirtschaft finden; in ADAM 1993, S. 84 und in KISTNER/STEVEN 1993, S. 232 wird das Grundmodell der Produktionsprogrammplanung beschrieben. In SCHWEITZER 1990, S. 623 ist ein Ansatz von Zäpfel skizziert, mit dem nicht nur das optimale Produktionsprogramm, sondern auch simultan das passende Finanzbudget und die fremd zu beziehenden Mengen bestimmt werden können. Das letztere Problem liegt auch dem folgenden Beispiel zugrunde.

8.1.2 Produktionsplanung

Es ist zu entscheiden, ob ein Produkt fremdbezogen wird und wenn ja, wieviel bezogen werden soll (Make-or-Buy-Entscheidung). Wenn in einer Periode nur die Menge produziert werden soll, die auch abgesetzt werden kann, wird die Produktion mit dem Absatz synchronisiert. Werden Produktion und Absatz voneinander separiert, ist die Produktion dagegen vom Absatz emanzipiert.

Ein Unternehmen muß aufgrund vertraglicher Verpflichtungen in den nächsten drei Perioden folgende Mengen eines von ihm erzeugten Produktes liefern:

Periode 1:	160 Stück
Periode 2:	180 Stück
Periode 3:	240 Stück.

Die Produktionskapazitäten betragen:

Periode 1:	100 Stück
Periode 2:	160 Stück
Periode 3:	220 Stück,

wobei die Produktion in Periode 3 aus technischen Gründen höchstens 10% unter der der Vorperiode liegen darf. Die Stückkosten des lagerfähigen Produktes belaufen sich auf 25 DM/Stück; die Lagerhaltungskosten betragen 1 DM/Stück und Periode. Wird ein eingelagertes Produkt verkauft, so entstehen Auslagerungskosten in Höhe von 5 DM/Stück. Während der gesamten Betrachtungszeit ist ausreichend Lagerkapazität vorhanden. Zum Planungsbeginn sind keine Bestände des zu liefernden Produktes auf Lager. Neben der Eigenerstellung besteht in der ersten Periode die Möglichkeit, bis zu 60 Stück zum Preis von 35 DM/Stück fremd zu beziehen. Des weiteren können je nach Fremdbezugsmenge eventuell in der ersten Periode auftretende Fehlmengen in der zweiten Periode nachträglich produziert und geliefert werden. Bei Lieferung in der zweiten Periode entstehen dann allerdings Zusatzkosten von 8 DM/Stück. Formulieren Sie ein lineares Programm, das den gesamtkostenminimalen Produktions- und Lagerhaltungsplan bestimmt!

Zur Aufgabenlösung wird dem Produkt der jeweiligen Periode ein Etikett zugeordnet, dem entnommen werden kann, wann es produziert und wann es abgesetzt wird. Dieses Etikett soll der Variablendefinition entnommen werden können, da somit die Lagerkosten u.ä. in die Bewertung des Produktes integriert werden können.

x_{ij}	[ME]	Produktionsmenge der i. Periode, die in der j. Periode abgesetzt wird.

Mit dieser doppelten Indizierung der Variablen kann man diese in die entsprechenden Absatzperioden ein- und daher die einzelnen Kosten leichter den Variablen zuordnen.

Für den Buy-Fall der ersten Periode muß eine weitere Variable definiert werden:

x_{Fj}	[ME]	Menge, die in der ersten Periode für den Absatz in der j. Periode fremdbeschafft wird.

Es bestehen demnach folgende Produktions- und Beschaffungsmöglichkeiten: In der ersten Periode kann für die erste, die zweite und die dritte Periode produziert (x_{11}, x_{12}, x_{13}) und für die erste, die zweite und die dritte Periode fremdbezogen werden (x_{F1}, x_{F2}, x_{F3}). Aus der Produktion der zweiten Periode kann in die erste Periode nachträglich geliefert werden (x_{21}). Ebenso kann die Produktion direkt in der zweiten Periode abgesetzt werden (x_{22}) oder sie kann eine Periode gelagert werden und in der dritten Periode abgesetzt werden (x_{23}). In der letzten Periode ist keine nachträgliche Lieferung und kein Fremdbezug möglich, so daß nur x_{33} benötigt wird. Demnach sind die folgenden Make-or-Buy-Alternativen möglich:

1. Periode:	Produktion und Beschaffung	$x_{11}, x_{12}, x_{13}, x_{F1}, x_{F2}, x_{F3}$
2. Periode:	Produktion	x_{21}, x_{22}, x_{23}
3. Periode:	Produktion	x_{33}.

In dieser Zusammenstellung sind sämtliche Produktions- und Beschaffungsmöglichkeiten bezeichnet. Nach der Definition der Variablen ist – wie gehabt – die Zielfunktion zu formulieren. Dafür werden den gerade angegebenen benötigten Variablen die entsprechenden Kosten zugeordnet. Für die Produktion und Beschaffung in der ersten Periode ergibt sich z.B. folgendes: Wenn in Periode 1 produziert und abgesetzt wird, fallen 25 DM/Stück Produktionskosten an. Für jedes Stück, das in Periode 1 produziert und in Periode 2 abgesetzt wird, fallen neben den Produktionskosten noch Lagerkosten für eine Periode und Kosten für die Auslagerung an. Bei einem Absatz in der dritten Periode fallen zusätzlich noch Lagerkosten für eine weitere Periode an. Bei Fremdbezug betragen die Beschaffungskosten 35 DM/Stück. Werden die fremdbezogenen Produkte nicht in der Periode 1 weiterveräußert, fallen noch Lagerkosten und Kosten für die Auslagerung an. Analoge Überlegungen können für die restlichen Variablen angestellt werden:

$$\begin{aligned} K &= 25 \cdot x_{11} + (25+1+5) \cdot x_{12} + (25+1+1+5) \cdot x_{13} \\ &\quad + 35 \cdot x_{F1} + (35+1+5) \cdot x_{F2} + (35+1+1+5) \cdot x_{F3} \\ &\quad + (25+8) \cdot x_{21} + 25 \cdot x_{22} + (25+1+5) \cdot x_{23} \\ &\quad + 25 \cdot x_{33} \rightarrow \min!, \qquad (8.5) \\ K &= 25 \cdot x_{11} + 31 \cdot x_{12} + 32 \cdot x_{13} + 35 \cdot x_{F1} + 41 \cdot x_{F2} + 42 \cdot x_{F3} \\ &\quad + 33 \cdot x_{21} + 25 \cdot x_{22} + 31 \cdot x_{23} + 25 \cdot x_{33} \rightarrow \min!, \end{aligned}$$

wobei die folgenden Kosten eingesetzt worden sind:

Produktionskosten	25	DM/Stück
Lagerkosten	1	DM/Stück und Periode
Auslagerungskosten	5	DM/Stück
Beschaffungskosten bei Fremdbezug	35	DM/Stück
Nachproduktionskosten	8	DM/Stück

Für die Nebenbedingungen ergibt sich:

1. Produktionshöchstmengen:
   Die Produktionsmenge der ersten Periode darf nicht größer als 100 Stück sein. In der zweiten Periode sind es 160 Stück und in der dritten Periode 240 Stück.

$$\begin{array}{lrcl} \text{1. Periode:} & x_{11}+x_{12}+x_{13} & \leq & 160 \\ \text{2. Periode:} & x_{12}+x_{F2}+x_{22} & \leq & 180 \\ \text{3. Periode:} & x_{13}+x_{F3}+x_{23}+x_{33} & \leq & 240 \end{array} \quad (8.6)$$

2. Produktionsmindestmengen:
   Laut Aufgabenstellung darf die Produktion x_{33} höchstens 10% unter der der Vorperiode liegen, d.h., sie muß mindestens 90% der Produktion der Vorperiode betragen.

$$\begin{array}{rcl} x_{33} & \geq & 0,9\cdot(x_{21}+x_{22}+x_{23}) \\ \Rightarrow 0 & \leq & x_{33}-0,9\cdot x_{21}-0,9\cdot x_{22}-0,9\cdot x_{23} \end{array} \quad (8.7)$$

3. Fremdbezug:
   Fremdbezug ist nur in der ersten Periode und nur bis zu einer Menge von 60 Stück möglich.

$$x_{F1}+x_{F2}+x_{F3}\leq 60 \quad (8.8)$$

4. Absatzrestriktionen:
   Ohne Absatzrestriktionen würde der Lösungsalgorithmus die kostenminimale Alternative der Nullproduktion als optimal identifizieren.

$$\begin{array}{lrcl} \text{1. Periode:} & x_{11}+x_{F1}+x_{21} & = & 160 \\ \text{2. Periode:} & x_{12}+x_{F2}+x_{22} & = & 180 \\ \text{3. Periode:} & x_{13}+x_{F3}+x_{23}+x_{33} & = & 240 \end{array} \quad (8.9)$$

   Der Absatz in der ersten Periode von 160 Stück kann durch die drei Alternativen Selbstproduktion, Fremdbezug und Nachlieferung aus Periode 2 realisiert werden. Die beiden weiteren Zeilen sind analog zu interpretieren.

5. NNB:

$$x_{ij}, x_{Fj}\geq 0 \quad (8.10)$$

8.1.3 Verschnittproblem

Verschnitte sind nicht verkaufsfähige Restabschnitte, die entstehen können, wenn ein größeres Erzeugnis in Einheiten kleinerer Dimension zerlegt wird. Verschnittprobleme sind sehr häufig in der Realität anzutreffen. Z.B. wird Flachglas in großen Bahnen hergestellt und dann zugeschnitten. Weitere Beispiele sind Fußbodenplatten, Preßspanplatten, Schuhe, Bekleidung etc.

Ein Papiergroßhändler verkauft Papierrollen einheitlicher Länge mit 30 cm Breite (Typ A), 50 cm Breite (Typ B) und 70 cm Breite (Typ C). Von den einzelnen Rollentypen sind in der folgenden Planungsperiode bestimmte Mindestzahlen zu liefern.

Rollen-typ	Rollen-breite in cm	Mindestzahl der Rollen	Preis je Rolle	Maximale Absatzmenge
A	30	440	6,–	600
B	50	120	8,–	860
C	70	80	10,–	240

Der Großhändler kann von einer Papierfabrik nur zwei Rollentypen D und E in jeder gewünschten Menge beziehen.

Rollen-typ	Rollen-breite in cm	Preis je Rolle
D	135	20,–
E	85	11,–

Der Großhändler hat keine Papierrollen auf Lager. Er muß Rollen vom Typ D und/oder E kaufen und auf die von ihm gewünschten Breiten zuschneiden. Die Kosten des Zuschneidens sind vernachlässigbar gering. Es ergeben sich folgende Fragen:

1. Wieviele Rollen von Typ D oder E sollen beschafft werden und wie sollen sie zerschnitten werden, damit die Mindestanzahl von Rollen des Typs A, B und C mit minimalem Verschnitt hergestellt werden können? Formulieren Sie ein LP-Modell!

2. Auf welche Weise verändert sich das LP-Modell in Aufgabe 1, wenn die Menge zu beschaffender Rollen möglichst gering sein soll?

3. Erstellen Sie ein LP-Programm für den Fall, daß der Papiergroßhändler seinen Gewinn maximieren will. Dabei sind die Absatzmengen nicht notwendigerweise identisch mit den Produktionsmengen. Die Produktionsmenge muß aber „größer gleich" dem Absatz sein!

Es mag zunächst unklar sein, wie dieses Verschnittproblem mit Hilfe der linearen Programmierung gelöst werden kann. Listet man aber alle möglichen Verschnittkombinationen auf und ordnet jeder der Kombinationen eine Variable zu, können die Verschnittwirkungen in einem linearen Ansatz beschrieben werden.

Rollen-typ	Menge*	Typ A 30 cm	Typ B 50 cm	Typ C 70 cm	Verschnitt in cm
D 135 cm	x_{D1}	4			15
	x_{D2}	2	1		25
	x_{D3}	1	2		5
	x_{D4}	2		1	5
	x_{D5}		1	1	15
E 85 cm	x_{E1}	2			25
	x_{E2}	1	1		5
	x_{E3}			1	15

* Menge an Rollen, die auf diese Art verschnitten werden.

Aus den Rollentypen D und E werden die Rollentypen A, B und C hergestellt. Dabei entsteht ein Verschnitt. Aus der obigen Tabelle werden im folgenden exemplarisch die Kombinationen $x_{D1} - x_{D5}$ erläutert:

x_{D1}: Wenn aus Rolle D nur Typ A hergestellt wird, können vier Rollen A hergestellt werden und es entsteht ein Verschnitt von 15 cm (= 135 cm − 4 · 30 cm). Statt vier Rollen vom Typ A aus Rolle D zu schneiden, könnte man auch nur drei schneiden. Dann würden 45cm Verschnitt übrigbleiben. Da diese Möglichkeit nur eine Verschlechterung gegenüber der Kombination x_{D1} ergeben würde, wird sie vernachlässigt.

x_{D2}: Gegenüber der Möglichkeit x_{D1} können zwei Rollen A weggelassen werden und aus den verbleibenden 75 cm kann noch eine Rolle vom Typ B ausgeschnitten werden. Der Kombination x_{D2} kann ein Verschnitt von 25 cm zugeordnet werden.

x_{D3}: Wenn eine weitere Rolle vom Typ A weggelassen wird, aus D also nur noch eine Rolle A geschnitten wird, können zwei Rollen vom Typ B hergestellt werden. Es bleibt ein Verschnitt von 5 cm übrig.

x_{D4}: Neben zwei Rollen vom Typ A kann eine Rolle vom Typ C hergestellt werden. Es verbleibt ebenfalls ein Verschnitt von 5 cm.

x_{D5}: Wenn nur die Typen B und C aus einer Rolle D geschnitten werden sollen, kann je eine Rolle vom Typ B und C produziert werden und es ergibt sich ein Verschnitt von 15 cm.

Außer den Kombinationen $x_{D1} - x_{E3}$ gibt es keine weiteren sinnvollen Möglichkeiten. Sie können als die Variablen für das lineare Programm dienen. Jeder Verschnittkombination können Kosten- und Erlöswirkungen zugeordnet werden.

Ziel ist es, den Verschnitt zu minimieren. Dabei soll eine Mindestanzahl von Rollen A, B und C produziert werden. Die Zielfunktion setzt sich also aus der Summe der jeweils mit den zugehörigen Verschnitten multiplizierten Variablen zusammen:

$$\begin{aligned} Z &= 15 \cdot x_{D1} + 25 \cdot x_{D2} + 5 \cdot x_{D3} + 5 \cdot x_{D4} \\ &\quad + 15 \cdot x_{D5} + 25 \cdot x_{E1} + 5 \cdot x_{E2} + 15 \cdot x_{E3} \rightarrow \text{min!} \end{aligned} \quad (8.11)$$

Dabei müssen Mindestmengen eingehalten werden. Die Variable x_{D1} gibt die Anzahl der Rollen von D an, die für die Kombination $D1$ verschnitten werden. Mit jeder Rolle, die auf diese Art verschnitten wird, werden vier Einheiten des Typs A produziert. Durch $4 \cdot x_{D1}$ wird deutlich, wieviel von Typ A bei der ersten Schnittechnik aus Rolle D hergestellt wird. Es müssen mindestens 440 Rollen vom Typ A mit allen Schnittechniken hergestellt werden. Die Nebenbedingung der Mindestmengen für Typ A hat demnach die folgende Gestalt:

$$\text{(A)} \quad 4 \cdot x_{D1} + 2 \cdot x_{D2} + 1 \cdot x_{D3} + 2 \cdot x_{D4} + 2 \cdot x_{E1} + 1 \cdot x_{E2} \geq 440. \quad (8.12)$$

Für die Rollentypen B und C gilt analog:

$$\text{(B)} \quad 1 \cdot x_{D2} + 2 \cdot x_{D3} + 1 \cdot x_{D5} + 1 \cdot x_{E2} \geq 120 \quad (8.13)$$

$$\text{(C)} \quad 1 \cdot x_{D4} + 1 \cdot x_{D5} + 1 \cdot x_{E3} \geq 80. \quad (8.14)$$

Des weiteren gelten natürlich die Nicht-Negativitätsbedingungen

Im Gegensatz zur ersten Aufgabe ist jetzt die Anzahl der verschnittenen Rollen zu minimieren. Deshalb wird in der Zielfunktion die Anzahl der Rollen aufaddiert.

$$Z = x_{D1} + x_{D2} + x_{D3} + x_{D4} + x_{D5} + x_{E1} + x_{E2} + x_{E3} \rightarrow \text{min!} \quad (8.15)$$

Die Nebenbedingungen sind die gleichen wie in Aufgabe 1.

In der dritten Aufgabe soll der Gewinn des Großhändlers maximiert werden. Es liegen Preise für die absetzbaren Mindest- und Höchstmengen und Preise für die einzusetzenden Rollen vor. Diese Daten müssen zueinander in Beziehung gesetzt werden. Es kann mit den bisher benutzten Variablen weitergearbeitet werden, oder es müssen zusätzliche Variablen definiert und dann gleichzeitig Definitionsgleichungen mit in den Ansatz aufgenommen werden. In diesem Fall ist es in bezug auf die Zielfunktion sinnvoll, wenn noch weitere Variablen für die Absatz- und Beschaffungsmengen zur Verfügung stehen. Es werden noch folgende zusätzliche Variablen definiert:

x_A, x_B, x_C	Absatzmenge für Rollentypen A, B und C
x_D, x_E	Beschaffungsmenge der Rollen D und E.

Die Zielfunktion kann mit diesen Variablen formuliert werden. Der zu maximierende Gewinn ergibt sich als Produkt von Absatzmenge und Absatzpreis abzüglich der für den Kauf der Rollen D und E entstehenden Kosten:

$$Z = 6 \cdot x_A + 8 \cdot x_B + 10 \cdot x_C - 20 \cdot x_D - 11 \cdot x_E \rightarrow \text{max!} \quad (8.16)$$

1. Absatzbedingungen:

$$\begin{aligned} 440 &\leq x_A \leq 600 \\ 120 &\leq x_B \leq 860 \\ 80 &\leq x_C \leq 240 \end{aligned} \tag{8.17}$$

Es muß dafür gesorgt werden, daß der Absatz „größer gleich" den Mindestabsatzmengen und „kleiner gleich" den maximalen Mengen ist. Es liegen deshalb sechs Nebenbedingungen vor.

2. Produktionsbedingungen:
x_A, x_B und x_C sind die Absatzmengen und diese dürfen nicht größer als die produzierten Mengen sein.

$$\begin{aligned} x_A &\leq 4 \cdot x_{D1} + 2 \cdot x_{D2} + 1 \cdot x_{D3} + 2 \cdot x_{D4} + 2 \cdot x_{E1} + 1 \cdot x_{E2} \\ x_B &\leq 1 \cdot x_{D2} + 2 \cdot x_{D3} + 1 \cdot x_{D5} + 1 \cdot x_{E2} \\ x_C &\leq 1 \cdot x_{D4} + 1 \cdot x_{D5} + 1 \cdot x_{E3} \end{aligned} \tag{8.18}$$

Der bisherige Ansatz führt dazu, daß die Lösung auf die Obergrenzen zusteuert. Wenn z.B. x_A gleich 600 ME gesetzt wird, werden die $x_{D1} - x_{E3}$ entsprechend hochgesetzt, was nicht weiter überraschen sollte, da bislang nicht die Kostenwirkungen der Verschnittkombinationen $x_{D1} - x_{E3}$ operationalisiert worden sind. Deshalb muß der Zusammenhang der Variablen $x_{D1} - x_{E3}$ mit den in der Zielfunktion enthaltenen Variablen x_D und x_E expliziert werden.

3. Definitionsgleichungen:
Es muß angegeben werden, wie die x_D und x_E mit den Variablen x_{Di} und x_{Ei} zusammenhängen.

$$\begin{aligned} x_D &= \sum_{i=1}^{5} x_{Di} \\ x_E &= \sum_{i=1}^{3} x_{Ei} \end{aligned} \tag{8.19}$$

In DYCKHOFF 1988 und THALER 1991 finden sich ausführlichere Darstellungen der Verschnittplanung.

Probemlösung mit Excel

In der betrieblichen Praxis wie auch unter Studenten finden Tabellenkalkulationsprogramme auf Personal-Computern – wie z.B. das Produkt Excel der Firma Microsoft. Am Beispiel der Verschnittplanung soll demonstriert werden, wie sich derartige Software zur Formulierung und Analyse linearer Programme nutzen läßt. Hierzu wird die formale Problemstruktur des Linearen Programms zunächst in eine Excel-Tabelle übertragen, deren Spalten standardmäßig mit Buchstaben und deren Zeilen mit arabischen Ziffern bezeichnet sind. Hierbei werden lediglich die Spalten für Strukturvariablen explizit angegeben. Die grau unterlegte Zeile 11 des Bildschirmausdrucks in Abb. 8.1 gibt an, wie häufig die Schnittkombination x_{D_i} bzw. x_{E_i} der betreffenden Spalte in der Lösung enthalten ist. Hier wurden die Variablen allesamt auf Null gesetzt. Die mit VS (Vektorsumme) überschriebene Spalte des Tableaus gibt an, wieviele Rollen des in der linken Randspalte bezeichneten Typs (A, B oder C) in der Lösung enthalten sind, wenn die Schnittkombinationen der betroffenen Spalten mit der in der grau unterlegten Zeile 11 angegebenen Häufigkeit realisiert werden. Das doppelt umrandete Feld gibt schließlich den Zielwert an. Dies ist bei Frage 1 die gesamte Verschnittsumme, d.h., das Summenprodukt aus dem Verschnitt je Kombination und der Häufigkeit der jeweiligen Schnittkombination in der Lösung (Zeile 11). Auf das tabellarisch so definierte Problem läßt sich nun der sogenannte „Solver“ anwenden, der über das Menü „Formel“ (Excel 4.0) aufgerufen wird. Der in Abb. 8.2 eingeblendete Solver verlangt Angaben über

- die Zielzelle (im Beispiel ist dies die Zelle J 10),
- die Art des Problems (Maximierung, Minimierung oder bestimmter Zielwert),
- die veränderbaren Zellen, d.h. die Variablen des Problems, die im Beispiel in der Zeile 11 in den Spalten B bis I zu finden sind und
- die Nebenbedingungen.

Das vorliegende Problem weist 6 Nebenbedingungen auf. Dies sind die 3 Mindest- und 3 Höchstabsatzbedingungen, die den Zeilen 4 bis 9 des Tableaus zu entnehmen sind. Darüber hinaus gelten die hier nicht eingeblendeten Nichtnegativitätsbedingungen für die Variablen. Für die Mindest- und Höchstbedingungen der Zeilen 4 bis 9 im Tableau ist jeweils der Wert der VS-Spalte mit dem Wert in der Spalte RS zu vergleichen und zu prüfen, ob die angegebene Bedingung als (Un-)Gleichung erfüllt ist. Dies ist entsprechend in der Solver-Einblendung im Feld „Nebenbedingungen“ sichtbar. Im Solver-Menü kann über „Optionen“ die Art der Lösungssuche beeinflußt werden. Hier wurde ein lineares Modell vorausgesetzt.

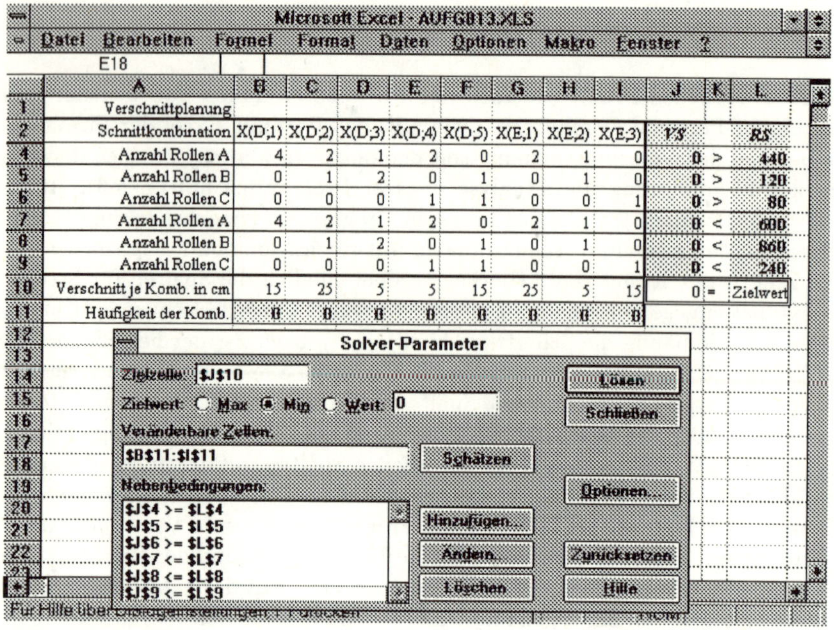

Abb. 8.1: Solver-Parameter in Excel für eine Verschnittplanung

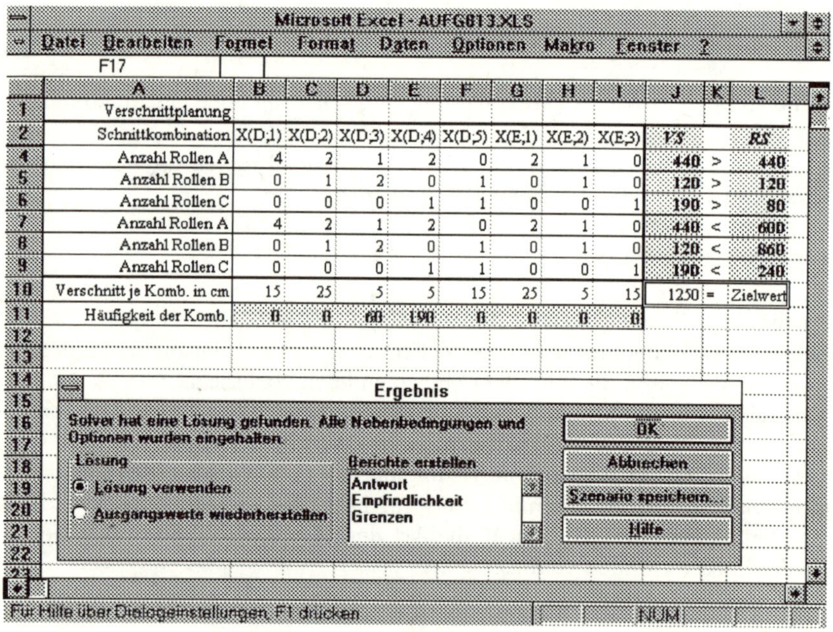

Abb. 8.2: Ergebnis in Excel für eine Verschnittplanung

Schließlich wird mit „Lösen“ die Berechnung des Linearen Programms durch den Solver ausgeführt und die Ergebnisse werden in der definierten Tabelle in Abb. 8.2 angezeigt. Die optimale Lösung des Problems besteht, wie der Zeile 11 entnommen werden kann, in 60 Verschnittkombinationen des Typs X(D;3) und 190 des Typs X(D;4), woraus ein Schnittrest von ingesamt 1250 cm resultiert. Die Nebenbedingungen werden eingehalten, wie aus dem Vergleich der Spalten VS und RS ersichtlich ist.

Der Solver bietet für die gefundene Lösung darüber hinaus eine Empfindlichkeitsanalyse an. Hierauf wird im Kapitel 9 des Buches näher eingegangen. Durch Austausch der Zielfunktionszeile (10) im oben dargestellten Tableau läßt sich analysieren, welche Lösung optimal ist, wenn die Anzahl der verschnittenen Rollen minimiert bzw. der Gewinn des Großhändlers maximiert werden soll. Die Ergebnisse für diese Varianten lauten:

Schnitt- kombination	X(D;1)	X(D;2)	X(D;3)	X(D;4)	X(D;5)	X(E;1)	X(E;2)	X(E;3)	Antwort
Häufigkeit der Kombination	55		60	80					Frage 2: 195 Anzahl verschnittener Rollen; 1.525 Verschnitt
Häufigkeit der Kombination							600	80	Frage 3: 1.720 Gewinn 4.200 Verschnitt

8.1.4 Kombinierte Rezeptur- und Programmplanung

Die Rezepturplanung ist schon im vorherigen Kapitel behandelt worden. Das dort dargestellte Problem wird hier dahingehend erweitert, daß noch nicht feststehen soll, was genau herzustellen ist, d.h., in der folgenden Aufgabe wird ein kombiniertes Rezeptur- und Programmplanungsproblem vorgestellt.

Ein Futtermittelhändler soll für drei Futterarten die Rezepturen und die Produktionsmengen planen. Der Produktionsprozeß setzt sich aus vier Fertigungsstufen zusammen. Die Absatzmengen der drei Produkte sind zum gegebenen Absatzpreis beschränkt. Eingesetzt werden können verschiedene Rohstoffe mit gegebenen Nährstoffwerten je Gewichtseinheit. Der Input einer Stufe entspricht dem Output (verlustlose Produktion).

Symbolverzeichnis

c_i	Kosten des Rohstoffs i je Tonne (to)
k_{zs}	Kosten der Bearbeitung des Futters z in der Produktionsstufe s je to
p_z	Absatzpreis des Futters z je to
A_z	maximale Absatzmenge des Futters z in Tonnen (to)
a_{zs}	Zeitbedarf für die Produktion einer to des Futters z in der Stufe s
d_{ki}	Nährstoffanteil – in % – vom Nährstoff k (z.B. Fett) in einer Gewichtseinheit des Rohstoffes i
g_{kz}	Nährstoffanforderung – in % des Futtergewichtes – vom Nährstoff k im Futter z
T_s	Kapazität der Produktionsstufe s, gemessen in Zeiteinheiten
B_i	verfügbare Rohstoffmenge vom Rohstoff i
x_{zi}	Einsatzmenge vom Rohstoff i für Futter z
y_z	Produktionsmenge der Futterart z in to

Für die verschiedenen Futterarten müssen die Rezepturen geplant werden. Die Absatzpreise für diese Produkte sind gegeben, und es können verschiedene Rohstoffe mit bekanntem Nährstoffanteil eingesetzt werden. Auch gilt hier Additivität, da verlustlose Produktion vorliegt. Die Zielfunktion kann also formuliert werden: Es geht darum, das gewinnmaximale Produktions- und Absatzprogramm aufzustellen. Der Gewinn G ergibt sich als Differenz von Umsatz und Kosten. In diesem Fall fallen als Kosten Rohstoff- und Verarbeitungskosten an:

$$G = \sum_z p_z \cdot y_z - \sum_i c_i \cdot \sum_z x_{zi} - \sum_s \sum_z k_{zs} \cdot y_z \rightarrow \max! \qquad (8.20)$$

Dabei sind die einzelnen Terme wie folgt zu verstehen:

Der Umsatz ist das Produkt von Preis und Menge. Die zu produzierende Menge ist unbekannt und deshalb wird sie durch die Variable y_z dargestellt. Diese Variable wird mit dem Preis p_z multipliziert. Da aber alle Futterarten z hergestellt werden können, muß über den Index z summiert werden.

Um die Rohstoffkosten zu berechnen, müssen alle Mengen x_{zi} des Rohstoffes i der Futterart z über den Index z summiert und diese mit dem zugehörigen Einstandspreis c_i multipliziert und schließlich über alle Rohstoffe – Index i – summiert werden.

Die Kosten k_{zs} der Bearbeitung des Futters z in der Produktionsstufe s müssen mit den produzierten Mengen y_z der Futterarten z multipliziert werden. Ferner muß über die Indizes s und z summiert werden, da jede Futterart z grundsätzlich jede Produktionsstufe s durchläuft. Anschließend sind die Nebenbedingungen zu formulieren:

1. Nährstoffbedingungen:

$$\sum_i d_{ki} \cdot x_{zi} \begin{matrix} < \\ \geq \end{matrix} s_{kz} \cdot y_z \quad \text{für alle } z, k \tag{8.21}$$

Es liegen Nährstoffanforderungen s_{kz} – in % des Futtergewichts – für Nährstoff k im Futter z vor. Z.B. müssen in Hasenfutter 20% Eiweiß enthalten sein. Wird die prozentuale Größe s_{kz} – der relative Anteil – mit der Produktionsmenge y_z der Futterart z – der Menge an Hasenfutter – multipliziert, erhält man den absoluten Wert der Nährstoffanforderung in bezug auf die produzierte Menge Hasenfutter. Diese Anforderung ist für jede Sorte Futter z und für jede Nährstoffbedingung zu erfüllen. Diese Nährstoffanforderungen müssen in einer bestimmten Beziehung zu den Nährstoffgehalten im Futter stehen. Es kann eine höchstens, mindestens oder präzise einzuhaltende Anforderung sein $(\leq, \geq, =)$.

Die Variable x_{zi} ist als Einsatzmenge von Rohstoff i für Futterart z gegeben. Es kommt aber nicht auf die eingesetzte Menge an, sondern auf die darin vorhandenen Nährstoffe. Daher wird x_{zi} mit d_{ki}, dem prozentualen Nährstoffanteil k in einer Gewichtseinheit des Rohstoffes i, multipliziert. Ergebnis ist eine bestimmte Zahl, die sich auf eine bestimmte Nährstoffart k, eine bestimmte Futtersorte z und auf einen bestimmten Rohstoff i bezieht. Der Nährstoff k kommt durch verschiedene Rohstoffe i in die Futterart z herein. Daher muß über die verschiedenen Rohstoffe i summiert werden.

2. Rohstoffbedingungen:

$$\sum_z x_{zi} \leq B_i \quad \text{für alle Rohstoffarten } i \tag{8.22}$$

B_i ist die verfügbare Rohstoffmenge von Rohstoffart i. Es darf nicht mehr als diese verfügbare Rohstoffmenge verbraucht werden. Verbraucht wird der Rohstoff i nur durch den Einsatz für die Futterart z. Es muß deshalb über die verschiedenen Futterarten z summiert werden.

3. Kapazitätsbedingungen:

$$\sum_z a_{zs} \cdot y_z \leq T_s \quad \text{für alle Produktionsstufen } s \tag{8.23}$$

T_s bezeichnet die in Zeiteinheiten gemessene Kapazität der Produktionsstufe s. Diese Kapazität ist für jede Stufe s einzuhalten. Die Kapazität wird dadurch verbraucht, daß jeweils eine bestimmte Menge y_z gemischt wird. In der Aufgabe ist a_{zs} als der Zeitbedarf für die Produktion einer [to] des Futters z in der Stufe s angegeben. Da eine bestimmte Menge y_z produziert wird, muß a_{zs} mit dieser Größe multipliziert werden. Es muß über z summiert werden, da eine Reihe verschiedener Futtersorten z hergestellt wird. Der Term $\sum a_{zs} \cdot y_z$ gibt also die Gesamtproduktionszeit in Stufe s für alle verschiedenen Sorten z an. Diese Gesamtzeit muß kleiner oder gleich T_s sein.

4. Absatzbedingungen:

$$y_z \leq A_z \quad \text{für alle Futterarten } z \tag{8.24}$$

Die produzierte und abgesetzte Menge y_z muß kleiner oder gleich der maximalen Absatzmenge A_z sein.

5. Definitionsgleichung:
Bisher liegen Variablen vor, die die Produktion kennzeichnen und solche, die den Absatz kennzeichnen. Es fehlt nun noch eine Beziehung zwischen diesen Variablen:

$$\sum_i x_{zi} = y_z \quad \text{für alle } z \tag{8.25}$$

Die Menge y_z, die verkauft werden soll, muß auch hergestellt worden sein. Da das Additivitätsgesetz für die Mischung gilt, kann die Summe über die verschiedenen Einsatzmengen der Rohstoffe i für Futter z gebildet werden, und man bekommt genau die Menge heraus, die von der Sorte z vorhanden ist und verkauft werden kann.

6. NNB für alle Variablen.

8.2 Anwendungen im Marketing- und Finanz-Controlling

8.2.1 Marketing-Mix

Die folgende Aufgabe lehnt sich an ein Beispiel von Kotler an, das auch in MEFFERT 1986 zu finden ist.

Der Hersteller CompArt assembliert und vertreibt 486er-Rechner. Der komparative Konkurrenzvorteil der CompArt-Rechner liegt in dem besonderen Design. Ähnlich wie bei Swatch-Uhren fertigt CompArt von jedem Entwurf nur eine limitierte Stückzahl. Andererseits werden fortlaufend Computer mit neuem Design entwickelt.

CompArt hat seinen relevanten Markt in die beiden Segmente „kommerzielle Kunden“ und „Privatnutzer“ aufgeteilt. Während er an die kommerziellen Kunden direkt verkauft, setzt er bei den privaten Konsumenten auf den indirekten Vertriebsweg über Kaufhäuser und Fachgeschäfte. Aufgrund unterschiedlicher Vertriebskosten, Preise und Konditionen erzielt er im Marktsegment „kommerzielle Kunden“ einen durchschnittlichen Stückdeckungsbeitrag von 300 DM pro PC, im Marktsegment „Privatnutzer“ dagegen von 360 DM.

Das Werbebudget von CompArt beträgt in diesem Jahr 500.000 DM. Seine 7 Reisenden haben eine Besuchskapazität von 10.000 Stunden. Erfahrungsgemäß ist für einen Auftrag bei kommerziellen Kunden eine durchschnittliche Besuchszeit von 45 Minuten, bei Einzelhändlern von 30 Minuten erforderlich. Die durchschnittliche Auftragsmenge bei kommerziellen Kunden beträgt 2,5 Stück, bei Händlern 5 PC. Die Werbeaufwendungen belaufen sich bei kommerziellen Kunden auf 10 DM pro Stück, bei Händlern auf 30 DM. Im Segment der kommerziellen Kunden lassen sich maximal 20.000 Stück absetzen, im Segment der Privatnutzer maximal 90.000 Stück.

CompArt verfolgt das Ziel der Gewinnmaximierung unter der Nebenbedingung einer Mindestabsatzmenge von 5.000 Stück.

1. Formulieren Sie den entsprechenden LP-Ansatz und bestimmen Sie die optimale Lösung!
2. Halten Sie die in der Aufgabe gemachten Annahmen über die Wirkung der Marketing-Instrumente für realistisch?

Bei der unten stehenden Lösung werden folgende Symbole verwendet.

x_1	Stückzahl, die an kommerzielle Kunden verkauft werden soll in [ME]
x_2	Stückzahl, die an Privatnutzer verkauft werden soll in [ME]
y_1	Gesamtstückzahl abzüglich der Mindestabsatzmenge 5.000 Stück (Schlupfvariable)
y_2	Nicht ausgeschöpftes Werbebudget in [DM]
y_3	Nicht ausgeschöpfte Vertreterkapazität in [h]
y_4	Nicht ausgeschöpftes Absatzpotential bei kommerziellen Kunden in [ME]
y_5	Nicht ausgeschöpftes Absatzpotential bei Privatnutzern in [ME]
G	Erzielter gesamter Deckungsbeitrag in [DM]

Die Zielfunktion ergibt sich als Summe der einzelnen Deckungsbeiträge, die auf den beiden Vertriebswegen erwirtschaftet werden.

$$G = 300 \cdot x_1 + 360 \cdot x_2 \rightarrow \max! \tag{8.26}$$

Es gelten folgende Nebenbedingungen:

1. Mindestabsatzmenge:

$$x_1 + x_2 \geq 5.000 \tag{8.27}$$

2. Werbebudgetrestriktion:

$$10 \cdot x_1 + 30 \cdot x_2 \leq 500.000 \tag{8.28}$$

   Es stehen höchstens 500.000 DM zur Verfügung. Für jeden bei kommerziellen Kunden abgesetzten PC werden im Durchschnitt 10 DM und bei Privatnutzern 30 DM aufgewendet.

3. Vertreterrestriktion:

$$\begin{array}{ccccc} \frac{0,75}{2,5} \cdot x_1 & + & \frac{0,50}{5,0} \cdot x_2 & \leq & 10.000 \\ \frac{[\text{h/Auftrag}]}{[\text{Stück/Auftrag}]} \cdot [\text{Stück}] & + & \frac{[\text{h/Auftrag}]}{[\text{Stück/Auftrag}]} \cdot [\text{Stück}] & = & [\text{h}] \\ 0,3 \cdot x_1 & + & 0,1 \cdot x_2 & \leq & 10.000 \end{array} \tag{8.29}$$

4. Höchstmengenrestriktion bei kommerziellen Kunden:

$$x_1 \leq 20.000 \tag{8.30}$$

5. Höchstmengenrestriktion bei Privatnutzern:

$$x_2 \leq 90.000 \tag{8.31}$$

6. NNB:

$$x_1, x_2 \geq 0 \tag{8.32}$$

Mit dem Programm impac (vgl. BRINK ET AL. 1991) ist das folgende Optimaltableau ermittelt worden:

	RS	y_4	y_2
G	−960.000	−180	−12
x_2	10.000	−0,3333	0,0333
y_1	25.000	0,6667	0,0333
y_3	3.000	−0,2667	−0,0033
x_1	20.000	1	0
y_5	80.000	0,3333	−0,0333

Dies ist die von impac genutzte Kurzschreibweise, bei der die rechte Seite und die Zielfunktion an anderer Stelle angeordnet sind, als bei der in diesem Buch üblichen Schreibweise. Bei gegebenem Werbebudget und gegebener Vertreterkapazität ist es für CompArt optimal, 20.000 PC an kommerzielle Kunden und 10.000 Stück über Einzelhändler zu vertreiben. Weiterhin läßt sich ablesen, daß das Werbebudget (Schlupfvariable y_2) vollständig ausgeschöpft wird; andererseits wird die Vertreterkapazität (Schlupfvariable y_3) nur zu 70% ausgelastet. CompArt sollte also darüber nachdenken, ob sich nicht eine Vergrößerung des Werbebudgets lohnen würde, da noch sehr viel unausgeschöpftes Absatzpotential im Segment der Privatnutzer (Schlupfvariable y_5) vorhanden ist. Eine solche Fragestellung läßt sich mit den im nächsten Kapitel dargestellten Instrumenten der Sensitivitätsanalyse und Parametrischen Programmierung bearbeiten.

Es sind zumindest folgende Annahmen bedenklich: Die notwendigen Informationen über den Werbeaufwand pro Stück und die Inanspruchnahme von Vertreterkapazität für die verschiedenen Absatzwege sind Größen, die zum einen Prognosecharakter haben und im besten Falle Durchschnitte sind. Es ist nicht plausibel, warum es z.B. nicht Stammkunden geben soll, bei denen die Werbeaufwendungen deutlich kleiner als bei neu gewonnenen Kunden sein sollen. Von daher ist die durchgängige Annahme der Linearität kritisch. Das per Simplex-Algorithmus generierte Optimaltableau weist einen Mix aus, der einen Eckpunkt des zulässigen Lösungsraumes darstellt. Wenn z.B. der durchschnittliche Werbeaufwand pro Stück für kommerzielle Kunden bei 20.000 Stück nicht 10 DM beträgt, sondern darüber liegt, ist der berechnete Mix aber eine unzulässige Lösung. Auch diese Probleme lassen sich mit den Instrumenten der Sensitivitätsanalyse und Parametrischen Programmierung angehen.

8.2.2 Simultane Investitions- und Finanzplanung

Ein Unternehmen hat zwei Investitionsmöglichkeiten.

	Periode 1	Periode 2	Periode 3
Investition 1	−100	50	70
Investition 2	−50	30	30

Alle Angaben in Geldeinheiten [GE]

Die Investition 1 führt in der ersten Periode zu einem Auszahlungsüberschuß von 100 GE, in der zweiten Periode zu einem Einzahlungsüberschuß von 50 GE und in der dritten Periode zu einem von 70 GE. Die Investition 1 kann nur einmal durchgeführt werden. Für die Investition 2 gilt die folgende Zahlungsreihe: In der ersten Periode kommt es zu einem Auszahlungsüberschuß von 50 GE und in der zweiten und dritten Periode jeweils zu einem Einzahlungsüberschuß von 30 GE. Diese Investition kann beliebig oft vorgenommen werden. Es liegen ferner die folgenden Informationen vor:

1. In den Perioden 1 und 2 können liquide Mittel in beliebiger Höhe zu einem Zins von 7% angelegt werden.

	Periode 1	Periode 2	
Finanzanlage	7%	7%	→ beliebige Beträge

2. Es kann in den Perioden 1 und 2 ein Kredit mit einem Höchstbetrag von 300 GE aufgenommen werden. Der Zinssatz beträgt 10%:

	Periode 1	Periode 2	
Kredit	10%	10%	→ 300 GE

3. Zu Beginn der Planungsperiode stehen liquide Mittel in Höhe von 50 GE zur Verfügung. In jeder Periode fallen unabhängig vom Investitions- und Finanzierungsprogramm die folgenden Auszahlungen an:

	Periode 1	Periode 2	Periode 3
Barbestand	50		
Auszahlungen	−20	−20	−20

Ziel ist die Maximierung des Endvermögens zu Beginn der Periode 3. Unterstellen Sie, daß die Zahlungen einer Periode jeweils zu Beginn der Periode anfallen.

Es gibt zahlreiche Konzepte, mit denen die Schwächen einer sukzessiven Investitions- und Finanzplanung vermieden werden können. Mit Ansätzen der simultanen Investitions- und Finanzplanung versucht man, die Interdependenzen der Teilpläne der Investitions- und Finanzierungsseite zu berücksichtigen. Sie können mit Hilfe der linearen Programmierung bearbeitet werden. In der betriebswirtschaftlichen Literatur lassen sich zahlreiche Beispiele zur Anwendung dieses Instrumentes finden (z.B. in

BLOHM/LÜDER 1991, HUCH ET AL. 1992, KRUSCHWITZ 1990, PERRIDON/STEINER 1993). GROB 1990 stellt auch einen Ansatz für die lineare Programmierung für den Grenzfall vor, in dem auch eine sukzessive Investitions- und Finanzplanung zu einer optimalen Lösung führt. Die entwickelten Entscheidungsmodelle unterscheiden sich hinsichtlich der Zielvariablen sowie des sachlichen und zeitlichen Umfangs des Entscheidungsfeldes (BLOHM/LÜDER 1991):

1. Zielvariablen:

   - Der Kapitalwert soll während des Planungszeitraums maximiert werden.

   - Der Wert des Vermögens soll am Ende des Planungszeitraums maximiert sein.

   - Die gleichmäßige jährliche Entnahme (Ausschüttung) soll maximiert werden.

2. Sachlicher Umfang des Entscheidungsfeldes:

   - Modelle zur Bestimmung des optimalen Investitionsprogramms bei gegebenem Produktionsprogramm für die einzelnen Investitionsprojekte und gegebenen finanziellen Mitteln;

   - Modelle zur simultanen Bestimmung von optimalem Investitionsprogramm und optimalem Finanzprogramm bei gegebenem Produktionsprogramm für die einzelnen Investitionsprojekte;

   - Modelle zur simultanen Bestimmung des optimalen Investitionsprogramms und des Produktionsprogramms bei gegebenen finanziellen Mitteln;

   - Modelle zur simultanen Bestimmung von optimalem Investitionsprogramm, optimalem Produktionsprogramm und optimalem Finanzierungsprogramm.

3. Zeitlicher Umfang des Entscheidungsfeldes:

   Bezüglich des zeitlichen Umfangs unterscheidet man zwischen der Wirkperiode und dem Planungshorizont. Die Wirkperiode eines Investitionsprogramms und ggf. simultan zu planender Programme ist der Zeitraum, für den die in das Entscheidungsmodell einbezogenen Investitionsalternativen monetäre Auswirkungen (Ein- und Auszahlungen) haben. Der Planungshorizont ist im besten Falle gleich, zumeist aber kürzer als die Wirkperiode, wobei beide den gleichen Anfangszeitpunkt besitzen. Für den Fall, daß der Planungshorizont kürzer als die Wirkperiode ist, müssen die monetären Auswirkungen auf das Ende des Planungshorizontes transformiert werden.

Der Planungszeitraum kann in Teilperioden unterteilt werden. Es lassen sich

- Einperioden-Modelle, bei denen nur Alternativen der ersten Planperiode einbezogen werden, und
- Mehrperioden-Modelle, bei denen auch Alternativen außerhalb der ersten Teilperiode einbezogen werden,

unterscheiden.

Modelle zur simultanen Investitions- und Finanzplanung gibt es u.a. von Albach, Hax/Weingartner und Jacob. Während das Albach-Modell lediglich einen Einperioden-Planungshorizont zuläßt und im Jacob-Modell neben der Investitions- und Finanz- auch noch die Produktionsplanung simultan festgelegt wird, ermöglicht das Hax/Weingartner-Modell – komplexer als das Albach-Modell, einfacher als das Jacob-Modell – eine mehrperiodige Investitions- und Finanzplanung. In BLOHM/LÜDER 1991, S. 285ff. werden alle drei Modelle ausführlich dargestellt. Im folgenden wird nur mit dem Ansatz von Hax/Weingartner weitergerechnet, da in der vorliegenden Aufgabe die Produktionsplanung nicht relevant ist, andererseits über mehrere Perioden geplant werden muß. Die drei Modelle von Albach, Hax/Weingartner und Jacob unterscheiden sich auch in ihren Zielsetzungen. Im Albach-Modell ist der Kapitalwert zu maximieren, im Hax-Modell der Endwert und im Jacob-Modell der Gewinn. In ADAM 1979 wird der Beweis geführt, daß diese unterschiedlichen Zielsetzungen unter bestimmten Voraussetzungen äquivalent sind.

In der Tabelle 8.1 sind die Einzahlungsüberschüsse für die in der Aufgabe angegebenen Investitions- und Finanzierungsalternativen ermittelt worden.

	Real-investition		Finanz-anlage		Kredit		Sonstiges
			$t=1$	$t=2$	$t=1$	$t=2$	
Variablen	x_1	x_2	f_1	f_2	K_1	K_2	
$t=1$	-100	-50	-1	–	$+1$	–	$50-20=30$
$t=2$	$+50$	$+30$	$+1,07$	-1	$-1,1$	$+1$	-20
$t=3$	$+70$	$+30$	–	$+1,07$	–	$-1,1$	-20

Tab. 8.1: Einzahlungsüberschüsse

Bevor das lineare Programm formuliert wird, sind noch einige Vorüberlegungen notwendig: Bei einer Finanzanlage über mehrere Perioden kommt es zu einer Zinseszinsbildung. So ist z.B. der Rückzahlungsbetrag einer Finanzanlage von 100 GE bei einer Anlagedauer von zwei Jahren und einem Zins von 7%: $100 \cdot 1,07^2$. Das Zinseszinsproblem kann mit Hilfe der linearen Programmierung eigentlich nicht gelöst werden, denn der Rückzahlungsbetrag hängt von der im Exponenten des Zinses stehenden Anlagedauer – einer nichtlinearen Funktion – ab. Wenn aber sämtliche Geldgeschäfte nur als einperiodig definiert werden, läßt sich das Zinseszinsproblem lösen. Wenn nämlich so getan wird, als ob jede zum Zeitpunkt $t = 1$ getätigte zweijährige Finanzanlage zum Zeitpunkt $t = 2$ zurückfließt und sofort zum alten Zinssatz wieder angelegt wird, erscheinen die Zinseszinsen als Zins der in $t = 2$ wiederangelegten Zinsen. Z.B. bedeutet dieser Trick für die Finanzierungsmöglichkeit „Nimm 100 DM zum Zeitpunkt $t = 1$ auf, behalte diese bis zum Zeitpunkt $t = 3$ und zahle sie dann inklusive Zins und Zinseszins zurück.“, daß den zugehörigen Variablen K_1 und K_2 die Werte $K_1 = 100, K_2 = 110$ zuzuweisen sind, da der Zinssatz 10% beträgt und in $t = 2$ annahmegemäß ein neuer Kredit aufgenommen werden muß, der die Zinsen der ersten Periode und den alten Kreditbetrag abdeckt. Die Variablen für die jeweiligen Spalten der Tabelle 8.1 sind:

x_1	Realinvestition 1
x_2	Realinvestition 2
f_1	Finanzanlage 1 (aus $t = 1$)
f_2	Finanzanlage 2 (aus $t = 2$)
K_1	Kreditaufnahme in $t = 1$ – Kredit 1
K_2	Kreditaufnahme in $t = 2$ – Kredit 2

Es sind zwei Realinvestitionen x_1 und x_2 zu unterscheiden. Die zugehörigen Zahlungsreihen sind in den Spalten unter x_1 und x_2 in der Tabelle 8.1 abzulesen. Für die Finanzanlage $f_1 = 1$ GE bekommt man in der zweiten Periode 1,07 GE zurück, da der Zinssatz 7% beträgt. Wenn in $t = 2$ eine Finanzanlage getätigt wird, kommt diese plus dem Zins im Zeitpunkt $t = 3$ zurück. Neben der Finanzanlage besteht die Möglichkeit, einen Kredit aufzunehmen. In der Tab. 8.1 erscheint als letzte Spalte „Sonstiges“. Diese enthält bestimmte exogen vorgegebene Zahlungen. In der ersten Periode fließen 30 GE zu und in den Perioden 2 und 3 fließen je 20 GE ab.

Das lineare Programm mit der Zielsetzung Endwertmaximierung wird im folgenden vorgestellt: Endwert bedeutet hier, daß alle Zahlungen auf den Zeitpunkt $t = 3$ bezogen werden. Die Zahlungen, die zum Zeitpunkt $t = 3$ erfolgen, sind aus der letzten Zeile der Tabelle 8.1 abzulesen. Die Terme der letzten Zeile müssen nur noch addiert werden, damit eine Zielfunktion formuliert werden kann:

$$Z = 70 \cdot x_1 + 30 \cdot x_2 + 1,07 \cdot f_2 - 1,1 \cdot K_2 - 20 \rightarrow \max! \qquad (8.33)$$

Sie hat die Bedeutung: Der Endwert ist zu maximieren. Wenn die Investition x_1 durchgeführt wird, erhält man in $t = 3$ als Einzahlung 70 GE. Bei Realisierung der Investition x_2 sind es 30 GE. Dazu addieren sich zwar keine Zahlungen aus der einjährigen Finanzanlage in $t = 1$, aber die Zahlungen aus der Finanzanlage in $t = 2$ und zwar in Höhe von 1,07 GE pro eingesetzter Geldeinheit. Der Kredit 1 muß in der Periode $t = 3$ schon längst getilgt worden sein, aber bei Inanspruchnahme von Kredit 2 wären 1,1 GE für jede aufgenommene Geldeinheit in $t = 3$ zu zahlen. Schließlich ist noch die exogen vorgegebene Auszahlung in Höhe von 20 GE in $t = 3$ zu leisten. Die Summe dieser Terme beschreibt den Endwert zum Planungshorizont – der Periode $t = 3$. Es sind insbesondere für die Perioden $t = 1$ und $t = 2$ Restriktionen zu beachten.

1. Liquiditätsrestriktionen:
   Es muß dafür Sorge getragen werden, daß alle zufließenden Geldbeträge den Beträgen entsprechen, die abfließen, d.h., es müssen für die Zeitpunkte $t = 1$ bis 2 Liquiditätsrestriktionen formuliert werden. Wenn z.B. die eingehenden Zahlungen größer als die ausgehenden Zahlungen wären, führt dies zu Kassenhaltung. Kassenhaltung sollte aber laut Aufgabenstellung nicht vorkommen, da dies suboptimal wäre, wenn es möglich ist, beliebige Beträge einjährig zu 7% anzulegen. Wie bei der Zielfunktion Gl. 8.33 sind auch bei den Liquiditätsrestriktionen in $t = 1$ und $t = 2$ lediglich die entsprechenden Zeilen der Tabelle 8.1 aufzulisten. Für den Zeitpunkt $t = 1$ gilt:

$$\begin{aligned} & -100 \cdot x_1 - 50 \cdot x_2 - 1 \cdot f_1 + 1 \cdot K_1 + 30 &=& \; 0 \\ \text{bzw.} \quad & -100 \cdot x_1 - 50 \cdot x_2 - 1 \cdot f_1 + 1 \cdot K_1 &=& \; -30. \end{aligned} \tag{8.34}$$

   Die Zahl „30" ist auf die rechte Seite gebracht worden, da sich absolute Zahlen in linearen Programmen üblicherweise dort befinden. Für den Zeitpunkt $t = 2$ gilt entsprechend:

$$\begin{aligned} 50 \cdot x_1 + 30 \cdot x_2 + 1,07 \cdot f_1 - 1 \cdot f_2 - 1,1 \cdot K_1 + 1 \cdot K_2 - 20 &= 0 \\ 50 \cdot x_1 + 30 \cdot x_2 + 1,07 \cdot f_1 - 1 \cdot f_2 - 1,1 \cdot K_1 + 1 \cdot K_2 &= 20. \end{aligned} \tag{8.35}$$

2. Mengenrestriktionen:
   Die Investition 1 darf höchstens einmal realisiert werden, und wenn diese Investition z.B. in dem Kauf einer Maschine besteht, muß für x_1 auch Ganzzahligkeit gefordert werden:

$$x_1 \leq 1 \quad \text{und eventuell ganzzahlig.} \tag{8.36}$$

   Die Investition 2 ist beliebig oft wiederholbar. Es ist aber eventuell wieder eine Ganzzahligkeitsbedingung zu beachten:

$$x_2 \quad \text{eventuell ganzzahlig.} \tag{8.37}$$

3. Kreditrestriktion:
   Ferner muß beachtet werden, daß die Kredite 1 und 2 maximal bis zum Betrag von 300 GE in Anspruch genommen werden dürfen:

$$\begin{aligned} K_1 &\leq 300 \\ K_2 &\leq 300. \end{aligned} \tag{8.38}$$

4. NNB: Alle Variablen müssen „größer gleich" Null sein.

Dies ist das lineare Programm zur simultanen Investitions- und Finanzierungsplanung der obenstehenden Aufgabe. Wie dabei sichtbar geworden ist, macht das Hax/Weingartner-Modell zahlreiche Annahmen, die kurz systematisiert werden (BLOHM/LÜDER 1991, S.292ff.):

- Die Investitionsprojekte müssen isolierbar sein. Sind die Investitionsalternativen Schaltvariable, lassen sich bestimmte Interdependenzen der Projekte durch Nebenbedingungen berücksichtigen. (Diese gab es in dem obigen Problem nicht.)

- Das Investitions- und Finanzierungsprogramm wird für die Perioden $t = 1, \ldots, T$ ermittelt. Dabei muß die Lebensdauer der Realinvestitionsprojekte exogen vorgegeben werden. Damit kann das Modell nicht über Desinvestitionen entscheiden.

- Die Finanzierungsvariablen müssen ebenfalls isolierbar sein, d.h., sie dürfen nicht von anderen Projekten oder bestimmten Investitionsalternativen abhängen, sofern sie nicht ganzzahlige Variablen sind. Bei Schaltvariablen lassen sich die Abhängigkeiten in den Restriktionen durch Schaltbedingungen direkt berücksichtigen. Für nichtbinäre ganzzahlige Variablen müssen zusätzliche Schaltvariablen eingeführt werden. (Solche Interdependenzen lagen in dem obigen Problem nicht vor.)

- Zukünftige Investitions- und Finanzierungsmöglichkeiten werden bis zum Planungshorizont T explizit berücksichtigt. Für diese müssen lediglich die Zahlungsreihen ermittelt werden. Für Perioden $t > T$ lassen sich Investitions- und Finanzierungsalternativen nur pauschal durch einen Kalkulationszinssatz berücksichtigen.

Probleme entstehen bei der Anwendung des Hax/Weingartner-Ansatzes regelmäßig bei der Informationsgewinnung, da alle möglichen Investitions- und Finanzierungsalternativen bis hin zum Planungshorizont erfaßt werden müssen. Die erforderlichen Daten können realistischerweise nur für gegenwärtige und unmittelbar zukünftige Möglichkeiten ermittelt werden. Andererseits sollte der Planungshorizont sehr weit in der Zukunft liegen, um Fehlentscheidungen zu vermeiden. Vor einer Anwendung des Hax/Weingartner-Modells muß demnach das Dilemma gelöst werden, die zukünftigen Möglichkeiten gut quantifizieren zu können. Ein pragmatischer Ansatz wäre, die Wahl des Planungshorizontes an den Prognosemöglichkeiten auszurichten. Bei sehr komplexen linearen Programmen können auch leicht Rechenkapazitätsrestriktionen verletzt werden, insbesondere dann, wenn sehr viele Schaltvariablen aufgenommen werden müssen.

Eine andere Unternehmung hat vier Investitionsalternativen, denen folgende Zahlungsreihen zugewiesen werden können:

	Alternative			
$t =$	1	2	3	4
1	−90		−20	
2	10	−50	30	
3	50	25		−50
4	70	40		60

Alle Angaben in [GE]

Während die Projekte 1, 2 und 3 nur einmal realisiert werden können, läßt sich Projekt 4 zweimal identisch durchführen. Alternativ können Beträge in Periode 1 zu 4%, in Periode 2 zu 5% und in Periode 3 zu 6% einjährig angelegt werden.

Zur Finanzierung stehen folgende Möglichkeiten zur Verfügung: Es kann eine Anleihe von 40 GE zu 10% in $t = 1$ mit drei Jahren Laufzeit, jährlicher Zinszahlung und endfälliger Tilgung plaziert werden. Alternativ kann ein Kredit bis zu einer Höhe von 100 GE zu 12% aufgenommen werden. Es stehen in $t = 1$ auch noch liquide Mittel in Höhe von 20 GE zur Verfügung.

Formulieren Sie das lineare Programm zur simultanen Investitions- und Finanzplanung mit der Zielsetzung „Endwertmaximierung“! Interpretieren Sie die Elemente des Optimaltableaus! (Das Optimaltableau kann mit einem Computerprogramm – etwa impac – ermittelt werden.)

Es werden folgende Variablen verwendet:

n_i	Realinvestition i
m_i	Anleihe i
f_i	Kredit in Periode in $t = i$
g_i	Finanzinvestition in $t = i$

Wie gehabt wird als erstes die Matrix der Einzahlungsüberschüsse 8.2 gebildet.

	Real-investition				Finanzierung				Finanz-investition			Son-stiges
	1	2	3	4	1	$t=1$	$t=2$	$t=3$				
Var.	n_1	n_2	n_3	n_4	m_1	f_1	f_2	f_3	g_1	g_2	g_3	
$t=1$	−90		−20		40	1			−1			20
$t=2$	10	−50	30		−4	−1,12	1		1,04	−1		
$t=3$	50	25		−50	−4		−1,12	1		1,05	−1	
$t=4$	70	40		60	−44			−1,12			1,06	

Tab. 8.2: Einzahlungsüberschüsse

Um die Zielfunktion zu formulieren, sind einfach die Elemente der letzten Zeile der Tabelle der Einzahlungsüberschüsse 8.2 mit den entsprechenden Variablen zu multiplizieren und alle Terme zu addieren. Die Zielfunktion hat die Gestalt

$$Z = 70 \cdot n_1 + 40 \cdot n_2 + 60 \cdot n_4 - 44 \cdot m_1 - 1,12 \cdot f_3 + 1,06 \cdot g_3 \rightarrow \text{max!} \qquad (8.39)$$

Sie hat wiederum die Bedeutung: Der Endwert ist zu maximieren.

Es gelten dazu folgende Restriktionen:

1. Liquiditätsrestriktionen:
   Für den Zeitpunkt $t = 1$ muß gelten:

   $$-90 \cdot n_1 - 20 \cdot n_3 + 40 \cdot m_1 + 1 \cdot f_1 - 1 \cdot g_1 \geq -20. \qquad (8.40)$$

   Für den Zeitpunkt $t = 2$ gilt entsprechend:

   $$10 \cdot n_1 - 50 \cdot n_2 + 30 \cdot n_3 - 4 \cdot m_1 - 1,12 \cdot f_1 + 1 \cdot f_2 + 1,04 \cdot g_1 - 1 \cdot g_2 \geq 0 \quad (8.41)$$

   und für den Zeitpunkt $t = 3$:

   $$50 \cdot n_1 + 25 \cdot n_2 - 50 \cdot n_4 - 4 \cdot m_1 - 1,12 \cdot f_2 + 1 \cdot f_3 + 1,05 \cdot g_2 - 1 \cdot g_3 \geq 0. \quad (8.42)$$

   Die Liquiditätsbedingungen sind diesmal als Ungleichungen formuliert worden. Diese Modifikation ändert an der Optimallösung nichts; wenn in der Kasse zinslos Geld gehalten würde, wäre eine der Bedingungen tatsächlich als Ungleichung erfüllt. Diese Möglichkeit ist jedoch suboptimal, da jederzeit für beliebige Beträge Finanzanlagen zu einem positiven Zins getätigt werden können, wie schon im vorherigen Fall bemerkt worden ist.

2. Höchstmengenrestriktionen:

   $$\begin{aligned} n_1 &\leq 1 \quad \text{und ganzzahlig,} \\ n_2 &\leq 1 \quad \text{und ganzzahlig,} \\ n_3 &\leq 1 \quad \text{und ganzzahlig,} \\ n_4 &\leq 2 \quad \text{und ganzzahlig,} \\ m_1 &\leq 1 \quad \text{und ganzzahlig,} \\ f_1 &\leq 100, \\ f_2 &\leq 100, \\ f_3 &\leq 100. \end{aligned} \qquad (8.43)$$

3. NNB: Alle Variablen müssen „größer gleich“ Null sein.

BV	n_1	n_2	n_3	n_4	m_1	f_1	f_2	f_3	g_1	g_2	g_3		RS
y_1	−90		−20		40	1			−1			$\geq$	−20
y_2	10	−50	30		−4	−1,12	1		1,04	−1		$\geq$	0
y_3	50	25		−50	−4		−1,12	1		1,05	−1	$\geq$	0
y_4	1											$\leq$	1
y_5		1										$\leq$	1
y_6			1									$\leq$	1
y_7				1								$\leq$	2
y_8					1							$\leq$	1
y_9						1						$\leq$	100
y_{10}							1					$\leq$	100
y_{11}								1				$\leq$	100
Z	70	40		60	−44			−1,12			1,06	max	0

Tab. 8.3: Ausgangstableau für die simultane Investitions- und Finanzplanung

Es ergibt sich das Ausgangstableau 8.3. Wird das Ausgangstableau in dieser Form in das Programm impac eingegeben, so erhält man unter Beachtung der Ganzzahligkeitsrestriktionen das Optimaltableau 8.4. Die Optimallösung lautet demnach:

Realisiere das Investitionsprojekt 1.
Realisiere das Investitionsprojekt 2.
Realisiere das Investitionsprojekt 3.
Realisiere einmal das Investitionsprojekt 4.
Nehme die Anleihe 1 auf.
Nehme in $t = 1$ 50 GE Kredit in Anspruch.
Nehme in $t = 2$ 70 GE Kredit in Anspruch.
Nehme in $t = 3$ 57,40 GE Kredit in Anspruch.
Es wird kein Geld angelegt.
Der Endwert nach 4 Perioden beträgt 61,712 GE
bei einem Kapitaleinsatz von 20 GE
zu Anfang der ersten Periode.

Um die Elemente des Optimaltableaus zu interpretieren, bietet sich – ähnlich wie schon im vorherigen Kapitel bei der Darstellung des Beispiels der Produktionsprogrammplanung – eine Veränderungsrechnung an. Im folgenden werden beispielhaft die Konsequenzen einiger möglicher Veränderungen bestimmter Variablen diskutiert.

Wenn in der ersten Periode für 1 GE eine Finanzanlage zu 4% getätigt werden soll, also $g_1 = 1$ statt $g_1 = 0$, so können in der Spalte g_1 im Optimaltableau die folgenden Auswirkungen abgelesen werden:

- Der Endwert in der vierten Periode wird sich um 0,1004 GE verschlechtern. (Zielfunktionszeile)

- Die Kreditaufnahme in der ersten Periode wird um genau 1 GE höher ausfallen, d.h., die Kapitalanlage muß mit 12% refinanziert werden (Zeile f_1). Entsprechend erniedrigt sich das noch nicht in Anspruch genommene Kreditvolumen der Periode 1 um 1 GE (Zeile y_9).

BV	y_1	y_2	y_6	y_3	y_8	RS
n_1						1
f_1	-1		20		-40	50
n_4						1
f_2	$-1,12$	-1	$-7,6$		$-40,8$	70
n_2						1
n_3			1			1
f_3	$-1,2544$	$-1,12$	$-8,512$	-1	$-41,696$	$57,4$
m_1					1	1
y_9	1		-20		40	50
y_{10}	$1,12$	1	$7,6$		$40,8$	30
y_{11}	$1,2544$	$1,12$	$8,512$	1	$41,696$	$42,6$
y_{12}						1
Z	$-1,4049$	$-1,2544$	$-9,5334$	$-1,12$	$-2,6995$	$-61,712$

BV	y_5	y_4	y_7	g_1	g_2	g_3	RS
n_1		1					1
f_1		90		-1			50
n_4	1						1
f_2	50	$90,8$		$-0,08$	-1		70
n_2	1						1
n_3							1
f_3	31	$51,696$	50	$-0,0896$	$-0,07$	-1	$57,4$
m_1							1
y_9		-90		1			50
y_{10}	-50	$-80,8$		$0,08$	1		30
y_{11}	-31	$-51,696$	-50	$0,0896$	$0,07$	1	$42,6$
y_{12}				-1			1
Z	$-5,28$	$-12,1005$	-4	$-0,1004$	$-0,0784$	$-0,06$	$-61,712$

Tab. 8.4: Zweigeteiltes Optimaltableau für die simultane Investitions- und Finanzplanung

- Die Kreditaufnahme in der zweiten Periode erhöht sich um 0,08 GE, das sind genau die aus der Zinsdifferenz von 12% und 4% folgenden Opportunitätsverluste der Finanzanlage (Zeile f_2). Entsprechend kann der Wert in der y_{10}-Zeile interpretiert werden.

- Die Kreditaufnahme in der dritten Periode erhöht sich um 0,0896 GE, das sind die 0,08 GE und Zins von 12% auf 0,08 GE (Zeile f_3).

In analoger Art und Weise können die Tableauelemente in den Spalten von g_2 und g_3 erklärt werden.

Wird die Investition 1 nicht durchgeführt, bedeutet dies, daß die Schlupfvariable y_4 der entsprechenden Restriktion $n_1 + y_4 = 1$ den Wert $y_4 = 1$ annehmen muß. Dem Optimaltableau 8.4 folgend, können dieser Änderung folgende Konsequenzen zugeordnet werden:

- Der Endwert in der vierten Periode wird sich um 12,1005 GE verschlechtern. (Zielfunktionszeile)

- Die Kreditaufnahme in der ersten Periode vermindert sich um 90 GE (Zeile f_1). Entsprechend wird sich das noch nicht in Anspruch genommene Kreditvolumen der Periode um 90 GE (Zeile y_9) erhöhen. Es ist zu bemerken, daß dieser Wert für f_1 unzulässig wäre. Dieses Problem tritt typischerweise bei Problemen mit Ganzzahligkeitsrestriktionen auf. Da aber das Instrument der ganzzahligen linearen Programmierung hier nicht ausführlich dargestellt wird, soll über dieses Problem auch nicht weiter nachgedacht werden. Jedoch genügt ein kurzer Blick, um zu erkennen, daß durch die gleichzeitige Veränderung von $y_8 = 1$ eine negative rechte Seite in der f_1-Zeile vermieden werden kann.

- Die Kreditaufnahmen in der zweiten und der dritten Periode sollten sich entsprechend um 90,8 bzw. um 51,696 GE reduzieren.

In analoger Art und Weise können die Tableauelemente in den y_5-, y_6-, y_7-Spalten und auch der y_8-Spalte erklärt werden.

Zusätzlich müssen noch die Werte in den Spalten unter den Schlupfvariablen y_1, y_2, y_3 interpretiert werden. Diese gehören zu den Liquiditätsrestriktionen. Sie sind unechte Schlupfvariablen, da die Liquiditätsrestriktionen eigentlich in Gleichungsform vorliegen. Die Spaltenelemente von y_1, y_2, y_3 waren nur durch den Trick zu erhalten, daß die Liquiditätsrestriktionen als Ungleichungen formuliert worden waren – der Kenntnis folgend, daß Kassenhaltung in jedem Fall suboptimal sein muß.

Die Zielfunktionswerte in diesen Spalten – bei y_1: $-1,4049$, y_2: $-1,2544$, y_3: $-1,12$ – können, analog wie in der im vorherigen Kapitel ausgeführten Diskussion des Produktionsprogrammplanungsproblems, als Schattenpreise der Liquidität gedeutet werden. D.h., würde eine zusätzliche GE in der Periode 1 benötigt, würde sich der Zielfunktionswert um 1,4049 GE verschlechtern. Umgekehrt sollte eine weitere zur Verfügung stehende Geldeinheit den Zielfunktionswert um 1,4049 GE erhöhen. Analog würde eine zusätzliche Geldeinheit in der zweiten Periode den Zielfunktionswert um 1,2544 GE erhöhen. In der Periode 3 würde eine zusätzliche Geldeinheit den Zielfunktionswert um 1,12 GE erhöhen.

Die Entstehung dieser drei Werte kann wie folgt erklärt werden. Da im vorliegenden Optimalprogramm stets fremdfinanziert wird und dementsprechend der Grenzzinssatz bei 12% liegt, ist der Schattenpreis für 1 GE über eine Periode $1,12$ GE, für 1 GE über zwei Perioden $1,12^2 = 1,2544$ GE und für 1 GE über drei Perioden $1,12^3 = 1,4049$ GE.

Im allgemeinen sind in der simultanen Investitions- und Finanzplanung die effektiven Zinssätze nicht so einfach zu erklären. Diese sogenannten endogenen Grenzzinsfüße sind dann nur durch die Lösung des LP-Ansatzes ermittelbar und stellen die korrekten Kalkulationszinssätze für die projektspezifische Investitions- und Finanzierungsstruktur dar. Das Dilemma der endogenen Grenzzinsfüße liegt nun darin, daß diese i.a. erst bei der Ermittlung des Optimaltableaus zur Verfügung stehen, dann aber nicht mehr benötigt werden, da der optimale Investitions- und Finanzplan schon berechnet worden ist. Wird mit d_j der Zielfunktionswert der Schlupfvariablen einer Liquiditätsrestriktion bezeichnet, so gilt für die endogenen Grenzzinsfüße r_i der nachfolgenden Perioden, $i = j, \ldots, (T-1)$:

$$(1 + r_j) \cdot \ldots \cdot (1 + r_{T-1}) = d_j. \qquad (8.44)$$

Mit $(T - 1)$ Liquiditätsrestriktionen ergeben sich $T - 1$ Gleichungen für die $T - 1$ endogenen Grenzzinsfüße.

In dem vorliegenden Problem hätte sich aber auch durch eine Analyse des Ausgangstableaus erkennen lassen, daß Engpässe bei der Fremdfinanzierung durch den Kredit von 12% nicht auftreten werden, da die Kreditobergrenze im Vergleich zu dem Kapitalbedarf hinreichend groß ist und daß andere Finanzierungsmöglichkeiten zwar wahrgenommen werden, aber in jedem Falle unzureichend sind. Dann hätte man als Kalkulationszinsfuß den Zins von 12% ansetzen und alle Investitionen und sonstigen Finanzierungsmaßnahmen mit dem Kapitalwertkriterium oder mit dem Endwertkriterium bewerten können.

8.3 Weitere Anwendungen

8.3.1 Ein Bericht vom Erfinder der linearen Programmierung

Der Simplex-Algorithmus ist von dem Amerikaner George B. Dantzig in den vierziger Jahren erfunden worden. Vor ein paar Jahren hat dieser in DANTZIG 1990 erzählt, welche interdependenten und zufälligen Ereignisse zur Entwicklung des Instrumentes der linearen Programmierung geführt haben und welche vernachlässigten Restriktionen die erfolgreiche Anwendung bei einem privaten Problem von Dantzig verhinderten.

1937 entschloß sich Milton Friedman an die Universität von Chicago zurückzukehren und seine Arbeit am statistischen Amt der Regierung in Washington aufzugeben. So wurde eine Stelle frei und George B. Dantzig wurde vom statistischen Amt eingestellt. Sein Jahreseinkommen betrug $ 1.440. Dort freundete sich Dantzig mit Duane Evans an, der einige Jahre später – während des Krieges – mit Wassily Leontief, Marvin Hoffenberg und Jerry Cornfield die Technik der Input-Output-Analyse (kurz: I/O-Analyse) entwickelte. Dantzig arbeitete während des Krieges in einer Pentagon-Abteilung für Statistik-Analysen, hielt aber Kontakt mit Duane Evans. So lernte er in nächtlichen Telefongesprächen die mathematischen Eigenschaften von I/O-Matrizen kennen. Nach dem Krieg – in den Jahren 1946/47 – hatte Dantzig eine Stelle in der Planungsabteilung der Airforce inne, und die erste Sache, mit der er sich beschäftigte, bestand in der Anwendung von I/O-Modellen. Dabei kam Dantzig auf die Idee, die Technik der Input-Output-Analyse zu erweitern, indem man einfach eine Zielfunktion hinzufügt und sich die Aufgabe stellt, die Zielfunktion unter den in den I/O-Matrizen beschriebenen Zusammenhängen zu optimieren. Damit hatte Dantzig ein lineares Programm formuliert.

Er benötigte für dieses Programm nur noch einen Lösungsalgorithmus. Er schaute in die Literatur und war erstaunt, als er feststellen mußte, daß dort keine Lösungsansätze zu finden waren. Er fragte auch bei solch berühmten Personen wie Tjalling Koopmans (der später einen Nobelpreis in Ökonomie erhielt) oder John von Neumann (ein großer Mathematiker) nach, aber sie wußten auch nicht weiter. Daraufhin erfand George B. Dantzig den Simplex-Algorithmus.

Er benötigte für seinen Ansatz noch ein komplexes Testproblem. Marvin Hoffenberg, der im Krieg mit Duane Evans zusammengearbeitet hatte, schlug ihm vor, doch Cornfield's „Diet Problem" zu nehmen. Jerry Cornfield hatte während des Krieges auch an der Zusammenstellung des optimalen Menüs für einen Soldaten gearbeitet. Dabei bedeutete „optimal" kostenminimal. Doch konnte Cornfield seine damaligen Eingangsdaten nicht wiederfinden. So mußte sich Dantzig die notwendigen Informationen selbst beschaffen.

Eine Ernährungsexpertin des Landwirtschaftsministeriums half ihm auch weiter, bis sie verstand, wozu Dantzig die Daten brauchte. Sie verwies Dantzig noch kurz auf einen Artikel von George Stigler (auch ein späterer Nobelpreisträger) und zeigte ihm dann die Tür. Der Stigler-Aufsatz beeindruckte Dantzig sehr; in seinem Buch über die lineare Programmierung widmete er dem Stiglerschen Ansatz über das Ernährungsproblem ein ganzes Kapitel. Stigler hatte aber – da das Instrument der linearen Programmierung noch nicht erfunden war – mit Hilfe einer Heuristik eine gute Lösung gefunden. Das Menü von Stigler hat in Preisen von 1939 $ 39,93 gekostet. Was die Ernährungsexpertin wohl geärgert hatte, war eine Fußnote von Stigler, daß es von Steuergeldern bezahlte Fachleute gäbe, die „billige" Menüs vorschlügen, die doppelt so teuer seien. Dieses Problem griff Dantzig wieder auf und ließ es mit dem Simplex-Algorithmus bearbeiten. Das lineare Programm bestand aus 9 Gleichungen mit 77 Unbekannten, d.h. für ein Menü kamen 77 verschiedene Einsatzstoffe in Frage. Da Dantzig 1947 noch nicht über einen Computer verfügte, wurden 9 Personen beauftragt, die notwendigen Rechnungen per Hand duchzuführen; davon bekam jeder 8 oder 9 Spalten zu bearbeiten. Diese 9 Leute benötigten 120 Mann-Tage, um das Problem zu lösen. Die optimale Lösung für den Ansatz von Stigler war $ 39,69 genau 24 Cent weniger als die heuristische Lösung.

Dies war die erste größere Anwendung der linearen Programmierung. Ein paar Jahre später – in den fünfziger Jahren – arbeitete Dantzig bei der RAND-Corporation. Damals legte ihm sein Hausarzt eine Diät nahe. Dantzig kam dabei auf die Idee, sein altes Diät-Modell erneut anzuwenden. Dafür mußten allerdings einige Anpassungen vorgenommen werden. Zum einen standen ihm deutlich mehr Inhaltsstoffe zur Verfügung und zum anderen hatte er kein Interesse, die kostenminimale Kombination zu finden. Die Zielfunktion war also eine andere. Sein Arzt sagte ihm, daß er nur noch 1.500 kcal pro Tag zu sich nehmen sollte. Andererseits wollte Dantzig ein Hungergefühl vermeiden. So wählte er als Zielfunktion „the feeling of feeling full". Genauer gesagt ging jedes Nahrungsmittel mit dem Gewicht abzüglich des Gewichts für das in dem Nahrungsmittel enthaltene Wasser in die Zielfunktion ein. Insgesamt wurden über 500 Nahrungsmittel ausgewählt.

Das lineare Programm mit über 500 verschiedenen Strukturvariablen ließ er in den RAND-Computer – eine IBM 701 – eingeben, auch wenn sein Kollege Ray Fulkerson ihm gegenüber äußerte: „We solve models to obtain optimal schedules of activities for others to follow, not for ourselves.“ Nachdem der Rechner einige Tage gelaufen war, verkündete Dantzig seiner Frau Anne: „Today ist Der Tag, whatever the 701 says that's what I want you to feed me each day starting with supper tonight“. Am späten Nachmittag rief seine Frau an und wollte wissen, welches Menü sie zubereiten sollte. Dantzig listete alles auf, was die Maschine bis dahin ermittelt hatte, und Anne fand das Menü zwar seltsam, aber sonst nicht schlecht. Auf die Nachfrage, ob das denn nun alles sei, mußte Dantzig zugeben, daß noch 500 Liter Essig fehlen würden.

Dantzig suchte nach einem Fehler, aber er mußte feststellen, daß in der Liste der Einsatzstoffe Essig als eine sehr schwache Säure mit einem Wassergehalt von Null aufgelistet worden war. Die Zielfunktion war aber so formuliert worden, daß Dantzig sich um so voller fühlen würde, je mehr Essig er zu sich nehmen würde. Dantzig eliminierte Essig als mögliches Nahrungsmittel und ließ die IBM 701 noch einmal rechnen. Wieder rief Anne an, und – nachdem er wieder die Einsatzstoffe aufgelistet hatte – fragte Anne, ob das alles sei, und er sagte, daß noch 200 Brühwürfel fehlen würden. Dantzig versuchte es am nächsten Morgen mit vieren, spuckte diese aber sofort wieder aus. Er fragte bei seinem Arzt nach, ob zuviel Salz nicht gefährlich sei, und dieser erklärte ihm, man sollte nicht mehr als drei aufnehmen. Dantzig modifizierte das lineare Programm entsprechend. Die nächste Lösung enthielt die Anweisung, zwei Pfund Kleie zu essen. Er mußte sein Modell um eine Obergrenze für Kleie ergänzen. So ging die Lösung des formalen Problems und die Anpassung desselben an reale Restriktionen fort, bis seine Frau Anne keine Lust mehr hatte und ihm mitteilte, daß sie einige gute Ideen bekommen habe, aber daß sie ihm jetzt ihre eigene Diät zubereiten werde.

8.3.2 Das Rucksackproblem

In einem Rucksack kann nur solange noch etwas verstaut werden, bis dieser voll ist. Zu einem richtigen Problem wird dieser triviale Tatbestand erst dadurch, daß nur ganzzahlige Stücke in den Rucksack untergebracht werden können. Die Möglichkeit, noch etwas hineinzugeben, hängt daher davon ab, wieviel Restvolumen noch vorhanden ist, bzw., welche Stücke bereits verstaut worden sind.

Das Rucksackproblem hatten z.B. in früherer Zeit im Münsterland Kiepenkerle zu lösen. Kiepenkerle waren Personen, die mit einer Kiepe auf dem Rücken über das Land zogen und Sachen verkauften.

Ein Kiepenkerl mag eine Ware j zum Stückpreis von p_j aus seiner Kiepe verkaufen. Er kann aber nicht eine beliebige Anzahl von Kaninchen, Stoffballen u.ä. in seiner Kiepe mit dem Fassungsvolumen von b aufnehmen. Pro Kaninchen oder Stoffballen wird ein Raumbedarf von a_j benötigt. Es soll der Ansatz zur Berechnung der optimalen Kiepenpackung formuliert werden.

Die für das Rucksackproblem relevanten Variablen sind:

b	Fassungsvermögen des Rucksacks in cm^3
a_j	Von dem Fassungsvermögen des Rucksacks werden pro Einheit der Sorte j a_j [cm^3] verbraucht
p_j	Preise der Sorte j pro Stück
x_j	Anzahl Einheiten der Sorte j.

Die Zielfunktion lautet:

$$Z = \sum_j p_j \cdot x_j \rightarrow \max!, \tag{8.45}$$

d.h., daß der gesamte Umsatz unter der Nebenbedingung maximiert werden soll, daß die Rucksackkapazität nicht überschritten werden darf, also:

$$\sum_j a_j \cdot x_j \leq b. \tag{8.46}$$

Ergänzt werden muß der Ansatz noch durch die NNB und durch die Ganzzahligkeitsbedingungen:

$$x_j \geq 0 \quad \text{und ganzzahlig,} \tag{8.47}$$

da z.B. nur eine positive und ganzzahlige Menge von Kaninchen in einer Kiepe untergebracht werden kann.

Gäbe es die Ganzzahligkeitsbedingungen nicht, wäre das Problem mit Hilfe des Konzeptes der relativen Deckungsspannen lösbar. Es liegt genau ein Engpaß – das begrenzte Fassungsvermögen des Rucksacks – vor. Als Produktionskoeffizienten können die jeweiligen Kapazitätsbelastungen a_j identifiziert werden. Auch gibt es so etwas ähnliches wie Deckungsbeiträge, nämlich die Preise der einzelnen Güter. Wenn die Preise pro Volumeneinheit für jede Ware j ermittelt werden, hat man das Analogon der relativen Deckungsspanne. Da aber Ganzzahligkeitsbedingungen einzuhalten sind, liegt ein ernstzunehmendes Problem vor. So wie die lineare Programmierung bislang bekannt ist, kann das Problem nicht gelöst werden, d.h., man kann es nicht „zu Fuß" ausrechnen. Wie schon am Ende des letzten Kapitels erwähnt, gibt es Verfahren, mit deren Hilfe ganzzahlige lineare Programme gerechnet werden können. Mit dem Simplex-Algorithmus und gerundeten Optimalwerten kann aber i.d.R. eine gute Lösung berechnet werden.

8.3.3 Abituraufgabe

Die folgende Aufgabe stammt aus der schriftlichen Maturitätsprüfung des Staatsgymnasiums Riel zum Schluß des Schuljahres 1899/1900:

Der Durchmesser einer Krone beträgt 23 mm, der eines Zehnhellerstückes 19 mm. Wie kann man durch Aneinanderreihen solcher Geldstücke eine Länge von genau 1 m erhalten? Welchen Geldwert hat die billigste aller Lösungen?

Als Variablen werden gewählt:

ZH: Anzahl der Zehnhellerstücke
K: Anzahl der Kronen.

Ziel ist es, die kostenminimale Lösung zu finden. Um eine Zielfunktion zu formulieren, sollten zunächst die Geldwerte auf eine einheitliche Dimension gebracht werden: Die Zehnhellerstücke werden auf Heller gebracht, indem sie mit 10 multipliziert werden. Dagegen ist 1 Krone 100 Heller wert.

$$Z = 100 \cdot \mathrm{K} + 10 \cdot \mathrm{ZH} \;\rightarrow\; \text{min!} \tag{8.48}$$

Eine Nebenbedingung ist, daß eine Strecke mit Münzen von genau 1 m (1.000 mm) Länge zustandekommen soll. Diese 1.000 mm kommen durch eine bestimmte Anzahl Zehnhellerstücke und Kronen zustande.

$$23 \cdot \mathrm{K} + 19 \cdot \mathrm{ZH} \;=\; 1.000 \text{ mm}. \tag{8.49}$$

Es gelten ferner die Bedingungen: K, ZH ≥ 0; K, ZH müssen ganzzahlig sein.

Die optimale Lösung lautet: ZH = 49, K = 3, Z = 790.

Literaturhinweise

Adam, D.: Äquivalente Zielfunktionen in Modellen zur simultanen Investitions- und Finanzplanung, in: WISU – Das Wirtschaftsstudium, 8. Jg. (1979), S. 179ff., S. 233ff., S. 285ff.

Adam, D.: Produktionsmanagement, 7. Aufl., Wiesbaden, 1993.

Brink, A., H. Damhorst, D. Kramer, W. von Zwehl: Lineare und ganzzahlige Optimierung mit impac, München, 1991.

Dantzig, G.B.: The Diet Problem, in: Interfaces, 20. Jg. (1990), Heft 4, S. 43-47.

Dyckhoff, H: Produktionstheoretische Fundierung industrieller Zuschneideprozesse, in: OR Spektrum, 10. Jg. (1988), S. 77-96.

Ellinger, Th.: Operations Research, 3. Aufl., Berlin, 1990.

Grob, H.L.: Einführung in die Investitionsrechnung, Hamburg, 1990.

Hahn, D., G. Laßmann: Produktionswirtschaft – Controlling industrieller Produktion (Band 1), 2. Aufl., Heidelberg, 1990.

Huch, H., W. Behme, Th. Ohlendorf: Rechnungswesenorientiertes Controlling, Heidelberg, 1992.

Perridon, L., M. Steiner: Finanzwirtschaft der Unternehmung, 7. Aufl., München, 1993.

Kistner, K.-P., M. Steven: Produktionsplanung, 2. Aufl., Heidelberg, 1993.

Meffert, H.: Marketing, 7. Aufl., Wiesbaden, 1986.

Thaler, R.: Verschnittplanung in gut- und schlechtstrukturierten Planungssituationen, Münster, 1991.

Kapitel 9

Sensitivitätsanalyse und Parametrische Programmierung

9.1 Grundlagen

In einem typischen Planungsproblem liegen die Daten i.d.R. nicht mit der Sicherheit vor, von der in den beiden vorherigen Kapiteln bei der Darstellung der linearen Programmierung ausgegangen worden ist. Mit der Simplex-Methode kann ein Optimum ermittelt werden, das notwendigerweise ein Eckpunkt des zulässigen Bereiches ist. Sind jedoch gewisse Daten unsicher und treten Abweichungen von den angenommenen Werten auf, so kann das derart bestimmte Optimum z.B. im jetzt nicht mehr zulässigen Bereich liegen. Wird also mit dem Simplex-Algorithmus ein Optimum generiert, so kann es sinnvoll sein, zusätzliche Informationen über die Empfindlichkeit des Optimums bei Veränderung gewisser Daten zu bekommen.

Während bei der Sensitivitätsanalyse die Frage beantwortet wird, wie stark ein Koeffizient variieren darf, ohne daß sich eine andere Basislösung, d.h. eine andere Struktur der Optimallösung ergibt, werden in der Parametrischen Programmierung für eine bestimmte Variation von Daten i.d.R. mehrere Optimallösungen berechnet. Sind mehrere Daten in einem linearen Planungsproblem unsicher, so kann dieses ebenfalls mit Hilfe der Parametrischen Programmierung bearbeitet werden. Eine Optimallösung wird in der Sensitivitätsanalyse als gegeben angenommen, die noch zulässige Abweichung wird berechnet. In der Parametrischen Programmierung verhält es sich genau umgekehrt: Es wird von einer unsicheren Datenlage ausgegangen – auch wenn die Unschärfe mit einer Bandbreite quantifiziert werden muß – und die möglichen Optimallösungen werden ermittelt. Eine ausführliche Darstellung beider Techniken ist in DINKELBACH 1969 zu finden.

In diesem Kapitel wird zunächst die Sensitivitätsanalyse beschrieben, danach die Parametrische Programmierung. Da jede Größe in einem Ansatz der linearen Programmierung unsicher sein kann, gibt es die Aufgabe, eine Sensitivitätsanalyse für jede mögliche Größe im Ausgangstableau zu formulieren. Kennt man die Beziehungen zwischen Ausgangs- und Optimaltableau, können die verschiedenen Aufgabentypen einer Sensitivitätsanalyse auf relativ elegante Art und Weise beschrieben werden. Die allgemeinen Beziehungen zwischen Ausgangs- und Endtableau lassen sich mit der Matrixrechnung beschreiben.

9.2 Die Beziehungen zwischen Ausgangs- und Endtableau

9.2.1 Die Matrixrechnung als Grundlage

Löst man die Gleichung

$$d \cdot x = b \tag{9.1}$$

nach x auf, so sähe dies in ausführlicher Schreibweise wie folgt aus:

$$\begin{aligned} \underline{d^{-1}} \cdot d \cdot x &= \underline{d^{-1}} \cdot b \\ \underline{1 \cdot x} &= \underline{b/d.} \end{aligned} \tag{9.2}$$

Diese einfache Überlegung führt bei einem Gleichungssystem statt einer Gleichung zu der Konstruktion der inversen Matrix: Seien etwa die Matrix

$$D = \begin{pmatrix} 6 & 2 \\ 3 & 4 \end{pmatrix} \tag{9.3}$$

und die beiden Spaltenvektoren

$$x = \begin{pmatrix} x_1 \\ x_2 \end{pmatrix} \text{ und } b = \begin{pmatrix} 27 \\ 18 \end{pmatrix} \tag{9.4}$$

gegeben. Das Gleichungssystem lautet dann in Matrixschreibweise

$$\underline{D \cdot x = b} \tag{9.5}$$

oder in vollständig ausgeschriebener Form:

$$\begin{aligned} \boxed{\text{I}} \quad 6 \cdot x_1 + 2 \cdot x_2 &= 27 \\ \boxed{\text{II}} \quad 3 \cdot x_1 + 4 \cdot x_2 &= 18. \end{aligned} \tag{9.6}$$

Soll dieses Gleichungssystem nach den Variablen x_1 und x_2 aufgelöst werden, läßt sich dies in Matrixschreibweise formulieren:

$$\begin{aligned} D^{-1} \cdot D \cdot x &= D^{-1} \cdot b \\ E \cdot x &= D^{-1} \cdot b. \end{aligned} \tag{9.7}$$

Dabei ist D^{-1} die Inverse zur Matrix D. Die Matrix E ist die Einheitsmatrix, die sich ergibt, wenn die Matrix D mit ihrer Inversen multipliziert wird. Durch Multiplikation der Matrixgleichung mit der Inversen erhält man also die Lösung.

Die Inverse kann beispielsweise auf folgende Weise hergeleitet werden:

- Die Matrix D wird auf der rechten Seite um die Einheitsmatrix E ergänzt.

- Durch elementare Zeilenoperationen, wie sie beispielsweise auch beim Simplexverfahren eingesetzt werden, wird dafür gesorgt, daß schließlich in der linken Hälfte der ergänzten Matrix die Einheitsmatrix E steht.

- In der rechten Hälfte ist dann die Inverse D^{-1} ablesbar.

Im konkreten Fall ergibt sich

$$\begin{aligned} D \mid E &= \left(\begin{array}{cc|cc} 6 & 2 & 1 & 0 \\ 3 & 4 & 0 & 1 \end{array}\right) \\ & \quad \left(\begin{array}{cc|cc} 1 & 2/6 & 1/6 & 0 \\ 0 & 3 & -1/2 & 1 \end{array}\right) \\ & \quad \left(\begin{array}{cc|cc} 1 & 0 & 2/9 & -1/9 \\ 0 & 1 & -1/6 & 1/3 \end{array}\right) \\ &= E \mid D^{-1} \end{aligned} \tag{9.8}$$

und damit:

$$D^{-1} = \begin{pmatrix} 2/9 & -1/9 \\ -1/6 & 1/3 \end{pmatrix}. \tag{9.9}$$

Die Lösungswerte der Variablen ergeben sich damit als Elemente des Spaltenvektors $D^{-1} \cdot b$ auf der rechten Seite der Gleichung 9.7.

	b
D^{-1}	$D^{-1} \cdot b$

$\Rightarrow$

		27 18
2/9	−1/9	4
−1/6	1/3	3/2

Die Lösung lautet demnach $x_1 = 4$ und $x_2 = 1,5$. Diese läßt sich auch aus der Abb. 9.1 ablesen. Dort liefert der Schnittpunkt der Geraden [I] und [II] die Lösung.

9.2.2 Ausgangs- und Endtableau eines linearen Programms

In der Tabelle 9.1 sind für drei Produktarten die Deckungsspannen (als Produktpreis minus variable Kosten) und die Produktionskoeffizienten in zwei Produktionsstufen gegeben. In der Stufe 1 (bzw. Stufe 2) stehen in der Planperiode 27 FE (bzw. 18 FE) als Kapazität zur Verfügung. Der Gewinn G soll maximiert werden.

Mit x_1, x_2, x_3 (in ME) als Strukturvariablen für die zu produzierenden Mengen der drei Produktarten ergibt sich das folgende Programm:

$$\mathrm{G} = 3 \cdot x_1 + 2 \cdot x_2 + 1 \cdot x_3 \quad \rightarrow \max! \tag{9.10}$$

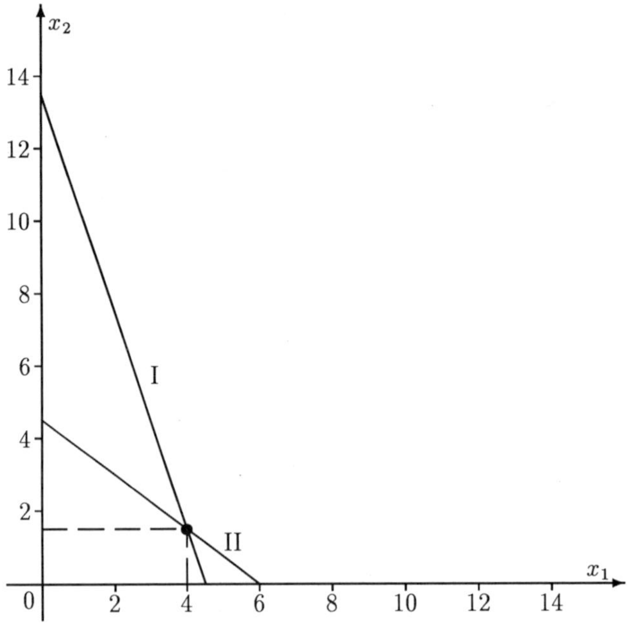

Abb. 9.1: Veranschaulichung der Lösung des Gleichungssystems (I) $6 \cdot x_1 + 2 \cdot x_2 = 27$, (II) $3 \cdot x_1 + 4 \cdot x_2 = 18$

$$\begin{aligned} \text{unter} \quad 6 \cdot x_1 + 2 \cdot x_2 + 9 \cdot x_3 &\leq 27 \\ 3 \cdot x_1 + 4 \cdot x_2 + 6 \cdot x_3 &\leq 18 \\ x_1, x_2, x_3 &\geq 0. \end{aligned}$$

G = 3x1 + 2x2 + 1x3 → MAX!

Unter Verwendung der Schlupfvariablen wird das lineare Programm 9.10 in ein lineares Gleichungssystem umgewandelt, bevor mit der Simplexmethode die Optimallösung berechnet werden kann. Dieses Gleichungssystem ist als Ausgangstableau in Tabelle 9.2 dargestellt. Dabei werden mit y_1 und y_2 die Schlupfvariablen, mit BV die Basisva-

Produktart	Deckungsspanne GE/ME	Produktionskoeffizient	
		Stufe 1 FE/ME	Stufe 2 FE/ME
Produkt 1	3	6	3
Produkt 2	2	2	4
Produkt 3	1	9	6
GE: Geldeinheiten ME: Mengeneinheiten		FE: Faktoreinheiten	

Tab. 9.1: Ausgangsdaten

riablen und mit RS die rechte Seite des linearen Programms bezeichnet.

BV	x_1	x_2	x_3	y_1	y_2	RS
y_1	6	2	9	1	0	27
y_2	3	4	6	0	1	18
− G	3	2	1	0	0	0

Tab. 9.2: Ausgangstableau

BV	x^T	y^T	RS
y	A	E	b
− G	c^T	0^T	0

Tab. 9.3: Das Ausgangstableau in Matrixschreibweise

Einzelne Blöcke dieses Tableaus sollen nun als Matrizen definiert werden. Die Tabellen 9.4 und 9.3 verschaffen einen Überblick über diese Blöcke und ihre Matrixbezeichnung. Den Matrixbezeichnungen liegt die Konvention zugrunde, Vektoren stets als Spaltenvektoren zu definieren und sie mit dem hochgestellten Index T („Transponiert") zu versehen, wenn sie als Zeilenvektor dargestellt werden.

		x^T			y^T		
BV	x_1	x_2	x_3	y_1		y_2	RS
y_1	6	2	9	1		0	27
y		A			E		b
y_2	3	4	6	0		1	18
− G	3	2	1	0		0	0
		c^T			0^T		

Tab. 9.4: Das Ausgangstableau mit Matrixschreibweise

Die einzelnen Vektoren und Matrizen sind wie folgt definiert:

x	Spaltenvektor der Strukturvariablen des LP-Problems
y	Spaltenvektor der Schlupfvariablen
A	Koeffizientenmatrix
E	Einheitsmatrix
b	Spaltenvektor der rechten Seite

c Spaltenvektor der Zielfunktionskoeffizienten der Strukturvariablen
0 Nullvektor
T kennzeichnet einen Zeilenvektor

Die Tabelle 9.5 stellt das zum Ausgangstableau gehörige Endtableau dar, aus dem die Optimallösung abgelesen werden kann.

BV	x_1	x_2	x_3	y_1	y_2	RS
x_1	1	0	4/3	+2/9	−1/9	4
x_2	0	1	1/2	−1/6	+1/3	3/2
− G	0	0	−4	−1/3	−1/3	−15

Tab. 9.5: Endtableau

Auch bei diesem Tableau sollen nun einzelne Blöcke als Matrizen definiert werden oder unter Verwendung der schon definierten Matrizen gekennzeichnet werden. Die Tabellen 9.6 und 9.7 verschaffen einen Überblick. Die neuen Bezeichnungen haben die folgende Bedeutung:

u Spaltenvektor der Basisvariablen der vorliegenden Lösung
D^{-1} Inverse der Basismatrix der vorliegenden Lösung.

Die Basismatrix D selbst wird nicht benötigt. Sie könnte aber aus den zu den Basisvariablen der vorliegenden Lösung gehörenden Spaltenvektoren des Ausgangstableaus zusammengestellt werden. Die zum Endtableau der Tabelle 9.5 gehörige Basismatrix D ist daher aus dem Ausgangstableau der Tab. 9.3 unter den Variablen x_1 und x_2 ablesbar.

$$D = \begin{pmatrix} 6 & 2 \\ 3 & 4 \end{pmatrix} \tag{9.11}$$

d Spaltenvektor der Zielfunktionskoeffizienten der Basisvariablen

Die Basisvariablen dieses Vektors d müssen der Zielfunktionszeile des Ausgangstableaus entnommen werden. Sie müssen in derjenigen Reihenfolge zum Vektor zusammengestellt werden, in der die zugehörigen Basisvariablen im Vektor u des Endtableaus vorkommen. Für das Beispiel gilt:

$$u = \begin{pmatrix} x_1 \\ x_2 \end{pmatrix} \text{ und somit } d = \begin{pmatrix} 3 \\ 2 \end{pmatrix} \tag{9.12}$$

D und d werden dem Ausgangstableau entnommen

BV	x^T	y^T	RS
u	$D^{-1} \cdot A$	D^{-1}	$D^{-1} \cdot b$
$-$ G	$c^T - d^T \cdot D^{-1} \cdot A$	$0^T - d^T \cdot D^{-1}$	$-d^T \cdot D^{-1} \cdot b$

Tab. 9.6: Das Endtableau in Matrixschreibweise

		x^T			y^T		RS
	BV	x_1	x_2	x_3	y_1	y_2	RS
u	x_1	1	0	4/3	2/9	$-1/9$	4
			$D^{-1} \cdot A$		D^{-1}		$D^{-1} \cdot b$
	x_2	0	1	1/2	$-1/6$	1/3	3/2
	$-$ G	0	0	-4	$-1/3$	$-1/3$	-15
			$c^T - d^T \cdot D^{-1} \cdot A$		$0^T - d^T \cdot D^{-1}$		$-d^T \cdot D^{-1} \cdot b$

Tab. 9.7: Das Endtableau mit Matrixschreibweise

Die gewählten Bezeichnungen der Tabellen 9.6 und 9.7 müssen näher erläutert werden. Dazu wird zunächst der Bereich oberhalb der Zielfunktionszeile betrachtet:

- Es handelt sich bei diesem oberen Teil des Tableaus nach wie vor um das aus den Restriktionen resultierende Gleichungssystem, wenn auch in gegenüber dem Ausgangstableau veränderter Darstellungsweise.

- Die aktuellen Basisvariablen zeichnen sich durch Einheitsvektoren aus. Die Vektoren aller Basisvariablen bilden zusammen eine Einheitsmatrix – bei der im allgemeinen Fall aber die Spaltenreihenfolge vertauscht sein kann.

- Diese Einheitsvektoren und damit die Einheitsmatrix ergeben sich aus der im Ausgangstableau ablesbaren Basismatrix D, indem diese mit ihrer Inversen D^{-1} multipliziert wird.

- Die Multiplikation mit der Inversen D^{-1} erfolgt aber nicht nur isoliert für einzelne Spalten, sondern für das ganze Ausgangstableau.

Daraus folgt dreierlei:

1. Die Inverse läßt sich unmittelbar unter den Schlupfvariablen ablesen. (Hier stand im Ausgangstableau die Einheitsmatrix. Da sie mit der Inversen D^{-1} multipliziert worden ist, wird sie zu eben dieser Inversen.)

2. An der Stelle der ursprünglichen Koeffizientenmatrix A muß jetzt $D^{-1} \cdot A$ stehen.

3. An der Stelle der ursprünglichen rechten Seite b steht jetzt folgerichtig der Vektor $D^{-1} \cdot b$, der die Lösungswerte der Basisvariablen enthält.

Die Bezeichnungen in der Zielfunktionszeile lassen sich wie folgt am einfachsten erklären. Jede Zeile (Gleichung) des Bereiches oberhalb der Zielfunktion wird mit demjenigen Stückdeckungsbeitrag multipliziert, welcher zu der als Zeileneingang vermerkten zugehörigen Basisvariablen gehört; das Ergebnis wird dann von der ursprünglichen Zielfunktionszeile abgezogen. Wie für das Simplexverfahren notwendig, erhalten auf diese Weise alle Basisvariablen im Endtableau einen Zielfunktionswert von Null, denn vom ursprünglichen Deckungsbeitrag einer Basisvariablen werden – wegen des zu dieser Basisvariablen gehörenden Einheitsvektors im oberen Bereich – genau einmal dieser Deckungsbeitrag und sonst nur Nullen abgezogen.

Die beschriebene Multiplikation aller Gleichungen des oberen Bereiches in Matrixschreibweise darzustellen bedeutet, die beiden Blöcke D^{-1} und $D^{-1} \cdot A$ des oberen Bereiches mit d^T (dem Vektor der Zielfunktionskoeffizienten der Basisvariablen) zu multiplizieren. Die Ergebnisse werden dann blockweise von der ursprünglichen Zielfunktionszeile abgezogen, um zur Zielfunktionszeile des Optimaltableaus in Matrixschreibweise zu gelangen.

Die einzelnen Elemente der Zielfunktionszeile sollen näher betrachtet werden:

- Unter den Schlupfvariablen (Vektor y^T) findet sich der Vektor $0^T - d^T \cdot D^{-1}$ oder kürzer $-d^T \cdot D^{-1}$. Die vorzeichenvertauschten einzelnen Elemente dieses Vektors werden in einem linearen Produktionsprogramm üblicherweise als Schattenpreise, z.T. auch als Opportunitätskosten der Produktionsfaktoren bezeichnet.

- Auf der rechten Seite läßt sich mit $-d^T \cdot D^{-1} \cdot b$ der vorzeichenvertauschte maximale Gewinn ablesen. Durch die folgenden Aufspaltungen der Matrixform wird deutlich, daß generell zwei Möglichkeiten bestehen, diesen Gewinn zu berechnen:

1.

$$\underbrace{-\,d^T \cdot D^{-1}}_{\substack{\text{vorzeichenvertauschte}\\ \text{Schattenpreise der}\\ \text{Produktionsfaktoren}\\ \text{(aus dem Endtableau)}}} \cdot \underbrace{b}_{\substack{\text{Kapazität der}\\ \text{Produktionsfaktoren}\\ \text{(aus dem}\\ \text{Ausgangstableau)}}} = -\,G \qquad (9.13)$$

2.

$$\underbrace{-\,d^T}_{\substack{\text{vorzeichenvertauschte}\\ \text{Zielfunktionskoeffizienten}\\ \text{der Basisvariablen}\\ \text{(aus dem}\\ \text{Ausgangstableau)}}} \cdot \underbrace{D^{-1} \cdot b}_{\substack{\text{Lösungswerte der}\\ \text{Basisvariablen}\\ \text{(aus dem}\\ \text{Endtableau)}}} = -\,G. \qquad (9.14)$$

- Unter den Strukturvariablen x^T findet sich der Vektor $c^T - d^T \cdot D^{-1} \cdot A$. Die vorzeichenvertauschten Elemente dieses Vektors werden üblicherweise als Opportunitätskosten der Strukturvariablen bezeichnet. Die folgende Aufspaltung der Matrixform verdeutlicht, wie diese Opportunitätskosten berechnet werden können:

$$\underbrace{c^T}_{\substack{\text{ursprüngliche}\\ \text{Zielfunktionskoeffizienten}\\ \text{(aus dem}\\ \text{Ausgangstableau)}}} - \underbrace{d^T \cdot D^{-1}}_{\substack{\text{Schattenpreise der}\\ \text{Produktionsfaktoren}\\ \text{(aus dem}\\ \text{Endtableau)}}} \cdot \underbrace{A}_{\substack{\text{Produktions-}\\ \text{koeffizienten}\\ \text{(aus dem}\\ \text{Ausgangstableau).}}} \qquad (9.15)$$

Es ist anzumerken, daß die am Beispiel erklärten Beziehungen zwischen dem Ausgangs- und dem Endtableau generell gelten, also auch für das Ausgangstableau und ein beliebiges Zwischentableau, das sich bei einer Simplexiteration ergibt.

9.3 Die Fragestellungen der Sensitivitätsanalyse

9.3.1 Grundlagen

Generell geht es bei der Sensitivitätsanalyse um die folgende Frage: In welchem Bereich dürfen einzelne Ausgangsdaten eines linearen Programms variiert werden, ohne daß sich die Optimallösung qualitativ ändert, d.h., ohne daß ein Basistausch (Simplexschritt) notwendig wird. Es ist hierbei aber durchaus möglich, daß sich die Lösung quantitativ, d.h. in ihrer mengenmäßigen Zusammensetzung infolge einer Ausgangsdatenvariation ändert.

Im allgemeinen wird die Variation folgender Daten betrachtet:

1. Änderung der Kapazität eines Produktionsfaktors, d.h. Änderung eines Wertes auf der rechten Seite (Vektor b).

2. Änderung eines Stückdeckungsbeitrages, d.h. Änderung eines Wertes in der Zielfunktion (Vektor c^T).

3. Änderung einzelner Produktionskoeffizienten der Matrix A.

4. Ein neues Produkt, d.h. eine neue Strukturvariable tritt auf.

5. Eine weitere Restriktion ist zu beachten.

Die veränderten Daten des Ausgangstableaus bewirken eine Variation der Daten des Optimaltableaus. Die ursprünglich ermittelte Optimallösung bleibt in jedem einzelnen dieser Fälle aber qualitativ unverändert, wenn sie weiterhin die Kriterien für Zulässigkeit und Optimalität erfüllt. Dabei ist das Zulässigkeitskriterium erfüllt, wenn nach wie vor alle Werte der rechten Seite nicht negativ sind, und das Optimalitätskriterium ist erfüllt, wenn nach wie vor alle Werte der Zielfunktionszeile nicht positiv sind.

Aufbauend auf den Erkenntnissen über die Zusammenhänge zwischen Ausgangs- und Endtableau können die veschiedenen Fragestellungen der Sensitivitätsanalyse auf relativ einfache Weise beantwortet werden. Dies soll für jeden einzelnen Fall am Beispiel demonstriert werden.

9.3.2 Variation eines Wertes der rechten Seite

Die Kapazität des ersten Produktionsfaktors soll variiert werden. Im Vektor b wird dann das bisher gegebene erste Element „27“ durch das Symbol b_1 ersetzt. Diese Veränderung im Ausgangstableau wirkt sich auf die rechte Seite des Endtableaus aus, denn hier findet sich der Ausdruck $D^{-1} \cdot b$. Es muß also überprüft werden, innerhalb welcher Grenzen der Wert b_1 liegen darf, ohne daß die Elemente der rechten Seite des Endtableaus negativ werden (Zulässigkeitskriterium). Diese Elemente lassen sich per Matrixmultiplikation leicht errechnen:

	b
D^{-1}	$D^{-1} \cdot b$

$\Rightarrow$

		b_1 18
$2/9$	$-1/9$	$+2/9 \cdot b_1 - 1/9 \cdot 18$
$-1/6$	$1/3$	$-1/6 \cdot b_1 + 1/3 \cdot 18$

Da beide Elemente größer oder gleich Null sein müssen, folgt:

$$\begin{aligned} +2/9 \cdot b_1 - 1/9 \cdot 18 \geq 0 \quad &\Rightarrow b_1 \geq \; 9 \\ -1/6 \cdot b_1 + 1/3 \cdot 18 \geq 0 \quad &\Rightarrow b_1 \leq \; 36. \end{aligned} \tag{9.16}$$

Die Kapazität b_1 des ersten Produktionsfaktors darf also Werte zwischen 9 und 36 annehmen, ohne daß sich die gefundene Optimallösung qualitativ verändert.

Bei Problemstellungen mit 2 Strukturvariablen läßt sich dieser Sachverhalt auch graphisch demonstrieren. Hierbei soll auf das unter 9.2.2 vorgestellte Problem zurückgegriffen werden und die dritte Strukturvariable x_3 unberücksichtigt bleiben.

$$\begin{array}{lrcl} \text{I} & 6 \cdot x_1 + 2 \cdot x_2 & \leq & 27 \\ \text{II} & 3 \cdot x_1 + 4 \cdot x_2 & \leq & 18 \\ G = & 3 \cdot x_1 + 2 \cdot x_2 & \rightarrow & \max! \end{array} \tag{9.17}$$

Unter Berücksichtigung dieser Zielfunktion erweist sich der Schnittpunkt der Geraden (I) und (II) als Lösung, die den Deckungsbeitrag maximiert (G= 15). Was verändert sich in diesem Fall, wenn sich nun die rechte Seite der ersten Nebenbedingung (I) ändert? Da im zweidimensionalen Beispiel die gleichen Ausgangsdaten wie im dreidimensionalen verwendet werden, gelten die gleichen Bedingungen für die Stabilität der gefundenen Optimallösung. Auch hier darf die Kapazität des ersten Produktionsfaktors also Werte zwischen 9 und 36 annehmen, ohne daß sich die Lösung qualitativ verändert. Jenseits dieser Grenzen befindet sich nur noch eine der beiden Strukturvariablen in der Basis. Die andere Basisvariable ist eine Schlupfvariable, nämlich y_2, wenn b_1 unter den Wert von 9 sinkt und y_1, wenn b_1 auf Werte über 36 steigt.

In Abb. 9.2 ist folgender Sachverhalt veranschaulicht worden: Die ursprüngliche Gerade der ersten Nebenbedingung (bei $b_1 = 27$) wird durch eine Erhöhung der Kapazität der rechten Seite nach rechts außen verschoben. Dadurch verlagert sich der Schnittpunkt der beiden Nebenbedingungen in Bereiche mit höheren x_1- und niedrigeren x_2-Werten. x_2 bleibt mit positiven Werten in der Lösung enthalten, bis die rechte Seite der Nebenbedingung I den Wert 36 annimmt. In diesem Fall werden ausschließlich 6 Einheiten x_1 produziert. Im Falle einer Reduzierung der rechten Seite von Nebenbedingung I verschiebt sich deren Gerade nach links unten. Es ergeben sich hierbei Schnittpunkte der beiden Nebenbedingungen in Bereichen geringerer x_1- und höherer x_2-Werte, bis die rechte Seite der ersten Nebenbedingung den Wert 9 annimmt. In diesem Fall sind lediglich 4,5 Einheiten x_2 in der Lösung enthalten. Sinkt die rechte Seite der Nebenbedingung I unter den Wert 9, so sinkt auch x_2 weiter und y_2 tritt mit positiven Werten (Schlupf) in die Basis ein. Dann verändert sich die Lösung qualitativ.

9.3.3 Variation eines Wertes der Zielfunktionszeile

Es bietet sich an, zu unterscheiden, ob der variierte Koeffizient der Zielfunktionszeile zu einer Basisvariablen oder einer Nicht-Basisvariablen des Optimaltableaus gehört.

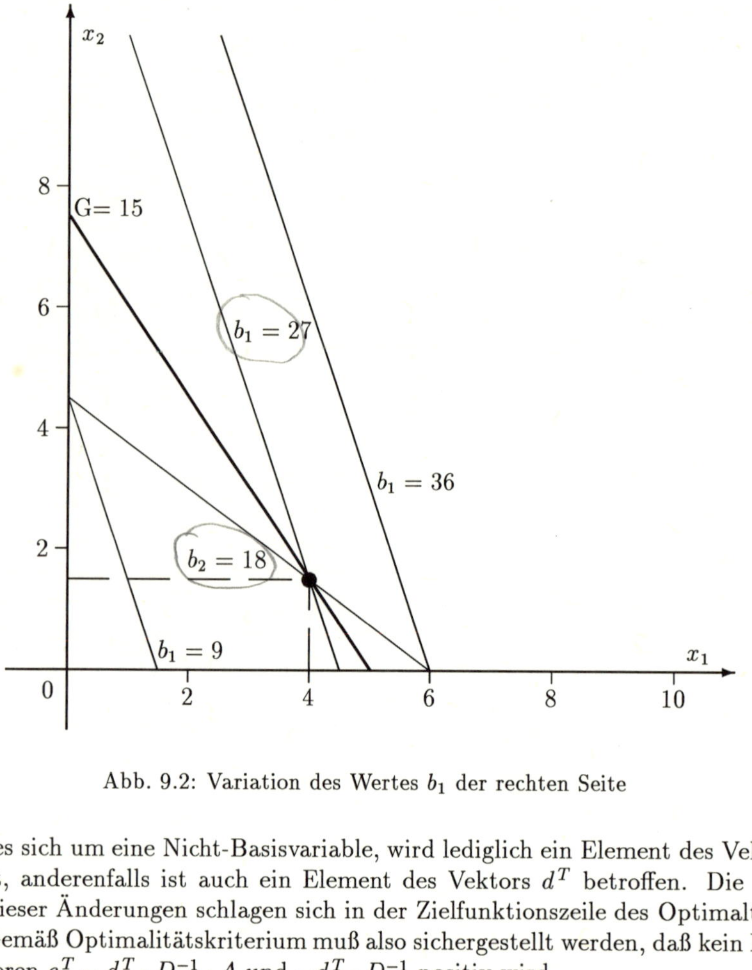

Abb. 9.2: Variation des Wertes b_1 der rechten Seite

Handelt es sich um eine Nicht-Basisvariable, wird lediglich ein Element des Vektors c^T verändert, anderenfalls ist auch ein Element des Vektors d^T betroffen. Die Auswirkungen dieser Änderungen schlagen sich in der Zielfunktionszeile des Optimaltableaus nieder. Gemäß Optimalitätskriterium muß also sichergestellt werden, daß kein Element der Vektoren $c^T - d^T \cdot D^{-1} \cdot A$ und $-d^T \cdot D^{-1}$ positiv wird.

Bei der Variation des Zielfunktionskoeffizienten einer Nicht-Basisvariablen wie z.B. x_3 zeigt der Blick auf den Ausdruck $c^T - d^T \cdot D^{-1} \cdot A$, daß dies lediglich eine gleiche Variation des zu dieser Nicht-Basisvariablen gehörigen Zielfunktionskoeffizienten des Optimaltableaus zur Folge hat.

Bislang findet sich hier der Wert -4. Diese Zahl ändert sich um den gleichen Wert, um den der ursprüngliche Zielfunktionswert 1 verändert wird, der ja Element des Vektors c^T ist. Sowohl eine beliebige Reduktion wie auch eine Erhöhung um maximal 4 GE/ME belassen den resultierenden Zielfunktionskoeffizient des Endtableaus folglich auf einem nicht-positiven Wert. Für den Zielfunktionskoeffizient c_3 der Nicht-Basisvariable x_3

gilt daher

$$c_3 \leq \underbrace{1}_{\substack{\text{ursprünglicher}\\ \text{Zielfunktions-}\\ \text{koeffizient von } x_3}} + \underbrace{4}_{\substack{\text{vorzeichenvertauschter}\\ \text{Zielfunktionskoeffizient im}\\ \text{Optimaltableau von } x_3}} = 5. \qquad (9.18)$$

Solange c_3 kleiner oder gleich 5 GE/ME ist, bleibt die ursprünglich ermittelte Optimallösung qualitativ unverändert. ar

Wenn der Zielfunktionskoeffizient (z.B. c_1) einer Basisvariablen (z.B. x_1) variiert wird, sind umfangreiche Berechnungen notwendig, denn der veränderte Zielfunktionskoeffizient ist Element des Vektors d^T, und dieser beeinflußt alle Zielfunktionskoeffizienten des Optimaltableaus. Dabei sind aber nur die Zielfunktionskoeffiziente des Optimaltableaus der Nicht-Basisvariablen von Interesse, denn alle Basisvariablen zeichnen sich nach wie vor durch eine Null in der Zielfunktionszeile aus. Dies ergibt sich stets, da vom ursprünglichen Zielfunktionskoeffizient (Element des Vektors c^T für die Strukturvariablen bzw. 0 für die Schlupfvariablen) aufgrund der Berechnungsvorschriften ($-d^T \cdot D^{-1} \cdot A$ für die Strukturvariablen bzw. $-d^T \cdot D^{-1}$ für die Schlupfvariablen) genau der gleiche Wert abgezogen wird, denn für Basisvariablen ist der zugehörige Spaltenvektor aus $D^{-1} \cdot A$ bzw. D^{-1} ein Einheitsvektor, dessen „1" mit dem ursprünglichen Zielfunktionskoeffizient der Basisvariablen multipliziert wird.

Die Zielfunktionskoeffizienten des Optimaltableaus können aufgrund der bekannten Zusammenhänge mit dem geänderten Zielfunktionskoeffizient c_1 komplett neu berechnet werden. Für diese müssen dann die Optimalitätsbedingungen erfüllt sein, d.h., alle derartigen Werte müssen kleiner oder gleich Null sein. Statt einer kompletten Neuberechnung kann aber auch eine Veränderungsrechnung durchgeführt werden, bevor die Erfüllung der Optimalitätsbedingungen geprüft wird. Dies soll am Beispiel der Nicht-Basisvariablen x_3 verdeutlicht werden.

Der bisherige Zielfunktionskoeffizient dieser Variablen im Optimaltableau lautet -4. Zu seiner Berechnung ist unter anderem der Zielfunktionskoeffizient $c_1 = 3$ (Element des Vektors d^T) der Basisvariablen x_1 mit 4/3 (Element der Matrix $D^{-1} \cdot A$) multipliziert worden, und das Ergebnis wurde mit negativem Vorzeichen angesetzt. Dieser Teil der Rechnung wird rückgängig gemacht ($+3 \cdot 4/3$), und stattdessen wird die Berechnung mit dem zu variierenden Zielfunktionskoeffizent c_1 neu durchgeführt: $-c_1 \cdot 4/3$. Zur Erfüllung der Optimalitätsbedingung muß der gesamte Ausdruck kleiner oder gleich Null sein:

$$-4 + 3 \cdot 4/3 - c_1 \cdot 4/3 \leq 0. \qquad (9.19)$$

Daraus folgt $c_1 \geq 0$. Für alle Nicht-Basisvariablen muß eine derartige Berechnung erfolgen. Sie ist in Tabelle 9.8 dargestellt. Damit zeigt sich folgendes: Der Zielfunktionswert c_1 darf in den Grenzen $3/2 \leq c_1 \leq 6$ schwanken, ohne daß sich die Optimallösung qualitativ verändert.

NBV	Alter Wert	Erste Korrektur	Zweite Korrektur	Optimalitäts-bedingung	Ergebnis
x_3	-4	$+3 \cdot 4/3$	$-c_1 \cdot 4/3$	≤ 0	$c_1 \geq 0$
y_1	$-1/3$	$+3 \cdot 2/9$	$-c_1 \cdot 2/9$	≤ 0	$c_1 \geq 3/2$
y_2	$-1/3$	$+3 \cdot (-1/9)$	$-c_1 \cdot (-1/9)$	≤ 0	$c_1 \leq 6$

Tab. 9.8: Ergebnisse der Sensitivitätsanalyse

Auch der Einfluß eines veränderten Zielfunktionskoeffizienten einer Basisvariablen läßt sich bei Problemen mit zwei Strukturvariablen leicht veranschaulichen. Dies soll hier wiederum am zweidimensionalen Beispiel mit den Nebenbedingungen

$$\begin{array}{lrcl} \text{I} & 6 \cdot x_1 + 2 \cdot x_2 & \leq & 27 \\ \text{II} & 3 \cdot x_1 + 4 \cdot x_2 & \leq & 18 \end{array} \tag{9.20}$$

und der Zielfunktion

$$\mathrm{G} = 3 \cdot x_1 + 2 \cdot x_2 \rightarrow \max! \tag{9.21}$$

geschehen. Das dazugehörige Endtableau lautet:

BV	x_1	x_2	y_1	y_2	RS
x_1	1		2/9	$-1/9$	4
x_2		1	$-1/6$	1/3	1,5
$-$G	0	0	$-1/3$	$-1/3$	$-$ 15

Es ist nun zu prüfen, wie das Schwankungsintervall für c_1 lautet, innerhalb dessen keines der Elemente der Zielfunktionszeile im Optimaltableau positive Werte annimmt. Entsprechend der oben beschriebenen Vorgehensweise gilt hier:

$$\frac{3}{2} \leq c_1 \leq 6 \tag{9.22}$$

Die Variation eines Zielfunktionskoeffizienten äußert sich in der graphischen Darstellung des Problems in einer Drehung der Zielfunktion bzw. der Isogewinnlinien. Dies ist der Fall, weil das Verhältnis der Zielfunktionskoeffizienten das Steigungsmaß der Isogewinnlinien bestimmt. Auf jeder Isogewinnlinie gilt: $\mathrm{G} = c_1 \cdot x_1 + c_2 \cdot x_2$. Aufgelöst nach x_2 gilt

$$x_2 = \frac{\mathrm{G}}{c_2} - \frac{c_1}{c_2} \cdot x_1. \tag{9.23}$$

Hierbei gibt $-c_1/c_2$ das Steigungsmaß der dazugehörigen Isogewinngeraden an. Ebenso weisen die Geraden der Nebenbedingungen Steigungsmaße entsprechend ihrer Matrixkoeffizienten auf. Für die erste Nebenbedingung beträgt das Steigungsmaß dementsprechend

$$-\frac{a_{11}}{a_{12}} = -\frac{6}{2} \tag{9.24}$$

und für die zweite gilt:

$$-\frac{a_{21}}{a_{22}} = -\frac{3}{4}. \tag{9.25}$$

Wie in der Graphik deutlich wird, liegt das Steigungsmaß der Zielfunktionsgeraden (Isogewinnlinie) zwischen den Steigungsmaßen der beiden Nebenbedingungen. Für eine Optimallösung gilt im Beispiel also

$$-\frac{a_{11}}{a_{12}} \leq -\frac{c_1}{c_2} \leq -\frac{a_{21}}{a_{22}}, \tag{9.26}$$

bzw. konkretisiert für den Fall eines unbekannten c_1:

$$-\frac{6}{2} \leq -\frac{c_1}{2} \leq -\frac{3}{4}. \tag{9.27}$$

Aufgelöst in 2 Ungleichungen gilt dann:

$$-\frac{6}{2} \leq -\frac{c_1}{2} \Rightarrow c_1 \leq 6 \tag{9.28}$$

und

$$-\frac{c_1}{2} \leq -\frac{3}{4} \Rightarrow c_1 \geq 3/2. \tag{9.29}$$

Solange c_1 keine größeren Werte als 6 bzw. keine geringeren Werte als 3/2 annimmt, bleibt die ursprüngliche Lösung qualitativ erhalten, wobei sich der Gewinn bei Variation von c_1 jedoch ändert. Beträgt c_1 genau 3/2 oder 6 so verläuft die dazugehörige Isogewinnlinien parallel zur Nebenbedingung II bzw. I. In diesen Fällen liegen mehrdeutige Lösungen vor, da alle $(x_1; x_2)$-Kombinationen auf dem betreffenden Geradenabschnitt des zulässigen Raumes den gleichen Gewinn G liefern. Sobald jedoch für c_1 die kritischen Werte von 3/2 unter- oder von 6 überschritten werden, wird ausschließlich x_2 bzw. x_1 gefertigt. In diesem Fall liegt die Lösung auf der Ordinate (0; 4,5) bzw. auf der Abszisse (4,5; 0). In Abb. 9.3 werden diese Überlegungen graphisch veranschaulicht.

9.3.4 Variation eines einzelnen Produktionskoeffizienten

Die Änderung eines Koeffizienten einer Nicht-Basisvariablen ist mit einfachen Mitteln zu analysieren. Nur diese soll im folgenden betrachtet werden. Die Variation eines Koeffizienten einer Basisvariablen ist hingegen mit beträchtlichem Berechnungsaufwand verbunden. Exemplarisch wird der Koeffizient der Variablen x_3 in der zweiten Restriktion verändert. Statt des Wertes 6 wird die Größe a_{23} in der Matrix A angesetzt. Dies hat zur Folge, daß für diese Variable x_3 der Zielfunktionskoeffizient im Optimaltableau neu berechnet und auf die Erfüllung der Optimalitätsbedingung geprüft werden muß.

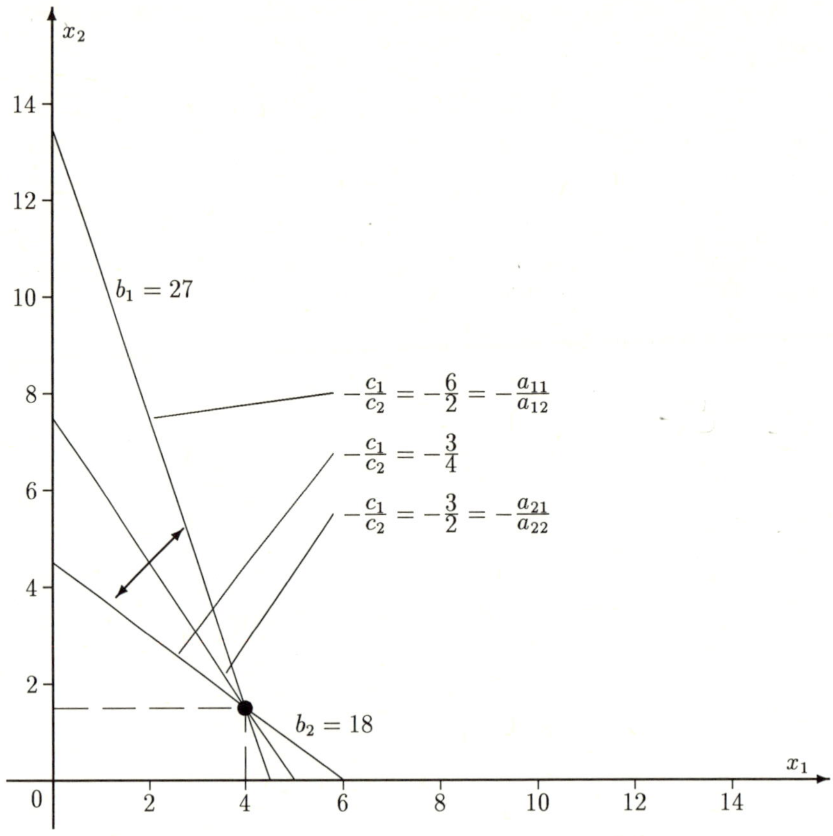

Abb. 9.3: Variation des Zielfunktionskoeffizienten c_1

Die Zusammenhänge können schematisch wie folgt verdeutlicht werden:

$$\underbrace{c^T - \underbrace{d^T \cdot D^{-1}}_{\text{Schattenpreise}}}_{\text{konstant}} \cdot \underbrace{A}_{\text{Ein Wert } a_{23} \text{ ändert sich.}} \tag{9.30}$$

Auch in diesem Fall kann der neue Zielfunktionskoeffizient sowohl komplett neu berechnet werden als auch mit einer Veränderungsrechnung ermittelt werden. Letzteres wird im folgenden dargestellt.

Der bisherige Zielfunktionskoeffizient der Variablen x_3 im Optimaltableau ist -4. Zu seiner Berechnung wurde der zur zweiten Restriktion (Schlupfvariable y_2) gehörige Schattenpreis ($1/3$ als Element von $d^T \cdot D^{-1}$) mit dem zugehörigen ursprünglichen Produktionskoeffizienten (6 als Element der Matrix A) multipliziert. Das Ergebnis ist mit negativem Vorzeichen berücksichtigt worden. Dieser Teil der Berechnung wird rückgängig gemacht $(+1/3 \cdot 6)$, und stattdessen wird die Berechnung mit dem zu variierenden Koeffizienten a_{23} neu durchgeführt: $-1/3 \cdot a_{23}$.

Zur Erfüllung der Optimalitätsbedingung muß der gesamte resultierende Ausdruck kleiner oder gleich Null sein:

$$\overbrace{-4}^{\substack{\text{Bisheriger}\\ \text{Zielfunktions-}\\ \text{koeffizient}}} + \underbrace{\overbrace{1/3 \cdot 6}^{\substack{\text{Erste}\\ \text{Korrektur}}}}_{\substack{\Uparrow\\ \text{Schattenpreis}}} - \underbrace{\overbrace{1/3 \cdot a_{23}}^{\substack{\text{Zweite}\\ \text{Korrektur}}}}_{\substack{\Uparrow\\ \text{von } y_2}} \leq \overbrace{0}^{\substack{\text{Optimalitäts-}\\ \text{bedingung}}} \tag{9.31}$$

$$\Rightarrow a_{23} \geq -6.$$

Der Koeffizient a_{23} muß also größer oder gleich -6 sein, damit die bisherige Optimallösung nicht qualitativ verändert werden muß, d.h., für alle möglichen positiven Werte von a_{23} ist es nicht möglich, daß sich die Optimallösung ändert.

9.3.5 Berücksichtigung einer neuen Strukturvariablen

Es gilt die Frage zu beantworten, ob sich die Aufnahme eines neuen Produktes (z.B. x_4) in das optimale Produktionsprogramm lohnt. Die Aufnahme lohnt sich nicht, wenn das neue Produkt im bisherigen Endtableau einen nicht-positiven Zielfunktionskoeffizienten aufweist. Der Zielfunktionskoeffizient kann gemäß der bekannten Beziehungen zwischen Ausgangs- und Endtableau leicht berechnet werden. Auch diese Zusammenhänge sollen schematisch verdeutlicht werden:

$$\underset{\Uparrow}{c^T} - \underbrace{d^T \cdot D^{-1}}_{\text{bekannt (Schattenpreise)}} \cdot \underset{\Uparrow}{A} \leq 0. \tag{9.32}$$

Hier gehen die Koeffizienten des neuen Produktes ein.

Das neue Produkt (Variable x_4) habe beispielsweise den Zielfunktionskoeffizienten c_4 und in der ersten und zweiten Restriktion die Produktionskoeffizienten a_{14} bzw. a_{24} (als Elemente der dann erweiterten Matrix A). Damit muß geprüft werden, ob:

$$c_4 - \underbrace{1/3}_{\substack{\text{Schattenpreis}\\ \text{von } y_1\\ (\text{aus } d^T \cdot D^{-1})}} \cdot a_{14} - \underbrace{1/3}_{\substack{\text{Schattenpreis}\\ \text{von } y_2\\ (\text{aus } d^T \cdot D^{-1})}} \cdot a_{24} \leq 0. \tag{9.33}$$

Solange diese Beziehung gilt, lohnt sich die Aufnahme des neuen Produktes in das optimale Produktionsprogramm nicht.

9.3.6 Berücksichtigung einer weiteren Restriktion

Exemplarisch wird die folgende Restriktion neu formuliert:

$$2 \cdot x_1 + 1 \cdot x_2 + 1 \cdot x_3 \leq 6. \qquad (9.34)$$

Diese Restriktion führt sowohl im Ausgangs- als auch im bisherigen Optimaltableau zu einer zusätzlichen Zeile. Die Optimallösung kann beibehalten werden, wenn auf der rechten Seite dieser neuen Zeile im Optimaltableau kein negativer Wert entsteht, also das Zulässigkeitskriterium nach wie vor erfüllt ist. Entsteht dagegen ein negativer Wert, muß eine qualitativ veränderte Optimallösung bestimmt werden.

Beim Übergang der neuen Zeile vom Ausgangs- zum Endtableau werden die zur Bestimmung der Optimallösung durchgeführten Simplexiterationen komplett nachvollzogen. D.h., mit den gemäß Simplexverfahren zulässigen Zeilenoperationen müssen die zur Basisvariablen gehörenden Koeffizienten der neuen Zeile im Endtableau zu Nullen werden.

Beispielsweise wird der Koeffizient $a_{31} = 2$ der neuen Restriktion dadurch zur Null, daß von der Restriktion das zweifache der aus dem bisherigen Optimaltableau entnommenen ersten Zeile subtrahiert wird. (In dieser Zeile weist die Basisvariable x_1 die „1" ihres Einheitsvektors auf.)

Analog wird der Koeffizient $a_{32} = 1$ zur Null, indem das Einfache der zweiten Zeile des bisherigen Optimaltableaus subtrahiert wird. Die Berechnungen zur Bestimmung der neuen Zeile im bisherigen Optimaltableau werden in der Tabelle 9.9 verdeutlicht. Im Beispiel ergibt sich mit $-7/2$ ein negativer Wert auf der rechten Seite der neuen Zeile. Damit stellt das bisherige Endtableau eine nicht mehr zulässige Lösung dar. Eine Neuberechnung oder ein dualer Simplexschritt sind notwendig. Diese Technik wird im Abschnitt 10.4 dargestellt.

Auch die Berücksichtigung einer weiteren Restriktion läßt sich bei zweidimensionalen Problemen graphisch veranschaulichen. Zusätzlich zu den Nebenbedingungen I und II

$$\begin{array}{ll} \text{I} & 6 \cdot x_1 + 2 \cdot x_2 \leq 27 \\ \text{II} & 3 \cdot x_1 + 4 \cdot x_2 \leq 18 \end{array} \qquad (9.35)$$

bestehe nun auch die Nebenbedingung III:

$$\text{III} \quad 2 \cdot x_1 + 1 \cdot x_2 \leq 6. \qquad (9.36)$$

Setzt man die Werte der Strukturvariablen der bisherigen Optimallösung (4; 1,5) in die Nebenbedingung III ein, so ergibt sich:

$$\text{III} \quad 2 \cdot 4 + 1 \cdot 1{,}5 = 9{,}5. \qquad (9.37)$$

Variable	x_1	x_2	x_3	y_1	y_2	RS
angestrebt	0	0				
Ausgangstableau	2	1	1	0	0	6
wegen $a_{31} \to 0$	-2	0	$-2 \cdot \frac{4}{3}$	$-2 \cdot \frac{2}{9}$	$-2 \cdot \frac{-1}{9}$	$-2 \cdot 4$
wegen $a_{32} \to 0$	0	-1	$-1 \cdot \frac{1}{2}$	$-1 \cdot \frac{-1}{6}$	$-1 \cdot \frac{1}{3}$	$-1 \cdot \frac{3}{2}$
Summe $\to$ Endtableau	0	0	$-\frac{13}{6}$	$-\frac{5}{18}$	$-\frac{1}{9}$	$-\frac{7}{2}$

Tab. 9.9: Die Umwandlung einer neuen Zeile des Ausgangstableaus zur entsprechenden Zeile des Endtableaus

Das Ergebnis zeigt an, daß die Optimallösung nicht mehr bestehen bleiben kann, da es dazu an 3,5 Einheiten auf der rechten Seite in der dritten Nebenbedingung mangelt. Die hinzugekommene Nebenbedingung schränkt den Raum zulässiger Lösungen so ein, daß die bisherige Optimallösung nun unzulässig ist. Die neue Lösung ergibt sich am markierten Schnittpunkt der zweiten und dritten Nebenbedingung. In Abb. 9.4 wird der Sachverhalt veranschaulicht.

Wie diese neue Optimallösung aus dem Endtableau analytisch bestimmt werden kann, wird im Rahmen der Methode der dualen Simplexschritte verdeutlicht.

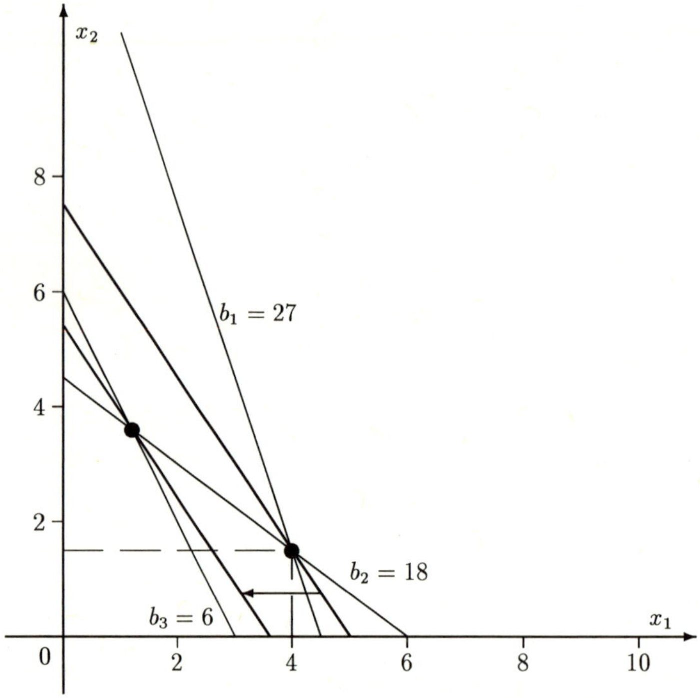

Abb. 9.4: Berücksichtigung einer weiteren Restriktion

Aufgabe

Produktionsprogrammplanung der Pamineg GmbH

Die Pamineg GmbH verfolgt das Ziel der Gewinnmaximierung und produziert die drei Produkte x_1, x_2 und x_3 auf 4 Maschinen. Im folgenden Tableau sind die Produktionskoeffizienten der einzelnen Produkte auf den einzelnen Maschinen (in der Dimension FE pro ME) sowie die Standardkapazitäten der Maschinen gegeben. Bei den Zielfunktionskoeffizienten handelt es sich um Stückdeckungsbeiträge:

	x_1	x_2	x_3	y_1	y_2	y_3	y_4	RS
y_1	2	6	2	1	0	0	0	150
y_2	4	3	4	0	1	0	0	120
y_3	6	3	2	0	0	1	0	180
y_4	1	3	5	0	0	0	1	150
	5	6	3	0	0	0	0	0

1. Berechnen Sie das Optimaltableau und geben Sie die Lösung an!

2. Welche ökonomische Bedeutung haben die einzelnen Zielfunktionskoeffizienten des Optimaltableaus?

3. In welchen Grenzen darf die Kapazität des Aggregates 1 schwanken, ohne daß ein Basistausch notwendig wird?

4. In welchen Grenzen darf der Zielfunktionskoeffizient der Variablen x_1 schwanken, ohne daß sich die Optimallösung qualitativ verändert?

9.4 Parametrische Programmierung

9.4.1 Grundlagen

Bei der Parametrischen Programmierung geht es im Gegensatz zu der Sensitivitätsanalyse um die folgende Frage: Welche Optimallösungen sind möglich, wenn bestimmte Daten unsicher sind? Dabei wird – wie bei der Sensitivitätsanalyse – im allgemeinen die Variation folgender Daten betrachtet:

1. Änderung der Kapazität eines Produktionsfaktors, d.h. Änderung eines Wertes auf der rechten Seite (Vektor b),

2. Änderung eines Stückdeckungsbeitrages, d.h. Änderung eines Wertes in der Zielfunktion (Vektor c^T),

3. Änderung einzelner Produktionskoeffizienten der Matrix A.

Zur Durchführung der Parametrischen Programmierung müssen zunächst die verschiedenen Bandbreiten der Ausprägungen unsicherer Daten zusammengestellt werden. Es ist klar, daß die Intervalle so gewählt sein sollten, daß das Ausgangstableau auch zulässig ist. Die Parametrische Programmierung ist dann erfolgreich abgeschlossen, wenn sich eine Optimallösung für jeden Bereich des von den einzelnen Bandbreiten aufgespannten Raumes angeben läßt. Demnach müssen verschiedene Lösungen des linearen Problems generiert und die für diese Lösungen gültigen Tableaus berechnet werden. Die Optimalitäts- und Zulässigkeitsbedingungen liefern die Bedingungen, mit denen die Intervalle berechnet werden können, innerhalb derer die Parameter schwanken können und die vorliegende Lösung sowohl zulässig als auch optimal ist.

Es treten dabei zwei Probleme auf:

- In welcher Reihenfolge sollen die Tableaus berechnet werden?

- Auf welche Art und Weise sollen sie berechnet werden?

Zur Lösung des zweiten Problems bieten sich z.B. die im Abschnitt 9.2.2 hergeleiteten und in den Tabellen 9.3 und 9.6 dargestellten Beziehungen zwischen Ausgangs- und Endtableau an. Wenn die Lösung bekannt ist, kann damit auch das für diese Lösung gültige Tableau berechnet werden.

Das erste Problem ist etwas schwieriger zu behandeln. Es ist i.a. nicht möglich, alle möglichen Lösungen zu generieren, da es für ein LP-Problem mit n Struktur- und k Schlupfvariablen $n!/((n-k)!k!)$ verschiedene Basislösungen und entsprechend viele Tableaus gibt.

Die Reihenfolge der zu generierenden Lösungen Meist geht man so vor, daß man für eine bei einer bestimmten Parameterkonstellation gültige Optimallösung den Variationsbereich der Parameter bestimmt (in dem die Lösung noch optimal ist). Für eine der Intervallgrenzen ist danach zu bestimmen, welche Variable mit welcher in der Basis getauscht wird. Ferner ist das der neuen Basis zugehörige Tableau zu berechnen und aufs Neue die Sensitivität der neuen Basislösung zu bestimmen. Dieser Algorithmus ist solange durchzuführen, bis für jeden Parameterwert Optimallösungen bekannt sind.

Dieses Vorgehen soll im folgenden ausführlich anhand eines Beispieles demonstriert werden. Weitere Beispiele – insbesondere solche mit nur einem freien Parameter – werden z.B. in ELLINGER 1990 und in STEPAN/FISCHER 1989 dargestellt.

Es ist zu bemerken, daß für den Spezialfall, in dem die freien Parameter entweder nur in der Zielfunktion oder in den Nebenbedingungen vorkommen, eine geschlossene Lösungsmethode formuliert werden kann.

9.4.2 Beispiel für die Parametrische Programmierung

Es wird wieder das Beispiel aus Abschnitt 9.2.2 betrachtet. Dabei wird das Ausgangstableau 9.2 modifiziert.

BV	x_1	x_2	x_3	y_1	y_2	RS
y_1	6	2	9	1	0	$27-\alpha$
y_2	3	4	$6-\gamma$	0	1	18
$-$ G	$3-\beta$	2	1	0	0	0

Tab. 9.10: Ausgangstableau mit drei Parametern

Die drei freien Parameter α, β und γ können dabei innerhalb der Bandbreiten

$$\begin{array}{rcccl} -9\text{ FE} & \leq & \alpha & \leq & 27\text{ FE} \\ -3\text{ GE/ME} & \leq & \beta & \leq & 3\text{ GE/ME} \\ 0\text{ FE/ME} & \leq & \gamma & \leq & 2\text{ FE/ME} \end{array} \tag{9.38}$$

schwanken. D.h., das Ausgangsbeispiel aus Abschnitt 9.2.2 wird wie folgt abgeändert:

- Die Kapazität in der ersten Produktionsstufe soll in dem Intervall von 0 und 36 FE liegen. Es ist nicht mehr unbedingt gewährleistet, daß diese genau 27 FE beträgt.

- Es ist nicht klar, welchen Wert der Stückdeckungsbeitrag des ersten Produktes annimmt; es ist nur absehbar, daß sie in dem Bereich von 0 bis 6 GE/ME liegt.

- Der Produktionskoeffizient des dritten Produktes (x_3) in der zweiten Produktionsstufe muß einen Wert zwischen 4 und 6 FE/ME (statt 6 FE/ME) haben.

Erstes Tableau

Als erste Basis bietet sich die im Abschnitt 9.2.2 ermittelte Optimallösung für das LP-Problem mit $\alpha = \beta = \gamma = 0$ an. Es ist also das von den drei Parametern abhängige Tableau für die beiden in der Basis befindlichen Variablen x_1 und x_2 herzuleiten. Die Matrix D ist die in Gl. 9.3 angegebene. Sie enthält als Spalteneinträge die Koeffizienten der beiden Basisvariablen x_1 und x_2 in den Nebenbedingungen:

$$D = \begin{pmatrix} 6 & 2 \\ 3 & 4 \end{pmatrix} \tag{9.39}$$

Die Inverse ist entsprechend:

$$D^{-1} = \begin{pmatrix} 2/9 & -1/9 \\ -1/6 & 1/3 \end{pmatrix} \tag{9.40}$$

Der Zeilenvektor d^T der Zielfunktionskoeffizienten der beiden Basisvariablen hat die Form:

$$d^T = \begin{pmatrix} 3-\beta & 2 \end{pmatrix} \tag{9.41}$$

Für die rechte Seite des neuen Tableaus ergibt sich nach Tabelle 9.6:

$$\begin{aligned} D^{-1} \cdot b &= \begin{pmatrix} 2/9 & -1/9 \\ -1/6 & 1/3 \end{pmatrix} \cdot \begin{pmatrix} 27-\alpha \\ 18 \end{pmatrix} \\ &= \begin{pmatrix} 4 - \frac{2\alpha}{9} \\ \frac{3}{2} + \frac{\alpha}{6} \end{pmatrix} \end{aligned} \tag{9.42}$$

Die Auswertung der Zulässigkeitsbedingungen – die rechte Seite darf nur Einträge ≥ 0 enthalten – ergibt demnach an dieser Stelle:

$$-9 \leq \alpha \leq 18 \tag{9.43}$$

Die neuen Zielfunktionskoeffizienten für die Schlupfvariablen sind nach Tabelle 9.6:

$$\begin{aligned} 0^T - d^T \cdot D^{-1} &= \begin{pmatrix} 0 & 0 \end{pmatrix} - \begin{pmatrix} 3-\beta & 2 \end{pmatrix} \cdot \begin{pmatrix} 2/9 & -1/9 \\ -1/6 & 1/3 \end{pmatrix} \\ &= \begin{pmatrix} -\frac{1}{3} + \frac{2\beta}{9} & -\frac{1}{3} - \frac{\beta}{9} \end{pmatrix} \end{aligned} \tag{9.44}$$

und jene für die Strukturvariablen:

$$c^T - d^T \cdot D^{-1} \cdot A = \begin{pmatrix} 3-\beta & 2 & 1 \end{pmatrix} - \begin{pmatrix} 3-\beta & 2 \end{pmatrix} \cdot \begin{pmatrix} 1 & 0 & 4/3+\gamma/9 \\ 0 & 1 & 1/2-\gamma/3 \end{pmatrix}$$

$$= \begin{pmatrix} 0 & 0 & -4+\frac{4\beta}{3}+\frac{\gamma}{3}+\frac{\beta\gamma}{9} \end{pmatrix} \qquad (9.45)$$

Mit der Optimalitätsbedingung - d.h. alle Nicht-Basisvariablen haben nichtpositive Zielfunktionskoeffizienten - folgt aus Gl. 9.44:

$$-3 \leq \beta \leq 3/2 \qquad (9.46)$$

und aus Gl. 9.45:

$$\gamma \leq 12 - 4\cdot\beta - 1/3\beta\gamma \qquad (9.47)$$

bzw.

$$\gamma \leq \frac{12-4\beta}{1+\beta/3} \leq 4. \qquad (9.48)$$

Der Quotient ist mit dem Wert 4 minimal für $\beta = 3/2$. Da $\gamma \leq 2$ gilt, ist die Lösung für beliebige Werte γ optimal. Damit ergibt sich das Tableau 9.11.

BV	x_1	x_2	x_3	y_1	y_2	RS
x_1	1	0	$4/3 + 1/9\,\gamma$	$2/9$	$-1/9$	$4 - 2\alpha/9$
x_2	0	1	$1/2 - \gamma/3$	$-1/6$	$1/3$	$3/2 + \alpha/6$
$-$ G	0	0	$-4 + 4\beta/3 +$ $+\gamma/3 + \beta\gamma/9$	$-1/3 + 2\beta/9$	$-1/3 - \beta/9$	$-15 + 4\beta + \alpha/3$ $-2\alpha\beta/9$

Tab. 9.11: Erstes Tableau mit drei freien Parametern. Optimal für $-9 \leq \alpha \leq 18$, $-3 \leq \beta \leq 3/2$ und $0 \leq \gamma \leq 2$

Zweites Tableau

Bei dem Wert von $\beta = 3/2$ wird die Strukturvariable x_1 gegen die Schlupfvariable y_1 in der Basis getauscht, da der Zielfunktionskoeffizient von y_1 für $\beta = 3/2$ verschwindet und dementsprechend für größere Werte von β positiv werden muß, was man aus dem Tableau 9.11 ablesen kann. x_1 muß gemäß zweitem Simplexkriterium an dieser Stelle aus der Basis austreten, da diese Variable den einzigen positiven Koeffizienten in der Pivotspalte aufweist. Als zweite Basis bietet sich deshalb der Satz (y_1, x_2) an.

Die Matrix D wäre dann:

$$D = \begin{pmatrix} 1 & 2 \\ 0 & 4 \end{pmatrix} \tag{9.49}$$

Die Inverse ist entsprechend:

$$D^{-1} = \begin{pmatrix} 1 & -1/2 \\ 0 & 1/4 \end{pmatrix} \tag{9.50}$$

Der Zeilenvektor d^T der Zielfunktionseinträge der beiden Basisvariablen hat die Form:

$$d^T = \begin{pmatrix} 0 & 2 \end{pmatrix} \tag{9.51}$$

Für die rechte Seite des neuen Tableaus ergibt sich nach Tabelle 9.6:

$$D^{-1} \cdot b = \begin{pmatrix} 18 - \alpha \\ 18/4 \end{pmatrix} \tag{9.52}$$

Die Auswertung der Zulässigkeitsbedingungen ergibt:

$$\alpha \leq 18. \tag{9.53}$$

Die neuen Zielfunktionskoeffizienten für die Schlupfvariablen sind nach Tabelle 9.6:

$$0^T - d^T \cdot D^{-1} = \begin{pmatrix} 0 & -1/2 \end{pmatrix} \tag{9.54}$$

und jene für die Strukturvariablen:

$$c^T - d^T \cdot D^{-1} \cdot A = \begin{pmatrix} 3/2 - \beta & 0 & -2 + \gamma/2 \end{pmatrix} \tag{9.55}$$

Mit der Optimalitätsbedingung folgt aus Gl. 9.55:

$$\begin{aligned} \beta &\geq 3/2 \\ \gamma &\leq 4. \end{aligned} \tag{9.56}$$

Es ergibt sich das Tableau 9.12.

Drittes Tableau

Bei dem Wert von $\alpha = 18$ FE wird die Strukturvariable x_1 im ersten Tableau gegen die Schlupfvariable y_2 in der Basis ersetzt, da die rechte Seite von x_1 an dieser Stelle verschwindet und konsequenterweise für größere Werte von α negativ werden muß, wie im Tableau 9.11 zu sehen ist. y_2 kommt in die Basis, da für $\alpha = 18$ folgt: $y_1 = 0$.

Als dritte Basis bietet sich deshalb der Satz (x_2, y_2) an.

BV	x_1	x_2	x_3	y_1	y_2	RS
y_1	$9/2$	0	$6+\gamma/2$	1	$-1/2$	$18-\alpha$
x_2	$3/4$	1	$3/2-\gamma/4$	0	$1/4$	$18/4$
$-$ G	$3/2-\beta$	0	$-2+\gamma/2$	0	$-1/2$	-9

Tab. 9.12: Zweites Tableau mit drei freien Parametern. Optimal für $\alpha \leq 18$, $\beta \geq 3/2$ und $\gamma \leq 4$

Die Matrix D hat also folgende Gestalt:

$$D = \begin{pmatrix} 2 & 0 \\ 4 & 1 \end{pmatrix}. \tag{9.57}$$

Die Inverse ist entsprechend:

$$D^{-1} = \begin{pmatrix} 1/2 & 0 \\ -2 & 1 \end{pmatrix}. \tag{9.58}$$

Der Zeilenvektor d^T der Zielfunktionseinträge der beiden Basisvariablen hat die Form:

$$d^T = \begin{pmatrix} 2 & 0 \end{pmatrix}. \tag{9.59}$$

Für die rechte Seite des neuen Tableaus ergibt sich nach Tabelle 9.6:

$$D^{-1} \cdot b = \begin{pmatrix} 27/2 - \alpha/2 \\ 2\alpha - 36 \end{pmatrix}. \tag{9.60}$$

Die Auswertung der Zulässigkeitsbedingungen ergibt:

$$18 \leq \alpha \leq 27. \tag{9.61}$$

Die neuen Zielfunktionskoeffizienten für die Schlupfvariablen sind nach Tabelle 9.6:

$$0^T - d^T \cdot D^{-1} = \begin{pmatrix} -1 & 0 \end{pmatrix} \tag{9.62}$$

und die für die Strukturvariablen:

$$c^T - d^T \cdot D^{-1} \cdot A = \begin{pmatrix} -3-\beta & 0 & -8 \end{pmatrix} \tag{9.63}$$

Mit der Optimalitätsbedingung folgt aus Gl. 9.63:

$$\beta \geq -3. \tag{9.64}$$

Für γ gibt es keine Bedingung, d.h. für die angegebenen Intervalle von α und β kann γ beliebige Werte annehmen. Es ergibt sich das Tableau 9.13.

BV	x_1	x_2	x_3	y_1	y_2	RS
y_2	3	1	9/2	1/2	0	$27/2 - \alpha/2$
x_2	-9	0	$-12-\gamma$	-2	1	$2\alpha - 36$
$-$ G	$-3-\beta$	0	-8	-1	0	$-27+\alpha$

Tab. 9.13: Drittes Tableau mit drei freien Parametern: Optimal für $18 \leq \alpha \leq 27$, $\beta \geq -3$

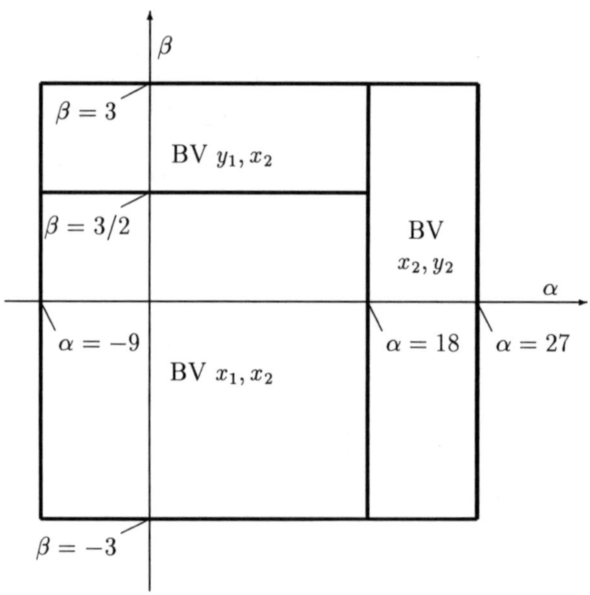

Abb. 9.5: Lokalisierung der Basisvariablen

Zusammenfassung

Stellt man die bisher berechneten Intervalle der drei Optimallösungen zusammen, so läßt sich die Schlußfolgerung ziehen, daß zulässige Optimallösungen für den gesamten am Anfang in Gl. 9.38 vorgegebenen Variationsbereich berechnet worden sind. Es zeigt sich, daß der Parameter γ de facto keinen Einfluß auf die Struktur der Optimallösung hat. Zeichnet man die relevanten Intervalle der beiden anderen Parameter α und β in ein Koordinatensystem, so ergibt sich die in Abb. 9.5 dargestellte Aufteilung. Die Basis (x_1, x_2) ist über einen sehr großen Bereich optimal, insbesondere für kleine Werte von α und β. Es läßt sich leicht der kritische Punkt $(\alpha = 18, \beta = 3/2)$ ablesen, in dem drei verschiedene Basen simultan optimal sind.

9.4.3 Anwendung in der Produktions- und Kostentheorie

Die folgende Aufgabe lehnt sich an ein Beispiel aus STEPAN/FISCHER 1989, S. 113f. an.

Ein Produkt kann durch vier Produktionsprozesse mit den folgenden Produktionskoeffizienten in den Stufen A, B und C hergestellt werden. Die Matrix der Produktionskoeffizienten P ist

$$P = \begin{pmatrix} 4 & 5 & 6 & 7 \\ 6 & 5 & 4 & 3 \\ 2 & 3 & 3 & 2 \end{pmatrix} \tag{9.65}$$

Die Kapazitäten in den einzelnen Produktionsstufen sind gegeben und endlich.

1. Geben Sie Beispiele für eine partielle Produktionsfunktion, eine Isoquante und eine Kostenfunktion an!
2. Zeigen Sie auf, wie diese Funktionen mit Hilfe der Parametrischen Programmierung berechnet werden können. Formulieren Sie die zugehörigen linearen Programme!

Es werden in der Lösung folgende Bezeichnungen verwendet:

x_i	mit Produktionsprozeß $i \in \{1, 2, 3, 4\}$ hergestellte Menge des Produktes
x	insgesamt hergestellte Menge des Produktes
r_j	Kapazität in der Produktionsstufe $j \in \{1, 2, 3\}$

Die Zielfunktion lautet dann

$$x = \sum_{i=1}^{4} x_i = x_1 + x_2 + x_3 + x_4 \to \max! \tag{9.66}$$

Entsprechend sind folgende Kapazitätsrestriktionen gegeben:

$$\begin{aligned} 4 \cdot x_1 + 5 \cdot x_2 + 6 \cdot x_3 + 7 \cdot x_4 &\leq r_1 \\ 6 \cdot x_1 + 5 \cdot x_2 + 4 \cdot x_3 + 3 \cdot x_4 &\leq r_2 \\ 2 \cdot x_1 + 3 \cdot x_2 + 3 \cdot x_3 + 2 \cdot x_4 &\leq r_3 \\ x_i &\geq 0 \quad \forall i. \end{aligned} \tag{9.67}$$

Eine partielle Produktionsfunktion wäre z.B. die Funktion $x = f(r_1, r_2 = 3.000, r_3 = 1.000)$. Man erhält sie durch Lösung des obigen linearen Programms, indem r_1 als freier Parameter angesetzt wird. Dagegen kann eine Isoquante – z.B. die Funktion $r_2 = r_2(r_1, r_3, \overline{x} = .1000)$ – durch Lösen des folgenden Programms bestimmt werden. Wenn die Matrixelemente von P mit p_{ji} bezeichnet werden, wäre für das Beispiel als Zielfunktion anzusetzen:

$$r_2 = \sum_{i=1}^{4} p_{2i} \cdot x_i = 6 \cdot x_1 + 5 \cdot x_2 + 4 \cdot x_3 + 3 \cdot x_4 \rightarrow \min! \tag{9.68}$$

unter den Restriktionen

$$\begin{aligned} 4 \cdot x_1 + 5 \cdot x_2 + 6 \cdot x_3 + 7 \cdot x_4 &\leq r_1 \\ 2 \cdot x_1 + 3 \cdot x_2 + 3 \cdot x_3 + 2 \cdot x_4 &\leq r_3 \\ x_1 + x_2 + x_3 + x_4 &= 1.000 \\ x_i &\geq 0 \quad \forall i, \end{aligned} \tag{9.69}$$

wobei r_1 und r_3 die offenen Parameter darstellen.

Eine Kostenfunktion für einen variablen Faktor – z.B. r_3 – und zwei fixe Faktoren – z.B. $r_1 = 4.000$ FE und $r_2 = 3.500$ FE – und den Faktorpreisen $q_1 = 1$ GE, $q_2 = 2$ GE und $q_3 = 3$ GE kann durch das folgende lineare Programm bestimmt werden:

$$K = \sum_{i=1}^{4} q_3 \cdot p_{3i} \cdot x_i = 6 \cdot x_1 + 9 \cdot x_2 + 9 \cdot x_3 + 6 \cdot x_4 \rightarrow \min! \tag{9.70}$$

unter den Restriktionen

$$\begin{aligned} 4 \cdot x_1 + 5 \cdot x_2 + 6 \cdot x_3 + 7 \cdot x_4 &\leq 4.000 \\ 6 \cdot x_1 + 5 \cdot x_2 + 4 \cdot x_3 + 3 \cdot x_4 &\leq 3.500 \\ x_1 + x_2 + x_3 + x_4 &= x \\ x_i &\geq 0 \quad \forall i, \end{aligned} \tag{9.71}$$

wobei diesmal die gesamte Ausbringungsmenge x den freien Parameter darstellt.

Aufgabe

Produktionsplanung der Engel AG

Die ENGEL AG zählt zu den führenden Herstellern auf dem Waschmittelmarkt. Neben den beiden Vollwaschmitteln PERLI und FEE bietet sie auch das Kochwaschmittel MEGAWHITE und das Waschmittel MILD an, das seine Waschkraft auch bei niedrigen Temperaturen entfaltet.

PERLI bzw. FEE erzielen eine Stückdeckungsbeiträge von 3 TDM bzw. 2 TDM pro Charge. Sorgenkind der Unternehmung ist MEGAWHITE, da dieses Waschmittel mit -1 TDM pro Charge einen negativen Deckungsbeitrag aufweist. Die Vergangenheit hat jedoch gezeigt, daß der Verbraucher MEGAWHITE als Ergänzung zu MILD sieht. Hierdurch ergab sich eine Produktmengenrelation in der Form eines Sortimentverbundes. Marktanalysen haben ergeben, daß der Verbraucher die Mittel MILD und MEGAWHITE maximal in der Relation 3:2 nachfragt. MILD erzielt einen Deckungsbeitrag von 5 TDM pro Charge. Durch langfristige Lieferverträge mit der Handelskette DALI besteht darüber hinaus für MEGAWHITE eine Mindestabsatzbedingung von 40 Chargen pro Planperiode.

Alle vier Waschmittel werden chargenweise in einem Mischautomaten aus drei Komponenten zusammengestellt. Misch- und Rohstoffkosten sind bereits in den angegebenen Deckungsbeiträgen berücksichtigt worden. Dabei gehen die Komponenten mit den Produktionskoeffizienten 4 (2, 5) t pro Charge in PERLI, 8 (2, 2) t pro Charge in FEE und 7 (3, 2) t pro Charge in MILD ein. MEGAWHITE kann aus technischen Gründen in sehr kleinen Chargen mit 2 (1) t von Komponente 1 (2) abgemischt werden. Von den einzelnen Komponenten stehen pro Planperiode 630, 270 bzw. 280 t zur Verfügung.

Ziel der ENGEL AG ist es, den Gewinn im Unternehmensbereich Waschmittel zu maximieren. Dazu wurde von der betriebswirtschaftlichen Abteilung ein lineares Programm entwickelt, das zu dem angegebenen Ausgangs- bzw. Optimaltableau führte:

Ausgangstableau:

	x_1	x_2	x_3	x_4	y_1	y_2	y_3	y_4	y_5	RS
y_1	4	8	2	7	1	0	0	0	0	630
y_2	2	2	1	3	0	1	0	0	0	270
y_3	5	2	0	2	0	0	1	0	0	280
y_4	0	0	-1	0	0	0	0	1	0	-40
y_5	0	0	-3	2	0	0	0	0	1	0
	3	2	-1	5	0	0	0	0	0	0

Optimaltableau:

	x_1	x_2	x_3	x_4	y_1	y_2	y_3	y_4	y_5	RS
y_1	0	4	0	0	1	−2	0	1,5	−0,5	30
x_1	1	1	0	0	0	0,5	0	2,75	−0,75	25
y_3	0	−3	0	0	0	−2,5	1	−10,7	2,75	35
x_3	0	0	1	0	0	0	0	−1	0	40
x_4	0	0	0	1	0	0	0	−1,5	0,5	60
	0	−1	0	0	0	−1,5	0	−1,75	−0,25	−335

1. Welche Lösung läßt sich dem Optimaltableau für das reale Problem entnehmen?

2. Welche Auswirkungen hat die Wiedereinführung der Variablen y_5 in die Basis mit einem Wert von 1? Wie sind diese Auswirkungen ökonomisch zu erklären?

3. In welchen Grenzen dürfen die maximale Einsatzmenge der Komponente 2 und der Mindestabsatz von MEGAWHITE unabhängig voneinander variieren, ohne daß sich das im Optimaltableau angegebene Produktionsprogramm qualitativ ändert, d.h. ein Basistausch stattfindet? Welche Variablen müssen an den Grenzen gegen welche substituiert werden, um weiterhin die Zulässigkeit der Lösung zu erhalten?

4. Als Herr Welsing, der in der Beschaffungsabteilung tätig ist, von den neuen Produktionsplänen erfährt, gibt er zu bedenken, daß die Beschaffungspreise für die Komponente 3 in der Vergangenheit stärkeren Schwankungen unterworfen waren. Er hält daher eine Flexibilisierung des Produktionsprogramms für angebracht.

   Wie ändert sich, ausgehend von der Planungssituation in der Aufgabe 1, das Ausgangstableau unter Berücksichtigung einer Preisänderung für die Komponente 3 in Höhe von s TDM pro t? Ermitteln Sie die entsprechende Zielfunktionszeile des Optimaltableaus, ohne dieses völlig neu zu berechnen.

5. Auf genaueres Befragen teilt Herr Welsing mit, daß er mit einer Senkung des Beschaffungspreises für die Komponente 3 rechnet. Bestimmen Sie das optimale Produktionsprogramm und den zugehörigen Deckungsbeitrag in Abhängigkeit von der Höhe der Preisänderung.

Literaturhinweise

Brink, A., H. Damhorst, D. Kramer, W. von Zwehl: Lineare und ganzzahlige Optimierung mit impac, München, 1991.

Dinkelbach, W.: Sensitivitätsanalysen und parametrische Programmierung, Berlin, 1969.

Ellinger, Th.: Operations Research, 3. Aufl., Berlin, 1990.

Stepan, A., E. Fischer: Betriebswirtschaftliche Optimierung, 2. Aufl., München, 1989.

Kapitel 10

Dualität

10.1 Grundlagen

Zu jedem linearen Optimierungsproblem (Primalproblem) kann nach bestimmten Regeln ein duales lineares Optimierungsproblem formuliert werden. Darüber hinaus kann die optimale Lösung des einen Problems nach weiteren Regeln in die Lösung des anderen Problems transformiert werden.

Auf den Erkenntnissen der Dualitätstheorie aufbauend ist mit der dualen Simplexmethode ein Verfahren entwickelt worden, mit dem ein Minimierungsproblem mit Nebenbedingungen des Typs „Kleiner gleich“ ohne die Einführung künstlicher Variablen gelöst werden kann. Dieses Verfahren wird in Abschnitt 10.4 dargestellt.

Die Kenntniss der Zusammenhänge zwischen Primal- und Dualproblem erlaubt darüber hinaus ein tieferes Verständnis für andere Methoden der quantitativen Planung wie zum Beispiel für die im Kapitel 11 dargestellte Modi-Methode zur Lösung von Zuordnungsproblemen. Daher sollen einige grundlegende Zusammmenhänge der Dualitätstheorie geklärt werden. Dabei wird auf eine strenge mathematische Beweisführung verzichtet. Dem interessierten Leser sei dazu die Lektüre des Beweises bei DANTZIG 1966, S. 163-167 empfohlen. Darüber hinaus finden sich Einführungen in die Dualitätstheorie in vielen anderen Büchern über die lineare Programmierung, z.B. in WITTE/DEPPE/BORN 1975 und in ELLINGER 1990.

Im folgenden Abschnitt werden zunächst die Regeln erläutert, mit denen ausschließlich in sogenannter Normalform vorliegende Primalprobleme in Dualprobleme umgewandelt werden können. Von einer Normalform eines linearen Problems wird gesprochen, wenn es sich um ein Maximierungsproblem mit Kleiner-Gleich-Bedingungen handelt und für die Variablen Nicht-Negativitätsbedingungen gelten. Anschließend werden die Transformationsregeln benannt, mit denen beliebige Primalprobleme - also auch solche, die nicht in Normalform vorliegen - in Dualprobleme umgewandelt werden können. Daran schließt sich eine Analyse der Beziehungen an, die zwischen den optimalen Lösungen eines Primalproblems und des zugehörigen Dualproblems bestehen.

10.2 Beziehungen zwischen Primal- und Dualproblem

Gegeben sei ein lineares Programm in Normalform mit den Variablen x_1 bis x_n, den rechten Seiten b_1 bis b_m, den Zielfunktionskoeffizienten c_1 bis c_n sowie der Koeffizientenmatrix A_{mn}. Das so formulierte Problem wird zur Unterscheidung vom später behandelten dualen Problem auch als primales Problem bezeichnet. Das Primalproblem in Normalform lautet in komprimierter Form:

$$\begin{aligned} Z = \sum_{j=1}^{n} c_j \cdot x_j \quad &\rightarrow \max! \\ \sum_{j=1}^{n} a_{ij} \cdot x_j \quad &\leq b_i \quad i = 1, \ldots, m \\ x_j \quad &\geq 0 \quad j = 1, \ldots, n. \end{aligned} \tag{10.1}$$

Bei Anwendung der Matrixschreibweise ergibt sich folgende Darstellung:

$$\begin{array}{ccccc} x_1 & \cdots & x_n & & \\ & & & & \\ a_{11} & \cdots & a_{1n} & \leq & b_1 \\ \vdots & & \vdots & \vdots & \vdots \\ a_{m1} & \cdots & a_{mn} & \leq & b_m \\ & & & & \\ c_1 & \cdots & c_n & \rightarrow & \max \end{array} \tag{10.2}$$

Zu diesem Problem gibt es ein weiteres (duales) Problem, das zur gleichen Lösung führt. Dieses Dualproblem lautet:

$$\begin{aligned} Z' = \sum_{i=1}^{m} b_i \cdot u_i \quad &\rightarrow \min! \\ \sum_{i=1}^{m} a_{ij} \cdot u_i \quad &\geq c_j \quad j = 1, \ldots, n \\ u_i \quad &\geq 0 \quad i = 1, \ldots, m. \end{aligned} \tag{10.3}$$

In Matrixschreibweise erhält man folgende Darstellung:

$$\begin{array}{ccccc} u_1 & \cdots & u_m & & \\ & & & & \\ a_{11} & \cdots & a_{m1} & \geq & c_1 \\ \vdots & & \vdots & \vdots & \vdots \\ a_{1n} & \cdots & a_{mn} & \geq & c_n \\ & & & & \\ b_1 & \cdots & b_m & \rightarrow & \min \end{array} \tag{10.4}$$

Das Dualproblem läßt sich wie folgt aus dem primalen Ansatz herleiten: Für jede Zeile des Primalproblems ist eine Variable zu definieren. Diese Variablen werden hier mit u_1 bis u_m bezeichnet. Anschließend werden die Koeffizientenmatrix, die Zielfunktionszeile und die rechte Seite aus der Gl. 10.2 transponiert. Die alten Variablen x_1 bis x_n werden durch die neuen Variablen u_1 bis u_m in der obersten Zeile ersetzt. Die Werte der früheren rechten Seite b_1 bis b_m erscheinen jetzt als Zielfunktionskoeffizienten, während die alten Zielfunktionskoeffizienten jetzt die neue rechte Seite bilden. Mit dem Transponieren des Tableaus wird die Anordnung der Zeilen und Spalten vertauscht. Aus einer früheren Spalte wird nun eine Zeile, die alten Zeilen werden zu neuen Spalten. Bei den Nebenbedingungen handelt es sich nach der Überführung in das duale Problem um Größer-Gleich-Bedingungen. Die Zielvorschrift Maximierung wird ersetzt durch die Zielvorschrift Minimierung. Die wichtigsten Beziehungen zwischen einem Primalproblem in Normalform und dem zugehörigen Dualproblem lauten damit in zusammengefaßter Form:

1. An die Stelle der Primalvariablen x_j tritt jetzt die Dualvariable u_i. Für jede primale Nebenbedingung und damit für jede primale Schlupfvariable erhält man eine Dualvariable.

2. Jeder Primalvariablen wird eine duale Nebenbedingung (und Schlupfvariable) zugeordnet.

3. Die Optimierungsrichtung kehrt sich um, d.h., aus der Maximierung wird eine Minimierung.

4. Die Koeffizienten c_j und b_i tauschen ihre Funktionen. Die Zielfunktionskoeffizienten c_j des Primalproblems übernehmen die Aufgabe der rechten Seiten im dualen Problems, und umgekehrt.

5. Das Ungleichheitszeichen in den Nebenbedingungen kehrt sich um.

6. In den Nebenbedingungen des Primalproblems wird über den Spaltenindex j summiert, im Dualproblem über den Zeilenindex i, d.h., die Matrixkoeffizienten unterscheiden sich jeweils in der vertauschten Anordnung der Zeilen und Spalten.

7. Für die Primal- und Dualvariablen gelten weiterhin die Nichtnegativitätsbedingungen.

Für weitere Interpretationen sind die ersten beiden Feststellungen von zentraler Bedeutung.

Zu 1. Zu einer Nebenbedingung gehört immer eine Schlupfvariable. Ausgehend von der Koeffizientenmatrix in Gl. 10.2 werden die Nebenbedingungen um die Schlupfvariablen ergänzt. Exemplarisch soll dazu die erste Nebenbedingung im Primalproblem betrachtet werden:

$$a_{11} \ldots \; a_{1n} \leq b_1. \tag{10.5}$$

Der primalen Nebenbedingung und damit auch der primalen Schlupfvariable wird die Dualvariable u_1 zugeordnet. Analog wird der Nebenbedingung in der i-ten Zeile die Dualvariable u_i zugeordnet.

Zu 2. In der dualen Betrachtung entwickelt man Nebenbedingungen, die jeweils einer primalen Variablen zugeordnet sind. Dies soll anhand der ersten Nebenbedingung des Dualproblems veranschaulicht werden:

$$a_{11} \ldots \; a_{m1} \geq c_1 \tag{10.6}$$

Zur dualen Nebenbedingung gehört genauso wie zur Nebenbedingung im Primalproblem eine duale Schlupfvariable. Folglich wird jeder Primalvariablen, d.h. jeder ursprünglichen Variablen, eine Nebenbedingung und damit auch eine Schlupfvariable im dualen Problem zugeordnet. Der ersten dualen Nebenbedingung ist die Primalvariable x_1 zugeordnet.

Die bislang erläuterten Beziehungen gelten nur, wenn das zu dualisierende Problem in Normalform vorliegt. Wenn aber Primalprobleme in einer anderen als der Normalform vorliegen, können diese durch hier nicht näher erläuterte Transformationen zunächst in die Normalform gebracht werden. Nach der Dualisierung können die zuvor durchgeführten Transformationen zur Erreichung der Normalform zum Teil wieder rückgängig gemacht werden. Als Fazit dieser auf den ersten Blick etwas umständlich wirkenden Vorgehensweise haben sich einige allgemeingültige Regeln für das Dualisieren eines in beliebiger Form vorliegenden Problems herauskristallisiert. Diese Regeln können eingesetzt werden, ohne zuvor eine Normalform vorliegen zu haben. Sie werden im folgenden ohne nähere Begründung und Herleitung aufgelistet.

Beziehungen zwischen Primal- und Dualproblem

1. Die Primalvariablen x_j werden durch die Dualvariablen u_i ersetzt, wobei jeder primalen Nebenbedingung eine Dualvariable zugeordnet wird.

2. Jeder Primalvariablen wird eine duale Nebenbedingung und damit eine duale Schlupfvariable zugeordnet.

3. Zielfunktionskoeffizienten und rechte Seiten tauschen ihre Plätze.

4. Die Optimierungsrichtung kehrt sich um.

5. Die primalen Nebenbedingungen bestimmen die Vorzeichenbeschränkungen der

Dualvariablen. Aus

$$\sum_{j=1}^{n} a_{ij} \cdot x_j \substack{\leq \\ \geq \\ =} b_i, \quad i = 1, \ldots, m \tag{10.7}$$

folgt bei einem primalen Maximierungsproblem

$$u_i \substack{\geq \\ \leq \\ \lessgtr} 0, \quad i = 1, \ldots, m \tag{10.8}$$

und bei einem primalen Minimierungsproblem

$$u_i \substack{\leq \\ \geq \\ \lessgtr} 0, \quad i = 1, \ldots, m. \tag{10.9}$$

6. Die Vorzeichenbeschränkungen der Primalvariablen bestimmen die dualen Nebenbedingungen. Aus

$$x_j \substack{\geq \\ \leq \\ \lessgtr} 0, \quad j = 1, \ldots, n \tag{10.10}$$

folgt bei einem primalen Maximierungsproblem

$$\sum_{i=1}^{m} a_{ij} \cdot u_i \substack{\geq \\ \leq \\ =} c_j, \quad j = 1, \ldots, n \tag{10.11}$$

und bei einem primalen Minimierungsproblem

$$\sum_{i=1}^{m} a_{ij} \cdot u_i \substack{\leq \\ \geq \\ =} c_j, \quad j = 1, \ldots, n. \tag{10.12}$$

Die letzten beiden Feststellungen bedürfen der Erläuterung. Unter $\boxed{5.}$ werden in der allgemeinen Formulierung nicht nur – wie bisher – „Kleiner-Gleich“-Restriktionen zugelassen, sondern auch „Größer-Gleich“-Bedingungen und Gleichungen. In einem primalen Maximierungsproblem müssen die Dualvariablen bei Vorliegen von „Größer-Gleich“-Restriktionen Werte kleiner oder gleich Null annehmen. Liegen Gleichungen vor, so sind sowohl im Maximierungs- als auch im Minimierungsproblem die Dualvariablen vorzeichenunbeschränkt. Unter Punkt $\boxed{6.}$ werden die Primalvariablen x_j einer näheren Betrachtung unterzogen. Bisher mußten diese Variablen die Nichtnegativitätsbedingung erfüllen. Im Falle eines Maximierungsproblems muß es sich dann bei den neuen dualen Restriktionen um Größer-Gleich-Bedingungen handeln. Sind die

Primalvariablen allerdings vorzeichenunbeschränkt, so handelt es sich bei den neuen dualen Nebenbedingungen in jedem Fall um Gleichungen.

Die Dualitätsbeziehungen zwischen einem Primal- und dem zugehörigen Dualproblem sind umkehrbar. Zu dem gegebenen Primalproblem läßt sich ein duales Problem formulieren. Würde das Dualproblem nochmals dualisiert, entstünde wieder das Primalproblem. In Analogie läßt sich dieser Zusammenhang anhand der Multiplikation einer beliebigen Zahl mit dem Faktor -1 veranschaulichen.

10.3 Die Optimaltableaus eines Primal- und Dualproblems

Gegeben sei ein nachfolgend als Primalproblem behandeltes lineares Programm der Art:

BV	x_1	x_2	x_3		RS
u_1	0,2	0,2	0,2		15
u_2	0,5	0,1	0,4	$\leq$	12
u_3	0,4	0,2	0,3		16
u_4	0,3	0,1	0,2		10
$-Z$	3,5	2	4,5		0

Berücksichtigt man bei der Darstellung des vorliegenden Primalproblems noch die Schlupfvariablen, ergibt sich die folgende Darstellung des Ausgangstableaus:

BV	x_1	x_2	x_3	u_1	u_2	u_3	u_4	RS
u_1	0,2	0,2	0,2	1	0	0	0	15
u_2	0,5	0,1	0,4	0	1	0	0	12
u_3	0,4	0,2	0,3	0	0	1	0	16
u_4	0,3	0,1	0,2	0	0	0	1	10
$-Z$	3,5	2	4,5	0	0	0	0	0

Dieses Problem sei das Primalproblem. Die Lösung des primalen Problems führt zu folgendem Optimaltableau:

BV	x_1	x_2	x_3	u_1	u_2	u_3	u_4	RS
u_1	$-0,08$	0	0	1	0,4	$-1,2$	0	0,6
x_3	1,2	0	1	0	4	-2	0	16
x_2	0,2	1	0	0	-6	8	0	56
u_4	0,04	0	0	0	$-0,2$	$-0,4$	1	1,2
$-Z$	$-2,3$	0	0	0	-6	-7	0	-184

Anhand der allgemeingültigen Beziehungen zwischen Primal- und Dualproblem läßt sich aus dem primalen Ausgangstableau das duale Ausgangstableau entwickeln. Die Koeffizientenmatrix wird transponiert, d.h., die Anordnung der Zeilen und Spalten wird getauscht, die Zielfunktionskoeffizienten und die rechten Seiten wechseln ihre Plätze, die Optimierungsrichtung kehrt sich um, und aus den Kleiner-Gleich-Bedingungen werden Größer-Gleich-Restriktionen.

BV	u_1	u_2	u_3	u_4		RS
x_1	0,2	0,5	0,4	0,3		3,5
x_2	0,2	0,1	0,2	0,1	$\geq$	2,0
x_3	0,2	0,4	0,3	0,2		4,5
$-Z'$	15	12	16	10		0

Die Zielfunktion wird mit (-1) multipliziert, um eine Maximierungsaufgabe zu erhalten. Das Problem wird dann mit den Schlupfvariablen x_i und den künstlichen Variablen k_i bearbeitet (Zwei-Phasen-Methode). Die Einführung der künstlichen Variablen k_i ist erforderlich, um eine zulässige Ausgangslösung zu erhalten. In der Ausgangslösung nimmt k_1 den Wert 3,5, k_2 den Wert 2,0 und k_3 den Wert 4,5 an.

BV	u_1	u_2	u_3	u_4	x_1	x_2	x_3	k_1	k_2	k_3	Z	RS
k_1	0,2	0,5	0,4	0,3	-1	0	0	1	0	0	0	3,5
k_2	0,2	0,1	0,2	0,1	0	-1	0	0	1	0	0	2
k_3	0,2	0,4	0,3	0,2	0	0	-1	0	0	1	0	4,5
Z'	-15	-12	-16	-10	0	0	0	0	0	0	1	0

Die Lösung des linearen Programms erfolgt hier mittels der Zwei-Phasen-Methode. Die künstlichen Variablen können weggelassen werden, sobald eine sinnvolle Ausgangslösung gefunden worden ist. Unter Vernachlässigung der künstlichen Variablen erhält man folgende Optimallösung des dualen Problems:

BV	u_1	u_2	u_3	u_4	x_1	x_2	x_3	RS
u_2	$-0,4$	1	0	0,2	0	6	-4	6
u_3	1,2	0	1	0,4	0	-8	2	7
x_1	0,08	0	0	$-0,04$	1	$-0,2$	$-1,2$	2,3
Z'	$-0,6$	0	0	$-1,2$	0	-56	-16	184

Die Optimallösungen des primalen und des dualen Problems sollen miteinander verglichen werden. Dazu werden die beiden Optimaltableaus in verkürzter Schreibweise gegenübergestellt:

Primalproblem				
BV	x_1	u_2	u_3	RS
u_1	$-0,08$	$0,4$	$-1,2$	$0,6$
x_3	$1,2$	4	-2	16
x_2	$0,2$	-6	8	56
u_4	$0,04$	$-0,2$	$-0,4$	$1,2$
$-Z$	$-2,3$	-6	-7	-184

Dualproblem					
BV	u_1	u_4	x_2	x_3	RS
u_2	$-0,4$	$0,2$	6	-4	6
u_3	$1,2$	$0,4$	-8	2	7
x_1	$0,08$	$-0,04$	$-0,2$	$-1,2$	$2,3$
Z'	$-0,6$	$-1,2$	-56	-16	184

Zunächst einmal fällt auf, daß in beiden Tableaus dieselben Zahlen stehen, wenn auch in unterschiedlicher Anordnung und mit umgekehrten Vorzeichen. Die Werte der Zielfunktionszeile der Lösung des dualen Problems tauchen bei der Optimallösung des Primalproblems mit umgekehrten Vorzeichen und in einer veränderten Reihenfolge auf der rechten Seite auf. Erklären läßt sich dies anhand der Beziehungen zwischen den Lösungswerten der primalen Strukturvariablen und den dualen Schlupfvariablen. Jeder Strukturvariable des Primalproblems wird eine duale Nebenbedingung und damit eine duale Schlupfvariable zugeordnet. So ist beispielsweise der primalen Variablen x_2 die zweite duale Nebenbedingung mit der gleichnamigen Schlupfvariablen x_2 zugeordnet. Der primale Lösungswert $x_2 = 56$ findet sich daher mit negativem Vorzeichen in der Zielfunktionszeile des Optimaltableaus des Dualproblems in der 3. Spalte.

Umgekehrt gilt, daß sich die Werte der Zielfunktionszeile des primalen Problems mit entgegengesetztem Vorzeichen und in einer veränderten Anordnung auf der rechten Seite des Optimaltableaus des dualen Problems wiederfinden. So entspricht der Schattenpreis der primalen Schlupfvariablen u_2 im Wert von -6 (die -6 sind als Gewinnschmälerung für den Fall zu interpretieren, daß u_2 in die Basis eintreten sollte) mit umgekehrtem Vorzeichen dem Lösungswert der zweiten Strukturvariablen des Dualproblems. Darüber hinaus hat bei beiden Betrachtungsweisen der Zielbeitrag den gleichen absoluten Wert.

Die Lösung ist also in beiden Fällen identisch. Abgesehen von den Vorzeichenunterschieden enthalten beide Optimaltableaus die gleichen Informationen. Zusammenfassend kann festgehalten werden:

Primalproblem		Dualproblem
Rechte Seite		Zielfunktionswerte (ZF)
Lösungswerte der Strukturvariablen	=	(−1)· ZF der Schlupfvariablen (jeder primalen Strukturvariablen wird eine duale Nebenbedingung zugeordnet; dieser ist wiederum eine duale Schlupfvariable zugeordnet).
Lösungswerte der Schlupfvariablen	=	(−1)· ZF der Strukturvariablen (jede primale Schlupfvariable gehört zu einer primalen Nebenbedingung; dieser wird eine duale Strukturvariable zugeordnet).
Ergebnis	=	(−1)· Ergebnis

Da die Beziehungen zwischen Primal- und Dualproblem umkehrbar sind, stellt die folgende Abbildung lediglich ein Spiegelbild der oberen Tabelle dar:

Primalproblem		Dualproblem
Zielfunktionswerte (ZF)		Rechte Seite
ZF der Schlupfvariablen	=	(−1)· Lösungswerte der Strukturvariablen
ZF der Strukturvariablen	=	(−1)· Lösungswerte der Schlupfvariablen
Ergebnis	=	(−1)· Ergebnis

10.4 Der duale Simplex-Algorithmus

In diesem Abschnitt soll die Grundidee des dualen Simplex-Algorithmus verdeutlicht werden. Gegeben sei folgendes lineare Programm:

$$\begin{aligned} Z = \quad 5 \cdot x_1 + 6 \cdot x_2 &\to \min! \\ 2 \cdot x_1 + 1 \cdot x_2 &\geq 6 \\ 3 \cdot x_1 + 6 \cdot x_2 &\geq 18 \\ 2 \cdot x_2 &\geq 2 \\ x_1, x_2 &\geq 0. \end{aligned} \tag{10.13}$$

Das Problem könnte dualisiert werden. Dann läge ein Maximierungsproblem in Normalform vor, das mit dem Simplex-Algorithmus gelöst werden könnte. Die Werte der rechten Seite des ursprünglichen Minimierungsproblems befänden sich dann in der Zielfunktionszeile des dualen Problems, und der größte dieser Werte würde die Pivotspalte determinieren. Analog gilt: Die Werte in der Zielfunktionszeile des Minimierungsproblems ständen auf der rechten Seite des dualen Problems und würden im zweiten Schritt bei der Festlegung der Pivotzeile benötigt.

Der duale Simplex-Algorithmus verzichtet aber auf die Umwandlung des Minimierungsproblems in ein duales Problem. Stattdessen wird nur die Idee aufgegriffen, im ersten Schritt zur Bestimmung des Pivotelementes von den Werten der rechten Seite des Minimierungsproblems auszugehen und erst im zweiten Schritt die Informationen aus der Zielfunktionszeile des Minimierungsproblems auszunutzen. Das Verfahren wird im folgenden dargestellt.

Das angegebene Minimierungsproblem wird durch Multiplikation mit -1 in die Normalform überführt:

$$\begin{aligned} -Z = \quad & -5 \cdot x_1 - 6 \cdot x_2 && \rightarrow \max! \\ & -2 \cdot x_1 - 1 \cdot x_2 && \leq -6 \\ & -3 \cdot x_1 - 6 \cdot x_2 && \leq -18 \\ & -0 \cdot x_1 - 2 \cdot x_2 && \leq -2 \\ & x_1, x_2 && \geq 0. \end{aligned} \tag{10.14}$$

Nach der Ergänzung um die Schlupfvariablen ergibt sich folgendes Tableau:

BV	x_1	x_2	y_1	y_2	y_3	RS
y_1	-2	-1	1	0	0	-6
y_2	-3	-6	0	1	0	-18
y_3	0	-2	0	0	1	-2
Z	-5	-6	0	0	0	0

Das Optimalitätskriterium ist erfüllt, denn in der Zielfunktionszeile liegt kein positiver Wert vor. Die gegebene Lösung ist aber unzulässig, denn die Werte der rechten Seite sind negativ. Die Optimalität der Lösung wird bei der nun folgenden Iteration beibehalten und die Zulässigkeit hergestellt. Die oben erläuterte Idee aufgreifend wird zunächst die Pivotzeile bestimmt: In dem vorliegenden Tableau ist (-18) der betragsmäßig größte Wert der negativen Koeffizienten auf der rechten Seite. Die zweite Zeile wird somit zur Pivotzeile. Jetzt muß noch die Pivotspalte festgelegt werden. Dazu werden die Quotienten aus dem jeweiligen Wert der Zielfunktionszeile sowie dem zugehörigen Koeffizienten aus der Pivotzeile gebildet, wobei nur negative Koeffizienten berücksichtigt werden. Wie beim (primalen) Simplex-Algorithmus wird der kleinste Quotient ausgewählt. Man erhält das neue Pivotelement. Anschließend kann in gewohnter Form ein Simplex-Schritt durchgeführt werden. Während also beim primalen Simplex-Algorithmus zunächst die Pivotspalte zu bestimmen ist, wird beim dualen Simplexverfahren zunächst die Pivotzeile ermittelt.

Der Algorithmus des dualen Simplexverfahrens soll anhand des Beispiels verdeutlicht werden. Um das Pivotelement zu bestimmen, sind Pivotspalte und Pivotzeile festzulegen (Kennzeichnung mit $* * *$):

BV	x_1	x_2	y_1	y_2	y_3	RS	
y_1	−2	−1	1	0	0	−6	
y_2	−3	−6	0	1	0	−18	* * *
y_3	0	−2	0	0	1	−2	
Z	−5	−6	0	0	0	0	
	$(-5/-3)$	$(-6/-6)$ * * *					

Nach Festlegung des Pivotelements folgt der normale Ablauf des Simplexverfahrens: Die zweite Zeile des Tableaus wird durch das Pivotelement dividiert. Dadurch wird das Pivotelement zu eins und auf der rechten Seite erscheint ein positiver Wert. In der Pivotspalte müssen danach Nullen erzeugt werden:

BV	x_1	x_2	y_1	y_2	y_3	RS	
y_1	−3/2	0	1	−1/6	0	−3	* * *
x_2	1/2	1	0	−1/6	0	3	
y_3	1	0	0	−1/3	1	4	
Z	−2	0	0	−1	0	18	
	$(-2/(-3/2))$ $= 4/3$ * * *			$(-1/(-1/6))$			

Zur zweiten Iteration sucht man den kleinsten negativen Wert auf der rechten Seite (hier: −3). Dann werden die Quotienten aus der Zielfunktionszeile und der Pivotzeile gebildet; zu berücksichtigen sind dabei nur die negativen Koeffizienten. Von den ermittelten Quotienten kennzeichnet der kleinste Wert (hier: 4/3) die Pivotspalte. Das Pivotelement ist auf den Wert Eins zu bringen, ansonsten sind in der Pivotspalte Nullen zu erzeugen.

BV	x_1	x_2	y_1	y_2	y_3	RS
x_1	1	0	−2/3	1/9	0	2
x_2	0	1	1/3	−2/9	0	2
y_3	0	0	2/3	−4/9	1	2
Z	0	0	−4/3	−7/9	0	22

Da alle Werte der rechten Seite positiv sind, liegt nach diesen beiden Iterationen bereits eine zulässige Lösung vor. Die Optimalität aller ermittelten Lösungen bleibt aufgrund der Berechnungsvorschriften immer erhalten. Die Lösung des Dualproblems führt also schrittweise zu einer zulässigen Lösung des Primalproblems. Während beim dualen Simplexverfahren nach jedem Schritt die Optimalität der Lösung gegeben ist, muß im Laufe der Iterationen die Zulässigkeit hergestellt werden. Anders beim primalen Simplexverfahren: Dort ist die Lösung bei jedem Iterationsschritt zwar zulässig, die Optimalität der Lösung muß jedoch noch erzeugt werden.

Die Dualitätsbeziehungen erlauben auch die Anwendung eines einzelnen dualen Simplex-

	Primaler Simplex-Algorithmus	Dualer Simplex-Algorithmus
Anwendbar bei Problemen der Form:	$Z = \sum_{j=1}^{n} c_j \cdot x_j \rightarrow \max!$ $\sum_{j=1}^{n} a_{ij} \cdot x_j \leq b_i, \quad i = 1, \ldots, m$ $x_j \geq 0, \quad j = 1, \ldots, n$ $b_i \geq 0, \quad i = 1, \ldots, m$	$Z' = \sum_{j=1}^{n} c_j \cdot x_j \rightarrow \max!$ $\sum_{j=1}^{n} a_{ij} \cdot x_j \leq b_i, \quad i = 1, \ldots, m$ $x_j \geq 0, \quad j = 1, \ldots, n$ $c_j \leq 0, \quad j = 1, \ldots, n$
1. Schritt zur Bestimmung des Pivotelements:	Festlegung der Pivotspalte s gemäß Kriterium $c_s = \max_j c_j$	Festlegung der Pivotzeile r gemäß Kriterium $b_r = \min_i b_i$
2. Schritt zur Bestimmung des Pivotelements:	Festlegung der Pivotzeile r gemäß Kriterium $\frac{b_r}{a_{rs}} = \min_i \frac{b_i}{a_{is}} \quad (a_{is} > 0)$	Festlegung der Pivotspalte s gemäß Kriterium $\frac{c_s}{a_{rs}} = \min_j \frac{c_j}{a_{rj}} \quad (a_{rj} < 0)$
Im Verlauf der Rechnung wird gesichert:	die Zulässigkeit der Lösung	die Optimalität der Lösung
Die optimale Lösung ist gefunden, wenn:	das Optimalitätskriterium erfüllt ist $(c_j \leq 0, \quad j = 1, \ldots, n)$	das Zulässigkeitskriterium erfüllt ist $(b_i \geq 0, \quad i = 1, \ldots, m)$

Tab. 10.1: Vergleich von primalem und dualem Simplex-Algorithmus

Schrittes. So zeigt der negative Wert auf der rechten Seite im Zwischentableau an, daß die bisherige Optimallösung nicht zulässig ist. Dieser Fall kann eintreten, wenn z.B. im Rahmen der Sensitivitätsanalyse eine zusätzliche Nebenbedingung eingefügt wird. Statt das ganze Tableau jetzt erneut durchzurechnen, führt man nur einen dualen Simplexschritt aus.

In Tab. 10.1 ist ein zusammenfassender Vergleich von primalem und dualem Simplex-Algorithmus zusammengestellt.

10.5 Anwendung in der Produktionsprogrammplanung

Zur Vertiefung der Erkenntnisse der Dualitätstheorie soll das Kapitel mit einem praktischen Beispiel aus der pharmazeutischen Industrie abgeschlossen werden. Folgende Problemstellung sei gegeben: Die Pharma KG produziert Anregungs- und Beruhigungsmittel. Zum Produktionsprogramm gehören u.a. die Präparate *Alert soft* und *Hamer forte.* In beide Präparate gehen die Wirkstoffe A_1 und H_4 ein. Für eine Packung *Alert soft* werden 8 Gramm vom Wirkstoff A_1 und 4 Gramm vom Wirkstoff H_4 benötigt, für eine Packung *Hamer forte* werden 2 Gramm vom Wirkstoff A_1 und 6 Gramm vom Wirkstoff H_4 gebraucht. Die Pharmazeutika werden unter Zugabe weiterer Substanzen in einem Mischautomaten hergestellt und anschließend in Tablettenform gepreßt. Während des Jahres 1993 steht der Mischautomat 1.600 Stunden für die Fertigung der beiden Präparate zur Verfügung. In einer Stunde können 7,5 Packungen *Alert soft* bzw. 10 Packungen *Hamer forte* gemischt werden. Die Pharma AG rechnet trotz des Gesundheitsstrukturgesetzes damit, bis zum Ende des Jahres 1993 maximal 30.000 Packungen *Alert soft* zu einem Preis von 10,40 DM/Packung und bis zu 36.000 Packungen *Hamer forte* zu einem Preis von 7,60 DM/Packung absetzen zu können. Für den Mischautomaten werden pro Stunde 36 DM an Fertigungskosten berechnet. Im Planungszeitraum können bis zu 80 kg von Wirkstoff A_1 zum Preis von 300 DM/kg und 72 kg von Wirkstoff H_4 zum Preis von 500 DM/kg beschafft werden. Die Pharma KG strebt Gewinnmaximierung in der Sparte Anregungs- und Beruhigungsmittel an.

Zunächst werden die Produkt- und Unternehmensdaten in Tabellenform zusammengestellt:

	Wirksubstanz A_1 [g/Pack]	Wirksubstanz H_4 [g/Pack]	Zeit im Mischer [min/Pack]	Absatzpotential [Pack]	Verkaufspreis [DM/Pack]	Deckungsspanne [DM/Pack]
Alert soft	8	4	8 = (60/7,5)	30.000	10,40	1,20
Hamer forte	2	6	6 = (60/10,0)	36.000	7,60	0,40
Kapazität in [g] bzw. [min]	80.000	72.000	96.000			
Preis in [DM/g] bzw. [DM/min]	0,30	0,50	0,60			

Folgende Variablen werden verwendet:

x_1	Produktionsmenge von *Alert soft*
x_2	Produktionsmenge von *Hamer forte*
u_1	Schlupfvariable für den Wirkstoff A_1 in [g]
u_2	Schlupfvariable für den Wirkstoff H_4 in [g]
u_3	Schlupfvariable für die Zeit in [min]
u_4	Schlupfvariable für das Absatzpotential *Alert soft*
u_5	Schlupfvariable für das Absatzpotential von *Hamer forte*

Mit der Symbolik erhält man das lineare Programm:

$$Z = 1{,}2 \cdot x_1 + 0{,}4 \cdot x_2 \rightarrow \max! \qquad (10.15)$$

Wirkstoff A_1	$8 \cdot x_1 + 2 \cdot x_2 \leq 80.000$
Wirkstoff H_4	$4 \cdot x_1 + 6 \cdot x_2 \leq 72.000$
Fertigungskapazität	$8 \cdot x_1 + 6 \cdot x_2 \leq 96.000$
Absatzrestriktionen	$1 \cdot x_1 + 0 \cdot x_2 \leq 30.000$
	$0 \cdot x_1 + 1 \cdot x_2 \leq 36.000$
NNB	$x_i \geq 0$

Unter Berücksichtigung der Schlupfvariablen ergibt sich folgendes Ausgangstableau des Primalproblems:

BV	x_1	x_2	u_1	u_2	u_3	u_4	u_5	RS
u_1	8	2	1	0	0	0	0	80.000
u_2	4	6	0	1	0	0	0	72.000
u_3	8	6	0	0	1	0	0	96.000
u_4	1	0	0	0	0	1	0	30.000
u_5	0	1	0	0	0	0	1	36.000
$-Z$	1,2	0,4	0	0	0	0	0	0

Der zur Problemstellung gehörende duale Ansatz lautet:

$$Z' = 80.000 \cdot u_1 + 72.000 \cdot u_2 + 96.000 \cdot u_3 + 30.000 \cdot u_4 + 36.000 \cdot u_5 \rightarrow \min! \qquad (10.16)$$

Alert soft	$8 \cdot u_1 + 4 \cdot u_2 + 8 \cdot u_3 + 1 \cdot u_4 + 0 \cdot u_5 \geq 1{,}2$
Hamer forte	$2 \cdot u_1 + 6 \cdot u_2 + 6 \cdot u_3 + 0 \cdot u_4 + 1 \cdot u_5 \geq 0{,}4$
NNB	$u_j \geq 0$

Das Ausgangstableau des dualen Problems hat in der um Schlupfvariablen erweiterten Darstellung folgende Gestalt:

BV	u_1	u_2	u_3	u_4	u_5	x_1	x_2	RS
x_1	8	4	8	1	0	−1	0	1,2
x_2	2	6	6	0	1	0	−1	0,4
Z'	−80.000	−72.000	−96.000	−30.000	−36.000	0	0	0

Bei der Überführung des Primalproblems in das Dualproblem wird jeder Nebenbedingung des primalen Problems eine Dualvariable zugeordnet. Die Koeffizienten in den Spalten des primalen Problems ergeben die Koeffizienten in den Zeilen des dualen Problems. In den Nebenbedingungen des Primalproblems wird über den Spaltenindex j, im Dualproblem über den Zeilenindex i summiert. Aus der Maximierungsvorschrift wird eine Minimierungsvorschrift. Die primalen Nebenbedingungen in

Kleiner-Gleich-Form bedingen die Nichtnegativitätsbedingung der Dualvariablen. Die geforderte Nicht-Negativität führt zu den dualen Nebenbedingungen in Größer-Gleich-Form.

Für die beiden Formulierungen des Problems ist das jeweilige Optimaltableau zu bestimmen. Aus Gründen der besseren Vergleichbarkeit werden die Endtableaus in komprimierter Form dargestellt.

BV	u_1	u_3	RS
x_1	$0,1875$	$-0,0625$	9.000
u_2	$0,7500$	$-1,2500$	12.000
x_2	$-0,2500$	$0,2500$	4.000
u_4	$-0,1875$	$0,0625$	21.000
u_5	$0,2500$	$-0,2500$	32.000
$-Z$	$-0,1250$	$-0,0250$	−12.400

Tab. 10.2: Optimaltableau im Primalproblem

BV	x_1	u_2	x_2	u_4	u_5	RS
u_1	$-0,1875$	$-0,7500$	$0,2500$	$0,1875$	$-0,2500$	$0,1250$
u_3	$0,0625$	$1,2500$	$-0,2500$	$-0,0625$	$0,2500$	$0,0250$
Z'	−9.000	−12.000	−4.000	−21.000	−32.000	12.400

Tab. 10.3: Optimaltableau im Dualproblem

Beim Vergleich der beiden Optimaltableaus in den Tab. 10.2 und 10.3 werden mehrere Punkte deutlich:

1. *Vorzeichen*
   Die Zielfunktion und die Nebenbedingungen des Dualproblems sind bei der Überführung in die Tableauform mit (-1) multipliziert worden. Daher kehren sich die Vorzeichen im dualen Optimaltableau im Vergleich zu den Werten im primalen Optimaltableau um.

2. *Rechte Seite*
   In der Optimallösung des Dualproblems sind nur die zu den Nebenbedingungen 1 und 3 gehörenden primalen Schlupfvariablen (bzw. dualen Strukturvariablen) u_1 und u_3 in der Basis. Die Lösungswerte im dualen Optimaltableau von u_1 und u_3 entsprechen den primalen Schattenpreisen $(-0,125; -0,025)$ mit umgekehrten Vorzeichen.

3. *Zielfunktionszeile*
   Die primalen Lösungswerte der Strukturvariablen $x_1 = 9.000$ und $x_2 = 4.000$ und die primalen Lösungswerte der Schlupfvariablen ($u_2 = 12.000$, $u_4 = 21.000$ und $u_5 = 32.000$) sind identisch mit den Werten in der Zielfunktionszeile des Dualproblems.

4. *Koeffizienten* a_{ij}
   Die primalen Koeffizienten a_{ij} des Optimaltableaus finden sich alle mit umgekehrten Vorzeichen und in veränderter Anordnung im Optimaltableau des Dualproblems wieder.

Abgeschlossen werden soll die Behandlung des Beispiels mit der ökonomischen Interpretation der Werte im dualen Optimaltableau.

1. *Duale Strukturvariablen* u_j
   Die dualen Strukturvariablen sind jeweils einer primalen Nebenbedingung zugeordnet. Sie stellen Bewertungsgrößen für die Wirkstoffe, die Maschinenstunden bzw. die Absatzpotentiale dar. Dem Wirkstoff A_1 wird durch die Dualvariable u_1 ein Wert von 0,125 DM/g, dem Mischautomaten durch die Dualvariable u_3 ein Wert von 0,025 DM/min zugeordnet. Der Wirkstoff H_4 sowie die Absatzpotentiale werden mit Null bewertet, da die Variablen u_2, u_4 und u_5 in der Optimallösung des Dualproblems Nichtbasisvariablen sind. Insgesamt ergibt sich ein Gewinn von:

$$0,125\,\mathrm{DM/g}\cdot 80.000\,\mathrm{g} + 0,025\,\mathrm{DM/min}\cdot 96.000\,\mathrm{min} = 12.400\,\mathrm{DM}. \qquad (10.17)$$

2. *Duale Schlupfvariablen* x_i
   Die Schlupfvariablen dienen zum Ausgleich der Nebenbedingungen und haben daher die Dimension [DM/g] bzw. [DM/min]. Zur näheren Interpretation der dualen Schlupfvariablen wird beispielhaft die 1. Spalte ausgewählt. Erhöht sich der Absatzpreis von *Alert soft* um 1 DM/Packung, steigt der Gewinn um 9.000 DM. Die Gewinnerhöhung resultiert aus der Änderung der Bewertung des Wirkstoffes A_1 um 0,1875 DM/g sowie der Maschinenstunden um $-0,0625$ DM/min:

$$0,1875\,\mathrm{DM/g}\cdot 80.000\,\mathrm{g} - 0,0625\,\mathrm{DM/min}\cdot 96.000\,\mathrm{min} = 9.000\,\mathrm{DM}. \qquad (10.18)$$

Aufgaben

Formulierung eines dualen Problems

Stellen Sie zu dem folgenden Optimierungsproblem den Dualansatz auf!

$$\begin{aligned} Z = \quad & 50x_1 + 60x_2 && \rightarrow \max! \\ & 10x_1 + 3x_2 && \leq 3.000 \\ & 5x_1 + 9x_2 && \leq 2.250 \\ & 0x_1 + 2x_2 && \leq 400 \\ & x_1, x_2 \geq 0 \end{aligned} \tag{10.19}$$

Probleme mit dem Semesterticket

Die Spatzen pfeifen es vom Dach: Schon dreimal ist der AStA der Rheinuniversität bei den Verhandlungen um die Bezugsmodalitäten des Semestertickets von der Stadtbahn über den Tisch gezogen worden. Aus Angst vor einer weiteren Blamage und der sicheren Abwahl aus dem geliebten Amt sehen sich die AStA-Vertreter gezwungen, die Verhandlungsführung einem ausgewiesenen Experten anzuvertrauen. Das Anforderungsprofil für den idealtypischen Verhandlungsführer ist klar definiert: ein gerissenes Schlitzohr, ein analytisch-emotionsloser Denker, ein brillianter Rhetoriker, der selbstverständlich mit allen Wassern gewaschen sein muß. Nach kurzer Zeit stößt man in der Wirtschaftswissenschaftlichen Fakultät auf einen geeigneten studentischen Delegationsleiter: Mark Control.

Mark Control, der persönlich von den AStA-Vertretern nur wenig hält, reizt die Perspektive, sich in den Verhandlungen zu profilieren. Um sich seine einflußreiche Position zu sichern, trotzt er dem amtierenden AStA das Recht ab, auch in den kommenden Semestern das Verhandlungsmandat mit der Stadtbahn wahrnehmen zu dürfen. Der AStA, beeindruckt von der Durchsetzungskraft des angehenden Diplom-Kaufmanns, ist sich allerdings nicht der politischen Ambitionen des Mark Control bewußt. Große politische Ziele vor Augen und getreu dem Motto „Vom AStA zum Zaster“, läßt sich Mark Control in seiner Verhandlungstaktik von spieltheoretischen Ansätzen leiten.

Konkret kann sich Mark Control (Spieler A) jedes Semester neu zwischen drei Verhandlungsstrategien entscheiden: (1) reine Preisreduzierung um 90% gegenüber dem normalen Monatskartenpreis, (2) Preisreduzierung um 80% sowie begleitende Maßnahmen im Sinne einer offensiven, auf Attraktivitätssteigerung ausgerichteten Unternehmensstrategie (Taktverdichtung, Beschleunigungsmaßnahmen, S-Bahn-Anschluß, direkter Altstadt-Uni-Shuttle) sowie (3) Preisreduzierung um 70% bei erweitertem personalen und räumlichen Geltungsbereich (Mitnahmemöglichkeit, Ausdehnung auf die angrenzenden Verkehrsverbünde). Unsicherheit besteht jedoch darüber, mit welcher Strategie die Stadtbahn (Spieler B) in die Verhandlungen geht: (1) Preisreduzierung um 50%,

(2) Preisreduzierung um 60% sowie eine auf Attraktivitätsminderung des motorisierten Individualverkehrs ausgerichtete Strategie (Einführung progressiver Parkgebühren, Verminderung der Parkplätze an der Hochschule), (3) Preisreduzierung um 80% sowie beschränkter zeitlicher Geltungsbereich (Nutzung ab 09.00 Uhr). In Abhängigkeit der von den Verhandlungspartnern eingebrachten Vorschläge ergibt sich für das SS 1995 ein Verhandlungsergebnis, das von Mark Control, wie in der Tab. 10.4 angegeben, bewertet wird.

Spieler	$s_1(B)$	$s_2(B)$	$s_3(B)$
$s_1(A)$	-2	-1	4
$s_2(A)$	3	1	2
$s_3(A)$	4	-2	-3

Tab. 10.4: Nutzenmatrix

Aufgabe 1

Charakterisieren Sie die Elemente der Spielsituationen in spieltheoretischen Ansätzen. Klassifizieren Sie anhand dieser Elemente unterschiedliche Spieltypen. Welcher Spieltyp liegt hier vor?

Aufgabe 2

Welche Semester-Ticket-Regelung wird Mark Control vorschlagen, wenn er seiner Entscheidung die Nutzenmatrix aus Tab. 10.4 zugrundelegt? Gehen Sie davon aus, daß beide Spieler sich rational verhalten und ihre Strategie so wählen, daß sie ihren eigenen Vorteil fördern!

Nach den aus Studentensicht erfolgreichen Verhandlungen im SS 1995 genießt Mark Control hohe Popularität. Von diesem Rückenwind getragen, möchte er seine Verhandlungsstrategie für das WS 1995/96 weiter optimieren. Dazu besinnt er sich der dualen Zielstruktur der Nahverkehrsunternehmen und erinnert die Stadtbahn bereits in Vorgesprächen zu den Verhandlungen an ihre Sachzielorientierung. Der sich in einer gemeinwirtschaftlichen Ausrichtung artikulierende Sachzielbezug der Unternehmen des ÖPNV zwingt zur Wahrung sozial-, struktur- und umweltpolitischer Interessen. Demnach ist neben dem Kostendeckungsgrad die auch als „Modal Split“ bezeichnete Aufteilung der Marktanteile zwischen dem ÖPNV und dem Individualverkehr bei der Strategienwahl zu berücksichtigen. Gemeinsam mit dem ÖPNV-Unternehmen will Mark Control die positiven Wirkungen in der Nutzenmatrix berücksichtigen. Die Verbesserung des Modal Split fließt somit in die Beurteilung der einzelnen alternativen Strategien ein. Demnach ergibt sich die in Tab. 10.5 dargestellte Nutzenmatrix.

Spieler	$s_1(B)$	$s_2(B)$	$s_3(B)$
$s_1(A)$	+3	+4	+7
$s_2(A)$	+2	+4	+5
$s_3(A)$	+6	+5	0

Tab. 10.5: Nutzenmatrix bei Formal- und Sachzielorientierung

Aufgabe 3

Für welche gemischte Strategie wird Mark Control sich bei den Verhandlungen entscheiden, wenn die Nutzenmatrix aus Tab. 10.5 den Überlegungen der Verhandlungspartner zugrunde liegt?

Aufgabe 4

Bestimmen Sie unter Anwendung der linearen Programmierung die optimale Semester-Ticket-Regelung unter Berücksichtigung der modifizierten Nutzenmatrix! Stellen Sie dazu den LP-Ansatz aus Sicht des Mark Control auf!

Aufgabe 5

Stellen Sie zu dem Optimierungsproblem aus Aufgabe 4 den Dualansatz auf, und erläutern Sie daran die Beziehungen zwischen Primal- und Dualproblem!

Literaturhinweise

Dantzig, G.: Lineare Programmierung und Erweiterungen, Berlin, 1966.

Ellinger, Th.: Operations Research, 3. Aufl., Berlin, 1990.

Witte, Th., J. Deppe, A. Born: Lineare Programmierung, Wiesbaden, 1975.

Kapitel 11

Das Transport- und das Zuordnungsproblem

11.1 Das Transportproblem

11.1.1 Grundlagen

Beim Transportproblem handelt es sich um ein Subproblem der Linearen Programmierung. Für diesen Spezialfall sind eigene Verfahren des Simplex-Algorithmus entwickelt worden, die die besondere Struktur des Transportproblems ausnutzen und damit in wenigen Rechenschritten zu einem Ergebnis gelangen. Zunächst soll die besondere Struktur des klassischen Transportproblems an einem Beispiel erläutert werden.

Der Getränkehersteller Fruchtmix stellt ein erfrischendes Mineralgetränk her. Die Abfüllung des Durstlöschers ist auf drei Betriebsstätten im gesamten Bundesgebiet verteilt. Die Paletten mit dem Mineralgetränk werden anschließend an vier Auslieferungsläger (Nord, Süd, West und Ost) verteilt. Die Nachfrage der einzelnen Auslieferungsläger ist bekannt. Die Kapazität der Produktionsstätten reicht aus, um sämtliche Nachfrager zu beliefern. Die Transportkosten bilden einen Hauptkostenblock und sind für die einzelnen Strecken gegeben. Die Transportmengen zwischen den Fertigungsstätten und den Auslieferungslägern sind so festzulegen, daß die gesamten Transportkosten minimiert werden. Welches Werk soll in welcher Menge welche Nachfrager beliefern?

In der Realität existiert dieses Problem als Grundelement in einer Vielzahl praktischer Fälle. Nur einige Beispiele sollen hier vorgestellt werden:

1. Mehrere Betonfabriken gehören zu einem Konzern der Baustoffindustrie. An verschiedenen Orten gelegene Baustellen sind mit vorgegebenen Mengen an Beton zu beliefern. Dazu ist ein kostenoptimaler Transportplan zu ermitteln.

2. Zum europäischen Verbund des Ford-Konzerns gehören Preß- und Montagewerke. Diese befinden sich nicht immer an den gleichen Standorten. So muß ein in Belgien gepreßter Kotflügel in Spanien montiert werden. Auf den ersten Blick scheint es sich dabei nicht gerade um ein klassisches Transportproblem zu handeln. Es läßt sich aber durch weitere Überlegungen in die Form eines Transportproblems überführen.

3. Auch der Studienplatztausch über eine Studienplatzbörse läßt sich als ein klassisches Transportproblem formulieren, wie im folgenden noch gezeigt wird.

11.1.2 Beispiel

Trotz der Vielzahl praktischer Anwendungsfälle soll sich die Darstellung zunächst auf den bereits bekannten Getränkehersteller konzentrieren. Von den drei Produktionsstätten W1, W2 und W3, die alle das gleiche Mineralgetränk herstellen, sollen die vier Auslieferungsläger A1, A2, A3 und A4 wöchentlich beliefert werden. Der wöchentliche Bedarf der Auslieferungsläger beträgt 150, 170, 210 bzw. 270 Paletten. Die wöchentliche Kapazität der Werke liegt bei 350, 250 bzw. 200 Paletten.

Die Entfernungen – gemessen in km – von den einzelnen Werken zu den verschiedenen Auslieferungslägern sind der folgenden Tabelle zu entnehmen:

	A1	A2	A3	A4
W1	140	160	120	40
W2	130	120	100	50
W3	120	180	100	70

Die Transportkosten betragen 0,10 DM pro Palette und Kilometer. Mit den gegebenen Informationen ist der kostenminimale Transportplan für die wöchentlich vorzunehmende Versorgung der Auslieferungsläger zu bestimmen.

Zur Formulierung des Transportproblems ist die Problemstellung zunächst in Tabellenform zu bringen. In den Zeilen werden die Versand- und in den Spalten die Empfangsorte aufgenommen. Im vorliegenden Fall stimmt die Gesamtangebotsmenge mit der Gesamtnachfragemenge überein. Bei den Zahlen oben rechts in den Feldern handelt es sich um die Transportkostensätze. Der Transportkostensatz ergibt sich als Produkt aus den Entfernungskilometern zwischen den Orten und den Transportkosten von 0,10 DM/Palette und km, so z.B. für das Feld W1/A1 aus 140 km · 0,10 DM/Palette und km = 14,- DM/Palette.

Empfang / Versand	A1	A2	A3	A4	Bestand
W1	14	16	12	4	350
W2	13	12	10	5	250
W3	12	18	10	7	200
Bedarf	150	170	210	270	800

11.1.3 Bestimmung einer Ausgangslösung

Zur Ermittlung einer Ausgangslösung lassen sich verschiedene Methoden heranziehen. Ein denkbares Verfahren ist die Nord-West-Ecken-Methode. Bei dieser Regel wird zunächst die obere linke Ecke des Transporttableaus mit der maximal möglichen Menge belegt. In dem gegebenen Beispiel wird die Bedarfsmenge von A1 in Höhe von 150 Paletten durch Lieferung aus W1 gedeckt. Danach geht man im Tableau weiter in das Feld W1/A2. Im Tableau werden solange Felder belegt, bis der Transportplan erfüllt ist. Dazu macht man bei befriedigter Bedarfsmenge einen Schritt nach rechts bzw. bei erschöpfter Kapazität einen Schritt nach unten. Die Nord-West-Ecken-Methode läßt jedoch die Kosteninformationen unberücksichtigt, so daß die damit gefundene Ausgangslösung in den meisten Fällen noch weit vom Optimum entfernt liegt. Das folgende Tableau zeigt die mittels der Nord-West-Ecken-Methode gefundene Ausgangslösung:

Empfang / Versand	A1	A2	A3	A4	Bestand
W1	14 **150**	16 **170**	12 **30**	4	350
W2	13	12	10 **180**	5 **70**	250
W3	12	18	10	7 **200**	200
Bedarf	150	170	210	270	800

Ein besseres Ergebnis verspricht die sogenannte Matrix-Minimum-Methode. Bei diesem Algorithmus werden die Informationen aus den Transportkostensätzen verwendet. Zunächst wird die Lieferung ausgeführt, die dic geringsten Transportkosten je Mengeneinheit verursacht. Es handelt sich dabei um das Matrixminimum. Geliefert wird die maximal mögliche Menge, entweder die gesamte Nachfrage des Empfangsortes oder das gesamte noch verfügbare Angebot der Betriebsstätte. Die insgesamt zu transportierende Menge wird in dem jeweiligen Feld vermerkt. Das Verfahren wird solange fortgesetzt, bis sämtliche Fertigungsstätten ihre erzeugten Paletten ausgeliefert haben sowie die Gesamtnachfrage jedes Empfangsortes gedeckt ist.

Der Getränkehersteller wird bei Anwendung der Matrix-Minimum-Methode zunächst eine Lieferung von Werk 1 zu Auslieferungslager 4 vornehmen. Diese Lieferung verursacht mit 4 DM je Palette die niedrigsten Transportkosten. Über dieses Feld können maximal 270 ME verschickt werden. Werk 1 könnte zwar bis zu 350 ME liefern, aber im Auslieferungslager 4 sind nur 270 ME absetzbar. Weniger als 270 Paletten über dieses Feld zu versenden ist nicht sinnvoll, da nach der Matrix-Minimum-Methode die maximal zulässige Menge zum günstigsten Transportkostensatz geliefert werden soll. Nachdem das Feld W1/A4 besetzt ist, ist die Nachfrage von A4 voll befriedigt. A4 braucht also nicht mehr von den Werken 2 und 3 beliefert zu werden. Die denkbaren Transportwege W2/A4 und W3/A4 können daher bei den weiteren Überlegungen ausgeklammert werden. Weiterhin ist der Bestand des Werkes 1 um die ausgelieferten 270 Paletten auf dann noch 80 ME zu senken.

Empfang Versand	A1	A2	A3	A4	Bestand
W1	14	16	12	4 **270**	350 (offen: 80)
W2	13	12	10	5 –	250
W3	12	18	10	7 –	200
Bedarf	150	170	210	270 (offen: 0)	800

Von den verbleibenden Feldern ist nun wiederum dasjenige mit dem geringsten Transportkostensatz auszuwählen. Für den Getränkeproduzenten Fruchtmix ist keine eindeutige Zuordnung möglich. Bei den Feldern W2/A3 und W3/A3 betragen die Transportkosten jeweils 10 DM je Palette. Für den Fall identischer Kostensätze gibt das Matrix-Minimum-Verfahren keine eindeutige Entscheidungsregel vor. Folgt man der Empfehlung, das Feld zu besetzen, über das sich die größere Zahl an Paletten transportieren läßt, so hat man sich für den Transportweg W2/A3 zu entscheiden. Geliefert wird die maximale Menge, also 210 Paletten. Der Bedarf des Auslieferungslagers 3 ist damit gedeckt; die beiden anderen Lieferwege W1/A3 und W3/A3 scheiden aus. Die lieferbare Menge des Werkes 2 reduziert sich von 250 auf 40 Paletten. Danach erhält man folgendes Transporttableau:

Empfang Versand	A1	A2	A3	A4	Bestand
W1	14	16	12 –	4 **270**	350 (offen: 80)
W2	13	12	10 **210**	5 –	250 (offen: 40)
W3	12	18	10 –	7 –	200
Bedarf	150	170	210 (offen: 0)	270 (offen: 0)	800

Zur Ermittlung eines zulässigen Transportplanes werden auch die folgenden Transportmengen nach dem Kriterium der geringsten Kosten bestimmt. Von den beiden in Frage kommenden Liefermöglichkeiten (W2/A2 und W3/A1) – bei beiden Wegen betragen die Transportkosten 12 DM – soll hier W3/A1 gewählt werden. Es können maximal 150 ME verschickt werden. Damit ist die gesamte Nachfragemenge des Auslieferungslagers 1 befriedigt. Im Werk 3 verbleiben noch 50 ME.

Empfang / Versand	A1	A2	A3	A4	Bestand
W1	14	16	12 –	4 **270**	350 (offen: 80)
W2	13 –	12 –	10 **210**	5 –	250 (offen: 40)
W3	12 **150**	18	10 –	7 –	200 (offen: 50)
Bedarf	150 (offen: 0)	170	210 (offen: 0)	270 (offen: 0)	800

Zum gleich hohen Transportkostensatz von 12 DM kann das Werk 2 das Auslieferungslager 2 mit Erfrischungsgetränken versorgen. Die maximale Liefermenge beträgt 40 Paletten. Das Auslieferungslager 2 hat nun noch eine offene Nachfrage von 130 ME. Die Kapazitäten von Werk 2 sind erschöpft.

Empfang / Versand	A1	A2	A3	A4	Bestand
W1	14 –	16	12 –	4 **270**	350 (offen: 80)
W2	13 –	12 **40**	10 **210**	5 –	250 (offen: 0)
W3	12 **150**	18	10 –	7 –	200 (offen: 50)
Bedarf	150 (offen: 0)	170 (offen: 130)	210 (offen: 0)	270 (offen: 0)	800

Die verbleibenden Mengen können nur noch zum Auslieferungslager 2 gefahren werden. Werk 1 liefert 80 Paletten und Werk 3 die restlichen 50 Paletten. Damit ist das Gesamtangebot ausgeliefert und die Gesamtnachfrage befriedigt worden. Eine erste zulässige Ausgangslösung liegt vor:

Empfang / Versand	A1	A2	A3	A4	Bestand
W1	14 –	16 **80**	12 –	4 **270**	350 (offen: 0)
W2	13 –	12 **40**	10 **210**	5 –	250 (offen: 0)
W3	12 **150**	18 **50**	10 –	7 –	200 (offen: 0)
Bedarf	150 (offen: 0)	170 (offen: 0)	210 (offen: 0)	270 (offen: 0)	800

Die einzelnen Schritte der Matrix-Minimum-Methode sollen noch einmal zusammengefaßt werden:

1. Suche das Feld mit den geringsten Transportkosten.

2. Belege das Feld mit dem Minimum aus dem Angebot des Absenders und der Nachfrage des Empfangsortes. Reduziere die verbleibenden Bedarfs- und Bestandsmengen entsprechend.

3. Streiche danach alle Transportwege, über die jetzt nicht mehr geliefert werden kann.

4. Wiederhole die Schritte 1.-3. des Verfahrens so lange, bis Angebot und Nachfrage insgesamt ausgeglichen sind.

Eine noch bessere, aber auch aufwendigere Regel zur Bestimmung einer zulässigen Ausgangslösung ist die Vogel'sche Approximationsmethode. Bei der Vogel'schen Approximationsmethode wird für jede Zeile und für jede Spalte die Kostendifferenz zwischen dem kleinsten und dem zweitkleinsten Kostensatz gebildet. Das Kriterium für die Bestimmung eines Feldes ist die maximale Differenz, d.h., zunächst wird das Feld besetzt, bei dem die meisten Zusatzkosten in der Zeile oder Spalte im Falle der Nichtbesetzung drohen (Grenzkostenidee). Nach jedem Schritt ist zu überprüfen, ob und wie sich die Zusatzkosten ändern.

11.1.4 Optimierung mit der Stepping-Stone-Methode

Die gefundene Ausgangslösung kann mit Hilfe der Stepping-Stone-Methode schrittweise bis zum Optimum verbessert werden. Die Stepping-Stone-Methode ist nach den aus dem Wasser ragenden Steinen benannt, mit deren Hilfe man einen Bach überwinden kann. Es wird zunächst die formelle Vorgehensweise der Stepping-Stone-Methode erläutert, deren Sinn an einem anschließenden Beispiel verdeutlicht wird:

1. Bewertung aller nicht besetzten Felder, d.h. der Transportrelationen, über die keine Paletten transportiert werden: Es wird errechnet, welche Mehrkosten oder Kostenersparnisse sich ergäben, wenn eine Palette über die jeweilige Transportrelation verschickt würde.

   (a) Bestimmung des dazu notwendigen Stepping-Stone-Weges:

      - Starte in einem nicht besetzten Feld.

      - Gehe nur über besetzte Felder.

      - Wechsele nach jedem Schritt rechtwinklig die Richtung.

- Ende in der Zeile (oder Spalte), in der gestartet wurde, so daß insgesamt ein Zyklus entsteht.

Anmerkung:
Dabei dürfen sowohl unbesetzte als auch besetzte Felder übersprungen werden, und der Weg kann über mehr als 4 Felder gehen.

(b) Mit alternierenden Vorzeichen (beginnend mit positivem Vorzeichen für den Transportkostensatz des Ausgangsfeldes) werden die Kosten der auf dem Stepping-Stone-Weg liegenden Felder summiert.

2. Suche das Feld mit der niedrigsten negativen Bewertung (der höchsten Kostenersparnis).

3. Besetze dieses Feld mit dem Minimum der Transportmengen aller zu reduzierenden Felder des Stepping-Stone-Weges, also mit der maximal möglichen Menge, die über diese Relation transportiert werden kann.

Als zulässige Ausgangslösung wird das Tableau nach Anwendung der Matrix-Minimum-Methode gewählt.

Empfang / Versand	A1	A2	A3	A4	Bestand
W1	14 –	16 **80**	12 –	4 **270**	350 (offen: 0)
W2	13 –	12 **40**	10 **210**	5 –	250 (offen: 0)
W3	12 **150**	18 **50**	10 –	7 –	200 (offen: 0)
Bedarf	150 (offen: 0)	170 (offen: 0)	210 (offen: 0)	270 (offen: 0)	800

Die Bewertung des Feldes W1/A1 führt zu folgendem Ergebnis: $14 - 12 + 18 - 16 = 4$. Jede vom Werk 1 zu Auslieferungslager 1 transportierte Einheit verursacht Kosten in Höhe von 14 DM. Die über dieses Feld transportierte Palette muß aber zu einer verringerten Lieferung eines anderen Werkes an Auslieferungslager 1 führen. Ansonsten würde A1 mit mehr als den benötigten 150 Paletten beliefert. Die Lieferung von Werk 3 an Auslieferungslager 1 kann verringert werden. Mit einer Reduzierung des Feldes W3/A1 um eine Palette sinken die Transportkosten um 12 DM. Jedoch verbleibt nun im Werk 3 ein Restlagerbestand von einer ME. Dieser Restbestand erhöht die Liefermenge an ein anderes Auslieferungslager. Bei der Stepping-Stone-Methode werden nur die Felder mit zusätzlichen Liefermengen belegt, über die bereits Lieferungen abgewickelt werden. Demnach ist die Transportmenge auf dem Weg W3/A2 von 50 auf 51 Paletten zu erhöhen. Es entstehen zusätzliche Kosten in Höhe von 18 DM. Diese

Umschichtung erhöht die Liefermenge an das Auslieferungslager 2. Dort muß ein anderes Feld um 1 vermindert werden. Dieser Dominoeffekt – eine Umschichtung löst eine nächste Umschichtung aus – hält solange an, bis der Ausgangspunkt wieder erreicht ist. Entscheidet man sich für das Feld W1/A2, so hat man die Ausgangszeile wieder erreicht, und das Angebot von Werk 1 wird restlos ausgeliefert.

Dieser Zyklus über insgesamt vier Felder beschreibt eine zulässige Verschiebung einer ME. Der Transportweg erhöht sich insgesamt um 40 km. Will man über das Feld W1/A1 – in Abänderung der Ausgangslösung – eine Palette transportieren, dann erhöhen sich die Kosten insgesamt um 4 DM. Weil die Belegung zu einem Kostenanstieg und nicht zu einer Kostenreduzierung führen würde, bleibt dieses Feld bei einer Änderung der Ausgangslösung unberücksichtigt. In gleicher Weise erfolgt die Bewertung jedes weiteren bisher nicht besetzten Feldes.

Bewertung Feld W1/A3:	$12 - 10 + 12 - 16 = -2$ (W1/A3)→ (W2/A3) → (W2/A2) → (W1/A2)
Bewertung Feld W2/A1:	$13 - 12 + 18 - 12 = +7$ (W2/A1) → (W3/A1) → (W3/A2) →(W2/A2)
Bewertung Feld W2/A4:	$5 - 12 + 16 - 4 = +5$ (W2/A4) →(W2/A2) →(W1/A2) →(W1/A4)
Bewertung Feld W3/A3:	$10 - 18 + 12 - 10 = -6$ (W3/A3) →(W3/A2) →(W2/A2) → (W2/A3)
Bewertung Feld W3/A4:	$7 - 18 + 16 - 4 = +1$ (W3/A4) → (W3/A2) → (W1/A2) → (W1/A4)

Es ergibt sich folgendes Tableau, bei dem die ermittelten Feldbewertungen in Klammern vermerkt sind:

Empfang / Versand	A1	A2	A3	A4	Bestand
W1	14 (+4)	16 **80**	12 (−2)	4 **270**	350
W2	13 (+7)	12 **40**	10 **210**	5 (+5)	250
W3	12 **150**	18 **50**	10 (−6)	7 (+1)	200
Bedarf	150	170	210	270	800

Das Feld mit der größten Kostenersparnis wird besetzt. Es handelt sich um das Feld W3/A3 mit der Bewertung (−6). Jede Palette, die von Werk 3 zum Auslieferungslager 3 gebracht wird, reduziert die gesamten Transportkosten um 6 DM. Man möchte also möglichst viele Paletten über diesen Weg schicken. Die maximal umzuschichtende Menge wird determiniert durch jenes auf dem Pfad liegende zu reduzierende Feld, über das vor Umschichtung die wenigsten Paletten transportiert werden. Über dieses Feld werden dann nach der Umschichtung keine Mengen mehr versandt. Die Liefermenge von W3 nach A2 läßt sich maximal um 50 Paletten reduzieren, während es in W2/A3 maximal möglich ist, die Liefermenge um 210 Einheiten zu verkleinern. Es können also höchstens 50 Paletten über den Weg W3/A3 transportiert werden. Nach der Umschichtung ergibt sich folgendes Transporttableau:

Empfang Versand	A1	A2	A3	A4	Bestand
W1	14 –	16 **80**	12 –	4 **270**	350
W2	13 –	12 **90**	10 **160**	5 –	250
W3	12 **150**	18 –	10 **50**	7 –	200
Bedarf	150	170	210	270	800

Die Anzahl der besetzten Felder ist also im Laufe der Anwendung des Verfahrens gleich geblieben. Ein bisher unbesetztes Feld wurde besetzt, über ein vorher besetztes Feld werden jetzt keine Paletten mehr transportiert. Probleme können dann auftauchen, wenn in einem Zyklus gleich zwei Felder nach der Umschichtung keine ME mehr zu transportieren haben. In unserem Beispiel hätte diese Situation eintreten können, wenn das Feld W2/A3 nicht mit 210, sondern mit 50 Paletten belegt gewesen wäre. Im Falle einer solchen Degeneration darf aber auch nur ein Feld gestrichen werden, das zweite Feld bleibt mit einer Transportmenge Null weiterhin belegt.

Das Verfahren wird so lange fortgesetzt, wie sich noch Kostenersparnisse erzielen lassen. Dazu sind nach Ermittlung der neuen Lösung alle freien Felder erneut zu bewerten.

Empfang Versand	A1	A2	A3	A4	Bestand
W1	14 (−2)	16 **80**	12 (−2)	4 **270**	350
W2	13 (+1)	12 **90**	10 **160**	5 (+5)	250
W3	12 **150**	18 (+6)	10 **50**	7 (+7)	200
Bedarf	150	170	210	270	800

Die Bewertung der Felder W1/A1 und W3/A1 zeigt, daß noch weitere Kosteneinsparungen möglich sind. Erst wenn keine negativen Bewertungen für unbesetzte Felder mehr vorliegen, ist die optimale Lösung des Problems gefunden.

11.1.5 Optimierung mit dem Modi-Verfahren

Die Stepping-Stone-Methode ist außerordentlich schwerfällig. Es werden sämtliche Feldbewertungen benötigt, um das Optimum zu bestimmen. Zugleich muß für jedes Feld der Pfad bestimmt werden. Bei der Methode der Potentiale oder auch modifizierten Distributionsmethode (Modi-Methode) müssen nicht sämtliche Pfade ermittelt werden, um die Optimalität der gefundenen Lösungen beurteilen zu können. Die Methode ist formal recht einfach anzuwenden. Das Verständnis für die Funktionsfähigkeit dieser Methode kann aber nur erzeugt werden, wenn verdeutlicht wird, daß ein Transportproblem als primales und duales LP-Problem formuliert werden kann. Im vorliegenden Abschnitt wird die Methode zunächst rein formell angewandt. Im unmittelbar folgenden Abschnitt wird dann die Erklärung nachgeliefert.

Auch die Modi-Methode setzt an einer gefundenen Ausgangslösung an. Das Transporttableau mit der Ausgangslösung wird um eine Spalte u_i und eine Zeile v_j ergänzt. In die dadurch entstehenden Felder werden in der ersten Stufe des Modi-Verfahrens je ein Wert u_i für jede Zeile i mit $i = 1, \ldots, m$ und je ein Wert v_j für jede Spalte j mit $j = 1, \ldots, n$ eingetragen. In der zweiten Stufe des Verfahrens wird aus diesen Zahlen die Bewertung für die unbesetzten Felder des Transporttableaus berechnet; dabei ergeben sich die gleichen Werte wie bei der Stepping-Stone-Methode, ohne daß die Stepping-Stone-Wege bestimmt werden müssen. Alle Berechnungen erfolgen nach einer einfachen Regel:

$$
\begin{aligned}
\text{Neue Feldbewertung } c'_{ij} &= \text{Transportkostensatz } (c_{ij}) - u_i - v_j \\
\text{oder kürzer:} & \\
c'_{ij} &= c_{ij} - u_i - v_j.
\end{aligned}
\qquad (11.1)
$$

Im nachfolgendem Abschnitt wird erläutert, daß bei einer Ausgangslösung genau $(m + n - 1)$ besetzte Felder vorhanden sind, und daß für diese besetzten Felder der nach Gleichung 11.1 berechenbare Wert c'_{ij} gleich Null ist. Daraus folgt: Man hat $(m+n-1)$ Gleichungen der Struktur $c'_{ij} = 0 = c_{ij} - u_i - v_j$ zur Bestimmung der m Variablen u_i und der n Variablen v_j. Das Gleichungssystem ist also unterbestimmt. Man kann folglich einen der Werte u_i oder v_j beliebig vorgeben und danach alle anderen Werte iterativ bestimmen. Anschließend wird die Gleichung 11.1 genutzt, um die Feldbewertungen c_{ij} für die nicht besetzten Felder zu berechnen.

Die beschriebene Vorgehensweise wird am Beispiel demonstriert. Gegeben ist die mit der Matrix-Minimum-Methode berechnete Ausgangslösung.

Empfang / Versand	A1	A2	A3	A4	Bestand	u_i
W1	14	16 **80**	12	4 **270**	350	
W2	13	12 **40**	10 **210**	5	250	
W3	12 **150**	18 **50**	10	7	200	
Bedarf	150	170	210	270	800	
v_j						

Einem der Felder u_i bzw. v_j wird ein beliebiger Wert zugeordnet, beispielsweise dem Element v_j in der Spalte A1 der Wert 7. Das einzige bereits belegte Feld in der Spalte A1 ist (W3/A1). Der Wert c'_{13} dieses belegten Feldes muß 0 ergeben. Der Transportkostensatz c_{13} beträgt 12, davon sind noch v_1 (das ist die 7) und ein unbekanntes u_3 abzuziehen. Die Variable u_3 muß damit den Wert 5 annehmen:

$$0 = 12 - 7 - u_3 \rightarrow u_3 = 5. \tag{11.2}$$

In der Zeile W3 werden auch über das Feld (W3/A2) Paletten transportiert. Es gilt:

$$0 = 18 - v_2 - 5 \rightarrow v_2 = 13. \tag{11.3}$$

In der Spalte A2 ist darüber hinaus das Feld (W2/A2) besetzt:

$$0 = 12 - u_2 - 13 \rightarrow u_2 = -1. \tag{11.4}$$

Für die weiteren Felder ergibt sich nach dem gleichen Verfahren:

$$\begin{array}{lll} \text{Feld W2/A3:} & 0 = 10 - v_3 - (-1) & \rightarrow v_3 = 11 \\ \text{Feld W1/A2:} & 0 = 16 - u_1 - 13 & \rightarrow u_1 = 3 \\ \text{Feld W1/A4:} & 0 = 4 - v_4 - 3 & \rightarrow v_4 = 1. \end{array}$$

Für die nicht besetzten Felder lassen sich die neuen Zielfunktionswerte mit der oben angegebenen Formel ermitteln:

$$c'_{ij} = c_{ij} - u_i - v_j \tag{11.5}$$

$$\begin{array}{lll} \text{Feld W1/A1:} & c'_{11} = 14 - 3 - 7 & \rightarrow c'_{11} = 4 \\ \text{Feld W1/A3:} & c'_{13} = 12 - 3 - 11 & \rightarrow c'_{13} = -2 \\ \text{Feld W2/A1:} & c'_{21} = 13 - (-1) - 7 & \rightarrow c'_{21} = 7 \\ \text{Feld W2/A4:} & c'_{24} = 5 - (-1) - 1 & \rightarrow c'_{24} = 5 \\ \text{Feld W3/A3:} & c'_{33} = 10 - 5 - 11 & \rightarrow c'_{33} = -6 \\ \text{Feld W3/A4:} & c'_{34} = 7 - 5 - 1 & \rightarrow c'_{34} = 1. \end{array}$$

Man erhält also die gleichen Kostendifferenzen wie bei der Stepping-Stone-Methode. Das Ergebnis ist in der nachfolgenden Tabelle dargestellt.

Empfang / Versand	A1	A2	A3	A4	Bestand	u_i
W1	14 (4)	16 **80**	12 (−2)	4 **270**	350	3
W2	13 (7)	12 **40**	10 **210**	5 (5)	250	−1
W3	12 **150**	18 **50**	10 (−6)	7 (1)	200	5
Bedarf	150	170	210	270	800	
v_j	7	13	11	1		

Die Vorgehensweise zur Ermittlung der Optimallösung bei der Modi-Methode entspricht dem Ablauf bei der Stepping-Stone-Methode. Der einzige, wesentliche Unterschied besteht darin, daß man nicht für jedes unbesetzte Feld den Pfad bestimmen muß, um eine Bewertung zu bekommen. Die Kostendifferenz wird direkt ausgerechnet. Das weitere Vorgehen entspricht exakt der Stepping-Stone-Methode: Sind alle unbelegten Felder bewertet, wählt man den betragsmäßig größten negativen Wert aus. Dieser führt zur größten Kostenersparnis. Für diesen bisher ungenutzten Transportweg ist dann der zugehörige Pfad im Transporttableau zu bestimmen. Ist der Stepping-Stone-Weg bekannt, kann wie bei der Stepping-Stone-Methode fortgefahren werden. Man überprüft, wieviel ME maximal über diesen Weg verschoben werden können. Nach der Umschichtung wird im nächsten Schritt wieder eine Bewertung der unbesetzten Felder vorgenommen. Der Umschichtungsprozeß ist erst dann abgeschlossen, wenn alle unbesetzten Felder positiv bewertet werden.

11.1.6 Das Transportproblem als LP-Problem

Bei dem Transportproblem handelt es sich um einen Spezialfall der Linearen Programmierung. Wenn das Problem als LP-Problem dargestellt werden soll, muß man für jedes Feld des Transporttableaus eine Variable definieren:

c_{ij} Transportkostensatz je ME von Ort i nach Ort j
x_{ij} Transportmenge von Ort i nach Ort j.

Darüber hinaus gelten folgende Symbole:

a_i Angebot im Ort i; $i = 1, \ldots, m$
b_j Nachfrage im Ort j; $j = 1, \ldots, n$

Es ergibt sich ein Lineares Programm mit folgender Zielfunktion:

$$\sum_{i=1}^{m} \sum_{j=1}^{n} c_{ij} \cdot x_{ij} \rightarrow \min! \qquad (11.6)$$

Die gesamten Transportkosten sind zu minimieren. Dazu werden die unbekannten Transportmengen x_{ij} für jede Route mit den jeweiligen Transportkostensätzen c_{ij} multipliziert.

Versandbedingung:

$$\sum_{j=1}^{n} x_{ij} = a_i, \quad \text{für alle } i = 1, \ldots, m \tag{11.7}$$

Die Summe der Liefermengen eines Versandortes i ist gleich dem vorhandenen Lagerbestand (gilt für jede Zeile des Transporttableaus).

Empfangsbedingung:

$$\sum_{i=1}^{m} x_{ij} = b_j, \quad \text{für alle } j = 1, \ldots, n \tag{11.8}$$

Die Summe der Empfangsmengen des Ortes j muß genau der Gesamtbedarfsmenge entsprechen (gilt für jede Spalte des Transporttableaus).

Nichtnegativitätsbedingung:

$$x_{ij} \geq 0 \quad \text{für alle } i, j \tag{11.9}$$

Eine der Gleichungen zu den Versand- und Empfangsnebenbedingungen ist überflüssig, weil sie von den restlichen Gleichungen linear abhängig ist. Wenn die übrigen Gleichungen erfüllt sind, wird auch die letzte Gleichung eingehalten. Ohne sehr tief auf die Theorie der Linearen Programmierung zurückzugreifen, sei hier lediglich die Konsequenz dieser Feststellung vermerkt: Da nicht $(m + n)$ sondern nur $(m + n - 1)$ Gleichungen des Restriktionensystems linear unabhängig sind, weisen Basislösungen des LP-Problems auch nur genau $(m + n - 1)$ Basisvariable auf. Dies ist auch die Erklärung dafür, daß im Transporttableau $(m + n - 1)$ Felder besetzt sind, wenn eine Basislösung vorliegt.

Mit den Daten des Beispiels ergibt sich das folgende in Tabellenform dargestellte Lineare Programm. Dabei sind am linken Rand der Tabelle schon die erst im folgenden erklärten Dualvariablen mit aufgelistet.

	x_{11}	x_{12}	x_{13}	x_{14}	x_{21}	x_{22}	x_{23}	x_{24}	x_{31}	x_{32}	x_{33}	x_{34}		
v_1	1				1				1				150	b_1
v_2		1				1				1			170	b_2
v_3			1				1				1		210	b_3
v_4				1				1				1	270	b_4
u_1	1	1	1	1									350	a_1
u_2					1	1	1	1					250	a_2
u_3									1	1	1	1	200	a_3
	14	16	12	4	13	12	10	5	12	18	10	7		
	c_{11}	c_{12}	c_{13}	c_{14}	c_{21}	c_{22}	c_{23}	c_{24}	c_{31}	c_{32}	c_{33}	c_{34}	Min!	

Das Ausgangstableau hat folgenden Aufbau: Die ersten vier Zeilen umschreiben die Empfangsbedingungen. In der Zeile 1 haben nur die Variablen x_{11}, x_{21} und x_{31} einen von Null verschiedenen Wert. Die Lieferungen von den Werken 1, 2 und 3 zum Auslieferungslager 1 müssen den Bedarf b_1 in Höhe von 150 ME decken. Für das zweite Auslieferungslager gilt $b_2 = 170$, für die nächste Zeile $b_3 = 210$ und für das vierte Auslieferungslager $b_4 = 270$. Die letzten drei Gleichungen stehen für die Lieferbedingungen. Die fünfte Zeile gibt an, wie sich die Gesamtproduktionsmenge des Werkes 1 auf die vier Auslieferungsläger verteilt. Die Variablen x_{11} , x_{12}, x_{13} und x_{14} (von Werk 1 zu Ort 1, 2, 3 und 4) müssen zusammen den Wert $a_1 = 350$ annehmen. Für die sechste Zeile muß die Fertigungsmenge des Werkes 2 (Summe aus x_{21}, x_{22}, x_{23} und x_{24}) $a_2 = 250$ betragen. In der siebten Gleichung, sie beschreibt die Ausbringung des Werkes 3, addieren sich die Variablen x_{31}, x_{32}, x_{33} und x_{34} zu $a_3 = 200$. Die Tabelle wird ergänzt durch die in der untersten Zeile stehenden zu den jeweiligen x_{ij} gehörenden Zielfunktionswerte c_{ij}.

Dualisierung des Problems

Das als Lineares Programm formulierte Transportproblem kann nach den aus der Dualitätstheorie bekannten Regeln dualisiert werden. Für jede Versandbedingung i und damit für jede Zeile des Transportproblems wird eine Dualvariable u_i definiert. Jeder Empfangsbedingung j und damit jeder Spalte des Transporttableaus wird eine Dualvariable v_j zugeordnet. Das Dualproblem lautet dann:

$$\begin{array}{rcll} \sum_{i=1}^{m} a_i \cdot u_i + \sum_{j=1}^{n} b_j \cdot v_j & \rightarrow & \max! & \\ u_i + v_j & \leq & c_{ij} & i = 1, \ldots, m; \; j = 1, \ldots, n \\ u_i & \gtreqless & 0 & i = 1, \ldots, m \\ v_j & \gtreqless & 0 & j = 1, \ldots, n \end{array} \tag{11.10}$$

Soll dieses Dualproblem mit den Daten des Ausgangsbeispiels in tabellarischer Form dargestellt werden, muß - veranschaulichend formuliert - die gesamte Tabelle des Primalproblems transponiert werden, und es ergibt sich folgende neue Tabelle:

	u_1	u_2	u_3	v_1	v_2	v_3	v_4		
x_{11}	1			1				14	c_{11}
x_{12}	1				1			16	c_{12}
x_{13}	1					1		12	c_{13}
x_{14}	1						1	4	c_{14}
x_{21}		1		1				13	c_{21}
x_{22}		1			1			12	c_{22}
x_{23}		1				1		10	c_{23}
x_{24}		1					1	5	c_{24}
x_{31}			1	1				12	c_{31}
x_{32}			1		1			18	c_{32}
x_{33}			1			1		10	c_{33}
x_{34}			1				1	7	c_{34}
	350	250	200	150	170	210	270		
	a_1	a_2	a_3	b_1	b_2	b_3	b_4	Max!	

Zur Erklärung der Funktionsfähigkeit des Modi-Verfahrens müssen die Nebenbedingungen näher untersucht werden. Für die Nebenbedingungen im Dualproblem wird eine Schlupfvariable benötigt, um aus den Ungleichungen Gleichungen zu machen. Diese Schlupfvariablen werden c'_{ij} genannt. Darüber hinaus ist bekannt, daß die Lösungswerte der Schlupfvariablen eines dualen Problems gleich den Schattenpreisen der primalen Strukturvariablen sind.

Damit gilt für die Lösungswerte der dualen Schlupfvariablen:

$$\begin{aligned} c'_{ij} &= c_{ij} - u_i - v_j \qquad (11.11) \\ &= \text{Schattenpreise der primalen Strukturvariablen } x_{ij} \\ &= 0 \text{ für die } (m+n-1)\text{Basisvariablen (besetzte Felder) des Primalproblems.} \end{aligned}$$

Es muß noch erläutert werden, warum die Schattenpreise für die besetzten Felder gleich Null sind. Bei den besetzten Felder handelt es sich um Variablen x_{ij} mit einem von Null verschiedenen Wert, also um Basisvariablen des Primalproblems. Eine Basisvariable ist im Transporttableau als besetztes Feld zu erkennen. Wie aus dem Simplexverfahren bekannt, haben Basisvariable n den Schattenpreis 0. Die sich aus diesen Erläuterungen ergebenden Zusammenhänge zwischen der Modi-Methode zur Lösung von Transportproblemen und dem Simplex-Algorithmus werden in Tab. 11.1 in komprimierter Form dargestellt.

11.1.7 Sonderfälle des Transportproblems

Mehrdeutige Lösungen

Das Optimalitätskriterium der Modi-Methode schreibt vor, das Verfahren erst dann abzubrechen, wenn keine negativen Kostendifferenzen c'_{ij} mehr vorliegen. Denkbar

Modi-Methode für das Transportproblem	Simplex-Algorithmus für beliebige lineare Probleme
Besetzte Felder im Transporttableau (d.h. Verbindungen, auf denen transportiert wird)	Basisvariablen im Simplextableau (z.B. erzeugte Produkte)
Ermittlung der Kostendifferenzen c'_{ij}	Ermittlung der Zielfunktionszeile in den einzelnen Tableaus
Optimalitätstest: Prüfen, ob noch Kosteneinsparungen möglich sind ($c'_{ij} < 0$, d.h., Lösung ist solange nicht optimal, wie noch negative Kostendifferenzen vorliegen)	Optimalitätstest: Prüfen, ob noch Verbesserungsmöglichkeiten bestehen (positive Werte in der Zielfunktionszeile)
Bestimmung des neu zu besetzenden Feldes (neuer Transportweg)	Bestimmung der in die Basis eintretenden Variable (z.B. Gut, das neu in das Produktionsprogramm aufgenommen wird) 1. Simplexkriterium
Engpaßbestimmung: Bestimmung des Feldes, über das nichts mehr transportiert werden soll; diese definiert die Obergrenze der Umschichtung	Engpaßbestimmung: Bestimmung der aus der Basis austretenden Variablen 2. Simplexkriterium

Tab. 11.1: Vergleich von Modi-Verfahren und Simplex-Algorithmus

ist aber auch der Fall, daß in der Optimallösung ein c'_{ij} für ein nicht besetztes Feld den Wert Null annimmt. Daraus läßt sich folgern, daß es bei gleichen Kosten andere optimale Lösungen geben muß. Eine Umschichtung führt zwar zu keiner weiteren Ergebnisverbesserung, aber nach der Umschichtung liegt ein alternativer optimaler Auslieferungsplan vor. Ein Vergleich mit dem Simplex-Algorithmus kann bei der Erklärung mehrdeutiger Lösungen hilfreich sein. Im Simplex-Tableau beträgt im Fall mehrdeutiger Lösungen der Schattenpreis einer Nichtbasisvariablen Null.

Degeneration

Eine Degeneration des Transporttableaus liegt vor, wenn weniger als $(m+n-1)$ Felder mit Transportmengen $x_{ij} > 0$ besetzt sind. In der Sprache des Simplex-Algorithmus handelt es sich um den Fall, daß zu wenig Basisvariablen vorliegen. Dazu ein kleines Beispiel:

	A1	A2	A3	
W1	90	–	150	240
W2	–	120	–	120
	90	120	150	360

Die Lösung dieses Transportproblems ist degeneriert. Vier Felder müßten belegt sein, indes sind aber nur drei Felder besetzt. Für den Einsatz der Stepping-Stone-Methode oder des Modi-Verfahrens werden $(m+n-1)$ belegte Felder benötigt. Dazu ist in dem Tableau an geeigneter Stelle eine Null einzufügen:

	A1	A2	A3	
W1	90	-	150	240
W2	0	120	-	120
	90	120	150	360

Der Fall der Degeneration kann auch im Lösungsverlauf eintreten. Dazu folgendes Beispiel:

	A1	A2	A3	A4	
W1	-	100	-	150	250
W2	200	-	200	-	400
W3	-	250	100		350
	200	350	300	150	1.000

Es sei angenommen, daß nach der Modi-Methode noch eine Lösungsverbesserung über (W1/A1) möglich ist. Die Kostenersparnis mit x_{11} führt über folgenden Pfad: $\boxed{+}$ (W1/A1), $\boxed{-}$ (W2/A1), $\boxed{+}$ (W2/A3), $\boxed{-}$ (W3/A3), $\boxed{+}$ (W3/A2), $\boxed{-}$ (W1/A2). Maximal können 100 ME über den neuen Pfad transportiert werden. Sowohl der Weg (W1/A2) als auch (W3/A3) begrenzen die Höhe der Umschichtung auf maximal 100 ME. Von den beiden Basisvariablen darf aber nur eine entfallen, die andere muß gleich Null gesetzt werden. In diesem Falle wird im Feld (W3/A3) eine Null eingetragen.

	A1	A2	A3	A4	
W1	100	-	-	150	250
W2	100	-	300	-	400
W3	-	350	0		350
	200	350	300	150	1.000

11.1.8 Erweiterungen des klassischen Transportproblems

Unterschiedliche Angebots- und Nachfragemengen

In der Standardformulierung des Transportproblems stimmen Gesamtangebots- und Gesamtnachfragemenge überein. Wenn der Bestand größer ist als der gesamte Bedarf, ist eine der Voraussetzungen des klassischen Transportproblems verletzt. Zur Lösung des abgewandelten Problems wird einfach ein weiterer fiktiver Empfangsort (ein sogenannter Dummy) eingefügt. Das Tableau wird um eine neue Spalte ergänzt. Dieser fiktive Nachfrager nimmt als Bedarfsmenge die überschüssigen ME auf. Diese Mengen entsprechen der Restnachfrage, die de facto erst gar nicht verschickt wird. Der Transportkostensatz zum Dummy muß für alle Liefermengen gleich sein. Deshalb werden den neuen Feldern der Einfachheit halber Kostensätze in Höhe von Null zugewiesen. Damit ist das Problem in ein klassisches Transportproblem umgewandelt und kann auf bekannte Weise gelöst werden. Bei der Interpretation des Optimaltableaus ist nur darauf zu achten, daß die an den fiktiven Nachfrager gelieferten ME noch im Lager des jeweiligen Absenders liegen.

Im umgekehrten Fall, das Gesamtangebot ist niedriger als die Gesamtnachfrage, wird gleichfalls ein Dummy ins Transporttableau eingebaut. Der fiktive Versandort wird allerdings in Form einer zusätzlichen Zeile berücksichtigt. Diesem Dummy wird die insgesamt fehlende Menge zugeordnet. Auch in diesem Fall muß der Transportkostensatz vom fiktiven Anbieter zu allen Nachfragern gleich sein. Sollten hier ebenfalls die Transportkostensätze mit Null angesetzt werden, würden die nicht vorhandenen Mengen bei der Bestimmung einer Ausgangslösung (z.B. mit der Matrix-Minimum-Methode) als erstes ausgeliefert. Da eine bevorzugte Behandlung der Fehlmengen wenig vorteilhaft ist, sollte man sich für einen sehr hohen Kostensatz entscheiden. Dafür empfiehlt sich die hinreichend große Zahl M. Die Wahl der Höhe des Kostensatzes beeinflußt aber nicht die Optimallösung. Die hinreichend große Zahl M sorgt dafür, daß das fiktive Angebot bei der Ermittlung der Ausgangslösung zuletzt ausgeliefert wird. Mit der Technik, einen Dummy einzuführen, läßt sich also das klassische Transportproblem auf Situationen erweitern, in denen Gesamtangebot und Gesamtnachfrage nicht übereinstimmen.

Berücksichtigung unterschiedlich hoher Produktionskosten in den Versandorten

Die bisherigen Betrachtungen gingen davon aus, daß das homogene Gut in allen Versandorten zu gleichen Produktionskosten erzeugt werden kann. Das ist ein in der Praxis eher unwahrscheinlicher Fall, weil die Produktivität und die Lohnkosten in Abhängigkeit von den jeweiligen Standorten schwanken. Wenn die Fertigungskosten in den Versandorten unterschiedlich hoch sind, dann berücksichtigt man diese Unterschiede in der Transportmatrix. Die Transportkostensätze erhöhen sich dann um die Produktionskosten des Absenders. Die Kosten der Fertigung werden zeilenweise in die Transportmatrix integriert. Allgemein gilt für den Fall unterschiedlicher Produktionskosten an den Standorten folgender LP-Ansatz:

a_i	Angebot im Ort i; $i = 1, \ldots, m$
b_j	Nachfrage im Ort j; $j = 1, \ldots, n$
c_{ij}	Transportkostensatz je ME von Ort i nach Ort j
f_i	Fertigungskosten je ME im Ort i; $i = 1, \ldots, m$
x_{ij}	Transportmenge von Ort i nach Ort j.

Es verändert sich nur die Zielfunktion; die Berücksichtigung der Produktionskosten hat keinerlei Auswirkungen auf die Nebenbedingungen.

$$K = \sum_{i=1}^{m} \sum_{j=1}^{n} (c_{ij} + f_i) \cdot x_{ij} \rightarrow \text{min!} \tag{11.12}$$

Die gesamten Fertigungs- und Transportkosten sind zu minimieren. Dazu werden die unbekannten Transportmengen für jede Route mit der Summe aus Produktions- und Transportkosten multipliziert.

Berücksichtigung von Transportrestriktionen

Bisher gab es auf den Transportwegen keinerlei Beschränkungen. Im Winter gesperrte Alpenpässe belegen, daß die Realität eher anders aussieht. Wege können gar nicht befahren werden oder es darf nur eine Maximalmenge über eine Strecke transportiert werden. Beide Fälle können bei der Behandlung des Transportproblems berücksichtigt werden.

Fall 1: Gesperrter Weg
Ist ein Weg von i nach j für den Transport von Waren vollständig gesperrt, so wird der Transport von i nach j mit Strafpunkten bewertet. Die Strafkosten sind in Analogie zum Fehlmengenfall hinreichend groß zu wählen. Also wird ein sehr hoher Transportkostensatz M für den gesperrten Weg erhoben. Der Algorithmus sorgt automatisch dafür, daß keine ME über diese Route transportiert werden.

Fall 2: Mengenbeschränkungen
Bei dieser Transportrestriktion können nicht über jede Strecke beliebig viele ME transportiert werden. Vorab ist allerdings noch nicht klar, ob dieser Engpaß überhaupt greift. Daher wird zunächst unter Vernachlässigung der Restriktion die Optimallösung ermittelt. Verletzt die optimale Lösung die vorgegebene Mengenbeschränkung, ist aus der unzulässigen Lösung unter Beibehaltung der Optimalität eine zulässige Optimallösung zu berechnen. Betrachten wir dazu folgendes Beispiel:

	A1	A2	A3	A4	
W1	(1)	0	25	(5)	25
W2	50	(4)	75	(5)	130
W3	(3)	300	(8)	50	350
	50	300	100	55	505

Das vorliegende Transporttableau zeigt den optimalen Transportplan unter Vernachlässigung von Mengenbeschränkungen sowie in Klammern die Bewertung der anderen Wege. Nach starken Schneefällen können über den Weg von Werk 2 zu Auslieferungslager 1 nur noch 25 ME transportiert werden. Die ermittelte Optimallösung ist somit unzulässig. Insgesamt sind 25 ME umzuschichten. Die Belieferung von Auslieferungslager 1 kann alternativ über Werk 1 oder Werk 3 erfolgen. Für die nicht belegten Felder sind die Kostenzuwächse bekannt, die entstehen, wenn ME auf diese Felder umgeladen werden müssen. Die Umschichtung soll mit möglichst geringen Kostensteigerungen verbunden sein. Es werden daher die Strecken gewählt, die die niedrigsten zusätzlichen Kosten verursachen. Im Beispiel werden dann 25 ME von Werk 1 zu Auslieferungslager 1 gebracht. Diese Umschichtung löst weitere Änderungen im Transportplan aus. Das

Auslieferungslager 3 wird nur noch von Werk 2 beliefert, da das Werk 1 bereits seine gesamte Fertigungsmenge an A1 verschickt. Der Kostenzuwachs beträgt 25 GE. Es ergibt sich folgender Transportplan:

	A1	A2	A3	A4	
W1	25	0	0	0	25
W2	25	0	100	5	130
W3	0	300	0	50	350
	50	300	100	55	505

11.2 Anwendungen des Transportproblems

11.2.1 Die Studienplatzbörse

Häufig wird ein Transportproblem nicht unmittelbar als solches erkannt. Ein gutes Beispiel dafür ist der Fall einer Studienplatzbörse (vgl. zu dieser Idee auch MÜLLER-MERBACH 1987).

Einige pfiffige Studenten der Betriebswirtschaftslehre, die schon vor Abschluß ihres Studiums viel Geld verdienen möchten, haben eine private Studienplatzbörse gegründet. An der Börse werden insgesamt drei Studienorte gehandelt: Aachen, Bochum und Cologne.

Die Idee dieser Börse ist wie folgt: Jeder Student, der seinen Studienort wechseln will, gibt seine persönlichen Präferenzen bekannt. Um diese Präferenzen zu quantifizieren, stehen ihm 14 Präferenzpunkte zur Verfügung. Für jeden im Tauschverfahren verwirklichten Präferenzpunkt hat der Student 100,- DM an die Börse zu zahlen. Die gewinnmaximierenden Börsianer werden natürlich eine möglichst hohe Zahl an Präferenzpunkten zu realisieren versuchen. Ein Beispiel: Ein Student stellt seinen Studienplatz in A zur Verfügung. Am liebsten möchte er nach B, wofür er 9 Punkte vergibt. Den Studienort C bewertet er mit 5 Punkten. Wenn die Studienplatzbörse ihm B vermittelt, muß er also DM 900,- zahlen. Wird ihm dagegen Studienort C zugewiesen, muß er nur 500,- DM zahlen. Er kann allerdings auch an seinem alten Studienort bleiben. Eine Vermittlungsgebühr wird dann nicht fällig.

Insgesamt möchten 70 finanzkräftige Studenten ihren Studienort wechseln. Davon kommen 22 aus A, 28 aus B und 20 Studenten aus C. Die potentiellen Hochschulwechsler lassen sich in sechs Gruppen mit jeweils einheitlichen Präferenzpunkten unterteilen:

13 Studenten geben für	A = 8	und für	B = 6	Präferenzpunkte an.
7 Studenten geben für	A = 10	und für	B = 4	Präferenzpunkte an.
12 Studenten geben für	C = 10	und für	A = 4	Präferenzpunkte an.
16 Studenten geben für	C = 2	und für	A = 12	Präferenzpunkte an.
14 Studenten geben für	C = 8	und für	B = 6	Präferenzpunkte an.
8 Studenten geben für	C = 5	und für	B = 9	Präferenzpunkte an.

Welche Aufteilung soll gewählt werden, damit der Gewinn der Jungunternehmer maximiert wird?

Naheliegend ist der Gedanke, im Transporttableau je drei Empfangs- und drei Versandorte zu berücksichtigen. Diese Idee läßt sich allerdings nicht umsetzen, da die Zielfunktionswerte für die einzelnen Felder fehlen.

Wenn man sich die Studienplatzbörse als einen Ort vorstellt, wo Angebot und Nachfrage direkt aufeinandertreffen, werden zunächst keine Informationen über die Nachfragestruktur vorliegen. Dann wird sich herausstellen, daß es verschiedene Gruppen von Studenten mit gleichen Präferenzen gibt. Diese Gruppen stellen dann die präferenzpunktgleichen Nachfrager nach einem Hochschulort dar. In die Terminologie des Transportproblems übersetzt, handelt es sich um die Versandorte für die Studierenden. Diesen sechs Nachfragern stehen drei Anbieter gegenüber: die Empfangsorte A, B und C. Die Präferenzpunkte sind in diesem Modell die Transportkostensätze. Mit diesen Erkenntnissen kann eine Transportmatrix aufgestellt werden:

Empfang / Versand	A	B	C	Mengen
I	8	6	0	13
II	10	4	0	7
III	4	0	10	12
IV	12	0	2	16
V	0	6	8	14
VI	0	9	5	8
	22	28	20	70

Die Bestimmung der Zielfunktionswerte soll anhand der ersten Studentengruppe erläutert werden: Wenn einer der Studenten der ersten Gruppe nach A geschickt wird, ist er bereit, dafür eine Vermittlungsgebühr in Höhe von 800,- DM zu zahlen. Erhält er einen Studienplatz am Hochschulort B, zahlt er für die erfolgreiche Vermittlung 600,- DM; dies entspricht seinen sechs Präferenzpunkten für B. Für das Verbleiben am Hochschulort C wird er den Börsianern keinen Betrag überweisen.

Mit dem Tableau liegt ein klassisches Transportschema vor: Es gibt eine bestimmte Anzahl von Auslieferungslägern und Empfängern, kein einziger Weg ist gesperrt und die Gesamtangebotsmenge entspricht der Gesamtnachfragemenge. Es ist lediglich zu berücksichtigen, daß nicht Kostenminimierung, sondern eine Maximierung der Präferenzpunkte angestrebt wird.

Die Änderung der Zielvorschrift hat aber keinen Einfluß auf die Anwendbarkeit der bekannten Lösungsverfahren. Das Gewinnmaximierungsproblem läßt sich auch als Minimierungsproblem formulieren. Dazu ist der Abstand vom maximalen Gewinn, im Beispiel 12 Präferenzpunkte, zu minimieren. Die Minimierung der Gewinneinbußen erfordert, daß wir mit neuen Zielfunktionswerten arbeiten: $c_{ij}^{neu} = \max - c_{ij}$. Die neuen

Transportkostensätze entsprechen der Differenz zwischen maximalem und altem Zielfunktionswert. Damit ergibt sich folgende Transportmatrix:

Empfang / Versand	A	B	C	Mengen
I	4	6	12	13
II	2	8	12	7
III	8	12	2	12
IV	0	12	10	16
V	12	6	4	14
VI	12	3	7	8
	22	28	20	70

Eine Ausgangslösung kann mit der Matrix-Minimum-Methode ermittelt werden. Die anschließende Verbesserung der Ausgangslösung läßt sich mit Hilfe der Stepping-Stone- oder der Modi-Methode durchführen. Bei der Interpretation der Optimallösung ist darauf zu achten, daß der ermittelte Kostenwert den Gewinneinbußen entspricht. Der maximale Gewinn ergibt sich also aus dem Produkt aus Studierenden und maximaler Präferenzpunktzahl, im Beispiel $70 \cdot 12$, abzüglich der Gewinneinbußen. Anstatt das Gewinnmaximierungsproblem in ein Minimierungsproblem umzuwandeln, kann man auch die bekannten Regeln analog für den Fall der Zielvorschrift Maximierung anwenden. Eine Ausgangslösung läßt sich dann mit der Matrix-Maximum-Methode bestimmen. Zunächst werden die Felder im Transporttableau belegt, die den höchsten Gewinn je Vermittlung versprechen. Im Anschluß daran wird die erste zulässige Ausgangslösung mit einer angepaßten Stepping-Stone-Methode verbessert. Es wird nicht auf die Felder mit der größten negativen Kostendifferenz umgeschichtet, sondern auf die Felder mit der größten positiven Differenz. Bei Belegung dieser Felder wird der höchste Gewinnzuwachs erzielt. Die Optimallösung ist gefunden, wenn kein freies Feld mehr positiv bewertet ist.

11.2.2 Das Betontransportproblem

Ein mittelständischer Betonhersteller verfügt über zwei an der B1 gelegene Zementwerke in Soest und Salzkotten. Die mit Beton zu beliefernden Baustellen liegen gleichfalls an der B1, und zwar in Osttönnen und in Geseke. Die Entfernungen der Städte, die Kapazitäten der Zementwerke und der Bedarf der Baustellen sind der Zeichnung zu entnehmen. Die Transportkosten pro Mengeneinheit und Kilometer betragen DM 1,-.

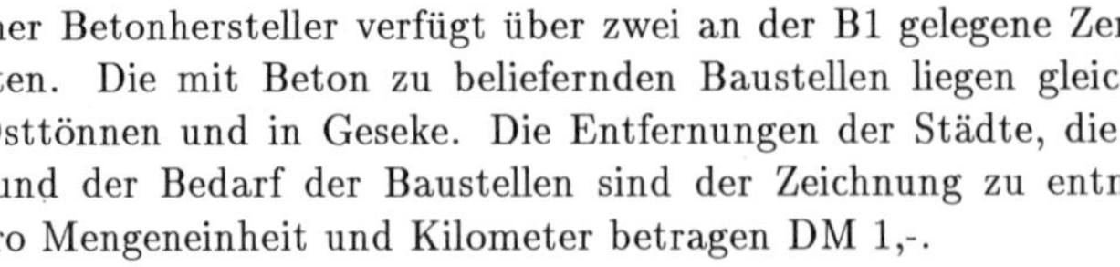

Lösen Sie das Transportproblem!

Es liegt ein klassisches Transportproblem vor: Die Gesamtnachfrage entspricht der Gesamtkapazität der Betonwerke. Aus diesen Angaben soll eine Transportmatrix erstellt und sinnvoll eine Ausgangslösung bestimmt werden. Diese Ausgangslösung wird in diesem Fall auch zugleich die Optimallösung sein. Zusätzlich sollen noch die anfallenden Kosten bestimmt werden. Die Transportkosten können der folgenden Matrix entnommen werden:

Empfang / Versand	Osttönnen	Geseke	Kapazität
Soest	(10)	(40)	10
Salzkotten	(60)	(10)	5
Bedarf	7	8	15

Bei Belegung der Felder nach der Matrix-Minimum-Methode erhält man folgenden Transportplan:

Empfang / Versand	Osttönnen	Geseke	Kapazität
Soest	7	3	10
Salzkotten	0	5	5
Bedarf	7	8	15

Die Optimalität der Lösung wird mit Hilfe der Stepping-Stone-Methode überprüft: Wird eine ME mehr von Salzkotten nach Osttönnen transportiert, verursacht das zusätzliche Kosten in Höhe von 80,– DM = (+60 − 10 + 40 − 10) DM. Die Kosten der optimalen Lösung betragen insgesamt: $7 \cdot 10 + 3 \cdot 40 + 5 \cdot 10 = 240$ DM.

Nach der Ermittlung der Optimallösung stellt sich heraus, daß in Osttönnen zwei zusätzliche ME Beton benötigt werden. Die Produktionskapazität kann jedoch nur in Salzkotten um zwei ME erweitert werden. Wie verhalten sich die Kosten bei Berücksichtigung dieser zusätzlichen Lieferung? Die Vermutung liegt nahe, daß sich die Kosten erheblich erhöhen, maximal um $2 \cdot 60 = 120$ DM. Diese erste Vermutung soll nun rechnerisch überprüft werden. Im Transportschema wird die geänderte Ausgangssituation berücksichtigt, d.h., es soll mit den neuen Daten eine neue optimale Lösung bestimmt werden. Man erhält folgendes Transportschema:

Empfang / Versand	Osttönnen	Geseke	Kapazität
Soest	(10)	(40)	10
Salzkotten	(60)	(10)	$5 + 2 = 7$
Bedarf	$7 + 2 = 9$	8	17

Die optimale Lösung sieht wie folgt aus:

Empfang / Versand	Osttönnen	Geseke	Kapazität
Soest	9	1	10
Salzkotten	0	7	7
Bedarf	9	8	17

Die optimale Lösung des veränderten Problems verursacht Kosten in Höhe von $9 \cdot 10 + 1 \cdot 40 + 7 \cdot 10 = 200$ DM. Vergleicht man diesen Kostenbetrag mit den Kosten des Ausgangsproblems, so stellt man erstaunlicherweise fest, daß sie unter den Kosten des Ausgangsproblems liegen. Hätte man allerdings bereits beim ursprünglichen Problem die mögliche Kapazitätserweiterung im Werk Salzkotten berücksichtigt, wären nur Transportkosten in Höhe von 180,– DM angefallen.

Aufgaben

Transportprobleme eines Stahlerzeugers

Ein Stahlerzeuger mit 3 Produktionsstellen möchte den erzeugten Rohstahl möglichst kostengünstig an 4 Betriebe der stahlverarbeitenden Industrie liefern. Die Versandmengen der einzelnen Produktionsstellen und die Bedarfsmengen der Betriebe sind in der folgenden Tabelle zusammengestellt:

Produktionsstelle	1	2	3
Versandmenge in t	10	7	13

Betrieb	1	2	3	4
Nachfrage in t	6	8	9	7

Die Transportkostensätze [DM/t und ME] sind der folgenden Tabelle zu entnehmen:

Betrieb / Produktionsstelle	1	2	3	4
1	1	4	3	2
2	5	3	4	5
3	3	1	2	4

1. Stellen Sie die Transportmatrix auf!

2. Erstellen Sie mit Hilfe der Nord-West-Ecken-Regel eine Basislösung des Transportproblems!

3. Ermitteln Sie den optimalen Transportplan mit Hilfe des Modi-Verfahrens!

4. Wie läßt sich das Transportproblem lösen, wenn:

   - der Bestand größer ist als der Bedarf bzw.
   - der Bestand kleiner ist als der Bedarf?

Event-Marketing

Marketingstrategen wußten es schon immer: „Die Markentreue ist besonders groß, wenn sie durch soziales Lernen erworben wurde.“ Inzwischen geht im Marketing der Trend zum Event – um die Marken herum wird eine Erlebniswelt aufgebaut. Dies hat auch der Sportartikelhersteller Rapp GmbH realisiert. Mit Hilfe eines Top-Events will er sich zu einer Lifestyle-Firma wandeln. Die Veranstaltung soll insbesondere konsumorientierte und aktive Jugendliche ansprechen, die den Erlebnischarakter des Events mit der Attraktivität der Marke und dem Image des Unternehmens in Verbindung bringen. Da die Konkurrenz schon länger die jüngeren Kunden zu schillernden Events einlädt, haben diese inzwischen die Qual der Wahl zwischen Inline-Skating, Whale-Watching oder Kreativ-Parties. Schließlich findet man doch noch seine zielgruppengerechte Eventnische: Beachball. Dazu sollen an den schönsten Stränden der Welt Jugendliche aller Nationen um den Global-Beach-Cup spielen. Der Auftakt der Kampagne ist für den 1.8. im Rahmen einer Mega-Beach-Party unter den Klängen von House- und Grunge-Musik am Strand von Westerland geplant.

Sorgen bereitet den Marketingexperten allein die Logistik. Das gesamte Equipment für den Beachball-Cup wird in 40 Schiffscontainer verladen und mit den eigens dafür gecharterten Rapp-Windjammern von Strand zu Strand transportiert. Jeder Windjammer hat eine maximale Zuladekapazität von 10 Schiffscontainern. Für die Überfahrt wird mit beschäftigungsunabhängigen Kosten von DM 15.000,- pro Windjammer und mit variablen Kosten in Höhe von DM 10,- je Seemeile gerechnet. Es stehen mehrere Seerouten für die Überfahrt zur Auswahl. Insgesamt wird man in drei Häfen einlaufen müssen, um weitere Rapp-Teams aufzunehmen. Ausgangspunkt der Überfahrt ist Strand A, Endpunkt ist Strand J. Die nachfolgenden Tabellen geben die möglichen Reiserouten und die Entfernungen zwischen den einzelnen Stränden (in 100 Seemeilen) wieder:

nach Strand ...	B	C	D
von Strand A	6	15	3

nach Strand ...	E	F	G
von Strand B	18	24	–
von Strand C	3	18	9
von Strand D	–	33	27

nach Strand ...	H	I
von Strand E	21	15
von Strand F	9	12
von Strand G	21	3

nach Strand ...	J
von Strand H	3
von Strand I	12

1. Charakterisieren Sie das vorliegende Transportproblem!

2. Formulieren Sie das Transportproblem als LP-Problem!

3. Bestimmen Sie eine zulässige Ausgangslösung!

4. Welche Schwierigkeiten ergeben sich für dieses mehrstufige Transportproblem bei Ermittlung einer optimalen Lösung unter Anwendung der Stepping-Stone-Methode?

5. Berechnen Sie die optimale Seeroute mit Hilfe der Dynamischen Programmierung!

6. Nach Ermittlung der Lösung unter 4. wird bekannt, daß am Strand 3 maximal 15 Schiffscontainer täglich gelöscht werden können! Welche Konsequenzen ergeben sich hieraus für das ursprüngliche Transportproblem, wenn der Leiter der Marketing-Abteilung einen Zeitverzug nicht akzeptiert?

11.3 Das Zuordnungsproblem

11.3.1 Einführungsbeispiel

Die Qualitätsendkontrolle der Car Company hat folgendes Stellenbesetzungsproblem: Eine bestimmte Anzahl Stellen oder Aufgaben, in diesem Fall bestimmte Prüftätigkeiten, ist gleichzeitig zu besetzen. Eine gleichgroße Anzahl Personen steht zur Verfügung, deren Qualifikation für die Prüfaufgaben bekannt ist. Es soll die im Hinblick auf die jeweilige Zielsetzung optimale Besetzung der Stellen oder Aufgaben mit Personen gefunden werden. Insgesamt sind fünf Prüfaufgaben Ai auf fünf Personen Pi zu verteilen. Die unterschiedliche Eignung der Personen sei durch die Zeiten bestimmt, die jeweils zur Erledigung der einzelnen Aufgaben benötigt werden. Die Zeiten können der folgenden Zeitbedarfsmatrix entnommen werden.

	Person				
Aufgabe	P1	P2	P3	P4	P5
A1	11	12	6	16	3
A2	9	16	19	18	12
A3	8	10	11	7	6
A4	6	10	13	9	9
A5	8	10	11	10	5

Es soll diejenige Zuordnung von Personen zu Prüfaufgaben gefunden werden, die den gesamten Zeitbedarf und damit – so sei unterstellt – die Prüfkosten minimiert.

11.3.2 Formulierung des Zuordnungsproblems

Beim linearen Zuordnungsproblem handelt es sich um einen Spezialfall des Transportproblems, bei dem die Anzahl der Liefer- wie Nachfrageorte übereinstimmt. Die zuzuordnenden Aufgaben lassen sich als Lieferorte eines Transportproblems interpretieren. Analog können die Personen als Empfangsorte angesehen werden. Sämtliche Angebots- und Nachfragemengen betragen im Zuordnungsproblem eins. Das lineare Programm läßt sich mit diesen Überlegungen formulieren.

Zunächst ist eine Schaltvariable zu definieren:

$$\begin{aligned} x_{ij} &\in \{0,1\} && (11.13)\\ x_{ij} &= 0 \quad \text{Auftrag } i \text{ wird nicht von Person } j \text{ bearbeitet.}\\ x_{ij} &= 1 \quad \text{Auftrag } i \text{ wird von Person } j \text{ bearbeitet.} \end{aligned}$$

Die Variablen x_{ij} nehmen ausschließlich die Werte 0 oder 1 an, da jede Stelle nur von einer Person besetzt werden kann. Wird z.B. die Prüftätigkeit 2 von Arbeiter 3 ausgeführt, hat die Variable x_{23} den Wert 1. Weitere Prüfaufgaben können von der Person 3 nicht erledigt werden, so daß x_{i3} für $i \neq 2$ gleich 0 sein muß. Ebenso gilt dann, daß x_{2j} für $j \neq 3$ gleich 0 sein muß, was besagt, daß die Aufgabe 2 nicht von weiteren Personen bearbeitet wird. Ferner sind Konstanten c_{ij} einzuführen, die den Zeitbedarf bei Bearbeitung von Auftrag i durch Person j beschreiben. Die Zielfunktion lautet dann:

$$\sum_i \sum_j c_{ij} \cdot x_{ij} \rightarrow \min! \tag{11.14}$$

Die Zielfunktion stellt die Minimierung der Prüfzeiten sicher.
Folgende Restriktionen sind zu beachten:

- Fertigungsbedingung:

$$\sum_j x_{ij} = 1 \quad \text{für alle } i. \tag{11.15}$$

  Die Fertigungsbedingung besagt, daß jeder Auftrag i von genau einer Person bearbeitet wird.

- Beschäftigungsbedingung:

$$\sum_i x_{ij} = 1 \quad \text{für alle } j. \tag{11.16}$$

Die Beschäftigungsbedingung stellt sicher, daß jede Person j einen Auftrag bearbeitet.

- Nichtnegativitätsbedingungen:

$$x_{ij} \geq 0. \tag{11.17}$$

11.3.3 Ungarisches Lösungsverfahren

Zur Lösung des Zuordnungsproblems sind spezielle Algorithmen entwickelt worden, die sich die besondere Struktur des Zuordnungsproblems zunutze machen. Dazu gehört auch das Ungarische Lösungsverfahren (vgl. Bloech 1974, Churchman/Ackoff/Arnoff 1971, Krekó 1969, Kuhn 1955). Die Vorgehensweise des Ungarischen Lösungsverfahrens soll anhand des Einführungsbeispiels dargestellt werden. Der Algorithmus verläuft in fünf Schritten. Die Reihenfolge der ersten beiden Schritte kann vertauscht werden. Die Schritte 3, 4 und 5 müssen ggf. mehrmals durchlaufen werden.

Schritt 1: *Spaltenreduktion:*
Das Verfahren beginnt mit der Reduktion der Ausgangsmatrix um fixe Komponenten. Im Beispiel handelt es sich um die Arbeitszeiten, die unabhängig von der konkreten Besetzung mindestens anfallen werden. Für jede Spalte der Ausgangsmatrix ist das Element mit minimalem Wert zu bestimmen und von allen Elementen dieser Spalte zu subtrahieren. Die Summe der fixen Komponenten, die unabhängig von der konkreten Zuordnung anfallen, wird als Reduktionskonstante bezeichnet. Die Reduktionskonstante stellt eine Zeituntergrenze bzw. Kostenuntergrenze dar. Der Lösungsalgorithmus versucht, eine Zuordnung zu finden, die sich von der Kostenuntergrenze möglichst wenig entfernt. Im Beispiel wird von den Elementen der Spalte 1 die 6, der Spalte 2 die 10, der Spalte 3 die 6, der Spalte 4 die 7 und der Spalte 5 die 3 subtrahiert. Es verbleibt folgende Matrix:

	Person				
Aufgabe	P1	P2	P3	P4	P5
A1	5	2	0	9	0
A2	3	6	13	11	9
A3	2	0	5	0	3
A4	0	0	7	2	6
A5	2	0	5	3	2
Spalten-reduktions-wert	6	10	6	7	3

Schritt 2: *Zeilenreduktion:*
Die Zeilenreduktion geht von der um Spaltenminima reduzierten Matrix aus. Wie bei der Spaltenreduktion ist für jede Zeile dieser Matrix das Element mit minimalem Wert zu bestimmen und von allen Elementen dieser Zeile zu subtrahieren. Nach diesem Schritt enthält die resultierende Matrix in jeder Zeile und jeder Spalte mindestens ein Nullelement, d.h. ein Element, das den Wert Null hat. Im Beispiel finden sich schon nach Schritt 1 Nullelemente in den Zeilen 1, 3, 4 und 5. Lediglich von den Elementen der Zeile 2 kann noch der Wert 3 subtrahiert werden, so daß die Zeilenreduktion die Reduktionskonstante um 3 ZE erhöht. Die gesamte Reduktionskonstante nach Spalten- und Zeilenreduktion beträgt damit $6 + 10 + 6 + 7 + 3 + 3 = 35$, d.h. der Zeitbedarf für die Ausführung der Prüftätigkeiten wird bei mindestens 35 ZE liegen. Es ergibt sich folgende reduzierte Matrix:

	Person					Zeilenreduktions-
Aufgabe	P1	P2	P3	P4	P5	wert
A1	5	2	0	9	0	0
A2	0	3	10	8	6	3
A3	2	0	5	0	3	0
A4	0	0	7	2	6	0
A5	2	0	5	3	2	0

Schritt 3: *Erzeugung eines Decklliniensystems:*
Die um die Reduktionskonstante reduzierte Matrix wird zeilen- und spaltenweise mit der *geringstmöglichen* Anzahl Linien – sogenannten Decklinien – überzogen. Das Deckliniensystem ist in der Weise zu erzeugen, daß durch jedes Nullelement mindestens eine Decklinie verläuft. Ist die Anzahl der Linien dieses Deckliniensystems identisch mit der Zahl der Zeilen bzw. Spalten der Problemstellung, so kann man bereits mit Schritt 5 fortfahren. Ansonsten ist zunächst Schritt 4 einzuleiten. Im Beispiel decken die vier Linien, die durch die Spalten 1 und 2 und durch die Zeilen 1 und 3 gehen, alle Nullelemente ab, wie die nächste Tabelle zeigt:

Aufgabe	Person P1	P2	P3	P4	P5
A1	5	2	0	9	0
A2	0	3	10	8	6
A3	2	0	5	0	3
A4	0	0	7	2	6
A5	2	0	5	3	2

Da nur vier Decklinien benötigt werden, aber fünf Zeilen vorhanden sind, muß mit Schritt 4 fortgefahren werden.

Schritt 4: *Erzeugung neuer Nullelemente:*
Nach Eintragung der Decklinien sind im oberen Tableau drei Typen von Feldern enthalten: nicht bedeckte Felder, einfach bedeckte Felder und doppelt bedeckte Felder. Die drei Feldertypen werden bei der Erzeugung neuer Nullelemente unterschiedlich behandelt. Die Erzeugung neuer Nullelemente vollzieht sich in fünf Teilschritten.

1. Bestimme zunächst den geringsten Wert eines nicht bedeckten Feldes (e = Minimum der Werte der nicht bedeckten Felder).

2. Alle nicht bedeckten Felder werden um e vermindert, d.h. mindestens eine neue Null taucht auf.

3. Die einfach bedeckten Felder bleiben unverändert.

4. Die Zahlen in doppelt bedeckten Feldern werden um e erhöht.

5. Die Reduktionskonstante wird um das Produkt aus e und der Differenz aus der Anzahl der Spalten und der Anzahl der Linien des Deckliniensystems erhöht. Mit der sich ergebenden neuen Matrix ist dann Schritt 3 zu wiederholen.

Im Beispiel ist die 2 der kleinste Wert eines nicht bedeckten Feldes. Nach den vorgeschriebenen Additionen und Subtraktionen ergibt sich die folgende Matrix:

	Person				
Aufgabe	P1	P2	P3	P4	P5
A1	7	4	0	9	0
A2	0	3	8	6	4
A3	4	2	5	0	3
A4	0	0	5	0	4
A5	2	0	3	1	0

Bei der nun anstehenden Wiederholung des Schrittes 3 zeigt sich, daß im Beispiel fünf Decklinien – z.B. eine Linie für jede Spalte – nötig sind, um alle Nullelemente abzudecken. Die Anzahl der Decklinien entspricht der Anzahl der Spalten bzw. Zeilen, folglich kann zu Schritt 5 übergegangen werden. Die Umschichtung in der Matrix garantiert allerdings nicht in jedem Fall, daß man im nächsten Schritt die optimale Lösung findet. Eine wiederholte Erzeugung neuer Nullelemente wird erforderlich, wenn die Anzahl der Decklinien unverändert bleibt.

Schritt 5: *Zuordnung durch Markierung von Nullelementen:*
Wenn die Anzahl der Decklinien mit der Zeilen- bzw. Spaltenzahl übereinstimmt, läßt sich eine optimale Zuordnung von Personen zu Stellen oder Aufgaben auf der Basis der Nullelemente vornehmen. Die Nullen werden unter Engpaßgesichtspunkten ausgewählt, d.h., diejenige Spalte oder Zeile wird ausgewählt, in der nur eine Null vorkommt. Eine isoliert in der Zeile oder in der Spalte stehende Null wird auch als unabhängige Null bezeichnet. Das alleinstehende Nullelement wird gekennzeichnet. Die übrigen Nullen in der Spalte und der Zeile des markierten Nullelementes werden gestrichen, da weder Aufgabe noch Person anderweitig zugeordnet werden können. Daraufhin ist das nächste Nullelement zu markieren, das nunmehr in seiner Zeile oder Spalte allein steht und so fort. Ist die Auswahl des nächsten zu markierenden Nullelementes nicht eindeutig möglich, da noch mehr als eine Null in jeder Zeile und Spalte steht, wird zunächst eine beliebige Null gekennzeichnet, während die übrigen Nullen der betreffenden Zeile und Spalte gestrichen werden. Diese willkürliche Kennzeichnung kann unter Umständen falsch sein, wie im folgenden noch erläutert wird. Sind schließlich soviele Nullelemente markiert, wie Zeilen vorhanden sind, werden die Zeilen (Stellen) und Spalten (Personen) jedes einzelnen markierten Nullelements einander zugeordnet. Die sich ergebende Stellenbesetzung ist optimal.

Können aber nicht genügend Nullelemente gekennzeichnet werden, sind zwei Fälle denkbar:

- Bei der Markierung der Nullelemente war es zumindest z.T. nötig, die Auswahl willkürlich zu treffen, und man hat eine falsche Wahl getroffen. Mit einer anderen Wahl der Markierungen ist es aber möglich, insgesamt genügend Nullelemente zu kennzeichnen. Es ist also erforderlich, erneut in Schritt 5 einzutreten und einige Markierungen zu ändern.

- Man hat in Schritt 3 einen Fehler gemacht, indem man kein Deckliniensystem mit der geringstmöglichen Anzahl Linien erzeugt hat und muß daher den Schritt 3 erneut durchlaufen.

Orientiert man sich im Beispiel an anderen Spalten, so liegt der Engpaß in der Spalte 3. Es wird die Null aus der ersten Zeile gekennzeichnet. Die übrigen Nullen in der Spalte 3 und der Zeile 1 werden gestrichen. Dadurch entfällt die Null in der ersten Zeile/fünften Spalte. In der fünften Spalte liegt dann eine weitere unabhängige Null vor. Die Null in der fünften Zeile/fünften Spalte wird als nächste gekennzeichnet. Daraufhin wird die Null in der fünften Zeile/zweiten Spalte gestrichen und es entsteht ein Engpaß in der zweiten Spalte. Wenn schließlich so viele Nullelemente markiert sind, wie Zeilen vorhanden sind, werden die Zeilen (Stellen) und Spalten (Personen) jedes einzelnen markierten Nullelements einander zugeordnet. Die sich ergebende Stellenbesetzung ist optimal.

Prüfaufgabe	Person	Zeitbedarf
A1	P3	6
A2	P1	9
A3	P4	7
A4	P2	10
A5	P5	5

Im Beispiel ergibt sich damit eine Zuordnung, die zu einem gesamten Zeitbedarf gemäß Ausgangsmatrix von 37 führt.

Das dargestellte Verfahren zur optimalen Stellenbesetzung ist in Abb. 11.1 als Flußdiagramm schematisch zusammengefaßt. Das Verfahren ist hier nur in seinen Grundzügen dargestellt worden. Zur optimalen Lösung kleinerer Probleme reichen aber diese Grundkenntnisse in den meisten Fällen aus.

Im klassischen Zuordnungsproblem stimmt die Anzahl der Zeilen mit der Anzahl der Spalten überein. Der Lösungsalgorithmus läßt sich geringfügig modifiziert auch in Fällen anwenden, wo eine größere oder kleinere Anzahl Personen (Spalten) zur Verfügung steht als Stellen (Zeilen) zu besetzen sind. In solchen Fällen sind vor dem Einsatz des Ungarischen Lösungsverfahrens die passende Anzahl Zeilen oder Spalten als Dummies anzufügen, so daß sich eine quadratische Form ergibt.

$m = n$	Normalfall
$m > n$	Anfügen von $m - n$ neuen Spalten als Dummies
$m < n$	Anfügen von $n - m$ neuen Zeilen als Dummies

Der Bewertungssatz beträgt für alle Dummies einheitlich Null.

11.3.4 Gewinnmaximierung im Zuordnungsproblem

Bisher wurden nur Zuordnungsprobleme betrachtet, die eine Minimierungszielsetzung verfolgten. Jedoch läßt sich auch eine Maximierungsvorschrift im Zuordnungsproblem abbilden. Dazu ein kleines Beispiel.

Ein Immobilienmakler bietet vier Eigentumswohnungen i in bevorzugter Wohnlage an. Da sich seine Courtage nach dem Kaufpreis richtet, strebt er einen möglichst großen Gesamtkaufpreis an. Für die von ihm angebotenen Wohnungen interessieren sich insgesamt vier potentielle Käufer j. Ihre Zahlungsbereitschaft g_{ij} (in Tsd. DM) für die einzelnen Objekte ist bekannt und läßt sich der folgenden Tabelle entnehmen:

Käufer	A	B	C	D
Wohnungen				
1	200	210	205	205
2	180	185	175	180
3	190	190	180	195
4	200	205	200	210

Die mathematische Formulierung des linearen Programms hat die folgende Gestalt:

- Zielfunktion:

$$Z = \sum_i \sum_j g_{ij} \cdot x_{ij} \rightarrow \max! \tag{11.18}$$

- Wohnungsbedingung:

$$\sum_j x_{ij} = 1 \quad \text{für alle Wohnungen } i. \tag{11.19}$$

- Erwerbsbedingung:

$$\sum_i x_{ij} = 1 \quad \text{für alle Käufer } j. \tag{11.20}$$

- Nichtnegativitätsbedingung:

$$x_{ij} \geq 0. \tag{11.21}$$

Das Ziel, den Gewinn aus den Wohnungsverkäufen zu maximieren, läßt sich auch als Minimierungsaufgabe formulieren. Dazu wird das Matrixmaximum G und die Differenz jedes einzelnen Matrixelementes zu diesem Maximum $(G - g_{ij})$ bestimmt. Diese Gewinneinbußen gehen in eine zu minimierende Zielfunktion ein:

$$\begin{aligned} Z^{\text{neu}} &= \sum_i \sum_j (G - g_{ij}) \cdot x_{ij} \rightarrow \min! \qquad (11.22) \\ &= G \cdot \sum_i \sum_j x_{ij} - \sum_i \sum_j g_{ij} \cdot x_{ij} \rightarrow \min! \end{aligned}$$

Im Beispiel kann der Immobilienmakler für den Verkauf einer Wohnung maximal einen Erlös in Höhe von 210.000 DM erzielen. Die Differenzen auf diesen maximalen Verkaufserlös gehen in die Matrix der Gewinneinbußen ein (Beträge in Tsd. DM):

Käufer / Wohnungen	A	B	C	D
1	10	0	5	5
2	30	25	35	30
3	20	20	30	15
4	10	5	10	0

Nach Spaltenreduktion (Spalte A um 10 Tsd. DM und Spalte C um 5 Tsd. DM) erhält man:

Käufer / Wohnungen	A	B	C	D
1	0	0	0	5
2	20	25	30	30
3	10	20	25	15
4	0	5	5	0

Die Zeilenreduktion vermindert die Werte in Zeile 2 um 20 Tsd. DM und in Zeile 3 um 10 Tsd. DM. Die Reduktionskonstante beträgt nach beiden Reduktionsschritten 45 Tsd. DM.

Käufer / Wohnungen	A	B	C	D
1	0	0	0	5
2	0	5	10	10
3	0	10	15	5
4	0	5	5	0

Da sich sämtliche Nullen mit lediglich drei Decklinien überdecken lassen, ist noch keine optimale Lösung gefunden.

Käufer / Wohnungen	A	B	C	D
1	0	0	0	5
2	0	5	10	10
3	0	10	15	5
4	0	5	5	0

Mit Schritt 4 des Ungarischen Lösungsverfahrens werden neue Nullelemente erzeugt. Die Reduktionskonstante erhöht sich dabei um 5 Tsd. DM und es ergibt sich folgende neue Matrix:

Käufer / Wohnungen	A	B	C	D
1	5	0	0*	10
2	0	0*	5	10
3	0*	5	10	5
4	0	0	0	0*

Nach einmaligem Erzeugen neuer Nullelemente ist eine eindeutige optimale Lösung (im Tableau durch $*$ gekennzeichnet) gefunden. Kunde A erwirbt die Wohnung 3, Kunde B die Wohnung 2, Kunde C das Objekt 1 und Kunde D die Wohnung 4. Dabei muß der Immobilienmakler eine Gewinneinbuße in Höhe von 50.000 DM gegenüber dem fiktiven Maximalgewinn von 840.000 DM ($= 4 \cdot 210.000$ DM) hinnehmen. Der Verkaufserlös aus den vier Objekten beträgt somit 790.000 DM.

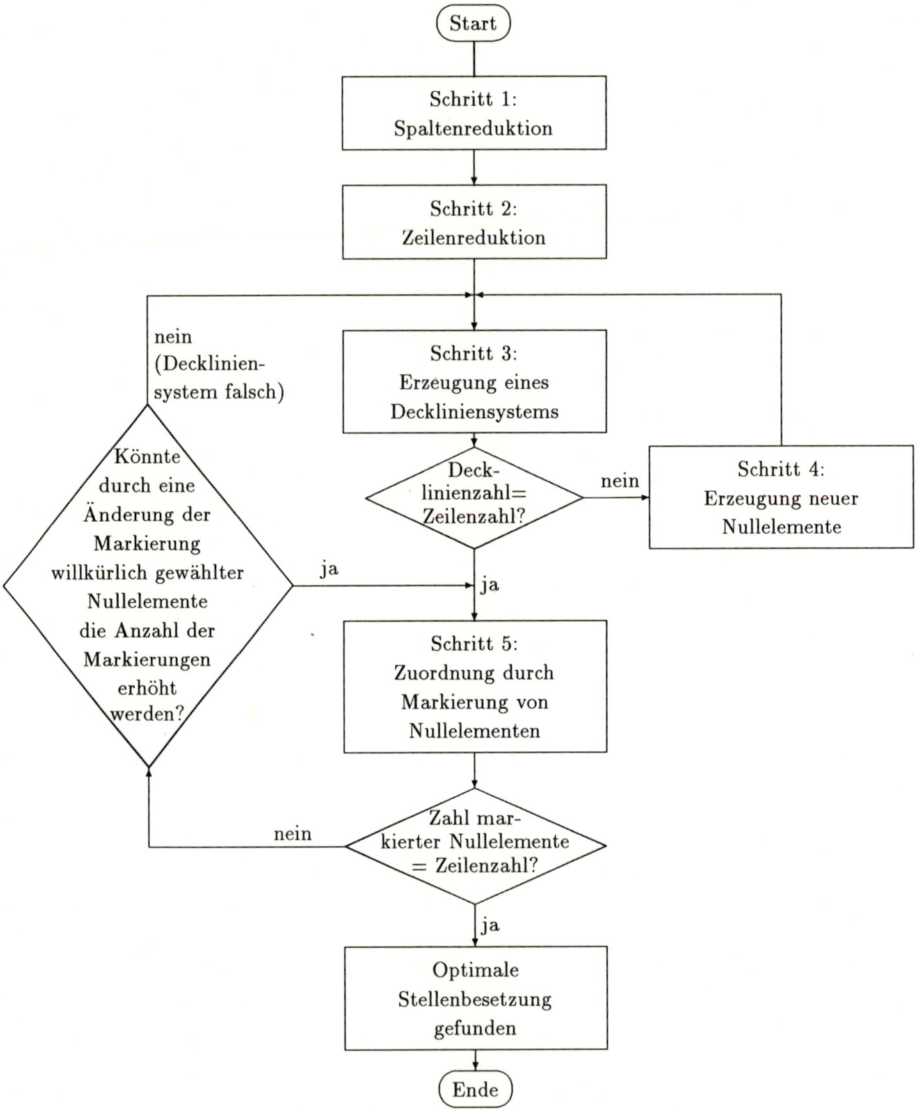

Abb. 11.1: Ablaufdiagramm zum Ungarischen Lösungsverfahren in Anlehnung an BERENS 1982

11.4 Anwendungen des Zuordnungsproblems

11.4.1 Der Kauf von Flugtickets als Zuordnungsproblem

Eine ähnliche Fallstudie ist in BERENS 1992 bereits veröffentlicht worden.

Der Unternehmensberater Dr. Consult mit Sitz in Düsseldorf berät eine Firma in Berlin. Die Besuchstermine bei seinem Klienten stehen fest. Dr. Consult wird zu 7 Terminen jeweils von Montag bis Donnerstag in Berlin tätig sein. Aus Gründen der Zeitersparnis möchte er mit dem Flugzeug reisen. Die für ihn sinnvollste Verbindung ist diejenige vom Flughafen Düsseldorf (DUS) nach Berlin/Tegel (TXL). Für den Hinflug kommt montags nur die Maschine um 6.45 Uhr in Frage und für den Rückflug donnerstags nur der Abflug in Berlin um 20.40 Uhr. Die anschließende Erkundigung nach den Tarifen in der Economy Class ergibt folgende Angebote:

1. *Normaltarif:*
   Der Flugpreis für Hin- und Rückflug beträgt DM 746 zuzüglich einer Flugsicherheitsgebühr in Höhe von DM 12.

2. *Spar-Tarif:*
   Bei Nutzung des Spar-Tarifes ermäßigt sich der Preis auf DM 485 zuzüglich Flugsicherheitsgebühr. Jedoch ist dieser Sondertarif an einige Bedingungen geknüpft: Hin- und Rückflug sind fest zu buchen und gleichzeitig zu bezahlen, der Rückflug kann frühestens am Sonntag nach Reiseantritt erfolgen, die maximale Gültigkeit beträgt 6 Monate.

3. *Spar-7-Tarif:*
   Beim Spar-7-Tarif kostet ein Flugticket (Hin/Rück) lediglich DM 336 zuzüglich der Flugsicherheitsgebühr. Den Nutzern dieses Sondertarifs wird allerdings zur Auflage gemacht, daß sie Hin- und Rückflug spätestens sieben Tage vor Abflug buchen und gleichzeitig bezahlen sowie frühestens am Sonntag nach Reiseantritt zurückfliegen können. Die Gültigkeit ist auf drei Monate begrenzt.

Dr. Consult möchte die Reisen zu möglichst günstigen Konditionen buchen. Zu diesem Zweck klärt er im Reisebüro ab, ob zu den beabsichtigten Flugterminen noch Plätze im Spar-Tarif oder im Spar-7-Tarif frei sind. Die folgende Tabelle zeigt das Ergebnis seiner Erkundigungen.

Montag ab Düsseldorf			Donnerstag ab Berlin/Tegel		
Datum	Spar	Spar-7	Datum	Spar	Spar-7
08.11.93	⊗	⊗	11.11.93	⊗	⊗
29.11.93	○	○	02.12.93	⊗	○
13.12.93	⊗	⊗	16.12.93	○	○
20.12.93	⊗	○	23.12.93	○	○
17.01.94	⊗	⊗	20.01.94	⊗	⊗
31.01.94	⊗	⊗	03.02.94	○	○
14.02.94	⊗	⊗	17.02.94	⊗	⊗

Durch die Anwendung zweier Ideen können die Flugkosten deutlich gesenkt werden:

- Tickets werden wochenübergreifend gebucht und benutzt. Dadurch wird es grundsätzlich möglich, die günstigeren Tarife in Anspruch zu nehmen.

- Der erste Start mit einem Hin- und Rückflugticket kann selbstverständlich auch in Berlin erfolgen. Es ist z.B. möglich, den ersten Donnerstag (11.11.93) mit dem dritten Montag (13.12.93) zu kombinieren, indem ein Hin- und Rückflug „Berlin-Düsseldorf-Berlin“ gebucht wird. Da zu beiden Terminen Plätze im Spar-7-Tarif frei sind, kann dieses Ticket dann mit dem billigsten Tarif gebucht werden.

	Do $j =$	1	2	3	4	5	6	7
Mo $i =$	Datum	11.11.93	02.12.93	16.12.93	23.12.93	20.01.94	03.02.94	17.02.94
1	08.11.93	758	497	758	758	348	758	497
2	29.11.93	758	758	758	758	758	758	758
3	13.12.93	348	497	758	758	348	758	348
4	20.12.93	497	497	758	758	497	758	497
5	17.01.94	348	497	758	758	758	758	348
6	31.01.94	348	497	758	758	348	758	348
7	14.02.94	497	497	758	758	348	758	758
Mo für Montag; Do für Donnerstag								

Tab. 11.2: Matrix der Flugkosten

Die Problemstellung kann als lineares Zuordnungsproblem formuliert werden. Zur Lösung dieses Zuordnungsproblems wird zunächst eine Matrix der realisierbaren Flugkosten aufgestellt. Diese Matrix enthält je eine Zeile für die 7 Flüge ab Düsseldorf und je eine Spalte für die 7 Flüge ab Berlin. Jedes der $7 \cdot 7 = 49$ Felder der Matrix in der Tab. 11.2 repräsentiert ein Ticket für einen Hin- und Rückflug und kann mit den entsprechenden Flugkosten besetzt werden. Dies soll am Beispiel der ersten Spalte und der ersten Zeile demonstriert werden.

- In der ersten Zeile steht das erste Feld (1. Montag/1. Donnerstag) für einen regulären Hin- und Rückflug, der einschließlich der Flugsicherheitsgebühren DM 758 kostet.

- Das zweite Feld (1. Montag, 2. Donnerstag) kann einschließlich der Flugsicherheitsgebühren mit DM 497 besetzt werden: Zwischen beiden Terminen liegt ein Wochenende und zu beiden Terminen stehen noch Plätze des Spar-Tarifes, nicht aber des Spar-7-Tarifes, zur Verfügung.

- Da für den dritten, vierten und sechsten Donnerstag keine Plätze mit den günstigeren Tarifen angeboten werden, kommt für die entsprechenden Felder nur der reguläre Preis von DM 758 in Frage.

- Beim fünften Feld (1. Montag/5. Donnerstag) kann mit DM 348 der günstigste

Tarif genutzt werden, da zu beiden Terminen die entsprechenden Plätze frei sind. Da zwischen beiden Flugterminen mehr als drei Monate liegen, kann für das siebte Feld (1. Montag/7. Donnerstag) der günstigste Tarif nicht in Anspruch genommen werden. Dafür läßt sich mit DM 497 der Spar-Tarif nutzen.

- Das erste Feld der ersten Spalte ist bereits erklärt. Für das zweite Feld (1. Donnerstag/2. Montag) kommt nur der Normaltarif (DM 758) in Frage, da am zweiten Montag keine Plätze auf günstigeren Tarifen frei sind. Am dritten, fünften und sechsten Montag sind Plätze des Spar-7-Tarifes frei, ebenso wie am ersten Donnerstag. Die zugehörigen Flugkosten betragen also nur DM 348. Für den vierten bzw. den siebten Donnerstag kommt nur der Spar-Tarif von DM 497 in Frage, da kein billigerer Platz frei ist bzw. zwischen Hin- und Rückflug mehr als drei Monate liegen.

Das gegebene lineare Zuordnungsproblem läßt sich formal wie folgt darstellen. Jedes Ticket wird als eine Zuordnung eines Montags zu genau einem Donnerstag aufgefaßt. Dazu wird die Null-Eins-Variable x_{ij} $(i, j = 1, \ldots, 7)$ definiert. Ist sie gleich 1, wird dem Montag i genau der Donnerstag j auf einem Hin- und Rückflug-Ticket zugeordnet, in allen anderen Fällen ist die Variable gleich Null. Liegt dieser Montag i vor dem Donnerstag j, so bedeutet dies, daß der 1. Flug des Tickets am Montag i von Düsseldorf und der 2. Flug am Donnerstag j von Berlin startet. Liegt jedoch der Montag i nach dem Donnerstag j, dann startet der 1. Flug am Donnerstag j in Berlin und der 2. Flug am Montag i in Düsseldorf. Die Kosten einer solchen Zuordnung ergeben sich aus dem Rabattsystem und werden mit c_{ij} bezeichnet. Sie können der Tab. 11.2 entnommen werden.

Das Zuordnungsproblem lautet in allgemeiner Formulierung:

$$K = \sum_{i,j} c_{ij} \cdot x_{ij} \to \min! \tag{11.23}$$

unter:

$$\sum_i x_{ij} = 1 \quad j = 1, \ldots, 7.$$

Jedem Donnerstag ist genau ein Montag i zuzuordnen:

$$\sum_j x_{ij} = 1 \quad i = 1, \ldots, 7. \tag{11.24}$$

Jedem Montag ist genau ein Donnerstag j zuzuordnen:

$$x_{ij} \in \{0, 1\} \quad i, j = 1 \ldots, 7.$$

Zu Beginn des Ungarischen Lösungsverfahrens ist eine Spalten- und ggf. Zeilenreduktion um die in der jeweiligen Spalte bzw. Zeile anfallenden Mindestkosten vorzunehmen.

Im vorliegenden Problem erübrigt sich nach Durchführung der Spaltenreduktion eine weitere Zeilenreduktion. Die Tab. 11.3 stellt die reduzierte Matrix dar. Zusätzlich sind am unteren Rand die Werte angegeben, um welche die jeweilige Spalte reduziert wird.

	Do $j =$	1	2	3	4	5	6	7
Mo $i =$	Datum	11.11.93	02.12.93	16.12.93	23.12.93	20.01.94	03.02.94	17.02.94
1	08.11.93	410	0	0*	0	0	0	149
2	29.11.93	410	261	0	0*	410	0	410
3	13.12.93	0	0	0	0	0*	0	0
4	20.12.93	149	0	0	0	149	0*	149
5	17.01.94	0	0	0	0	410	0	0*
6	31.01.94	0*	0	0	0	0	0	0
7	14.02.94	149	0*	0	0	0	0	410
Spaltenreduktion um		348	497	758	758	348	758	348
Mo für Montag; Do für Donnerstag								

Tab. 11.3: Die um Spaltenminima reduzierte Matrix

Ticket Nr.	Datum und Standort des 1. Fluges	Datum und Standort des 2. Fluges	Kosten in DM
1	08.11.93 ab DUS	16.12.93 ab TXL	758
2	11.11.93 ab TXL	31.01.94 ab DUS	348
3	29.11.93 ab DUS	23.12.93 ab TXL	758
4	02.12.93 ab TXL	14.02.94 ab DUS	497
5	13.12.93 ab DUS	20.01.94 ab TXL	348
6	20.12.93 ab DUS	03.02.94 ab TXL	758
7	17.01.94 ab DUS	17.02.94 ab TXL	348

Tab. 11.4: Optimale Lösung für den Kauf von Flugtickets

Der Blick auf die reduzierte Matrix zeigt, daß nun allein auf Basis der Nullelemente mehrere Lösungen des Zuordnungsproblems möglich sind. Jede dieser denkbaren Lösungen ist optimal, da sie lediglich zu den Mindestkosten von DM 3.815 führt, um die insgesamt die Spalten der Matrix reduziert worden sind. Eine dieser optimalen Lösungen ist in Tab. 11.3 durch die Kennzeichnung der Nullelemente (0*) angegeben. Tab. 11.4 gibt für diese optimale Lösung die einzelnen Tickets und ihre genauen Kosten an.

11.4.2 Personalzuordnung in Radiologien

Zuordnungsprobleme existieren auch bei der Personaleinsatzplanung in großen medizinisch-technischen Krankenhausabteilungen (vgl. BERENS ET AL. 1988). Probleme bei der Personalzuordnung sollen beispielhaft anhand der Radiologischen Klinik der Universität Münster demonstriert werden. Die Universitätsklinik Münster ist ein Haus mit ca. 1.700 Planbetten und ca. 460.000 erbrachten Pflegetagen. Im dortigen Institut für klinische Radiologie – Röntgendiagnostik – arbeiten im Planungszeitraum 46 MTRA (Medizinisch-Technische-Radiologieassistenten/innen) auf 39 Arbeitsplätzen. Bis auf wenige Ausnahmen sind die MTRA nicht festen Arbeitsplätzen zugeordnet. Vielmehr werden von der leitenden MTRA Wochenpläne mit der jeweils aktuellen Zuordnung von Mitarbeitern zu Arbeitsplätzen erstellt. Die Wochenpläne müssen eine Reihe von Anforderungen erfüllen, wie im folgenden noch deutlich wird. Dadurch wird die Planerstellung zu einer schon auf den ersten Blick komplizierten Aufgabe, die wöchentlich viele Stunden Arbeitseinsatz erfordert. Hierbei sind folgende planungsrelevante Faktoren zu berücksichtigen:

- Auf einigen Arbeitsplätzen sind funktionsgleiche Geräte zu bedienen. Diese zueinander parallelen Arbeitsplätze werden zu Arbeitsplatzgruppen zusammengefaßt.

- Es gibt einige sogenannte Dauerarbeitsplätze, d.h., diesen Plätzen sind ganz bestimmte Mitarbeiter fest zugeordnet. Dies erfolgt aus Gründen der Kontinuität und aufgrund der erforderlichen Spezialkenntnisse der Mitarbeiter. Eine Umbesetzung wird nur bei zwingenden Gründen, wie zum Beispiel Urlaub oder Krankheit, vorgenommen.

- Die Besetzung aller übrigen Arbeitsplätze wechselt im Zeitablauf. Dies wird als Rotation bezeichnet.

- Im wesentlichen gibt es zwei Gründe für die Rotation: Zum einen sollen alle MTRA möglichst viele Arbeitsplätze kennenlernen und auch lernen, sie auszufüllen. Dies erhöht sowohl die Flexibilität der einzelnen Mitarbeiter als auch die des ganzen Instituts. Zum anderen ist die physische und psychische Belastung der MTRA an den verschiedenen Arbeitsplätzen sehr unterschiedlich. Die Rotation soll daher zu einer gerechten Verteilung der Arbeitsbelastung für alle Mitarbeiter führen. Hierdurch und durch die wechselnden Arbeitsinhalte kann die Motivation der Mitarbeiter gefördert werden.

- Da wegen Urlaub und Krankheit im allgemeinen zu wenig Personal anwesend ist, sind einige Plätze vorrangig und andere nachrangig zu besetzen.

- Jeder Mitarbeiter ist nur für eine begrenzte Anzahl von Arbeitsplätzen bzw. Arbeitsgruppen qualifiziert und einsetzbar. Die Qualifikationen ändern sich im Zeitablauf. Durch Ausbildung können die MTRA weitere Qualifikationen erwerben.

- Die Frage der aktuellen Einsetzbarkeit eines Mitarbeiters wird über die Frage der Qualifikation hinaus durch weitere Faktoren determiniert, wie insbesondere Urlaub, Krankheit oder Schwangerschaft, bei der die MTRA auf einer Reihe von Arbeitsplätzen nicht mehr beschäfigt werden darf.

- Durch das Ausscheiden und den Eintritt von MTRA oder auch durch den Austausch von Arbeitskräften mit anderen Kliniken des gleichen Hauses variiert der Mitarbeiterstand sowohl in seiner Größe als auch in seiner qualitativen Zusammensetzung im Zeitablauf. In gleicher Weise ist die Zahl und Funktion der Arbeitsplätze zeitlichen Veränderungen unterworfen.

Durch die Fülle der relevanten Informationen ist die bislang rein manuell durchgeführte, wöchentliche Personaleinsatzplanung sehr zeitaufwendig für die leitende MTRA. Es ist naheliegend, den Zeitaufwand durch PC-Unterstützung zu verringern. Zu diesem Zweck wurde mit RAROP (Radiologie-Rotations-Planung) ein interaktives Programm entwickelt, das die leitende MTRA von dieser rein administrativen Tätigkeit entlastet.

Das Programmpaket RAROP

In der Literatur zur quantitativen Planung werden für Personaleinsatzplanungsprobleme Ansätze der Linearen Programmierung, u.a. auch in Gestalt des Zuordnungsproblems, formuliert. Zur Lösung können dann Spezialalgorithmen wie das Ungarische Lösungsverfahren eingesetzt werden. Auch für die Personaleinsatzplanung im Krankenhaus werden Ansätze der Linearen Programmierung vorgeschlagen. Voraussetzung für die Anwendung solcher Modelle ist aber, daß das zugrundeliegende Problem wohlstrukturiert ist. Bei einem solchen Problem sind alle Daten und Variablen quantifizierbar und bekannt, es existiert eine eindimensionale Zielfunktion und ein operationales Optimierungsverfahren. Im Fallbeispiel handelt es sich lediglich um ein scharf definiertes Problem und es gibt keine operationale, eindimensionale Zielfunktion. Darüber hinaus ist in diesem Zusammenhang zu berücksichtigen, daß sich die Datensituation wenig statisch verhält. Insbesondere Krankmeldungen treffen sehr kurzfristig ein und müssen entsprechend einfach in die Planung integriert werden können.

Aus den genannten Gründen ist für das Rotationsproblem in der Radiologischen Klinik kein Standardverfahren zum Einsatz gekommen, sondern mit RAROP ein eigenes Planungswerkzeug entwickelt worden (vgl. Berens et al. 1988). RAROP ist ein interaktives Programm, das durch seine flexible Benutzeroberfläche in der Lage ist, neben der eigentlichen Erstellung einer zulässigen Personalzuordnung auch verschiedene Servicefunktionen zu erfüllen. Kernstück des Programms ist eine eigens für die Problematik entwickelte Heuristik.

Bei der Entwicklung dieser Heuristik wurden Ideen in Analogie zu der im Zuordnungsproblem üblichen Vorgehensweise entwickelt. Insofern bietet sich die Darstellung des Personaleinsatzproblems in Radiologien auch im hier gegebenen Zusammmenhang mit dem Zuordnungsproblem der linearen Programmierung an.

Der Grundgedanke von RAROP besteht darin, mit der Heuristik ein Verfahren der quantitativen Planung als Baustein in ein flexibles, DV-gestütztes Planungswerkzeug zu integrieren, um so einen Kompromiß zwischen rein manueller Planung und einer starren Modellanwendung zu erreichen.

Das Hauptmenü von RAROP bietet dem Anwender folgende Optionen zur Auswahl:

1. Plan aufstellen,
2. Druckmenü,
3. Qualifikation,
4. Stammdaten,
5. beenden.

Die eigentliche Planerstellung verläuft in den folgenden Schritten:

Vorbereitung: *Aktualisierung des alten Plans*
Geplant wird jeweils für eine Kalenderwoche. Als Vorbereitung für die Neuplanung, werden dem Rechner Änderungen eingegeben, die sich zwischen der geplanten Arbeitsplatzzuweisung und dem tatsächlichen Dienstplan der vergangenen Wochen ergeben haben. Nicht immer läßt sich der Plan exakt einhalten, z.B. aufgrund krankheitsbedingter Ausfälle. Um eine gerechte Rotation zu erreichen, müssen die entsprechenden Dateien vor neuen Planungsläufen aktualisiert werden.

1. Schritt: *Abwesenheiten und Vakanzen eingeben*
Zu Beginn der Planung wird dem Programm mitgeteilt, welche Mitarbeiter wahrscheinlich wegen Krankheit und Urlaub abwesend sein werden. Außerdem kann der Benutzer vorab Zuweisungen vornehmen. Soll beispielsweise eine MTRA auf einem Arbeitsplatz ausgebildet werden oder aus anderen Gründen auf jeden Fall einem bestimmten Arbeitsplatz zugeordnet werden, kann diese Zuordnung fest eingegeben werden. In gleicher Weise können Arbeitsplätze freigehalten werden, wenn es erwünscht wird. Nach Abschluß der manuellen Vorabzuweisungen berücksichtigt der Rechner automatisch die Dauerstellen.

2. Schritt: *Heuristik der Hierarchischen Engpaß-Zeitraum-Priorität*
Mit Hilfe einer Funktionstaste wird dann die Heuristik „Hierarchische Engpaß-Zeitraum-Priorität“ aktiviert. Die Vorgehensweise ähnelt der Zuordnung von Personen zu Stellen oder Aufgaben durch Markierung von Nullelementen. Die Heuristik läuft wie folgt ab:

- 1. Stufe:
  Es wird ermittelt, welche der noch nicht eingeplanten MTRA bzw. welcher der noch freien Arbeitsplätze unter Engpaßgesichtspunkten als nächstes eingeplant werden soll. Engpaß ist je nach Zahl der Freiheitsgrade entweder die noch freie MTRA (Fall a), für die aufgrund der Qualifikationen die wenigsten Arbeitsplätze

zulässig sind, oder der noch freie Arbeitsplatz (Fall b), für den die wenigsten MTRA qualifiziert sind. Die Engpaßüberlegungen ähneln dem Auswahlverfahren der Nullelemente im Ungarischen Lösungsverfahren. Jeweils das Nullelement wird gekennzeichnet, das in seiner Zeile (oder Spalte) allein steht.

- 2. Stufe:
  Es wird unter Rotationsgesichtspunkten ermittelt, welchen Arbeitsplatz die in der ersten Stufe ermittelte MTRA (Fall a) am längsten nicht besetzt hat, bzw. welche MTRA am längsten nicht dem Arbeitsplatz (Fall b) zugeordnet war. Ergebnis dieser Stufe ist eine Zuordnung einer MTRA auf einen Arbeitsplatz. Anschließend wird wieder zur ersten Stufe übergegangen, bis alle Zuordnungen getroffen sind. Die Ausgangssituation in der 2. Stufe der Heuristik ist vergleichbar mit dem im Zuordnungsproblem behandelten Fall, daß die Auswahl des nächsten zu markierenden Nullelementes nicht eindeutig ist. Während im Ungarischen Lösungsverfahren zunächst eine beliebige Null gekennzeichnet wird, macht die Heuristik die Absenzzeit zum eindeutigen Entscheidungskriterium für die Zuordnung. Nach dem Einsatz der Heuristik liegt eine Zuordnung vor, die wahlweise nach Mitarbeitern oder nach Arbeitsplänen sortiert ausgegeben werden kann.

Wenn gewünscht, kann das Planungsergebnis aber auch in Schritt 3 manuell abgeändert werden.

Beispiele für die interaktive Unterstützung bei manuellen Eingriffen in die Planung sind in den Tabellen auf den beiden nächsten Seiten zu finden.

Für den Arbeitsplatz CT 1 sind folgende MTRA qualifiziert:

3)	Berg	11)	Graber	13)	Hansen
14)	Heyne	16)	Hülsbrink	17)	Kähler
19)	Kleffmann	21)	Krings	22)	Kröger
23)	Krüper	28)	Löbbe	32)	Pohlmann
33)	Preslack	34)	Rabe	36)	Sandfort
37)	Schabel	38)	Schmidt	40)	Schulz
41)	Stein	42)	Stock	46)	Wiese

Für den Arbeitsplatz CT 1 sind folgende MTRA *nicht* qualifiziert:

1)	Assmann	2)	Bäcker	4)	Bernd
5)	Bernsen	6)	Duwe	7)	Ehlers
8)	Erding	9)	Essberger	10)	Gäller
12)	Gruber	15)	Hirsemann	18)	Klasen
20)	Koch	24)	Krupp	25)	Kückler
26)	Kütz	27)	Kuliak	29)	Maus
30)	Mortens	31)	Pape	25)	Rosenbleck
39)	Schneider	43)	Terbach	44)	Ulrich
45)	Walter				

Wer soll auf dem Arbeitsplatz CT 1 arbeiten? (Nr. der MTRA)
Soll der Platz unbesetzt bleiben, bitte 0 eingeben!
Eingabe: 34

MTRA Rabe wurde auf CT 1 gesetzt! o.k.? (J/N)
Eingabe: J

3. Schritt: *Nachträgliche Änderung des Planes*
Erfahrungen im praktischen Einsatz von RAROP haben gezeigt, daß häufig nachträgliche Änderungen im Plan vorgenommen werden müssen, z.T. weil neue Krankmeldungen eintreffen, z.T. aber auch, weil bei den Vorabfestlegungen von der leitenden MTRA nicht alle Gegebenheiten berücksichtigt worden sind. RAROP bietet daher dem Benutzer die Möglichkeit, auf zwei unterschiedlichen Wegen in die vom Rechner erstellte Planung einzugreifen. Zum einen kann mit Hilfe einer weiteren Funktionstaste der Zustand vor Aktivierung der Heuristik rekonstruiert werden. Diese Option hat sich als sinnvoll erwiesen, da auf diese Weise Vorabfestlegungen ergänzt werden können. Zum zweiten können auch nach erfolgter Planung durch den Rechner manuell Umbesetzungen vorgenommen werden. Insgesamt hat der Anwender damit die Möglichkeit, in kürzester Zeit die Auswirkungen verschiedener Vorabfestlegungen zu testen und mehrere Pläne durchzuspielen.

Nach Mitarbeitern sortiertes Planungsergebnis			
17. Kalenderwoche			
Assmann:	Leitung	Bäcker:	Nieren
Berg:	MR 1	Bernd:	Traumatologie
Bernsen:	R3 Orthopädie 2	Duwe:	Sonographie
Ehlers:	Thoramat 2	Erding:	Spezial
Essberger:	R 17 DSA	Gäller:	LS außen 1
Graber:	CT 3	Gruber:	Chirurgie 1
Hansen:	Chirurgie 2	Heyne:	R4 Orthopädie 2
Hirsemann:	Chirurgie 3	Hülsbrink:	OP 2
Kähler:	Chirurgie 4	Klasen:	Chirurgie 8
Kleffmann:	CGR	Koch:	Chirurgie 9
Krings:	– abwesend –	Kröger:	CT 1
Krüper:	Intensiv 2	Krupp:	LS innen 2
Kückler:	LS außen 2	Kütz:	Chirurgie 5
Kuliak:	Thoramat 1	Löbbe:	R 18 DSA
Maus:	Chirurgie 6	Mortens:	R 4 Orthopädie
Pape:	OP 1	Pohlmann:	– abwesend –
Preslack:	– abwesend –	Rabe:	MR 2
Rosenbleck:	MDP	Sandfort:	CT 2
Schabel:	– abwesend –	Schmidt:	– abwesend –
Schneider:	Intensiv I	Schulz:	– abwesend –
Stein:	– abwesend –	Stock:	R16 DSA
Terbach:	LS innen 1	Ulrich:	Mammographie
Walter:	Chirurgie 7	Wiese:	R3 Orthopädie 1

Nach Arbeitsplätzen sortiertes Planungsergebnis			
17. Kalenderwoche			
1-Leitung:	Assmann	2-LS außen 1:	Gäller
3-LS außen 2:	Kückler	4-LS innen 1:	Terbach
5-LS innen 2:	Krupp	6-MR 1:	Berg
7-MR 2:	Rabe	8-R3 Orthopädie 1:	Wiese
9-R3 Orthopädie 2:	Bernsen	10-R4 Orthopädie 1:	Mortens
11-R4 Orthopädie 2:	Heyne	12-Sonographie:	Duwe
13-Thoramat 1:	Kuliak	14-Thoramat 2:	Ehlers
15-Mammographie:	Ulrich	16-CT 1:	Kröger
17-CT 2:	Sandfort	18-CT 3:	Graber
19-Nieren:	Bäcker	20-CGR:	Kleffmann
21-Traumatologie:	Bernd	22-Spezial:	Erding
23-MDP:	Rosenbleck	24-R16 DSA:	Stock
25-R17 DSA:	Essberger	26-R18 DSA:	Löbbe
27-Intensiv 1:	Schneider	28-Intensiv 2:	Krüper
29-OP 1:	Pape	30-OP 2:	Hülsbrink
31-Chirurgie 1:	Gruber	32-Chirurgie 2:	Hansen
33-Chirurgie 3:	Hirsemann	34-Chirurgie 4:	Kähler
35-Chirurgie 5:	Kütz	36-Chirurgie 6:	Maus
37-Chirurgie 7:	Walter	38-Chirurgie 8:	Klasen
39-Chirurgie 9:	Koch		

Bei allen Phasen innerhalb dieses Schemas erhält der Benutzer Unterstützung vom Programm. Wenn beispielsweise weniger MTRA einzuplanen als Arbeitsplätze zu besetzen sind, erhält der Anwender auf dem Bildschirm einen entsprechenden Hinweis und damit die Gelegenheit, selbst zu bestimmen, welche Arbeitsplätze frei bleiben sollen. Außerdem kontrolliert das Programm manuelle Zuweisungen auf Stimmigkeit mit Qualifikations- und Dauerstellendatei und gibt auf Wunsch Auskunft über noch freie Arbeitsplätze und MTRA.

Für den Einsatz von RAROP sprechen zwei Faktoren:

- Der Benutzer realisiert nach kurzer Zeit einen direkten Vorteil in der Form eingesparter Arbeitszeit. Der Zeitaufwand für die Planung betrug im Pilotprojekt vor der Anwendung von RAROP wöchentlich mehrere Stunden und konnte nach der Einführungsphase auf wenige Minuten reduziert werden. Daneben ergeben sich weitere Arbeitserleichterungen durch die Servicefunktionen (z.B. Drucken).

- Insbesondere bewährt hat sich das Konzept, flexible Eingriffsmöglichkeiten im Planungsprozeß vorzusehen. Das Programm beinhaltet nicht die starre Anwendung eines quantitativen Planungsverfahrens, sondern bietet eine Vielzahl von manuellen Eingriffsmöglichkeiten für den Benutzer. Dies ist vom planungstheoretischen Standpunkt vielleicht unbefriedigend, erhöht aber die Akzeptanz des Planungswerkzeugs erheblich. Manuelle Eingriffsmöglichkeiten verhindern, daß der Benutzer sich „vom Rechner bevormundet“ fühlt. Das „Expertenwissen“ der leitenden MTRA wird nicht ersetzt, sondern nur unterstützt.

Aufgabe

Probleme der Sachsenfrost

Die Firma Sachsenfrost produziert Fertigbackmischungen. Zum Produktionsprogramm zählt auch die frühere Jugendweihe-Torte, die jetzt unter der Bezeichnung Pfingsttorte verkauft wird. Trotz eines agressiven Marketing ist der Absatz der Pfingsttorte rückläufig. Die Geschäftsleitung sieht sich daher gezwungen, den Personalbestand in der Tortenstraße zu reduzieren. Die Pfingsttorte wird in Fließfertigung hergestellt. Dabei sind fünf Bandstationen erforderlich (Aufschneiden der Tortenböden, Auftragen der Puddingfüllung, Glasur und Beschriftung, Garnieren mit Früchten, Verpackung), an denen manuell gearbeitet wird. An den Bandstationen können unterschiedliche Arbeitskräfte eingesetzt werden. Bisher werden in der Tortenstraße sieben Mitarbeiter beschäftigt.

1. Charakterisieren Sie kurz das vorliegende Personalzuordnungsproblem!

2. Formulieren Sie die gegebene Aufgabenstellung als Zuordnungsproblem!

Die Geschäftsleitung der Sachsenfrost beabsichtigt, zwei der sieben Mitarbeiter zu entlassen. Die dann noch verbleibenden Beschäftigten sollen nach Maßgabe ihrer Eignung den einzelnen Arbeitsplätzen zugewiesen werden. Als Maßgröße für die Eignung wählt die Geschäftsleitung die Arbeitsgeschwindigkeit (gemessen in Torten je Minute). Jeder der sieben Mitarbeiter ist in der Lage, mindestens eine der erforderlichen Arbeiten auszuführen. Welcher Konditor für welche Tätigkeit geeignet ist und welche Arbeitsgeschwindigkeit er dabei realisiert, ist der Tab. 11.5 zu entnehmen.

Konditor	Auf-schneiden	Auf-tragen	Glasur	Garnieren	Ver-packung
1	9	10	–	–	4
2	3	7	7	6	9
3	–	10	–	3	9
4	3	8	10	5	–
5	4	–	–	–	–
6	–	3	7	–	9
7	8	–	9	5	–

Tab. 11.5: Arbeitsgeschwindigkeit der Konditoren

3. Berechnen Sie für die Daten der Tabelle die optimale Personalzuordnung mit Hilfe der Branch&Bound-Methode! Welche beiden Mitarbeiter sind demnach zu entlassen?

4. Konditor 2 hat als IM „Backnie“ Konditor 4 bespitzelt. Um einen ungestörten Arbeitsablauf zu gewährleisten, dürfen die beiden Konditoren nicht direkt aufeinanderfolgenden Stationen zugeteilt werden. Ermitteln Sie eine neue optimale Lösung!

5. Erläutern Sie den speziellen Ansatz der Personalzuordnung für den Fall der Fließfertigung. Passen Sie diesen Ansatz der vorliegenden Datensituation an!

Literaturhinweise

Berens, W.: Prüfkostenminimierung durch optimale Stellenbesetzung, in: Qualität und Zuverlässigkeit, 27. Jg. (1987), S. 361-363.

Berens, W.: Der Kauf von Flugtickets als Zuordnungsproblem, in: WISU – Das Wirtschaftsstudium, 21. Jg. (1992), S. 658-659.

Berens, W. et al.: Entlastung des Personals von administrativen Arbeiten, in: Führen und Wirtschaften im Krankenhaus, 1988, Heft 11/12, S. 38-41.

Bloech, H.: Lineare Optimierung für Wirtschaftswissenschaftler, Opladen, 1974.

Churchman, C., R. Ackoff, E. Arnoff: Operations Research, 5. Aufl., Wien, 1971.

Hansen, P., R. Wendell: A Note on Airline Commuting, in: Interfaces, 12.Jg. (1982), S. 85ff.

Krekó, B.: Lehrbuch der Linearen Optimierung, 4. Aufl., Berlin, 1969.

Kuhn, H.: The Hungarian Method for the Assignment Problem, in: Naval Research Logistics Quarterly, 2.Jg. (1955), S. 83-97.

Müller-Merbach, H.: Tricks von Professor Logelix: Die Studienplatz-Börse, in: Technologie & Management, 1987, Heft 1, S. 52.

Kapitel 12

Dynamische Programmierung

12.1 Beispiel und Grundlagen

Ein Unternehmer verfügt über einen Kapitalbetrag von maximal DM 10.000.000. Zur Anlage dieses Kapitalbetrages bieten sich vier Anlagemöglichkeiten A_1, A_2, A_3 und A_4 an, wobei die Möglichkeit A_3 die Geldanlage am Kapitalmarkt bei einer Verzinsung von 10% darstellt. Angelegt werden können immer nur Kapitalbeträge, die ein Vielfaches von DM 1.000.000 ausmachen. Der Unternehmer ist in der Lage, für jeden möglichen einzusetzenden Kapitalbetrag den Gewinn pro Jahr bei jeder Anlagemöglichkeit anzugeben:

Kapitaleinsatz	Gewinn pro Jahr in 10.000 DM bei Anlagemöglichkeit			
in 1.000.000 DM	A_1	A_2	A_3	A_4
0	0	0	0	0
1	28	25	10	20
2	45	41	20	33
3	65	55	30	42
4	78	65	40	48
5	90	75	50	53
6	102	80	60	56
7	113	85	70	58
8	123	88	80	60
9	132	90	90	60
10	138	90	100	60

In der Abb. 12.1 sind die möglichen Gewinne als Funktion des einzusetzenden Kapitals eingetragen.

Wie soll der Unternehmer sein Kapital auf die vier Anlagemöglichkeiten verteilen, wenn er einen möglichst hohen Gewinn pro Jahr erzielen möchte? Lösen Sie dieses Problem mit Hilfe der Dynamischen Programmierung!

Die vorliegende Aufgabe enthält ein kombinatorisches Problem: Es sind hier 10 Elemente auf 4 Objekte aufzuteilen. Das Problem könnte demnach z.B. dadurch gelöst werden, jede mögliche Kombination von Kapitalanlagen zu generieren und den zugehörigen Gewinn zu berechnen. Kombinatorische Probleme erreichen aber sehr schnell Größenordnungen, die eine derartige vollständige Enumeration aller Möglichkeiten

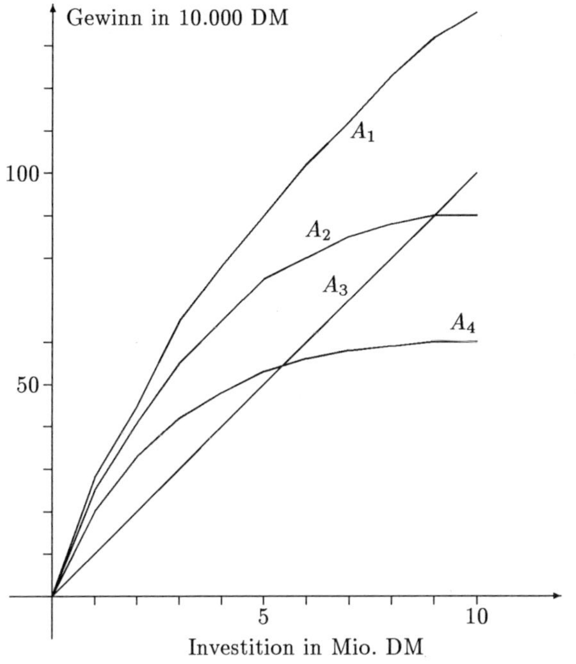

Abb. 12.1: Gewinnfunktionen der Investitionsalternativen

nicht mehr mit vertretbarem Aufwand ermöglichen. Mit der Dynamischen Programmierung steht stattdessen eine Methode zur Verfügung, die es erlaubt, die Ergebnisse sehr vieler Kombinationsmöglichkeiten nicht berechnen zu müssen. Bevor dieses Instrument mit allgemeinen Symbolen vorgestellt wird, soll die einfache Vorgehensweise der Dynamischen Programmierung anhand des vorliegenden Beispiels demonstriert werden.

Dazu wird mit

$f_i(x_i)$ die Gewinnfunktion von A_i,
in Abhängigkeit vom dort eingesetzten
Kapitalbetrag x_i für $i = 1, \ldots, 4$ bezeichnet, ferner mit

$F_{12}(Z)$ der maximale Gewinn,
wenn man in A_1 und A_2 insgesamt Z Mio. DM investiert,

$F_{123}(Z)$ der maximale Gewinn,
wenn man in A_1, A_2 und A_3 insgesamt Z Mio. DM investiert, und mit

$F_{1234}(Z)$ der maximale Gewinn, wenn man
in A_1, A_2, A_3 und A_4 insgesamt Z Mio. DM investiert.

Bei dieser Einführungsaufgabe ist bewußt eine etwas aufwendige Verwendung von Indizes am Symbol F zum Einsatz gekommen. Durch diese Indizierung kann unmittelbar deutlich gemacht werden, welche der Anlagemöglichkeiten bis zu dieser Stufe der Berechnung des Dynamischen Programms berücksichtigt worden sind. Dies ist insbesondere dann von Bedeutung, wenn die Anlagemöglichkeiten nicht in numerischer Reihenfolge in den Berechnungen berücksichtigt werden. Zur Bestimmung von z.B. $F_{12}(2)$ muß von folgenden Werten das Maximum bestimmt werden:

$$\begin{aligned} f_1(0) + f_2(2) &= 0 + 41 = 41 \\ f_1(1) + f_2(1) &= 28 + 25 = 53 \\ f_1(2) + f_2(0) &= 45 + 0 = 45 \end{aligned} \tag{12.1}$$

$F_{12}(2)$ nimmt also den Wert 530.000 DM an. In dieser Art und Weise können mit dem folgenden Tableau die $F_{12}(Z)$ berechnet werden. Dabei ist zu beachten, daß nur die Alternativen mit konstantem $x_1 + x_2 = Z$ entlang der Tabellendiagonalen von links unten nach rechts oben verglichen werden müssen. Die jeweiligen Maxima entlang der Diagonalen für $Z = 0, 1, \ldots, 10$ werden im Tableau durch Einrahmung gekennzeichnet.

		0	1	2	3	4	5	6	7	8	9	10
$f_2(x_2) \searrow$	$f_1(x_1) \rightarrow$	0	28	45	65	78	90	102	113	123	132	138
0	0	0	28	45	65	78	90	102	113	123	132	138
1	25	25	53	70	90	103	115	127	138	148	157	–
2	41	41	69	86	106	119	131	143	154	164	–	–
3	55	55	83	100	120	133	145	157	168	–	–	–
4	65	65	93	110	130	143	155	167	–	–	–	–
5	75	75	103	120	140	153	165	–	–	–	–	–
6	80	80	108	125	145	158	–	–	–	–	–	–
7	85	85	113	130	150	–	–	–	–	–	–	–
8	88	88	116	133	–	–	–	–	–	–	–	–
9	90	90	118	–	–	–	–	–	–	–	–	–
10	90	90	–	–	–	–	–	–	–	–	–	–

Die Gewinnfunktion

$$F_{12}(Z) = \max\left[f_1(Z - x_2) + f_2(x_2)\right] \tag{12.2}$$

mit $x_1 = Z - x_2$ ergibt sich damit zu:

Kapitaleinsatz Z	$F_{12}(Z)$	Optimale Politik x_1	x_2
0	0	0	0
1	28	1	0
2	53	1	1
3	70	2	1
4	90	3	1
5	106	3	2
6	120	3	3
7	133	4	3
8	145	5	3
9	157	6	3
10	168	7	3

Wenn man also 10 Mio. DM in A_1 und A_2 anlegen will, so ist es optimal, 7 Mio. DM in die erste und 3 Mio. DM in die zweite Alternative zu investieren. Als nächstes ist die Funktion $F_{123}(Z)$ zu berechnen: Dabei läßt sich diese rekursiv aus den Funktionen $F_{12}(Z)$ und $f_3(Z)$ ermitteln:

$$F_{123}(Z) = \max\left[F_{12}(Z - x_3) + f_3(x_3)\right] \tag{12.3}$$

		0	1	2	3	4	5	6	7	8	9	10
	$F_{12}(Z - x_3) \rightarrow$	0	28	53	70	90	106	120	133	145	157	168
0	$f_3(x_3) = 0$	0	$\boxed{28}$	$\boxed{53}$	$\boxed{70}$	$\boxed{90}$	$\boxed{106}$	$\boxed{120}$	$\boxed{133}$	$\boxed{145}$	$\boxed{157}$	$\boxed{168}$
1	10	10	38	63	80	100	116	130	143	155	167	–
2	20	20	48	73	90	110	126	140	153	165	–	–
3	30	30	58	83	100	120	136	150	163	–	–	–
4	40	40	68	93	110	130	146	160	–	–	–	–
5	50	50	78	103	120	140	156	–	–	–	–	–
6	60	60	88	113	130	150	–	–	–	–	–	–
7	70	70	98	123	140	–	–	–	–	–	–	–
8	80	80	108	133	–	–	–	–	–	–	–	–
9	90	90	118	–	–	–	–	–	–	–	–	–
10	100	100	–	–	–	–	–	–	–	–	–	–

Wie man bemerkt, ist es offensichtlich nicht optimal, auch nur 1 Mio. DM in die Alternative A_3 zu investieren.

Kapitaleinsatz Z	$F_{123}(Z)$	Optimale Politik x_1	x_2	x_3
0	0	0	0	0
1	28	1	0	0
2	53	1	1	0
3	70	2	1	0
4	90	3	1	0
5	106	3	2	0
6	120	3	3	0
7	133	4	3	0
8	145	5	3	0
9	157	6	3	0
10	168	7	3	0

Schließlich muß noch die Funktion

$$F_{1234}(Z) = \max\,[F_{123}(Z - x_4) + f_4(x_4)] \tag{12.4}$$

berechnet werden.

		0	1	2	3	4	5	6	7	8	9	10
$F_{123}(Z - x_4) \rightarrow$		0	28	53	70	90	106	120	133	145	157	168
0	$f_4(x_4) = 0$	0	28	53	70	90	106	120	133	145	157	168
1	20	20	48	73	90	110	126	140	153	165	177	–
2	33	33	61	86	103	123	139	153	166	178	–	–
3	42	42	70	95	112	132	148	162	175	–	–	–
4	48	48	76	101	118	138	154	168	–	–	–	–
5	53	53	81	106	123	143	159	–	–	–	–	–
6	56	56	84	109	126	146	–	–	–	–	–	–
7	58	58	86	111	128	–	–	–	–	–	–	–
8	60	60	88	113	–	–	–	–	–	–	–	–
9	60	60	88	–	–	–	–	–	–	–	–	–
10	60	60	–	–	–	–	–	–	–	–	–	–

Folgende Gewinnfunktion $F_{1234}(Z)$ kann abgelesen werden:

Kapitaleinsatz Z	$F_{1234}(Z)$	Optimale Politik x_1	x_2	x_3	x_4
0	0	0	0	0	0
1	28	1	0	0	0
2	53	1	1	0	0
3	73	1	1	0	1
4	90	3	1	0	0
	90	2	1	0	1
5	110	3	1	0	1
6	126	3	2	0	1
7	140	3	3	0	1
8	153	4	3	0	1
	153	3	3	0	2
9	166	4	3	0	2
10	178	5	3	0	2

Für jede Höhe des Investitionsbudgets von 1 bis 10 Mio. DM ist das gewinnoptimale Programm ablesbar. Der optimale Investitionsplan für 10 Mio. DM muß also eine Dotierung von A_1 mit 5 Mio. DM, von A_2 mit 3 Mio. DM, von A_3 mit 0 Mio. DM, von A_4 mit 2 Mio. DM vorsehen, auch wenn A_3 bei einem Kapitaleinsatz von 10 Mio. DM die nach A_1 beste Investition ist.

Das vorliegende Problem der Investitionsplanung ist ein typisches Beispiel für die Anwendung der Dynamischen Programmierung. Falls man bei einem anderen Problem die gleiche Grundstruktur wiedererkennt, kann das dargestellte Lösungsverfahren analog eingesetzt werden. Allerdings ist nicht immer einfach zu erkennen, in welchen Situationen die Dynamische Programmierung angewendet werden kann.

Probleme, die mit der Dynamischen Programmierung gelöst werden können, haben folgende gemeinsame Grundstruktur.

1. Die Zielfunktion des Problems ist separabel, d.h., sie setzt sich additiv aus n Komponenten mit jeweils einer eigenen Variablen x_n zusammen. Im Beispiel ist die Separabilität gegeben, da die Gewinnfunktion einer Investitionsalternative nicht durch irgendeine andere Alternative beeinflußt wird.

   Genauer gesagt ist in dem Beispiel das Maximum der Funktion

$$F(x_1, \ldots, x_n) = \sum_{i=1}^{n} f_i(x_i) = f_1(x_1) + f_2(x_2) + \ldots + f_n(x_n) \tag{12.5}$$

   zu bestimmen, wobei $f_i(x_i)$ die Gewinnfunktion der Anlagemöglichkeit i darstellt.

2. Im allgemeinen ist nur eine gemeinsame Restriktion für alle Variablen gegeben. Ist dies nicht der Fall, so ist die Dynamische Programmierung erheblich schwieriger durchzuführen. Im Beispiel existiert nur eine gemeinsame Restriktion: Die Investitionssumme soll genau gleich 10 Mio. DM betragen.

Hat ein Problem diese Grundstruktur, wird es wie folgt mit der Dynamischen Programmierung gelöst.

1. Das Problem mit n Variablen kann wegen der Separabilität in n Stufen, d.h. in n nacheinander zu lösende Teilprobleme mit je einer Entscheidungsvariablen x_n zerlegt werden.

2. Die Teilprobleme sind durch Rekursionsbeziehungen miteinander verknüpft. In dem Problem der Investitionsplanung läßt sich die Rekursionsbeziehung wie folgt bestimmen: Die Größe

$$F(Z) = \max_{x_1,\dots,x_4} [f_1(x_1) + f_2(x_2) + f_3(x_3) + f_4(x_4)] \tag{12.6}$$

kann berechnet werden, indem sequentiell oder stufenweise die Maxima

$$\begin{aligned} F_{12}(Z) &= \max [f_1(Z - x_2) + f_2(x_2)] \, , \\ F_{123}(Z) &= \max [F_{12}(Z - x_3) + f_3(x_3)] \, , \\ F_{1234}(Z) &= \max [F_{123}(Z - x_4) + f_4(x_4)] \, , \end{aligned} \tag{12.7}$$

ermittelt werden. Die genaue Formulierung der Rekursionsbeziehung ist in jedem Problem anders.

3. Auf jeder Stufe des Entscheidungsproblems kann eine Zustandsvariable und eine Entscheidungsvariable unterschieden werden: Für jeden einzelnen Wert (= „Zustand"), den die Zustandsvariable Z_n annehmen kann, wird durch systematische Variation der jeweiligen Entscheidungsvariable x_n die bestmögliche Zielerreichung auf der jeweiligen Stufe ermittelt. Im Beispiel ist die Zustandsvariable der gesamte Geldbetrag, der möglicherweise in alle bis zu dieser Stufe berücksichtigten Anlagealternativen investiert wird. – Die Formulierung „möglicherweise" muß gewählt werden, da der tatsächlich in diese Anlagealternativen zu investierende Geldbetrag erst dann feststeht, wenn alle n Stufen des Entscheidungsproblems gelöst sind. Daher muß in jeder der n Stufen die Möglichkeit berücksichtigt werden, jeden Betrag (1 Mio., 2. Mio., ...,10. Mio) zur Verfügung zu haben. Für die Zustandsvariablen aller Stufen n gilt daher $Z_n = Z = 1, 2, \dots, 10$ Mio. DM.

   Für jeden dieser Zustände Z wird geprüft, welcher Teilbetrag (= Entscheidungsvariable x_n dieser Stufe) für die in dieser Stufe zusätzlich berücksichtigte Anlagemöglichkeit investiert werden soll, und welcher Restbetrag $(Z - x_n)$ für die bis zur vorherigen Stufe berücksichtigten Anlagen zur Verfügung steht.

4. Nur der für den jeweiligen Zustand beste Zielfunktionswert geht in die Berechnung der nachfolgenden Stufe ein. Für die Berechnungen und Entscheidungen

der nachfogenden Stufe ist es unerheblich, durch welche vorgelagerten Entscheidungen dieser beste Zielfunktionswert für den jeweiligen Zustand der Vorstufe zustande gekommen ist.

5. Unter Verwendung der Rekursionsbeziehung geht man in der beschriebenen Weise von Stufe zu Stufe vorwärts (oder in anderer Problemstruktur: rückwärts) und sucht dabei in jeder Stufe für jeden möglichen Zustand die optimale Politik.

6. Abschließend werden in umgekehrter Richtung die endgültigen Entscheidungen gefällt: Ausgehend von dem einen Wert, der für die Zustandsvariable der letzten Berechnungsstufe vorgegeben wird – im Beispiel $Z = 10$ Mio. DM –, können rekursiv die optimalen Entscheidungen aller vorgelagerten Stufen aus den bisherigen Berechnungen abgelesen werden.

Der Algorithmus der Dynamischen Programmierung ist von Richard Bellman in den fünfziger Jahren erfunden worden. Er arbeitete zu jener Zeit zufälligerweise wie Dantzig auch bei der RAND Corporation. Bellman hat auch einiges über die Entstehung der Dynamischen Programmierung erzählt. So hat er in einem nach seinem Tode veröffentlichten Artikel über die Umstände berichtet, die zu der merkwürdigen Bezeichnung „Dynamische Programierung“ geführt haben. In BELLMAN/LEE 1984 ist zu lesen:

„An interesting question is, "Where did the name *dynamic programming* come from?" The technique really is for solving multistage stochastic decision processes. The word *stochastic* is not used lightly. DP was developed for stochastic processes. It was realized fairly late that DP can also be used to solve deterministic problems.

The 1950s were not good years for mathematical research. We had a very interesting gentleman in Washington as the Secretary of Defense, and he actually had a pathological fear and hatred of the word *research*. His face would suffuse, he would turn red, and he would get violent if people used the term *research* in his presence. One can imagine how he felt, then, about the term *mathematical*. The RAND Corporation was employed by the Air Force, and the Air Force had the Secretary of Defense as its boss, essentially. Hence, Dr. Bellman felt that he had to do something to shield the Air Force from the fact that he was really doing mathematics inside the RAND Corporation. What title, what name, could one choose? In the first place, one was interested in planning, in decision making, in thinking. But *planning* is not a good word for various reasons. He decided, therefore, to use the word *programming*. He wanted to get across the idea that this was dynamic, this was multistage, this was time-varying; let's kill two birds with one stone. Let's take a word that has an absolutely precise meaning, namely *dynamic*, in the classical physical sense. It also has a very interesting property as an adjective, that is, it's impossible to use the word *dynamic* in the pejorative sense. Try thinking of some combination that will possibly give it a pejorative meaning. It's impossible. Thus, *dynamic programming* was a good name.“

Im folgenden sollen einige Anwendungen zur Dynamischen Programmierung vorgestellt werden. Andere Fallbeispiele finden sich z.B. in HILLIER/LIEBERMAN 1988, S. 316ff.

12.2 Anwendungen der Dynamischen Programmierung

12.2.1 Produktionsaufteilungsplanung

Eine Unternehmung kann auf drei funktionsgleichen, aber kostenverschiedenen Aggregaten ein Produkt herstellen. Die Aggregate können quantitativ, zeitlich und intensitätsmäßig angepaßt werden. Sowohl die Fertigungszeit als auch die Intensität können nicht beliebig variiert werden. Vielmehr sind diese nur in diskreten Stufen wählbar. Es sind auch nur ganzzahlige Mengen des Produktes auf einem Aggregat herstellbar.

Das erste Aggregat kann während der Einsatzzeit von 1 Zeiteinheit (ZE) nur intensitätsmäßig angepaßt werden. Es entstehen sprungfixe Inbetriebnahmekosten von 10 Geldeinheiten (GE) und variable Kosten gemäß folgender Tabelle:

Intensität y in [ME/ZE]	Kosten $k_1(y)$ in [GE/ME]
1	10
2	12,5
3	15

Für jede der möglichen Ausbringungsmengen x_1 ergeben sich damit die folgenden gesamten Kosten $K_1(x_1)$ des Aggregates 1:

x_1	y	t	$K_1(x_1)$ in [GE]
0	0	0	0
1	1	1	20
2	2	1	35
3	3	1	55

Das zweite Aggregat kann nur zeitlich bei einer Intensität von $y = 4$ ME/ZE angepaßt werden. Es ist möglich, das Aggregat in den Stufen 0,25; 0,5; 0,75 und 1 ZE einzusetzen. Die sprungfixen Inbetriebnahmekosten betragen 12 GE. Die variablen Fertigungskosten sind $k_2(y) = 13$ GE/ME. Die Minimalkostenfunktion $K_2(x_2)$ ist:

x_2	y	t	$K_2(x_2)$ in [GE]
0	0	0	0
1	4	0,25	25
2	4	0,5	38
3	4	0,75	51
4	4	1	64

Das dritte Aggregat kann sowohl zeitlich mit 0,5 oder 1 ZE als auch intensitätsmäßig angepaßt werden. Es kann bei den Intensitäten von $y = 2$ ME/ZE und $y = 4$ ME/ZE eingesetzt werden, wobei sich die folgenden Stückkosten ergeben:

Intensität y in [ME/ZE]	Kosten $k_3(y)$ in [GE/ME]
2	12
4	14

Die Inbetriebnahme verursacht sprungfixe Kosten von 10 GE. Die Minimalkostenkombinationen sind:

x_3	y	t	$K_3(x_3)$ in [GE]
0	0	0	0
1	2	0,5	22
2	2	1	34
3	–	–	nicht möglich
4	4	1	66

Ermitteln Sie die kostenminimale Kombination für jede mögliche Ausbringungsmenge mit Hilfe der Dynamischen Programmierung!

Das vorliegende Problem wird mit Hilfe des in WAGNER/PAPKE 1986 formulierten Algorithmus der Dynamischen Programmierung gelöst: Das Problem hat eine separable Zielfunktion, da sich die Gesamtkosten additiv aus den Kosten der Einzelaggregate zusammensetzen. Die Stufen können einfach dadurch gebildet werden, daß in jeder Stufe ein weiteres Aggregat berücksichtigt wird.

In der ersten Stufe kommt nur das erste Aggregat zum Einsatz. Es kann deshalb keine Aufteilung und Optimierung erfolgen. Die Rekursionsbeziehungen für alternativ vorzugebende Ausbringungsmengen M haben die folgende Gestalt, wobei auf eine aufwendige Indizierung des Symbols F verzichtet wurde:

$$\begin{aligned} F_1(M) &= K_1(M) \\ F_2(M) &= \min_{0 \le x_2 \le M} [F_1(M - x_2) + K_2(x_2)] \\ F_3(M) &= \min_{0 \le x_3 \le M} [F_2(M - x_3) + K_3(x_3)] \end{aligned} \tag{12.8}$$

Dabei sind die Ganzzahligkeitsrestriktionen für x_2, x_3 und M zu beachten. Um die kostenminimale Kombination der Stufe $j \in \{1, 2, 3\}$ zu bestimmen, werden die Spalten eines Tableaus von 0 an aufsteigend (Entscheidungsvariable $M - x_j$) und ebenso die Zeilen (mit der Zustandsvariablen M) numeriert. In dem Tableau werden die Werte $F_{j-1}(M - x_j) + K_j(x_j)$ eingetragen. Wie bei der Lösung des Investitionsplanungsproblems befindet sich der optimale Wert der $F_j(M)$ für eine bestimmte Ausbringungsmenge M entlang der diesem M zugeordneten Diagonalen.

M	x_2	$K_2(x_2)$	$M - x_2$ $F_1(M - x_2) \rightarrow$	0 0	1 20	2 35	3 55
0	0	0		0	20	35	55
1	1	25		25	45	60	80
2	2	38		38	58	73	93
3	3	51		51	71	86	106
4	4	64		64	84	99	119
5	–	–		–	–	–	–
6	–	–		–	–	–	–
7	–	–		–	–	–	–

Die Gewinnfunktion

$$F_2(M) = \min\left[F_1(M - x_2) + K_2(x_2)\right] \tag{12.9}$$

mit $x_1 = M - x_2$ ergibt sich damit zu:

M	$F_2(M)$	Optimale Politik x_1	 x_2
0	0	0	0
1	20	1	0
2	35	2	0
3	51	0	3
4	64	0	4
5	84	1	4
6	99	2	4
7	119	3	4

M	x_3	$K_3(x_3)$	$M - x_3$ $F_2(M - x_3) \rightarrow$	0 0	1 20	2 35	3 51	4 64	5 84	6 99	7 119
0	0	0		0	20	35	51	64	84	99	119
1	1	22		22	42	57	73	86	106	121	141
2	2	34		34	54	69	85	98	118	133	153
3	–	–		–	–	–	–	–	–	–	–
4	4	66		66	86	101	117	130	150	165	185
5	–	–		–	–	–	–	–	–	–	–
6	–	–		–	–	–	–	–	–	–	–
7	–	–		–	–	–	–	–	–	–	–
8	–	–		–	–	–	–	–	–	–	–
9	–	–		–	–	–	–	–	–	–	–
10	–	–		–	–	–	–	–	–	–	–
11	–	–		–	–	–	–	–	–	–	–

Die Gewinnfunktion

$$F_3(M) = \min\left[F_2(M - x_3) + K_3(x_3)\right] \tag{12.10}$$

hat dann die Gestalt:

		Optimale Politik für		
M	$F_3(M)$	x_1	x_2	x_3
0	0	0	0	0
1	20	1	0	0
2	34	0	0	2
3	51	0	3	0
4	64	0	4	0
5	84	1	4	0
6	98	0	4	2
7	117	0	3	4
8	130	0	4	4
9	150	1	4	4
10	165	2	4	4
11	185	3	4	4

12.2.2 Bestimmung des kürzesten Weges

Zwischen den Orten D-Stadt und K-Stadt ist der kürzeste Weg zu bestimmen. Der Wegeplan zwischen den beiden Orten ist in dem gerichteten Graphen der Abb. 12.2 dargestellt. Die Entfernung zwischen den Orten ist an den Kanten der Pfeile in Abb. 12.2 vermerkt.

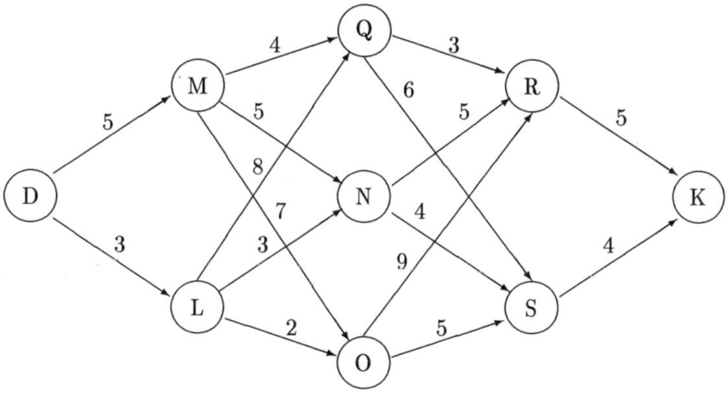

Abb. 12.2: Orts- und Entfernungsnetz

Die Aufgabe kann man graphisch oder rechnerisch – mit einem Algorithmus der Dynamischen Programmierung – lösen. Beide Möglichkeiten sollen demonstriert werden. Der kürzeste Weg kann dabei sowohl durch Vorwärtsrechnung von D-Stadt nach K-Stadt als auch durch Rückwärtsrechnung von K-Stadt nach D-Stadt ermittelt werden.

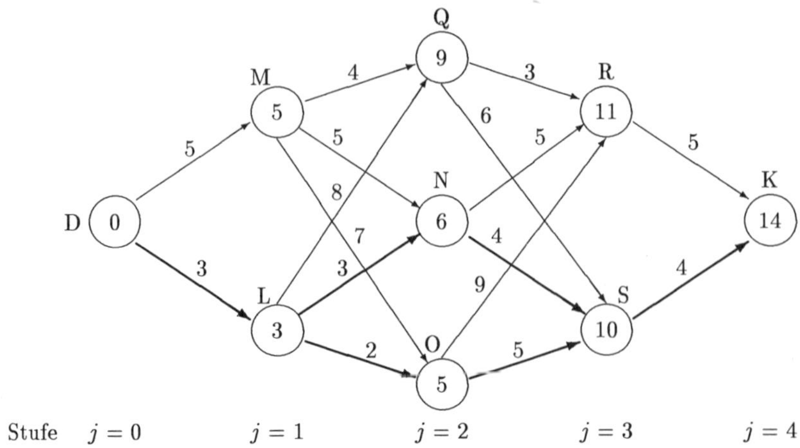

Abb. 12.3: Ermittlung des kürzesten Weges im gerichteten Graphen

Bei der graphischen Bestimmung wird zunächst der Graph in Stufen unterteilt. In einer Vorwärtsrechnung wird die kürzeste Entfernung jedes Ortes zu dem Ort D-Stadt ermittelt und in den jeweiligen Ortskreis eingetragen. Falls ein Ort von mehreren Orten erreicht werden kann, wird der Weg mit der kürzesten Länge zu D-Stadt genommen. In K-Stadt angekommen, kann durch Rückwärtsverfolgung der kürzeste Weg bestimmt werden. Dieser ist in der Abb. 12.3 dick markiert. Die kürzeste Weglänge beträgt 14 Einheiten.

Bei der Bestimmung mit Hilfe der Dynamischen Programmierung wird im Prinzip analog verfahren. Wie bei der graphischen Bestimmung werden solche Wege ausgeschlossen, die nicht zu einer besseren Lösung führen können. Auch hier wird mit einer Vorwärtsrechnung begonnen. Es kann bereits der Abb. 12.3 entnommen werden, daß das Problem in Stufen zerlegbar ist. Bezeichnet man die kürzeste Entfernung von D-Stadt auf Stufe $j = 0$ bis zu einem Ort P auf der Stufe j mit $f_j(P)$ und die Entfernung von einem Ort V der Stufe $j-1$ zum Punkt P mit $x_j(V, P)$, kann der kürzeste Weg mit Hilfe der Rekursionsgleichung

$$f_j(P) = \min_V \left[f_{j-1}(V) + x_j(V, P)\right] \tag{12.11}$$

ermittelt werden. Die Rechnung ist in der Tab. 12.1 durchgeführt worden.

Der kürzeste Weg wird selbstverständlich auch hier mit 14 Einheiten ermittelt. Er führt von D über L, O und S nach K bzw. von D über L, N und S nach K.

Stufe j	Ziel-punkt P	Strecke V–P	$f_{j-1}(V)$	$x_j(V,P)$	$f_{j-1}+x_j(V,P)$	$f_j(P)$
1	L	D – L	0	3	3	3
	M	D – M	0	5	5	5
2	N	L – N	3	3	6	6
		M – N	5	5	10	
	O	L – O	3	2	5	5
		M – O	5	7	12	
	Q	L – Q	3	8	11	
		M – Q	5	4	9	9
3	R	N – R	6	5	11	11
		O – R	5	9	14	
		Q – R	9	3	12	
	S	N – S	6	4	10	10
		O – S	5	5	10	10
		Q – S	9	6	15	
4	K	R – K	11	5	16	
		S – K	10	4	14	14

Tab. 12.1: Bestimmung des kürzesten Weges

12.2.3 Prüfplanung

Betrachtet wird die Produktion eines industriellen Erzeugnisses, das in einem linearen Fertigungsprozeß auf i_n Produktionsstufen i hergestellt wird. Bei der Produktion können j_n Produktfehler der Art j entstehen; es wird davon ausgegangen, daß in jeder Produktionsstufe i nur genau die Fehlerart $j = i$ auftreten kann. Einige dieser Fehler sind reparierbar, andere hingegen sind nicht reparierbar. Die Indizes der Produktionsstufen, in denen reparierbare Fehler entstehen können, werden zur Indexmenge $I_R \subseteq (1, \ldots, i_n)$ zusammengefaßt. Mit anderen Worten: Die Fehler der Art $j \in I_R$ sind reparierbar; alle übrigen Fehlerarten sind nicht reparierbar.

Die Produktfehler entstehen unabhängig voneinander; die Wahrscheinlichkeit p_j für das Auftreten eines Fehlers der Art j ist für alle $j, j = 1, \ldots, j_n$ bekannt.

Aufgaben

1. Diskutieren Sie, in welche Komponenten das Problem der Planung von Prüfstrategien zur Sicherung der Fertigungsqualität des betrachteten Erzeugnisses zerlegt werden kann!

   Im folgenden wird nur eine dieser Komponenten ausführlicher betrachtet. Es wird davon ausgegangen, daß grundsätzlich nach jeder Produktionsstufe i eine Prüfstelle eingerichtet werden kann, die ebenfalls mit dem Index i gekennzeichnet wird. Allerdings muß noch darüber entschieden werden, welche dieser denkbaren Prüfstellen tatsächlich eingerichtet wird. In einer eingerichteten Prüfstelle werden alle Erzeugnisse auf alle Fehlerarten geprüft, die seit der letzten Prüfung entstanden sein können. Die Prüfstellen arbeiten fehlerfrei, d.h., Prüffehler treten nicht auf. Ein fehlerhaftes Produkt kann nur dann repariert werden, wenn bei der Prüfung des Stückes nur reparierbare Fehler gefunden wurden. Sobald die Prüfung einen nicht reparierbaren Fehler ergeben hat, ist dieses Stück zu vernichten. Reparierbare Produkte werden sofort nach der Entdeckung der Fehler repariert; bei der Reparatur fallen keinerlei Fehler an. Nicht reparierbare, zu vernichtende Produkte führen dazu, daß in den nachfolgenden Produktionsstufen in der Planperiode eine geringere Produktionsmenge bearbeitet wird, als in den vorhergehenden Produktionsstufen. Es wird davon ausgegangen, daß pro Planperiode M Einheiten – „ursprüngliche Produktionsmenge“– in der ersten Produktionsstufe bearbeitet werden.

2. Gehen Sie von folgendem einfachen Beispiel aus: Der Produktionsprozeß besteht aus $i_n = 3$ Stufen. Die Fehlerart, die in der 1. Stufe entstehen kann, ist reparierbar; die Fehlerart der 2. Stufe ist nicht reparierbar, und diejenige der 3. Stufe ist wieder reparierbar. Diskutieren Sie für dieses Beispiel die jeweiligen ökonomischen Konsequenzen der folgenden vier Prüfstrategien!

Prüfstrategie 1:	Nur die Prüfstelle 3 wird eingerichtet.
Prüfstrategie 2:	Nur die Prüfstelle 2 wird eingerichtet.
Prüfstrategie 3:	Nur die Prüfstelle 1 wird eingerichtet.
Prüfstrategie 4:	Die Prüfstellen 1 und 3 werden eingerichtet.

3. Im folgenden soll diejenige Prüfstrategie gefunden werden, die zu minimalen erwarteten Gesamtkosten führt. Erstellen sie eine Liste der entscheidungsrelevanten Kostenkomponenten!

4. Alle möglichen Prüfstrategien für das gegebene Problem lassen sich durch einen gerichteten Graphen darstellen. Zeichnen und erläutern Sie diesen Graphen für das Beispiel mit $i_n = 3$ Produktionsstufen! Nennen Sie die Bedeutung jedes einzelnen der eingezeichneten Pfeile!

5. Verallgemeinern Sie die Erläuterungen aus Aufgabe 4 für den Fall von i_n Produktionsstufen!

6. Der kürzeste Weg vom Startknoten zum Zielknoten des Graphen stellt die optimale Lösung des Planungsproblems dar, wenn als Länge der einzelnen Pfeile der Erwartungswert der entscheidungsabhängigen Kosten pro Planperiode angesetzt wird, der sich ergibt, wenn die Entscheidungen gemäß der jeweiligen Pfeilinterpretation erfolgen.

   Erläutern Sie, wie diese Bewertung der Pfeile (Längenbestimmung) im einzelnen erfolgen muß!

7. Erstellen Sie einen Ansatz der Dynamischen Programmierung zur Ermittlung des kürzesten Weges!

Lösung zu Aufgabe 1

Der folgende Ansatz lehnt sich an Berens 1980, S. 53ff. bzw. White 1969 an: Das Problem der Planung von Prüfstrategien besteht darin, diejenige Strategie zu bestimmen, die mit den geringsten Kosten verbunden ist. Eine Prüfstrategie besteht dabei aus drei nicht isoliert zu sehenden Komponenten:

1. An welchen Stellen des Produktionsprozesses sollen Prüfungen stattfinden? Diese Komponente wird im folgenden als „Anordnungsproblem" bezeichnet. Wenn auch entschieden werden muß, wieviele Prüfplätze an den einzelnen Stellen einzurichten sind, wird auch vom „Anordnungsproblem mit Berücksichtigung der Kapazität" gesprochen.

2. Wie sollen die Prüfungen an den einzelnen Prüfstellen aussehen? Soll z.B. generell jede oder nur jede dritte Einheit kontrolliert werden, oder sollen Stichproben untersucht werden und in Abhängigkeit vom Stichprobenergebnis ggf. weitergehende Untersuchungen angestellt werden? Diese Komponente wird „Umfangsproblem" genannt.

3. Auf welche Fehlerarten und/oder Fehlerartenkombinationen soll in den einzelnen Prüfstellen kontrolliert werden? Diese Komponente schließlich wird als „Auswahlproblem" bezeichnet. Gegebenenfalls kann im Zusammenhang mit diesem Auswahlproblem noch ein Reihenfolgeproblem auftreten: Es ist dann zu entscheiden, in welcher Reihenfolge an einer Prüfstelle auf die verschiedenen dieser Stelle zugewiesenen Fehlerarten geprüft werden soll.

In den nachfolgenden Aufgaben wird nur das Anordnungsproblem weiter analysiert.

Lösung zu Aufgabe 2

Prüfstrategie 1:
Es wird nur eine Endkontrolle, also eine Prüfstelle nach der Produktionsstufe 3, eingerichtet. Da dann alle Einheiten auf alle Fehlerarten geprüft werden, keine Prüffehler auftreten und die Reparaturen fehlerfrei erfolgen, fallen keinerlei Kosten für unentdeckte Fehler an, wie zum Beispiel Regreßkosten. Die gesamten Prüfkosten sind relativ gering: Es wird nur eine Prüfstelle eingerichtet, so daß entsprechend wenig sprungfixe Prüfkosten anfallen. Zudem können in hohem Maße Synergieeffekte hinsichtlich der mengenproportionalen Prüfkosten genutzt werden, da auf alle Fehlerarten in nur einer Prüfstelle kontrolliert wird. Andererseits fallen für die nicht reparierbaren Einheiten höhere Vernichtungskosten an, als wenn sie schon frühzeitiger – nämlich nach der Stufe 2 – entdeckt worden wären. Außerdem sind für die nicht reparierbaren Einheiten unnötige Produktionskosten in der Stufe 3 angefallen. Diese Produktionskosten hätten vermieden werden können, wenn die Einheiten schon nach der Stufe 2 als nicht reparierbar erkannt worden wären. Schließlich sind auch die Reparaturkosten für Fehler der Art 1 relativ hoch, da diese Fehler nicht frühzeitig erkannt werden.

Prüfstrategie 2:
Nur nach der Stufe 2 wird eine Prüfstelle eingerichtet. Da jetzt auf Fehler der Art 3 nicht mehr geprüft wird, fallen für diese Fehlerart Kosten für unentdeckte Fehler an. Die gesamten Prüfkosten sind geringer als bei der Prüfstrategie 1, da auf weniger Fehlerarten geprüft werden muß. Die Vernichtungskosten pro vernichteter, nicht reparierbarer Einheit sind so gering wie möglich, da die nicht reparierbaren Einheiten unmittelbar nach derjenigen Stufe entdeckt werden, in der sie den ausschlaggebenden Fehler erhalten. Zudem fallen keinerlei unnötige Produktionskosten in der Stufe 3 an. Auch die Reparaturkosten für die Fehler der Art 1 sind geringer, als bei der Prüfstrategie 1, da die Fehler frühzeitiger entdeckt werden.

Prüfstrategie 3:
Nur nach der Stufe 1 wird eine Prüfstelle eingerichtet. Auf Fehler der Arten 2 und 3 wird jetzt nicht mehr geprüft, und es fallen die entsprechenden Kosten für unentdeckte Fehler an. Da nur auf die Fehlerart 1 geprüft wird, sind die gesamten Prüfkosten geringer als bei den Prüfstrategien 1 und 2. Die Reparaturkosten für jeden einzelnen Fehler der Art 1 sind so gering wie möglich, da die Fehler unmittelbar nach ihrer Entstehung entdeckt werden. Allerdings werden jetzt diejenigen Einheiten mit einem Fehler der Art 1 unnötig repariert, denen in der Stufe 2 noch ein nicht reparierbarer Fehler zugefügt wird.

Prüfstrategie 4:
Nach den Stufen 1 und 3 werden Prüfstellen eingerichtet. In der Prüfstelle 3 wird nur auf die Fehlerarten 2 und 3 geprüft, denn Fehler der Art 1 können an dieser

Stelle nicht mehr vorliegen. Es fallen keinerlei Kosten für unentdeckte Fehler an, da insgesamt auf alle Fehlerarten geprüft wird. Die gesamten Prüfkosten sind höher als bei der Prüfstrategie 1: Es müssen zwei Prüfstellen eingerichtet werden, so daß insgesamt höhere sprungfixe Kosten anfallen. Zwar müssen die Einheiten in der Stelle 3 nicht mehr auf die Fehlerart 1 geprüft werden, womit pro Einheit in der Stelle 3 geringere Prüfkosten anfallen als bei der Prüfstrategie 1, aber auf die Fehlerart 1 wird an anderer Stelle geprüft. Damit können die Synergieeffekte bei den Prüfkosten nicht in dem Maße genutzt werden wie bei der Prüfstrategie 1. Hinsichtlich der Reparaturkosten für die Fehlerart 1 gilt das gleiche wie für die Prüfstrategie 3, und hinsichtlich der Vernichtungskosten und der unnötigen Produktionskosten gilt das gleiche wie für die Prüfstrategie 1.

Lösung zu Aufgabe 3

Die Beispiele zeigen, daß durch die Anzahl der Prüfstellen und deren Anordnung im Produktionsprozeß folgende Kosten – z.T. gegenläufig – beeinflußt werden können und damit für das Entscheidungsproblem relevant sind:

- Prüfkosten; sie setzen sich aus sprungfixen und aus mengenabhängigen Prüfkosten zusammen,
- Reparaturkosten,
- Vernichtungskosten; zwar kann die Anzahl insgesamt anfallender, nicht reparierbarer Einheiten durch die Wahl einer Prüfstrategie nicht beeinflußt werden, aber die Anzahl entdeckter, nicht reparierbarer Einheiten, und die Stellen, an denen sie entdeckt werden, hängen von den Entscheidungen ab,
- Produktionskosten,
- Kosten für unentdeckte Fehler.

Für die nachfolgende Formulierung eines Entscheidungsmodells werden daher die folgenden Kostengrößen als bekannt vorausgesetzt:

CSFPR$_i$ [GE]: $i = 1, \ldots, i_n$	sprungfixe Kosten pro Planperiode, die anfallen, wenn nach der Produktionsstufe i eine Prüfstelle eingerichtet wird.
CVPR$_{si}$ [GE/ME]: $s = 0, 1, \ldots, i_n - 1$ $i = 1, \ldots, i_n$	Mengenproportionale Prüfkosten, die pro geprüfter Einheit in der Stelle i anfallen, wenn die Einheit zuletzt nach der Stufe s geprüft worden ist und daher in der Prüfstelle i auf die Fehlerarten $j = s + 1, s + 2, \ldots, i$ geprüft wird. Wenn $s = 0$, besagt dies, daß noch keine vorhergehende Prüfung stattgefunden hat.
CVR$_{ij}$ [GE/ME]: $i = 1, \ldots, i_n$ $j \in I_R$	Mengenproportionale Reparaturkosten für einen Fehler der Art j, der an der Stelle i entdeckt und repariert wird.
CVD$_i$ [GE/ME]: $i = 1, \ldots, i_n$	Mengenproportionale Vernichtungskosten pro Einheit, die an der Stelle i als nicht reparierbar erkannt wird.
CVP$_i$ [GE/ME]: $i = 1, \ldots, i_n$	Mengenproportionale Produktionskosten pro Einheit in der Produktionsstufe i
CUNK$_s$ [GE/ME]: $s = 0, 1, \ldots, i_n - 1$	Kostensatz für unentdeckte, fehlerhafte Einheiten, und zwar: Durchschnittliche Kosten, die anfallen, wenn ein fehlerhaftes Produkt, das im Produktionspozeß zum letzten Mal an der Stelle s geprüft wird, das Unternehmen verläßt. Ein solches fehlerhaftes Produkt weist einen Fehler der Art $s + 1$ und/oder der Art $s + 2, \ldots$ und/oder einen Fehler der Art (i_n) auf. Ein Durchschnittswert wird hier angesetzt, um zu berücksichtigen, daß diese Kosten für unentdeckte fehlerhafte Einheiten von der Fehlerart bzw. den Fehlerarten abhängen können, die das Produkt aufweist. Die Größe CUNK$_0$ gilt für den Fall, daß das Produkt ohne jede Prüfung das Unternehmen verläßt. Die – nicht benötigte – Größe CUNK$_{i_n}$ ist gleich Null, da dann ja die letzte Prüfung an der Stelle i_n stattfindet und damit keine fehlerhafte Einheit das Unternehmen verläßt.

Lösung zu Aufgabe 4

Alle möglichen Prüfstrategien für das gegebene Problem lassen sich durch einen gerichteten Graphen darstellen. Dies soll zunächst an dem Beispiel mit $i_n = 3$ Produktionsstufen verdeutlicht werden. Hierzu wird ein Graph mit $i_n + 2 = 5$ Netzknoten aufgestellt. Die Knoten 1, 2 und 3 stehen für die Prüfstellen, die nach den einzelnen Produktionsstufen eingerichtet werden können; der Knoten 0 ist die Quelle, und der Knoten 4 ist der Zielknoten des Netzplanes. Jeder einzelne Knoten ist mit jedem nachfolgenden Knoten durch einen Pfeil (s, i) verbunden. Mit s wird der Ausgangsknoten und mit i der Endknoten des Pfeiles bezeichnet.

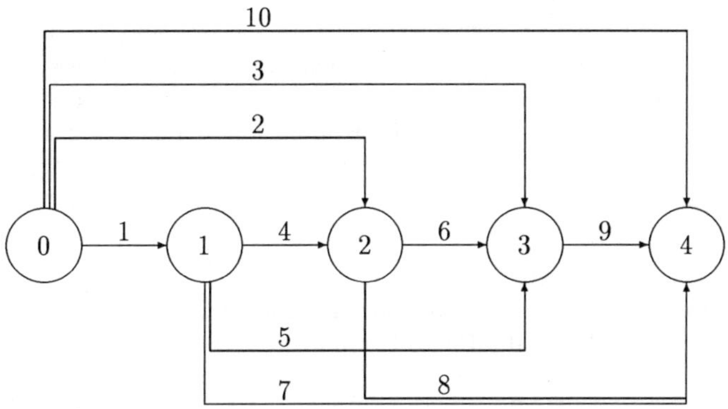

Abb. 12.4: Gerichteter Graph G(5) für $i_n = 3$ Produktionsstufen

In der Abb. 12.4 ist der Graph $G(i_n + 2) = G(5)$ für das Beispiel mit $i_n = 3$ Produktionsstufen abgebildet. Jede einzelne Prüfstrategie läßt sich durch einen Weg von der Quelle zur Senke dieses Netzes darstellen. Um dies leichter verdeutlichen zu können, sind die Pfeile der Abbildung durchnumeriert worden. Die formale Bezeichnung und die Bedeutung der einzelnen Pfeile sind in der Tab. 12.2 aufgelistet.

Pfeil-Nr.	formale Bezeichnung	Bedeutung
1	(0,1)	Die erste Prüfstelle wird nach der Stufe 1 eingerichtet.
2	(0,2)	Die erste Prüfstelle wird nach der Stufe 2 eingerichtet.
3	(0,3)	Die erste Prüfstelle wird nach der Stufe 3 eingerichtet.
4	(1,2)	Nach der Stufe 2 wird eine Prüfstelle eingerichtet.
5	(1,3)	Nach der Stufe 3 wird eine Prüfstelle eingerichtet.
6	(2,3)	Nach der Stufe 3 wird eine Prüfstelle eingerichtet.
7	(1,4)	Die Prüfstelle 1 ist die letzte Prüfstelle im Produktionsprozeß.
8	(2,4)	Die Prüfstelle 2 ist die letzte Prüfstelle im Produktionsprozeß.
9	(3,4)	Die Prüfstelle 3 ist die letzte Prüfstelle im Produktionsprozeß.
10	(0,4)	Nach keiner Stufe werden Prüfstellen eingerichtet.

Tab. 12.2: Formale Bezeichnung und die Bedeutung der Pfeile des Graphen aus Abb. 12.4

Die in Aufgabe 2 genannte Prüfstrategie 1: „Es findet nur eine Endkontrolle statt.“ läßt sich beispielweise durch die Pfeile 3 und 9, also durch den Weg (0,3), (3,4) darstellen. Die Prüfstrategie 4: „Nach den Stufen 1 und 3 werden Prüfstellen eingerichtet”, wird durch die Pfeile 1, 5 und 9, also durch den Weg (0,1), (1,3), (3,4) repräsentiert.

Lösung zu Aufgabe 5

Diese am Beispiel erläuterten Ausführungen sollen verallgemeinert werden: Wenn ein Produktionsprozeß mit i_n Stufen gegeben ist, lassen sich alle möglichen Prüfstrategien am gerichteten Graphen G($i_n + 2$) darstellen. Der Graph enthält $i_n + 2$ Knoten, die von der Quelle 0 bis zur Senke $i_n + 1$ durchnumeriert sind, und Pfeile (s, i), die von allen Knoten s, $s = 0, 1, \ldots, i_n$ zu allen Knoten i, $i = 1, \ldots, i_n + 1$ gehen, für die gilt $s < i$. Zur Interpretation der Pfeile ist es zweckmäßig, vier Arten von Pfeilen i zu unterscheiden:

1. Pfeile der Art (0,i) für $i = 1, \ldots, i_n$.
   Interpretation: Die erste Prüfstelle wird nach der Produktionsstufe i eingerichtet. Im Beispiel sind dies die Pfeile 1, 2 und 3.

2. Pfeile der Art (s, i) mit $s < i$ für $s = 1, \ldots, a-1$ und $i = a, \ldots, i_n$ mit $2 \leq a \leq i_n$.
   Interpretation: Nach der Produktionsstufe i wird eine Prüfstelle eingerichtet. (Und: Zwischen den Stellen s und i, deutlicher: nach den Produktionsstufen $s+1, s+2, \ldots, i-1$ wird keine Prüfstelle eingerichtet.) Im Beispiel sind dies die Pfeile 4, 5 und 6.

3. Pfeile der Art $(s, i_n + 1)$ für $s = 1, \ldots, i_n$
   Interpretation: Die Prüfung nach der Produktionsstufe s ist die letzte Prüfung im Produktionsprozeß. Anders ausgedrückt: Nach den Produktionsstufen $s + 1, s + 2, \ldots, i_n$ wird keine Prüfstelle eingerichtet. Im Beispiel sind dies die Pfeile 7, 8 und 9.

4. Der Pfeil $(0, i_n + 1)$
   Interpretation: Nach keiner der i_n Produktionsstufen des Fertigungsprozesses wird eine Prüfstelle eingerichtet. Im Beispiel ist dies der Pfeil 10.

Jeder Weg vom Knoten 0 zum Knoten $i_n + 1$ stellt dann eine der möglichen Prüfstrategien des gegebenen Entscheidungsproblems dar.

Lösung zu Aufgabe 6

Wenn als Länge des Pfeiles (s, i) im folgenden der Erwartungswert der entscheidungsabhängigen Kosten pro Planperiode angesetzt wird, der sich ergibt, wenn die Entscheidungen gemäß der Pfeilinterpretation erfolgen, dann gibt der kürzeste Weg von der Quelle zur Senke gleichzeitig die optimale Lösung des Planungsproblems an. Die Länge des Pfeiles (s, i) soll mit PF(s, i) bezeichnet werden. Die Ermittlung dieser Länge, also die Bewertung der Pfeile erfolgt nach folgender Konvention: Für Pfeile (s, i) mit $s = 0, 1, \ldots, i_n - 1$ und $i = 1, \ldots, i_n$ und $s < i$, also für Pfeile der Art 1 und der Art 2, setzt sich die Größe PF(s, i) additiv zusammen aus

1. den sprungfixen Kosten CSFPR_i, die anfallen, wenn die Prüfstelle i eingerichtet wird,

2. den erwarteten mengenabhängigen Prüfkosten an der Stelle i,

3. den erwarteten Reparaturkosten für reparierbare Fehler, die an der Stelle i entdeckt und repariert werden,

4. den erwarteten Vernichtungskosten für nicht reparierbare Einheiten, die an der Stelle i entdeckt werden,

5. den erwarteten Produktionskosten für Einheiten, die zwischen den Stufen s und i mindestens einen nicht reparierbaren Fehler erhalten und dennoch – unnötig – weiterbearbeitet werden, da sie noch nicht endgültig als nicht reparierbar erkannt sind.

Hierbei müssen die Komponenten 2.-5. jeweils unter der Bedingung ermittelt werden, daß an der Stelle s zum letzten Mal vor der Stelle i geprüft wird.

Für Pfeile $(s, i_n + 1)$ mit $s = 0, 1, \ldots, i_n$, also für Pfeile der Art 3 und der Art 4, ist die Größe $\mathrm{PF}(s, i_n + 1)$ gleich

6. den erwarteten Kosten für Produkte, die mit einem unentdeckten Fehler oder auch mehreren unentdeckten Fehlern der Arten $s+1, s+2, \ldots, i_n$ das Unternehmen verlassen, da auf diese Fehler nicht geprüft wird.

Zur Bestimmung der unter 2.-6. genannten Komponenten muß für alle Produktionsstufen die erwartete Anzahl derjenigen Outputeinheiten bekannt sein, die nach der jeweiligen Stufe entweder fehlerfrei oder reparierbar sind. Diese erwartete Anzahl soll mit $M(i)$ für $i = 0, 1, \ldots, i_n$ bezeichnet werden.

Vorausgesetzt wurde, daß die ursprüngliche Produktionsmenge in der Planperiode gleich M ist, d.h., in der Produktionsstufe 1 werden pro Planperiode M Mengeneinheiten bearbeitet. Es wird definiert: $M(0) \equiv M$. Da die Wahrscheinlichkeiten für das Auftreten der verschiedenen Fehlerarten bekannt sind, und da bekannt ist, welche dieser Fehlerarten reparierbar sind, läßt sich $M(i)$ bestimmen.

$$M(i) = \begin{cases} M & \text{wenn } 1, \ldots, i \in \mathrm{IR}, \\ & \text{d.h., wenn jede der Fehlerarten} \\ & j = 1, \ldots, i \text{ reparierbar ist.} \\ M \cdot \prod_{j \notin \mathrm{IR}, j \leq i} (1 - p_j) & \text{sonst} \qquad i = 1, \ldots, i_n. \end{cases} \tag{12.12}$$

Hierbei ist $(1 - p_j)$ für $j = 1, \ldots, i_n$ die Wahrscheinlichkeit dafür, daß einer Einheit kein Fehler der Art j zugefügt wird. Werden diese Wahrscheinlichkeiten für alle nicht reparierbaren Fehlerarten j multipliziert, die in der Stufe i oder davor entstanden sein können, dann gibt das sich ergebende Produkt die Wahrscheinlichkeit an, mit der eine

Einheit bis einschließlich zur Stufe i reparierbar oder sogar fehlerfrei bleibt. Hierzu ein einfaches Beispiel: Betrachtet werden die ersten vier Stufen eines Produktionsprozesses. Die Eintrittswahrscheinlichtkeiten der zugehörigen Fehlerarten sind $p_1 = 10\%, p_2 = 20\%, p_3 = 30\%$ und $p_4 = 40\%$. Die Fehler der Stufen 2 und 3 sind nicht reparierbar. Die ursprüngliche Produktionsmenge ist $M = 100$. Damit gilt:

$$\begin{aligned} M(0) &= 100. \\ M(1) &= 100, \text{ da der Fehler der Art 1 reparierbar ist.} \\ M(2) &= 100 \cdot (1 - 0{,}2) \\ &= 80, \text{ da genau der Fehler der Art 2 nicht reparierbar ist.} \\ M(3) &= 100 \cdot (1 - 0{,}2) \cdot (1 - 0{,}3) \\ &= 56, \text{ da genau die Fehler} \\ &\quad \text{der Art 2 und der Art 3 nicht reparierbar sind.} \\ M(4) &= 56, \text{ da die zusätzliche Fehlerart 4 reparierbar ist.} \end{aligned} \tag{12.13}$$

Die Komponenten 2.-5. lassen sich jetzt wie folgt berechnen.

- Zu 2., den erwarteten mengenabhängigen Prüfkosten an der Stelle i: Es wird erwartet, daß $M(s)$ Einheiten die Stelle s verlassen. Da an den Stellen $s+1, s+2, \ldots, i-1$ nicht geprüft wird, werden diese erwarteten $M(s)$ Einheiten in der Produktionsstufe i bearbeitet und müssen geprüft werden, wenn die Prüfstelle i eingerichtet wird. Pro Einheit, die an der Stelle i geprüft wird, und zuletzt an der Stelle s geprüft worden ist, fallen mengenproportionale Kosten in Höhe von CVPR_{si} an. Insgesamt ergibt sich mithin ein Erwartungswert für die mengenabhängigen Prüfkosten an der Stelle i von

$$M(s) \cdot \text{CVPR}_{si}.$$

- Zu 3., den erwarteten Reparaturkosten für reparierbare Fehler, die an der Stelle i entdeckt werden: Nach der Produktionsstufe i sind erwartete $M(i)$ Einheiten fehlerfrei oder reparierbar. Hiervon weisen erwartete $M(i) \cdot p_j$ Einheiten den Fehler der Art j auf. Für jeden dieser Fehler fallen Reparaturkosten in Höhe von CVR_{ij} an. Die erwarteten Kosten für die Reparatur der Fehler der Art j nach der Stufe i sind demnach $\text{CVR}_{ij} \cdot M(i) \cdot p_j$. Dieser Ausdruck wird über alle Fehlerarten j summiert, die zwischen den Prüfungen an den Stellen s und i entstanden sein können; für die Fehlerarten $j \notin \text{IR}$ wird hierbei $\text{CVR}_{ij} \equiv 0$ angesetzt. Die gesuchte Größe ergibt sich damit zu

$$\sum_{j=s+1}^{i} \text{CVR}_{ij} \cdot M(i) \cdot p_j.$$

- Zu 4., den erwarteten Vernichtungskosten für nicht reparierbare Einheiten, die an der Stelle i entdeckt werden: Die erwartete Anzahl fehlerfreier bzw. reparierbarer Einheiten beträgt nach der Stufe i $M(i)$ und nach der vorgelagerten Stufe s $M(s)$.

Die Differenz $[M(s) - M(i)]$ ist die erwartete Anzahl Einheiten, die in den Stufen $s+1, s+2, \ldots, i$ mindestens einen nicht reparierbaren Fehler erhalten. Diese Einheiten werden bei der Prüfung an der Stelle i als nicht reparierbar erkannt und müssen vernichtet werden, was pro Einheit zu Kosten von CVD_i führt. Die gesuchte Größe ist damit

$$\text{CVD}_i \cdot [M(s) - M(i)].$$

- Zu 5., den erwarteten Produktionskosten für Einheiten, die zwischen den Stufen s und i mindestens einen nicht reparierbaren Fehler erhalten und unnötig weiterbearbeitet werden, da sie noch für reparierbar gehalten werden.

  Aufgrund der gleichen Überlegungen, wie sie unter 4. dargestellt sind, gilt: Die erwartete Anzahl der Einheiten, denen in der Stufe $(s+1)$ ein nicht reparierbarer Fehler zugefügt wird, ist $[M(s) - M(s+1)]$. Wenn nach der Stufe $(s+1)$ nicht geprüft wird, gehen diese nicht reparierbaren Einheiten unnötigerweise in die Produktionsstufe $(s+2)$ ein, und es fallen pro Einheit die mengenproportionalen Produktionskosten CVP_{s+2} an.

  In gleicher Weise gilt: Die erwartete Anzahl der Einheiten, denen in den Stufen $(s+1)$ und $(s+2)$ mindestens ein nicht reparierbarer Fehler zugefügt wird, ist $[M(s) - M(s+2)]$. Wenn nach der Stufe $(s+2)$ nicht geprüft wird, werden diese Einheiten in der Produktionsstufe $(s+3)$ bearbeitet, und es fallen die entsprechenden mengenproportionalen Produktionskosten an.

  Die gesuchte Größe läßt sich damit wie folgt berechnen:

$$\sum_{\bar{i}=s+2}^{i} \text{CVP}_{\bar{i}} \cdot [M(s) - M[\bar{i} - 1)].$$

- Zu 6., den erwarteten Kosten für Produkte, die mit einem oder mehreren unentdeckten Fehlern der Arten $s+1, s+2, \ldots, i_n$ das Unternehmen verlassen, da an der Stelle s zum letztenmal im Produktionsprozeß geprüft wird: Die Wahrscheinlichkeit, mit der einem Produkt mindestens ein Fehler der Arten $s+1, s+2, \ldots, i_n$ zugefügt wird, läßt sich wie folgt bestimmen. $\prod_{j=s+1}^{i_n}(1-p_j)$ ist die Wahrscheinlichkeit, mit der ein Produkt die Stufen $s+1, s+2, \ldots, i_n$ fehlerfrei durchläuft. Damit ist $[1 - \prod_{j=s+1}^{i_n}(1-p_j)]$ die gesuchte Wahrscheinlichkeit.

  $M(s)$ ist die erwartete Anzahl der Einheiten, die die Stelle s fehlerfrei verlassen. Diese Einheiten sind fehlerfrei, da an der Stelle s geprüft wird. Das Produkt aus $M(s)$ und der Wahrscheinlichkeit $[1 - \prod_{j=s+1}^{i_n}(1-p_j)]$ gibt die erwartete Anzahl fehlerhafter Einheiten an, die den Produktionsprozeß verlassen, wenn das letztemal an der Stelle s geprüft wird. Für jede dieser Einheiten fallen Kosten in

Höhe von CUNK_s an. Die gesuchte Größe ist damit

$$\text{CUNK}_s \cdot M(s) \cdot [1 - \prod_{j=s+1}^{i_n} (1 - p_j)]$$

Aus den Komponenten 1.-5. können die Längen $\text{PF}(s,i)$ der Pfeile (s,i) für $s = 0,1,\dots,i_n - 1$ und $i = 1,\dots,i_n$ ermittelt werden. Die Längen $\text{PF}(s,i_n+1)$ der Pfeile (s,i_n+1) für $s = 0,1,\dots,i_n$ sind gleich der unter 6. bestimmten Komponente. Damit läßt sich der kürzeste Weg im gerichteten Graphen vom Knoten 0 zum Knoten $i_n + 1$ auch als optimale Lösung des zugrunde liegenden Entscheidungsproblems interpretieren.

Lösung zu Aufgabe 7

Das Problem, den kürzesten Weg im Graphen $G(i_n+2)$ zu finden, läßt sich z.B. mit Hilfe der Dynamischen Programmierung lösen: $W(i)$ wird definiert als minimale Weglänge vom Knoten 0 zum Knoten i. Das Dynamische Programm lautet dann:

$$\text{Suche } W(i_n+1) \text{ mit}$$

$$\begin{aligned} W(0) &= 0 \text{ und} \\ W(i) &= \min_{s=0,1,\dots,i-1} (W(s) + \text{PF}(s,i)) \quad i = 1,\dots,i_n+1 \end{aligned} \tag{12.14}$$

Zur Lösung können auch andere Algorithmen eingesetzt werden.

12.2.4 Der Wagner-Whitin-Algorithmus

Das Problem der optimalen Bestellmengen- und Lagerhaltungspolitik ist bereits in der einführenden Fallstudie dieses Buches behandelt worden. Für den Fall, daß die Nachfragemengen bekannt sind, aber schwanken können, ist es möglich, eine optimale Bestellmengenpolitik zu bestimmen. Mit dem Algorithmus von Wagner/Whitin kann diese unter bestimmten Voraussetzungen abgeleitet werden. Dieser basiert auf der Dynamischen Programmierung.

Dazu werden ferner folgende Annahmen gemacht (vgl. WAGNER/WHITIN 1958, KISTNER/STEVEN 1993):

1. Der Planungszeitraum ist in diskrete Teilperioden unterteilt. D.h., die Betrachtung von Zeitpunkten $t = 1,\dots,T$ ist hinreichend.

2. Für jeden dieser Zeitpunkte ist die Höhe des Bedarfes D_t bekannt.

3. Zu jedem dieser Zeitpunkte kann die Menge x_t bestellt werden oder nicht. Wenn bestellt wird, fallen bestellfixe Kosten an, sonst nicht.

$$C_{Ft} = \begin{cases} C_F & \text{falls Bestellmenge } x_t > 0 \\ 0 & \text{falls Bestellmenge } x_t = 0 \quad \forall t = 1, \ldots, T \end{cases} \tag{12.15}$$

4. Die Beschaffungskosten pro Stück sind konstant.

5. Der aktuelle Bedarf kann entweder durch Beschaffung in der laufenden Periode oder aus dem Lagerbestand y_t (d.h. aus der Beschaffung einer vorherigen Periode) gedeckt werden.

6. Die Lagerhaltungskosten sind proportional dem Lagerbestand y_t zum Ende der Periode t.

$$C_{Lt} = c_L \cdot y_t \tag{12.16}$$

7. Es sind keine Fehlmengen zugelassen: $y_t \geq 0$. Ein aktueller Bedarf kann nicht durch eine zukünftige Bereitstellung gedeckt werden.

8. Zinsen werden mit Ausnahme der Lagerhaltungskosten vernachlässigt.

9. Die Lagerkapazität und die Beschaffungsobergrenze sind hinreichend groß.

Es können weitere Annahmen getroffen werden, die aber die Anwendbarkeit des Wagner-Whitin-Algorithmus nicht weiter einschränken.

- Die Lieferzeit beträgt 0 Perioden. Wenn die Lieferzeit tatsächlich größer Null sein sollte, kann der Bestellzeitpunkt um die entsprechende Frist gegenüber dem bei verschwindender Lieferzeit errechneten Bestellzeitpunkt vorverlegt werden.

- Die Lagerbestände zu Anfang und zu Ende des Planungszeitraums sind gleich Null. Besteht zu Anfang ein Lagerbestand, so sind die Nachfragemengen in der Abfolge ihres zeitlichen Auftretens einfach um diesen Lagerbestand zu korrigieren. Wird kein Lagerbestand am Ende des Planungszeitraums benötigt, so wird in der optimalen Lösung auch kein Endbestand vorgesehen, da jeder zusätzliche Bestand weitere Lagerhaltungskosten verursacht. Bei einem explizit geforderten Lagerbestand ungleich Null muß einfach die Nachfrage der letzten Periode um diese geforderte Menge erhöht werden.

  Wenn ohne Beschränkung der Allgemeinheit angenommen werden darf, daß Lageranfangs- und -endbestand verschwinden, folgt, daß die im Planungszeitraum bestellten den nachgefragten Mengen entsprechen.

Ziel ist es, die gesamten Kosten K zu minimieren:

$$K = \sum_{t=1}^{T} (\underbrace{p \cdot x_t}_{\text{Beschaffungskosten}} + \underbrace{C_F \cdot \delta_t}_{\text{Bestellfixe Kosten}} + \underbrace{c_L \cdot y_t}_{\text{Lagerkosten}}) \rightarrow \min! \tag{12.17}$$

mit der Binärvariable

$$\delta_t = \begin{cases} 1 & \text{falls Bestellung in } t \quad (x_t > 0) \\ 0 & \text{falls keine Bestellung in } t \quad (x_t = 0). \end{cases} \tag{12.18}$$

Dabei sind die Lagerbilanzgleichungen zu beachten:

$$y_t = \sum_{\tau=1}^{t} x_\tau - \sum_{\tau=1}^{t} D_\tau \geq 0 \quad \forall t, \tag{12.19}$$

d.h. der Lagerbestand zum Zeitpunkt t ist gleich der Differenz aus der zu diesem Zeitpunkt bestellten Menge und der bis zu diesem Zeitpunkt nachgefragten Menge.

Aus dem Ansatz können bestimmte Folgerungen gezogen werden.

- Die Beschaffungskosten in Gl. 12.17 sind nicht entscheidungsrelevant. Da für die Beschaffungskosten gilt:

  $$p \cdot \sum_{t=1}^{T} x_t = p \cdot \sum_{t=1}^{T} D_t, \tag{12.20}$$

  sind diese bei gegebenen Nachfragemengen fix.

- Für eine optimale Bestellmengenpolitik muß gelten:

  $$x_t \cdot y_t = 0 \ \forall t, \tag{12.21}$$

  d.h., es wird dann und nur dann bestellt ($x_t > 0$), wenn der Lagerbestand y_t gleich 0 ist.

  Angenommen, es gäbe eine Politik mit $x_{t_1} > 0$ und $x_{t_1} \cdot y_{t_1} > 0$, d.h., es würde bei noch vorhandenem Lagerbestand $y_{t_1} > 0$ bestellt. Dann könnten die Gesamtkosten gesenkt werden, indem die Bestellmenge in t_1 um y_{t_1} auf $x_{t_1} + y_{t_1}$ erhöht und die letzte Bestellung vor dem Zeitpunkt t_1 um y_{t_1} reduziert werden würde. Denn es würden bei gleichbleibenden Bestellkosten die Lagerhaltungskosten sinken. Diese Aussage wird als Complementary-Slackness-Theorem bezeichnet.

- Aus dem Complementary-Slackness-Theorem folgt, daß immer genau der Bedarf künftiger Perioden bestellt wird. Es gilt:

  $$\begin{aligned} x_{t_1} &= 0 && \text{wenn } y_{t_1} > 0 \quad \text{oder} \\ x_{t_1} &= \sum_{\tau=t_1}^{t} D_\tau && \text{für } t \leq t \leq T, \text{ wenn } y_{t_1} = 0; \end{aligned} \tag{12.22}$$

die Reichweite einer Bestellung umfaßt immer eine ganze Zahl von Perioden. Zu Beginn der ersten und zum Ende der letzten Periode ist das Lager annahmegemäß immer leer.

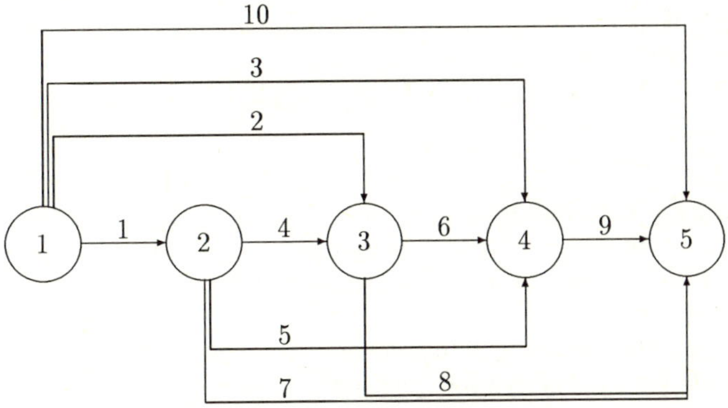

Abb. 12.5: Mögliche Bestellpolitiken in einem gerichteten Graphen G(5)

Mit diesen Folgerungen läßt sich das Problem der optimalen Bestellpolitik auf die Festlegung der Bestellzeitpunkte reduzieren. So läßt sich die in der Prüfplanung verwendete Abb. 12.4 in Analogie wieder aufgreifen (vgl. ADAM 1986, S. 113ff.). Der gerichtete Graph kann nämlich nicht nur mögliche Prüfstrategien wiedergeben, er kann auch als Darstellung aller möglichen Bestellmengenpolitiken für vier Perioden interpretiert werden. Wenn ein Pfeil als Darstellung für eine Bestellung interpretiert wird, so gibt der Anfang eines Pfeiles an, daß zu Beginn der Periode bestellt wird, während das Ende eines Pfeiles andeutet, daß der Lagerbestand aufgebraucht ist. Am Ende des Planungszeitraums – dem Ende der vierten Periode – ist das Lager annahmegemäß immer leer. So stellt der Pfeil 10 in Abb. 12.5 die Alternative dar, den gesamten Bedarf in Periode 1 zu decken, und entsprechend der Pfeil 3 die Alternative, in Periode 1 den Bedarf der nächsten drei Perioden zu decken etc. Umgekehrt wird die Politik, in den Perioden 1, 2 und 4 zu bestellen, durch die Pfeile 1, 5 und 9 repräsentiert.

Die Bewertung des Pfeiles 7 sei exemplarisch erläutert. Dieser Pfeil hat folgende Bedeutung: In $t_1 = 2$ wird für die Perioden $\tau = 2$, 3 und $4 = t$ die Bestellung

$$D_2 + D_3 + D_4 = \sum_{\tau=t_1}^{t} D_\tau. \tag{12.23}$$

aufgegeben.

Gemäß Prämissen sind die Lagerzeiten der einzelnen Bedarfsmengen der folgenden Tabelle zu entnehmen.

τ	$2 = (t_1)$	3	4
D_τ	D_2	D_3	D_4
Lagerzeit	$0(=\tau - t_1)$	$1(=\tau - t_1)$	$2(=\tau - t_1)$

Zusammen mit den bestellfixen Kosten ergibt sich damit als Bewertung des Pfeiles 7:

$$C_F + c_L \cdot (1 \cdot D_3 + 2 \cdot D_4) = C_F + c_L \cdot \sum_{\tau=t_1}^{t} (\tau - t_1) \cdot D_\tau \qquad (12.24)$$

Mit dem Wagner-Whitin-Algorithmus als Verfahren der Dynamischen Programmierung ist es möglich, die optimale Bestellmengenpolitik zu bestimmen, ohne die Vorteilhaftigkeit sämtlicher Bestellmengenpolitiken berechnen zu müssen.

In allgemeinen Symbolen stellt sich der Algorithmus wie folgt dar: F_t seien die minimalen Kosten bis zum Zeitpunkt t, wobei das Lager zum Zeitpunkt t geräumt ist. Es wird definiert: $F_0 \equiv 0$. Dann gilt die Rekursionsgleichung:

$$F_t = \min_{1 \leq i \leq t} (C_F + c_L \cdot \sum_{\tau=t_1}^{t} (\tau - t_1) \cdot D_\tau + F_{t_1 - 1}) \quad 1 \leq t \leq T. \qquad (12.25)$$

Mit der Gleichung 12.25 werden die minimalen Kosten bis zum Zeitpunkt t bestimmt, wobei die Entscheidungsvariable der Zeitpunkt t_1 ist, bei dem zum (bisher) letzten Mal bestellt wird.

Der Wagner-Whitin-Algorithmus soll mit einem Beispiel veranschaulicht werden; die Lösung lehnt sich an das Beispiel aus Busse von Colbe 1990, S. 646ff. an.

Eine Unternehmung befindet sich in der folgenden Situation:

Planungszeitraum	10 Wochen
Lagerkosten	1% des Lagerwertes pro Woche
Beschaffungspreis c_p	4 DM/Stück
Bestellfixe Kosten C_F	100 DM/Bestellung
Zugang und Abgang	jeweils zu Wochenanfang

Der Lageranfangsbestand ist gleich Null. Es ist für den Planungszeitraum folgender Bedarf ermittelt worden:

Woche	1	2	3	4	5	6	7	8	9	10
Bedarf in [ME]	700	600	2000	1000	200	1500	2500	1200	1800	500

Am Ende des Planungszeitraums soll das Lager wieder leer sein. Ermitteln Sie die optimale Beschaffungspolitik mit Hilfe des Wagner-Whitin-Algorithmus!

Zur Lösung wird die Tab. 12.3 entwickelt. Diese Tabelle wird zunächst von unten nach oben ausgefüllt und anschließend von oben nach unten ausgewertet.

$t \downarrow \quad t_1 \rightarrow$	1	2	3	4	5	6	7	8	9	10
10	*2428*	*2076*	*1672*	*1424*	*1156*	*872*	*732*	*692*	648	728
9	*2248*	*1916*	*1532*	*1304*	*1056*	*792*	672	652	628	–
8	*1672*	*1412*	*1100*	*944*	*768*	576	528	580	–	–
7	*1336*	*1124*	*860*	*752*	*624*	480	480	–	–	–
6	*736*	*624*	460	452	424	380	–	–	–	–
5	*436*	*384*	280	332	364	–	–	–	–	–
4	*404*	*360*	264	324	–	–	–	–	–	–
3	284	280	224	–	–	–	–	–	–	–
2	124	200	–	–	–	–	–	–	–	–
1	100	–	–	–	–	–	–	–	–	–

Tab. 12.3: Ermittlung der optimalen Bestellmengenpolitik

In der Tabelle sind die Lager- und Bestellkosten eingetragen. Die Beschaffungspreise sind nicht darin enthalten, da sie bei Nachfragedeckung fix und damit nicht entscheidungsrelevant sind. Die Perioden $\tau = 1, \ldots, 10$ sind in den Zeilen absteigend und in den Spalten aufsteigend abgetragen. Dabei gibt ein Tableauelement in der Spalte t_1 und der Zeile t die gesamten Lagerhaltungs- und Bestellkosten an, wenn in der Periode t_1 der Bedarf bis zur Periode t bestellt wird und die bis zu der Periode t_1 minimalen Kosten berücksichtigt worden sind. Es gilt $t \geq t_1$. Daher sind alle Tableauelemente mit $t < t_1$ nicht definiert. Das Lager ist vor Beginn der Periode 1 leer.

Das erste Tableauelement in der ersten Zeile von unten ergibt sich einfach aus den bestellfixen Kosten. Soll nämlich nur in der ersten Woche der Bedarf für die erste Woche bestellt werden, so fallen bei sofortigem Lagerabgang keine Lagerkosten an und die Beschaffungspreise sind ja für die Bestimmung der optimalen Bestellmengenpolitik entscheidungsirrelevant.

In der zweiten Zeile von unten sind zwei Tableauelemente zu berechnen. Soll in der ersten Periode der Bedarf für die erste und zweite Periode beschafft werden, fallen einmal bestellfixe Kosten von 100 DM und Lagerhaltungskosten von $600 \cdot 0,04 = 24$ DM an. Wird in der ersten und zweiten Periode der Bedarf für die jeweilige Periode bestellt, so fallen zweimal die bestellfixen Kosten von 200 DM an. Die Alternative, in der ersten Woche den Bedarf für zwei Wochen zu beschaffen, ist also vorteilhafter, als von Woche zu Woche neu zu bestellen. Daher wird das Element mit dem Eintrag 124 markiert. Diese Markierung und alle anderen Markierungen in Tab. 12.3 erfolgen durch Unterstreichen der Zeilenminima (u.U. verdeckt durch ein Kästchen).

In der dritten Zeile von unten sind entsprechend drei Tableauelemente zu berechnen. Wird in der ersten Periode der Bedarf der nächsten drei Perioden beschafft, fallen einmal bestellfixe Kosten von 100 DM und Lagerkosten von $600 \cdot 0,04 + 2000 \cdot 0,04 \cdot 2 = 284$ DM an. Wird in der ersten Periode der Wochenbedarf und in der zweiten Periode der Bedarf für die nächsten zwei Wochen beschafft, so fallen zum einen zweimal bestellfixe Kosten von zusammen 200 DM an, zum anderen Lagerhaltungskosten von $2000 \cdot 0,04 = 80$ DM. Wird in der dritten Periode bestellt, so ist zuerst zu bemerken, daß für die Bestellungen in den ersten zwei Wochen minimale Gesamtkosten von 124 DM angefallen sind. Ferner müssen für die Bestellung zu Anfang der dritten Woche 100 DM aufgewendet werden. Vergleicht man wieder die drei Alternativen, ist die Möglichkeit, in der dritten Woche (und in der ersten Woche für zwei Perioden) zu bestellen, die bei einem Planungszeitraum von drei Perioden kostenminimale. Wieder wird diese Möglichkeit markiert. Diese Kosten gehen als Eingangswert bei der Berechnung der Werte in der Spalte 4 ein. Auf diese Weise kann man sukzessive alle Tableauelemente berechnen.

Diese Methodik entspricht der tabellarischen Berechnung, wie sie z.B. schon in Tab. 12.1 genutzt worden ist. Beide Verfahrensweisen sind analog, da die Bestimmung der optimalen Bestellmengenpolitik der Suche nach dem kürzesten Weg äquivalent ist, wie bereits gezeigt worden ist. Der Vorteil der Darstellung in Tab. 12.3 liegt aber darin, daß man leicht ablesen kann, welche Berechnungen nicht nötig sind. In jeder Zeile sind Kostenfunktionen ablesbar, die genau ein Minimum haben. Diese Werte sind vergleichbar, da sie den gleichen Planungszeitraum umfassen. Findet man ein Minimum in einer Spalte t_1' und der Zeile t', so bedeutet dies, daß es optimal ist, frühestens in der Periode t_1' zu bestellen, um den Bedarf bis zur Periode t' zu decken. Das heißt auch, daß es nicht optimal sein kann, durch eine Bestellung zu einem früheren Zeitpunkt den Bedarf der Perioden $t > t_1'$ zu decken. Demnach kann man sich auch alle Berechnungen der Tableauelemente in den Zeilen $t > t_1'$ in den Spalten $t_1 < t_1'$ sparen. Diese an sich zur Bestimmung der optimalen Bestellmengenpolitik nicht relevanten Elemente sind in der Tab. 12.3 kursiv gesetzt.

Sind alle relevanten Tableauelemente berechnet und die Zeilenminima markiert, so wird die Tabelle von oben nach unten ausgewertet. Es werden die Zeilenminima ermittelt, die eine optimale Bestellpolitik ergeben. Die optimale Bestellpolitik ist diejenige, die zu minimalen Gesamtkosten führt. Die Gesamtkosten für eine zehnperiodige Bestellpolitik sind in der ersten Zeile angegeben. Ausgehend von dem Feld mit dem Minimum in der ersten Zeile von oben (der letzten Periode) können dann die weiteren Bestellzeitpunkte ermittelt werden. Die entsprechenden Tableauelemente sind diejenigen, die in ein Kästchen gesetzt worden sind. Es ist demnach optimal, in der ersten, dritten, sechsten, siebten und neunten Periode zu bestellen.

Aufgaben

Intensitäten

Ein Betrieb verfügt über drei identische Produktionsanlagen, die nur intensitätsmäßig angepaßt werden können. Es sind nur die in der nachfolgenden Tab. 12.4 aufgeführten ganzzahligen Intensitäten technisch realisierbar. Die dabei pro Tag und Anlage entstehenden Kosten sind jeweils unter den Intensitäten aufgeführt. Es sei unterstellt, daß die für eine Maschine gewählte Intensität jeweils den ganzen Tag beibehalten werden muß und eine Lagerproduktion technisch ausgeschlossen ist. Bei ausgeschalteter Anlage (Intensität = 0) fallen Unterhaltungskosten von jeweils 10 GE an.

Intensität [ME/Tag]	0	1	3	5	7	9	11	13
Kosten pro Anlage [GE/Tag]	10	40	60	70	74	80	90	130

Tab. 12.4: Kosten pro Anlage als Funktion der Intensität

Stellen Sie eine Tabelle auf, in der für alle ganzzahligen Ausbringungsmengen zwischen 0 und 30 [ME/Tag] die optimale Fahrweise des Betriebes (Intensität der Anlagen) und die zugehörigen Kosten angegeben werden!

LIPLA99

Ein Chemieunternehmen plant den Einkauf der Spezialchemikalie LIPLA99 für die Monate Juli bis Oktober 1994. LIPLA99 wird in Chargen von 5.000 kg gehandelt; es können nur ganze Chargen beschafft werden. Der Marktpreis für die Chemikalie unterliegt je nach Nachfrage starken Schwankungen; der Bedarf im Planungszeitraum und die prognostizierten Preise sind in Tab. 12.5 angegeben:

Monat	Juli	August	September	Oktober
Bedarf [Chargen]	8	7	5	9
Marktpreis [GE/kg]	4,40	7,20	5,20	6,80

Tab. 12.5: Bedarf und Marktpreis von LIPLA99

Aufgrund gesetzlicher Vorschriften darf das Unternehmen nur 50.000 kg von LIPLA99 gleichzeitig auf dem Betriebsgelände lagern; auswärtige Unterbringungsmöglichkeiten bestehen nicht. Die eingekauften Mengen treffen jeweils zu Beginn eines jeden Monats ein. Der Lagerbestand am 1. Juli beträgt 20.000 kg. Ende Oktober muß das Lager vollständig geräumt sein, da zu diesem Zeitpunkt die entsprechenden Lagerhallen anderweitig benötigt werden.

- Der Einkaufsleiter des Unternehmens bittet Sie als den zuständigen Controller, ihm einen Vorschlag für die kostenminimale Einkaufspolitik vorzulegen. Das ist für Sie die lange ersehnte Gelegenheit, endlich einmal ihre OR-Kenntnisse zu demonstrieren: Lösen Sie das Problem mittels der Dynamischen Programmierung (Lagerkosten sind zu vernachlässigen)!

- Ein Mitarbeiter weist Sie spöttisch darauf hin, daß man das Problem schon durch „scharfes Hinsehen" lösen könne. Warum (und wie) führt dieses Vorgehen hier zum Erfolg?

Literaturhinweise

Adam, D.: Arbeitsunterlage zur Materialbedarfsrechnung und Bestellpolitik, 6.Aufl., Münster, 1987.

Bellman, R. E., Lee: History and Development of Dynamic Programming, in: IEEE Control Systems Magazine 4.Jg. (1984), S. 24-28.

Berens, W.: Prüfung der Fertigungsqualität, Wiesbaden, 1980.

Busse von Colbe, W.: Bereitstellungsplanung, in: Jacob, H.: Industriebetriebslehre, 4.Aufl., 1990.

Hillier, F., G., Lieberman: Operations Research, 4. Aufl., München, 1988.

Kistner, K.-P., M. Steven: Produktionsplanung, 2. Aufl., Heidelberg, 1993.

Wagner, H., T., Papke: Kostentheorie und Kostenpolitik, Teil 1 und 2, Arbeitspapier Nr. 24 des Lehrstuhls für Organisation und Personal, Münster, 1986, S. 81-91.

Wagner, H., T., Whitin: Dynamic Version of the Economic Lot Size Model, in: Management Science 5.Jg. (1958), S. 89.

White, L.S.: Shortest Route Models for the Allocation of Inspection Effort on a Production Line, in: Management Science 15.Jg. (1969), S. 249-259.

Kapitel 13

Anwendungen der Heuristischen Programmierung

13.1 Überblick

In den letzten beiden Kapiteln werden Anwendungen von Heuristiken und der Simulation in ausgewählten Beispielen vorgestellt. Die allgemeinen Beurteilungsaussagen über Heuristiken und über die Simulation waren bereits in Kapitel 5.4 formuliert worden. Anwendungsbeispiele für Heuristiken sind bereits vereinzelt an mehreren Stellen zu finden, z.B. bei der Generierung einer Ausgangslösung für Transportprobleme, wo mit einer guten Heuristik der Rechenaufwand bei der nachfolgenden Optimierung klein gehalten werden kann. Hier werden zwei ausgewählte Anwendungsfelder von Heuristiken behandelt. Für die Ermittlung einer optimalen Bestellmengenpolitik ist im vorherigen Kapitel der Wagner-Whitin-Algorithmus entwickelt worden. Es gibt auch Heuristiken für dieses Problem. Im Vergleich einer heuristisch bestimmten Lösung mit dem Optimum kann die Tauglichkeit der Heuristik beurteilt werden. Auch der Einsatz von Heuristiken im Bereich der Logistik soll in diesem Kapitel beschrieben werden. Bevor aber die in diesem Anwendungsfeld entwickelten Heuristiken dargestellt werden, müssen die grundlegenden Probleme der Logistik dargelegt werden, um verstehen zu können, warum der Einsatz von Heuristiken zur Bearbeitung logistischer Fragestellungen sinnvoll sein kann.

13.2 Problemstellungen in der Logistik

13.2.1 Grundlagen

Bei Ihde 1991, S. 12f. wird Logistik wie folgt definiert:

> „Die logistische Betrachtungsweise ist dadurch gekennzeichnet, daß sie die gesamte Versorgungskette umfaßt und dabei über die räumlichen und zeitlichen Wechselwirkungen zwischen Transformation und Transfer hinaus auch die chemisch-physikalischen Merkmale der Güter berücksichtigt. Die betriebliche Logistik beschäftigt sich mit der angestrebten Sicherung der Verfügbarkeit der Güter im Absatz-, Produktions- und Beschaffungsbereich.“

Die Klasse logistischer Probleme ist demgemäß sehr groß, und sie ist ein typisches Anwendungsgebiet für Heuristiken. Diese Aussage gilt zum einen für die Weiterentwicklung schlechtstrukturierter Probleme. Dies wird beispielsweise bei der Planung einer Warenverteilungsstrategie für Sperrgüter eines Versand- und Warenhausunternehmens deutlich, bei der das Gesamtproblem in folgende Teilprobleme zerlegt werden kann. Es müssen Festlegungen erfolgen bezüglich

- der Zielsetzung (z.B. Verbesserung des Lieferservice für Sperrgüter bei maximal gleichen Kosten),
- des Sortiments, das als Sperrgut behandelt wird,
- der Lager- und Kommissionierungssysteme,
- der Anzahl und Standorte der Läger,
- der Anzahl benötigter LKW
- und der täglichen Tourenplanung.

Zum anderen sind logistische (Teil-)Probleme häufig lösungsdefekt, d.h., es ist kein Verfahren gegeben, das die Optimallösung mit vertretbarem Aufwand ermittelt, und man ist auf den Einsatz von Heuristiken angewiesen.

Im folgenden werden nur die Grundversionen des Traveling Salesman-Problems und des Tourenplanungsproblems als exemplarische Aufgabenstellungen herangezogen. Beide Probleme werden im folgenden skizziert, und das weitergehende Tourenplanungsproblem abrundend als schlechtstrukturiert herausgearbeitet. Im Abschnitt 13.3 sollen einige grundlegende Heuristiken dargestellt werden, die zur Lösung beider Probleme eingesetzt werden.

13.2.2 Das Traveling Salesman-Problem

Es geht bei dem „Problem des Handlungsreisenden" darum, die kürzeste Rundreise durch eine gegebene Anzahl von Orten zu bestimmen. Die Entfernungen zwischen den Orten sind als Luftlinien oder z.B. auch als reale Straßenentfernungen bekannt.

Als einer der Ursprünge des wissenschaftlichen Interesses an diesem Problem wird die Routenplanung von Schulbussen aus dem Jahr 1937 genannt (vgl. DANTZIG ET AL. 1954). Ein anderer Ursprung reicht aber noch viele hundert Jahre weiter zurück, obwohl das Problem immer noch alljährlich akut wird (vgl. GASS 1987). Die Tatsache, daß es jedesmal eine Lösung gibt, hat schon immer verblüfft und erklärt daher auch das Interesse der Wissenschaft an den Problemlösungsverfahren, denn es geht um das Problem, vor das sich alljährlich der Nikolaus (oder das Christkind oder der Weihnachtsmann) gestellt sieht. Mit einem einzigen Fahrzeug müssen Millionen von Orten innerhalb von 24 Stunden besucht werden.

Andere, reale Anwendungsfälle des Problems sind prosaischer, verlassen sogar den Bereich der Logistik, wenn er eng ausgelegt wird, sind aber kaum minder schwer zu bewältigen. Beispielsweise kann auch der kürzeste Weg auf einer Leiterplatine zwischen den einigen tausend Bohrpunkten bestimmt werden, den ein Pulslaser zum Bohren aller Löcher zurücklegen muß.

Bei den bislang beschriebenen Problemen muß eine Rundreise im Sinne eines de facto zurückzulegenden Weges bestimmt werden. Darüber hinaus gibt es auch reale Problemstellungen, die zwar als Traveling Salesman-Probleme interpretiert werden können, bei denen aber kein Weg im eigentlichen Sinne bestimmt werden muß. Als Beispiel sei das in ADAM 1969, S. 117 dargestellte Reihenfolgeproblem bei sortenreihenfolgeabhängigen Umrüstkosten genannt.

Dennoch soll im folgenden im Zusammenhang mit Traveling Salesman-Problemen stets vereinfachend von Orten und von Entfernungsmatrizen gesprochen werden, in denen die relevanten Entfernungen d_{ij} zwischen jeweils zwei der zu berücksichtigenden Orte i und j angegeben sind.

Im Hinblick auf die Struktur dieser Entfernungsmatrix ist die folgende Klassifikation von Traveling Salesman-Problemen gebräuchlich:

- Von symmetrischen Traveling Salesman-Problemen wird gesprochen, wenn folgende Beziehung gilt: $d_{ij} = d_{ji}$ für jedes Ortepaar i und j, d.h., wenn der Hinweg von i nach j genauso lang ist wie der Rückweg von j nach i. Gilt diese Bedingung nicht, handelt es sich um ein asymmetrisches Problem.

- Ein Traveling Salesman-Problem erfüllt die Dreiecksungleichung genau dann, wenn der direkte Weg von jedem Ort i zu jedem anderen Ort j nicht weiter ist, als der „Umweg", der zunächst vom Ort i zu einem beliebigen Ort h und dann vom Ort h zum Ort j führt:

$$d_{ij} \leq d_{ih} + d_{hj}. \tag{13.1}$$

- Eine die Dreiecksungleichung verletzende und damit auf den ersten Blick unglaubwürdige Situation tritt beispielsweise in Fällen mit realer Straßenführung auf, wenn die direkte Verbindung zwischen zwei Orten i und j entfernungsmäßig länger ist als die indirekte Verbindung beider Orte, die über den Ort h geht, aber dennoch in die Entfernungsmatrix aufgenommen wird, da sie in kürzerer Zeit zurückgelegt werden kann als die Strecke, die lediglich gemäß Entfernung kürzer ist.

- Euklidische Probleme sind gegeben, wenn jeder Ort als durch Koordinaten bestimmter Punkt in der Ebene identifiziert werden kann, und die Entfernung d_{ij} zwischen allen Orten i und j als euklidische Distanz gegeben ist. Euklidische Probleme sind grundsätzlich symmetrisch und erfüllen die Dreiecksungleichung.

13.2.3 Tourenplanungsproblem

Das über das Traveling Salesman-Problem hinausgehende Tourenplanungsproblem läßt sich wie folgt kennzeichnen. An einem Depot sind Fahrzeuge vorhanden. Diese müssen in der Region verteilte Kundenstandorte anfahren. Für die Fahrzeuge gelten verschiedene Restriktionen. Wäre dem nicht so, würde das Tourenplanungsproblem zum „einfachen“ Traveling Salesman-Problem degenerieren. Diese Restriktionen beziehen sich z.B. auf die maximale Einsatzzeit und die maximale Ladekapazität der Fahrzeuge. Das insoweit geschilderte Problem kann als schlechtstrukturiert bezeichnet werden. Dies soll an vier Arten von Defekten erläutert werden.

- Wirkungsdefekt:
  Ohne zusätzliche Informationen ist nicht bekannt, mit welchen Konsequenzen bestimmte Entscheidungen verbunden sind. Welche Auswirkungen hat z.B. die Entscheidung, zunächst den Kunden A und von dort den Kunden B anzufahren, für die Einsatzzeitrestriktion des Fahrzeugs? Um hier weiterzukommen, sind u.a. Informationen über die relevanten Straßenentfernungen zu beschaffen. Schon dieses Teilproblem hat i.a. keine triviale Lösung.

- Bewertungsdefekt:
  Mit welchen Bewertungen sollen z.B. die Komponenten Fahrstrecke, Einsatzzeit und Fahrzeugzahl angesetzt werden, um die Beziehungen zwischen einem operationalen Ziel und dem Oberziel zu analysieren?

- Zielsetzungsdefekt:
  Zwar mag Gewinnmaximierung oder Kostenminimierung als Ziel in diesem Zusammenhang angesehen werden, aber als operationales Ziel (Zielinhalt, Zielausmaß, zeitlicher Bezug, faktische Durchführbarkeit) kann dies sicher noch nicht gelten. Operational kann es bei diesem Problem sein, Streckensummen, Einsatzzeiten oder die Zahl eingesetzter Fahrzeuge zu minimieren. Ob aber z.B. die häufig eingesetzte Luftlinienminimierung noch als sinnvolles Unterziel angesehen werden kann, ist eine Beurteilungsfrage.

- Lösungsdefekt:
  Die Fragen: „Welche Kunden sind welcher Tour zuzuordnen?“ und „In welcher Reihenfolge sind die Kunden einer Tour aufzusuchen?“ werfen ein kombinatorisches Problem auf, für das es schon bei halbwegs realistischer Größenordnung nach den Erkenntnissen der Komplexitätstheorie nie ein effizientes Optimierungsverfahren geben wird.

Man ist also auf Heuristiken angewiesen, und es wird auch eine Fülle von Heuristiken vorgeschlagen. Damit ist zwangsläufig auch eine Beurteilungsproblematik gegeben.

13.3 Anwendungen in der Logistik

13.3.1 Überblick

Einige der grundlegenden Heuristiken, die bei logistischen, lösungsdefekten Problemen eingesetzt werden, sollen im folgenden dargestellt werden. Es sind diejenigen, auf deren Grundideen auch in der Literatur häufig zurückgegriffen wird. Im einzelnen werden behandelt

- die Savingsheuristik,
- die Sweepheuristik,
- die Heuristik „Bester Nachfolger“ und Einfügungsheuristiken,
- eine Heuristik, die mit flächendeckenden Kurven arbeitet,
- sowie Austausch- und Umsetzverfahren zur Verbesserung von Ausgangslösungen.

All diese Heuristiken können sowohl beim Traveling Salesman-Problem als auch beim Tourenplanungsproblem eingesetzt werden.

13.3.2 Die Savingsheuristik

Der Einsatz der Savingsheuristik soll am Beispiel der Tourenplanung verdeutlicht werden: In einer Ausgangslösung wird davon ausgegangen, daß jeder Ort auf einer Pendeltour besucht wird, die vom Depot zum Ort und wieder zurück führt. Diese Pendeltouren werden dann zusammengefaßt, um die insgesamt zurückzulegende Fahrstrecke möglichst klein zu halten. Dabei wird von zwei Grundideen ausgegangen:

1. Der jeweils neu einer Tour zuzuordnende Ort ergibt sich gemäß einer Prioritätenliste. Zu deren Erstellung wird für je zwei Orte j und k ermittelt, welche Streckenersparnis (saving) sich verwirklichen läßt, wenn beide Orte nicht auf je einer Pendeltour, sondern auf einer gemeinsamen Tour angefahren werden. Die Abb. 13.1 verdeutlicht die Vorgehensweise. Um die Orte j und k auf Pendeltouren zu besuchen, ist die Strecke
$$2 \cdot d_{Oj} + 2 \cdot d_{Ok}$$
zurückzulegen. Werden die beiden Orte zu einer Tour zusammengefaßt, beträgt

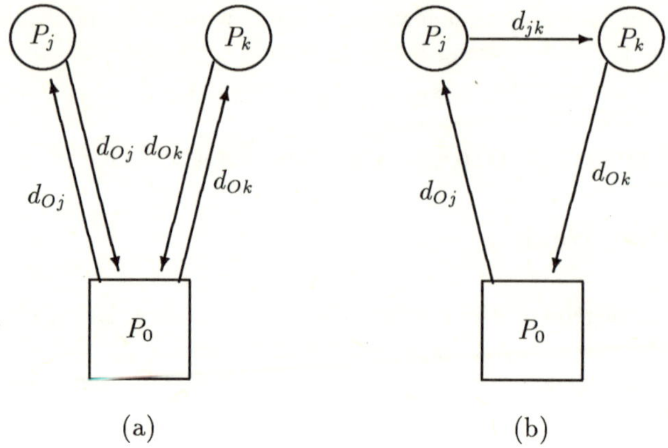

Abb. 13.1: Zusammenfassung von Pendeltouren

die Strecke

$$d_{Oj} + d_{jk} + d_{Ok}.$$

Es ergibt sich also die Streckenersparnis

$$s_{jk} = d_{Oj} + d_{Ok} - d_{jk}. \tag{13.2}$$

Diese Ersparnis wird für alle Ortspaare ermittelt und in einer Prioritätenliste so geordnet, daß das Ortspaar mit der höchsten Ersparnis an erster Stelle steht.

2. Eine bereits teilweise geplante Tour wird nicht in dem Sinne aufgebrochen, daß zwischen zwei Orten ein weiterer eingefügt wird. Vielmehr werden neue Orte jeweils nur am Anfang bzw. Ende der bisherigen Tour eingeplant, d.h. auf dem Weg vom bzw. zum Depot. Die Touren können nacheinander oder parallel aufgebaut werden.

Die Abb. 13.2 verdeutlicht die auf beiden Grundideen aufbauende, sukzessive Entstehung einer Tour. In der Abfolge der Bilder 13.2 (a) bis (d) wird insbesondere deutlich, daß eine Teiltour nur an ihrem jeweiligen Anfangs- bzw. Endkunden erweitert wird. Für die endgültige Tourenzusammenstellung gibt es verschiedene Versionen, die aber im folgenden nicht näher betrachtet werden.

Wird die Savingsheuristik bei einem Traveling Salesman-Problem statt bei einem Tourenplanungsproblem eingesetzt, muß einer der zu besuchenden Orte als Startort, d.h. als Depot im beschriebenen Sinne verwandt werden. Von daher können insbesondere zwei Varianten unterschieden werden:

- Es wird ein Ort zufällig ausgewählt und als Startort benutzt.

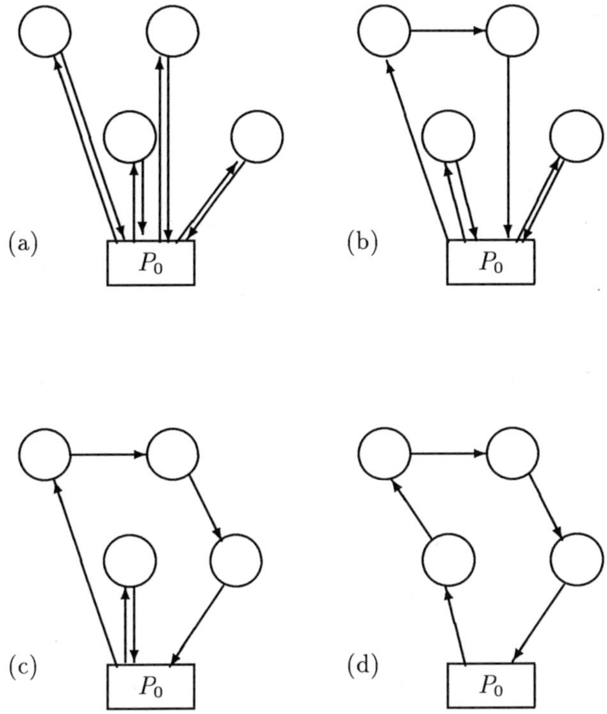

Abb. 13.2: Verdeutlichung der sukzessiven Entstehung einer einzelnen Tour. Die Kreise stehen für zu besuchende Orte, und P_0 kennzeichnet den Standort des Depots.

- Nacheinander wird jeder Ort als Startort eingesetzt und die im Sinne der Zielfunktion beste Lösung wird als die Heuristiklösung bezeichnet.

13.3.3 Die Sweepheuristik

Im Gegensatz zur Savingsheuristik geht die Sweepheuristik beim Tourenplanungsproblem zweistufig vor. Zunächst wird festgelegt, welche Kunden zu einer Tour zusammengefaßt werden, und anschließend wird für die Kunden einer Tour eine möglichst gute Belieferungsreihenfolge bestimmt. Das zweite Problem, die Ermittlung der Belieferungsreihenfolge für gegebene Kunden, ist wieder ein Traveling Salesman-Problem. Im folgenden wird nur das erste Problem beschrieben, also die Zuordnung von Kunden zu Touren. Die Sweepheuristik geht davon aus, daß die Standorte der Kunden j durch Koordinaten (x_j, y_j) gegeben sind, wobei das Depot im Koordinatenursprung liegt. Alle Kunden einer Tour sollen in einem möglichst engen Kreisausschnitt um das Depot liegen. Formal wird dies wie folgt erreicht: Die Kunden werden nach den Polarwinkeln, d.h. nach der relativen Lage ihrer Standorte zum Depotstandort in aufsteigender Reihenfolge sortiert. Beginnend mit dem ersten werden die Kunden in der

Sortierreihenfolge zu einer Tour zusammengefaßt, bis eine weitere Aggregation durch die Restriktionen der einzusetzenden Fahrzeuge unzulässig wird.

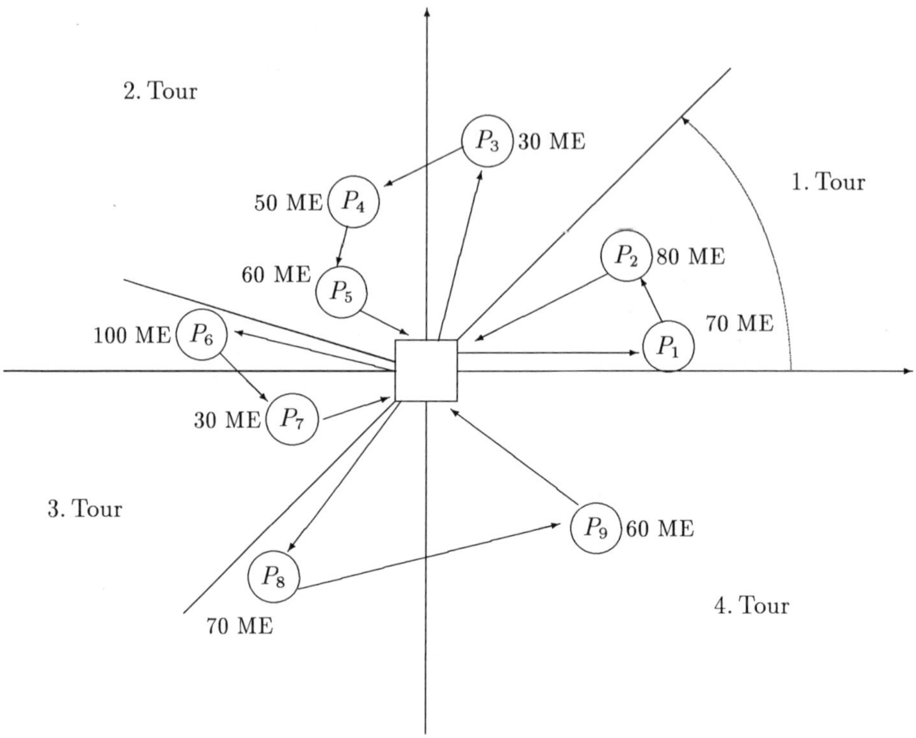

Abb. 13.3: Darstellung der Bildung von vorläufigen Touren bei der Sweepheuristik. Die Bestimmung der tatsächlichen Belieferungsreihenfolgen innerhalb der einzelnen Touren erfolgt in einem zweiten Arbeitsgang.

Die nächste Tour beginnt mit dem ersten, nicht mehr in die vorhergehende Tour einbeziehbaren Kunden. Die übrigen Touren werden in gleicher Weise konstruiert, bis alle Kunden einer Tour zugeordnet sind. Die Abb. 13.3 verdeutlicht die Vorgehensweise. Die Standorte und die Liefermengen von 9 Kunden sind im Koordinatensystem eingetragen. Die zur Belieferung einsetzbaren LKW haben eine Ladekapazität von 150 Mengeneinheiten (ME). Beginnend mit dem Kunden 1, der den kleinsten Polarwinkel hat, erfolgt entgegen dem Uhrzeigersinn ein Schwenk (engl.: sweep) über das Koordinatensystem, und die nachfolgenden Kunden werden bis zur maximalen Ladekapazität der LKW zu einer Tour zusammengefaßt usw. Dieser Schwenk läßt sich auch für alternative Anfangskunden und auch entgegen der Sortierreihenfolge durchführen, so daß nach der jeweils noch notwendigen Bestimmung der Belieferungsreihenfolge eine Vielzahl alternativer Tourenpläne existiert, von denen der beste verwirklicht werden kann.

Die Savings- und die Sweepheuristik werden auch in BERENS/DELFMANN 1984 und der dort angegebenen Literatur dargestellt.

13.3.4 Bester Nachfolger-Heuristik und Einfügungsheuristiken

Die Heuristik des besten Nachfolgers soll am Beispiel des Traveling Salesman-Problems erläutert werden: Bei dieser Heuristik wird die Teiltour nur an ihrem jeweiligen bisherigen Ende ergänzt. Eine Erweiterung am Anfang der Tour, wie bei der Savingsmethode, ist nicht vorgesehen. In jedem Schritt wird die Tour um denjenigen Ort ergänzt, der dem letzten Ort der bisherigen Tour am nächsten liegt. Das Verfahren endet dann, wenn alle Orte zu einer Tour zusammengefaßt sind und zum Startort zurückgekehrt werden muß.

Bei den Einfügungsheuristiken (Insertion-Heuristiken) wird dagegen bei jedem Schritt überprüft, an welcher Stelle die Tour am besten erweitert werden soll, d.h., an welcher Stelle der nächste, vorab ausgewählte Ort eingefügt werden soll. Hinsichtlich der Auswahl des als nächstes einzuplanenden Ortes bestehen mehrere Möglichkeiten. Bei der Nearest-insertion-Heuristik wird beispielsweise derjenige Ort genommen, der die geringste Entfernung zu irgendeinem schon in der Tour befindlichen Ort aufweist, während bei der Farthest-insertion-Heuristik das genau gegenteilige Auswahlkriterium gilt.

Wie bei der Savingsheuristik können bei den in diesem Kapitel genannten Heuristiken zwei Varianten unterschieden werden,

- die Verwendung nur eines zufälligen Startortes
- und die sukzessive Verwendung aller Orte als Startort und die Auswahl der besten Lösung.

13.3.5 Heuristik, die auf flächendeckenden Kurven basiert

Bei der im folgenden darzustellenden Heuristik handelt es sich um eine spezielle Variante aus einer ganzen Familie von Heuristiken. All diese Heuristiken basieren auf flächendeckenden Kurven und damit auf einer Idee, die auf die Arbeiten von PEANO 1890 und HILBERT 1891 zurückgeführt wird. Sie zeichnen sich durch bemerkenswerte Einfachheit und Schnelligkeit aus, und dennoch werden mit ihnen vergleichsweise gute Lösungen für verschiedene logistische Planungsprobleme erzeugt.

Auf eine formale Herleitung des Konzeptes flächendeckender Kurven muß hier verzichtet werden; statt dessen soll die Vorgehensweise vereinfachend, aber dafür anschaulich beschrieben werden: Gegeben ist (z.B.) eine quadratische Fläche. Die Punkte auf dieser Fläche können durch x- und y-Koordinaten beschrieben werden. Gegeben ist weiterhin ein Gummiband der Länge 1, auf dem sehr viele Punkte und ihre Entfernungen vom Nullpunkt des Gummibandes vermerkt sind. Dieses Band hat zwei idealisierte Eigenschaften. Es ist erstens extrem elastisch und zweitens wird es beim Strecken nur unwesentlich dünner.

Das Band wird nun nach einem ganz bestimmten und immer feiner werdenden Verzweigungsmuster auf der gegebenen Fläche ausgelegt und dabei gestreckt, bis die gesamte Fläche durch das Band abgedeckt ist. Das Band stellt damit eine flächendeckende Kurve dar. Jeder Punkt der Fläche, der ursprünglich durch seine beiden Koordinaten angegeben werden mußte, kann nun durch einen Punkt auf dem Gummiband, d.h. durch eine auf dem Gummiband ablesbare Rationalzahl aus dem Intervall von 0 bis 1 gekennzeichnet werden. Diese Kennzahl kann aber gleichzeitig auch als Ordnungskriterium für die Berücksichtigung dieses Punktes durch eine Heuristik in bestimmten logistischen Anwendungsproblemen dienen.

Diese allgemeinere, anschauliche Beschreibung soll nun an einem speziellen Verzweigungsmuster konkretisiert werden. Die flächendeckende Kurve wird wie folgt rekursiv erzeugt. Das jeweils ursprüngliche Quadrat wird in je vier gleiche Unterquadrate geteilt. In diesen wird die flächendeckende Kurve ausgelegt, wobei die Verbindungen untereinander bei den Wechseln in andere Unterquadrate durch Drehungen der Kurve erhalten bleiben. Die Abb. 13.4 veranschaulicht diese rekursive Vorgehensweise.

Die zugrundeliegende Idee bei dieser Vorgehensweise ist, einen Punkt der Fläche mit seinen Nachbarn zu verbinden, bevor die Kurve in eine andere Region überwechselt. Auf diese Art und Weise wird die Nähe zwischen zwei Punkten der Fläche auch in der Übertragung auf die Kurve weitgehend erhalten. Wenn zwei Punkte auf der Kurve nah beieinander liegen, d.h. ähnlich hohe Kennzahlen aufweisen, dann liegen sie auch in der Fläche nah beieinander. Umgekehrt gilt aber nur, daß in der Ebene benachbarte Punkte höchstwahrscheinlich auch benachbarte Punkte auf der Kurve sind.

Die bisherigen Überlegungen können wie folgt in eine Heuristik zur Lösung des Traveling Salesman-Problems einmünden. Alle anzufahrenden Orte werden auf einer Landkarte vermerkt. Es wird ein Quadrat definiert, in dem alle diese Orte liegen, und es wird ein Koordinatensystem über das Quadrat gelegt. Die Koordinaten aller Orte können dann bestimmt werden. Mit Hilfe einfacher Umrechnungen können die zu den Koordinaten gehörenden Rationalzahlen zwischen 0 und 1 der flächendeckenden Kurve bestimmt werden. Die Orte werden dann in aufsteigender Reihenfolge der so ermittelten Kennziffern angeordnet. Dies wäre die optimale Lösung, wenn die einzelnen Strecken nur auf der flächendeckenden Kurve zurückgelegt werden könnten, wenn also die Streckenführung genau auf der flächendeckenden Kurve erfolgen müßte. In bezug auf das reale Problem stellt die so ermittelte Reihenfolge eine einleuchtende Heuristiklösung dar. Es wird versucht, mit einer Tour die Form einer vierblättrigen Blüte zu erzeugen und möglichst weit außen zu bleiben, d.h., den Innenbereich des betrachteten

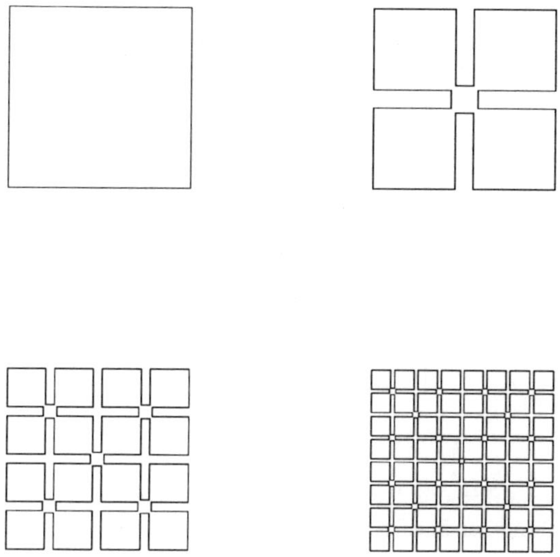

Abb. 13.4: Rekursive Herleitung einer flächendeckenden Kurve in Anlehnung an BARTHOLDI/PLATZMAN 1982, S. 123

Gebietes möglichst selten zu erreichen. Die Abb. 13.5 verdeutlicht diese Vorgehensweise.

Das Verfahren ist so einfach, daß die Umrechnung von Koordinaten in die Kennzahlen der flächendeckenden Kurve auch vorab in Tabellenform geschehen kann. Dieser Weg wird von BARTHOLDI ET AL. 1983 eingeschlagen. Sie haben eine allgemein verwendbare Tabelle entwickelt, mit der das Verfahren auch bei umfangreichen Problemen ohne jeglichen Rechnereinsatz manuell einsetzbar ist.

Die Autoren verwenden das Verfahren in geringfügig abgewandelter Form auch für Tourenplanungsprobleme und zwar insbesondere für solche, bei denen die Tourenzusammensetzungen sehr häufigen Wechseln unterworfen sind, wie z.B. bei einem „Essen auf Rädern"-Programm. Dabei wird die mit der Heuristik gefundene Rundreise durch alle anzufahrenden Orte so in Portionen für die beteiligten Fahrzeuge aufgeteilt, daß jedes Fahrzeug nur die Orte eines bestimmten Teilstückes der flächendeckenden Kurve in der feststehenden Reihenfolge anzufahren hat.

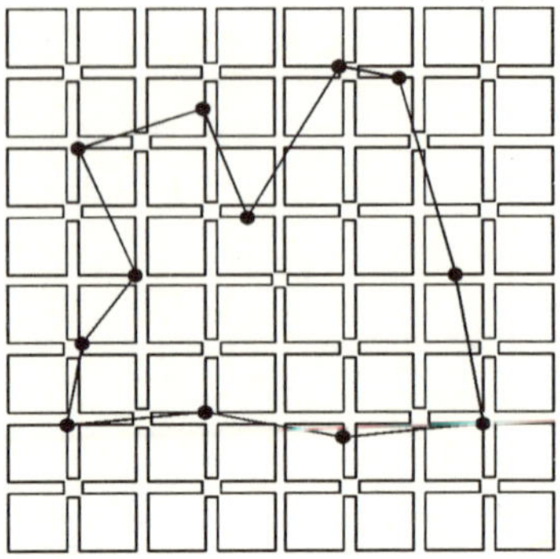

Abb. 13.5: Veranschaulichung der Heuristik: Die Orte werden in der Reihenfolge berücksichtigt, in der sie entlang der flächendeckenden Kurve liegen. In Anlehnung an BARTHOLDI ET AL. 1983, S. 3

13.3.6 Austausch- und Umsetzverfahren

Mit den voranstehend erläuterten Heuristiken können Lösungen erzeugt werden, die entweder unmittelbar eingesetzt oder zunächst nur als Ausgangslösungen aufgefaßt werden. Im zweiten Fall wird versucht, die Ausgangslösung mit Umsetz- oder Austauschverfahren zu verbessern. So kann beispielsweise für jeden einzelnen Ort überprüft werden, ob er besser an einer anderen Stelle der Ausgangstour eingefügt werden soll. Ggf. wird die Umsetzung vorgenommen, und die Überprüfung beginnt von neuem. Eine andere Möglichkeit besteht beispielsweise darin, zu prüfen, ob durch den Austausch von zwei Verbindungswegen, die in der vorliegenden Lösung enthalten sind, gegen zwei Wege, die bislang nicht enthalten sind, eine Lösungsverbesserung erreicht wird. Ggf. wird der Austausch vorgenommen, und die Überprüfung beginnt von neuem.

13.3.7 Anwendungsbeispiel

Eine Unternehmung produziert große Widgets. Die Widgets werden an Kunden in ganz Deutschland ausgeliefert. Es werden täglich zwischen 30 und 50 Widgets verschickt. Das Gewicht der Sendungen kann im Einzelfall mehrere Tonnen betragen; in der Regel liegt das Gewicht bei ca. einer halben Tonne. Der Transport der Sendungen erfolgte bislang überwiegend per Spediteur, teilweise auch per Bahn.

Von der Unternehmensleitung wird vermutet, daß durch den Einsatz eigener Auslieferungsfahrzeuge die Transportkosten gesenkt werden könnten. Deshalb möchte sie gerne wissen, bei welcher der drei Alternativen Fremdtransport, Eigentransport und kombinierter Eigen- und Fremdtransport die Transportkosten minimal sind. Die Unternehmensleitung nimmt an, daß der komplette Eigentransport voraussichtlich nicht wirtschaftlich ist, da das Sendungsaufkommen saisonal stark schwankt. Wenn sich die Anschaffung eines eigenen Fuhrparks – also teilweiser Eigentransport – lohnen würde, möchte sie auch folgende Fragen beantwortet wissen:

- Wieviel eigene Fahrzeuge sollen eingesetzt werden?
- Welche Kapazitäten sollen diese Fahrzeuge haben?
- Welche Sendungen sollen durch eigene Fahrzeuge transportiert werden?
- Welche Touren sollen dabei gefahren werden?

Entwickeln Sie eine Heuristik, mit der Touren für eine gegebene Kapazität an eigenen Fahrzeugen geplant werden können! Gehen Sie davon aus, daß die Kapazität regelmäßig nicht für die vollständige Abwicklung der Touren ausreicht, ein kombinierter Eigen-/Fremdtransport also zwingend erforderlich ist.

Für die vorliegende Aufgabenstellung lassen sich natürlich sehr viele Heuristiken zur Tourenplanung angeben. Im folgenden sollen lediglich zwei Heuristiken vorgestellt werden: Eine, die in der Praxis üblich ist und eine, die in WIESE 1990, S. 71f. zum ersten Mal vorgeschlagen worden ist: die Heuristik der sendungsbezogenen Tourenplanung.

Der in der Praxis üblichen Ansatz der Tourenplanung läßt sich wie folgt beschreiben (vgl. WIESE 1990, S. 72f.):

- Es wird zunächst davon ausgegangen, daß sämtliche Sendungen von eigenen Fahrzeugen transportiert werden können. Dementsprechend wird ein Tourenplan entwickelt, der alle Sendungen in den Touren verplant. In der Regel wird der Tourenplan mit der Zielsetzung berechnet, die Gesamtzahl der zu fahrenden Kilometer zu minimieren. Auch sollten in einem Tourenplan im allgemeinen *mehrere* Touren enthalten sein. Der Tourenplan kann z.B. mit der oben dargestellten Sweepheuristik berechnet werden.

- Anschließend werden für alle ermittelten Touren die variablen Kosten berechnet, die für den Fremdtransport der entsprechenden Sendungen zu zahlen wären. Die Touren, deren Fremdtransportkosten unter den variablen Kosten des Eigentransportes liegen, werden auf jeden Fall an Spediteure bzw. an die Bahn vergeben.

- Reicht die vorhandene Kapazität des eigenen Fuhrparks nicht aus, um die restlichen Touren selbst zu fahren, werden die Touren, die die geringsten Mehrkosten beim Fremdtransport aufweisen, an Fremdtransporteure vergeben, bis die noch benötigte Eigentransportkapazität auf die verfügbare abgestimmt ist.

Es ergibt sich bei Anwendung dieser Heuristik unter Umständen folgendes Problem: Es können im ersten Schritt in den vorgeschlagenen Touren Orte enthalten sein, die mit einer Sendung mit relativ geringem Sendungsgewicht beliefert werden sollen. Für die Belieferung dieser Orte muß aber teilweise ein relativ großer Umweg gefahren werden. Würden diese Orte aus der Tour herausgenommen, so ergäbe sich eine erheblich geringere Tourlänge. Der geringen Einsparung an Speditionskosten stehen damit relativ hohe zusätzliche Kosten des Eigentransportes gegenüber. Andererseits können Sendungen mit einem relativ hohen Gewicht an Spedition bzw. Bahn vergeben worden sein, da die Tour, der die Sendung im ersten Schritt zugeordnet worden ist, kostengünstiger durch Fremdtransport durchgeführt werden kann. Diese Sendungen mit hohem Gewicht verursachen aber höhere Fremdtransportkosten. Daher kann es sinnvoll sein, diese Sendungen in den eigenen Touren auszuliefern (vgl. WIESE 1990, S. 74). Wenn die Transportkosten nicht nur durch die Weglänge wesentlich beeinflußt werden, sondern auch durch das Gewicht und durch das Volumen der Sendungen, kann die Zielsetzung der Tourenplanung, die Transportkosten zu minimieren, nicht mit der Minimierung der zu fahrenden Kilometer identifiziert werden. Dies sollte insbesondere dann der Fall sein, wenn das Gewicht und das Volumen der Sendungen stark streuen. Umgekehrt sollte bei geringer Varianz von Gewicht und Volumen die obige Heuristik taugliche Lösungen generieren können.

Das Verfahren der sendungsbezogenen Tourenplanung sollte dagegen bei starker Streuung besser anwendbar sein. Allerdings sind sehr viel mehr Informationen zur Berechnung einer guten Lösung notwendig. Grundprinzip der Heuristik ist das Verkürzen übergroßer Tourenpläne auf der Basis relativer Grenzkostendifferenzen (vgl. WIESE 1990, S. 75ff.)

- In einem ersten Schritt wird zunächst *eine* übergroße Tour entwickelt, die aufgrund ihrer Länge oder des zu ladenden Gewichtes von den zur Verfügung stehenden eigenen Fahrzeugen nicht realisiert werden kann. Die Größe dieser Tour kann durch Vorgabe entsprechender Parameter z.B. auf einen Auslastungsgrad des Fahrzeuges von 150% festgesetzt werden. Wenn ein Fahrzeug also eine max. Zuladung von 10.000 kg und eine max. Tourlänge von 500 km hätte, so würden für den Aufbau der Basistour Restriktionen von 15.000 kg und 750 km vorgegeben. Zur Berechnung der übergroßen Basistour kann z.B. die oben dargestellte Savingsheuristik verwendet werden.

- Da die Tour nicht mit dem vorhandenen Fuhrpark realisiert werden kann, muß sie gekürzt werden. Dies geschieht in einem zweiten Schritt mit Hilfe der „relativen Grenzkostendifferenzen“ (kurz: rel. GKD). Diese lassen sich für den vorliegenden Sachverhalt wie folgt definieren:

$$\begin{aligned} \text{rel. GKD} &= \frac{\text{Mehrkosten bei Fremdtransport einer Sendung}}{\text{durch den Fremdtransport eingesparte Engpaßkapazität}} \\ &= \frac{\text{Fremdtransportkosten} - \text{eingesparte var. km-Kosten}}{\text{eingesparte Engpaßkapazität}} \end{aligned} \tag{13.3}$$

  Zunächst wird deshalb für alle Sendungen der gerade ermittelten Tour der Wert der relativen Grenzkostendifferenz ermittelt. Hierfür müssen für jede Sendung folgende Daten berechnet werden:

- Welche Fremdtransportkosten würden bei der Vergabe dieser Sendung an einen Spediteur oder an die Bahn entstehen?
- Wieviel variable Kosten des Eigentransportes können gespart werden, wenn diese Sendung aus der bisher ermittelten übergroßen Tour herausgenommen wird?
- Welcher Engpaß greift bei der jetzigen übergroßen Tour stärker, und welche Kapazität kann in diesem Engpaß eingespart werden, wenn eine Sendung aus der bisher ermittelten übergroßen Tour herausgenommen werden würde?

Sind für alle Sendungen der bisherigen Tour die relativen Grenzkostendifferenzen bestimmt worden, so wird diejenige Sendung aus der Tour eliminiert, deren relative Grenzkostendifferenz am geringsten ist. Da sich durch die Herausnahme eines Ortes aus der bisherigen Tour die sinnvolle Reihenfolge der Belieferung der Orte ändern kann, wird für die verbleibenden Orte der Tour die günstigste Reihenfolge (z.B. mit Hilfe des Savingsverfahrens) erneut geplant.

- Das Verkürzen des Tourenplans erfolgt solange, bis dieser mit dem vorhandenen Fuhrpark realisierbar ist.

13.4 Anwendungen in der Bestellmengenpolitik

13.4.1 Grundlagen

Der im Kapitel über die Dynamische Programmierung vorgestellte Algorithmus von Wagner/Whitin für die Bestellmengenpolitik findet in der Praxis relativ wenig Anwendung (vgl. KISTNER/STEVEN 1993, S. 66), da eine gewisse Scheu vor dem erforderlichen Rechenaufwand besteht. Wenn quantitative Verfahren eingesetzt werden, sind dies Heuristiken. Daher sollen hier auch die grundlegenden Heuristiken dargestellt werden, die für die Bestellmengenpolitik entwickelt worden sind. Den Ausgangspunkt für alle Heuristiken bildet die klassische Bestellmengenformel

$$y_{opt} = \sqrt{\frac{2 \cdot v \cdot C_F}{c_L}}. \tag{13.4}$$

wobei v die Lagerabgangsgeschwindigkeit in [ME/ZE], C_F die bestellfixen Kosten in [GE] und c_L die Lagerhaltungskosten in [GE/(ME·ZE)] darstellen.

Bei den Heuristiken lassen sich drei verschiedene Ansätze unterscheiden:

1. Heuristiken, die auf die Minimierung der Durchschnittskosten eines Loses zielen,

2. Heuristiken, die die Minimierung der Kosten pro Zeiteinheit anstreben,

3. Heuristiken, die von der Minimierung der Gesamtkosten bis zu einem vorgegebenen Planungshorizont ausgehen.

Ein Beispiel für den ersten Ansatz ist das Stückkostenverfahren, für den zweiten die Silver-Meal-Heuristik und für den dritten das Cost-Balancing-Verfahren. Alle drei Ansätze kommen bei konstanter Nachfrage zu dem gleichen Ergebnis, da sie von der klassischen Losgrößenformel ausgehen; bei schwankender Nachfrage unterscheiden sich jedoch die heuristisch ermittelten Lösungen in der Regel.

Implizit berücksichtigen auch alle drei Ansätze das Complementary-Slackness-Theorem, da die heuristisch ermittelten Bestellprogramme nur ganze Periodenbedarfsmengen enthalten. Von daher ist es möglich, daß eine heuristisch ermittelte Lösung auch optimal sein kann.

13.4.2 Das Cost-Balancing-Verfahren

Für die optimale Bestellmenge der klassischen Losgrößenformel gilt, daß die der Bestellmenge zugeordneten Lagerhaltungskosten gleich den bestellfixen Kosten sind. Im Fall schwankender Nachfrage sollte demnach eine gute Lösung vorliegen, wenn bei ihr die Lagerhaltungskosten der Bestellung näherungsweise mit den bestellfixen Kosten C_F zum Ausgleich gebracht werden können:

$$\sum_{\tau=t_1}^{t}(\tau - t_1) \cdot c_L \cdot D_\tau = C_F. \tag{13.5}$$

c_L sind die Lagerkosten pro Stück und pro Periode. D_τ ist die Nachfragemenge der Periode τ, t_1 ist der Bestellzeitpunkt. Es werden die gleichen Annahmen wie bei der Diskussion des Wagner-Whitin-Algorithmus getroffen. Insbesondere fallen Lieferung und Nachfrage zum gleichen Zeitpunkt einer Periode an.

Die Gleichung 13.5 kann in der Regel nicht exakt erfüllt werden. Deshalb wird diese Gleichung ersetzt durch:

$$\sum_{\tau=t_1}^{t-1}(\tau - t_1) \cdot c_L \cdot D_\tau \leq C_F \leq \sum_{\tau=t_1}^{t}(\tau - t_1) \cdot c_L \cdot D_\tau \tag{13.6}$$

Wenn die Periode t gefunden worden ist, mit der die Ungleichung 13.6 bei gegebener Datenlage erfüllt werden kann, benötigt man noch ein weiteres Entscheidungskriterium, und zwar, ob denn nun der Bedarf bis zur Periode $t-1$ oder t zu bestellen ist. Im Cost-Balancing-Verfahren wird vorgeschlagen, die Nachfragemengen zu bestellen, deren

t_1	t	D_t	$(t-t_1)\cdot c_L \cdot D_\tau$	$\sum_{\tau=t_1}^{t} D_\tau$	$\sum_{\tau=t_1}^{t}(\tau-t_1)\cdot c_L\cdot D_\tau$	C_F	Differenz
1	1	700	0	700	0	100	−100
1	2	600	24	1.300	24	100	−76
1	3	2.000	160	3.300	184	100	84
3	3	2.000	0	2.000	0	100	−100
3	4	1.000	40	3.000	40	100	−60
3	5	200	16	3.200	56	100	−44
3	6	1.500	180	4.700	236	100	136
6	6	1.500	0	1.500	0	100	−100
6	7	2.500	100	4.000	100	100	0
8	8	1.200	0	1.200	0	100	−100
8	9	1.800	72	3.000	72	100	−28
8	10	500	40	3.500	112	100	12

Tab. 13.1: Ermittlung einer Bestellmengenpolitik mit dem Cost-Balancing-Verfahren

zugeordnete Lagerhaltungskosten absolut die kleinere Differenz zu den bestellfixen Kosten aufweisen:

$$\min_t \left\{ \mid C_F - \sum_{\tau=t_1}^{t-1}(\tau - t_1)\cdot c_L \cdot D_\tau \mid, \mid C_F - \sum_{\tau=t_1}^{t}(\tau - t_1)\cdot c_L \cdot D_\tau \mid \right\} \tag{13.7}$$

Für die auf Seite 380 angegebenen Daten würde man mit dem Cost-Balancing-Verfahren das in Tab. 13.1 berechnete Bestellprogramm ermitteln. Die ermittelte Bestellmengenpolitik lautet, in den Perioden 1, 3, 6 und 8 zu ordern. Damit wird mit der Heuristik ein um $692 - 648 = 44$ DM schlechteres Bestellprogramm ermittelt als mit dem Wagner-Whitin-Algorithmus.

13.4.3 Das Stückkostenverfahren

Mit dem Stückkostenverfahren (auch gleitendes Bestellmengenverfahren genannt) wird versucht, die Stückkosten jeder Bestellung zu minimieren. Diese Heuristik läßt sich mit der Bestellmengenformel motivieren, da auch im klassischen Bestellmengenmodell die Stückkosten der Bestellung minimiert werden.

Im Stückkostenverfahren wird deshalb der Quotient aus der Summe der einer Bestellung zugeordneten Lagerhaltungs- und Bestellkosten und der entsprechenden Bestellmenge minimiert.

Die Entscheidungsregel des Stückkostenverfahrens lautet deshalb: Bestelle $\sum_{\tau=t_1}^{t} D_\tau$,

t_1	t	D_t	$(t-t_1) \cdot c_L \cdot D_\tau$	$\sum_{\tau=t_1}^{t} D_\tau$	$C_F + \sum_{\tau=t_1}^{t} (\tau - t_1) \cdot c_L \cdot D_\tau$	$\frac{C_F + \sum_{\tau=t_1}^{t} (\tau-t_1) \cdot c_L \cdot D_\tau}{\sum_{\tau=t_1}^{t} D_\tau}$
1	1	700	0	700	100	0,1429
1	2	600	24	1.300	124	0,0954
1	3	2.000	160	3.300	284	0,0861
1	4	1.000	120	4.300	404	0,0940
4	4	1.000	0	1.000	100	0,1000
4	5	200	8	1.200	108	0,0900
4	6	1.500	120	2.700	228	0,0844
4	7	2.500	300	5.200	528	0,1015
7	7	2.500	0	2.500	100	0,0400
7	8	1.200	48	3.700	148	0,0400
7	9	1.800	144	5.500	292	0,0531
9	9	1.800	0	1.800	100	0,0556
9	10	500	20	2.300	120	0,0522

Tab. 13.2: Ermittlung einer Bestellmengenpolitik mit dem Stückkostenverfahren

wenn gilt:

$$\frac{C_F + \sum\limits_{\tau=t_1}^{t} (\tau - t_1) \cdot c_L \cdot D_\tau}{\sum\limits_{\tau=t_1}^{t} D_\tau} < \frac{C_F + \sum\limits_{\tau=t_1}^{t+1} (\tau - t_1) \cdot c_L \cdot D_\tau}{\sum\limits_{\tau=t_1}^{t+1} D_\tau} \tag{13.8}$$

Für das Beispiel von Seite 380 kann mit dem Stückkostenverfahren die in Tab. 13.2 berechnete Bestellmengenpolitik ermittelt werden. Es ist in den Perioden 1, 4, 7 und 9 zu ordern. Die gesamten Kosten betragen 284 + 228 + 148 + 120 = 780 DM. Die Abweichung vom Optimalwert beträgt 132 DM.

13.4.4 Die Silver-Meal-Heuristik

Im klassischen Bestellmengenmodell ist die Nachfrage pro Periode konstant. Insofern kann die Zielsetzung dieses Ansatzes, die Stückkosten zu minimieren, auch dahingehend interpretiert werden, daß die Kosten pro Periode minimiert werden. Beide Zielsetzungen sind bei konstanter Nachfrage äquivalent; die Zielfunktionen lassen sich mit der Variable „Nachfrage pro Periode" ineinander transformieren.

Erst bei schwankender Nachfrage führen die beiden Zielsetzungen nicht mehr zur gleichen Bestellmengenpolitik. Wenn aber die Stückkostenminimierung ein Ansatz für eine Heuristik sein kann, sollte auch die Periodenkostenminimierung eine sinnvolle Heuristik darstellen. Ein solcher Ansatz wird in der Literatur als Silver-Meal-Heuristik bezeichnet, da er zum ersten Mal von SILVER/MEAL 1973 vorgeschlagen wurde.

t_1	t	D_t	$(t-t_1)\cdot c_L\cdot D_\tau$	$\sum_{\tau=t_1}^{t} D_\tau$	$C_F+\sum_{\tau=t_1}^{t}(\tau-t_1)\cdot c_L\cdot D_\tau$	$\frac{C_F+\sum_{\tau=t_1}^{t}(\tau-t_1)\cdot c_L\cdot D_\tau}{t-t_1+1}$
1	1	700	0	700	100	100
1	2	600	24	1.300	124	62
1	3	2.000	160	3.300	284	94,67
3	3	2.000	0	2.000	100	100
3	4	1.000	40	3.000	140	70
3	5	200	16	3.200	156	52
3	6	1.500	180	4.700	336	84
6	6	1.500	0	1.500	100	100
6	7	2.500	100	4.000	200	100
6	8	1.200	96	5.200	296	98,67
6	9	1.800	216	7.000	512	128
9	9	1.800	0	1.800	100	100
9	10	500	20	2.300	120	60

Tab. 13.3: Ermittlung einer Bestellmengenpolitik mit der Silver-Meal-Heuristik

Die Entscheidungsregel der Silver-Meal-Heuristik lautet analog zu dem Ansatz des Stückkostenverfahrens: Bestelle $\sum_{\tau=t_1}^{t} D_\tau$, wenn gilt:

$$\frac{C_F+\sum_{\tau=t_1}^{t}(\tau-t_1)\cdot c_L\cdot D_\tau}{t-t_1+1} < \frac{C_F+\sum_{\tau=t_1}^{t+1}(\tau-t_1)\cdot c_L\cdot D_\tau}{t-t_1+2} \tag{13.9}$$

Für das Beispiel von Seite 380 kann mit der Silver-Meal-Heuristik die in Tab. 13.3 berechnete Bestellmengenpolitik ermittelt werden. Es ist in den Perioden 1, 3, 6 und 9 zu ordern. Die gesamten Kosten betragen 124 + 156 + 296 + 120 = 696 DM. Die Abweichung vom Optimalwert beträgt 48 DM. Die Silver-Meal-Heuristik ist also in diesem Fall fast genauso gut wie das Cost-Balancing-Verfahren.

13.4.5 Vergleich der drei Heuristiken

In allen drei Heuristiken werden bestimmte Eigenschaften des klassischen Bestellmengenmodells genutzt. Dies gewährleistet, daß im Grenzfall konstanter Nachfrage die optimale Lösung durch die Heuristiken ermittelt werden kann. Bei schwankender Nachfrage liefern sie in der Regel nicht die optimale Lösung, wie anhand des Beispiels gezeigt worden ist. Es stellt sich dabei die Frage, welche der Heuristiken die in der Regel besseren Ergebnisse liefert. In Simulationsstudien wurde gezeigt, daß im allgemeinen das Cost-Balancing-Verfahren und mit geringfügigen Rückschlägen die Silver-Meal-Heuristik gute Ergebnisse liefern. Wie im Beispiel, ist das Stückkostenverfahren deutlich schlechter (vgl. ADAM 1987, S. 144ff.).

Mit Hilfe hier nicht vorgenommener Umformungen der Entscheidungsregeln läßt sich folgendes nachweisen: Der Mangel des Stückkostenverfahrens ist im wesentlichen dadurch erklärbar, daß die Nachfragemengen, die am längsten auf Lager liegen, mit der Entscheidungsregel am geringsten mit Kosten bewertet werden, auch wenn diese die höchsten Lagerhaltungskosten pro Stück verursachen. Dagegen wird die Nachfrage der Bestellperiode am stärksten mit Kosten bewertet, auch wenn diese keine Lagerkosten verursacht. Wenn man eine Bestellmengenpolitik nicht mit dem Wagner-Whitin-Algorithmus ermitteln will, so sollte man aber mit einer der Struktur der Nachfrageschwankung angemessenen Heuristik arbeiten.

Aufgabe

Hoppel's Problem

Lucas T. Mann – nicht verschwistert oder verschwägert mit der gleichnamigen Schriftstellerfamilie – ist Werkpilot eines großen Konzerns. Mit seinem zweistrahligen Learjet obliegt ihm die Aufgabe, die Führungsspitze des Konzerns zwischen den diversen Niederlassungen hin- und herzufliegen (von Zeit zu Zeit jettet er auch Politiker nach Brasilien – aber das ist eine andere Geschichte ...).

In der nächsten Woche plant der Vorstandsvorsitzende „Überraschungsbesuche" in einigen Tochterunternehmen. Er übergibt dem Piloten eine Liste jener Städte, die anzufliegen sind; die Reihenfolge solle dieser selbst festlegen. Mann – aufgrund seiner originellen Landungen von seinen Freunden auch „Hoppel" genannt – steht nun vor der Aufgabe, einen Flugplan mit möglichst geringem Treibstoffverbrauch auszuarbeiten. Zu diesem Zweck will er die Städte so abfliegen, daß die zurückzulegenden Flugkilometer minimiert werden. Nach dem Besuch der letzten Niederlassung ist der Vorstandsvorsitzende wieder in der Konzernzentrale abzusetzen (Stadt Nr. 1).

Der Vereinfachung halber sei angenommen, daß die Erde flach und somit die Lage der Städte Nr. 1-15 (in denen die jeweiligen Niederlassungen bzw. die Konzernzentrale angesiedelt sind) in einem zweidimensionalen Koordinatensystem abbildbar sei. Jede Stadt kann somit durch ihre X- und Y-Koordinaten lokalisiert werden (vgl. Tab. 13.4). Als weitere Prämisse sei von der tatsächlichen Struktur der Luftverkehrswege abstrahiert; Mann kann auf der „Luftlinie" fliegen. Somit läßt sich die Flugentfernung zwischen zwei Städten nach dem Satz des Pythagoras berechnen.

- Nehmen Sie eine knappe (aber präzise) Inhaltsbestimmung des Begriffes „Heuristik" vor!
- Wodurch ist das Problem charakterisiert, vor dem Mann steht?
- Ist es analytisch lösbar? - Wenn ja: Wie?
- Entwerfen Sie eine (oder mehrere) Heuristiken zur Lösung des Problems und wenden Sie diese an! Geben Sie die Reihenfolge der Städte sowie die Länge der Rundreise in Ihrer „besten" Lösung wieder! Machen Sie Vorschläge, wie man die Leistungsfähigkeit Ihrer Heuristik einschätzen könnte! (Hinweis: Die Länge der kürzestmöglichen Rundreise beträgt hier 364,72... Entfernungseinheiten)

Stadt-Nr.	X-Koordinate	Y-Koordinate	Stadt-Nr.	X-Koordinate	Y-Koordinate
1	42	29	9	91	75
2	29	22	10	25	70
3	59	89	11	48	73
4	7	4	12	3	49
5	23	51	13	17	64
6	99	61	14	29	47
7	16	35	15	61	3
8	62	53			

Tab. 13.4: X- und Y-Koordinaten der Städte Nr. 1-15

Literaturhinweise

Adam, D.: Produktionsplanung bei Sortenfertigung, Wiesbaden, 1969.

Adam, D.: Arbeitsunterlage zur Materialbedarfsrechnung und Bestellpolitik, 6. Aufl., Münster, 1987.

Bartholdi, J., Platzman, L.: An $\mathcal{O}(N \log N)$ planar travelling salesman heuristic based on spacefilling curves, in: Operations Research Letters, 1. Jg. (1982), S. 121-125.

Bartholdi, J., Platzman, L., Collins, R., Warden, W.: A minimal technology routing system for meals on wheels, in: Interfaces, 13. Jg. (1983), Heft 3, S. 1-8.

Berens, W.: Beurteilung von Heuristiken, Wiesbaden, 1992.

Berens, W., W. Delfmann: Modellbildung und quantitative Methoden zur Lösung logistischer Probleme, in: Schriften zur Unternehmensführung (SzU), Bd. 32, Logistik, Hrsg. Jacob, H. und Adam, D., Wiesbaden, 1984, S. 31-55.

Dantzig, G., R. Fulkerson, S. Johnson: Solution on a large-scale traveling-salesman problem, in: Operations Research, 2. Jg. (1954), S. 393-410.

Gass, S.: Preface, in: Golden, B.L., A. Assad (Hrsg.): Vehicle routing: Methods and studies, Amsterdam, 1987, S. vf.

Hilbert, D.: Über die stetige Abbildung einer Linie auf ein Flächenstück, in: Math. Ann., 38, S. 1891.

Ihde, G.: Transport, Verkehr, Logistik, 2. Aufl., München, 1991.

Little; J., L. Lodish.: A media planning calculus, in: Operations Research, 1971, 17, S. 1.

Peano, G.: Sur une courbe qui remplit toute en aire plaine, in: Math. Ann., 36. Jg., S. 1890.

Silver, E., H. Meal: A Heuristic for Selecting Lot Size Quantities for the case of a deterministic time-varying demand rate and discrete opportunities for Replenishment, in: Production and Inventory Management, 14. Jg. (1973), S. 64-74.

Wiese, K.: Kostensenkung durch Werkverkehr – Möglichkeiten der Substitution von Fremd- durch Eigentransport dargestellt an einem mittelständischen Unternehmen, in: Kistner, K. u.a. (Hrsg.): Operations Research Proceedings 1989, Berlin, 1990.

Kapitel 14

Anwendungen der Simulationsmethodik

14.1 Grundlagen

Die Technik der Simulation besteht in ihren Grundzügen darin, durch fiktive Experimente das Verhalten von komplexen Systemen zu studieren. Bei ökonomischen Problemen ist es in der Regel unmöglich oder zu aufwendig, bestimmte Systeme (z.B. der Lagerhaltung, des Transports, der Auslegung von Warteschlangen etc.) in der Praxis zu realisieren. Häufig lassen sich derartige Probleme aber auch nicht in einem analytisch lösbaren Ansatz beschreiben. Das liegt zum großen Teil daran, daß Ungewißheit über sehr viele Größen besteht.

In einer Simulation dagegen muß für ein Problem zunächst ein Flußdiagramm formuliert werden; der entsprechende Algorithmus wird anschließend in einem Computerprogramm realisiert. Dabei muß die Unsicherheit über bestimmte Größen lediglich durch explizite Annahmen der stochastischen Natur dieser Größen substituiert werden. Durch hinreichend häufige Wiederholung der Experimente sollte sich dann eine Aussage über das Verhalten des Systems gewinnen lassen. Mit einer Simulation läßt sich aber i.d.R. keine Aussage über das Optimum des Systems gewinnen.

Jede erfolgreiche Anwendung der Simulation setzt die Lösung aufeinanderfolgender Problemkreise voraus. Unter Berücksichtigung der Sammlung und Aufbereitung der relevanten Daten können folgende Problemkreise unterschieden werden, (vgl. u.a. Abschnitt 5.5, Berkthold/Werners 1993):

1. Entwurf eines formalen Modells, in dem bestimmte Annahmen über das zu realisierende Problem gemacht werden müssen. Dabei läßt sich die Modellformulierung in drei Schritte gliedern:

   - Erstellen der Modellgrundkonzeption,
   - Festlegen der Prozeßstruktur,
   - Definition der Prozeßregeln.

Vor dem Entwerfen des Modells ist i.d.R. eine eingehende Analyse des zu studierenden Problemgegenstandes notwendig.

2. Sammlung von statistischem Material über die unsicheren Größen, z.B. über die Ankunftszeiten einzelner Objekte in einem System, Abfertigungszeiten, Produktionszeiten. Dabei läßt sich wiederum nicht vermeiden, daß weitere Hypothesen getroffen werden müssen.

3. Erzeugung künstlicher Stichproben, die die gefundenen Gesetzmäßigkeiten des gesammelten statistischen Materials reproduzieren.

4. Validierung/Verifikation der bis dahin getroffenen Annahmen durch Simulation der Perioden, aus denen die statistischen Daten stammen und Vergleich der Istwerte mit den Simulationsergebnissen. In der Regel ist eine Abänderung der unter 1. und 2. getroffenen Annahmen notwendig, um das formale Modell besser mit dem realen Problem abzustimmen.

5. Durchführung und Auswertung der Simulationergebnisse durch Berechnung von Erwartungswerten und Varianzen etc.

6. Veränderung der Struktur des Problems, um die Wirkung von Systemänderungen oder Politiken studieren zu können.

In den folgenden Abschnitten soll die Mächtigkeit des Instrumentes der Simulation für die quantitative Planung anhand konkreter Anwendungsbeispiele demonstriert werden. Dabei wird aber i.d.R. lediglich der erste Punkt – der Entwurf des formalen Modells – dargestellt. In den folgenden Simulationsstudien wird – bis auf eine Ausnahme – nicht mehr als das den Simulations-Algorithmus darstellende Flußdiagramm präsentiert. Ein breiterer Literaturüberblick über Grundlagen und Anwendung der Simulationsmethodik ist in WITTE 1989 zu finden.

14.2 Simulation eines Roulette-Systems

In ADAM 1993, S. 498ff. ist eine Fallstudie über einen gewissen Sylvester Oberschlau als Hauptdarsteller abgedruckt. Diese Geschichte wird hier fortsetzt.

Sylvester Oberschlau, immer noch Student der Betriebswirtschaftslehre im fortgeschrittenen Semester, ist noch schlauer geworden und hat sich ein neues Roulette-System ausgedacht. Da er mit seinem einfachen Tracking-System so angenehme Erfahrungen gemacht hat, ist er auf die Idee gekommen, daß er mit einer mehrfachen Tracking-Strategie noch viel mehr gewinnen kann. Diese läßt sich wie folgt charakterisieren:

Wenn zweimal hintereinander keine Zahl auf eines der drei Dutzend gefallen ist, setzt er den Mindesteinsatz von a DM auf dieses Dutzend. Gewinnt er, erhält er – wie bekannt – das

Dreifache seines Einsatzes ausgezahlt. Mit dem erneuten Setzen auf dieses Dutzend wartet er wieder solange, bis wiederum zweimal hintereinander keine Zahl aus diesem Dutzend gefallen ist. Verliert er dagegen, so setzt er beim nächsten Spiel das Doppelte des letzten Einsatzes wiederum auf dieses Dutzend. In dieser Weise verfährt er solange, bis er gewonnen hat und das Dreifache seines letzten Einsatzes ausgezahlt erhält. Daraufhin wartet er solange mit einem erneuten Setzen auf dieses Dutzend, bis zweimal hintereinander keine Zahl aus diesem Dutzend gefallen ist.

Er beabsichtigt deshalb, das Spielcasino der schönen Stadt Aachen zu besuchen, um mit diesem neuen Roulette-System zu spielen. Bevor Sylvester Oberschlau nach Aachen fahren will, möchte er sich vergewissern, ob sein Roulette-System funktioniert. Dazu möchte er sein System mit einer Simulation testen.

Erstellen Sie ein Flußdiagramm zur Simulation eines Spielabends und erläutern Sie es! Berücksichtigen Sie die folgenden Zusatzinformationen:

- Der maximale Einsatz bei einem Spiel ist auf D DM begrenzt. Sollte Sylvester Oberschlau – seinem Roulette-System folgend – mehr als D DM setzen müssen, so setzt er genau D DM.
- Nehmen Sie an, daß Sylvester Oberschlau zu jedem Zeitpunkt über ein hinreichend hohes Budget verfügt.
- Er will C Spiele mitmachen. Ihn interessiert, um welchen Betrag sich sein Kassenbestand nach C Spielen geändert hat.

Es werden folgende Variablen verwendet:

Z	gleichverteilte Zufallszahl $0 \leq Z \leq 36$
S	Zahl der Spiele, in denen keine Zahl aus dem 1. Dutzend $1 \leq Z \leq 12$ gefallen ist. $S \geq 2$: Spielerlaubnis für 1. Dutzend
T	Zahl der Spiele, in denen keine Zahl aus dem 2. Dutzend $13 \leq Z \leq 24$ gefallen ist. $T \geq 2$: Spielerlaubnis für 2. Dutzend
U	Zahl der Spiele, in denen keine Zahl aus dem 3. Dutzend $25 \leq Z \leq 36$ gefallen ist. $U \geq 2$: Spielerlaubnis für 3. Dutzend
E	Einsatz auf das 1. Dutzend
F	Einsatz auf das 2. Dutzend
G	Einsatz auf das 3. Dutzend
K	Kassenbestandsveränderung
A	Zahl der absolvierten Spiele
a	Mindesteinsatz

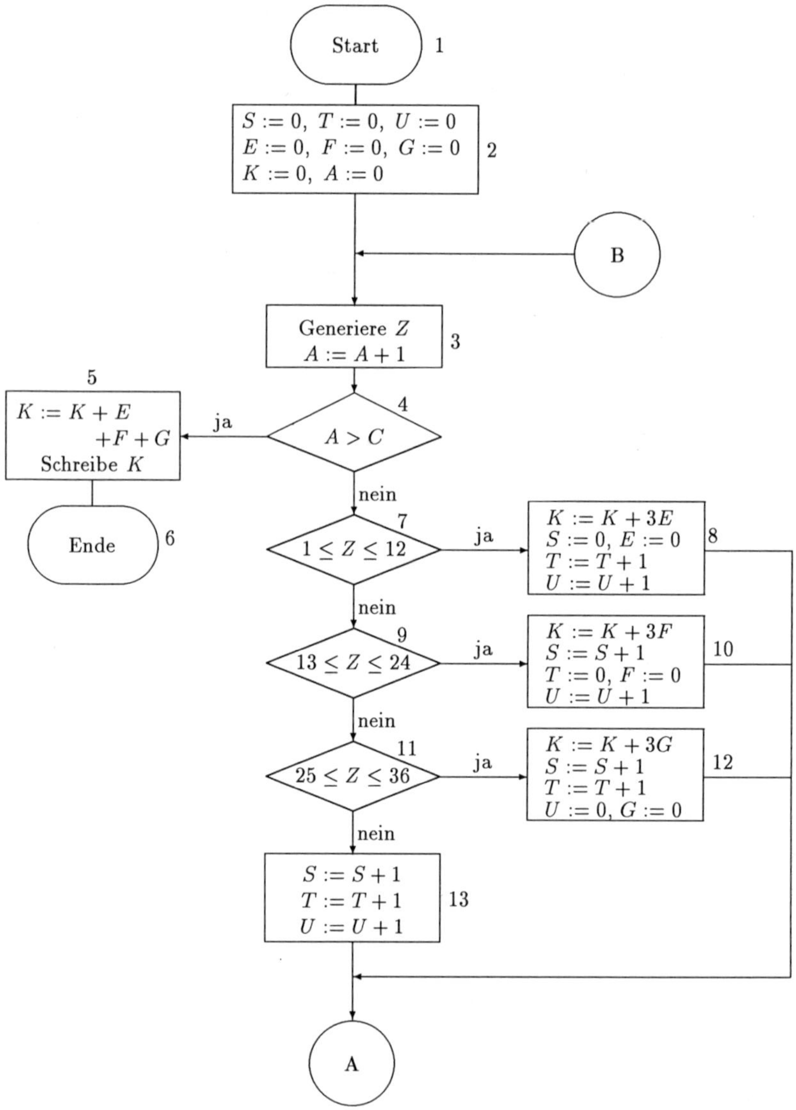

Abb. 14.1: Simulation des Roulette-Systems – Teil A

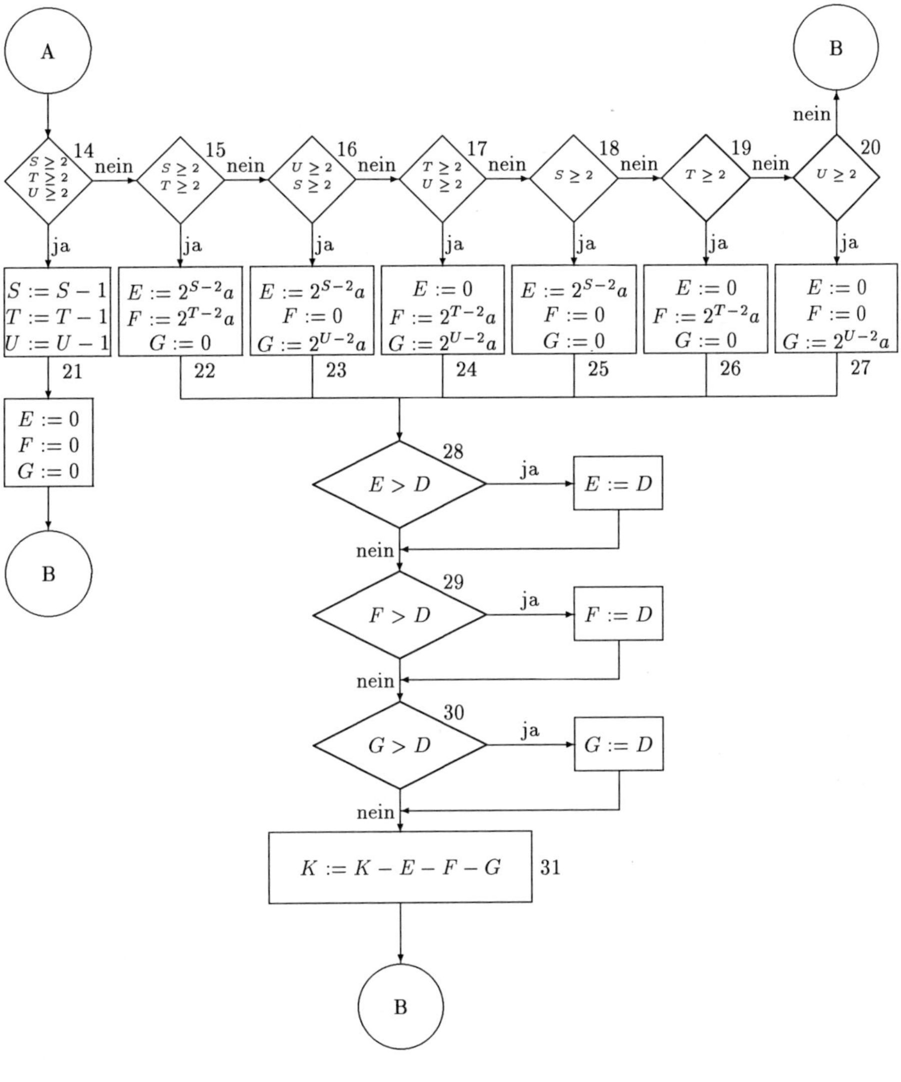

Abb. 14.2: Simulation des Roulette-Systems – Teil B

Erläuterung des Flußdiagramms

Zur Orientierung sind die einzelnen Schritte des Flußdiagramms durchnumeriert worden.

1	Start
2	Variablen auf Anfangswerte setzen
3	Generiere Zufallszahl
4	Maximale Zahl der Spiele erreicht?
5	Einsatz im C+1. Spiel wird nicht gesetzt. Ausgabe des Kassenstandes
6	Ende
7–13	Aus welchem Dutzend ist die gefallene Zahl? Entsprechend: Setzen der Parameter
14–20	Analyse der Situation
14, 21	Es kann nicht optimal sein, auf drei Dutzend gleichzeitig zu setzen; deshalb wird nicht gesetzt.
21–27	Bemessen der Einsätze
28–30	Obergrenze erreicht?
31	Einsätze setzen/Kassenabgang

14.3 Simulation eines Verkehrsproblems

Die Autobahn A3 führt nahe an der Stadt Aschaffenburg vorbei. Viele Pendler, die in Aschaffenburg arbeiten, benutzen diese Autobahn für ihre tägliche Anfahrt. Aufgrund des in den letzten Jahren stark angestiegenen Verkehrs und aufgrund der gegebenen Straßenführung möge sich folgende Schwierigkeit ergeben haben:

Die Ausfahrt liegt unmittelbar hinter einer schmalen Brücke über den Main ohne Standstreifen; die Abbiegespur kann somit nicht verlängert werden. Die Ausfahrt mündet nach wenigen Metern auf eine viel befahrene Hauptstraße, die nach Aschaffenburg führt. Diese Straßenmündung wird durch eine Ampelanlage geregelt. Bei starkem Verkehr hat sich auf der Ausfahrt vor der Ampel 1 ein Rückstau bis auf die Autobahn gebildet, wodurch es zu einigen schweren Verkehrsunfällen gekommen ist. Die Verkehrsplaner überlegen, ob größere bauliche Veränderungen nötig sind, um diese Schwierigkeit zu beseitigen, oder ob es reicht, die Ampelanlage besser zu schalten.

Gehen Sie für die Aufgabe von folgenden Informationen aus:

- Eine Zeiteinheit (ZE) ist gleich 10 Sekunden.
- Für die vor Ampel 1 ankommenden Autos pro ZE (AN) sind folgende Verteilungsfunktionen gegeben:
  - V_1 für die Zeiten 6.00–7.00, 9.00–12.00, 13.00–20.00 Uhr,
  - V_2 für die Zeiten 7.00–9.00 Uhr, einschließlich der Grenzen,

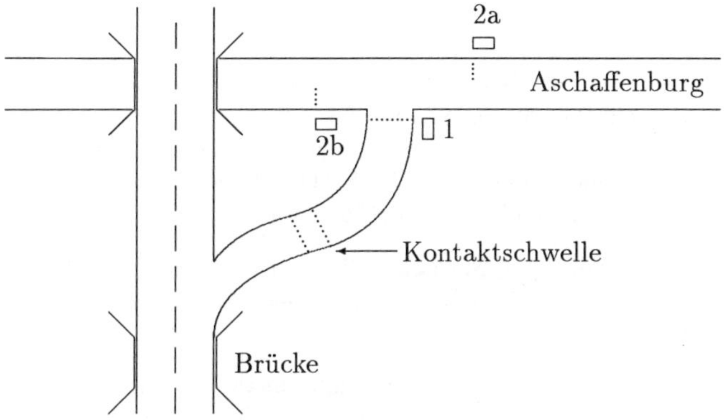

Abb. 14.3: Ortsverhältnisse für das Verkehrsproblem

- V_3 für die Zeiten 12.00–13.00 Uhr einschließlich der Grenzen.

- Ampel 1 hat zwei verschiedene Grün-Zeiten (TG): eine Normal-Grün-Zeit (TGN) und eine Belastungs-Grün-Zeit (TGB).
  Letztere schaltet sich automatisch jeweils genau dann ein, wenn unmittelbar nach einer Grün-Zeit der Ampel 1 Autos auf einer Kontaktschwelle stehen, die an irgendeiner Stelle unter der Ausfahrt angebracht werden kann, d.h., wenn die Anzahl der unmittelbar nach einer Grün-Zeit vor der Ampel 1 wartenden Autos (SL) eine noch festzulegende Schlangenhöchstlänge (SLH) – gemessen in Anzahl Autos – überschreitet.

- Die Anzahl der Wagen, die bei einer Grün-Zeit die Ampel 1 höchstens passieren können (AB), ergibt sich jeweils wie folgt:

$$AB = B \cdot TG - K + Z \tag{14.1}$$

  mit: B, K konstante Faktoren
  Z Zufallsvariable; ihre Verteilungsfunktion ist bekannt.

- Zwischen dem Start des ersten Autos bei Grün vor der Ampel 1 und dem Start des an letzter Stelle wartenden Autos besteht eine Zeitverschiebung. Um diese Zeitverschiebung in etwa auszugleichen, wird davon ausgegangen, daß sich die Schlange (SL) erst nach der gesamten Grün-Zeit verkürzt, dafür dann aber in diesem Zeitpunkt um die Gesamtzahl der durchfahrenden Autos.

- Die Zeit für „Gelb“ plus „Rot“ plus „Rot/Gelb“ an Ampel 1 (GRG) wird als Parameter konstant vorgegeben, d.h., daß für die Ampel 2a und 2b dann nur eine nicht variierbare Grün-Zeit existiert.

  Die Entwicklung der Autoschlangen vor den Ampeln 2a und 2b wird vereinfachend nicht beachtet. Stattdessen werden nur ganz bestimmte GRG–TGN–TGB–SLH-Konstellationen zur Austestung zugelassen.

- Alle Zeiten, wie TG, GRG,... werden nur in ganzen ZE gemessen.

- Um 6.00 Uhr ist SL = 0; Ampel 1 schaltet um 6.00 Uhr als erstes auf Gelb → Rot → Rot/Gelb → Grün ...

Aufgaben

1. Von Interesse für die Verkehrsplaner ist die Länge der Autoschlange, d.h., die Zahl der vor Ampel 1 wartenden Autos (SL) im Zeitablauf und zwar für die Zeit von 6.00 bis 20.00 Uhr. Erstellen Sie ein Flußdiagramm zur zeitorientierten Simulation des angegebenen Systems für eine vorgegebene GRG–TGN–TGB–SLH-Konstellation! Verwenden Sie die angegebenen Symbole, zusätzlich benötigte Symbole sind zu definieren!

2. Erläutern Sie die Vor- und Nachteile, die eine ereignisorientierte Simulation dieses Systems hätte, wenn als Ereignisart nur die „Beendigung der Grün-Zeit der Ampel 1" genommen würde!

3. Bei der Simulation von Systemen mit zufallsabhängiger Eingabefolge kann zwischen solchen unterschieden werden, die einen Gleichgewichtszustand haben und solchen, die eben keinen Gleichgewichtszustand erreichen. Verdeutlichen Sie kurz den Unterschied!

   Zu welcher Art von System gehört das oben beschriebene? Wie können die Simulationsergebnisse bei beiden Systemarten ausgewertet werden?

Lösung zu Aufgabe 1

Definition der zusätzlich benötigten Symbole:

T	ist Zeitzähler,
TE	gibt den Zeitpunkt des jeweils nächsten Endes einer Grün-Zeit der Ampel 1 an.

Ermittlung der Werte des Zeitzählers T zu den angegebenen Uhrzeiten:

Eine Stunde		=	360 ZE
6.00	T	=	0
7.00	T	=	360
9.00	T	=	1080
20.00	T	=	5040

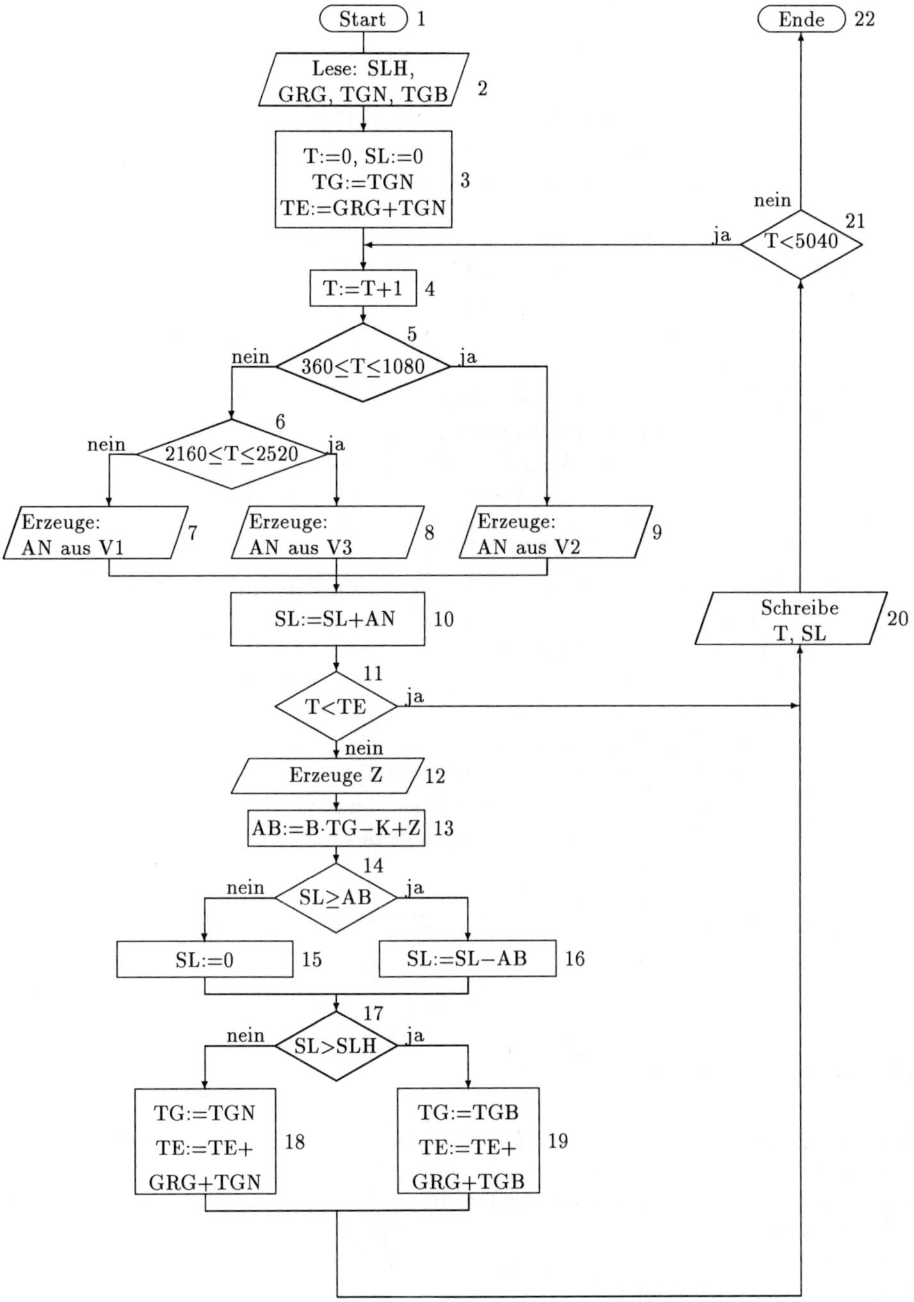

Abb. 14.4: Flußdiagramm für die Simulation des Verkehrsproblems

Erläuterung des Flußdiagramms

Zur Orientierung sind die einzelnen Schritte des Flußdiagramms durchnumeriert worden. Auf diese Numerierung wird im folgenden Bezug genommen.

1–2	Die zu testende GRG–TGN–TGB–SLH-Konstellation wird zu Beginn eingelesen.
3	Um 6.00 Uhr wird T := 0, SL := 0 und TG := TGN gesetzt; der Zeitpunkt des nächsten Endes einer Grün-Zeit der Ampel 1 (TE) ist gleich GRG + TGN.
4	Der Zeitzähler wird um eins erhöht.
5–9	In Abhängigkeit von der Uhrzeit wird die Zahl der ankommenden Autos (AN) mit Hilfe eines Zufallszahlengenerators ermittelt.
10	Die Schlangenlänge vergrößert sich um die Zahl der generierten ankommenden Autos.
11	Wenn der Zeitpunkt des nächsten Endes einer Grün-Zeit der Ampel 1 noch nicht erreicht ist, geht es weiter mit Schritt 20, ansonsten mit Schritt 12.
12	Die Zufallsgröße Z wird erzeugt.
13	Die Anzahl der Autos, die bei der Grün-Zeit Ampel 1 höchstens passieren können, wird berechnet.
14–16	Ist die Zahl der Autos in der Schlange größer als die Zahl der Autos, die gemäß Schritt 13 die Ampel 1 bei der Grün-Zeit passieren können, ergibt sich die neue Schlangenlänge als alte Schlangenlänge minus maximaler Abgang, ansonsten wird die neue Schlangenlänge gleich Null gesetzt.
17–19	In Abhängigkeit von der Schlangenlänge werden die neue Grün-Zeit und der Zeitpunkt des nächsten Endes der Grün-Zeit festgelegt.
20	T und SL werden ausgedruckt.
21–22	Für T < 5040 (es ist noch nicht 20.00 Uhr) geht es weiter mit Schritt 4. Steht der Zeitzähler T auf 5040, wird die Simulation beendet.

Lösung zu Aufgabe 2

Bei der ereignisorientierten Simulation wird der Zustand des Systems jeweils nur bei Eintritt des Ereignisses „Beendigung der Grün-Zeit der Ampel 1“ ermittelt. Zu diesen Ereignis-Eintrittszeitpunkten werden die Anzahl der insgesamt während der gerade vergangenen Ampelphase (GRG +TG) eingetroffenen Autos und die Anzahl der während der Grün-Zeit abgefahrenen Autos als Zufallszahlen erzeugt, und die neue Schlangenlänge wird ermittelt.

- Da das Ereignis „Beendigung der Grün-Zeit der Ampel 1“ erheblich seltener als alle 10 Sekunden (1 ZE) eintritt, sind bei der ereignisorientierten Simulation eines Tages erheblich weniger Berechnungen des Systemzustandes nötig als bei der zeitorientierten Simulation.

- Bei der ereignisorientierten Simulation entfällt die bei der zeitorientierten Simulation notwendige Abfrage, ob der gerade betrachtete Zeitpunkt auch der Zeitpunkt der Beendigung einer Grün-Zeit der Ampel 1 (TE) ist. Das Simulationsmodell ist insofern einfacher. Häufig ist allerdings ein ereignisorientiertes Simulationsmodell komplizierter als ein zeitorientiertes, da verschiedene Arten von Ereignissen möglich sind, auf die unterschiedliche Berechnungen folgen. Im vorliegenden Fall wird aber nur eine Ereignisart betrachtet.

- Es kann jeweils lediglich die Schlangenlänge nach Zugang sämtlicher Autos einer Ampelphase, aber vor Abgang der während der Grün-Zeit durchfahrenden Autos, sowie die Schlangenlänge nach Abgang eben dieser Autos angegeben werden. Die Entwicklung der Autoschlange während einer Phase der Ampel 1 (GRG + TG) wird dagegen nicht betrachtet. Dies stellt eine gröbere Abbildung des realen Systems als bei der zeitorientierten Simulation dar. Für die Planung der sinnvollsten GRG-TGN-TGB-SLH-Kombination reicht diese gröbere Abbildung aber wohl aus. Dieser Nachteil tritt allerdings nur dann auf, wenn der Abgang einzelner Autos aus einer Schlange bzw. der Zugang nicht als zwei zusätzliche Ereignisarten neben dem Ereignis „Beendigung der Grün-Zeit“ in das Modell eingehen.

Lösung zu Aufgabe 3

Das Ergebnis einer Simulation ist eine Zustandsgeschichte, die sich im allgemeinen in einer Folge von Zahlenvektoren niederschlägt. Diese Ausgabefolgen sind in unbearbeiteter Form meist wertlos, da der übliche Umfang des Zahlenmaterials die Ergebnisse völlig unüberschaubar macht; sie müssen auf bestimmte, das Systemverhalten beschreibende Maßgrößen verdichtet werden. Bei der Auswahl dieser Maßgrößen sollte beachtet werden, ob das System einen Gleichgewichtszustand erreicht.

Ein System mit zufallsabhängiger Eingabefolge ist dann im Gleichgewicht, wenn die Ausgabefolge sich durch einen stochastischen Prozeß charakterisieren läßt, der stationär ist, d.h., wenn der aus aufeinanderfolgenden Elementen der Ausgabefolge gebildete zeitliche Mittelwert unabhängig davon ist, aus welchem Zeitintervall diese Elemente stammen.

Als Maßgröße für ein solches System kann der Erwartungswert der Zustände einzelner Perioden verwendet werden. Eine Schätzgröße für diesen Erwartungswert ist der zeitliche Mittelwert der Elemente der Ausgabefolge (im vorliegenden Fall könnte dies etwa die durchschnittliche Schlangenlänge sein). Für die Berechnung dieses Mittelwertes braucht nur eine Ausgabefolge durch Simulation erzeugt zu werden. Diese Folge muß aber im allgemeinen sehr lang sein:

- Die Startschwierigkeiten, die sich aus den gesetzten Anfangsbedingungen ergeben können, müssen erst ausklingen, bevor mit der Berechnung begonnen wird.

- Bei Verlängerung der Ausgabefolge verbessert sich die Schätzgröße nur langsam.

Neben den soeben beschriebenen Systemen können solche unterschieden werden, die keinen Gleichgewichtszustand erreichen. Dies kann einmal daran liegen, daß sich – wie im vorliegenden Fall – die Verteilungsfunktion der Werte der Eingabefolge im Zeitablauf verändert, zum anderen daran, daß das System nicht so lange betrachtet wird, bis die eventuell auftretenden Startschwierigkeiten abgeklungen sind. Das oben beschriebene System gehört also zu der Gruppe, die keinen Gleichgewichtszustand erreicht.

Der zeitliche Mittelwert der Elemente einer einzigen Ausgabenfolge kann bei diesen Systemen nicht als Maßgröße für das Systemverhalten herangezogen werden, andere Maßgrößen müssen gefunden werden: Aufgrund unterschiedlicher Zufallszahlenfolgen können z.B. für das System unabhängige Wiederholungen jeweils eines Tages im obigen Beispiel simuliert werden. Nach N Simulationsläufen steht dann für eine bestimmte aussagefähige Größe, z.B. die Summe der Zeiten, während der die Autos bis auf die Autobahn stehen, eine Stichprobe des Umfanges N zur Schätzung der Eigenschaften dieser Zufallsgröße zur Verfügung. Einen Eindruck von der Dichtefunktion dieser Zufallsgröße vermittelt die Häufigkeitsverteilung der Realisierung, die z.B. in einem Histogramm dargestellt werden kann. Im Gegensatz zur Vorgehensweise bei Systemen mit einem Gleichgewichtszustand wird hier als Maßgröße für das Systemverhalten nicht nur eine einzige reelle Zahl, sondern die Dichtefunktion einer Zufallsgröße benutzt. Die Unsicherheit, die der Situation zugrundeliegt, kommt damit klar zum Ausdruck. Aufgrund der Analyse können zudem erwartungstreue Schätzgrößen für den Erwartungswert und die Schwankungsbreite der Zufallsgröße ermittelt werden.

Diese Vorgehensweise hat allerdings den Nachteil, daß der Rechenaufwand gegenüber der Festlegung von Maßgrößen aufgrund von zeitlichen Mittelwerten in der Regel beträchtlich größer ist.

Bei dem zugrundeliegenden Sachverhalt handelt es sich um ein fiktives Problem, das Mitte der siebziger Jahre mit Blick auf die Straßenkarte der Umgebung von Aschaffenburg für eine Examensaufgabe zur Simulation formuliert wurde (vgl. ADAM/BERENS 1978). Tatsächlich ist die angesprochene Mainbrücke Ende der achtziger Jahre erneuert worden. Die Baustelle gelangte damals zu trauriger Berühmtheit, da die Brücke während des Baus einstürzte (vgl. z.B. o.V. 1988).

14.4 Simulation der Patientensteuerung

In der Fertigungssteuerung werden zur Festlegung der Reihenfolge von Aufträgen, die auf einer Maschine zu bearbeiten sind, häufig Prioritätsregeln verwendet. Dabei wird jedem Auftrag nach einem bestimmten Kriterium (oder einer Kriterienkombination) eine Prioritätsziffer zugeteilt. Von den vor einer Maschine wartenden Aufträgen wird dann derjenige mit der höchsten Prioritätsziffer als nächster bearbeitet.

Die einfachste und in der Praxis sehr häufig implizit unterstellte Regel ist die sogenannte First-Come, First-Served-Regel (FCFS). Sie besagt, daß der Auftrag als nächster bearbeitet wird, der bis dahin am längsten vor der Maschine gewartet hat bzw. als erster dort eingetroffen ist.

Eine weitere, häufig verwendete Regel ist die, denjenigen Auftrag als nächsten zu bearbeiten, der die kürzeste Bearbeitungszeit auf der Maschine aufweist: die Kürzeste-Operationszeit-Regel, kurz KOZ-Regel. Diese bringt jedoch Schwierigkeiten mit sich, wenn die Bearbeitungszeiten vorher nicht bekannt sind, da diese z.B. Zufallsschwankungen unterliegen. In einem solchen Fall können aber Ersatzkriterien herangezogen werden, die eine hohe Korrelation zur Bearbeitungszeit aufweisen. Dies könnte z.B. die Zahl der Stücke eines Auftrags, die Zahl der Bearbeitungsschritte auf der Maschine etc. sein.

Die verschiedenen Prioritätsregeln der Fertigungssteuerung stellen natürlich Heuristiken dar, die unterschiedliche Auswirkungen auf die Erwartungswerte von Durchlaufzeiten etc. haben. Man kann ihre Tauglichkeit für gegebene statistisch verteilte Größen (bei Unsicherheit) mit Hilfe der Simulation überprüfen. Für eine gegebene Zielsetzung – Minimierung des Erwartungswertes der Durchlaufzeit, des Quadrates der Durchlaufzeit etc. – kann damit die angemessene Prioritätsregel ermittelt werden. Zum Beispiel sollten mit der KOZ-Regel regelmäßig kleinere Erwartungswerte von Gesamtdurchlaufzeit bzw. Wartezeit als mit der FCFS-Regel möglich sein, wie auch Ergebnisse zahlreicher Simulationsrechnungen zeigen. Die Anwendungsmöglichkeiten der Simulation für Probleme der Fertigungssteuerung werden in WITTE 1986 behandelt.

Im folgenden soll nicht ein Modell zur Fertigungssteuerung näher beschrieben werden, sondern eines zur Patientensteuerung. In einem Krankenhaus ergeben sich nämlich bei der Festlegung der Reihenfolge der Patienten, die auf dem gleichen Gerät untersucht werden sollen, strukturell die gleichen Fragestellungen wie in der Fertigungssteuerung, auch wenn hier noch andere Prioritätsregeln sinnvoll sein können, da die Zielsetzung nicht unbedingt in der Verringerung der Gesamtdurchlaufzeit von Patienten (den Aufträgen), vielmehr in einer angemessenen Gesundheitsversorgung liegt (vgl. SCHLÜCHTERMANN 1990, WENDT 1987). Eine plausible Prioritätsregel wäre z.B. die Ordnung nach der „Dringlichkeit der Behandlung des Patienten“: Damit sind zum einen die Notfälle gemeint, denn diesen ist immer die höchste Priorität einzuräumen. Zum anderen mag es aber Patienten geben, bei denen z.B. eine zielgerichtete Behandlung erst nach einer bestimmten Untersuchung möglich ist, während bei anderen lediglich eine Kontrolluntersuchung des Behandlungsverlaufes auf dem gleichen Gerät nötig ist. Bei einigen Patienten wird der Zeitpunkt ihrer Entlassung vom Zeitpunkt einer bestimmten Untersuchung abhängen, während andere unabhängig von der Untersuchung noch sehr viel länger im Krankenhaus verbleiben müssen.

Würde man also solche Patienten bevorzugen, bei denen sich durch eine Verkürzung der Wartezeit eine Verkürzung des Genesungsprozesses bzw. der Verweilzeit im Krankenhaus ergäbe, so würde dies zwar vermutlich nicht zu einer geringeren durchschnittlichen Wartezeit führen, könnte aber trotzdem einen erheblichen Einfluß auf die Ziele der Patientensteuerung haben. Es sind auch die Nebenwirkungen einer Regel zu beachten: Zum einen kann es sein, daß eine andere als die FCFS-Regel von einigen Patienten nicht akzeptiert wird. Zum anderen sind Obergrenzen für die Wartezeit für die Untersuchung zu beachten.

Im folgenden sei angenommen, daß ein Krankenhaus die Patientensteuerung für ihren einzigen Computer-Tomographen optimieren will. Ein Computer-Tomograph (kurz: CT) ermöglicht es, Schicht-Aufnahmen des menschlichen Körpers in Form von Querschnitten zu machen. Da zum einen ein Tomograph für zahlreiche unterschiedliche medizinische Fragestellungen eingesetzt werden kann, zum anderen beträchtliche Investitionen erfordert, so daß das Krankenhaus über nicht mehr als einen Tomographen verfügt, kann der Computer-Tomograph leicht einen Engpaß darstellen. Es stellt sich nun die Frage, wie durch die Patientensteuerung der Engpaß möglichst günstig genutzt werden kann.

I	vorherigen Patienten entfernen
II	Diskettenkopie für den letzten Patienten
III	Umkleiden des neuen Patienten
IV	Dateneingabe
V	Auflegen
VI	Kontrastmittel
VII	Programmwahl
VIII	Scannen
IX	Beurteilung
S	Scheinaktivität

Tab. 14.1: Bezeichnung der im Netzplan dargestellten Aktivitäten

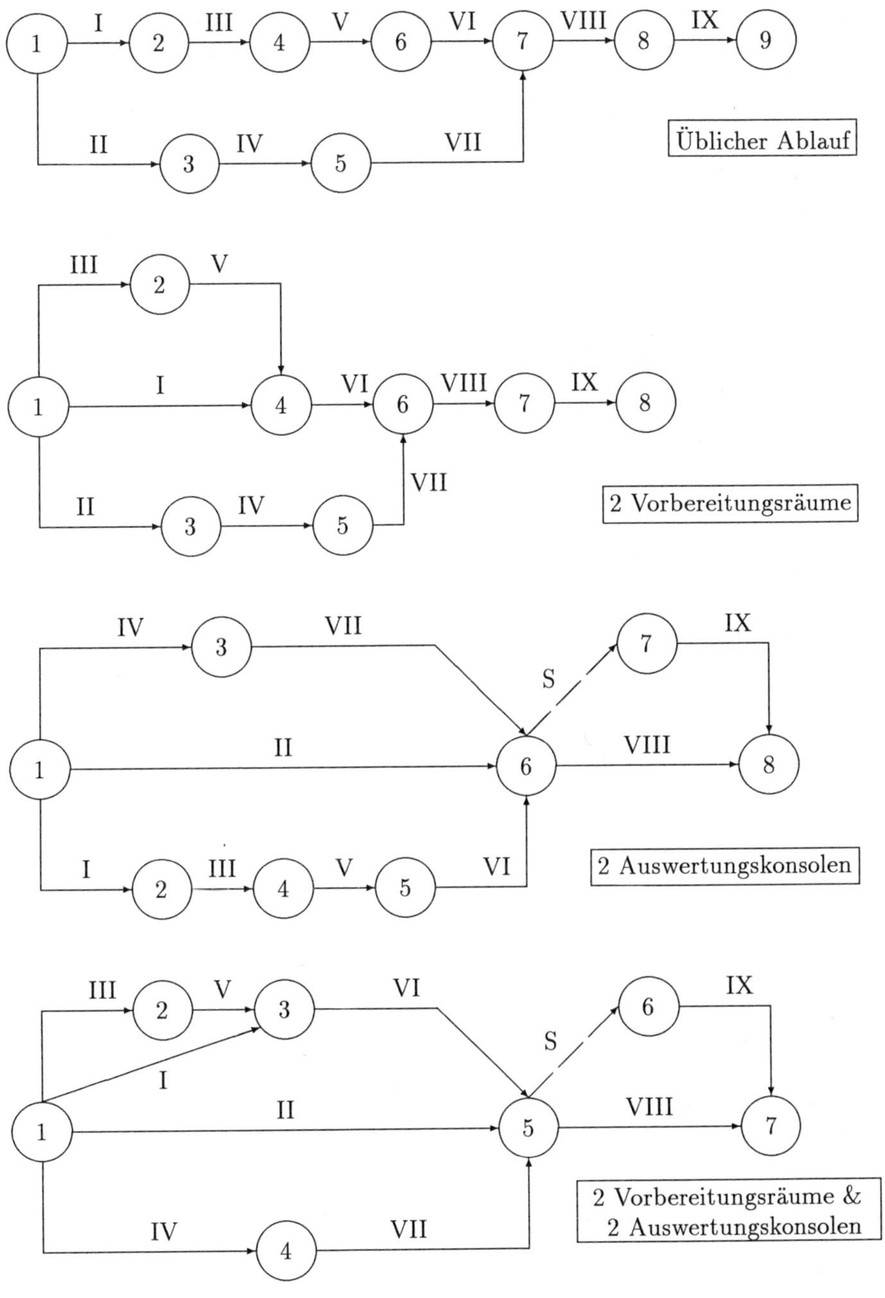

Abb. 14.5: Netzpläne zum organisatorischen Ablauf der CT-Untersuchung

Durch die Veränderung der Prioritätsregel kann im allgemeinen der Engpaß nicht beseitigt werden. Bei Verfolgung einer beliebigen Prioritätsregel sollte es grundsätzlich möglich sein, die Engpaßkapazität vollständig in Anspruch zu nehmen. Insofern wird sich durch den Wechsel der Prioritätsregel keine Entlastung des Engpasses ergeben, auch wenn Größen wie der Erwartungswert der Durchlaufzeit völlig andere Werte annehmen können. So gewährleisten die Prioritätsregeln wohl eine zielsetzungsgerechte Abarbeitung der Warteschlange, können aber zur Engpaßeliminierung im allgemeinen nicht beitragen. Genauer gesagt kann mit der Wahl der Prioritätsregel ein Beitrag zur Engpaßentlastung erst dann geleistet werden, wenn die Zeiten bestimmter Aktivitäten im Engpaß von der verwendeten Prioritätsregel abhängen.

Es gibt aber durchaus Maßnahmen, mit denen der Engpaß „Computer-Tomograph" beseitigt werden könnte. Wenn z.B. im Untersuchungsablauf einige Aktivitäten parallelisiert werden können, statt sie hintereinander zu schalten, kann die Durchlaufzeit für eine CT-Untersuchung sicher verringert werden. Die Vorteilhaftigkeit einer solchen organisatorischen Maßnahme abzuschätzen, ist nicht einfach, da zum einen die Zeiten von Aktivitäten statistische Größen sind, zum anderen in der Regel mehrere Parallelisierungsalternativen existieren, die sich zum Teil ausschließen, zum Teil unterschiedlichen Aufwand erfordern. Eine Möglichkeit, die Tauglichkeit der verschiedenen organisatorischen Maßnahmen beurteilen zu können, ohne den eigentlichen, realen CT-Untersuchungsablauf zu beeinträchtigen und ohne eventuell nicht sinnvolle Investitionen zu tätigen, bietet die Simulation.

Bei einer Simulationsstudie ist es lediglich erforderlich, den gesamten Ablauf der CT-Untersuchung in Aktivitäten zu unterteilen, wie es z.B. in der Tab. 14.1 vorgenommen worden ist, und für die Einzelaktivitäten die statistischen Verteilungen der zur Abwicklung erforderlichen Zeiten empirisch zu erheben.

Ferner sind Parallelisierungsstrategien zu entwickeln. Nach Absprache mit dem medizinischen Fachpersonal sind z.B. die in Abb. 14.5 dargestellten Variationen denkbar. Man kann einen weiteren Vorbereitungsraum oder/und eine weitere Auswertungskonsole zur Verfügung stellen. Beide Maßnahmen erfordern keine weitere CT-Untersuchungseinheit und lägen auch vom Aufwand her deutlich unter den Beschaffungskosten für einen neuen Computer-Tomographen. Andererseits können beide Maßnahmen kaum empirisch überprüft werden, ohne daß „vollendete Tatsachen" geschaffen werden würden.

Wenn mit T_i die Dauer der Aktivität i bezeichnet wird, gilt für die Bearbeitungszeit T eines CT-Untersuchungsauftrages bei dem üblichen Ablauf

$$T := \max\{T_{\text{I}} + T_{\text{III}} + T_{\text{V}} + T_{\text{VI}},\ T_{\text{II}} + T_{\text{IV}} + T_{\text{VII}}\} + T_{\text{VIII}} + T_{\text{IX}}, \tag{14.2}$$

bei einem weiteren Vorbereitungsraum

$$T := \max\{\max\{T_{\text{I}},\ T_{\text{III}} + T_{\text{V}}\} + T_{\text{VI}},\ T_{\text{II}} + T_{\text{IV}} + T_{\text{VII}}\} + T_{\text{VIII}} + T_{\text{IX}}, \tag{14.3}$$

bei einer weiteren Auswertungskonsole

$$T := \max\{T_{\text{II}},\ T_{\text{I}} + T_{\text{III}} + T_{\text{V}} + T_{\text{VI}},\ T_{\text{IV}} + T_{\text{VII}}\} + \max\{T_{\text{VIII}},\ T_{\text{IX}}\} \tag{14.4}$$

und bei zwei Vorbereitungsräumen und zwei Auswertungskonsolen

$$T := \max\{T_{\text{II}},\ \max\{T_{\text{I}},\ T_{\text{III}} + T_{\text{V}}\} + T_{\text{VI}},\ T_{\text{IV}} + T_{\text{VII}}\} + \max\{T_{\text{VIII}},\ T_{\text{IX}}\}. \qquad (14.5)$$

Das Flußdiagramm für den üblichen Ablauf ist in Abb. 14.6 dargestellt. Für die drei anderen Fälle sehen die entsprechenden Flußdiagramme bis auf die Formel in 7 genauso aus. Um das Flußdiagramm 14.5 verstehen zu können, sind noch zwei Bemerkungen notwendig: Die Wartezeit eines Patienten wäre als die Zeit zu definieren, die zwischen der Erstellung der Anforderung einer Computer-Tomograph-Untersuchung durch den Arzt bis zum Beginn der Untersuchungszeit verstreicht. Wenn aber nur die Frage beantwortet werden soll, ob die organisatorischen Maßnahmen einen Beitrag zur Engpaßentlastung leisten können und angenommen wird, daß Prioritätsregeln keinen Einfluß auf die Bearbeitungszeit eines CT-Untersuchungsauftrages haben, ist die Frage nach der Wartezeit der Patienten irrelevant. Vielmehr zeigt sich die Tauglichkeit einer organisatorischen Maßnahme in der Zahl der Aufträge, die in einer vorgegebenen Zeit abgearbeitet werden.

Zudem ist folgendes zu bemerken: Baut sich eine Warteschlange auf, so daß eine bestimmte Obergrenze überschritten wird, werden von den Ärzten nur noch CT-Untersuchungen angefordert, wenn diese zum gegebenen Zeitpunkt unbedingt notwendig sind. Dieser Punkt ist bei der Datenerhebung zu beachten: Es müssen die empirischen Verteilungen von Anforderungen in der Phase unterhalb und oberhalb der kritischen Obergrenze unterschieden werden.

Symbolverzeichnis:

Z	Zuweisung neuer CT-Untersuchungsaufträge
Z_0	Startwert für Z
V	aktuelle statistische Verteilung von Z
$V1$	statistische Verteilung von Z bei normaler Belastung
$V2$	statistische Verteilung von Z bei Überlastung
W	Zahl der CT-Untersuchungsaufträge in der Warteschlange
W_0	Startwert für W
MAX	Kritischer Wert für die Länge der Warteschlange
T	Durchlaufzeit für einen Untersuchungsauftrag
T_i	Durchlaufzeit für die Aktivität i
TT	Verstrichene Zeit seit Beginn der Simulation
T_{MAX}	Zeitraum, der simuliert wird
N	abgearbeitete CT-Untersuchungsaufträge

1	Start der Simulation
2	Zuweisung der Startwerte der Variablen
3-5	Abfrage: Warteschlange zu lang? Wenn ja: Zufallszahl Z wird aus $V2$ gezogen Wenn nein: Zufallszahl Z wird aus $V1$ gezogen
6	Erzeugung der Zufallszahlen für die einzelnen Aktivitäten eines CT-Untersuchungsauftrages aus den empirisch ermittelten Verteilungen
7	Ermittlung der Zeit für den aktuellen Untersuchungsauftrag: hier für den Ablauf mit einem Vorbereitungsraum und einer Auswertungskonsole; weiter: Aktualisierung der Variablen
8	Abfrage: Simulationszeit abgelaufen?
9-10	Ausgabe der Simulationswerte; Ende
11	Erzeugung der Anzahl der neu eingehenden Untersuchungsaufträge
12	Diese Zahl Z wird auf die Warteschlange W addiert.

Tab. 14.2: Erläuterungen zu dem Flußdiagramm zur Patientensteuerung

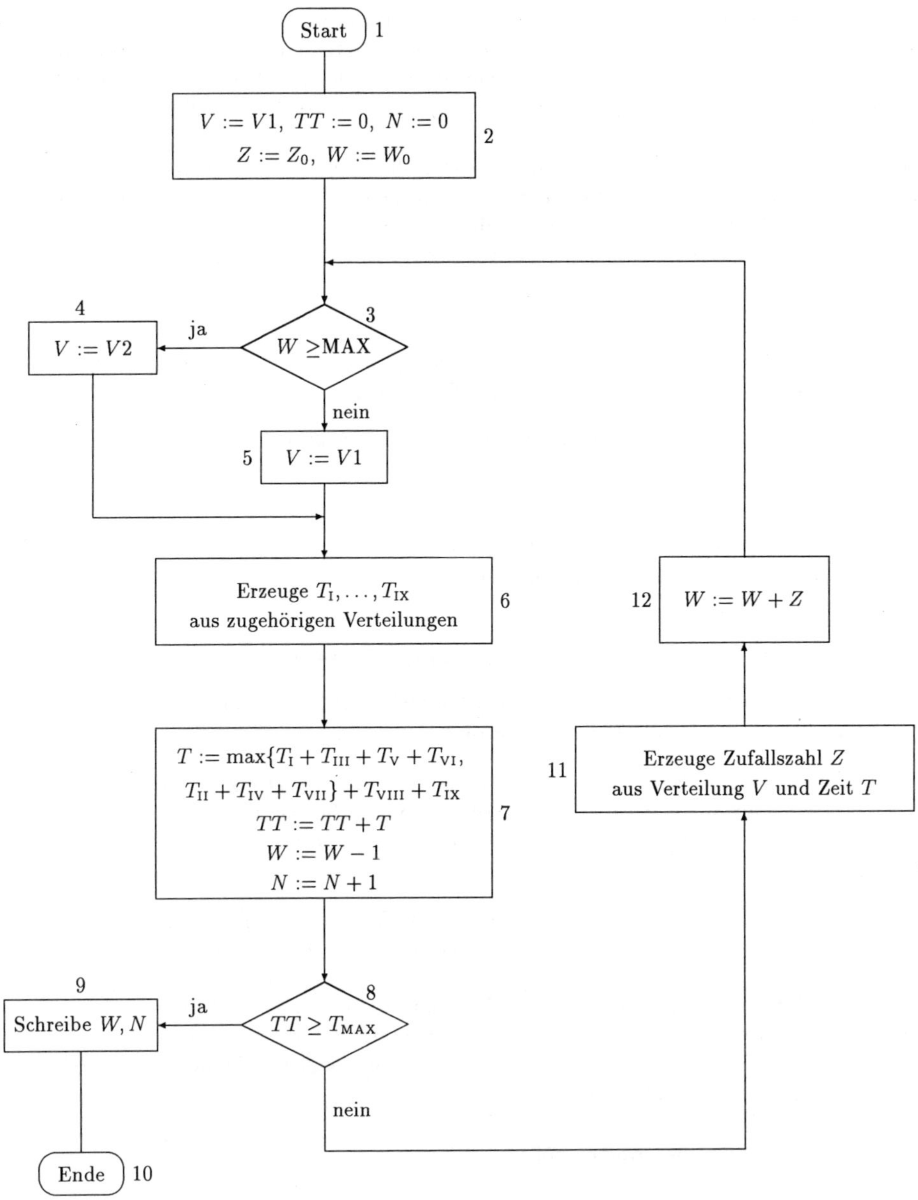

Abb. 14.6: Simulation der Patientensteuerung

14.5 Simulation von Prüfstrategien

Ein Unternehmen stellt einfache, kleine Stecker her. Diese bestehen im wesentlichen aus zwei Teilen: einem Metallstift mit einem Gewinde auf einer Seite und einer Kunststoffisolation, in die der Metallstift verschraubt wird. Die Gewinde an beiden Teilen können fehlerhaft sein. Die Wahrscheinlichkeit, mit der ein Stiftgewinde fehlerhaft ist, beträgt 3%.

Bei den Kunststoffisolationen ist es komplizierter. Sie werden in Schachteln à 50 Stück aus der vorgelagerten Produktionsstufe angeliefert. In dieser Produktionsstufe treten zeitweilig Störungen durch Werkzeugverschleiß auf, die dazu führen, daß dann alle produzierten Isolationen fehlerhaft sind. Für die Modellbildung ist es daher zweckmäßig, zwei Arten von Schachteln mit Isolationen zu unterscheiden:

1. 95% der Schachteln sind von der ersten Art. Die Wahrscheinlichkeit, mit der Isolationen einer solchen Schachtel ein fehlerhaftes Gewinde aufweisen, beträgt 10%.
2. 5% der Schachteln sind von der zweiten Art. Alle Isolationen solcher Schachteln haben ein fehlerhaftes Gewinde.

Beim (versuchten) Verschrauben eines Stiftes und einer Isolation zum fertigen Stecker ergeben sich folgende, z.T. überraschende Ergebnisse:

1. Wenn Stift und Isolation fehlerfrei sind, ist der Stecker mit Sicherheit fehlerfrei.
2. Wenn entweder der Stift oder die Isolation fehlerhaft ist, gelingt das Verschrauben mit Sicherheit nicht. Beide Einzelteile werden vernichtet.
3. Wenn sowohl der Stift als auch die Isolation fehlerhaft ist, gelingt merkwürdigerweise in 20% der Fälle das Verschrauben und der Stecker ist für den Gebrauchszweck fehlerfrei. In den übrigen 80% der Fälle werden ebenfalls beide Einzelteile vernichtet.

Im Unternehmen wird überlegt, ob die Schachteln mit Isolationen vor der Verschraubung einer Doppel-Stichprobenprüfung unterzogen werden sollen. Hierbei wird die erste Isolation der Schachtel geprüft. Ist sie fehlerfrei, wird die ganze Schachtel zur Verarbeitung freigegeben. Ist sie dagegen fehlerhaft, wird auch die zweite Isolation geprüft. Weist auch diese ein fehlerhaftes Gewinde auf, wird der Inhalt der Schachtel vernichtet. Weist die zweite geprüfte Isolation dagegen ein fehlerfreies Gewinde auf, wird die Schachtel – außer der gefundenen fehlerhaften Isolation – zur Verarbeitung freigegeben.

Bekannt sind die folgenden Kostengrößen:

KV	Kosten für eine (versuchte) Verschraubung
VS bzw. VI	Kosten für das Vernichten eines Stiftes bzw. einer Isolierung
PI	Kosten für die Prüfung einer Isolation

Z	Zufallszahl; gleichverteilt zwischen 0 und 1
S = 1	Stift fehlerfrei
S = 2	Stift fehlerhaft
SCH	gibt an, die wievielte Isolation einer Schachtel zur Verarbeitung anliegt. Zu Beginn wird SCH = 50 angesetzt.
I = 1	Isolation fehlerfrei
I = 2	Isolation fehlerhaft
G	Zufallszahl; gleichverteilt zwischen 0 und 1 Sie gibt an, ob es sich bei der Schachtel, aus der zur Zeit Isolationen entnommen werden, um eine solche handelt, in der alle Isolationen ein fehlerhaftes Gewinde aufweisen ($0,95 < G \leq 1,00$) oder ob es sich um eine Schachtel handelt, bei der die Wahrscheinlichkeit, daß eine Isolation ein fehlerhaftes Gewinde aufweist, gleich 10% ist ($0 \leq G \leq 0,95$).
ST = 1	Stecker fehlerfrei
ST = 2	Verschraubung gelingt nicht
K	Gesamtkosten

Tab. 14.3: Verzeichnis der Symbole in der Reihenfolge ihres Auftretens

Das Unternehmen will zur Evaluierung der oben genannten oder ähnlicher Prüfstrategien ein Simulationsmodell erstellen. Sie sollen einzelne Komponenten für dieses komplette Simulationsmodell in den Aufgaben 1 und 2 entwickeln. In Aufgabe 3 sollen Sie verbal erläutern, wie diese Elemente in das Gesamtmodell zur Austestung alternativer Prüfstrategien eingefügt werden können.

Aufgaben

1. Erstellen Sie ein Flußdiagramm zur Simulation der hier erläuterten (versuchten) Verschraubung genau eines Steckers ohne Berücksichtigung der Stichprobenprüfung! Die Simulation soll die angefallenen Kosten nennen und zeigen, ob der jeweilige Arbeitsgang ein positives Ergebnis in Form eines fehlerfreien Steckers liefert.

2. Erstellen Sie ein Flußdiagramm zur Simulation des Arbeitsablaufes bei der Doppel-Stichprobenprüfung! Dieses Flußdiagramm soll auch die durch die Prüfung angefallenen Kosten enthalten.

3. Erläutern Sie verbal und allgemein, wie z.B. unter Benutzung der in den Aufgaben 1 und 2 entwickelten Modellelemente ein vollständiges Simulationsmodell zur Ermittlung von effizienten Prüfstrategien für Produktionsprozesse entwickelt werden kann!

Lösung zu Aufgabe 1

Siehe die Abbildungen 14.7 bis 14.10

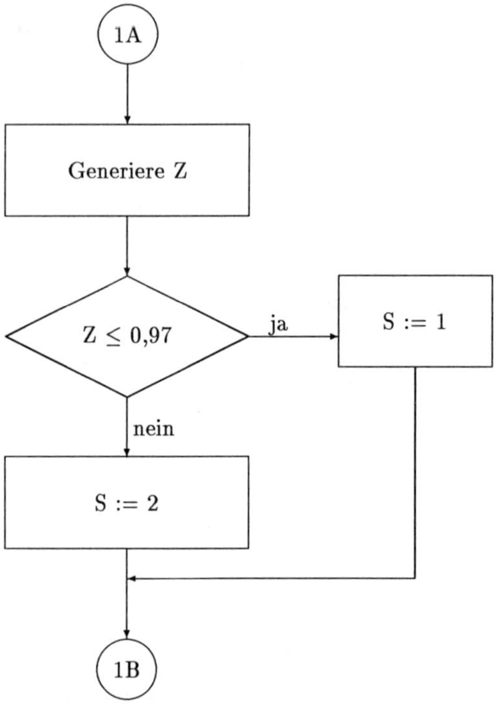

Abb. 14.7: Stiftqualität

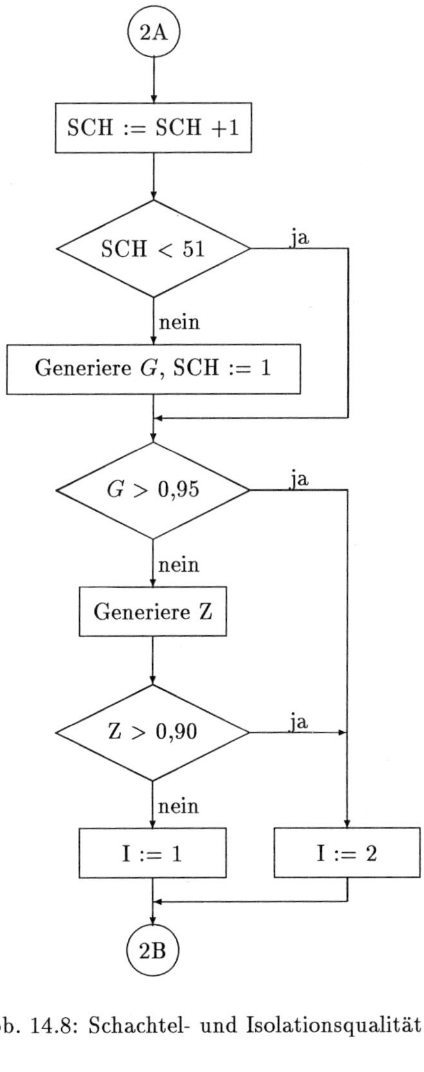

Abb. 14.8: Schachtel- und Isolationsqualität

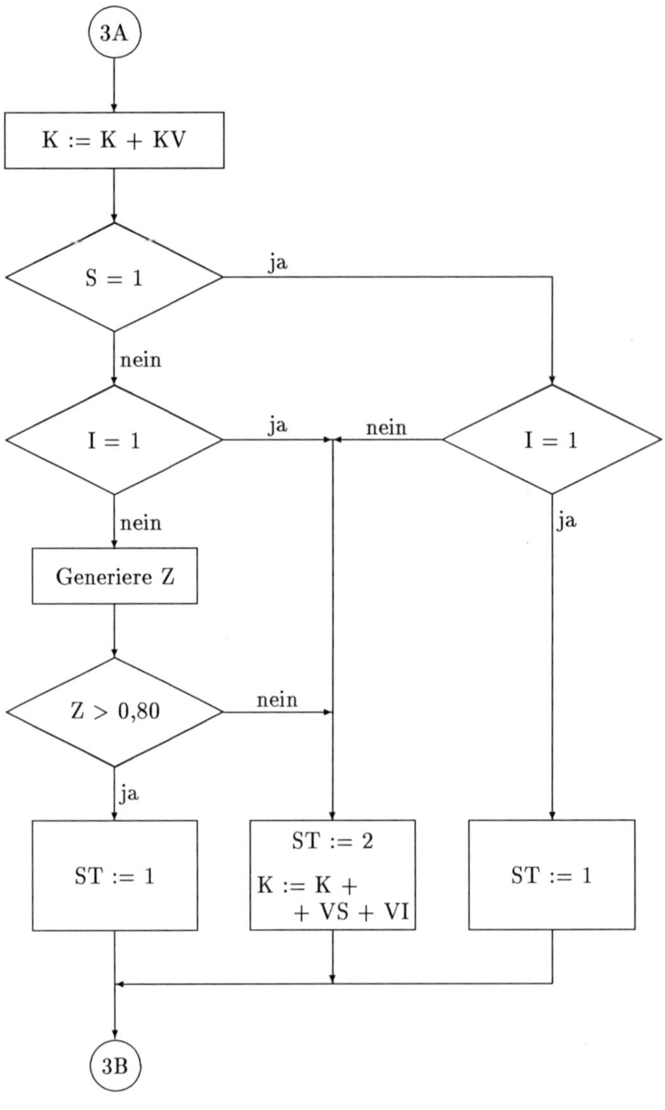

Abb. 14.9: Steckerqualität

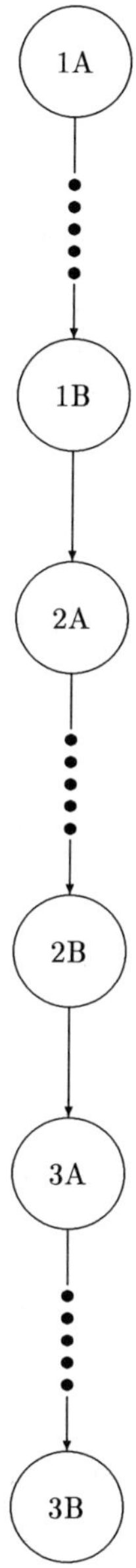

Abb. 14.10: Komplettes Flußdiagramm zur Simulation der versuchten Verschraubung genau eines Steckers

Lösung zu Aufgabe 2

Das Flußdiagramm 14.11 wird so konzipiert, daß es unmittelbar an 2B angehängt werden kann.

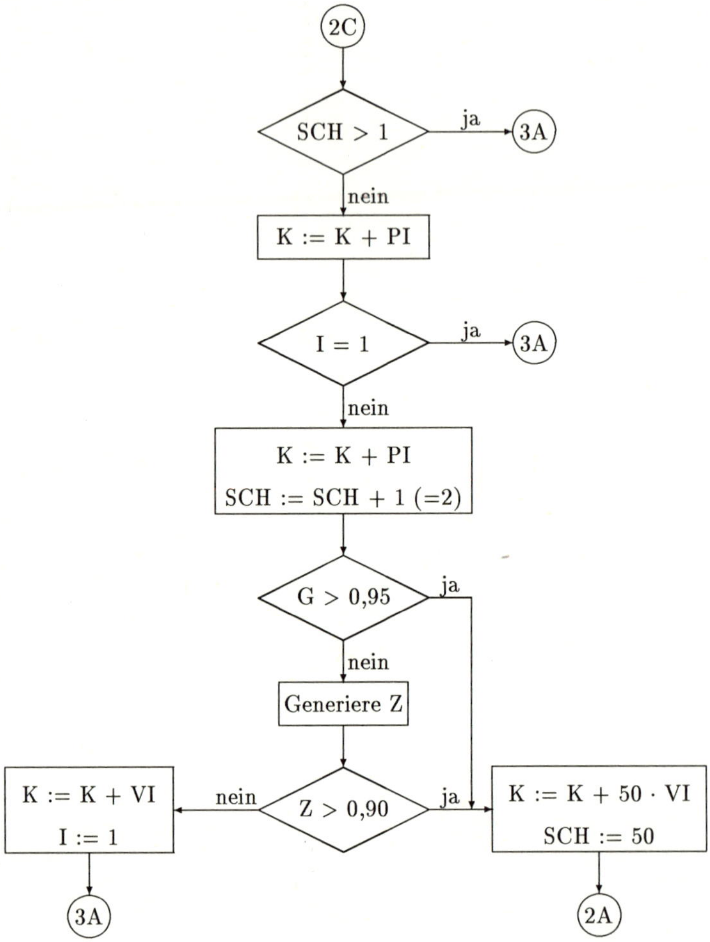

Abb. 14.11: Doppel-Stichprobenprüfung

Lösung zu Aufgabe 3

Wenn eine bestimmte Prüfstrategie untersucht werden soll, läßt sich das gesamte Geschehen einer Planperiode als System definieren, in dem stationäre Elemente (Produktionsstufen, Prüf- und Reparaturstellen sowie ggf. die Abnehmer) von mobilen Elementen (den zu produzierenden Stücken) durchlaufen werden. Jedes dieser Elemente weist zu jedem Zeitpunkt der Planperiode einen bestimmten Zustand auf. Zustände der mobilen Elemente sind z.B.

- „Noch nicht in Bearbeitung",
- „Fertiggestellt und fehlerfrei",
- „In den ersten beiden Produktionsstufen bearbeitet; es liegen Lackfehler vor".

Zustände der stationären Elemente sind z.B.

- „Ein Produkt ist in Bearbeitung" (Produktionsstufe),
- „Ein Produkt wird geprüft" (Prüfstelle),
- „Es ist gerade ein fehlerhaftes Stück eingetroffen" (Abnehmer).

Die Zustände der mobilen Elemente werden in stationären Elementen geändert. Die Zustände der stationären Elemente ändern sich jeweils dann, wenn ein neues mobiles Element eintrifft. Diese Ereignisse geschehen im Zeitablauf. Der Eintritt der verschiedenen Ereignisse ist mit dem Anfall von Kosten verbunden.

Soll das Geschehen einer Planperiode simuliert werden, müssen die Modellelemente, die die stationären Systemelemente darstellen und die beispielhaft in den Aufgaben 1 und 2 hergeleitet worden sind, miteinander verknüpft werden. Welche Modellelemente hierbei herangezogen werden müssen, hängt von der Prüfstategie ab, die zugrunde gelegt wird. Im Modell muß auch sichergestellt werden, daß genau die gewünschte Anzahl mobiler Elemente in der betrachteten Planperiode fertiggestellt wird. Am Ende des Simulationslaufes kann die Summe aller Kosten gebildet, durch die Zahl der produzierten Einheiten dividiert und dann ausgedruckt werden. Somit erhält man eine Schätzgröße für den Erwartungswert der durchschnittlichen Kosten pro Stück, wenn die vorgegebene Prüfstrategie realisiert wird. Diese kann als Maßgröße zur Auswahl einer sinnvollen Prüfstrategie verwendet werden.

Die Erstellung eines Simulationsmodells ist oft mit erheblichem Aufwand verbunden. Dieser Aufwand kann u.U. für einen Einzelfall prohibitiv sein. In Unternehmen wird sich aber i.a. das Problem, an welchen Stellen eines Produktionsprozesses wie zu prüfen ist, mehrfach stellen, da z.B. mehrere Produktarten gleichzeitig oder nacheinander hergestellt werden. Viele der Arbeitsgänge werden bei den verschiedenen Produktarten in weitestgehend ähnlicher Form auftreten, und die relevanten Daten über z.B. die mengenabhängigen Produktionskosten und die Entstehung der verschiedenen Fehlerarten werden bekannt sein. Ähnliches wird für einen Teil der in Frage kommenden Prüfmöglichkeiten gelten.

Diese Tatsache kann bei der Verwendung des hier eingesetzten Konzeptes ausgenutzt werden: Die einzelnen Bausteine eines Simulationsmodells für ein konkretes Problem können – ggf. geringfügig abgewandelt – in anderen Problemsituationen erneut eingesetzt werden. Wenn damit im Unternehmen einmal die Entscheidung gefallen ist, Simulationsmodelle zur Planung der Prüfstrategien einzusetzen, können systematisch die in ähnlicher Form wiederkehrenden Systemelemente (Arbeitsgänge, Prüfmöglichkeiten, ...) formal abgebildet und die Abbildungen dann als Bausteine in einer Modellbank gespeichert werden.

Der Aufwand zur Erstellung eines Simulationsmodells für eine konkrete Problemstellung verringert sich dann unter Rückgriff auf die schon vorhandenen Bausteine erheblich. U.U. wird damit der Einsatz eines Simulationsmodells erst ökonomisch sinnvoll. Simulationsmodelle zur Planung von Prüfstrategien werden ausführlich in BERENS 1980, S. 170ff. dargestellt.

Aufgabe

Planspiel zur Lagerhaltung

Ein kleines Spiel zur Lagerdisposition (entnommen bei PACK 1968, S. 51ff.) eignet sich gut, um den Studenten „spielerisch" die ökonomische Vorteilhaftigkeit einer sinnvollen Bestellpolitik zu verdeutlichen. Es kann wie folgend beschrieben werden:

Jeder Teilnehmer verfügt zu Beginn des Spieles über ein Lager von Produkten mit einem Anfangsbestand von 40 Stück. In jeder der 25 Spielrunden ist eine vom Spielleiter bekanntgegebene Nachfrage zu befriedigen (Lagerabgang, Verkäufe). Weiterhin kann der Spieler in jeder Runde eine beliebige Menge an Produkten bestellen, die mit einer Lieferfrist von 4 Wochen zugehen. Eine Bestellung in der Runde 1 führt z.B. in der Runde 5 zu einem Lagerzugang. Für eine Bestellung fallen (bestellfixe) Kosten von 100 DM an. Kann der Spieler aufgrund zu geringen Lagerbestandes die Nachfrage nicht befriedigen, so entgeht ihm ein Gewinn von 70 DM pro nicht geliefertem Stück (Opportunitätskosten: Fehlmengenkosten). Eine Nachlieferung in der folgenden Periode ist nicht möglich. Für den Endbestand einer Periode entstehen Lagerkosten von 2 DM pro Stück. Ziel des Spieles ist es, die Gesamtkosten als Summe aus angefallenen bestellfixen Kosten, Lagerkosten und Fehlmengenkosten über die 25 Spielrunden durch die Wahl einer geeigneten Bestellpolitik zu minimieren. Ein von einem Teilnehmer während eines Spieles ausgefüllter Spielbogen ist dieser Fallstudie zum besseren Verständnis beigefügt (Abb. 14.4).

Woche	Aufträge	Anfangsbestand [ME]	Zugänge [ME]	Bestand [ME]	Verkäufe [ME]	Endbestand [ME]	Fehlmengen [ME]	Lagerkosten [DM]	Bestellkosten (100 DM)	Entgangener Gewinn [DM]
(1)	(2)	(3)	(4)	(5) = (3) + (4)	(6)	(7) = (5) − (6)	(8) = (2) − (6)	(9) = (7)·(2)	(10)	(11) = 70 · (8)
1	–	40	–	–	8	32	–	64	–	–
2	–	32	–	–	8	24	–	48	–	–
3	40	24	–	–	7	17	–	34	100	–
4	–	17	–	–	5	12	–	24	–	–
5	–	12	–	–	4	8	–	16	–	–
6	–	8	–	–	7	1	–	2	–	–
7	50	1	40	41	8	33	–	66	100	–
8	–	33	–	–	7	26	–	52	–	–
9	–	26	–	–	5	21	–	42	–	–
10	–	21	–	–	6	15	–	30	–	–
11	–	15	50	65	8	57	–	114	–	–
12	–	57	–	–	9	48	–	96	–	–
13	–	48	–	–	9	39	–	78	–	–
14	40	39	–	–	4	35	–	70	100	–
15	–	35	–	–	10	25	–	50	–	–
16	–	25	–	–	4	21	–	42	–	–
17	–	21	–	–	8	13	–	26	–	–
18	–	13	40	53	9	44	–	88	–	–
19	20	44	–	–	3	41	–	82	100	–
20	–	41	–	–	2	39	–	78	–	–
21	–	39	–	–	2	37	–	74	–	–
22	–	37	–	–	2	35	–	70	–	–
23	–	35	20	55	4	51	–	102	–	–
24	–	51	–	–	7	44	–	88	–	–
25	–	44	–	–	6	38	–	76	–	–
								1512	400	
								Gesamtkosten: 1912		

Tab. 14.4: Spielbogen und Beispiel für das Planspiel zur Lagerdisposition

Die Ermittlung der Nachfrage jeder Spielrunde nimmt der Spielleiter mittels eines Zufallsgenerators in Form eines Kartenspiels vor. Seine Zusammensetzung ist in Tab. 14.5 wiedergegeben.

Karten	Joker	AS	2	3	4	5	6	7	8	9	10	Bild
Häufigkeit	1	1	2	4	6	8	8	8	8	5	3	3
Wert/Nachfrage	0	1	2	3	4	5	6	7	8	9	10	0

Tab. 14.5: Zusammensetzung des Kartenspiels und Nachfragewerte der Karten

Während die Karten Joker, As sowie 2 bis 10 (Kartentyp „Z") die Nachfrage durch Ziehen der Karte aus dem Spiel für die Runde unmittelbar festlegen, gilt für die sogenannten Bildkarten (Kartentyp „B") ein besonderer Modus. Für jede gezogene Bildkarte werden zwei weitere Karten nachgezogen, bis unter den nachgezogenen Karten keine Bildkarte mehr zu finden ist. Es ergeben sich folglich die in Abb. 14.12 wiedergegebenen Möglichkeiten für die Kartenziehungen im Rahmen der Bestimmung der Nachfrage in einer Runde.

Zur Verdeutlichung zwei Beispiele: Zieht der Spielleiter aus dem Kartenspiel eine Karte vom Typ Z, so ist damit die Nachfrage der Runde bestimmt (sie liegt zwischen 0 und 10 Stück). Zieht er hingegen eine Bildkarte (Typ B), so sind zwei Karten nachzuziehen. Die zwei nachzuziehenden Karten mögen eine weitere Bildkarte (Typ B) und eine 10 (Typ Z) sein. Für die Bildkarte sind zwei weitere Karten nachzuziehen. Es mag sich dabei um eine 5 und eine 2 handeln (beide Typ Z). Die Nachfrage für die Spielrunde ergibt sich damit zu $10 + 5 + 2 = 17$.

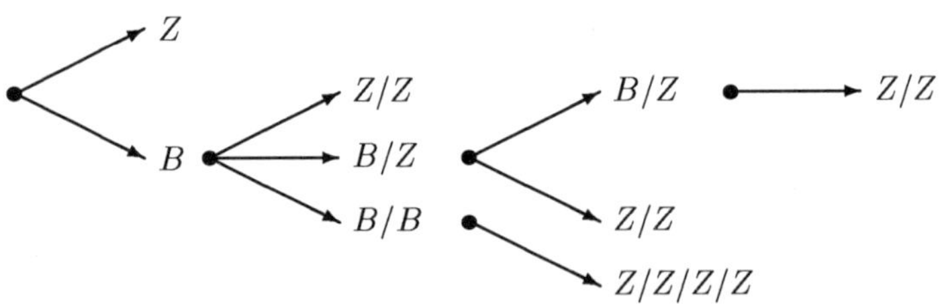

Abb. 14.12: Mögliche Folgen von Kartenzügen bei der Erzeugung der Nachfrage einer Runde

Während der Ermittlung der Nachfrage einer Runde werden die schon gezogenen Karten nicht wieder in das Kartenspiel eingefügt, bevor (z.B. nach dem Ziehen einer Bildkarte) die nächsten Karten gezogen werden. Es handelt sich also um ein „Ziehen ohne Zurücklegen". Das Ziehen von Karten beginnt jedoch in jeder Runde mit einem vollständigen Kartenspiel. Bereits in früheren Runden gezogene Karten fallen also für folgende Runden nicht weg.

Eine mögliche Bestellpolitik läßt sich z.B. durch die Festlegung einer Meldemenge und einer Wiederauffüllmenge definieren. Sobald der Lagerendbestand nach der Spielrunde t die Meldemenge unterschreitet, wird eine Bestellung in Höhe der Differenz des Lagerendbestandes zur Wiederauffüllmenge vorgenommen. Bis zum Eingang der Bestellung in $t+4$ wird keine weitere Bestellung vorgenommen, desgleichen auch nicht in den letzten 4 Spielrunden, da diese nicht mehr während des Spieles eingehen würde. Die Melde- und die Wiederauffüllmenge wären zu bestimmende Parameter dieser Bestellpolitik.

Unter der Annahme, daß Sie das Spiel gewinnen wollen, ist es nun Ihre Aufgabe, eine möglichst erfolgreiche Bestellpolitik (bzw. einen Weg, diese Bestellpolitik zu ermitteln) festzulegen. Wie Sie dabei vorgehen, ist Ihnen selbst überlassen. Ergänzend jedoch noch einige Hinweise und Anregungen:

- Es bietet sich an, die Eignung von in der Literatur beschriebenen Verfahren (z.B. optimale Bestellmengenformel) zu prüfen bzw. denkbare Bestellpolitiken im Hinblick auf ihre Verwendbarkeit zu charakterisieren.

- Eine Möglichkeit zur Untersuchung des Problems stellt eine Simulationsstudie dar. Konzipieren Sie eine solche und führen Sie sie durch!

- Einen guten Ausgangspunkt für die Überlegungen stellt die Nachfrage als das stochastische Element des Modells dar. Wie hoch ist z.B. die höchste in einer Spielrunde zu erwartende Nachfrage? Mit welcher Wahrscheinlichkeit wird diese auftreten? Läßt sich eine Dichte-/Verteilungsfunktion der Nachfrage bestimmen? Wenn ja: Wie? Wie sind Erwartungswert und Streuung der Nachfrage?

Literaturhinweise

Adam, D.: Planung und Entscheidung, 3.Aufl., Wiesbaden, 1993.

Adam, D., W. Berens: Simulation eines Verkehrsproblems, in: WISU – Das Wirtschaftsstudium, 7. Jg. (1978), S. 20, S. 69-70.

Berens, W.: Prüfung der Fertigungsqualität, Wiesbaden, 1980.

Berkthold, K., B. Werners: Planung des Flugzeugenteisungsprozesses auf dem Flughafen München II, in: OR Spektrum ,15.Jg. (1993), S. 107-116.

o.V.: Der Spiegel, 42. Jg.(1988), Nr. 36, 5. September S. 16.

Pack, L.: Unternehmer-Planspiele für die betriebswirtschaftliche Ausbildung, Köln, 1968.

Schlüchtermann, J.: Patientensteuerung, Bergisch Gladbach, 1990.

Wendt, K.: Patientensteuerung an Computer-Tomographen, Veröffentlichungen des Instituts für Industrie- und Krankenhausbetriebslehre Nr. 24, Münster, 1987.

Witte, Th.: Simulation, in: Die Betriebswirtschaft, 49.Jg. (1989), S. 513-524.

Witte, Th.: Fertigungssteuerung mit Hilfe der Simulation, in: WISU – Das Wirtschaftsstudium, 15. Jg. (1986), S. 597-603.

Sachverzeichnis

A-Modell, 45
Abbildung
    isomorphe, 25
Algorithmus, 109
Anregungsinformation, 35
Artenpräferenz, 62
Austauschverfahren, 396

Basisvariable, 187
Bayes-Prinzip, 78
Bernoulli-Prinzip, 81
Bestellmengenformel
    klassische, 2, 45
Bestellmengenpolitik, 381, 399
Bester Nachfolger-Heuristik, 393
Binärvariable, 207
Black-Box-Validität, 154

Cost-Balancing-Verfahren, 400
Cournot-Menge, 165

Deckliniensystem, 331
Deckungsspannen, 170
Defekte, 19
Dekomposition, 125
Differentialrechnung, 161
Dreiecksungleichung, 387
Dualität, 284
Dualitätstheorie, 284
Dualproblem, 284

Einfügungsheuristiken, 393
Einheitsmatrix, 187
Einheitsvektor, 187
Endtableau, 188
Entscheidungsbaum, 129
Entscheidungsfeldbildung, 38
Entscheidungsoperatoren, 127
Entscheidungstheorie
    Deskriptive, 53
    Normative, 53
    Präskriptive, 53
Entscheidungsvariable, 358
Enumeration
    vollständige, 130

Ergebnisfunktion, 58
Ergebnismatrix, 59
Eröffnungsverfahren, 134

Fixed Increment Time Advance, 148
Form
    kanonische, 191

Ganzzahligkeitsforderung, 206
Goal-Programming-Ansatz, 69
Grenzgewinn, 167
Grenzkostendifferenz
    relative, 398

Heuristische Kraft, 136
Heuristische Programme
    Mächtigkeit und Allgemeinheit, 135
    Qualitätscharakteristik, 137
Höhenpräferenz, 62
Hurwicz-Regel, 73

Inverse, 252
Investitions- und Finanzplanung, 234
Isogewinngerade, 175
Iteration, 179

Komplexitätsreduktion, 124
Konvergenzbeweis, 127
Kurve
    flächendeckende, 393

Lagerhaltung, 434
Lagrange-Multiplikator, 161
Laplace-Regel, 74
Lösung
    graphische, 173, 253
Lösungsraum, 173
Lösungsverfahren
    Ungarisches, 330
Logistik, 385

Make-or-Buy-Entscheidung, 218
Marketing-Mix, 231
Markierung von Nullelementen, 333
Matrix-Minimum-Methode, 305
Matrixrechnung, 252

Maximax-Regel, 72
Maximierungsproblem, 170
Maximin-Regel, 71
Methode, 108
Methodik, 108
Methodiken quantitativer Planung, 110
Minimierungsproblem, 196, 200
Modi-Verfahren, 312
(μ, σ)-Prinzip, 79

Näherungsverfahren, 118
Next Event Time Advance, 149
Nicht-Basisvariable, 187
Nord-West-Ecken-Methode, 305

Optimalitätskriterium, 114
Optimalplanung, 110
Optimierung
    Boolesche, 207
Ordnung
    lexikographische, 68
Ordnungsaxiom, 64

Patientensteuerung, 419
Pivotelement, 181
Pivotspalte, 181
Pivotzeile, 181
Planspiel, 434
Planung, 9
    quantitative, 13
Planungsschema
    klassisches, 17
Primalproblem, 284
Prioritätsregel, 419
Problem
    schlechtstrukturiertes, 20
    wohlstrukturiertes, 18
Problembezug, 33
Probleme
    kombinatorische, 129
Problemzerlegung, 41
Produktions-Controlling, 215
Produktionsaufteilungsplanung, 360
Produktionskoeffizienten, 170
Produktionsplanung, 218
Produktionsprogrammplanung, 165, 170, 296
Programmierung
    Dynamische, 352
    Heuristische, 126, 385
    lineare, 170
    Parametrische, 251, 272
Prüfplanung, 366
Prüfstrategie, 426

Reduktionskonstante, 331
Rekursionsbeziehung, 358, 359
Restriktion
    weitere, 268
Rezepturplanung, 196
Risiko-Nutzenfunktion, 81, 83
Risikoaversion, 80
Risikoneutralität, 80
Risikosympathie, 80
Roulette-System, 408
Rucksackproblem, 247
Rundreise, 386
Rundreiseproblem, 121

Sattelpunkt
    Spiele mit, 93
    Spiele ohne, 94
Savage-Niehans-Regel, 75
Savingsheuristik, 389
Schaltvariable, 207
Schlupfvariable, 187
Sensitivitätsanalyse, 251, 259
Separabilität, 357
Sicherheitspräferenz, 63
Silver/Meal-Heuristik, 402
Simplex-Algorithmus, 178
    dualer, 292
Simplex-Iteration, 182
Simplexverfahren, 178
Simulation, 141, 407
Simulationsmodelle, 141
Simulationssprache, 151
Simulationsstudie
    Modellierung, 147
Situationsbezug, 33
Spaltenreduktion, 330

Spiele
  extensive, 90
  normale, 90
  strategische, 89
Spielsituationen, 89
Spielwert, 93
Stückkostenverfahren, 401
Standortplanung, 131
Stepping-Stone-Methode, 308
Strategie
  gemischte, 96
Strukturmängel, 19
Strukturvariable, 187
  neue, 267
Stückdeckungsbeiträge, 170
Sweepheuristik, 391

Time Slicing, 148
Totalmodell, 27
Tourenplanungsproblem, 388
Transitivitätsaxiom, 64
Transportproblem, 303
  als LP-Problem, 314
  Degeneration, 318
  Mehrdeutige Lösungen, 317
  Unterschiedliche Angebots- und Nachfragemengen, 319
  Unterschiedlich hohe Produktionskosten, 320
Transportrestriktionen, 321
Traveling Salesman-Problem, 121, 386

Umsetzverfahren, 396
Unterproblembildung, 38

Validierung, 153
Variablen
  künstliche, 201
Variation
  der rechten Seite, 260
  der Zielfunktionszeile, 261
  eines Produktionskoeffizienten, 265
Verbesserungsverfahren, 134
Verifikation, 153
Verkehrsproblem, 412
Verschnittproblem, 221
Vogel'sche Approximationsmethode, 308

Wagner-Whitin-Algorithmus, 376, 399
Weg
  kürzester, 363, 367
White-Box-Validität, 154

Zeilenreduktion, 331
Zeitfortschreibung
  Simulationsmodell, 149
Zeitkomplexitätsfunktion, 121
Zeitpräferenz, 63
Zielfunktionsgebirge, 114
Zufallszahl, 150
Zulässigkeitskriterium, 191
Zuordnungsproblem, 130, 328
Zustandsänderung, 150
Zustandsvariable, 358
Zweipersonen-Nichtnullsummenspiele, 97
Zweipersonen-Nullsummenspiele, 93